本书荣获

第三届中国大学出版社优秀教材一等奖

“十二五”普通高等教育本科国家级规划教材

现代课程与教学论

（第三版）

黄甫全　主编

人民教育出版社

·北京·

本书封四贴有含人民教育出版社注册商标 的标识，无此标识者视为盗版图书。

图书在版编目（CIP）数据

现代课程与教学论/黄甫全主编. —3 版 . —北京：人民教育出版社，2015. 1

“十二五”普通高等教育本科国家级规划教材

ISBN 978－7－107－27541－8

Ⅰ. ①现…　Ⅱ. ①黄…　Ⅲ. ①课程—教学理论—高等学校—教材　Ⅳ. ①G423

中国版本图书馆 CIP 数据核字（2014）第 014407 号

人民教育出版社 出版发行

网址：http://www.pep.com.cn

北京天宇星印刷厂印装　全国新华书店经销

2014 年 1 月第 3 版　2017 年 1 月第 4 次印刷

开本：787 毫米×1 092 毫米　1/16　印张：33.5

字数：680 千字　印数：9 001～12 000 册

定价：52.20 元

联系地址：北京市海淀区中关村南大街 17 号院 1 号楼　邮编：100081

电话：010－58759215　电子邮箱：yzzlfk@pep.com.cn

第三版修订说明

本书于2006年印行第一版，同年被教育部列入普通高等教育“十五”国家级规划教材；2011年印行第二版，同年被教育部列入普通高等教育“十一五”国家级规划教材；2012年被教育部评定为“十二五”普通高等教育本科国家级规划教材；2013年荣获第三届中国大学出版社优秀教材一等奖。根据教育部有关高校课程教材改革的有关精神，本书第三版进行了修订完善。本书第三版力求具备以下几个特点。

1. 时代性：致力于反映当代课程与教学论学科发展的全貌和教材开发的趋势，加强“课程与教学整合”和“学习为本取向”，进一步整合课程（论）与教学（论），更多反映当代课程与教学改革和研究的最新成果，重点突出“基本理论—课程开发—班课技能”的内容结构，大力研制支持教学的配套网络资源。

2. 基础性：将课程与教学基本理论的有关问题进行了较为全面的梳理，试图为学生打下课程与教学相关理论与方法的基础。

3. 实用性：紧密结合中小学课程与教学的实际来阐述具体问题和案例的理论及现实价值，内容翔实、方法具体、案例恰当，是中小学教师和师范生进行教学实践的重要参考。

欢迎专家、学者和广大师生继续对本书编辑出版工作提出宝贵意见和建议，以使本书更臻完善。

人民教育出版社教师教育课程教材研究开发中心

2014年1月

第三版修订说明

[illegible]

[illegible]

2014年1月

第二版修订说明

本书是在2006年人民教育出版社出版的普通高等教育“十五”国家级规划教材《现代课程与教学论学程》（上下册）基础上修订而成的。

此次修订，我们根据吕达老师于2008年底经过与各方商量与慎重考虑而提出的“瘦身”方针，确定了“精”“深”“新”三字原则。“精”字原则，具体为“精简篇幅与行文”和“提炼国内外学科发展精华”；“深”字原则，具体为“挖掘学科研究成果深度”“深化课程（论）与教学（论）整合”和“深入到学校与班课真实活动”；“新”字原则，具体为“推进内容及其结构创新”“突出学习化课程与教学探新”和“促进研究文献资料更新”。

此次修订，依据大学本科“课程与教学论”科目60～80课时的教学容量，将全书篇幅精简为四编十九章，重点进行“内容更新”“删繁就简”和“开发创新”。

在内容更新上，一方面，根据学科研究新进展，更新内容与材料。我们精心收集、选择和分析中英文课程与教学论领域有代表性的最新教材、专著、手册（handbook）和百科全书，从中提炼出新世纪以来影响大趋向新的基本概念、理论主题和研究发现，与本书第一版各章中的节目整合，形成新的内容体系，进而充实和更新有关文献资料。另一方面，根据学科研究新聚焦，突出“课堂教学技能与技巧”模块。近年来，国内外课程与教学改革聚焦“有效课堂教学”，研究文献和改革实践均呈现出凸显“课堂教学技能与技巧”的普遍趋势，据此增加了专章“班课教学技能”。

在删繁就简上，一是减少字数。上下两册合为一册，从82万字，精简到68万字。二是行文字斟句酌，做到简明扼要。采取定义概念和简述理论方式，努力避免说理论证方式，既通俗易懂又精简篇幅。三是精简教学结构。充实书前的“教学指南”，将其中的“参考教材”充实为“教学资源”，增加“网络资源”内容，同时删除已有每章前面的“实例与问题”和“教学指南”以及末尾的“测试作业题”，只在每章末尾精心研制“思考题”。同时，在我们的《课程与教学论》精品课程网站上，开辟和提供每章的“教学指南”“深入学习指引”和“学习测试题”等教学资源，供广大师生选用。

在开发创新上，加强“课程与教学整合”以及“学习为本取向”。在内容和结构上进一步突出两个方面的创新：一是显著充实和融会“学习研究”，反映国际上“课程、教学与学习整合”的最新趋势；二是显著充实和阐释教育领域中“为了学习”与“基于学习”的学习化或学习为本“课程与教学研究”趋势。

本书由我担任主编，拟制全书修订工作计划和编写提纲。各章的初稿撰写人分别为（以章数为序）：第一、三、四、五、七、十、十三、十五、十六、十七章，黄甫全；第二、十一、十九章，曾文婕（华南师范大学）；第六章，刘剑玲（华南师范大学）、黄黎明（华南师范大学）；第八章，申仁洪（重庆师范大学）、黄甫全；第九章，范兆雄（湛江师范学院）、黄甫全；第十二章，燕镇鸿（四川教育学院）、黄甫全；第十四章，杨承彩（广东省广州市协和高级中学）、黄甫全；第十八章，王文岚（华南师范大学）、黄甫全。全书由黄甫全全面修改、统稿和审定。

此次修订而成的书稿，其实是长期以来众多学者参与有关教材研制所付出的劳动与智慧的结晶。十多年来，我们先后研制了得到广泛使用的《现代教学论学程》、《课程与教学论》和《现代课程与教学论学程》，它们中的许多内容直接被引入而成为了本稿的精华。所以，从一定意义上讲，凡是参与它们写作的都是本书稿的作者！同时，本书稿的完成得到了人民教育出版社有关同志的指导、督促和鼓励，特向他们表示诚挚的谢意！

本书也是全国教育科学规划项目（立项批准号为 DHA030146）、广东省普通高校人文社会科学重点研究基地2008年重大项目（立项批准号为08JDXM88001）和广东省哲学社会科学“十一五”规划项目（立项批准号为 GD10HJY01）的研究成果之一，获得了相应的资助。而且，华南师范大学教务处和现代教育研究与开发中心，继续分别为本书稿的研究与编写工作提供了支持与资助。在此，谨向这些单位的有关领导和职员表示由衷的谢意！

华南师范大学的研究生左璜、邓文杰、李方红、张凌云、朱敏、陈玲辉、蔡碧娟、杨甲睿、刘会英、潘蕾琼和肖雅岱，分别校读了部分书稿，为本书增色颇多。他们也是本书的创作者！

本书参考和引用了大量的中外文论著，而注释可能挂一漏万，特此说明并向其作者和出版者致谢！

限于条件，书稿或有不足之处，敬祈方家指正。

黄甫全

2011年5月于广州致智斋

第一版编写说明

本书是普通高等教育“十五”国家级规划教材，是专门为普通高等院校教育类专业和教师教育课程编写的教材，也可以作为各级各类教师培训的教材，还可以供广大校长、教师、教育行政人员、教育研究工作者以及教育专业的研究生自学参考使用。

进入21世纪以来，课程与教学改革研究的突破性发展，加上基于信息技术的网络课程与教学的开发应用，使得当代课程与教学论的学科知识既丰富多彩又纷繁复杂。在教材编制过程中，我们除了始终贯彻“基础性”原则以满足学习者对课程与教学论的基础知识和基本原理的学习需要外，还基于长期的资料收集和分析整理，致力于反映当代课程与教学论学科发展的全貌和教材开发的趋势，努力梳理“新体系”、开发“新结构”和发展“学程式教材”。

一、梳理与整合课程与教学论的新内容体系

本书努力推进课程论与教学论的深入整合，梳理出了课程与教学论的新内容体系。课程与教学一体化改革是当代国内外教育改革发展的基本趋势，课程论与教学论整合也成为了理论研究的主要取向和广大读者的迫切要求。我们在尽可能全面地收集当代课程与教学研究重要文献的基础上，结合自身参与课程研制和教学实践的经验体会，经过反复分析和探寻，终于发现课程与教学这两种活动事实上整合于“课程研制（开发）过程”之中。进一步思考使我们看到，课程与教学论实际上是一种特殊文化，因此，它必然具有一般文化的基本结构。文化结构一般有“本体/本原存在”“空间形式”“时间进程”“活动组织”和“审美发展”五个基本维度。用这一分析框架观照课程与教学论学科的丰富知识与经验，可以清晰地区分出“课程与教学概论”“课程与教学系统”“课程与教学过程”“课程与教学管理及领导”以及“课程与教学美学”五个相互联系的领域，它们构成了一个当代课程与教学论学科比较清晰的新内容体系。本书由于受篇幅限制，未能包含“课程与教学管理及领导”领域。

课程（论）与教学（论）的整合，是一项长期而艰巨的任务。本书仅仅作了初步尝试，限于水平，还存在许多问题，内容比较庞杂，结构不尽合理，逻辑有待清晰，有些观点尚待斟酌，整合水平还比较低，这些都是在跟进的课程与教学研究和教材编制中需要着力解决的！

二、开发课程与教学论教材的新教学结构

本书尝试践行当代课程与教学论的“学习为本”的新理念，初步开发出了课程与教学论教材的新教学结构。既往的教材编写，特别重视学科内容的体系化陈述，相对忽视内容呈现形式上的“教学结构”。我们在教材编制过程中，仍然重视贴近时代状况的学科内容更新，坚持理论性与应用性相结合的内容选择原则，尽量使用我国课程与教学改革实践创造的新知识和新材料，充分体现学科知识与实践状况的生动联系，为师生的教学提供鲜活的“文本”。本书试图超越长期以来“课程与教学论”教材的“作者独白式文字阐述”，走向丰富的“多维对话式语言表达”，实现概念阐述与事实数据的联系，知识理解与实际分析的联系，时代阐释与经典论述的联系，文字叙述与图像呈现的联系。同时，我们参考国内外现代教材教学结构开发使用的多种有效形式，形成了本教材的新型教学结构，内容分“编”“章”“节”“目”，每一章为一个基本教学单元，每个单元都包含“激发学习动机”“丰富教学环境”和“提供练习机会”的教学结构。

每章的开篇，需要帮助学习者集中注意力、明确目标和了解有效教学方法，从而激发其学习动机。为此，我们采用了“实例与问题”和“教学指南”两种有效形式。每章的“实例与问题”，力图精选相关的典型实际例子，并提出相关的结构化具体问题。它们均来自课程与教学实践的特殊现象及其疑难，具有现实感和真实性，且与每章内容里的基本概念和原理密切相关。通过实例呈现每章内容与实际情形的关联性，通过结构化问题清晰勾勒出内容的递进关系，以引发学习者清晰的学习意向和内容定向，激发其浓厚的探究学习兴趣。“教学指南”由“教学目标”与“教法与学法建议”两部分构成，主要从“识记”“了解”“理解”和“应用”四个层面，确定和陈述每章的具体教学目标，并针对具体内容给予有效的具体教学方式建议。

课程开发与教学过程，原本是充满生命活力的场景，丰富多彩的环境令人情趣横生。可是“课程与教学论”纸质教材中以文字加以阐述的内容，比较抽象和概括，对于学习者来说比较枯燥乏味，会降低学习兴趣。为解决这个问题，我们借鉴已有经验，结合内容特点，在每章正文内容中，设计并插入“图表照片”“音视之窗”“情境提供”“活动设计”“经典链接”以及“实验链接”等多种方式和信息，开发多种载体和活泼形式来呈现、增加和活化相关知识与事实，以丰富教学环境，促进学习者定向于具体内容的主动反应，进而获得丰富的学习经验。关于“丰富教学环境”的设计，没有列入本书中，而是开发到了配套的“课程与教学论”网络课程（网址为 http://www.curriculum.com.cn）里。

心理学研究揭示，有效教学与学习必须具有巩固练习环节，并且需要以学习者喜闻乐见的形式提供各种作业机会。大量的成功经验表明，巩固练习环节主要包括“归纳结论”“评价反馈和查漏补缺”以及“扩展学习”等成分。因此，我们在教材编制过程中，

每章末尾均设计和开发了“复习小结”“测试作业题”以及“扩展学习”等形式，为教师引导学习者及时进入和完成巩固练习环节，提供必要的机会、资源和指导。我们在本书的每章只列入了“测试作业题”，而将“复习小结”和“扩展学习”放进了配套的网络课程（网址同上）里。

三、发展课程与教学论的学程式教材

教材作为特殊文化，其核心是教育价值观。当代教育与课程领域，彰显的是“满足基本学习需要”的基本价值，生成的是“学习为本”的价值观，这一切驱动教材结构从既往的“教程式”嬗变为新兴的“学程式”。“教程式”教材，立足点是教师的专业科目和教授需要，突出的是教师所教科目的学科内容和逻辑结构，归宿点是最有利于教师完成教授任务。而“学程式”教材的立足点转换到了满足学习者的学习需要上，遵循的是学科逻辑结构与学习心理规律的有机结合，尤其重视创用有效教学策略或方式，开发各种资源，为学习者营造丰富的学习机会。它的归宿点是最有利于学习者在教师组织引导下获得丰富的学习经验。

当代“学程式”教材，为了解决无限学习需要与有限学习时空的尖锐矛盾，需要充分开发和利用可扩展而无限丰富的网络教育资源。因而我们设计和开发了配套的“课程与教学论”网络课程。它可以为师生提供每个单元教学的适用资源，从而为学习者和教师提供一个在线学习环境，以支持和巩固教材教学的重点和难点。在纸质教材提供精选而系统的教学资源基础上，师生通过在线访问配套网络课程，既可获得直接丰富的本地资源，又可利用“友情链接”快速简捷地获得适宜的远程教育资源。这些平台可以有效地扩展教材文本的途径，鼓励学习者进一步钻研基本概念和主要原理，并深入开展实践探究，从而学到更多的关于教学专业的东西。

在基于网络的探索学习过程中，伴随着的批判性思考与交往性活动，可以使学生与教师互动、师生与教材文本互动，从而使得网络课程与纸质教材，进入不断变革和发展的“生成”状态，实现可持续的发展与提升。这样，网络课程与纸质教材将既是师生赖以启动“对话互动”教学基础的“预成性”文本，也是他们持续“对话互动”教学结果的“生成性”文本。这将通过配套网络课程的新兴专门技术来实现，那是一种整合性的在线教学资源使用、改造、创新与优化的管理技术平台，它支持“内容体系”和“教学结构”的所有组成成分。这样，在日常广泛收集各种各样课程与教学资源的基础上，师生在线使用“内容体系”和“教学结构”的所有资源的同时，就可以分别对它们进行在线补充、修订和创新，并将过程与结果分别存入在线“教学日志”和“学习日志”里，进而有选择地、及时地与网络课程及他人交流。网络课程主持人进行审查筛选后，既可以及时录入到网络课程的相应资源库，又可以在纸质教材修订时进行更新。借助网络管理技术平台，教材作为“对话互动”教学的“生成性文本”的美好理想，便得以奇迹般地实现了，于是基于传统纸质教材并整合了现代信息技术和网络技术的新型“学程式”教材，也就随之诞生了！

本书由黄甫全（华南师范大学）主编。全书工作计划和编写提纲由黄甫全拟制，各章的撰稿人分别为：第一、三、四、五、十、十一、十三章，黄甫全；第二章，黄甫全、曾文婕（华南师范大学）；第六章，黄黎明（西南大学）；第七章，刘剑玲（华南师范大学）；第八章，申仁洪（重庆师范大学）；第九章，陈雪莹（华南师范大学）、黄甫全；第十二章，徐章俊（海军兵种指挥学院）、黄甫全；第十四章，王小鹤（华南师范大学）、黄甫全；第十五章，范兆雄（湛江师范学院）；第十六章，曾文婕；第十七章，燕镇鸿（华南师范大学）、黄甫全；第十八、二十、二十一章，何巧艳（华南师范大学）、黄甫全；第十九、二十五、二十六章，曾文婕、黄甫全；第二十二章，杨承彩（华南师范大学）、黄甫全；第二十三章，何巧艳；第二十四章，王文岚（西北师范大学）、黄甫全。全书由黄甫全修改、统稿和定稿。

由于当代课程与教学论积累的知识经验越来越多，所以本书内容含量比较大，编排为上下两册，上册包括“课程与教学概论”以及“课程与教学系统”，下册包括“课程与教学过程”以及“课程与教学美学”。全书一共有26章，每章末尾都设计和编制了大量“测试作业题”，教师在用做教材时，可以根据课时、教学需要和体系结构，选择其中一些章节作为教学内容，而其他的列为自学内容；选择其中一些“测试作业题”用于教学活动、作业、测试和考试，而其他的列为学习参考资料。

本书参考了大量的中外文论著，引用了大量的研究成果，而在注释中往往挂一漏万，在此特别加以说明并向它们的作者致以衷心的感谢！本书的问世，得到了人民教育出版社刘立德同志和韩华球同志的支持和帮助，得到了吕达老师的关心与鼓励，特向他们表示诚挚的谢意！

本书也是教育部2002年度人文社会科学规划项目（立项批准号为02JA880017）和广东省普通高校人文社会科学重点研究基地2003年重大项目（立项批准号为03JDXM88002）的研究成果之一，获得了相应的资助。另外，华南师范大学教务处和现代教育研究与开发中心，也分别为本书的编写及组织工作提供了支持与资助。在此，谨向这些单位的有关领导和职员致谢！

华南师范大学的博士研究生曹雁、硕士研究生肖豫涵和杨承彩，分别校读了全部书稿，为本书增色颇多；硕士研究生石林编撰了几章的“实例与问题”。她们也是本书的创作者！

限于编者学识，书中错漏在所难免，恭请大家教正。

编　者

2005年12月

教学指南

一、教学目的

1. 识记现代课程与教学论学科的关键概念、基础知识和基本理论。

2. 更新课程与教学观念，理解现代课程与教学理论的基本内容及其内在关系。

3. 形成有效地开展课程与教学的设计、实施和评价的基本操作技能。

4. 养成课程审美与教学艺术的意向和追求。

5. 养成将课程开发和教学实践经验提升为理论，自觉地用理论指导实践的意识和态度。

6. 初步养成创新性地发现、提出和尝试解决课程与教学领域实际问题的意识、经验、技能和能力。

7. 初步养成参与课程与教学改革的意识、经验和能力，并训练和提高从事课程与教学工作的思维技能。

二、教学资源

（一）主要参考教材

1. 王本陆主编:《课程与教学论》，高等教育出版社 2009 年版。

2. 张传燧主编:《课程与教学论》，人民教育出版社 2008 年版。

3. Oliva，P. F. （2009）. *Developing the Curriculum* （7th Ed. ）. Boston：Pearson.

4. Borich，G. D. （2004）. *Effective Teaching Methods* （5th Ed. ）. NJ：Pearson.

（二）扩展参考教材

1. 王策三著:《教学论稿》，人民教育出版社 2005 年版。

2. 李秉德主编:《教学论》，人民教育出版社 2007 年版。

3. 陈侠著:《课程论》，人民教育出版社 1989 年版。

4. 钟启泉编著:《现代课程论》，上海教育出版社 1989 年版。

5. 王文科著:《课程与教学论》，五南图书出版公司 1998 年版。

6. Marsh，C. J. （2009）. *Key Concepts for Understanding Curriculum* （4th Ed. ）. London：The Routlege.

7. Ornstein，A. C. & Hunkins，F. P. （2004）. *Curriculum：Foundations，Prin-*

ciples, and Issues (4th Ed.). NY: Pearson.

8. Morrison, G. S. (2003). *Teaching in America* (3rd Ed.). Boston: Pearson.

（三）网络资源

全国一流的广东省级精品课程和国家级精品课程申报的配套网络课程《课程与教学论》(http://202.116.45.198/kcyjxl/) 已经建成并不断优化，开发出了丰富的网络教学资源，开放供大家分享。其中：

1. 在“教学活动”栏目（http://202.116.45.198/kcyjxl/wlkc/kcl/article/list.asp? c_id=122）里，专门开发了“现代课程与教学论各章实例与问题”；

2. 在“教学活动”栏目（http://202.116.45.198/kcyjxl/wlkc/kcl/article/list.asp? c_id=122）里，专门开发了“现代课程与教学论各章教学指南和教学结构建议”；

3. 在“教学评价”栏目（http://202.116.45.198/kcyjxl/wlkc/kcl/article/list.asp? c_id=195）里，专门开发了“现代课程与教学论各章学习测试题”；

4. 在“学习共同体”栏目（http://202.116.45.198/kcyjxl/wlkc/kcl/xxgtt/）里，可以开发并组织进行本课程的网络学习活动。（各校师生如有需要，请电邮联系黄甫全教授：huangfq@scnu.edu.cn，以获得授权。）

三、教与学方法建议

本课程的教与学方法，以“践行”现代课程与教学新理念为原则，教法突出“激发动机、丰富环境、落实练习与组织探究”等方式，学法提倡“明确目标、突出重点、解决难点与刻苦学习”等策略，师生的教学方式强调“合作活动学习、共同解决难题和自主互动建构”。

1. 在教与学过程中，师生宜努力践行“现代课程与教学论”的知识、理论和方法，使“学习—体验—应用”一体化。师生一起做到识记并理解其中的主要术语概念、基础知识和基本理论，结合自己的教或学活动，实际内化到“心”里加以反思体验，同时在自己的工作、学习、实验或作业中加以应用，从而创造“优质课程”和实现“有效教学”。

2. 教师需注意引导学生认真学习、分析、领会和把握各章“实例与问题”及“教学指南”的内容和要求，并因地、因人制宜地开发和使用有特色的“实例与问题”，针对各章节的具体内容，设计和使用具体化的与可操作的教学目标，以激发学习者强烈的学习动机。

3. 教师宜在每章适当增加一些有冲击力和震撼性的新内容，并进行“图表照片”“音像或视听之窗”“情境提供”“活动设计”“经典链接”以及“实验链接”等教与学结构的设计与开发，使用多种载体和活泼形式来呈现、增加和活化相关知识与事实，以提高教师威信，丰富学习环境，促进学习者主动投入学习进而获得丰富的学习经验。

4. 教师宜采取有效方式，通过揭示每章重点内容的内在逻辑，布置并及时检查“学习测试题”等，为学习者提供练习机会，促进学习者及时进入和完成巩固练习环节，以巩固基础知识、形成专门技能和提高分析与解决问题能力。

5. 教师应尽可能为学习者创造条件，开发或利用网络课程，引导学习者在充分利用纸质教材提供精选而系统的教学资源基础上，通过在线访问配套专门网站，快速简捷地获得适切的其他资源，指导学习者深入钻研、学习基本概念和主要原理，并进一步开展实践探究。同时，选用和创用有效方式，开发“教学日志”和“学习日志”，促进和实现师生之间和师生与教材文本之间的互动，使教学过程真正成为师生“交流互动建构”的成长活动。

6. 学习者一旦遇到难题或产生疑问，要及时通过请教他人或扩展读书，以增加知识来加以解决，绝不能忽视甚至回避难题和问题。

7. 学生宜按照教师建议或规定，自觉高质量完成各章作业题和学习测试题，并加以验证或获得教师批改，以巩固基础知识，养成基本技能，增强动手能力。

8. 建议师生开展合作活动学习，以教材知识为主，广泛利用有效资源，设计和实施有效的“自主互动”教学组织形式，在活动中进行合作，在合作中实现互动，在牢固掌握基础知识的过程中，形成课程开发和有效教学的技能，发展课程与教学创新的能力。

9. 建议师生创造条件，访问和利用配套的精品课程《课程与教学论》网站（http://202.116.45.198/kcyjxl/），以获得丰富的网络教学资源和有力的教学指导。

目　录

第一编　课程与教学概论

第二编 课程与教学系统

第三编 课程与教学过程

第四编 课程与教学美学

第一编　课程与教学概论

无论是大学里的学生，还是各类学校里的教师，一进入课程与教学研究领域，一般总会产生或提出一个好奇的问题：课程与教学论是干什么的？以便让自己兴致勃勃地去学习和研究它。这其实也是课程与教学研究者们的一个基本问题，尤其在当今课程与教学领域问题越来越复杂，研究主题和课题越来越广泛，看法和观点越来越多样之时，更是如此。人们面对浩瀚的课程与教学论知识经验，为着安身立命，必然要对“课程与教学论”存在的合理性和合法性，进行本体或本原追问，在安放好自己的同时确证这个学科，进而投身其中加以促进和发展。这些追问主要有：课程与教学是什么？课程与教学论是什么？课程与教学研究的基础何在？课程与教学论的状况怎么样？

人们不断地分析和挖掘这些问题，并试图作出解释力比较强的回答，从而积累起了专门的理论知识，这些知识和理论就构成了“课程与教学概论”领域。本编分“绪论”“课程与教学基础”“课程与教学概念”和“课程与教学理论”等主题，对有关的基本概念、基础知识、基本原理以及一些发展趋势，进行简要介绍和探讨。

第一章 绪　论

课程与教学论是教育学科中专门发现、研究和解决课程与教学问题的一门综合性分支学科。在此，先简要探讨其基本框架、时代特征、主要价值与研究方法论。

第一节 课程与教学论的基本框架

现代课程与教学论已积累了浩瀚的知识经验，虽难以穷尽，但可抽绎出“核心术语”和“基本概念”，形成一个清晰框架。

一、核心术语

在课程与教学论领域，使用最广的核心术语有五个，即教育、课程、教授、教学和学习，它们既相互区别又相互联系。

(一) 基本含义

教育（education）是一种培养人的特殊社会活动，有广义和狭义之分。广义的教育，自古有之，泛指影响人的经验、知识、人格与社会技能的形成与发展的一切活动，主要涵括文化遗产的传递、年轻一代养成有意义思想与行为的方法以及个人成长的修养等，分为学校教育（schooling，school education）、家庭教育（family education）、社会教育（social education）和自我教育（self-education）四大方面。狭义的教育，则指学校教育，乃人类发展到一定阶段的产物，是根据一定的社会要求和人自身发展的需要，建立专门机构，有目的、有计划和有组织地对人施加影响，以培养一定社会所需要的人的活动。

课程（curriculum），指课业及其进程。新中国建立以来，由于各种原因出现了一种狭隘观念，仅仅将课程看成是教学计划/课程方案、教学大纲/课程标准和教科书/教材等。其实，“课程是学校教育的实质所在”①。因而，课程在内涵上与教育、学校教育大致相当，这三个术语也常常互相替换使用。因为课程先要由人们研制或开发出来，然后就可能是教师来教授和学生来学习，进而形成了特有的教学活动。这样，课程实际上也就指涉了教育、学校教育所包含的课程研制、教师教授、学生学习以及教学活动等内涵。

---

① Ornstein，A. C. et al. *Contemporary Issues in Curriculum*，中国轻工业出版社 2005 年版，第 20 页。

众所周知，课程领域首要关涉的是“内容”（contents），我们常常称之为“教育内容”“课程内容”“教学内容”或“学习内容”。在英文中，“contents”通常用复数，有两个意义：一为“某种事物所容纳的东西”；二为“书刊的目录”。这样，“contents”作为教育领域的专用术语，除了用来泛指一切教育“内容”外，总是用来具指一门门课程的内容及其具体主题项目。对应说来，在我国教育、培训和训练领域有一个广泛使用的术语，既指称具体一门门课程又突出一门门课程的具体内容，它就是“课目”。课目作为课程细目的简称，涵括性相当强，既涵括来自学术研究领域各种分支学科的一门门具体的学科或科目课程，又涵括源自人们交往的一种种具体的教育活动，还涵括旨在培养生活与社会技能或陶冶品行的一个个训练项目或教育项目。所以，课目指称了教育领域各种相对独立开设的学科或科目、教学活动与项目，亦即指称了教育领域的所有具体课程项目，广泛地使用起来就更加准确与贴切。而“学科”或“科目”则只能准确指称来自学术研究领域各种分支学科的一门门具体的学科或科目课程，不能准确指称非学科或非科目的一种种具体的教育活动和一个个短小的训练项目或教育项目。显然，“contents”涵括所有教育教学的学科或科目、活动和项目，在泛指时宜翻译为“内容”，而在具指时则宜翻译为“课目”。因此，在教育领域应更多地使用“课目”术语，特指时才使用“学科”或“科目”术语。

“教学”这个术语，至少有三种指称，需要辨清。一是强调教师传递知识技能给学生的“教授”，英文为“teaching”；二是突出教师引导学生主动学习的“教学”，英文则为“instruction”；三是包含了教师的“教授”与学生的“学习”的“教与学”，英文为“teaching and learning”。教授指教师对学生讲解传授课目内容的专门活动，它实际上不能与学生的专门学习活动相分离，总是伴随着甚至包含着学生的学习，因而就为人们理所当然地称为“教学”。中外辞源学上，教涉及学，学包含教，因而人们习惯于将这两字连用，使“教学”成为了最流行的术语。所以，在英美世界“teaching”“instruction”与“teaching and learning”三个术语常交替使用，在汉语世界教授、教学和教与学也相互通用，它们一般都是指教师的教授与学生的学习相统一的专门活动。

于是一说“学习”，人们常常会将其局限为“学生的学习”。其实不然，学习无处不在。学习是人与生俱来的本性、潜能、需要与活动。学习是人在孕育期间就被赋予的本性。学习同时也是人得以成长与发展的潜能，人生而弱于许多动物，却能经过成长而强于所有动物，盖因其学习潜能得以发挥。学习，作为潜能总是倾向于实现，于是就以人的基本需要形式表现出来，并让人参与各种活动以满足这些需要。在历史上，学习首先是生活学习，后来演变成学校学习，现在发展为文化学习。① 所以，学习对教育是整合性的，正所谓“学习是教育的生命与心脏”②，而“教育是关照目标为本学习的社会建

① 曾文婕：《文化学习引论——学习文化的哲学考察与建构》，华南师范大学 2007 年博士学位论文。

② Thielens, W. Jr. (1977). Undergraduate Definitions of Learning from Teachers. Columbia University: *Sociology of Education*, 50 (3), 159-181.

制”①。需要清楚的是，学习是教育、课程和教学的根据和基础，而不是相反。

在现代学校教育中，所有对学生开展的具体教育教学活动几乎都是采用“班课”形式。班课，就是班级上课的简称，来自英语“classroom”一词。它以前多被译为“课堂”，很容易使人们将其狭隘化为物理场所的“课室”（room），很容易使人们将班课教学狭隘化为“课室里的教学”；有的地方被译为“班级”，诸如将“classroom management”译为“班级管理”等，致使人们在概念上和实践上将“班级”与“上课”割裂开，将“班级管理”与“课堂管理”割裂开，等等。其实，“class”指“班级”，“room”指在特定的地方上课或开展教育教学活动。所以，“classroom”与其说是名词，不如说是动词，指称的是以班级为单位进行教育教学活动。因此，它就不宜通译为“课堂”或“班级”，而宜通译为“班课”。使用“班课”概念，能将我们平常分开使用的“班级”与“课堂”概念整合起来，比只用“课堂”或只用“班级”概念，更加概括、准确和贴切。当然，在一些指称特殊而明确的地方，亦可以和需要使用“课堂”或“班级”的术语。

（二）基本关系

总的来说，在课程与教学论领域里，学习是基础，教育是目的，课程是核心，教授是关键，教学是中心。其中有两个观点值得强调。

1. 教育的根本价值在于满足人的学习需要

有时学习会被误解为教育的下位概念，其实相反。教育只涵盖了人类社会的“教育”活动领域，而学习则涵盖了包括“教育活动领域”在内的人类所有活动领域，所以，教育是学习的下位概念，教育的依据和本性，从根本上说来自学习。在历史长河里，人类是将“学习”与“教育”两个术语等同使用的。比如，古有我国最早的教育名著《学记》，今有联合国教科文组织权威文件《教育——财富蕴藏其中》（*Learning: The Treasure Within*）。② 所以，与其说“教育以人为本”“教育以学生为本”，毋宁说“教育以学习为本”。因而在建设学习型社会的背景中，学本教育、学本课程或学习化课程、学本教学以及学习型学校，就成为新世纪教育改革与研究的共同愿景。

2. 课程与教学是学校教育的核心

总的来说，“在实践上和公众中，课程与教学及其领域与专题所涉显得如此广泛，以至几乎包含着教育思想的全部范围”③。课程与教学事务渗透到教育的方方面面，所

① Illeris, K. (2004). *The Three Dimensions of Learning*. Malabar, Florida: Krieger Publishing Company, 13.

② 参见联合国教科文组织国际21世纪教育委员会编著，联合国教科文组织总部中文科译：《教育——财富蕴藏其中》，教育科学出版社1996年版。Also See The International Commission on Education for the Twenty-first Century. (1996). *Learning: The Treasure Within*. UNESCO. Retrieved March 18, 2010, from http://unesdoc.unesco.org/images/0010/001095/109590Eo.pdf.

③ Connelly, M. M. (Ed.). (2008). *The SAGE Handbook of Curriculum and Instruction*. Los Angeles: SAGE, ix.

以，“课程是学校教育的核心”①。从教育途径看，一个学校的教育途径是多种多样的，概括起来有：教学、体育活动、劳动、社会活动、党团活动和社团活动等，无论从时间、空间还是设施看，全都主要为课程与教学所占据，这是课程与教学所具有的核心地位的客观体现。从工作类型看，一个学校的工作一般分为教学工作、党务工作、行政工作和总务工作等，后三种工作都是为课程与教学工作服务的，这就从活动实施上保证了课程与教学工作是学校工作的核心。从活动目的看，教育的目的是促进学生德、智、体、美等全面发展，课程与教学的直接目的也是学生的德、智、体、美等全面发展，与教育目的直接同一，学校的其他活动的直接目的则只是单方面的，这也决定了课程与教学处于核心地位。

课程与教学是学校教育的核心，乃教育学的一条基本原理。这在历史上有过正反两方面的经验和教训，凡是以课程与教学为核心的，学校教育就不断发展和不断繁荣，凡是取消课程与教学的核心地位的，学校教育就会遭受挫折。比如我国，20 世纪 50 年代末期，大搞劳动教育，学校以劳动为中心；20 世纪 60 年代中期至 70 年代中期，大搞革命教育，以“文化革命”为中心。众所周知，这一切都是以削弱甚或取消学校教育的课程与教学活动为特征，曾经致使我国的学校教育走到了崩溃的边缘。

二、基本概念

课程与教学论尽管丰富而复杂，却有清晰的“指称”和“范围”。

（一）课程与教学论的指称

课程与教学论作为专门术语，主要有“一个分支学科”“一层基本原理”和“一门教学课目”三个不同指称。

1. 课程与教学论是教育学的一个核心分支学科

在教育学庞大的学科体系中，存在着大量的分支学科，它们处于不同方面和不同层面，甚至相互交叉。在我国国务院学位委员会 20 世纪 90 年代颁布的新学科分类中，教育学有“十加一”个二级学科。其中，直属的十个分别为教育学原理、课程与教学论、比较教育学、教育史、高等教育学、幼儿教育学、特殊教育学、职业技术教育学、成人教育学和教育技术学；外加的一个是被临时划归公共管理学的“教育经济与管理学”，以前曾归属教育学，实质上也是教育学的一个二级学科。

课程与教学论，在教育学的众多二级学科中，处于核心地位。教育领域和教育学研究的问题有许许多多，其中，绝大多数同时也是其他领域和其他学科研究的对象，唯有“教学什么”与“怎样教学”两大问题，是只有教育学才研究而其他学科不研究的教育本体问题。课程与教学论是专门研究“教学什么”与“怎样教学”两大问题的。正是这两大独特问题，决定着教育学的独立学科特性；也正是这两大问题的独特性，奠定了课程与教学论在教育学科群中的核心地位。

---

① Kridel, C. (Ed.). (2010). *Encyclopedia of Curriculum Studies*. Los Angeles: SAGE, 196.

2. 课程与教学论是学科群中的一层基本原理

经过长期发展与积累，课程与教学论已经形成了众多下位学科，建成了教育学领域中最大的子学科群。根据所研究问题的一般性与课目具体性不同，它分为课程与教学基本原理和学科课程与教学论两个层面；根据所属活动领域不同，它分为学校教育课程与教学论、家庭教育课程与教学论、社会教育课程与教学论以及自我教育课程与教学论；根据所聚焦的相对独立活动类型不同，它分为课程论、教学论、学习论与教育技术学；根据所属教育层次不同，它分为学前课程与教学论、小学课程与教学论、中学课程与教学论、大学课程与教学论、研究生课程与教学论；根据所属教育类型不同，它分为普通教育课程与教学论、职业技术教育课程与教学论、成人教育课程与教学论和特殊教育课程与教学论等；根据具体教育目标不同，它分为智育课程与教学论、德育课程与教学论、体育课程与教学论、美育课程与教学论、公民教育课程与教学论以及心理健康教育课程与教学论等。在这些纷繁复杂的子学科群里，人们使用“课程与教学论”术语时，常常是特指其中的“课程与教学基本原理”。

3. 课程与教学论是教师教育中的一门具体课程或教学科目

现代教师教育课程，已经形成了模块结构，包括通识教育类、学科专业类、通用教育学类和教育实践类。长期以来，人们积累了丰富的教育专业经验与知识，促使教师教育中的教学专业课程不断改革与创新。所以，现代教师教育均开设了课程与教学研究方面的系列课程，有一门就是“课程与教学论”，主要以课程与教学论学科群中的基本原理为知识基础。这样，“课程与教学论”有时是专指列入教师教育培养方案里的一门具体课程或教学科目。

（二）课程与教学论的范围

课程与教学论的范围广大，这里从主要领域、焦点论题和新兴方向等方面加以简介。

1. 现代课程与教学论的主要领域

20 世纪 80 年代，世界著名教育家胡森（Husén，T.）组织世界著名教育学者，设计与编写出版了有史以来最大型的《国际教育百科全书》，进而编写出版了分卷本的《国际课程百科全书》和《国际教学与教师教育百科全书》,① 列出了课程与教学论的主要领域。

概括起来，现代课程与教学论的主要领域有“课程与教学理论”“教师与学生”“课程过程”“课程实施”“教学方法”“课程与评价”和“课程教学科目”等。其中，课程与教学理论领域，主要包括“课程与教学基础”“课程与教学基本概念”“课程与教学方式”以及“课程与教学探究热点”等亚领域；教师与学生领域，主要包括“学生与教学过程”“教师本质与特征”“教师知识”以及“教师教育”等亚领域等；课程过程领域，

① See Lewy，A.（Ed.）.（1991）. *The International Encyclopedia of Curriculum*. NY：Pergamon；Anderson，L. W.（Ed.）.（1995）. *International Encyclopedia of Teaching and Teacher Education*（2nd Ed.）. NY：Pergamon.

主要包括“课程创新本质”“课程研制过程”“课程与教学资源”“课程参与和决策”“课程设计与编制”“教育目的与目标”以及“教材开发”等亚领域；课程实施领域，主要包括“课程实施模式”“课程变迁”以及“校本课程开发”等亚领域；教学方法领域，主要包括“教学策略”“学校与课堂环境”“班课教学技能与技巧”“特项教学方式”以及“教学技术学”等亚领域；课程与教学评价领域，主要包括“评价方式”“课程方案评价”“教学评价”与“学习评价”等亚领域；而课程教学科目亚领域，囊括教育活动中数不胜数的具体课题，就中小学幼儿园教育而言，主要包括“语文”“外语科”“人文课程”“艺术课程”“社会科”“数学教育”“科学教育课程”以及“体育”等具体科目亚领域。前述百科全书，视野主要聚焦在基础教育领域，而之外的“职业技术教育课程与教学”“高等教育课程与教学”以及“研究生课程与教学”，实际上也是现代课程与教学论涵括的重要领域。

2. 当代课程与教学论的主要论题

国内外课程与教学论，有不同的主要论题（major themes）。在西方，学者们乐此不疲以廓清当下课程与教学论的关键论题。一方面，有人考察新兴研究文献，就研究内容所涉梳理出课程与教学领域炙手可热的“课程知识”（curriculum knowledge）、“课程形式”（curriculum forms）、“有效教学方法”（pedagogy）、“科目”（subjects）以及“评价与评估”（evaluation and assessment）五个论题。① 另一方面，有人洞悉和建构了课程实践观（practical conception of curriculum），遵循根基于坚实课程实践活动的学科核心逻辑，提炼出从“课程实践”到“课程背景”再到“课程理论”的“三分结构”。② 由此观照，所展示出的当下课程与教学论热点论题，既有过往持续下来的“课程规划”“课程编制”“科目理论”“技术作用”“课程与文化多样性”“身份、共同体与多样性”“学生课程经验”“移民学生课程经验”“教师教育桥梁”以及“教师课程编制者角色”10大论题，更有“学校课程政治学”“课程结构”“课程实施持续”“多样化教学”“教师课程经验”“课程的本土制约与更新”“课程全球化”“发展中国家社区教育”“课程探究”“课程政策研究”“课程隐性研究”“学校教育内容史”“课程开发史”“进步课程传统复兴”“课程论史”以及“课程与教学的多样性与连续性原理”16大论题。

在当代中国，经过学者们的专项清理，③ 课程与教学论当下热点论题，主要有“课程本质”“课程基础”“课程设计”“课程实施”“课程实验”“课程评价”“课程发展”“课程改革”“教学论研究对象及其发展”“教学本质”“教学主客体关系”“教学原则”“教学方法”“教学设计”“教学模式”“班级管理”“教学艺术”“教学评价”“活动教学”“教学实验”以及“教学理论与实践的关系”等。

---

① Scott, D. (Ed.). (2003). *Curriculum Studies Volume 1-IV*. NY: RoutledgeFalmer, v-xii.

② Connelly, M. M. (Ed.). (2008). *The SAGE Handbook of Curriculum and Instruction*. Los Angeles: SAGE, xiii.

③ 参见李定仁、徐继存主编：《教学论研究二十年》，人民教育出版社 2001 年版；李定仁、徐继存主编：《课程论研究二十年》，人民教育出版社 2004 年版。

3. 现代课程与教学论的新兴方向

课程与教学论探究的现在与将来方向问题，则是一批年轻学者的忧思所在。立足现在眺望未来，“这一刻”的抽绎和“下一刻”的洞见，便跃然纸上。① 在这些学者的笔下，现在与将来课程与教学论领域里，飘忽着一缕缕思想幽灵，它们是女性主义、后殖民主义、种族批判课程、农村同性恋研究、黑人女性主义文化分析、后结构主义政策研究、精神生态学以及东—西国际哲学；而且，生成着别具一格的热点论题，诸如“开放、他性与事物状态”“重构课程经典”“技术、自然与身体”“具身性、关系性与公共教育学”“空间、空间制作与学校教育”“跨文化国际视点”“智力课程的创造力”以及“自我、主体性与主体地位”等。

第二节　课程与教学论的时代特征

课程与教学论学科的建立，以 1949 年泰勒（Tyler，R. W.）出版《课程与教学的基本原理》② 一书为标志。在我国，课程与教学论是近年来由课程论与教学论两门学科整合而成，所以它的时代特征颇受关注而存在异议，主要集中在“课程（论）与教学（论）的关系”“大课程论”以及“学科特性”等问题上。

一、课程（论）与教学（论）的关系

以往，既分别存在课程与教学两个领域，又相应形成了课程论和教学论两门学科。对于它们之间的关系问题，国内外均未取得一致意见，需要深入探讨。

（一）大教学论

现代教育学的创始人夸美纽斯（Comenius，J. A.，1592—1670），通过办学实践和探究，建立了“泛智教育理论”，包括世俗的教育目的论、百科全书课程论和艺术性教学论。他将自己的教育理论整理成书，于 1632 年出版了标志着教育学和教学论诞生的《大教学论》③。该书深入论述了教育目的，学校性质和结构，教育原则和方法，课程教材内容与组织等问题，建立起了“大教学论”体系，并流传于世，形成了作为历史渊源的“教学包含课程、教学论包含课程论”的传统观念。

（二）英美等国的四种模式

在英美等国，对课程（论）与教学（论）之间关系有四种不同看法，形成了“二元

---

① See Malewski，E.（Ed.）.（2010）. *Curriculum Studies Handbook：The Next Moment*. NY：Routledge.

② See Tyler R. W.（1949）. *Basic Principles of Curriculum and Instruction*. Chicago：The University of Chicago Press. 又参见泰勒著，施良方译：《课程与教学的基本原理》，人民教育出版社 1994 年版。

③ 参见［捷克］夸美纽斯著，傅任敢译：《大教学论》，人民教育出版社 1984 年版。

独立模式”“相互交叉模式”“包含模式”和“二元互联模式”（参见图 1-1）。①

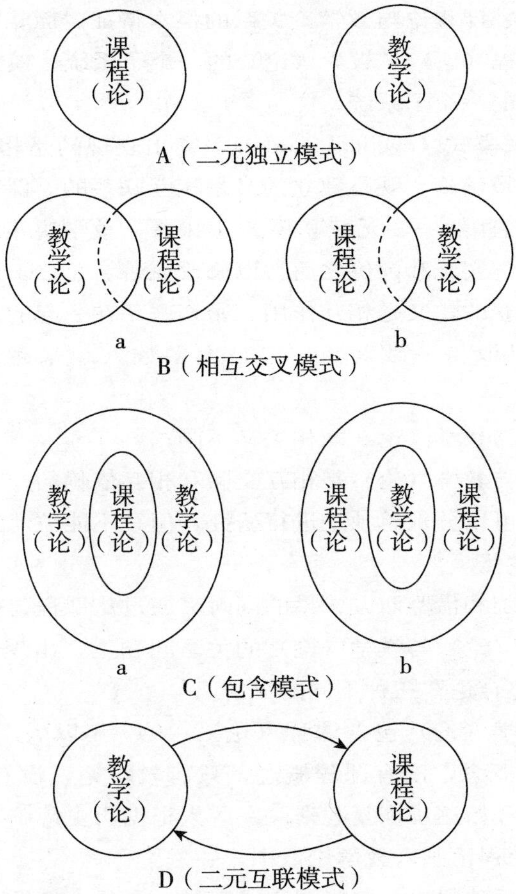

图 1-1　课程（论）与教学（论）关系模式

图 1-1A 是二元独立模式（dualistic model）。课程（论）独居其位，教学（论）也一样，两者没有“接触”，相互之间存在巨大的“鸿沟”。课程与教学、课程论与教学论彼此独立，互不依赖。这样一来，教师教学时课堂上发生的事与课程专家设计的课堂上应该发生的事之间毫无关系。课程规划者，忽视了教师，反过来也被教师所忽视。课程研究与它们在学校中的教学实际应用分离开了，两者独自变化而互不影响。

图 1-1B 是相互交叉模式（interlocking model），即教学与课程、教学论与课程论，相互包含了对方的一部分。当站在教育系统的角度来看待时，课程（论）与教学（论）就是平行而相互交叉的了。

图 1-1C 是包含模式（concentric model）。它有两个变式：一是课程包含了教学，

① Oliva，P. F.（2009）. *Developing the Curriculum*（7th Ed.）. Boston：Pearson/Allyn and Bacon，8-11.

课程论包含了教学论；二是教学包含了课程，教学论包含了课程论。相互依赖，是这一模式揭示的课程与教学、课程论与教学论关系的根本特征。而相互归属，是另外一个特征。模式 C-a 表示，课程（论）是教学（论）的一个子系统；模式 C-b 则相反，表示教学（论）是课程（论）的一个子系统。

图 1-1D 是二元互联模式（cyclical model），突出表现的是相互作用与影响的关系。课程与教学、课程论与教学论，既是独立的又是相互联系的。课程（论）不断地作用和影响着教学（论），反之亦然。二元互联模式意味着，教学决策确定于课程决策之后，同时，课程决策则在教学实施和评价之后得以修改完善。总之，课程与教学、课程论与教学论之间既是相互独立的，又是相互作用、密切联系在一起的。

尽管目前人们难以取得一致观点，但是大多数人越来越倾向于赞同以下三点看法：①

第一，课程（论）与教学（论）既相关又不同；

第二，课程（论）与教学（论）是相互交叉和相互依赖的；

第三，课程与教学可以分别单独地进行研究，但是不能彼此独立地起作用。

（三）我国的三种主张

近年来，在继承传统和借鉴西方成果的同时，通过从课程与教学改革实践中吸收营养，我国学术界在课程（论）与教学（论）的关系问题上，出现了“大教学论”“相互独立论”“课程与教学整合论”三种不同的见解。

大教学论主张，教学（论）包含课程（论）。1949 年以后，我国引进苏联的教育学，里面只有教学内容概念，没有课程概念，只有教学论，没有课程论。改革开放以来，我国的课程论学科开始逐步恢复起来。一些人根据历史传统，将课程等同于“教学内容”，很自然地就把课程论归入教学论之中。

另外有人提出了相互独立论，主张课程研究是一个独立的领域，课程论是独立于教学论的一门教育学的下位分支学科。② 美国学者比彻姆（Beauchamp，G. A.），在对教育学科内容及其体系作了研究之后，认为“课程理论是教育学的下位理论”③。教学论原本已经是教育的下位理论了，所以在教育学知识体系中，教学论与课程论是同属下位的平行分支理论。

课程与教学、课程论与教学论相互独立的主张，在有力地促进课程研究和教学研究发展的同时，却加剧了两者相互割裂的倾向。人们在冷静分析和探讨中，逐步孕育起课

① Oliva，P. F. （2009）. *Developing the Curriculum* （7th Ed.）. Boston：Pearson/Allyn and Bacon，11.

② 参见陈侠：《课程论的学科位置和它同教学论的关系》，载《课程·教材·教法》1987 年第 3 期；廖哲勋著：《课程学》，华中师范大学出版社 1991 年版；刘要悟：《试析课程论与教学论的关系》，载《教育研究》1996 年第 4 期。

③ ［美］比彻姆著，黄明皖等译：《课程理论》，人民教育出版社 1989 年版，第 3 页。

程（论）与教学（论）整合的新趋向，分别提出了“课程与教学一体化研究”① “课程与教学整合论”② 和“大课程观与大课程论”等主张。

二、大课程论

遥想当年，夸美纽斯创立教育学时，将其命名为“大教学论”；而俯瞰今日，“课程与教学成为了教育领域里一个最大最多样化的领域。许多大专院校设置了课程与教学系和专业，而国家级、省级以及校级课程与/或教学组织则随处可见。对课程与教学所覆盖的广袤活动的研究，就被定义为课程论（curriculum studies)”③。纵观历史，关于课程（论）与教学（论）关系的认识，自大教学论始，历经四百年的发展和变化，似已嬗变出大课程论。大课程论，正在努力揭示和建构课程包含教学、课程论包含教学论的新图景（landscape)。④

（一）大课程观

课程包含教学，在内容上和形式上均有表现。20 世纪以来，学者们不仅看到了“课程决策，既有全国性和地区性层面的课程编制者的决策，也有学校、班课层面的课程实施者的决策”，而且深刻认识到了课程的本质表现于“课程研制过程”。故而，1991 年出版的具有权威性的《国际课程百科全书》，专门把第三部分的标题列为“课程过程”（curriculum processes)，并以“课程研制过程”（the process of curriculum development）为核心。⑤ 课程研制过程，是由“课程规划、课程实施和课程评价”三个阶段有机联系在一起而构成的。在课程实施阶段，“诸如应用团队教学来传递学习经验之类的方式，其实是先出自课程规划背景，然后才加以操作的”⑥。显然，课程实施的主要活动或途径实际上就是教学。逐渐地，人们开始明确地认识到，课程实际上和实质上是一种教育进程，也就是一种“实践状态”的教育活动，内在地包含着教学活动。所以，从时间进程上看，课程显然包含了教学。于是，大课程观悄然而兴。

大课程观主张，课程与教学进行全面整合。在大课程观看来，课程包含着教学，课程既是课程设计、教学实施与课程评价循序组成的有机连续体，又是学校课程与教学、家庭课程与作业、社会课程与经历以及自我教育课程与感悟构成的系统集合体，还是基于传统媒体的已有课程与教学同基于信息通信技术的网络课程与教学的高度整合体。

---

① 高文：《试论课程与教学的一体化研究》，载《外国教育资料》1996 年第 6 期。

② 张华：《课程与教学整合论》，载《教育研究》2000 年第 2 期。

③ Connelly，M. M. （Ed.）(2008). *The SAGE Handbook of Curriculum and Instruction*. Los Angeles：SAGE，ix.

④ 黄甫全：《大课程论初探》，载《课程·教材·教法》2000 年第 5 期。

⑤ Lewy，A. （Ed.）.（1992). *The International Encyclopedia of Curriculum*. Oxford：Pergamon Press，274-396.

⑥ Oliva，P. F.（2009). *Developing the Curriculum*（7th Ed.）. Boston：Pearson/Allyn and Bacon，22-23.

（二）大课程论的基本立场

大课程观的诞生之时，正是大课程论的孕育之机。建构中的大课程论，内在地包含着新研究立场的确立，集中地表现为“教学什么”与“怎样教学”问题领域的重心转换。

在古代学校教育中，“怎样教学”是比“教学什么”更重要的问题。那时，学校教育的基本功能是传授和学习一定的知识经验，而教师均为那个时代的知识经验化身的“老人”“长者”“圣人”或“智者”等。那时，教师具有什么知识经验，学校教育中就理所当然地“教学”什么。这样，对于教师来说，“教学什么”的问题，就几乎不成问题。而成问题的是“怎样教学”，亦即“怎样将自己的宝贵知识经验，有效地传授给年轻一代”。

“怎样教学”和“教学什么”两个问题领域的并存，导致了人们的思维和研究究竟以哪个问题领域为重心的问题，从而衍生出了从过去以“怎样教学”为重心到当代以“教学什么”为重心的演化趋势。当代人们观察、思考、研究和解决相互关联的课程问题与教学问题的立场和取向，开始了根本性的转换。与过去截然不同的现象出现了，人们开始普遍地自觉或不自觉地站到了解决“教学什么”问题的课程立场，来看待、观察、研究和解决“怎样教学”的教学问题，从而把教学问题纳入了课程问题的“轨道”，孕育起了大课程观，开始形成以课程为核心和取向的“课程思维”方式，并逐渐扩展演变为教育领域的行为方式，催生出了大课程论。大课程论主张，课程（论）与教学（论）进行全面整合，建设和发展有机统一的“课程与教学论”。很幸运，大课程观与大课程论生逢其时，得到了信息通信技术的支撑，正在通过越来越广泛的网络课程与教学开发，以真正实现“课程与教学”整合。

当然这并不是说，教学与教学论不重要了，更不是要用“课程”取代“教学”，用“课程论”来取代“教学论”了。恰恰相反，这意味着，教学与教学论比以往任何时候都更有价值了！在大课程观里，教学是实施课程和达到教育目标的根本途径，具有无比的重要性。在大课程论里，教学论的重大价值被揭示而得到广泛认同，以追求和实现有效教学。所以，大课程观与大课程论，更重视有效的教学、教学理论与教学方法，更突出基于信息通信技术的网络学习与教学的设计与开发，以还原和实现教学论的“知识、技术与方法”本性，引导教学研究和实践走上更加健康发展的道路。

三、学科特性

从文化的关系视角看，现代课程与教学论具有综合性、横断性与人文性三大特征。

（一）综合性

在学科特性中，人们比较关注的一个问题是，课程与教学论是理论学科还是应用学科？有人主张课程与教学论是一门理论学科，另有人则认为课程与教学论是一门应用学科。在不断的争论声中，课程与教学的理论知识和技术方法都得到了长足发展。

今天的课程与教学论，已经发展成为既有基本原理，又有多层次多方面技术方法体系的综合性学科。事实上，在课程与教学论学科体系里，既有学术性强的“课程与教学哲学”“课程与教学认识论”“课程与教学心理学”和“课程与教学社会学”等理论学科，也有实用性强的“课程与教学技术学”“多媒体课程与教学论”“网络课程与教学论”“课程与教学策略”和“课程与教学方法论”等技术学科，还有操作性强的“英语课程与教学论”“数学课程与教学论”“物理课程与教学论”和“科学课程与教学论”等分支学科课程与教学论。

（二）横断性

历史上，人们就课程与教学是科学还是艺术的问题一直在争论，至今仍然“仁者见仁，智者见智”。事实上，在不同的时代、理论和实践中，有的突出科学，有的突出艺术，有的突出社会。于是，课程与教学论的特性就往往被分别规定为单一的科学性、社会性或艺术性。

其实，课程与教学是人类的一种特殊社会活动，既有科学性成分，又有艺术性成分，还有社会性成分。作为课程与教学研究和实践的产物，课程与教学论的特性，就断然不会是单一的科学性、艺术性或社会性！从其与所有人类知识领域关系看，课程与教学论是兼具科学性、社会性和艺术性的横断学科，并不简单地归属于单一的自然科学、社会科学或艺术学科。就一般意义而言，课程与教学论作为一门横断学科，基本的规定性是在科学性、社会性和艺术性之间建构具体平衡。在我国历来重视“人文”的深重教育传统背景里，强调和发展课程与教学论的社会性与艺术性，是现时代的需要和特征，而同时突出和建构它的科学性，则是历史赋予的紧迫任务。

（三）人文性

课程与教学活动实际上是由业者、学生、内容与环境等构成的特殊生活。其中，业者（主要是课程编制者与教师）和学生的生命性是不言而喻的；教育内容作为文化的特殊形态，其实质亦为人的生命性；而当代环境的性质已经从自然性嬗变为文化性，其实质也是人的生命性。所以，课程与教学活动实质上是人的生命活动，也就是人文活动。

因而，从其与人的关系看，课程与教学论，作为人的特殊生命活动的理论形态，在本性上归属于人文学科。作为人文学科的课程与教学论，并不否定课程与教学活动具有科学性和社会性，并不否定课程与教学论的科学思维方式和科学精神，并不否定课程与教学论的社会价值；而是强调和呼吁，课程与教学活动及其学科理论需要以人文关怀为落脚点，用生命去理解、体悟、解释进而促进和发展教育领域的特殊生命；并且在这个前提下，去讲求科学精神和使用科学方法，给科学精神和方法划出一道人文的界限，防止科学的越界与滥用，同时去甄别和满足社会合理需要，防止社会的滥权僭越与庸俗腐蚀。

第三节　课程与教学论的主要价值

概括起来，现代课程与教学论，主要有“认识”“知识”和“革新”三大价值。

一、认识价值

课程与教学论的认识价值，主要表现为认识课程与教学现象，揭示课程与教学规律和指导课程与教学实践。

（一）认识课程与教学现象

课程与教学论认识的首要价值，是认识纷繁复杂的课程与教学现象。课程与教学现象，是课程研制与教学活动所表现出来的外部形态和联系，系其外在的与易变的方面。

在现代教育活动中，课程与教学现象分为物质性、活动性和关系性的现象三个方面或层面。物质性现象，如课程计划、课程标准、课本、教学材料、教学指南、补充资料、视听教材和电子教学材料等；还有课室和实验室及其结构，教学设备及其结构和校园建筑及其结构等。活动性现象，如课程规划、教学设计、课程实施、教师考核及课程评价等；还有课堂教学活动及其结构，实验教学活动及其结构，校内外教学见习和实习及其结构和个别教学活动及其结构等。关系性现象，如内容选择与教育目的的关系，内容组织与文化结构以及学生身心发展的关系，课程研制与课程产品的关系等；教师与学生的关系，教师、教材与学生的关系，教学与文化结构的关系，教学过程与教学结果的关系以及课室环境与学生心理的关系等。

（二）揭示课程与教学规律

课程与教学论认识的根本价值，是揭示课程与教学规律。课程与教学规律，是课程与教学及其组成成分发展变化过程中的本质联系和必然趋势。它是内在的东西，人的感官不能触及，只有思维才能把握。

课程与教学研究本身就是人们的一种具体而多样的历史活动，所涉及的规律是丰富多彩的，其中可以区分为存在性规律与反映性规律。课程与教学规律作为一种客观存在，是内在的、不以人的认识和作用为转移的，对认识来说是终极性的，这个层次是存在性规律。而课程与教学研究，实际上仅仅是对这种存在性规律的一种反映而已。人们所“说”的课程与教学规律，一般指称的是这种反映的结果，实质上仅仅是对存在性规律的一种带有人的认识能力局限的摹写、解释和反映，并不能等同于存在性规律，只是一种反映性规律。这种反映性规律的表述，就是人们通常所说的课程与教学原理。

课程与教学原理，是人们对课程与教学及其组成成分发展变化的本质联系和必然趋势的认识和表述，构成所谓的课程与教学理论。它具有主观与客观相统一的特性，与课程和教学规律有本质区别。明确这点，就能胸怀“理论的限度”意识，不将“原理”或“理论”当“存在性规律”来吓唬和误导实践，同时清醒认识到揭示课程与教学规律的艰难性和永恒性。

（三）指导课程与教学实践

指导课程与教学实践，是课程与教学论认识的最高价值。课程与教学实践，是人们有目的地通过改造课程材料、教育设施与教学活动来提升课程研制与教学实施质量的特殊感性活动。它往往被区分为相互联系的管理（administration）、研制（development）和应用（application）三种类型的实践。

管理实践，是指教育行政部门或学校行政对课程与教学过程的计划、实施和评估总结的组织行为。在我国主要表现为三个方面：对课程与教学改革的行政领导，对课程与教学材料的行政管理，对课程开发与教学实施的组织领导。研制实践，包括课程研制及教学设计，是指教育行政官员、课程与教学专家和教师等专门人员，有组织地编制课程与教学材料以及设计教学计划的实际活动。应用实践，是指学校里的教师和学生根据课程与教学计划，使用课程与教学材料进行的所有教育活动。

课程与教学领域中理论指导实践的途径，主要应当在学者主体与广大教师主体之间开辟。一是学者直接参与课程与教学管理和应用。通过这一途径，课程与教学论学者与教育管理者及教师沟通，及时传播和应用课程与教学理论于实践之中。二是教育管理者及教师成长为课程与教学专家。通过这一途径，教育管理者及教师学习掌握课程与教学理论，同时将自己的感性实践经验升华为课程与教学理论，使自己成为课程与教学专家，把课程与教学理论直接应用于自己的实践之中。三是学者与教师联合形成教育教学专业共同体。以课程与教学改革为契机，开展院校协作，学者与学校校长及教师结成伙伴关系，实现理论指导实践，进而创生理论与实践互动互惠的新型关系。

需要清醒认识到，理论与实践结合的前提是掌握和创新理论。所以，实践工作者要首先认真学习和掌握已有的课程与教学论基础知识与基本原理，而理论工作者要坚守自己的理论研究岗位，努力探索、丰富进而创新课程与教学论的知识宝库。

二、知识价值

对教育学知识（pedagogical knowledge，educational knowledge）生成的探究，至今已经形成三条主要途径，即教育学知识的元分析、校本教师研究和教师教学过程中的知识增长。

（一）科学知识、哲学知识与实践知识

根据教育学知识的元研究，从古至今的教育学研究有三大活动领域，分别为教育科学、教育哲学和教育实践，生成三类教育学知识，分别为“科学的教育学知识、哲学的教育学知识和实践的教育学知识”①。

三种知识具有不同的基础并服务于不同的目的，其中任何一种都不能代替他者。科学的教育学知识，以教育事实或教育现实为对象，以希望受教育者达到的人格状态（目的）与特定教育活动和教育制度（手段）之间的关系为学科主题，以科学方法论为基础，采取“因果—分析”方法取向，旨在考察教育是什么和应该做什么的问题，以达至教育的目的—手段关系的特殊目标。然而，科学知识只告诉事实是什么，而没有告诉应该怎样评价和应该要什么。哲学的教育学知识，聚焦于教育应该怎样评价和应该要什么的问题，从一定的世界观和道德智慧出发，以分析—认识论哲学为基础，探寻教育者美

① ［德］布列钦卡著，杨明全、宋时春译：《教育知识的哲学》，华东师范大学出版社 2006 年版，第 20 页。

德、教育伦理、课程与教育组织规范，以达到为教育进行价值判断和确立规范的目的。与前两者均不同的是，实践的教育学知识，以具体教育领域中的“技术”“方法”和“组织”为学科主题，以“现象学”“解释学”和“批判—解放理论”等为方法论基础，从而为教育者提供进行合理教育行动所需要的实践知识。

三种知识其实是交互作用的。哲学教育学知识的直接作用有限，更多的时候，则是为实践教育学知识提供合理性验证或支持。而科学教育学知识，则为实践教育学知识提供技术假设。通俗地说，哲学教育学关于价值、目的与目标的知识和科学教育学关于方法、策略和技巧的知识，可以在一定社会与文化条件下的一定教育行动领域中使用，进而发展成为一定的定位于行动的实践教育学知识。

（二）个人知识、本地知识与公共知识

教师知识研究一直是心理学的主题之一，而教师研究则是 20 世纪 70 年代以后的新兴事物，随后两者交会而孕育出教师研究的识知方式（teacher research as a way of knowing）主题。既往的教育学研究，研究者主要是大学学者，系大学本位研究。而教师研究虽是与之不同的新型学校本位研究，但为教师知识新理论作出了贡献。所生成的知识，可分为“个人知识”“本地知识”和“公共知识”三类。

个人知识（one's own knowledge），指教师在开展研究时个人自身就已经具有的知识。每个教师都拥有与别人不同的个人知识，而教师研究中的识知（knowing），首先就是教师对自身个人知识的识知，从而为本地知识和公共知识的生成奠定了基础。本地知识（local knowledge），指的是教师通过校本研究生成的有关教学、学习与学校教育的知识。本地知识旨在揭示教师研究中的两方面状况：一是教师通过校本研究对他们自己的知识知道了什么；二是当教师研究者共同体在协作建立知识的过程中他们又知道了什么。显然，“教师团体通过研究归纳他们自己的见解，依靠并为了他们自己的共同体而创造本地知识。”① 由于不同背景中的教师有着不同的目标、活动以及做研究的方法，因此不同团体的知识建构过程存在很大差异。通过会议、网络、出版物以及培训等平台，不同区域的教师研究团体正加大传播自己的研究，使得教师或教师研究共同体的分析框架开始考虑其他教师或共同体提出的问题、争议以及解释，于是一种基于班课的知识基础就逐步发展起来了，教师研究就在个人知识与本地知识的基础上，生成了公共知识（public knowledge），从而影响更大范围的校本教师共同体的价值观。显然，由个体教师生成的个人知识理应归入教育学知识，同理，由教师共同体生成的本地知识与公共知识亦是如此。

（三）实践知识与课目教育学知识

近年来，学者们将焦点从自己的研究及其成果转移到了教育实践，尤其对学校真实教学活动中教师获得和应用的知识表现出浓厚兴趣。艾尔贝兹（Elbaz，F.）将其命名为“实践知识”（practical knowledge），并采取个案方法进行了深入研究；而舒尔曼

---

① Cochran-Smith，M. & Lytle，S. L.（Eds.）.（1993）. *Inside/Outside：Teacher Research and Knowledge*. NY：Teacher College Press，52.

（Shulman，L. S.）对“教学过程的知识增长”研究，则发现了“课目教育学知识”（pedagogical content knowledge，PCK）。

实践知识的概念有广义和狭义之分。开始时，人们将教师知识分为五类，即课目知识、课程知识、实践知识、个人知识和教学互动知识。所以狭义上，实践知识的概念只包括关于实践的知识和以实践为中介的知识。① 实践知识的概念包括“内容”“取向”和“结构”三个维度。就内容而言，实践知识分为课目知识、课程知识、教学知识、个人知识（self-knowledge）和学校教育情境知识；就取向而言，实践知识有情境的、理论的、个人的、社会的和经验的五种取向；而就结构来看，包含实践的规程、实践性原则和实践性表象，规程是在方法意识上加以遵循的，原则是在反思意义上使用的，表象则是在直觉意义上指导行动的。发展到当前，学者们更加突出教师知识的实践性。所以广义上，实践知识就是构成教师实践行为的所有知识和洞察力，是隐含在教师行为背后的知识和信念总和。② 这实际上指涉及教师的所有知识，是将教师知识属性规定为实践性。

课目教育学知识，又译为“学科教学知识”或“教学内容知识”，是一种具体的教育学知识，也是课目内容知识的一种特殊形式，它一方面基于课目又超越了课目而通达了课目的教育学知识维度，另一方面则包含了课程内容中与可教学性联系最为紧密的方面。③ 所以，课目教育学知识，实质上就是教师实际教育教学能力的知识表征。这样，课目教育学知识可以定义为，学校教育工作者通过教育与培训以及专业实践所养成或建构的，在逼真情境里教导学生有效学习掌握具体课目内容的一类实际教育教学能力。

课目教育学知识，自从 20 世纪 80 年代发现和提出后，研究与发展都十分快速。一方面，在教师认知心理学领域，开拓出了“课目教育学识知”（pedagogical content knowing，PCKg）和“课目教育学建构”（pedagogical content constructions，TPCs）两大方向。另一方面，各个具体课目教育学知识如雨后春笋般茁壮成长，主要有科学课目教育学知识、数学课目教育学知识、英语课目教育学知识、基于技术的课目教育学知识（technical pedagogical content knowledge，TPCK）以及网络化课目教育学知识（ICT-TPCK）的发展等。这些既为真实课堂的课程与教学改革提供了新知识基础，又为教师教育课程革新搭建起了新参考框架，还为教师专业发展开辟了专业研究新途径。

三、革新价值

课程与教学论具有的教育革新价值，主要表现为促进课程与教学创新、教育制度与

---

① Elbaz，F.（1981）. The Teacher’s “Practical Knowledge”: Report of a Case Study. *Curriculum Inquiry*，11（1），43-71.

② Verloop，N. et al.（2001）. Teacher Knowledge and the Knowledge Base of Teaching. *International Journal of Educational Research*，35（1），441-461.

③ Shulman，L. S.（1986）. Those Who Understand: Knowledge Growth in Teaching. *Educational Researcher*，15（2），4-15.

政策创新以及教师教育创新等三方面。

（一）**课程与教学创新**

课程与教学论知识，总会或早或迟或宽或窄地引发一定的课程与教学创新活动。

课程与教学论知识所具有的课程与教学创新价值，主要表现在"精神""目的""教师"和"具体方法"四个层面。知识的本性是创新，所以课程与教学论知识总是倾向于为课程与教学活动注入创新精神。同时，课程与教学论的哲学知识和科学知识，为人们提供了新型课程与教学方式的目的期待与价值合理性，进而驱使人们规划新的课程与教学改革项目。同时，相关的课程与教学论知识，总是在教师中传递与传播，总会激发和指导教师在自己的日常课程与教学活动中尝试变革行动。这样的变革行动，一定是具体化的：特定的课目知识点，活生生的一个个学生，情境化的课室，异彩纷呈的班课教学活动……由特定程序与策略将它们建构成为鲜活的具体教学活动。这一切，就是"具体教学方法创新"的概念所指。

（二）**制度与政策创新**

美国著名教育政策研究专家布雷西（Bracy，G. W.）指出："政策源自课程。"① 基于课程与教学论知识的任何改革项目，必然要求并促进相关教育制度与政策创新。

课程与教学论知识的制度与政策创新价值，关涉课程政治学与课程政策领域，具有复杂多样的作用方式。"课程政治学，用以揭示那些旨在影响规划学习情景的所有行动的特点。"而"课程政策制定，则关涉到决策过程。例如，确定具体目的或选用一种具体课程"②。回顾已有研究，课程过程的组织以及权能和文化再生产，是课程政治学和课程政策文献里的主要课题，并形成了共同解决问题的渐进原理（rationality of incrementalism）和综合原理（rationality of comprehensiveness）两种主导方式。

当下，随着文化发展与进步，教育制度和政策革新，面临大量问题与课题。政策人口统计学趋势所揭示的文化差异性凸显，多民族、多种族、阶层差异、性别差异、不同性取向、农村儿童进城、边远农村牧区生源萎缩以及留守儿童与农民工子女等问题，诸多事件、政策和社会倾向似乎暴露出教育不公情形日益严峻，从而挑战和追问教育者们，什么样的新学校制度和政策，才能让学校教育担当起差异情境里的公平化使者角色？教育公平以及实践为本评估，学业考核与公平的学习结果，学校改革重构与政策革新，成为课程研究与制度创新互动的持续不断的重要课题。多元文化课程发展，要求建立和施行新型学校政策，革新学校课程体系；而标准为本的改革要求建立新型教育资助体系，以消除低收入以及少数民族学生与其他学生之间的成绩鸿沟。教育政策必须革新以杜绝单一模式、单一结构和单一教育体系；多样化的课程与教学方式是必须的，学校、地方和教育部门有责任通过制度安排和政策创新来保障学生获得不断

① Ornstein，A. C.，et al.（2007）. *Contemporary Issues in Curriculum*（4th Ed.）. Boston：Pearson，371.

② Lewy，A.（Ed.）.（1992）. *The International Encyclopedia of Curriculum*. Oxford：Pergamon Press，116.

增加的机会以行使他们自己的生活、自由与追求幸福的权利。课程研究，亦在考察和揭示社会制度与政策的影响，以解决社会分层导致学习机会、健康保障与社会服务不均问题。

（三）教师教育创新

课程与教学论知识对教师教育创新的价值，近年来越来越凸显，主要涉及教师教育模式、教师教育课程方式和教师专业发展策略三个方面。众所周知的教师实践性知识提出和发展起来后，使那些坚持“教育教学技艺观”的人们，获得了开辟新型教师教育模式的合理性依据，从而使越来越多的人们相信“实践和现场作业”对合格教师培养至关重要，并影响了教育法规、制度与政策，进而获得授权建立大学本位以外的新型教师教育机构与模式！据报道，在美国截至 2006 年，“已经有 47 个州以及哥伦比亚特区采用了合法的新型培养方式，以加速任课教师培养，并减少或削弱（大学）教育学院课程分量”①。这就引发了大学为本的教师教育模式的危机，同时也带来了新型教师教育模式的发展与建构问题。课目教育学知识的研究与发展，为教师教育课程改革提供了新框架，特别是对教师教育临场课程（clinical experiences）创新提供了新知识基础。实践知识和课目教育学知识，同时还为有效的教师专业发展，开辟了新途径与新策略的发展前景。

第四节　课程与教学论的研究方法论

时代精神昭示人们：“哲学是一门个性化的学问，没有超越时代、超越民族和超越哲学家个人的‘一般哲学’。”② 所以，在当代教育领域，没有一般性研究方法论，只有个性化研究方法论。个性化教育研究方法论，就是所有教育参与者都作为主体探究不同教育问题采用有效方法的适切性操作体系。

一、研究主体

教育研究，正在建构“学者、业者与学生为主体”的新观念。长期以来，人们都忽略了研究中的“人”，忘记了辨析从事研究活动的人有哪些，从而形成了“只有学者是研究主体”的“集体无意识”，造成了“师生主体遮蔽”现象。已有的教育认识论，倡导与确立了“学生是主体”观点。③ 新的文化认识论则启示我们，在教育研究领域，不仅学生是主体，教师以及其他教育工作者都是主体。师生作为教育认识的主体，不仅是教育实践活动主体，也是教育研究活动主体！

---

① Levine, A. (2006). *Educating the School Teachers*. The Education Schools Project. 14. Retrieved July 9, 2008, from http://www.edschools.org/pdf/Educating_Teachers_Report.pdf.

② 刘福森：《哲学不是什么》，载《理论探讨》2009 年第 5 期。

③ 王策三主编：《教学认识论（修订本）》，北京师范大学出版社 2002 年版。

不断深化的课程改革，开始倡导“教师研究者”① 和“学生研究者”② 角色，并逐渐形成了“师生主体是文化主体”的洞见。文化哲学揭示并确立了人的文化主体地位，文化主体把人提升到了对自身的文化存在及其价值实现的自觉状态。③ 文化主体，在“自然而然”的实践活动中，同时完成了“向文而化”的认识活动。在心理操作层面，师生作为文化主体，一方面通过教学实践活动，实现并促进着课目知识的习得与意义建构；另一方面则通过教学研究活动，在完成教学实践活动的基础上，实现并促进了真实情境中具体有效的教育学知识及其意义的建构。一种超越性的新型课程与教学论已逐渐兴起，并揖别已有“学者”的课程与教学论，正在努力嬗变为“师生”的课程与教学论形态，这种新兴形态既包容了学者创生而为师生“消费”的课程与教学论，更创造着师生创生而为学者“吸收”的课程与教学论。④

二、研究对象

课程与教学论的研究对象，在教育界有不同看法，涉及其组成与表征。就组成而言可以区分为“实践”“经验”和“精神”三个层面，就表征而言则触及课程与教学问题。

（一）实践、经验与精神的三层教育世界

在现象学认识论看来，人们面对“实践”“经验”和“精神”三个层面的教育世界。第一层面的世界（first order world），是客观现象本身；第二层面的世界（second order world），是人对客观现象的反映，即人在与第一层面世界相互作用的活动中所形成的对客观现象的看法或观念，也就是人的经验世界；第三层面的世界（third order world），即人所特有的精神世界，它可能受第一和第二世界的影响，但似乎是相对独立的。

长期以来，有人往往立足第一层面的世界，仅仅进行第一层面视角（first order perspective）的客观现象研究；而有人则主要立足第三层面的世界，仅仅进行第三层面视角（third order perspective）的理想精神建构。事实上，人们需要树立第二层面视角（second order perspective），立足第二层面的世界，对师生经验世界开展研究，以促进认识更加全面充分。更要树立三个层次交互视角，对三个世界开展关联性研究，以揭示和把握学校教育生活的复杂性图景。

（二）课程与教学问题

课程与教学论研究对象，过去常常被规定为现象或规律，现在许多人提出应当将其表征为问题。日本有学者在反思教育学的理论问题时，深入地把“教育学称作是以‘教

---

① Stenhouse, L. (1975). *An Introduction to Curriculum Research and Development*. Heinemann Educational Books, 142-143.

② ［美］Steinberg, S. R. & Kincheloe, J. L. 著，易进译：《学生作为研究者——创建有意义的课堂》，中国轻工业出版社 2002 年版。

③ 司马云杰著：《文化主体论》，山东人民出版社 1992 年版。

④ 黄甫全：《师生主体、知识价值与整体方法——文化教学认识论纲》，载《教育发展研究》2010 年第 22 期。

育问题’为研究对象的科学”①；我国学者孙喜亭教授也指出：“教育学的研究对象，可以说是研究以教育事实为基础的教育问题”②。这就指明，课程与教学论的研究对象是课程与教学问题。

课程与教学问题，是指反映到教育活动参与者大脑中的、需要探明和解决的课程与教学实际矛盾和理论疑难。它们既可产生于实践，也可产生于实践同理论的对立，还可产生于一种理论的内部对立和两种理论之间的对立。从古至今，人们提出了数不胜数的老课程与教学问题，同时教育改革与发展实践孕育和产生出了许多令人眼花缭乱的新课程与教学问题。

（三）课程与教学问题的类型

众多课程与教学问题，可以从研究的定位、指称、价值、深度和广度等方面的不同特性进行概括和归纳，分为“内容问题与方法问题”“一般问题与真实问题”“常识问题与未知问题”“表象问题与实质问题”以及“‘大’问题与‘小’问题”等多种类型。

1. 内容问题与方法问题

教育领域中的两个教育本体问题，一个为“教学什么”，系内容问题；另一个是“怎样教学”，系方法问题。它们是从早期的“教什么”（what to teach）和“怎样教”（how to teach）逐步发展到今天的“教学什么”和“怎样教学”的。很久以前的专制社会，是教师支配一切，所以研究者的关注焦点在教师身上，提出和研究的问题就仅仅围绕“教师的教”，所以只侧重提问“教什么”和“怎样教”。今天，社会的民主化进程加上人本主义思想启蒙，学生得到关照，学生的学习受到重视。人们不断扩展视野，提出和研究的问题，就不仅涉及“教师的教”，也涉及“学生的学”，所以就深化并扩展为“教学什么”与“怎样教学”的问题。

“教学什么”与“怎样教学”这两个扩展的问题，实际上包含了“学生学习”“教师教授”与“师生教学”三个方面的问题。首先是学生学习方面的问题，即“学生学习什么”和“学生怎样学习”的问题；接着是教师教授方面的问题，即“教师教授什么”和“教师怎样教授”的问题；然后是师生教学互动方面的问题，即“师生教学什么”与“师生怎样教学”的问题，也就是“教师引导学生学习什么”和“教师怎样引导学生学习”的问题。

2. 一般问题与真实问题

根据指称的范围不同，课程与教学问题分为泛指问题和特指问题。人们在脑海里形成和提出的问题，总是有着不同指称，有的指称古今中外所有的课程与教学活动，或指称一定时间和空间范围的课程与教学活动，属于泛指问题；相对地，有的则指称学校课内外某位教师带着一群学生正在进行的具体课目的课程与教学活动，属于特指问题。这

① ［日］大河内一男等著，曲程等译：《教育学的理论问题》，教育科学出版社 1984 年版，第 32 页。

② 孙喜亭等编著：《简明教育学（修订本）》，北京师范大学出版社 1988 年版，第 2 页。

两种问题，又分别被称为“一般问题”和“真实问题”。

3. 常识问题与未知问题

根据研究价值的有无，课程与教学问题有常识问题和未知问题。人们在课程与教学实践中遇到的各种实际矛盾和理论疑难，有些是前人或他人已经探明和解决了的，不需专门研究，只要查阅有关文献资料就能明了，没有研究价值，它们只是常识问题；而另外一些则是没有探明和解决，或没有完全探明和解决的，不仅需要查阅有关文献资料，而且需要进行专门的研究才能探明和解决，或完全探明和解决，具有研究价值，它们就是未知问题。

未知问题，一般表现为“老问题新含义”和“新问题新含义”两种类型。老问题新含义，即前人和他人已经提出并解决过的问题，但是在不同的社会条件下总是有崭新的含义不明了需要研究解决，这是课程与教学的永恒问题。如：怎样组织课程与教学内容？怎样评价课程与教学？等等。新问题新含义，即在特殊时代条件下，人们遇到的特殊课程与教学问题，具有时代性，这则是课程与教学的时代问题。如：课程与教学有没有阶级性？课程与教学怎样多媒体化？网络课程是什么？等等。

4. 表象问题与实质问题

根据问题探讨的深度不同，课程与教学问题分为表象问题与实质问题。表象是人们对过去事物刺激的记忆所形成的形象，表现的是事物表面特征及其外在关系。表象问题就是人们对课程与教学表面特征及其外在关系中存在的矛盾和疑难的反映，是课程与教学中个别的、特殊的和具体的问题。如：经济发达地区城乡接合部小学生厌学状况是怎样的？现代城市中学教导主任扮演什么样的角色？等等。

而实质问题则是人们对课程与教学内在特性及其内部关系中存在的矛盾和疑难的反映，是课程与教学中普遍的、一般的和抽象的问题。如：交往理论观照下的课程与教学结构是什么？现代条件下教师的角色及其关系是什么？等等。

5. “大”问题与“小”问题

根据问题涉及的范围宽窄，课程与教学问题又可以分为“大”问题和“小”问题。大问题，也就是包含了中观和微观问题的宏观问题，它是在一定时空里，关涉了课程与教学全部或主要方面的各种因素的矛盾和疑难。如：当代中国课程与教学改革的状况如何？怎样建构教学艺术？等等。

而“小”问题就是微观问题，它是在深入而具有普遍性的层面里，聚焦于课程与教学某方面的一两个因素的实质和关系的矛盾和疑难。如：素质教育主要理论命题中存在哪些自我缠绕的矛盾？合作学习方式是否能有效促进小学语文写作学业成就？整合课程真的比分科课程好吗？等等。

无论什么类型的问题，都有一个历史与认识发展的机理。从方法问题到内容问题，从教师的教授问题到师生的教学问题再到学生的学习问题，从表象问题到实质问题，从永恒问题到时代问题，从“大”问题到“小”问题，既是历史发展的趋势，也是人们认识发展的规律，还是深化课程与教学研究的基本要求。

三、研究方法

作为一个相对独立的学科领域，课程与教学论已经在努力形成自己的研究方法论①，概括起来主要有研究范式、研究取向和具体方法等几个层面的探索。

（一）研究范式

在已有的文献中，学者们比较喜欢用库恩（Kuhn，T.S.）创造的术语“范式”（paradigm）②，来探讨课程与教学研究的发展问题，形成了课程探究范式（paradigm of curriculum inquiry）与教学研究范式（paradigm for research on teaching）主题。

1. 课程研究范式

20 世纪 60 年代后期开始，逐步兴起了课程探究范式主题。课程探究范式术语，尽管使用是多样化的，但是归纳起来主要有三种用法：（1）类型体系范式；（2）探究假设范式；（3）课程内涵定义范式。③

类型体系范式（paradigm as classification system），旨在归类已有各种课程理论与实践立场，说明它们的差异和不同看法，以便让课程学者与实践者对决定什么是最有价值供学生识知和经验的问题达成共识。比如有人就从历史发展维度，将课程文献中的研究归为三类，即理智传统主义、社会行为主义和经验主义。类型体系范式，虽然直接谈论的是关于课程问题的实际立场，但间接地提示人们需要对不同课程探究形式进行考察。于是，有学者将已有课程探究形式，按照其假设的不同性质，归纳为三种范式：一是实证—分析范式；二是解释范式；三是批判范式。这个意义上的范式，就是探究假设范式（paradigm as assumptions about inquiry）。而课程内涵定义范式（paradigm as dimensions that define curriculum），则侧重于课程开发的概念化，有代表性的三种称谓是“目标范式”“自然范式”和“实践—折中范式”。

2. 教学研究范式

有学者很早就公开发表论文，探讨了教学研究范式问题。后来在库恩范式理论影响下，教学研究范式一直受到人们的关注。④

开始时，范式只是日常语言意义上的概念，相当于模式（pattern or model）的意思。这样，范式就是考量某种现象的一般方式，现象的变量及其关系通常表现在一份计划清单里。一旦选择了某种范式，研究者就对解决研究问题给予了一种取向承诺，范式

---

① 参见靳玉乐、黄清著：《课程研究方法论》，西南师范大学出版社 2000 年版；王嘉毅著：《教学研究方法论》，甘肃教育出版社 1997 年版。

② Kuhn，T.S.（1962）. *The Structure of Scientific Revolution*. Chicago，Illinois：University of Chicago Press. 参见专门讨论“范式”本质的文集：拉卡托斯等编，周寄中译：《批判与知识的增长》，华夏出版社 1987 年版。

③ Lewy，A.（Ed.）.（1991）. *The International Encyclopedia of Curriculum*. NY：Pergamon Press，51-56.

④ Anderson，L.W.（Ed.）.（1995）. *International Encyclopedia of Teaching and Teacher Education*（2nd Ed.）. Cambridge，UK：Pergamon，91-95.

就对相关的各种具体研究起到潜在的“框架”或“整体把握”作用。到 20 世纪 70 年代，受库恩影响，范式已经被明确当成“规约一个研究共同体合法的问题、方法与解决途径的潜在框架”。进入 20 世纪 80 年代，有人将范式定义为“一套方法论原理和工具与相互匹配的独特概念、变量和问题相整合的体系”；有人则将范式阐释为“一个学术共同体对特有理论框架的一个潜在的、无声的和普遍的承诺”。

由此，不同的学者尝试概括出了多份教学研究范式清单，将它们进行整理，从中可以找出七种不同的范式来。它们分别为“过程—产品范式”（process-product paradigm）、“扩展性过程—产品范式”（extended process-product paradigm）、“人种志范式”（ethnographic paradigm）、“课堂生态心理学范式”（classroom ecological psychology paradigm）、“教学方法范式”（teaching methods paradigm）、“能倾—处理范式”（aptitude-treatment paradigm）和“教学心理学范式”（instructional psychology paradigm）；其中的扩展性过程—产品范式，又包括“时间与学习范式”（time and learning paradigm）、“学生认知范式”（pupil cognition paradigm）以及“教师认知与决策范式”（teacher cognition and decision-making paradigm）三种亚范式。①

（二）研究取向

在当代教育研究领域，影响较大的取向有文献研究、实证研究、质性研究和行动研究等。一些人倾向于简单化地把它们看成是相互区别的不同研究取向。其实，从古代的“原始研究”，经过近代的“文献研究”和现代的“实证研究”，到当代的“质性研究”，再到当下的“行动研究”，实际上形成了一个绵延不绝的“研究文化相继体”。古代的“原始研究”，可以苏格拉底（Socrates，公元前 469—前 399）为代表，融入了研究过程与结果，尚未作为方法独立出来。原始研究作为一种元初范式，实际是一种综合研究，虽未深入考察与建构研究的主客体关系、方法、分析技术和价值目标，但内蕴着后来独立发展起来的各种研究取向的元素及其结构的所有萌芽。而当下的行动研究，并非横空出世，而是在原始研究“始基”上，经过文献研究、实证研究和质性研究的相继发展与扬弃，剔除了糟粕吸取了精华，方慢慢孕育而逐渐生成。因此，行动研究，就不仅仅是区别于文献研究、实证研究和质性研究的一种不同研究取向，而且更是扬弃文献研究、实证研究和质性研究，并剔除了糟粕吸取了精华的一种新兴研究形态。

教育行动研究，研究对象主要是师生在教育教学行动中形成的观念状态的经验与意识等，所以类似于我国原生的经验总结法。经验总结法，是我国文化智慧的结晶，有潜力也有价值进行开发与创新。

（三）具体方法

当代整体主义教育研究方法体系的发展，② 正在确立和实施“选用”“开发”与

---

① Anderson，L. W.（Ed.）.（1995）. *International Encyclopedia of Teaching and Teacher Education*（2nd Ed.）. Cambridge，UK：Pergamon，92.

② 曾文婕：《走向整体主义：校本学习研究的方法论诉求》，载《教育发展研究》2008 年第 10 期。

“创新”三大原则。“选用”，就是从已有研究方法中，精心选择具有师生主体和经验对象适宜性的方式与技术。在长期教育研究中生成和使用的方法，凡是师生适用且可通达“真实课程与教学经验”的具体方式和技术，都可以和应该为新方法体系所吸收，既包括文献，实验、准实验与自然实验，调查、人种志和自传等途径，也包括逻辑分析、统计分析和内容分析等技术。

“开发”，就是“将教育工作发展为教育研究”，具体而言就是将有效的教育教学工作方法，发展成为适用的教育教学研究方法。广大师生在长期的鲜活实践中，积累了丰富而有效的工作方法，它们“天生”就具有师生主体和经验对象的适宜性，都可以通过开发而建构成有效的研究方法。比如，学校常用的“谈心”工作方法，可开发成“交心研究”；学校常用的“作业布置与指导”和“教学设计”等工作方法，可开发成有特色的“作业研究”；学校常用的“个别教育”，可开发成“个案叙事研究”；学校常用的“巡察”与“观摩”工作方法，可开发成“反思型观察研究”；学校常用的“调查反馈”工作方法，可开发成“参与式调查研究”；如此等等。

“创新”，就是遵照“师生与经验适切性原则”，创造并使用适宜的新型研究方法。当下，有三类新兴方法与技术已经引进到教育研究之中，分别是“引导性日志”(guided journal)①、“视听人类学”(audio-visual anthropology)② 和“高级统计学”(advanced statistics)。③ 新近研究揭示，经验等以观念形态存在于人的大脑里，并且具有具身性（embodied）、情境性以及多层交感效应。引导性日志，由反思性日志(reflective journal）发展而来，增加了“问题导引”（guided questions）以廓清研究聚焦与分析框架，从而引导师生用自己的语言“说出”或“写出”自身真实的“教学经验”。引导性日志，基于并融会了作为有效教学方法的反思性日志，亦是将工作方法开发为研究方法的典范，意义深远。

视听人类学，最早为“视觉人类学”（visual anthropology)，后来发展出影像发声法（photovoice)、影像描述分析法（photography）和教学录像的互动分析系统(flanders interaction analysis system，FIAS)。据此，人们正在努力创新音像描述分析法（audio-visual-graphy)。这类方法，借助高新数字化音像技术，让师生在真实情境中不可能同时操作的系统经验行为及其系统反思行为，可以在虚拟空间和真实空间交互中得以完成，从而在真实生活中而不仅仅在理论里确立和实现自身“教学实践”与“教学研究”的双重主体地位。

高级统计学，是 20 世纪 80 年代后发展起来的，在传统统计学基础上，旨在解决社会科学研究中“背景效应”“样本规模不相等”和“追踪数据”等问题，至今已开发出了具有广阔应用前景的多层分析及其发展模型，以及基于结构方程的潜变量增长曲线模型等。

---

① 王琴：《新兴课程与教学研究方法引导性日志的文化哲学考察与建构》，华南师范大学 2009 年硕士学位论文。

② Newshall，B.（1982). *The History of Photography*. NY：The Museum of Modern Art.

③ 刘红云、张雷著：《追踪数据分析方法及其应用》，教育科学出版社 2005 年版。

思 考 题

1. 课程与教学是学校教育核心的命题还有哪些内涵与依据?
2. 你打算对现代课程与教学论的哪些领域、论题或方向进行深入学习与探究?
3. 当代课程与教学研究的主体、对象和方法获得了哪些发展?
4. 试提出一个自己最感兴趣的课程与教学问题，并加以界定和说明。

第二章　课程与教学基础

课程与教学基础，专门探究来自外部的主要影响因素，几乎涉及人类全部活动及其知识领域，主要有“历史”“哲学”“文化与社会”“科学”和“心理学”等。

第一节　历 史 基 础

人们需要养成深厚的历史感，以透彻理解课程与教学的过去与现在，把握其历史逻辑与线索，进而洞察其变迁的未来可能性。

一、西方课程与教学的历史基础

西方在有文字记载的数千年文明史上，形成并经历了“原始”“艺术”“学科”和“经验”四类课程与教学形态。①

（一）“原始”课程与教学

“原始”课程与教学，诞生于古代底格里斯河和幼发拉底河流域，盛行于上古时期，绵延于两河流域。从原始社会末期学校产生，到新巴比伦王国被波斯所灭的漫长岁月，时间大致跨越了从公元前 4500 年到公元前 600 年。

“原始”课程与教学，以古代苏美尔人的“文士学校”为典型代表。② 据考古发现，在文士学校里流行使用的教学材料和工具是泥板，包括泥板制作的词典、文学课本、宗教著作、文学作品、教材纲目、参考书和练习作业等。内容覆盖了当时当地具有的所有知识，如苏美尔文和阿克德文（包括认字、读书、书写）、计算、账簿登记、丈量、图画、医学、建筑、天文、司法、神话和寓言等。采取的教育方法是反复而繁重的作业外加高压强制手段体罚；教学分为“理论”和“实践”两部分，“理论”教学，以教学语文（苏美尔文和阿克德文）、数学和司法知识为主；“实践”教学，则到管理机关和寺庙等机构实习。目标是培养政府、寺庙和王公贵族家里所需的忠诚的从事书写、记账、测量土地、观测天象、治病和断案等知文识字的文士，其基本取向是职能主义。

（二）“艺术”课程与教学

“艺术”课程与教学，萌生于公元前 6 世纪的古希腊雅典，成型于欧洲中世纪的学

---

① 黄甫全：《论课程范式的周期性突变律》，载《课程・教材・教法》1998 年第 5 期。

② 参见滕大春主编：《外国教育通史》第一卷，山东教育出版社 1989 年版，第 24～25 页。

校，一直流行到14世纪文艺复兴期间，以“七种自由艺术”课程与教学为典型代表。①

这一时期孕育起了多种艺术课程，包括以语法、修辞、辩论术（逻辑）构成的“三艺”和以音乐、算术、几何、天文构成的“四艺”，外加体操，强调在甄别和筛选的基础上传递知识。知识被区分为真知识和“假知识”，只有那些具有永恒性、普遍性的概念体系的真知识才可教授，而作为无确定性的意见的那些“假知识”则不能教。② 学校里流行使用的教学材料是原著、名著和经典著作，采用的方法是多样化的，因材因人而异，其中著名的有苏格拉底创造的“产婆术”。教育目的是培养“和谐”发展的人，课程与教学的根本价值，在于实现人的身体与精神的和谐发展、实现人文知识与自然知识的整合和传播。不幸的是，中世纪的宗教学校割裂了这种价值观，虽使精神发展和人文价值凸显出来，但忽视了身体发展和自然科学知识的价值。

（三）“学科”课程与教学

“学科”课程与教学，从15世纪发轫，一直持续至今，它最辉煌的年代是17～19世纪，以赫尔巴特（Herbart，J. F.）的“科目”课程与教学为典型代表③。

当时的课程与教学“创造了教材”“形成了中心整合法”并“创用了班级制”。教材是教育家们甄别、选择和重组知识的产物，为解决知识量的增长与学习时间有限的尖锐矛盾探寻出了新方法。当时，课程分科为自然（博物）、物理、化学、地理、数学、逻辑、文法、自然哲学、文学、音乐、绘画、雕刻、古典语、现代外语、本国语、历史、政治、法律、神学等，④为了实现科目之间的有机联系，便以历史、文学加神学三科为中心来安排和联络其他科目，使学科课程与教学在分科的形式下各科内容能有机地联系在一起。⑤ 同时，人们创用了班级制度，并根据心理学原理，建立和使用了以教授及背诵为主的“五步教学法”。教育目的是培养大量的社会工业化所需要的劳动力，教育对象首次从上层社会的少数人扩大到了全社会的多数少年儿童；教育家们走出了美好的人文教育理想，站在大量贫困家庭的儿童走出学校后需要具有生存发展的技能、需要首先满足物质和身体需要的立场上，旗帜鲜明地宣扬功利主义的人生观、教育观和课程观；备受重视的是课程中自然科学知识的功利价值、训练价值和教育价值。

（四）“经验”课程与教学

“经验”课程与教学，又称“活动”课程与教学，萌动于19世纪，在20世纪初脱胎而出，一直持续到20世纪50～60年代。⑥这是一个急剧变革的时期，学校里发生着静悄悄的革命，虽然依旧使用着经过专门编写的科目主题课本，但是人们强调的是“经验”，是科目主题里成人的经验与儿童自身经验的有机整合；人们垂青的是引导式的策

---

①⑥　参见瞿葆奎主编，徐勋、施良方选编：《教育学文集·课程与教材（上册）》，人民教育出版社1988年版，第43～49、96～102页。

②　参见滕大春主编：《外国教育通史》第一卷，山东教育出版社1989年版，第244～247页。

③④　参见滕大春主编：《外国教育通史》第三卷，山东教育出版社1990年版，第273～285、274页。

⑤　参见钟启泉编著：《现代课程论》，上海教育出版社1989年版，第85～87页。

略与方法，以充分尊重和培养儿童的主动精神和创造意识。

在“经验”课程与教学里，教师、教材和课堂都不再是中心了，课程中各个科目的联络中心也变了，拿创立者杜威（Dewey，J.）的话说就是：“学校科目相互联系的真正中心，不是科学，不是文学，不是历史，不是地理，而是儿童本身的社会活动。”① 教育目的是培养大量的适应和促进民主社会发展的公民。儿童观实现了嬗变，人们不再把儿童看成是“小大人”，而把儿童看成是正在发展中并且具有自由发展权利的儿童，从而充分尊重儿童的本性。人们强调的是课程与教学满足民主社会发展需要和儿童发展需要的整合价值，课程不再被看成是教材或科目主题，而被看成是儿童在教师指导下获得的所有经验。

二、中国课程与教学的历史基础

我国的学校课程与教学，源远流长。在历史的漫长岁月里，依次出现了“原始”“艺术”和“学科”三种课程与教学形态。新中国建立后，又获得了持续的改革和发展。

（一）“原始”课程与教学

我国的“原始”课程与教学产生于原始社会末期，以道德教化为目的，虽涉及人与自然、人与神之间的关系，但以人与人之间的“人伦关系”知识和经验为主，可以尧舜实施的“德教”课程与教学为典型。

尧舜时期的“德教”课程与教学包括丰富的内容，可以概括为“五教”“三礼”和“一乐”。“五教”，即五常之教，指“父义”“母慈”“兄友”“弟恭”和“子孝”，使受教育者“明人伦”。“三礼”，即“天神、地祇、人鬼之礼也”，这是宗教礼仪，施以课程，使受教育者掌握“天文”知识和经验，养成敬畏天、地、鬼神的虔敬德行，掌握组织和举行敬祭天地鬼神的宗教仪式的知识和经验。“一乐”，即对受教育者施行乐教。乐教当时有两项任务：一是培养显贵后裔的德行，使他们掌握举行宗教活动的乐舞技能；二是调和部落联盟内部的矛盾，增强团结。所谓“八音能谐，毋相夺伦”，就是通过乐教和举行乐舞活动，营造和谐的内部气氛，维持已有的部落联盟内部的人伦关系。教育目的是培养部落及其联盟里的“天子（部落联盟的最高军事首领）”“君（部落的首领）”“天官”以及部落显贵。

（二）“艺术”课程与教学

我国的“艺术”课程与教学形态，萌芽于春秋时代，成型于战国期间，一直持续到19世纪末和20世纪初，可以孔子私学为典型代表。

孔子的教育基本目的是志道、弘道和行道，志道和弘道均落脚于行道。行道的途径有二：一是设学收徒，扩大道的影响；二是从政做官，以道治国安邦。这样，孔子的教育目的实质上就是培养士和君子。孔子之前，“士”是“国士”，即贵族的下层人物；

① 赵祥麟等编译：《杜威教育论著选》，华东师范大学出版社1981年版，第6页。

"君子"实属国君之子，或奴隶主贵族出身的人。培育士和君子，一方面为平民进入上层社会开辟了道路，对改善社会结构有进步意义；另一方面，育士是为了顺应社会的"用士"和"养士"之风，强化了知识分子与政治之间的"皮""毛"关系，从而导致了几千年来中国知识分子丢失"主体性"的深重传统。孔子私学，教学内容主要包括"文、行、忠、信"，开设的具体课程主要有礼、乐、射、御、书、数等"六艺"；使用的教材主要有《诗》《书》《礼》《乐》《易》和《春秋》。

当时的课程与教学成就主要表现为三个方面。一是精心编制了专门教材，担负起了整理、保留和传播中国文化精华的职能。二是形成了以"艺术"为主要内容和形式的课程结构。所谓"艺术"的本义，泛指各种技术技能。艺指书、数、射、御，术指医、方、卜、筮。随着社会变迁，特别是到了隋唐以后，受科举考试的影响，"艺"被不断强化，"术"则被贬低而遭遇学校教育的普遍忽视，逐步规范为重"艺"轻"术"的课程与教学形态，教材也逐步演化和规范化为孔子的"五经"，以及后人编成的"四书"，即《大学》《中庸》《论语》和《孟子》。三是形成了一套成型的教学方法体系，其核心是"因材施教""启发式""记忆背诵""刻苦读书"以及"测验考试"等。

（三）"学科"课程与教学

我国的"学科"课程与教学形态，发轫于19世纪末期，至今只有一百余年的历史。其间伴随着社会巨变，在构建和发展"学科"课程与教学过程中，有过三次比较大的变革。

第一次是在中日甲午战争失败后，在全社会要求变革强国、废八股、变科举、兴学校的强大压力下，经过反复的斗争，到1904年年初清朝政府颁布实施了《奏定学堂章程》，建立起学校教育的"学科"课程与教学体系。第二次是在辛亥革命胜利推翻封建统治后，南京临时政府于1912年颁发实施了《普通教育暂行办法》和《普通教育暂行课程之标准》，建立起了学校教育的新课程与教学体制。第三次是在1963年，那时中华人民共和国已经建立14年了，在学习苏联、继承老解放区经验和改造旧教育与旧课程的过程中，通过吸取大量的经验教训，确定了新的中小学课程。小学不再分初、高级，统一设置的科目有语文、数学、历史、地理、自然、生产常识、体育、音乐、图画、手工、周会和劳动。另外，四年级以上学生每年劳动半个月，可以在五、六年级开外语，每周3课时，适当减少语文、数学课时。中学开设的科目有语文、数学、历史、地理、生产常识、体育、音乐、图画、政治、外国语、物理、劳动、化学、生物，另外每年一个月劳动。通过上述三次课程与教学改革，我国逐步建立起了成型的"学科"课程与教学。

（四）新中国的改革与发展

新中国建立以来，课程与教学改革的历史演进，由于受社会强力作用，经历曲折而艰难，可以分为“改造”“苏化”“劳动化”“本土化”“大革命”“恢复”和“改革”七个阶段。①

改造阶段，从1949年底持续到1952年，是新中国对旧中国形成的课程理论和课程设置进行改造、制定实施新课程的阶段。“苏化”阶段，1953～1956年。苏化即苏联化，乃在当时全面学习苏联的背景下，极端地将苏联当时的教学体系几乎原封不动地移植到我国。取消了“课程”的提法，搬用苏联的“教学计划”“教学大纲”“教科书”和“教学法”的一整套专门教学概念及其理论。“劳动化”阶段，1957～1959年，课程以劳动为主，下放课程管理权力。“本土化”阶段，1960～1965年，课程体系进行了全面调整。“大革命”阶段，从1966年开始，一直持续到1976年。这是“文化大革命”时期，经济、政治、文化被“大革命”，教育和课程也被“大革命”。学校先是停课“闹革命”，后又复课“闹革命”。“恢复”阶段，1977～1984年。1976年底，“文化大革命”结束；1977年恢复普通高等学校招生考试。大中小学教育教学秩序走向正常，课程进入全面恢复时期，中小学课程逐步恢复到“文化大革命”前的模式，恢复以学科课程为主的课程结构，在高中二、三年级开设了限定选修课，并恢复了课程理论研究。“改革”阶段，从1985年开始，持续至今，已经进行了两轮课程改革。第一轮是1985年启动的，新一轮是1999年启动的，目前已进入关键阶段。其间，我国经济体制已经开始从计划经济向市场经济转型，政治体制已经提出和启动了民主化进程，文化领域开始出现“一体多元”的态势。课程被牵动而开始了适应社会发展需要的改革进程，表现出的特点为：确立了课程改革的根本目的是提高民族素质，多出人才、出好人才，建立21世纪基础教育新课程教材体系；实行“国家、地方和学校”三级管理制度；研制开发了新课程和新教材；课程走向综合化；探索和推行新学习方式；探索和建构发展性评价体系；推行校本课程开发、校本教学研究、校本教师培训和校本管理；探索政府主导、学术指导和社会参与的课程改革新机制。

三、历史基础的研究与发展

随着历史变更，课程与教学不断地进行着变化与调整，从而形成了丰富而悠久的课程与教学史。它不仅包含课程与教学实践的历史，而且包含课程与教学思想的历史。与之相应，课程与教学历史基础的研究，既包含课程与教学实践的历史研究，也包含课程与教学思想的历史研究。这两方面的研究，主要回答“课程与教学的历史状态是什么”这一问题，其主要任务是描述课程与教学的历史事实。

历史还内在地包含着课程与教学自身发展的规律。因此，课程与教学历史基础的研究，还包含课程与教学历史发展规律的研究和课程与教学思想历史发展逻辑的研究，这两方面的研究，主要回答“课程与教学是如何变化发展的”这一问题，其主要任务在于揭示课程与教学历史发展的规律与逻辑。

---

① 黄甫全：《新中国课程研究的回顾与展望》，载《教育研究》1999年第12期。

我国的课程与教学史研究，一直断断续续地开展，虽然取得了一些成果，但不尽如人意。① 因此，我们急需树立强烈的历史意识，开展全面、系统和长期的课程与教学史研究，深入考察课程与教学的起源、发展过程及其所产生的结果，尤其需要突出中国课程与教学史研究。只有这样，才能在透彻理解历史的基础上达成对课程与教学现实的深刻理解，才能在吸取历史经验与教训的基础上明辨今后改革的方向，也才能在把握前人课程与教学理论精华的基础上提出新的更富于生命力的理论观点。

第二节 哲学基础

课程与教学的基本问题，是人的问题、知识问题和价值问题等。哲学则是关于这些问题的人类智慧结晶。因而，课程与教学的理论探究与改革实践，一直以来都以哲学为基础。

一、西方课程与教学的哲学基础

在西方，哲学一直是课程与教学的中心议题。教育哲学影响着，甚至在更大程度上决定着人们的教育价值观、教育决策、选择和转化行为。

（一）西方哲学简介

哲学一词 philosophy 来自希腊语的 philo（热爱）和 sophos（智慧），原意为热爱智慧和追求知识。西方哲学主要有三个分支，即形而上学、认识论和价值论。由于在不同的哲学领域对不同的问题存在不同的看法，于是形成了形形色色的哲学流派。西方在教育领域影响较大的哲学流派很多，主要有观念论、实在论、实用主义和存在主义，前两者属于传统哲学，而后两者属于现代哲学。西方哲学几乎每个流派都有很丰富的教育思想，形成了多姿多彩的课程与教学理念。西方人几乎言必称“哲学”，所以哲学在课程与教学领域有着显著的作用。“哲学在过去已经走进了有关课程和教学的每一个重大决策，而且将来仍然是每一个重大决策的依据。”② 这样的决策者，既包括课程编制者，更包括千千万万的校长和教师。这样的决策，也就是课程与教学实践决策。因此，哲学是指导课程与教学实践的原则。

（二）西方教育哲学简介

西方各种教育哲学，基本都源自观念论、实在论、实用主义和存在主义等。西方公认的四种教育哲学是“永恒主义、要素主义、进步主义和改造主义，其中每一种都根源于四种主要哲学传统的一种或多种”③。它们每一种都有丰富的内涵，也都具备思维品

① 张斌贤：《教育理论研究中的历史感》，载《教育研究》1990 年第 8 期。

② Hopkins，L. T. (1941). *Interaction：The Democratic Process*. Boston：D. C. Heath，198.

③ Ornstein，A. C. & Hunkins，F. P. (2004). *Curriculum：Foundations，Principles，and Issues* (4th Ed.). Boston：Pearson，36.

质的六个基本特征："清晰""与事实一致""与经验一致""与其他信念一致""效用"及"简单"。

永恒主义是最古老而保守的教育哲学，充分吸收了实在论的原理，追求永恒的人性、普遍的真理和宝贵的社会价值，突出永恒学科。虽然它在很早时候风光过，但是20世纪里美国不时也响起永恒主义令人震惊的声音，包括"派底亚宣言"（Paideia Proposal）"重返自由艺术"（Returning to Liberal Arts）等。

要素主义是在20世纪30年代与进步主义相对而生的，根植在观念论和实在论里。要素主义主张课程必须注重基础和要素，并与永恒主义一样强调教学必须使学生掌握必要的技能、事实和构成学科的内容。席卷美国的"优质教育"（excellence in education）、"返回基础课程"（back-to-basic curriculum）以及"重内容轻过程"（emphasizing content deemphasizing process）等运动，均打着要素主义的旗帜。

进步主义是在批判和反对永恒主义的过程中诞生的，直接来自实用主义哲学。进步主义假设学校是一个微型民主社会，学生在其中必须学习和实践民主生活所必需的技能、手段和经验。学习技能和手段包括各种解决问题和科学探究的方法，学习经验包括协作行为和自律，它们对民主生活来说是非常重要的。通过几乎贯穿美国整个20世纪的"进步教育""适切课程""人本主义课程"以及"激进学校改革"等运动，进步主义哲学已经成为了美国学校教育及其课程与教学的"幽灵"！

改造主义虽然也源自实用主义，但与存在主义的认识与教学观有着千丝万缕的联系，因而反对进步主义过于注重儿童中心。改造主义具有培养国际主义者的教育目的，努力提倡国际课程，强调学生需要形成全球意识，掌握理解"世界体系"的工具，具有"国际主义者"的胸怀。有一批学者，开辟了并维护着概念重建主义（reconceptualism）立场，努力推动人们实现从专心开发创设课程转向努力理解把握课程；还有人努力推动社会平等观念在学校教育及其课程与教学中的广泛渗透，发起了持久的"教育机会均等"运动，不断推进学校种族歧视的消除，推进补偿教育、多元文化教育、特殊教育、更加有效的学校教育以及平权行动（affirmative action）等的开展。

在美国，永恒主义和要素主义一般被归类为传统教育哲学，而进步主义和改造主义则相对地被归类为当代教育哲学。它们有着不同甚至对立的观点。在社会与教育的关系上，前者主张"社会取向"，而后者主张"个人取向"。在知识和学习方面，前者突出"内容为本"，而后者则主张"师生合作"。在教学特征上，前者强调教学的统一性，而后者则倡导教学的多样性。在教育目的和方案上，前者追求卓越性，而后者则关怀大众需要。

其实，各种教育哲学观点，从传统到现代，从保守到自由，从观念论和实在论到实用主义和存在主义，从永恒主义和要素主义到进步主义和改造主义，是一个连续统一体。教育行政人员和每所学校，每位课程工作者、校长和教师，几乎没有只选或只有一种哲学的，实际上大都结合了多种哲学。许多人和许多学校，往往没有明确或自觉意识到自身的教育哲学，反而需要花些力气去学习和澄清。人们需要去寻求和建设一种具有现实平衡力的哲学理念，它并不局限于已有的某种教育哲学，而是各种教育哲学的智慧结晶，具有政治和经济上的可行性，并为学生和社会需要服务。美国的经验警示人们："过分强调任何一种哲学，同时就在牺牲另一种，会导致危害并引发冲突。假借改革或其他理由，过多强调某种哲学，是非常危险的，因为没有一个社会能够把自己整个地交给极端的'学说'或政见，而仍能保持民主！"①

二、中国课程与教学的哲学基础

在我国，哲学的"哲"源自"知"和"词"，乃"意内而言外也"②；"学"即"学问"和"学科"。所以，哲学指一种专门的学问和学科，它探究的对象是，使用语言，通过描述事物外在特征，来揭示事物内在活生生而决定生死存亡的东西的过程与结果。

中国哲学丰富而多样，历史上至少有先秦的"诸子之学"、魏晋的"玄学"、宋明清的"道学""理学""义理之学"以及现当代的"中国式马克思主义哲学及毛泽东哲学"等。中国哲学博大精深，包括的基本领域有"本体论、人生论、价值论、认识论和方法论"③，另外还有20世纪后半叶以来意识形态化了的"中国式马克思主义哲学"。

中国数千年的文明史，积累了丰富的教育哲学思想，它们已经得到了初步清理和展示。④ 20世纪80年代以来，我国的教育哲学开始进入了创生不同流派的时期。总览我国当代教育领域，几种影响越来越大的教育哲学流派，诸如教学认识论，"生命—实践"教育学，科学人文主义教育以及"超越"教育学等，已经孕育萌生并初具雏形。

（一）教学认识论

教学认识论，既有苏联关于"教学过程是特殊认识过程"和"教学的教育性原则"等思想作为基础，更有马克思主义认识论作为指导。⑤ 教学认识论假定，人类认识存在一种特殊认识，这就是"教学认识"⑥。教学认识论主张，教学认识客体以课程教材为基本形态，学生是教学认识主体，教师是教学认识的领导，教学认识的基本方式为"掌握"并有多种模式，教学认识的检验标准主要是考试，教学认识的机制是建构学生主体活动，教学认识乃是科学认识与艺术认识的统一，教学认识是师生之间的交往活动等等。教学认识论，可以说是20世纪80年代以来我国最流行最有影响的教育哲学，它孕育出了我国的"主体教育"和"主体教学"形态。只要走进学校，教师们言必称"学生

---

① Ornstein，A. C. & Hunkins，F. P.（2004）. *Curriculum：Foundations，Principles，and Issues*（4th Ed.）. Boston：Pearson，57.

② 许慎著，徐铉校定：《说文解字（附检字）》，中华书局1963年版，第32、110、186页。

③ 冯达文等编：《新编中国哲学史（下册）》，人民出版社2004年版，第393页。

④ 参见黄济主编：《中国传统教育哲学思想概论》，河南教育出版社1994年版；黄济著：《教育哲学通论》，山西教育出版社1998年版；张瑞璠主编：《中国教育哲学史》第1～4卷，山东教育出版社2000年版。

⑤ 邹有华：《教学认识论》，载瞿葆奎主编，徐勋、施良方选编：《教育学文集·教学（上册）》，人民教育出版社1988年版，第266～281页。

⑥ 王策三主编：《教学认识论》，燕山出版社1988年版；王策三主编：《教学认识论（修订本）》，北京师范大学出版社2002年版。

主体”，这就是最好的证明。

随着教育与课程改革的不断深化，教学认识论出现了向文化教学认识论发展的趋势。文化教学认识论指出，教学即探究，所以教学认识不仅仅是一种特殊认识，而且是一种具体的文化认识。作为一种具体文化认识的教学认识，至少包含着教学实践活动和教学研究活动两个层面；所以，不仅学生是教学认识的主体，教师亦是教学认识的主体；师生不仅是教学实践的主体，亦是教学研究的主体。

（二）“生命—实践”教育学

“生命—实践”教育学，是在批判并尝试突破“教学认识论”的过程中孕育而生的。有学者指出，“教学认识论”在区别教学与其他认识活动的同时忽视了它们之间的联系，“特殊认识活动论”不能反映班课教学的全部本质，却“把丰富复杂、变动不居的课堂教学过程简括为特殊的认识活动，把它从整体的生命活动中抽象、隔离出来”①。超越“教学认识论”，必须重新理解和建构教育。教育的基础，是整体的人的生命；在人性假设与知识观转换背景里，唯有教育这一人类社会的实践才是以直接影响人的发展为宗旨的，所以研究教育问题的教育学，内含着“实践”的品质。因而教育学不仅是“生命”的学问，也不仅是“实践”的学问，而是以“生命·实践”为“家园”和“基石”的学问。②

（三）科学人文主义教育

在现代中国，科学的飞速发展与应用，使科学主义登堂入室；而人本主义的批判，则为寻找寄靠的本土“人文传统”所簇拥而大行其道。在教育哲学领域，基于科学主义的“教学认识论”同立足于人本主义的“生命—实践”教育学，一直处于“对峙与摩擦”状态，于是科学人文主义教育应运而生。在科学人文主义教育观看来，教育活动既具有“客观”“必然”与“普遍”等科学性，又具有“主观”“价值”“难以重复”和“复杂”等人文性，所以教育必须既采用科学方式又采用人文方式。③

（四）“超越”教育学

教育及其研究采取科学方式和人文方式，往往相互割裂而各执一端，这种状况引发人们对教育本性的深入思考与探究。教育并不仅仅是一种适应活动，它作为以人自身为对象的有目的的实践活动，本质上是一种超越活动，既是“对人的自然属性的超越”，又是“对人的现实规定性的超越”。“超越”教育学尽管具有中国传统教育哲学的“道德主体”思想底蕴，并且已经建构起“超越”道德教育哲学和“超越”审美教育哲学，但是要实现“教育哲学观从适应论到超越论的根本转变，并由此出发建构从教育目的、过程、课程到方法的系统体系，并为教育学的一些分支学科如德育论、教学论建构学科的

---

① 叶澜：《让课堂焕发出生命活力——论中小学教学改革的深化》，载《教育研究》1997 年第 9 期。

② 本刊记者：《为“生命·实践教育学派”的创建而努力——叶澜教授访谈录》，载《教育研究》2004 年第 2 期。

③ 扈中平：《教育研究必须坚持科学人文主义的方法论》，载《教育研究》2003 年第 3 期。

理论框架，则还有待作出大量的理论研究与实践探索”①。

三、哲学基础的研究与发展

哲学基础的研究与发展，对课程与教学研究有着至关重要的作用。根据实际需要和发展趋势，哲学基础的研究与发展，应当突出关注课程与教学哲学流派、学校课程与教学哲学以及中国课程与教学哲学思想等课题，并积极探寻、批判和建构新的教育哲学思想。

几乎每一种课程与教学哲学流派，都会提出关于制订目标、组织内容、选择方法和评价效果等的看法。只有深入系统地对课程与教学哲学流派进行研究，才能探明各种流派对课程与教学的真实看法，才能明辨各种看法的优劣，也才能吸取富有生命力的理论观点来指导课程与教学的实践，而不至于对各种流派的理论“浅尝辄止”甚至“以讹传讹”。

无论何种课程与教学哲学，均需要透过学校这一层面才能发挥指导实践的作用。而在哲学理论渗入学校层面的过程中，由于不同学校的实际情况各异，又会形成丰富多样的学校课程与教学哲学，它直接影响着各所学校的课程与教学实践。进一步考察发现，学校课程与教学哲学，是由校长、教师、学生以及家长等的课程与教学哲学理念相互影响和相互作用而创生出来的。因此，我们应关注学校课程与教学哲学的研究，特别应关注学校中各种行为主体的课程与教学哲学理念的研究。

必须看到的是，在我国关于西方课程与教学哲学的研究一直处于强势，而关于中国课程与教学哲学思想的研究却长期处于边缘地位。其实，自孔孟时代始，中国便产生了课程与教学的哲学思想，在随后两千多年的悠久历史长河中，得到不断抚育而内蕴越来越丰厚，成为了中华民族的宝贵精神财富，亟待我们去挖掘、清理和发展。

新的时代精神，必然催生出新的哲学思潮。我们不仅需要研究过去和现有的课程与教学哲学，更需要积极探寻新的哲学思想，以赋予课程与教学研究更加盎然的生机与活力，而文化哲学应当是其中之一。文化哲学，奠基于人类对文化的悠久探讨历史及其取得的成就，孕育于现代哲学研究的文化取向及其突破性进展，在现代化的背景里逐步形成并升华为当代哲学形态，开始成为具有广泛渗透力的普遍思维和行为方式。课程与教学无疑是一种特殊的文化。如果我们用文化哲学对其进行探究、反思、批判与建构，就可以触摸到课程与教学的文化本性，进而从文化哲学的情怀去体认与提升课程与教学。

第三节　文化及社会基础

探究文化及社会基础，意在使变化发展中的课程与教学，能够比较好地促使学习者适应文化及社会变迁的需要，提升幸福生活的能力。

---

① 鲁洁著：《超越与创新》，人民教育出版社 2001 年版，第 344 页。

一、文化及社会基础的意义

人们已经认识到："学校及其所处的文化，是动态系统，包含进化中与变革中的流动因素。学校及其课程，不能与其文化及社会背景相割离。"① 文化指的是人们所创造的一切物质财富和精神财富的总和，其实质是人的行为方式的集合，表现在物质层面、制度层面和心理层面，其核心是人的价值观及其行为规范。社会指的是在一定物质生产基础上形成的相互联系的人类生活共同体及其活动与组织机构。社会由经济组织、政府组织和公共组织等组成，教育及学校教育属于公共组织。实际上，文化及社会领域的各种因素，比如文化传统、语言、哲学理念、价值观念、风俗习惯、文学艺术、科学技术、知识发展等，比如经济、人口、政治、法律、军事、民族国家等，比如家庭、宗教以及社会团体等，无一不构成教育、课程与教学赖以存在的背景而对其产生制约作用，也无一不受到教育、课程与教学变革的冲击。不过，在现今的教育学领域，人们关心的文化及社会事项，主要有文化传统及知识发展、经济增长及教育财政、政治法律及教育管理体制等。

从文化及社会角度看，课程与教学意在协助"传递为人类所认定有价值的、可欲的、有用的或合宜的知能"，从而"塑造学生的文化经验"。② 课程与教学，描述并解释事件的事实以及观察世界所得的原理；传授给学习者不同的文化知识，如所处社会及其他社会的规范、价值、传统和信念等，这些文化知识虽然并非全都采取直接或公开的方式传授，却可经由教师、学习者、课程与教学的交互作用，让学习者习得。

课程与教学协助塑造学生的文化经验的具体途径，有"反思已有知识"和"经历新型知识"。反思已有知识，就是促使学生深切体会长久以来被视为当然的知识经验；经历新型知识，就是经验以前所未遭遇的人类文化知识。在这样的文化传递过程中，教师无疑地肩负起主要的职责，他们需要作出决策：对学生来说，什么是可欲的或有价值的经验，而需要去努力学习？教师可直接通过所教课目，以及他们所鼓励的学习经验，或间接透过班课与学校教育的生活，传递文化价值。他们日复一日地决定应该传递给学习者的是什么，借此支持学习者发展其个性与社会性，同时向其传递与解释人类文化中的知识经验。

现代文化总是具体而难以计数的，只有"少而精"的知识与经验才能纳入课程与教学而得以传递。"并非只有文化信念因文化而异，人类的行为和习俗的多样性也是显而易见的。"③ 不同的阶级、种族、民族、社区、家族、性别甚至个体，其文化价值观念、行为和习俗都不同。随着全球化程度越来越高，文化的多样性越来越凸显，专门知识经验累积得越来越多，不仅数量增加了，而且内部和外部关系也越来越复杂。面临这种情势，教师通过课程与教学传递给学习者的，只是不断增长中的文化知识经验集合总体的

---

① Ornstein，A. C. & Hunkins，F. P.（2004）*Curriculum：Foundations，Principles，and Issues*（4th Ed.）. Boston：Pearson，133.

② 王文科著：《课程与教学论》，五南图书出版公司 1998 年版，第 36 页。

③［英］吉登斯著，赵旭东等译：《社会学》（第 4 版），北京大学出版社 2003 年版，第 23 页。

范例而已，无法将全部知识经验如数授予学习者。

所以，在现代文化及社会背景里，课程与教学研究面对着两个层面的重大问题：一是教育与社会关系中的文化选择问题，亦即文化是怎样部分地被选定为教育内容的；二是教育内部关系中的内容转化问题，亦即教育内容是怎样转化为学习经验或学习结果的。这就带来许多需要挖掘和解决的具体问题，诸如：在不断增长的文化知识经验中，哪些必须通过课程与教学传递？由谁和怎样决定应传递的部分？应当接受这些有意义的知识经验的人，是所有学习者抑或仅仅是某些学习者？如属于部分学习者需要学习接受的，如何予以分化？在传递过程中，知识经验的意义如何变化？这些文化知识经验的内容与学习者的日常经验的关联性如何？成功教学的构成因素是什么？成功教学的方式方法有哪些？特定内容的有效教学策略有哪些？如此等等。

二、文化及社会影响的特征

文化及社会纷繁复杂，对课程与教学的影响千姿百态，表现出一般特征和发展特征。

（一）一般特征

课程与教学并不是一种孤立的事物，始终根植于一定的文化及社会背景之中，其方方面面均不同程度地打着一定文化及社会的烙印。对“社会、教育和学校教育”关系的考察，清晰地揭示出在文化及社会对课程与教学的发展变化产生的巨大影响中，“社会是变化的源泉”“学校是变化的力量”，而“知识是变化的动因”。①

在当今社会，出现了学校教育变化与社会发展之间的“20 年落后期”现象，人们必须敏锐地洞察社会的变化，进而对课程与教学革新作出规划。因此，社会是课程与教学变化的源泉。不过，即使社会提出了新的要求，仍需要教育行政和学校采取积极的态度去应对价值、民族、种族、阶级和性别等问题，主动变革自身以适应新的文化与社会问题的挑战，这样课程与教学的变革才能成为现实。因此，学校是课程与教学变化的力量。进一步看，课程与教学究竟应该朝什么方向变化，在很大程度上受到知识的分类、组织、价值以及知识与未来学习的关系等因素的制约。因此，知识是课程与教学变化的动因。

（二）发展特征

教育作为一个复杂的、开放的文化及社会子系统，总是受到社会政治、经济、文化等因素的影响与制约。“不顾教育过程的政治、经济和社会环境来论述教育理论的心理学家和教育家，是自甘浅薄，势必在社会上和教室里受到蔑视。”② 通过分析文化及社会对教育的影响，我们可以发现，政治结构（如中央集权型、地方分权型等）的不同带来教育控制的差异；经济结构（如农业社会型、工业社会型、后工业社会型等）的不同

---

① See Ornstein, A. C. & Hunkins, F. P. (2004). *Curriculum: Foundations, Principles, and Issues* (4th Ed.). Boston: Pearson, 135-151.

② ［美］布鲁纳著，邵瑞珍等译：《布鲁纳教育论著选》，人民教育出版社 1989 年版，第 92 页。

带来教育职能的差异；文化结构（如后喻型、互喻型和前喻型等）的不同带来教育取向的差异。① 事实上，文化及社会对课程与教学产生的影响，在不同的历史时期，主导因素和作用性质有所不同。

现代教育发展史表明，开始时政治是主要影响因素并起决定作用，然后慢慢地经济变成了主要影响因素并起决定作用，进而文化凸显出来成为主导影响因素并起决定作用。在一种新政体形成之初，在影响课程与教学的文化及社会因素中，政治体制和意识形态是主导的支配性制约因素，政治对课程计划、课程标准、课本内容以及班课教学的变化发展发挥着决定性的作用。当政权巩固和社会稳定之后，人们逐渐认识到经济发展水平在很大程度上决定着综合国力的强弱，促进经济快速持续增长便成为燃眉之急，经济逐步替代政治成为影响课程与教学变化的主导因素，并开始产生决定作用。课程与教学被赋予适应并促进经济发展的使命，课程内容带有更多的科技取向，班课教学则要关注与提升学生的创新精神与实践能力，从而培养出有意识、有能力去促成与创造经济增长的社会成员。而经济的持续增长，带来国民生产总值的稳步提高。按照联合国的理论，人均国内生产总值超过 1 000 美元的社会将出现“瓶颈”状态，社会再发展，则更多地受到文化的制约。这时候，文化开始成为课程与教学发展的制约因素，越来越显著地发挥着决定作用。无论是课程理念，还是整个课程研制过程，抑或是班课教学方式和考试评价模式，无一例外地受到文化中的民族精神、集体心理和传统价值观念等因素的制约。

因此，从文化及社会影响课程与教学的发展特征来看，存在着从政治决定到经济决定再到文化决定的决定因素转换律。2003 年，我国人均国内生产总值首次超过 1 000 美元，这也许标志着我国的课程与教学改革进入了由文化因素起决定作用的阶段，要求我们开辟文化自觉视角，自觉地研究与把握文化影响，以便促进课程与教学的理论与实践的健康发展。

三、文化及社会基础的基本内涵

课程与教学的文化及社会基础包罗万象，下面从两个维度、价值取向以及热点问题三个层面进行简要分析。

（一）两个维度

目前人们对课程与教学的文化及社会基础，主要从“文化及社会因素对课程与教学的影响机制”和“课程与教学领域的特殊文化及社会现象”两个维度进行考察。

文化及社会因素对课程与教学的影响，并不是一种抽象存在，而是具体存在于课程与教学场域之中。进入学校的知识是对更大范围的社会知识进行选择的结果，它是一种“文化资本”，经常反映社会集体中有权势者的观点和信仰。② 不仅如此，文化及社会因

① 参见吴康宁著：《教育社会学》，人民教育出版社 1998 年版，第 56～100 页。

② 参见［美］阿普尔著，黄忠敬译：《意识形态与课程》，华东师范大学出版社 2001 年版，第 8 页。

素已渗透于课程目标、教学模式和评价标准等方方面面。所以，应该通过剖析课程的标准、结构、内容、实施与评价等，来回答课程所代表的是谁的知识，这些知识是由谁来选择的，为什么要用这种方式来教学，这对特定群体来说是否有益等问题，进而揭示课程与教学现状背后的深层文化及社会原因及其影响机制。唯有这样，才能保证课程与教学理性地适应并促进文化及社会的发展与变迁，从而让更多的受教育者获得幸福生活的能力。

文化及社会因素渗透进课程与教学场域，与其紧密结合，便形成特殊的文化及社会现象。教师在不同的文化与社会情境中，扮演着不同的社会角色，诸如似受雇者、似母亲（养育者）、似技术专家、似劳工、似有机的知识分子、似新兴的小资产阶级、似意识形态国家机器的代理人、似独立的技艺匠、似转化型的知识分子，或似文化工作者等等。① 而学生来自不同的种族与社会阶层，具有不同的个性和年龄特征，所处的社会文化环境也有所不同，这就形成了学生独特的族群文化、阶层文化、性别文化和同辈文化等等。每所学校都拥有着各自的管理文化，伴随着社会的民主化进程，日益向领导文化发展。不限于此，在课程与教学领域还有林林总总的文化及社会现象，它们都等待着我们去扎实地进行考察与研究。

（二）价值取向

不同的文化及社会，有不同的价值观。在美国，被广泛认同的是“从个体到社会”的价值取向。它首先强调个人的独立性与创造性，强调个人的自由发展，不受或少受社会、政治和宗教势力等的限制；然后才是关注通过集体合作谋求社会的发展与进步。受这种价值取向的影响，美国的课程与教学必然体现出将个人视作价值的主体，相信每个人都具有价值，高度重视个人的自我体验、自我建构、自我控制和自我发展等特征。与美国不同，在我国被广泛认同的是“从社会到个体”的价值取向。它首先强调社会发展的重要性，个体发展的最终目标就是促进社会繁荣与昌盛；然后才是关注个体的自由成长与发展。受这种价值取向的影响，我国的课程与教学必然体现出为社会发展服务、为社会建设培养人才的特征，不能满足社会需要的个人就会被社会无情地淘汰。可以说，不同的价值取向对课程与教学提出了不同的要求。如果忽视这一点，一味地照搬外来的理念、操作策略和评价标准等，就会为本土文化及社会所疏离与排斥，而导致成效不彰甚或产生负面效应。因此，厘清我国个体的社会人格特征以及当代价值观的嬗变等，实实在在地把握住我国文化及社会的特质，才能有助于认识和发展同课程与教学相关的人格理想和价值观念。

与社会人格的更新相比，我国当代价值观的嬗变则较为凸显。当代价值观嬗变的特征，可以概括为“多元并存，新旧交替”②，既有旧的、保守的价值观念的顽强沿袭及

① 参见郭丁荧：《教师的多维影像：教师角色之社会学论述》，载《台北师范学院学报》2003 年第 2 期。

② 杨学功：《略论我国社会转型时期价值观念的基本特征》，载《北京理工大学学报（社会科学版）》2001 年第 3 期。

其对确立新的价值观念的阻抗，又有新的、先进的价值观念伴随着社会结构的整体转型过程的富有生机的成长，还有“旧已破而新未立”造成的价值真空。虽然嬗变过程呈现出一幅纷繁复杂的图景，但是剥茧抽丝，仍依稀可辨如下趋势：(1) 人生价值取向从重精神轻物质、重义轻利，转往物质与精神并重；(2) 人格修养从重自我完善、强调个人的内在克制、忽视社会体制的制约作用，转向自我约束与社会体制约束相结合、道德力量与法制力量相结合；(3) 价值定位从以“群体为本”转向群体与个人利益相结合；(4) 社会取才的标准从重德轻才转为德才兼备；等等。

在一定文化及社会环境里，社会人格和价值观怎样同课程与教学形成互动关系？课程与教学怎样既适应又促进社会人格与价值观念的发展？这些都是值得研究的重要问题。

（三）热点问题

事实上，二十多年以来，我国学校教育优先应对的文化及社会热点问题，一直都是课程与教学改革的聚焦点，它们主要包括“优质学校文化”“班课有效教学”“追求科学性”“崇尚卓越性”“推进教育公平”“重建农村教育课程与教学”“道德社会重建”“犯罪与法治”“家庭需要”和“少数民族教育课程与教学”等。

四、文化及社会基础的研究

西方与我国均开展了关于课程与教学的文化及社会基础的研究，逐渐孕育起课程文化学、教学文化学、课程社会学以及教学社会学等研究领域。

（一）课程与教学的文化学研究

在西方，课程与教学文化学研究始于 20 世纪 70 年代，形成了“文化分析”理论和多元文化理论。劳顿（Lawton，D.）等创立了文化分析理论。该理论认为：由于人类文化是无限丰富的，而学校时间和资源是有限的，因而必须认真规划课程，以确保对文化的适当选择。然而要使课程规划建立在对文化的合理选择基础上，就必须建立一套筛选机制，这个选择机制即是“文化分析”。“文化分析”可通过解释法与分类法来进行研究。解释法把文化作为一个整体来看待，分类法则通过设计清单、图表以及精致的统计系统来分析文化。以班克斯（Banks，J. A.）等为代表的多元文化理论强调，教育的最终目标在于形成学生容忍与接纳不同民族、不同宗教信仰的态度，增进学生保持与发展多元文化的知识与技能等。这一目标的达成，有赖于教学的内容、方法与评价的多元化，尤其有赖于改造学校的隐性课程。

近年来，我国课程与教学文化学研究蓬勃兴起，形成了“广义文化学的研究”“文化哲学的研究”和“教育文化的研究”等取向。广义文化学的研究，主要探讨文化种类、文化生态、文化模式、文化变迁、文化交流等各范畴与课程的关系；文化哲学的研究，聚焦于课程与教学的文化本性，以开辟课程与教学发展与研究的新路向；教育文化的研究，以人的解放为目的，展开了学校文化、课程文化、教学文化、教师文化和学生文化等的批判与建构。

课程与文化有着天然的联系。文化造就了课程，它作为母体决定了课程的文化品性，并为课程设定了基本的逻辑规则及范畴来源；同时，课程又在提炼和形成着文化，成为文化发展和创新的基本途径与机制。因此，我们应当充分认识课程与教学文化学研究的重大意义，投身其中以推进和建构课程文化学与教学文化学。

（二）课程与教学的社会学研究

20 世纪 70 年代，课程与教学社会学研究在西方兴起，并逐步形成“结构功能说”“冲突理论”和“解释学理论”三种主要取向。以涂尔干（Durkheim，E.）和帕森斯（Parsons，T.）等为代表的结构功能说，强调维护既有社会结构以保持社会稳定，认为教育一方面通过唤起学生的集体良知和共识行使社会整合的功能，达成社会团结，另一方面通过筛选学生促进社会分化与分工，让不同的学生进入适当的社会位置。据此，它主要研究如何通过课程与教学向学生传授基本的价值观念，以及社会阶层、种族、性别和家庭背景等因素与学生学业成败的关系。以布迪厄（Bourdieu，P.）和阿普尔（Apple，M. W.）等为代表的冲突理论，猛烈抨击结构功能说的“调和”立场，主张对教育的分析必须以社会冲突与斗争为线索，指出社会秩序不是建立在对共同价值的一致认同上，而是建立在统治阶级的控制权力上，统治阶级利用学校的再生产功能以巩固自己的地位。它旨在揭示，统治阶级如何通过课程与教学等传递其意识形态等进而控制社会。以杨（Young，M. F. D.）和凯迪（Keddie，N.）等为代表的解释学理论，超越性地将视野聚焦于对学校课程与班课互动的分析，主要研究学校课程内容的社会性构成，以及师生在教学过程中围绕班课知识所展开的互动等。

我国的课程与教学社会学研究，近年来陆续有成果问世。① 值得重视的是，我们在借鉴西方研究方法和思维框架的同时，需要特别关注“家族社会”和“公共社会”两方面的力量。一方面，我国传统社会的主要特点，是以“五伦”为本位的家与国“同构”，② 家庭是其中最基本、最具自主性和无所不能的社会细胞。这种传统影响已经深入人们的骨髓和心灵，使中国的家族主义根深蒂固，家族社会力量异常强大。为了给子女争取更好的学习和发展条件，家庭或学生父母总是千方百计地和持续地对学校的课程与教学进行干预。另一方面，长期以来我国的课程由政府及其有关专家决定，鲜有公共社会团体或人士参与。但是随着民主政治的建设和发展，公共社会力量开始兴起而逐步成长壮大，并开始涉足教育领域，教育官员与教育专家包办课程与教学决策的情形已悄然改变。可以预言，公共社会将积极参与我国当前与未来的课程与教学改革，并不断扩大其影响力，从而干预甚至决定课程与教学的变迁。因而，在我国突出研究家族社会和公共社会同课程与教学的互动关系，才能真正揭示和建构我国课程与教学的社会基础，促进课程与教学社会学的发展。

---

① 参见吴永军著：《课程社会学》，南京师范大学出版社 1999 年版；吴康宁主编：《课堂教学社会学》，南京师范大学出版社 1999 年版。

② 参见沙莲香主编：《社会心理学》，中国人民大学出版社 1992 年版，第 351～356 页。

第四节　科 学 基 础

科学技术迅猛发展与广泛应用，已经成为教育、课程与教学的重要基础。

一、西方课程与教学的科学基础

近代以来，西方自然科学取得了举世瞩目的成就，深刻影响了课程内容、课程研制、教学方法和教育测验与评价等。

（一）课程内容科学化

西方一直存在着人文主义与自然主义之争，随着科学的大发展，自然主义日益占据上风，使科学知识在课程内容里逐步占据了主导地位。19 世纪，斯宾塞（Spencer，H.）通过比较"什么知识最有价值"，阐明了科学知识的功利价值、教育价值和训练价值，从而确证了科学知识在课程内容中的合法性。[①] 这促进了英国学校冲破古典人文教育传统的禁锢，产生了广泛影响，加快了课程内容科学化的进程。

课程内容的科学化，直接孕育出了学科课程。按科学知识的分科，不同学科的知识经验进入学校，就构成不同的学科。比如斯宾塞提出，要直接保全自己，就要学习解剖学、生理学和卫生学等学科；要间接保全自己，就要学习逻辑学、数学、力学、化学、天文学、地质学等学科；等等。迄今为止，即使在西方，虽然课程形式走向了活动化，但学校课程仍然是以"学科"为基础和核心。

（二）课程研制的科学范式

20 世纪初，科学的思维方式以其独特的魅力，成为课程研制的主导原则。博比特（Bobbitt，F.）率先运用科学方法探究课程研制，他将课程编制（curriculum making）比喻为铁路工学，认为"学校课程必须以明确的质量标准对结果进行控制"[②]。而课程研制科学范式的真正成型，则应归功于泰勒（Tyler，R. W.）。他围绕四个方面的基本问题来阐述课程研制原理：学校应该达到哪些教育目标？提供哪些教育经验才能实现这些目标？怎样才能有效地组织这些教育经验？怎样才能确定这些目标正在得到实现？[③] 后来众多研究者将这四个问题化约为课程研制的四个步骤，即确定目标、选择经验、组织经验和评价结果。泰勒原理是科学方法运用于课程研制的最佳范例，其标志性著作

---

① 吴式颖主编：《外国教育史教程》，人民教育出版社 1999 年版，第 384～385 页。

② Bobbitt，F.（1913）. Some General Principles of Management Applied to the Problems of City-school Systems. *Twelfth Yearbook of the National Society for the Study of Education*. Chicago：University of Chicago Press，11.

③ ［美］泰勒著，施良方译：《课程与教学的基本原理》，人民教育出版社 1994 年版，第 2 页。

《课程与教学的基本原理》一书被认为是“课程研制的《圣经》”①。后来，许多人仍然倾向于采用科学化和实证化的方法进行课程研制，并对泰勒原理进行了不断修正和完善。

（三）有效教学方法

受科学主义思潮的影响，一些学者明确提出教学也是科学，开始关注如何用观察和实验等科学方法来研究教学问题，力图建立有效教学方法（effective teaching methods）以提升教学效率。有效教学方法的研究经历了从教师教学行为本位，到学生学习行为本位，再到系统化考察的三个阶段。

从20世纪70年代开始，一些学者开始对教师教学行为进行研究，他们通过对比观察研究直接教学和间接教学，确认直接教学和间接教学均是有效教学方法，同时发现间接教学比直接教学更能引起学生的学习兴趣，强化学生的学习态度。到了20世纪70年代后期，有学者指出，观察班课中学生学习行为的变化是一种研究教学效率的科学方法，有效教学方法的研究从考察教师教学行为转向考察学生学习行为。人们通过观察中小学阅读与数学教学中学生学习行为的变化，揭示了影响教学有效性的根本因素。20世纪90年代以后，西方关于有效教学方法的研究走出了单一的思维模式，逐渐向综合化方向发展。其中，有代表性的是经济合作与发展组织（简称OECD）的研究。该组织关于有效教学的研究数据来自英国、美国、法国、日本和澳大利亚。该研究揭示，对教学有效性的考察起码应该考虑以下五个方面的指标②：教师所掌握的实际课程领域的知识和教学内容的知识；教师教学法的技能，包括使用有效教学策略的意识与能力；教师教学反思的能力与自我批评能力以及教师专业化的品质；教师的移情能力与尊重他人的品德；教师教学管理的能力。

（四）教育测验科学化

20世纪初，受实验心理学和统计学等发展的影响，西方掀起了教育测验的科学化运动，核心是倡导标准化测验（standardized test）。标准化测验是按照系统的、科学的和规范的程序对误差进行严格控制的测验。测验的编制、实施、记分以及分数的解释具有一致性，整个测验具备较高的信度和效度。1904年，桑代克（Thorndike，E. L.）提出了“凡是存在的东西都有数量，凡有数量的都可测量”的信条，进而陆续编制了各科标准化测验，导致了教育测验科学化运动的蓬勃展开。至1928年，美国便有三千多种测验问世，大致包括学业测验、智力测验和人格测验三类。其后，作为一种科学的、客观的评价学生学业进步的方式，标准化测验得到了广泛传播。

（五）唯科学主义批判

当科学主义在西方发展到极致，演变为唯科学主义的同时，人们逐渐认识到课程与

---

① See Jackson，P. W.（1992）. *Handbook of Research on Curriculum*. NY：Mackmillan Publishing Company，25.

② Turner-Bisset，R.（2001）. *Expert Teaching：Knowledge and Pedagogy to Lead the Profession*. London：David Fulton Publishers，6.

教学一味信奉科学所带来的弊端，进而展开了对唯科学主义的批判。批判者指出，教育内容中的科学知识绝对至上，滋养了课程的工具性和功利性，导致课程漠视人的欲望、需求、情绪、情感和想象等非理性因素的存在，也疏离了与道德价值等非物质性观念的关联，课程走向工具化，窒息了自身应有的育人功能。批判者抨击道，课程研制的科学范式极力追求课程目标检测的精确性和可操作性，导致了课程的工具化和非人化。教学不仅是一门科学，而且更是一门艺术，不能仅凭观察与实验就判定某一种教学方法是科学有效的，而应当关注教学方法的艺术性，关注教师的人格魅力、情感态度以及学生的个性心理特征对教学的影响。批判者还指出，标准化测验主要测验学生的知识掌握程度，并不能测验学生情感、态度、价值观等的现状，造成了教师片面突出知识教学，忽略对学生其他方面的培养。

正如后现代主义者多尔（Doll，W. E. Jr.）所说，“现代主义科学观是影响美国学校课程发展历史的最重要的因素”①，科学主义已经成为一种“文化观”而在西方社会牢牢地居于主流地位。因此，在课程与教学领域中，虽然有不少人在对科学主义进行种种反思、批判、否定和超越，但是却无法从根本上动摇它的地位。当然，这些批判作为对科学主义的重新审视也是必不可少的。

二、中国课程与教学的科学基础及其发展

在教育、课程与教学领域，西方的科学化由于走到了极端，需要批判纠偏；而中国的科学化则严重不足，尚需进一步发展。

（一）科学基础的意义

文化传统的巨大差异，决定了我国必须继续加强课程与教学的科学基础研究。在西方，科学的产生和发展以两个伟大的成就为基础：一是希腊哲学家发明的形式逻辑体系；二是近代建立起来的以系统的实验观察发现因果关系的实验方法。② 西方的科学主义思维方式蕴涵和延续着对象化的理性至上主义和精确实证的经验主义。但是，我国传统哲学的思维方式与之迥然不同。孔子虽然“截断众流”进行“仁”的突破，③ 使中国的传统思维从商周对“天命”的拷问转向对“人伦”的思考。然而，为了符合“道统”，孔子采用的方式却是“信而好古”“述而不作”。其后继者们莫不在进行创新的同时寻求“道统”的支持，而在得到“道统”合法性的强力支持后，立刻把关注的焦点转向“人伦”秩序的建构与维护，失去了探究自然世界的兴趣。可以说，中国自先秦时期思想源头上，便缺乏古希腊那样的注重逻辑思辨和实验检验的理性学术传统，继而在长达两千余年的封建时代，自然科学研究又遭受着儒教经学的沉重压制和排斥，酿成了科学精神

① ［美］多尔著，王红宇译：《后现代课程观》，教育科学出版社 2000 年版，第 17 页。

② 参见巨乃岐：《论科学精神》，载《科学技术与辩证法》1998 年第 1 期。

③ 参见唐文明著：《与命与仁：原始儒家伦理精神与现代性问题》，河北大学出版社 2002 年版，第 44 页。

缺乏的文化渊源。① 近代以来，新文化运动所倡导的科学化进程，又为紧迫的民族救亡和阶级革命让了路，而长期处于停滞状态，直到 20 世纪 70 年代末期方被重新开启。所以我们应该看到，当代中国文化严重缺乏科学传统，缺乏科学精神、科学知识和科学方法。②

中国课程与教学的科学化，在传统文化的限定下刚刚起步，因此在当前乃至今后相当长的时期内，面临的主要课题不是批判、限制和纠偏的问题，而是如何建构和发展科学基础的问题。只有大力开发科学基础，才能提升课程与教学的科学性，也才能通过具有科学性的课程与教学，传播科学知识、推行科学方法、培育科学精神并促进科学繁荣。

（二）科学基础的发展

当代中国发展科学基础进而提升课程与教学的科学性，需要研究的课题很多，主要包括“提升教育研究的科学性”“加强课程内容的科学性”“建构课程研制的科学范式”“创新有效教学方法”“实现教学媒体的信息化”“开发网络课程”以及“促进网络教学”等。

我国教育研究的科学性水平不高，表现为缺乏系统的教育科学研究方法论，教师的科学素养普遍偏低，普遍的“文科出身”使教育研究者群体中许多人患上了“科学与数学回避症”，因此急需采取有效措施提升教育研究的科学性。

目前我国课程的内容和体系比较陈旧，与科学发展的现状相脱离，学生学习以后不能获得现代生活必需的科学知识和科学观念。③ 加强课程内容的科学性，传递科学知识与方法，培育科学文化与人才，进而弘扬科学精神与信念，已成为当务之急。

有研究表明，我国课程研制并未步入科学化的轨道，表现出了政治化和经济主义的倾向，存在着课程内容陈旧和课程超载的弊端，割裂了课程内在的各种必然联系等。④ 因此，应当在借鉴西方先进经验、总结传统有效经验和吸取古今中外教训的基础上，大力提高课程研制的科学含量，逐步探索和建构起有中国特色的课程研制的科学范式。

在科学标准里，有效性是基本准则。在现代社会，机器大生产孕育且越来越强化了“效率”意识，并渗透到课程与教学领域。教学“效率”成为教育研究与开发的宗旨，因此，科学有效的教学方法，日益演变成人们争相追逐的教育“法宝”!

教学媒体随着电子技术、通信技术与信息处理技术的飞速发展，已由视听结合媒体发展到多媒体综合运用，具备了高智能、大容量、快速度、多功能等特点。在这样的背景下，应当关注并实现课程与教学媒体的信息化，使之发挥提升教学质量和增进教学效率的功能。

---

① 参见夏劲、张弘政：《近代以来中国现代化运动中科学精神缺失的文化视角探析》，载《自然辩证法通讯》2005 年第 4 期。

② 参见罗传芳：《“中国传统文化座谈会”综述》，载《哲学研究》2001 年第 1 期。

③ 参见梁树森：《论科学精神的培养》，载《教育研究》2000 年第 6 期。

④ 参见郝德永著：《课程研制方法论》，教育科学出版社 2000 年版，第 255～256 页。

由于信息与通信技术的飞速发展，通过建立课室网、校园网、网络学校等，教学正逐步超越校园这一空间束缚和班课这一时间限定。同时由于多媒体技术的成熟，网络能够集图、声、视等信息于一体，构建丰富而生动的学习情境。科学技术的发展与应用，创生了网络课程和网络教学等新型课程与教学，于是如何更好地对它们加以开发和促进就成为亟待解决的重大问题。

第五节　心理学基础

“心理学为理解教的过程和学的过程提供了基础。而这两个过程对于课程工作者来说都是必要的，因为只有当学生学习并理解了课程，获得知识及其应用能力后，课程才具有真正的价值。”① 在教育领域，特别是在课程与教学领域，心理学一直对人们的思想和行动产生着重大影响，在当代甚至决定着课程与教学质量的高低。

一、西方课程与教学的心理学基础

西方心理学流派众多，同课程与教学关系密切的主要有行为主义心理学、认知主义心理学、人本主义心理学以及发展心理学。

（一）行为主义心理学

以桑代克、华生（Waston，J. B.）和斯金纳（Skinner，B. F.）等为代表的行为主义心理学认为，学习是刺激与反应的联结，学习的产生由外部刺激引起，学习的保持是强化的结果，学习的过程是循序渐进、积少成多的过程，学习的结果是可观察和可测量的外显行为。因而，课程与教学应强调具体的、分解的行为目标；课程内容应按照逻辑顺序由简至繁累积而成；开发教学技术，加强程序教学、视听教学和网络教学等；突出对学生的外显性行为进行评价；进行教学效能核定、成本—效应分析以及目标管理等。

（二）认知主义心理学

由于不满行为主义心理学将人类学习过程描述得过于简单与机械，以布鲁纳（Bruner，J. S.）和奥苏伯尔（Ausubel，D. P.）等为代表的认知主义心理学提出，学习是学习者内部认知结构的形成和改组，心理学应该关注学习者内部认知结构的性质以及它们是如何变化的。认知主义心理学主张：课程目标应能促进学生认知结构的形成与发展；课程设计要依据学生的认知结构水平，尊重认知规律；教材编制要体现“结构”论的思想，每一门学科要选择组织好知识的基本结构，并按一定的逻辑顺序予以呈现；在教学过程中应注意提供先行组织者，以便学生的新旧知识与经验产生联系。

（三）人本主义心理学

以马斯洛（Maslow，A. H.）和罗杰斯（Rogers，C. R.）等为代表的人本主义心

---

① Ornstein，A. C. & Hunkins，F. P.（2004）. *Curriculum：Foundations，Principles，and Issues*（4th Ed.）. Boston：Pearson，99.

理学既不像行为主义心理学那样过分关注学生的学习结果，也不像认知主义心理学那样过分关注学生的认知过程，而是关注学生学习的情感、需要与信念等人格发展问题，关注学生学习过程中认知和情感的统一以培养完整的人格，关注学生学习潜能的发挥和自我实现。人本主义心理学主张：目标在于促进学生的自我实现；设计要尊重学生，要为学生提供主动学习的情境，创造和谐的学习气氛；内容要与学生的基本需要及生活有密切关系，并对学生情感的丰富和理智的发展具有重要意义；课程形态包括“整合课程”“意识课程”“自我导向课程”等，其中最典型的是整合课程，体现情感与理智的整合、个人与社会的整合、教材与学生生活的整合。

（四）发展心理学

发展心理学关注个体的年龄特征，强调个体身心发展的阶段性。影响较大的研究成果有艾里克森（Erikson，E. H.）提出的人格发展阶段说（stages of personality development）和哈维赫斯特（Havighurst，R. J.）提出的发展任务说（developmental tasks）。人格发展阶段说认为人格发展过程由相互联系的若干阶段构成，每一个阶段都需要解决一个特定的受文化制约的矛盾。如果个体在各阶段都能解决好矛盾，那么就会逐渐形成健康而成熟的人格；否则，就会产生心理—社会危机或出现情绪障碍，为后一阶段的发展带来阻力，并出现不健全的或病态的人格。发展任务说列出了个体为获得健康和令人满意的成长所需学习的一系列任务。发展心理学的研究成果，对学前教育、中小学教育、大学教育、成人终生教育的课程设计以及教学内容、方法的安排，均有十分重要的参考价值。

二、中国课程与教学的心理学基础及其发展

我国学者已经对课程与教学心理学进行了一系列研究，取得了一些成果。

（一）心理学基础

我国发展中的心理学理论，为课程与教学奠定了心理学基础。其中，产生了一定影响的，主要有“结构—定向教学理论”“学习双机制理论”以及“发展心理学理论”等。

结构—定向教学理论的基本原理，是结构化教学与定向化教学。① 结构化教学，是指教学应该以构建学生的心理结构为中心，而教学所要构建的心理结构就是学生的能力与品德结构。能力与品德结构，是在学生与教材的相互作用过程中，通过各种心理活动在头脑中建构起来的。学生学习的教材，包括物化了的知识、技能和行为规范；学生的各种心理活动，包括知识学习中的领会、巩固与应用，技能学习中的动作定向、操作、内化或熟练等。定向化教学，是指教学必须依据学生心理结构的形成和发展规律，有计划、有目的地进行定向培养。结构—定向教学理论探讨了五方面的学习规律，即学习动机及积极性形成与发展的规律、学习的迁移规律、知识的掌握规律、技能的形成规律和行为规范的接受规律；主张对教学进行四方面的改革，即教学目标系统的改革、教材系

① 参见冯忠良著：《结构—定向教学的理论与实践》，北京师范大学出版社 1992 年版。

统的改革、教学活动系统的改革及教学成效考核及评估系统的改革。

学习双机制理论指出，人有两类学习机制，即联结性机制和运算性机制，相应地，人的学习分为联结性学习和运算性学习两种基本类型。① 联结性学习，是指有机体将同时在工作记忆中出现的若干客体或符号的激活点联系起来从而获得经验的过程。运算性学习，是个体在头脑中经过复杂的认知操作而获得经验的过程。通过不同的学习机制，个体分别获得不同的知识。因而知识可分为联结性知识和运算性知识。结合现代认知心理学派将知识分为陈述性知识和程序性知识两大类的研究成果，学习双机制理论根据“联结—运算”和“陈述—程序”的二维模式，把知识分成“联结—陈述性知识”“联结—程序性知识”“运算—陈述性知识”和“运算—程序性知识”。不同类型知识的习得，有着不同的特点和规律。教师在教学过程中应遵循不同知识的学习规律进行教学设计，班课教学也应有不同的模式。

我国心理学工作者对“中国儿童青少年心理发展与教育”开展了深入、系统和全面的研究，内容涉及感知觉、注意、记忆、语言、思维、数学能力、情绪情感、意志、气质、性格、个性倾向性、自我意识、道德认知和品德心理等。② 还有学者对我国“中小学生心理能力发展与培养”进行专门研究，揭示了中小学智力与能力的发展特点，并提出了相应的培养措施。③ 也有学者从生命全程的角度，阐述个体心理发生、发展的规律及毕生心理发展的年龄特征，内容包括胎儿、婴儿、幼儿、小学儿童、中学生、成年初期、成年中期和成年晚期的心理发展变化。④ 这一系列的发展心理学研究成果，为人们全面了解个体心理发展的纵向图景提供了科学依据，有助于教师进行符合心理发展规律的科学的课程与教学设计，从而提升学生的学习效果。

（二）心理学基础的发展

当前，人们在持续呼吁和推进心理学的中国化。许多学者在努力进行发展与教育心理学研究，借鉴西方心理学先进成果的同时，以中国古代心理学思想为历史背景，以中华民族传统文化的影响为潜在变量，通过严谨研究和艰苦创造，揭示中国人的发展与教学心理特点和规律，以期为我国的教育、课程与教学提供适宜而坚实的心理学基础。

当代课程与教学研究要解决“教学什么”和“怎样教学”的问题，心理学为此提供了有关人脑研究理论，人的思维与智力发展理论，特别突出的是提供了学习理论和发展理论。可以说，没有心理学提供的心理发展理论、学习动机与认知策略理论、学习兴趣和学习态度等理论，就没有现代课程与教学的形成与发展。

历史表明，从古代到现代，课程与教学的根本基础，正实现着从哲学到心理学的转

① 参见莫雷：《论学习理论》，载《教育研究》1996 年第 6 期；莫雷：《知识的类型与学习过程——学习双机制理论的基本框架》，载《课程·教材·教法》1998 年第 5 期；莫雷、朱晓斌：《论学习的基本类型与教学设计——学习双机制理论的教学模式》，载《心理学探新》1999 年第 3 期。

② 参见朱智贤主编：《中国儿童青少年心理发展与教育》，中国卓越出版公司 1990 年版。

③ 参见林崇德主编：《学习与发展》，北京教育出版社 1992 年版。

④ 参见林崇德主编：《发展心理学》，人民教育出版社 2010 年版。

换。在古代，课程与教学主要以哲学为根本基础。近代以来，18 世纪，裴斯泰洛齐（Pestalozzi，J. H.）首倡教育心理学化；19 世纪，赫尔巴特及其弟子在理论和实践上，将教学心理学化；到了 20 世纪，杜威及其追随者进一步将课程与教材心理学化。加之 20 世纪以来发展与教育心理学的巨大进步，为课程与教学的心理学化提供了客观可能性。杜威曾就此作出了形象描述："心理的考虑也许会遭到忽视或推在一边，但它们不可能被排除出去。把它们从门里赶出去，它们又从窗子里爬进来。"①

如果说西方已经完成了课程与教学的心理学化进程的话，那么我国则尚未起步。因此，我国课程与教学的心理学基础的发展与繁荣，在当代就具体表现为启动、促进和实现课程与教学的心理学化。这就需要我们首先认真学习、掌握和应用古今中外的心理学知识和理论精华，同时开展具体的课程与教学心理学研究，取得并应用具体化的课程与教学心理学知识和理论。同时我们期待心理学界和教育学界，大力开展中国文化背景下的发展心理学、教育心理学、教学心理学以及学习心理学研究，建立起具有中国文化亲和性的心理学知识与理论体系。只有这样，才能真正推动我国课程与教学心理学化的进程，真正建构起我国课程与教学的心理学基础。

历史、政治、经济、科技、传统文化、人口、民族甚至地理等，在实践层面分别地制约着并综合地决定着课程与教学；历史学、政治学、社会学、文化学、哲学、心理学、科学、数学等，则分别为课程与教学理论产生着奠基作用。它们分别地为课程与教学研究提供依据，综合地为课程与教学改革提供基础。但是，纵观我国课程与教学研究，仅对哲学和心理学比较重视，而且主要突出引进西方的理论。因此，我们应当倡行课程与教学基础的多样化，做到不仅对每种基础进行深入研究，而且对多种基础进行整合研究；不仅学习西方先行一步的研究成果，更要突出中国文化的立场。

思考题

1. 你打算选择课程与教学的什么基础开展深入的学习与探究？

2. 为什么说当代课程与教学改革发展的制约甚至决定因素是文化？应该如何加强课程与教学的文化及社会基础研究？

3. 你如何综合地对待课程与教学的历史、哲学、文化与社会、科学以及心理学基础？

4. 请考察自己在第一章学习后提出的课程与教学问题，然后分别从历史、哲学、文化及社会、科学、心理学等的角度进行深入思考，进一步挖掘和提出所包含的两个以上的具体问题。

---

① ［美］杜威著，赵祥麟等译：《学校与社会·明日之学校》，人民教育出版社 1994 年版，第 130 页。

第三章　课程与教学概念

课程与教学概念，是人们长期积累起来的对课程与教学活动的比较稳定的看法，这里主要从影响因素、层次结构与术语含义等方面加以探讨。

第一节　课程与教学的影响因素

课程与教学的影响因素，就是那些对课程与教学的形成、变化和发展产生制约作用的客观事物及其观念。前者如儿童身心发展、社会现实状况以及教育活动等，后者如教育心理学、教学认识论、建构主义、“学而优则仕”、家长需求、教学经验、教育政策等。其中，有人关心“影响课程的因素”①，有人则突出“学校与班课因素”②。这里，从课程与教学的全部影响因素与主要影响因素两个层面进行分析。

一、课程与教学影响因素的种类

课程与教学作为一种特殊文化，总是受到与之有关的各种因素的制约。各种课程与教学的影响因素，可以“由里向外”归纳为“课程与教学自身的因素”“教育条件”“学习原理”“社会因素”和“自然环境”五种类型。

（一）课程与教学自身的因素

课程与教学自身的因素，主要包括课程与教学的传统、现状、材料以及理论。课程与教学传统是一种历史的形态、禀赋或限定，它决定课程与教学从哪儿来。课程与教学现状是一种实际的形态、条件或限定，它决定课程与教学发展从哪儿开始。课程与教学材料是一种物化的形态、资源或技术，是传统的和现行的课程与教学的一种特殊表现。其中的教学材料，特别是课本（textbook）或教科书，是主流传统的载体，表征课程的现状。课程与教学理论是对传统和现状进行系统认识的成果，它源自过去和现在，但指向未来，建构人们的理想，决定课程与教学的发展可能和应该到哪儿去。

（二）教育条件

教育条件主要包括教育意识形态、学制、个人知识以及教学条件等。教育意识形态

---

① Lewy，A.（Ed.）.（1991）. *The International Encyclopedia of Curriculum*. NY：Pergamon Press，103-144.

② Anderson，L.W.（Ed.）.（1995）. *International Encyclopedia of Teaching and Teacher Education*（2nd Ed.）. Cambridge，UK：Pergamon，305-325.

是人们对于教育的特殊认识结构，包括在一定共同体中流行并反映了该共同体在政治、社会、道德和宗教上的偏好与兴趣的、相互依存的有关教育的信念、观点、原理和玄想等。它激发人们去实施一定的、社会要求的教育活动，同时按照社会的需要决定谁学习、学什么和学多少。

学制是指一个国家各级各类学校的体系，它规定各级各类学校的性质、任务、入学条件、学习年限以及它们之间的衔接和关系。学制既影响课程的宏观结构，决定课程在幼儿园、小学、初中、高中和大学的分段与否及其相互关系，也影响课程内容的选择和组织，还决定不同类型学校课程与教学的性质与特点。

个人知识是指课程与教学情境中的教师和学生所具备的知识与经验。师生的认知结构、新经验如何与一般生活经验整合，是“个人知识”领域的主要问题。“个人知识”不仅影响课程与教学的结构，而且决定师生是否愿意以及是否能够接受新的课程与教学。

教学条件是指“教师在努力创造富有吸引力的、活跃的和生成性的班课教学中所面对的一些制约因素”①。主要分为构成因素，如班级规模、课室构成和学生多样性，班课环境，教辅人员以及家庭因素。教学条件制约但不能决定教育教学过程。

（三）学习原理

学习原理主要包含发展心理学、教育心理学和性别研究等。发展心理学原理，对课程的宏观结构产生决定性的影响作用。当代认知心理学飞速发展，对课程与教学改革的影响越来越大。教育心理学则对微观的课程内容结构和课程形式结构产生决定性的影响。其中的学习心理学创新，往往直接孕育有效的教学形式和教学方法或学习方式。性别研究长期被忽视，近年来开始为人们所关注，已经发展起了女性主义思潮。女性研究已经对大学和中学的课程设置和教学改革产生了影响，并开始向幼儿园和小学课程与教学渗透。

（四）社会因素

社会因素广义上包括了法律、政治、经济、社会、文化、宗教、教育政策和知识技术等。在当代条件下，法律（特别是教育法）、教育政策、课程政策、知识探究与信息技术等，对课程与教学的影响作用越来越大；而文化价值观，既左右人们的法律、政策和技术行为，又制约人们的课程与教学决策行为，所以越来越凸显而引人注目。

（五）自然环境

自然环境在课程与教学发展过程中曾经长期被忽视。在当代生态污染已经危及人类的生存和发展的严酷现实面前，人们愈加认识到了人与自然之间关系的重要性。自然环境可以分为原始自然和人工自然，它们都是学校课程与教学的重要资源，包括动物资源、植物资源和地理资源，它们既能丰富课程内容，又能活跃教学活动形式。

---

① Anderson, L. W. (Ed.). (1995). *International Encyclopedia of Teaching and Teacher Education* (2nd Ed.). Cambridge, UK: Pergamon, 305.

二、课程与教学的主要影响因素

概括起来，知识或文化、社会、学习者和生态，是影响课程与教学的四大因素，它们既分别地又综合地对课程与教学的产生、变化和发展起决定作用。

（一）知识或文化

知识或文化，在来源上决定课程与教学内容的产生、变化与发展。在原始社会，人们在渔猎、采集果实、举行祭祀等活动中积累了一定的知识经验。随着这些知识经验进入教育活动，产生了专门的课程与教学。以后随着人类知识经验的不断丰富，学校课程与教学内容也不断地变化和发展。任何课程与教学改革，必然有知识或文化嬗变的动因；而任何知识或文化的发展，也必然或早或迟地引发相应的课程与教学改革。

（二）社会

社会对课程与教学的影响，既在选择标准上决定内容的变化和发展，又在宏观上决定结构形式的变化和发展。在现代社会，知识经验变得如此丰富，以至不可能全部进入学校成为教育内容，人们不得不从中选择出一部分，分门别类作为学校的课程，并组织实施专门的教学活动。选择的标准和分门别类的标准，最初是通过社会习俗，以后主要是通过法规的形式制定的。这样，社会通过制定标准，来决定教育内容、学校分段、课程与教学分科，如此等等。历史上，社会或国家只是将课程与教学作为途径或工具而已，实质在于通过知识权力分配，来控制人和新生一代，以达至社会自身的稳定、平衡与发展。

（三）学习者

学习者在微观上决定课程与教学的组织结构形式。课程与教学要提高效果，需要优化自身组织结构，而结构优化的客观依据，是学习者的身心发展规律和学习规律。事实上，学习者的身心发展规律和学习规律，既直接地决定着课程内容的顺序结构形式和教学活动结构形式，又间接地影响着不同教育阶段的内容选择。

（四）生态

生态包括自然生态与社会生态。随着生态主义的兴起与发展，生态平衡与持续发展成为当代课程与教学研究的重要取向。生态主义文化的批判与建构，表现出整合“社会”“个人或学习者”“知识或科目”和“自然”影响的倾向，课程研制的同一性和连续性原则与技术方法得到迅速建构与应用，以“促进学生在一个社会、自然环境、文化有机统一的环境中身心获得全面发展”①。所以，生态在系统结构上决定课程与教学的平衡状态。

我们在发现和解决课程与教学问题时，需要认真研究和掌控各种影响因素：既要突出对主要因素的考察，也要对其他各种因素进行分析；既要看到各种因素的影响作用，以把握课程与教学改革与研究的动因及方向，也要看到各种因素的资源特性并进行开发利用，以支持和促进课程与教学的改革与研究。

---

①　王牧华、靳玉乐：《生态主义课程研究范式刍议》，载《山东教育科研》2002年第4期。

第二节 课程层次

课程纷繁复杂，有多种身份的人参与建构，从而生成不同层次的课程。课程层次实际上是权力的产物，权力性质不同，所产生的课程层次类型也不同。课程领域中存在“行政权力”和“自然权力”的性质区分，从而生成了“课程决策层次”和“课程运行层次”。

一、决策层次

课程决策层次是指由获得不同授权的人或机构进行决策而形成的课程层次结构，由课程管理体制所决定。近年我国课程管理体制从“中央一统”走向“三级分权”，省级教育行政和学校分获了部分权力，于是形成国家课程、地方课程和学校课程三个层次。

（一）国家课程

国家课程是由一个国家的立法机关或政府及其教育行政部门制定、颁布和组织实施的课程，具有一个国家的法律或行政权威，在一个国家的任何地方和教育机构里都是有效的。比如，英格兰 2008 年开始实施革新的第三阶段国家课程（national curriculum），包括 12 门核心和基础课目，分别是艺术与设计、公民、设计和技术、英语、地理、历史、信息与通信技术、数学、现代外语、音乐、体育和科学，以及个人、社会、健康与经济教育和宗教教育两门非法定课目。①

我国目前是以国家课程为主，中小学的课程设置为②：

小学一至二年级有“品德与生活”“语文”“数学”“体育”“艺术（或者音乐、美术）”和“综合实践活动”等；

小学三至六年级有“品德与社会”“科学”“语文”“数学”“外语”“体育”“艺术（或者音乐、美术）”和“综合实践活动”等；

初中有“思想品德”“科学（或者生物、物理、化学）”“语文”“数学”“外语”“体育与健康”“艺术（或者音乐、美术）”和“综合实践活动”等；

高中有“思想政治”“语文”“外语”“数学”“信息技术”“物理”“化学”“生物”“历史”“地理”“体育和保健”“艺术（或者音乐、美术）”和“综合实践活动”等。

（二）地方课程

地方课程是在一个国家内，由地方各级立法机关或政府及其教育行政部门制定、颁布和组织实施的课程，具有地方的法律或行政权威，在地方各级所辖范围的任何教育机构里均有效。西方许多国家，如美国、加拿大、澳大利亚等，课程管理实行地方自主

---

① 崔映芬：《英国 2008 年中等教育国家课程评析》，载《外国教育研究》2009 年第 9 期。

② 参见中华人民共和国教育部：《关于印发〈义务教育课程设置实验方案〉的通知》，2001 年 11 月 19 日；中华人民共和国教育部：《全日制普通高级中学课程计划》，2002 年 4 月 26 日。

制，中小学课程以地方课程为主。而在我国现行中小学课程体系里，地方课程比较少，不过已经在有组织分步骤地进行探索和建设。如上海市和浙江省在20世纪80年代末期得到中央授权，探索和研制以地方课程为主的中小学新课程体系，已经取得显著的成果并产生了越来越大的影响。

（三）**学校课程**

学校课程就是由一所学校自行确定和组织实施的课程，具有学校的官方权威，适用于整个学校。在实行学校独立制度的国家和地区，中小学课程几乎全部是学校课程。过去一段时间内，我国中小学的学校课程主要是活动，如晨会（夕会）、班团队活动和科技文体活动等。现在，学校课程还涵盖着“综合实践活动”和各个学科或领域的选修课程。学校课程的确立，孕育起了校本课程开发，进而促进了校本教师培训、校本教学研究以及校本管理等主题的萌生和发展。

国家课程、地方课程与学校课程之间的关系，实质是课程的集权与分权、统一与多样、标准与特色的平衡问题，它们主要受到国家政治体制和教育体制、文化发展水平和学校教育水平的制约。课程改革需要调整和建构国家课程、地方课程和学校课程之间的关系，使其在新的经济、文化和社会条件下达到新的平衡。

二、运行层次

课程从编制到学生学习掌握，经过了许多主体的运行转化。课程运行层次是指课程在运行转化过程中不同的主体所建构的课程层次。建构课程的人们处于不同的活动层次，有不同的意向活动，决定了课程作为一种进程，实际存在着和包含着不同的层次。分析古今中外的课程，特别是考察我国课程从研究、编制到学校实施的各个环节和实际状况，课程实际上有理想课程、官方课程、学校课程、所教课程、所学课程和所得课程六个层次。①

（一）**理想课程**

理想课程通常是指课程工作者与研究者按照一定的哲学或理论，以一定的价值观念为核心，建构的理论形态的课程。理想课程具有理想性和理论性特点，它实质上是一种与远大的课程发展目标相联系的特殊想象，表现为一种有特色的课程理论。理想课程是否具有影响，具有什么样的影响，主要由其合理性及其普及程度所决定。

（二）**官方课程**

官方课程主要是由中央和地方教育行政组织制定、颁布和实施的课程。官方课程又称正式课程或文件课程，一般包括课程政策、课程计划（教学或教育计划）、课程标准

---

① 这里关于课程分层的论述，受到美国学者古德莱德（Goodlad，J. I.）思想的启发。古德莱德对课程领域及其亚领域的研究发现，在课程决策过程中，不同决策主体“生产”了不同层次的课程，有“ideological”“formal”“perceived”“operational”和“experienced”五种课程。See Goodlad，J. I. and Associates（1979）. *Curriculum Inquiry*：*The Study of Curriculum Practice*. NY：McGraw-Hill Book Company，51-76.

（教学或教育大纲）和课本或教科书等，主要规定主流课程理念、教育目的和培养目标、教育内容和主要教学材料。官方课程表现出统一性特点，具有法律权威或行政权威以及强制性。

（三）学校课程

学校课程是学校组织制定、颁布和实施的课程，在理论观念上受理想课程的影响，在目的目标和内容材料上被官方课程决定。由于学校校长及其助手的课程研制水平参差不齐，学校课程可能出现两种相对的倾向：一是适应性创新，即适应文化、社会和社区的特殊需要，创新出有特色的课程，以满足教育水平及质量提高的需要；二是沦落为低水平课程，给学校教育水平及质量提高带来严重的负面效应。

（四）所教课程

所教课程是由学校的教师决定并组织学生学习的课程，包括知觉课程、教案课程和实施课程。知觉课程是存在于教师心目中和意识中的课程，是教师对学校课程乃至对官方课程和理想课程的觉察认识与自己的课程理想相互作用的结果。教案课程是教师精心准备、设计并书写出来，将用来组织实施课程的教学计划或教学设计。实施课程是教师在实际的教育与教学活动过程中组织学生学习的课程。教师的权威和学习者的接受心理，决定了所教课程在课程层次结构中居于中心的地位。

（五）所学课程

所学课程是在有组织的教育和教学活动中，学生按照学校和教师的组织和要求而实际学习或经验的课程。它可能与所教课程是重叠的，可能超出了所教课程，也可能仅仅是所教课程的一部分。表面上看，似乎教师的所教课程决定学生的所学课程。事实上，在学校实际教育和教学活动中，所教课程限定着所学课程，但所学课程决定着所教课程。

（六）所得课程

所得课程是学习者在教育教学活动中，经过专门学习后内化为自身的身心发展结果的课程。从现代学生发展为本教育价值观看来，在课程的层级结构中，所得课程是整个教育教学活动的落脚点，是课程现实性的集中体现。忽视甚至悬置所得课程，将使得整个课程，甚至整个教育教学活动，流于空想与空谈。

过去，人们过于重视理想课程、官方课程或学校课程，思考问题与改革行动的出发点和逻辑是，从理想课程出发，循序而经官方课程、学校课程，再到所教课程，而所学课程和所得课程往往被忽略或悬置了。现在，我们需转换思维逻辑，从学习者所得课程出发，突出并大力革新与建构学习者所学课程和教师所教课程，进而据以改善学校课程，革新官方课程，发展理想课程，促进理想课程、官方课程、学校课程、所教课程、所学课程和所得课程的有机整合。

第三节　课程的概念

课程是教育界使用频率最高的术语之一，也是研究最为活跃的领域。下面从词源、指称、组成与定义等方面来分析和介绍课程概念。

一、课程的词源

无论中外，课程的词源都很丰富。在国外，英文课程一词为 curriculum，来源于拉丁语动词 currere，意义为“跑”；curriculum 就是跑的过程或者跑道的意思。它的同义词 course 源自古法语 cours，而 cours 又源于拉丁语 currere。事实上，curriculum 和 course 同源且词源意义相同。前者是课程的总称，书面语色彩较浓；后者指具体的课程，口语色彩较浓。①② curriculum 一词在英文中的使用最早出现于 1824 年，③ 开始时突出其拉丁语词根意为“跑道”，故对学生而言，学校课程就是奔跑竞赛，就是一系列需要越过的障碍或跨栏即课目。因而今天人们都将学校所提供或规定的任何课目或所有课目称为“学校课程”。后来 currere 的动词不定式（to run）意蕴被挖掘出来，以凸显课程的“奔跑活动”（running）即“生活经验”（lived experience）的含义，进而张扬课程内含的通过“自传方法”（autobiographical method）以“自学”（self-study）的价值。④ 所以，国际课程百科全书开篇就将课程的含义阐释为“作业计划与学习进程”。⑤

在中国，课程实有“课”“程”与“课程”三种词源。“课”的本义为用功以果。东汉许慎《说文解字》：“课，试也。从言，果声。”“试，用也。”虞书曰：“明试以功。”所以，“课”与语言和成果有关，原意为“试功夫加以任用”。“程”是计量单位，本义为“众多”。《说文解字》：“程，品也。十发为程，十程为分，十分为寸。从禾，呈声。”“品，眾庶也。“庶，屋下眾也。”“眾，多也。从㐺目。”“程”与禾苗和呈现有关，原意为“生机勃勃”。至宋代，官编《广韵》：“程，期也。”“程”又有期限的意思。“课程”的本义有些复杂。以前普遍认为，“课程”一词最早出现于唐朝；而用“课程”指功课及其进程，大约是到了宋代的事情。然而，搜索《四库全书》《四部丛刊》《古今图书集成》和《大藏经》电子版发现，⑥“课”一词具有“按规定的内容和分量教授或学习”的意义，乃至“课程”一词的使用，早在南北朝时期翻译的佛经中就已经出现了。姚秦三藏法师鸠摩罗什译《众经撰杂譬喻》卷上：“昔无数世时，有一佛图，中有沙门

---

① Partridge，E.（1958，2006）. *Origins：A Short Etymological Dictionary of Modern English*. London：Routledge，653-654.

② Ayto，J.（1990，2005）. *Word Origins：The Secret Histories of English Words from A to Z*（2nd Ed.）. London：A & C Black，136.

③ 参见胡乐乐、肖川：《再论课程的定义与内涵：从词源考古到现代释义》，载《教育学报》2009 年第 1 期。

④ Marsh，C. J.（2009）. *Key Concepts for Understanding Curriculum*（4th Ed.）. London：The Routlege，3.

⑤ Lewy，A.（Ed.）.（1991）. *The International Encyclopedia of Curriculum*. NY：Pergamon Press，3.

⑥ 本段文字引自姜国均：《“课程”与“教学”词源小考》，载《华东师范大学学报（教育科学版）》2006 年第 12 期。

数千余人止住其中，遣诸沙弥数百人行分卫供给众僧，日输米一斛，师便兼课一偈。”这里的“课”是教授的意思。又，梁释慧皎撰《高僧传》卷十四云：“贫道少乏怀书抱筴自课之勤，长慕铅墨涂青扬善之美。故于听览余闲，厝心传录。”这里的“课”是学习的意思。北魏凉州沙门慧觉翻译的《贤愚经·阿难总持品第三十八》曰：“尔时有一比丘，畜一沙弥，恒以严敕，教令诵经，日日课程；其经足者，便以欢喜；若其不足，苦切责之。……于时沙弥闻是语已，即得专心勤加诵学；课限不减，日日常度。师徒于是俱同欢喜。”这段经文中的“课程”，意思很确定，为“规定功课学习的内容、分量、期限并进行考核督促”，接近于今天日常语言中“课程”的意义了。

二、课程的指称与组成

课程作为专门术语概念，指称比较多样。在西方英语国家，课程（curriculum）有三个层面的指称：一指学校课程；二指一个国家或地区的“课程系统”；三指“课程研究领域”（即“课程论”）。而在我国，“课程”的指称却有四个层面①：一是“为实现学校教育目标而选择的教育内容的总和”；二是“课业及其进程”（这两层含义相当于英语国家的“curriculum”或“programme”）；三是“学科的同义词，如语文课程，数学课程等”，相当于“subject”或“course”；四是指以一定时间为单位的“一节课”，相当于“lesson”。

中西方由于文化差异，特别是语言差异，在课程概念的指称对象上存在显著区别。当然，两者在关键性的指称上，亦具有一致性。在比较中外课程及其理论时，特别是在引用英语课程与教学文献时，需要加以明辨。

“大家广泛一致地同意，课程有五个维度或组分：（1）关于学习者与社会的假设框架；（2）目的与目标；（3）内容或科目及其选择、范围和顺序；（4）施行样式，比如方法论和学习环境；（5）评价。”② 课程文件（curriculum documents）则是课程组分（curriculum components）的载体。所以，在载体意义上，当代课程的组分主要包括课程原理、课程计划（又称教育或教学计划）、课程标准（又称教学大纲）、课本（又称教科书）、辅导资料、教师指南、补充材料、课程包和网络课程等。其中课程原理、课程计划、课程标准和课本，被统称为课程方案；而课本、辅导资料、教师指南、补充材料和课程包，则被称为教学材料，往往被简称为“教材”；其中的课本，在我国常常被叫做教科书；至于网络课程，往往与网络资源交叉使用。

（一）课程原理

课程原理，一般说来就是用文字对课程原则的推理探索或阐释。课程原理（curriculum rationale）的作用，是通过清晰地阐述某一课程行动进程的原因、原则和

① 国内有权威辞典认为“课程”有三层含义：“①为实现学校教育目标而选择的教育内容的总和。……②泛指课业的进程。……③学科的同义词，如语文课程，数学课程等。”见顾明远主编：《教育大辞典（1）》，上海教育出版社1990年版，第256页。

② Lewy, A.（Ed.）.（1991）. *The International Encyclopedia of Curriculum*. NY: Pergamon Press, 67.

目的意义，来说明它是正当的。

课程原理须阐述清楚有关的教育原理（the rationale in education），应从政治、经济、文化和哲学等角度进行论说，对有关研究、管理政策以及课程变迁加以说明；同时要阐明课程原理，特别应阐明课程的目的目标和价值，并加以详细而系统的阐释。

（二）课程计划

课程计划，在欧美国家称为教育计划或教育标准（educational programme or standards），在苏联或俄罗斯称为教学计划。新中国成立后，曾长期跟随苏联称之为教学计划，现在随着课程改革的发展，已改称为课程计划。

课程计划是根据一定的教育目的和学校及其专业的性质，由教育行政部门或学校制定的关于学校教学和教育工作的一种法规性文件，它对学校的教学、教育活动作出全面的安排，规定培养目标、课程设置和课程顺序，建议教学方式和评价考核形式，进行课时分配、学年编制和学周安排等。课程计划是课程标准和教学材料研制的主要依据。

（三）课程标准

一直以来，人们将英美等国使用的"syllabus"一词，翻译为"教学大纲"。其实在英语中，教学大纲的基本含义是"课程中一系列主题、话题和文本等"①。这与我国常用的"教学大纲"，差异显然很大。这要求我们在理论和实践上注意区分，以防混淆和误解。

课程标准（syllabus），在我国一度模仿苏联称教学大纲。现在，随着教育改革发展，正逐步改称为课程标准。课程标准是根据课程计划，以纲要形式编制的各门课程的目的目标、教学内容范围、实施原则及方式、结果标准及其结构的指导性文件。课程标准无疑是正规教育中最古老的一种教学工具，它作为一种桥梁，使预期学习的组织和结构在教师与教师之间和教师与学生之间连接起来。在有些国家的中央集权制下，课程标准是控制教师和学生的正式而具有权威的工具；而在有些国家的地方和学校自主制下，课程标准又是非正式文件，只起指导性作用。

国内外的课程标准内容及其结构差异较大。在国外，"大多数书面形式的教学大纲包括：进程纲要、教学单元、教学指导、教学材料和教学方法指导"②。在我国中小学，现在的"课程标准"，从"教学大纲"突出"教学内容"及其安排，转变为突出"课程目标"及"教学实施建议"。"课程标准"是分"学习领域"或"科目"进行研制的，所陈述和规定的内容一般分为"前言""课程目标""内容标准"和"实施建议"，有些还有"案例"介绍分析；其中，"前言"一般分为"引言""课程性质""课程理念"和"课程设计思路"等，"课程目标"一般包括"总目标"和"具体目标"，"内容标准"则勾勒出了课程内容的大致范围及水平要求，"实施建议"一般包括"教学建议""评价建议""教科书编写建议"和"课程资源利用和开发建议"等。

---

① ［英］霍恩比编，李北达译：《牛津高阶英汉双解词典》（第四版·增补本），北京商务印书馆2002年版，第1550页。

② Lewy，A.（1991）. *The International Encyclopedia of Curriculum*. Oxford：Pergamon Press，71.

（四）课本

课本（textbook），又称为教科书，在我国人们常常将其叫做教材，是根据课程计划和课程标准编写的、用于课堂教学的正规的课程专门用书。课本的内容结构，一般包括目录、课文、词汇、目的、作业举例、学生练习等。课本中的信息，在很大程度上规定教育内容和任务，课本是教师教授、学生学习及学校开展教育活动的最重要的资源。本书将辟专节加以论述。

（五）辅导资料

辅导资料，在国外称为课本分析（textbook analysis），包括学习导引或练习册，是用于指导教师和学生阅读、理解和掌握课本正文内容的各种材料。分析课本的程序，由不同阅读模式的应用来确定，这样的阅读模式产生了一种工具性的“索引”，它使得课本的阅读要求，与决定学习者阅读成就和成绩的阅读能力相匹配成为可能。目前已有一些阅读模式，它们均是通过测量字词难度和句子的复杂程度，来决定合适的正文阅读水准。一般的辅导资料，通常由“正文分析”“认知策略”和“实践意义”三部分构成。

辅导资料的功能，一是解难答疑。课本常是以非常简练的语言陈述系统的知识或自然科学、社会生活的问题，对于这些知识的理解或问题的解决，常常是师生遇到的难题。二是提供成功经验。教师的教需要利用展示知识的手段或解决问题的方法，需要获得有关学生的背景知识；而学生的学，需要学习和模仿他人。

辅导资料处在发展完善过程中。我国出版的辅导资料曾以解释和分析课本、提出教学建议为主，是典型的“课本中心”式，只关注教师如何教，不关注学生如何学，更不提示教师从学生如何学的角度去考虑教的策略。当代辅导资料的发展开始突出：对课本知识内容的解读，对教师教法的建议，对学生学法的指导，对相关问题与材料的拓展。

（六）教师指南

教师指南（teacher’s guide），是帮助教师组织进行课程教学的工具。通常一本指南是专用于一本特定的课本，然而有时指南也独立于课本，包含补充的背景信息、活动、问题以及微型教学方案。教师指南还有教师全书、教师手册、教师指导书或教师用书等称呼。教师指南有时又叫课程指南（curriculum guides），它可能覆盖某一特定年级的一种活动或一门课目领域，也可能覆盖某一特定年级的所有活动或课目。教师指南的结构一般包括“简介”“教学目的（又叫一般目标）”“教学目标（又叫特殊、表现或行为目标）”“学习活动”“评价技术”和“资源（包括人力资源和物力资源）”。①

（七）课程补充材料

课程补充材料（supplementary materials），是指教学活动使用的常规资料之外的那些特殊材料。课程常规资料是一个国家、地区或学校里作为教学基本文件而提供给师

---

① Oliva，P. F.（2009）. *Developing the Curriculum*（7th Ed.）. Boston：Pearson/Allyn and Bacon，460-461.

生使用的资料，通常是经过权威机构专门研制和审查批准的课程计划、课程标准、课本及教学指南等。随着社会和学生需要的日益丰富和多样化，这些常规资料已经不能满足教学活动的需要，许多新型特殊材料被开发与使用。

课程补充材料有两种类型与三大内容。课程补充材料是专门用于课程提高（curriculum enrichment）的。课程提高有两种类型：第一种是集体提高课，又称“延伸规划”（extended planning），是教师在用以指导学校教学工作计划的学程所规定的基础课程之外，设计和组织的教学活动，是面向全班学生的；第二种是个别提高课，是教师为加快学习者学习进度或为满足那些有特殊需要和兴趣的学习者而设计组织的特殊学习活动，是面向个别特殊学生的。补充材料就是特指用于这样的集体提高课和个别提高课的教学材料。

课程补充材料的内容主要包括“补充性的学习活动”“科目主题的改进”和“设备与用品”三类。① 补充性的学习活动，意在提高学习效率和达到另外的教学目的，其资源有教学活动设计或教学方法类书籍，登载新型教学艺术和技巧的书刊，各个课目领域内的教学活动设计和教学方法类书籍，举办教学技能培训学习班和教学观摩等。课目主题的改进，有“提供最新信息”“提出不同看法”和“拓展课目主题”三条基本途径，其主要来源有：与课本内容相关的学科领域的书籍，期刊和报纸，广播、电视节目，电影片，校外专家、名人与学者等各方人士。教学某一内容可能需要有相应的设备与用品，如图表、幻灯、录音机、磁带、地图、实验仪器、多媒体平台等，其中有的需要教师熟悉，懂得其操作和使用方法，有的则需要教师自己设计、动手制作或设法采集。其来源主要有：学校图书室、实验室和视听设备，教学设备与仪器生产商的供货清单以及师生亲自动手制作。

（八）课程包

课程包（curriculum packages），是指专门设计用于达到特殊目标的一套配套的教学材料。这些材料既可以是提供两周或一年等较长教学时间用的，也可以是限制用于一个短周期的。通常这些材料包含使用多种媒体和互联网进行的多种多样的活动。它既包括学生直接用的材料，也包括协助教师或其他指导者开展活动的辅助材料。

目前，课程包已经实现网络化和多媒体化，包括硬件、软件和资源库三部分。硬件部分主要包括以电脑为核心的多媒体教学平台和数码投影仪，软件部分大致包括教学管理软件、教学传递软件、电脑说明软件、制作语言、程序语言和教学实用程序等，而资源库分为课程素材库、教案库、题库和课件库等。基于信息和网络技术，课程包已越来越简化，而还原为教材套。当代教材套开始定型，由纸质教材加配套教材光盘组成。

（九）网络课程

在函授教育基础上，人们运用信息通信技术进行课程创新，便开发出网络课程。网

① 参见江山野主编译：《简明国际教育百科全书》，教育科学出版社 1996 年版，第 120～122 页。

络课程，也称为电化学习课程（e-learning course）。① 在英文中常用 online course 一词，② 也交替使用 web-based course③ 和 internet course④ 等词。从其显著的特性与特征看，网络课程是在现代教育思想、教学理论或学习理论指导下的基于信息通信技术开发且在网络上运行的课程，其学习过程具有交互性、共享性、开放性、协作性和自主性等基本特征。⑤ 目前，在高等教育和成人教育中，网络课程的开发与应用非常广泛，在基础教育中也越来越受重视，已经成为课程的重要组分。

现代教育正在酝酿从教材观到课程材料观和教学材料观的转变。已有的“教材”称谓，本来是“教学材料”的简称，可是这一“简称”长此以往就导致了一种过于重视“教”的教材观的流行。这有历史和现实双重原因。历史上，我国是“教科书”课程，几千年的封建社会，学校都是以“四书”“五经”为教材。由于它们是主流文化的经典，于是教材便被等同于规范儿童行为、规范社会行为的经典，形成了“上所施，下所效”，以教材为本的教育文化传统。到了 19、20 世纪交替之际，教材或课本进一步被“钦定”或政府规定为教科书，教科书成为必须遵循的经典。现实中，由于 20 世纪 50 年代初引进苏联的课本及其制度，长期实行“依据教学大纲，按照教材开展教学活动”的“中央一统制”，过分强化了教材的作用，导致了教师对教材的习惯性依赖。因此，在人们对教材的简称里，孕育和形成了以“教”为本的教材观。其实，在课程材料和教学材料里，既包括主要为了教师教的材料，也包括主要为了学生学的材料。建立课程材料观和教学材料观，就是要重视学生的学，把教师的教还原为引导学生学习和为学生学习服务的位置。

三、课程的定义

（一）已有课程定义

国内外学者下的课程定义数不胜数。将它们进行粗略梳理，可以归纳出目前课程定义大致有“描述性理解”“科目说”“计划说”“媒体说”“学习经验说”“预期结果说”“后现代阐释”“操作性阐释”以及“包容观”九种类型。

1. 描述性理解

对具体存在的课程进行描述归纳，是课程研究领域阐释专门术语概念的通常做法。

① Chiesl, N. (2007). Pragmatic Methods to Reduce Dishonesty in Web-based Courses. *Quarterly Review of Distance Education*. Greenwich: 8 (3), 203-212.

② Weidman, R. & Bishop, M. J. (2009). Using the Jigsaw Model to Facilitate Cooperative Learning in an Online Course. *Quarterly Review of Distance Education*. Greenwich: 10 (1), 51-57.

③ Hu, H. & Gramling, J. (2009). Learning Stratigies for Success in a Web-based Course: A Descriptive Exploration. *Quarterly Review of Distance Education*. Greenwich: 10 (2), 123-135.

④ Xing, M. & Spencer, K. (2008). Reducing Cultural Barriers via Internet Course. *Innovations in Education and Teching International*. London: May 2008, 45 (2), 169-181.

⑤ 参见 http://www.hudong.com/wiki/%E7%BD%91%E7%BB%9C%E8%F%BE%E7%A8%8B? hf=youdaocitiao&pf=youdaocitiao.

比如斯宾塞在《什么知识最有价值》一文中使用“课程”，专指“学校里科目设置及其进程安排”。陈侠先生则直截了当地说：“课程可以理解为为了实现各级学校的教育目标而规定的教学科目及其目的、内容、范围、分量和进程的总和。”①

2．科目说

在漫长的教育发展史上，课程一直是被当成“科目内容”的同义语来理解和使用的。有代表性的阐释如：课程是毕业或资格证书所要求的系统学科或科目主题顺序，如社会科课程、体育科课程等；课程是学校提供给学生的教学内容或特定学科主题的总体计划；课程是指学校教学的科目及其进程。②

3．计划说

这种观点出现比较早，至今仍有不少人坚持，认为课程本质上是人们制订的、将由师生们实行的一种专门计划。在这种观点中，有代表的阐释为：课程是一种学习计划；课程是学生在学校指导下经历的所有经验的一种计划；课程是指导学生获得全部教育性经验（含种族经验和个体经验）的计划。③

4．媒体说

有些学者把课程的本质看成是师生活动赖以开展的媒体。有影响的阐释如：课程是教育事业的核心，是教育运行的手段，没有课程，教育就没有了用以传达信息、表达意义和说明价值的媒体；课程是由一定育人目标、基本文化成果及学习活动方式组成的用以指导学校育人的规划和引导学生认识世界、了解自己、提高自己的媒体。④

5．学习经验说

后来，有人批判“计划说”导致了学校对儿童的奴役，指出课程实质上是学习者的特殊学习经验。有代表性的阐释如：课程是儿童在教师指导下获得的所有经验；课程是学生在学校指导下获得的一切经验；最广义的课程，是指受教育者在走向社会之前的过程中所经历的全部经验。但是我们通常所说的课程，是指学习者在学校的指导下获得的全部经验；⑤ 课程是由学校负责规划的所有学习活动；课程是为学生提供的所有学习经验的总和，以便使之能够在各种学习场合获得一般技能和知识。⑥

6．预期结果说

有学者指出，定义课程不能仅突出学习者的学习经历，应把内容、目标、内容顺序

---

① 陈侠著：《课程论》，人民教育出版社1989年版，第13页。

② 黄甫全：《关于教学、课程等几个术语含义的中外比较辨析》，载《课程·教材·教法》1993年第7期。

③ 李臣之：《试论活动课程的本质》，载《课程·教材·教法》1995年第12期。

④ 廖哲勋著：《课程学》，华中师范大学出版社1991年版，第28页。

⑤ 吕达等著：《独木桥？阳关道？——未来中小学课程面面观》，中信出版社1991年版，第3页。

⑥ Marsh，C. J.（2009）. *Key Concepts for Understanding Curriculum*（4th Ed.）. London：The Routlege，6-7.

和评估结合起来，所以课程实质上是人们的“一种预期学习结果”。有代表性的阐释如：课程是一种预期学习结果的结构化系列；① 课程是一种预期教育结果的重新结构化序列。②

7. 后现代阐释

随着后现代主义兴起，人们受建构主义以及解放教育学的影响，努力突出课程的计算机作用和学习者提问的权利，兴起了一种课程定义的后现代取向与阐释。这种取向的定义有：课程是学生利用计算机及其各种网络诸如互联网等完成作业中所建构的东西；课程就是质疑权威并探寻人类情境的复杂观点。③

8. 操作性阐释

1984 年，联合国教科文组织出版了修订版的《职业技术教育术语》手册，将课程定义为“一种专门组织的理论性和实践性学习的计划，必须成功地完成这样的计划才能实现特定的教育目标，并相应地达到特定的知识水平，获得特定的职业资格”④。这一定义具有典型的操作性。第一，课程客观地表现为一种计划，它由人进行了精心组织，形成了特定结构。第二，课程是学生学习的计划，包括理论性的学习和实践性的学习。这种学习是一种探究式的，而不仅仅是模仿式的。第三，课程包含了教育目标，成功地完成某一课程，就实现了某一特定的教育目标。第四，课程是知识水平的象征，完成一定的课程，就表明达到了一定的知识水平。第五，课程最终指向于特定的职业资格，完成一定的课程，就会获得具有从事某种职业资格的证书。

9. 包容观

课程定义阐释上的多种见解并存，是一个不争的事实，想达成一致看法，看来为时尚早。而且各种见解，均有合理成分。因此，一些学者主张，承认目前难以在课程定义上取得一致的事实，尊重各种不同的见解，建立一种课程定义的包容观念。

施良方指出：“每一种有代表性的课程定义都有一定的指向性，即都是指向当时特定社会历史条件下课程所出现的问题，所以都有某种合理性，但同时也存在着某些局限性。而且，每一种课程定义都隐含着作者的一些哲学假设和价值取向。对于教育工作者来说，重要的不是选择这种或那种课程定义，而是要意识到各种课程定义所要解决的问题以及伴而随之的新问题，以便根据课程实践的要求，作出明智的决策。”⑤

王文科在分析了有典型性的不同课程定义后指出，课程概念至为庞杂，但并无优劣之别，主要决定于定义者以及接受者的背景和所持立场的差异。他提出：“略作统合，

① Johnson, M. (1967). Definitions and Models in Curriculum Theory. *Educational Theory*, 17 (2), 127-140.

② 黄甫全著：《阶梯型课程引论》，贵州人民出版社 1996 年版，第 27 页。

③ Marsh, C.J. (2009). *Key Concepts for Understanding Curriculum* (4th Ed.). London: The Routlege, 8.

④ 参见苏渭昌等编：《英俄日汉教育词典》，东北师范大学出版社 1988 年版，第 587 页。

⑤ 施良方著：《课程理论》，教育科学出版社 1996 年版，第 10 页。

大致课程具有如下各项概念：(1) 以目的、目标、成果或预期的学习结果为导向；(2) 以学校为计划、实施课程的主体，而以学习者（学生）为对象；(3) 以团体或个别为实施的方式；(4) 以在校内或校外为实施的场所或地点；(5) 以提供科目、教材、知识、经验，或学习机会（活动）为类型。"①

费厄斯坦（Fielstein，L.）在分析了一系列课程定义后概括道："我们注意到了，上述定义中包含了四个共同的课程要素。"② 它们是"规划""目的""聚焦"和"流变"。课程是规划的结果，需要设计出内容、方法与评估工具等各种课程组分。规划课程的任何预期结果都是为着学习活动的，目的在于产生学习变化，包括产生行为、态度、品性、知识或技能等方面的学习变化。学生是预期受众，所以必然是课程的聚焦点。课程规划出来，必然要在班课里施行，于是就成了活生生的"生命"，就流变成千姿百态。

（二）课程定义新解

现代有两个新命题，对深化理解课程本质具有重要启示。

第一，"课程是进入教育领域的文化。""文化的本质就是人的自我生命存在及其活动，文化世界的本体就是人的自为的生命存在。"③ 课程作为进入教育领域的特殊文化，就是一种特殊的"人的自我生命存在及其活动"。在教育情境中，存在着教师和学生两种不同的生命存在及其活动。显然，课程不是为教师的生命存在及其活动而设置的，而是为学生的生命存在及其优化活动专门创造的。在学生的生命存在及其优化活动中，有一种特殊的生命本性和潜能，这就是学习。追问到底，课程的创生与发展，起源于人的学习需要，终于人的学习实现。"课程的生成和发展，根本依据在于人的学习本性和潜能，课程作为进入教育领域的特殊文化，实质就是人的学习生命存在及其优化活动。"④

第二，"课程是一段教育进程。"教育进程是指教师与学生正在进行的，以一定文化内容为对象的"活生生的教育活动"。在人们的日常谈论中，提及"教育"时，总是意指"观念"形态的教育；而使用"课程"时，则侧重指称"实践"形态的教育。那么，站到学习者的本性是"学习生命存在及其活动"的高度，课程就不仅仅是存在于"观念状态"的可以分割开的"计划""预期结果"或"经验"了，而根本上就是生成于"实践状态"的无法分解的、整体的"教育活动"。既然是"教育活动"，就必然现实地而不是抽象地包括了教育的各个方面、各个要素和各种成分。课程实质上就是实践形态的教育，课程研究就是实践形态的教育研究，课程改革就是实践形态的全面的教育改革。

课程的内涵丰富，已有认识分别揭示了它的一些侧面。课程作为特殊文化，必然打着人的理想和目的的"烙印"，就必然是有目的的，是人所预期的，所以课程实质上是

---

① 王文科著：《课程与教学论》，五南图书出版公司 1999 年版，第 14 页。

② Fielstein，L. &Phelps，P. *Introduction to Teaching*：*Rewards and Realities*. 中国轻工业出版社 2005 年版，第 265 页。

③ 李鹏程著：《当代文化哲学沉思》，人民出版社 1994 年版，第 71 页。

④ 黄甫全：《学习化课程刍论：文化哲学的观点》，载《北京大学教育评论》2003 年第 4 期。

一种“预期结果”。课程不仅是预期的，而且是人精心组织和重构的，是人专门进行了进程设计的，所以，课程必然也是一种“计划”。不仅如此，课程作为人的学习生命存在及其活动，实质上必然也是学习者获得的“学习经验的总和”。另外，课程作为客观事物，具有自身的特定功利价值，可以满足个体和社会的功利需要。所以，课程是预先设计好的、以特定知识经验为基础的资历，并通过颁发一定的资格证书加以确认，同时满足学习者获得一定社会职业资格的需要和社会选人的需要。

事实上，课程概念有广义和狭义之分。广义的课程，是指人的一切有目的、有计划、有程序的实践状态的学习生命存在及其优化活动。狭义的课程专指学校课程，实质就是学校或教师组织学生进行的有目的、有计划、有程序和制度化的学习生命存在及其优化活动，通过这样的活动，学生获得一定水平的知识经验，达到特定的预期教育结果，并被授予社会承认的专门资格证书。

第四节　教学的概念

从古到今，教学一词与教育一词同样盛行。这里亦从词源、定义与新探等方面分析与介绍教学概念。

一、教学的词源

“教学”的词源更是丰富。在英语里，教学概念涉及了 teaching、learning and instructing/instruction 三词，它们的词源及其含义已被多方考察。①②③④ teach（教）和 learn（学）两词同源，系派生自中古英语 lernen。而 lernen 一词源自盎格鲁—撒克逊语的 leornian，词干为 lar，词根为 lore。lore 的原意为 learning 或 teaching，现在则指所教内容，特别是指传统事实与信念。

而 instruction/instructing 源于拉丁语动词 instruere，词根为 struct，原意为建设（build），在后期拉丁语中其意延伸为教学。instruere 的过去分词为 instructus，衍生出法语 instruction 一词，并为今天英文所借用。因此，instruction/instructing 的词源意义是建设，进而引申为传授知识，即教学。

对 teaching 与 instructing 的释义一直存在分歧。在英国，instructing 往往指特定技

---

① Partridge，E.（1958，2006）. *Origins：A Short Etymological Dictionary of Modern English*. London：Routledge，3274-3275，3384.

② Ayto，J.（1990，2005）. *Word Origins：The Secret Histories of English Words from A to Z* (2nd Ed.). London：A & C Black，289，498.

③ Smith，B.O.（1987）. *Definitions of Teaching*. In Dunkin，M.J.（Ed.）.（1987）. *The International Encyclopedia of Teaching and Teacher Education*. Oxford：Pergamon，11-15.

④ 崔允漷：《课程与教学》，载《华东师范大学学报（教育科学版）》1997 年第 1 期。

能的训练，意义接近 training，而 teaching 则是指知识的传递和能力的培养。有学者认为，teaching 的范围很广，除了包括 instructing 含义外，还有训练、灌输和条件作用。所有 instructing 都可称为 teaching，反之则不然。instructing 应该是最标准的 teaching。另外有学者持相反观点，认为，instructing 包含 teaching，后者仅仅是前者六个组成部分中的一个要素，即班课行为和相互作用。不过，许多人都认为这两个词可以相互代替，是同义的。

在汉语中，“教学”涉及了“教”“学”与“教学”三词。① 单音词“敩（学）”和“教”，在造字之初就包含了教师的教和学生的学，本为一字，后来分为二字。故而，“教”字最初的意思就是教学。《说文解字》：“教，上所施，下所效也。从攴、从孝。”“攴，小击也。普木切。”“孝，放也。从子。”“子，十一月易气动，万物滋。”徐锴系传：“攴，所执以教道人也……言……以言教之。”由此看出，一个“教”字，教学依据、教学内容与对象、教学方式、教学手段全包括在里面，是一幅生动的教学场景。意指万物生长的“子”乃教学依据，“爻”代表教学内容与对象，作为“效”“仿”的“孝”是教学方式，“攴”及其“言”是教学手段或媒介。再看“教学”的意思。《尚书·兑命》：“敩学半。”《礼记·学记》：“学然后知不足，教然后知困。知不足，然后能自反也，知困然后能自强也。故曰教学相长也。”“建国君民，教学为先。”至宋代，欧阳修《胡先生墓表》云：“先生之徒最盛……其教学之法最备。”从中可见，教与学不可分割的思想依然存在并得到发扬。这样，双音词“教学”的含义，一指教育，如《礼记·学记》所云；二指教师教学生读书、学习的“教”的活动，这种活动是“上所施，下所效”的双边活动，既能觉人，也能觉己；三则与现代汉语中的“教学”相近。“教学”的今义较早出现在《战国策》中。《战国策·秦五》云：“王使子诵，子曰‘少弃捐在外，尝无师傅所教学，不习于诵。’王罢之，乃留止。”这里的“教学”，就是指师傅教徒弟习诵之事。汉末曹魏以后，“教学”一词开始大量出现在文献中，从而流播于世。

二、已有教学定义

不同的教学定义，反映出价值取向演变和认识变化发展的历程。学者们通过分析长期以来教学定义见仁见智的状况，清理出了“内涵指称差异”和“逻辑归属差异”②。

（一）内涵指称差异

从内涵指称看，已有的教学定义存在“突出‘教’的含义”，“重视‘学’的含义”，“强调‘教’与‘学’相统一的含义”，以及“揭示‘教学生学’的含义”等四种不同的指称。有一些人仅从教师、教育者的角度加以理解，“教学”指称的仅仅是教师的“教”，而且往往突出“教”的“传授”或“传递”知识经验的特征。相反地，有些人则“矫枉过正”地凸显“学”的含义，仅仅从“学”的角度来界定和使用教学概念。大多

① 本段文字参考了姜国均：《“课程”与“教学”词源小考》，载《华东师范大学学报（教育科学版）》2006 年第 12 期。

② 李定仁、徐继存主编：《教学论研究二十年》，人民教育出版社 2001 年版，第 51～59 页。

数人则主张“教”与“学”相统一的含义取向，明确指出教学是教师和学生的共同、双边或统一的活动。另有人指出，教与学具有共同性或统一性，但不是简单并列的“教师教与学生学”。教学系统中的活动具有层次性，教师的教是一个层次的活动，学生的学是另一个层次的活动，前者高于后者，教学是教与学这上下两个层次的协调活动。教与学的共同协调关系，是通过教（高层次）对学（低层次）实行有效组织与控制而实现的，所以教学的实质是“教师教学生学习”。①

（二）逻辑归属差异

从逻辑归属上看，已有教学定义存在“教育活动”“认识活动”和“交往活动”三种不同的定位。因为教育活动包含教学活动，所以把教学的属概念确定为“教育活动”，是教学概念归属的最常见的模式和最正统的视角。面对学生怎样有效掌握教育内容中知识与技能问题，通过研究发现学生掌握知识的过程，类似于科学家的科学认识活动过程。所以，有些人自然会有根据地将教学活动的实质归属于“认识活动”。在认识不断深化的过程中，有人不满足于将教学简单地归属于“教育活动”或“认识活动”，试图另辟蹊径以把握教学的特质和形成新见解。随着国外“交往理论”被引进并产生影响，许多人据此考察了教学活动，发现了教学的交往活动特征，主张将教学活动归属于“交往活动”。

各种教学定义的内涵指称差异和逻辑归属差异，匆匆一瞥让人有些眼花缭乱，但仔细思量则能够开阔眼界，对教学活动的丰富含义和多样特质有更深入的认识和把握。

三、教学概念新探

教学是一种相对独立的特殊活动，逻辑上并不能简单地完全归属于教育活动、认识活动或交往活动。

（一）教学的独立性

在中国古代，早就把教学看做根据特定教育目的培养人才的主要形式或途径，重视教学的作用，同时对教学的实质进行了探究，获得了不少深刻的见解。王夫之指出，学是学教师所教的东西，教是教人学习；教师要就学习者原有基础不断扩大其知识领域，学习者要根据教师的引导积极思考，独立探索事物的由来。在西方，资本主义兴起后，自然科学和技术知识进入学校成为教学内容，并要求提高培养人才的速度和效果，因而人们就特别重视教学，对传授和学习知识、技能、技巧的过程和方法开展了广泛而深入的研究。历史创生了教学，也创生了教学的特定内涵和性质。

教学与教育两个概念既相联系又相区别。教育指一切培养人的活动。广义的教学所指与教育一词的含义基本没有区别。但是在狭义上，教学专指教师的教与学生的学相统一的专门活动，已经从教育中分化独立了出来，是教育的核心部分。教学尽管有教育活动的性质，但是如果简单地完全归属于教育活动，则不利于对教学本质进行深入认识。

---

① 邓小川：《论教与学关系的层次性和统一性》，载《四川教育学院学报》1988年第4期。

有人往往把教学和智育两个概念相等同，其实它们有联系但却有本质差异。智育是指向学习者传授系统的文化科学知识和技能，专门促进其智力发展的教育活动，所以是一种特殊的认识活动。教学是智育的一条主要途径，智育仅仅是教学多种功能中的一种而已。教学使人不仅通过特殊认识而掌握间接知识和理智技能，而且通过体验和交往，形成一定的态度和价值观，养成一定的道德规范，还会孕育出个性化的学习习惯等。所以，教学尽管具有特殊认识活动的性质，但也不能简单地完全归属于认识活动。

在教学活动中，固然存在教师与学生、学生与学生之间的交往。在现代民主社会张扬平等"交往"的背景下，探究和突出教学的交往特征，是理所应该的，可以提升人们的认识和教学实践的有效性。然而历史铸就的"教"的"上所施"和"学"的"下所效"含义和性质，是抹不去也遮蔽不了的，也是"交往"所无法包容和承载的。所以，教学虽然具有并表现交往活动的特质，但不能牵强地完全归属于交往活动。

（二）教学的整合性

事实上，教学是人类创造的一种专门活动，其中的教与学关系是根本关系，而这一关系的本质属性是引导。因此在广义上，教学就是教的人引导学的人学习一定文化的专门活动。教的人包括教师，但不仅指教师，还包括各种有关的教育者；学的人包括学生，但不仅仅指学生，还包括各种有关的学习者。

但是，人们常说的教学往往专指学校教学，它是一种职业或专业，具有专门设计和开发出来的特殊环境，被赋予了有效性的特质。因此在狭义上，教学专指学校中教师引导学生在专门环境里以特定的文化为内容而进行的教与学相统一的活动，从而有效地掌握知识、形成技能、发展能力和提升道德品质。教学具有统一性，不仅包含了"学"的含义、"教"的含义以及"教学生学"的含义，而且具有选择确定一定文化内容和设计开发专门环境的含义；教学具有互动性，教师的基本角色是引导者，学习者的基本角色是效仿者；教学还具有专门性或专业性，是人类有效地掌握知识、形成技能、发展能力和提升道德品质的专业活动。

（三）教学文化

为了凸显教学中的"人"并对教学进行整体把握，近年来"教学是一种文化"的话语逐渐兴起，随之教学文化成为人们定义和阐释教学实质的新兴术语。教学文化具有多重指代，主要有"教师的教学文化""教学活动文化"和"文化教学方式"等。

在现象学和解释学影响下，20 世纪 60 年代人们开始关怀教师的内心世界和"文化遭遇"，于是兴起了教师的"教学文化"主题。据考，"教学文化"（cultures of teaching）一词首次出现在 1986 年出版的《美国教学手册》中，指涉教师的信念和知识是如何形塑其教学模式的一类研究。"教学文化是教师们共享的信念和知识——信念是教师关于工作的'正确'方式，以及对教学回报的看法；知识是指教师从事教学工作的方法。"①

① 陈芳：《国外教学文化与新教师发展研究述评》，载《外国教育研究》2009 年第 5 期。

这样，教学文化就可以从“教师的社会互动规范”“教师对教学回报的看法”和“教师的实践性知识”等方面加以探究与描述。教学文化实质上是一个文化连续体，按照教师劳动的关系性质不同，可以区分为三种典型形态，即西方传统的“个人主义教学文化”、东方传统的“集体主义教学文化”以及国际化背景里正在兴起的“协作主义文化”。

20 世纪 90 年代我国兴起的文化自觉运动促使人们逐步认识到，教学在文化之中，并传承和发展着文化。一方面，“从学理上讲，教学文化概念的凸显，基本上是人们在文化的意义上看待教学的结果，而不是寻求教学周围所存在的文化的结果。”① 另一方面，“教学文化不应被看做一种概念，也不应被当做一种供参考的原则，而是我们体验教学总体问题的一种方式。”② 这就超越了教师的教学文化限定，而在揭示、探究和把握教学活动的文化本性，进而提出了作为师生特殊生活方式的教学文化。

如果说“教师的教学文化”是一种教学方法论的话，无疑地“教学活动文化”则是一种教学本体论。事实上，教学文化研究既是一种本体论同时又是一种方法论，所以它根本上就是“当代文化教学方式”！作为“当代文化教学方式”，它包融了关怀教师生命世界的“教师的教学文化”，又涵括了“作为师生特殊生活方式的教学文化”，还唤醒了观照学生生命世界的“学生的学习文化”。因而，在教学文化研究大潮里，就逐步兴起了学习文化探究主题。

第五节　学习的概念

从终身教育思潮兴起以来，“学习”一词成为了教育领域甚至社会领域一个使用频率越来越高的术语。英美许多大学，纷纷地将“课程与教学系”（department of curriculum and instruction）改称为“课程、教学与学习系”（department of curriculum，teaching and learning）。这里，主要从词源、含义、定义和文化等方面对学习概念进行简要介绍。

一、学习的词源

学习的词源也值得探究。在英语里，学习涉及了 learning 和 study 两个词。前已引述，learn（学）与 teach 两词同源，learn 是与教学内容相关联的。③ 而 study 则源于古法语 estudie 衍生的中古英语 studie。古法语的 estudie 源于拉丁文名词 studium 及其动词 studēre，其动词意义为渴望、学习，有尽心尽力地去学习和实践的意思，其名词的意义是知识的应用（application to learning）。所以，study 原意包含了对知识的学习和

① 刘庆昌：《教学文化：内涵与构成》，载《教育研究》2008 年第 4 期。

② 徐继存：《教学文化：一种体验教学总体问题的方式》，载《教育研究》2008 年第 4 期。

③ Smith，B. O.（1987）. *Definitions of Teaching*. In Dunkin，M J（Ed.）.（1987）. *The International Encyclopedia of Teaching and Teacher Education*. Oxford：Pergamon，11-15.

为了知识的研究。①② 因此今天，study 主要指涉及一种具体的学习探究（learning）活动，比如学习某个课目，在某个学科中进行一项研究等。③

在汉语中，“学习”涉及了“学”“习”与“学习”三词。在《说文解字》里，学为“斆”。《说文解字》：“斆，觉悟也。从教、从冂。冂，尚矇也。臼声。𦥯，篆文斆省。”“觉，悟也。从见。”“悟，觉也。从心。”“见，视也。从目儿。”“教，上所施，下所效也。”“冂，邑外谓之郊，郊外谓之野，野外谓之林，林外谓之冂。象远界也。……古荧切。”“矇，童矇也。从目。蒙声。”“臼，叉手也。……居玉切。”而“習，数飞也。从羽。”段玉裁《说文解字注》：习“引申之义为习熟。”《尚书・说命下》：“惟斆学半，念终始典于学，厥德修罔觉。”段玉裁《说文解字注》：“学字谓教，言教人乃益己之学半。教人谓之学者，学所以自觉，下之效也。教人所以觉人，上之施也。故古统谓之学也。”《辞源》释“学”有四义：“仿效，学习；学校；学问，学说，学派；诉说。”而释“习”有九义：“鸟练飞；复习，练习；学；通晓，熟悉；惯常，习惯；亲幸的人；重，叠；姓。”由此可见，最早造字时可能“学”与“教”统一为“斆”，“学”“教”同字同义，在篆字中“斆”才开始被简写为“学”。学习两字连用，目前大家一般认为始于孔子。《论语》：“学而时习之，不亦说乎！”《礼记》：“鹰仍学习。”

这样通俗说来，学习在广义上指人们努力对事像见得更远、悟得更深的活动，在狭义上则主要指儿童在长者教育下的成长活动，并采用练习和温习、实习和践行等方式，以通晓知识、技能或事理进而形成习惯。

二、学习的指称与含义

学习总是具体的，涉及不同主体，因而就有不同的指称。第一，泛义上，学习指有机体即动物与人类的学习活动。第二，广义上，学习指人类的学习活动。第三，一般而言，教育领域所说的学习是指在校学生的学习。第四，狭义上，学习指在校学生不同阶段的学习，分为幼儿园学习、小学学习、中学学习、大学学习、研究生学习等等。第五，具体而言，学习是指以特定内容为对象的具体学习活动。这往往为不少人所忽略，将特定内容的具体学习混同于一般学习。因此，我们在学习和研究中，一定要分清所涉及的“学习”指称的是什么范围的学习活动，从而避免可能的逻辑与实践错误。

在学习研究中，人们赋予学习许多不同含义，丰富了大家的认识。国内有学者将学习含义概括为“经验获得—行为变化说”“信息加工说”“功能说”“认识说”“活动说”

---

① Partridge, E. (1958, 2006). *Origins: A Short Etymological Dictionary of Modern English*. London: Routledge, 1739-1740, 3278-3279.

② Ayto, J. (1990, 2005). *Word Origins: The Secret Histories of English Words from A to Z* (2nd Ed). London: A & C Black, 306, 485.

③ Collins Cobuild. (1988). Essential English Dictionary. 中国对外翻译出版公司 1989 年版，第 796 页。

"求知说""效应说"和"内化说"等。① 而在西方，学习一词使用很宽泛，往往突出其不同方面，因而通常可以辨别出学习的"结果""心理过程""互动过程"和"教学"等含义。②

第一，学习一词指个体学习过程的结果。在这个意义上，学习就是所学习到的东西。

第二，学习一词指个体心理过程，可导致第一个含义所描述的改变或结果。这些心理过程可以称为学习过程，学习心理学就是专门研究这些过程的。

第三，学习和学习过程两者均可指个体及其物质和社会环境之间的互动过程，环境系第二含义所描述的内在学习过程的直接或间接先决条件，进而导致第一含义所描述的改变。

第四，学习与学习过程两者，不仅在日常语言里而且在正式与专业场合，均或多或少地与"教学"一词相连，这可以解释为前述所教与所学之间的缄默快速循环的结果。

其实，一个人一旦进入到与环境的互动过程中，其内在的心理过程同时也就启动了并进行着！所以，学习同时关涉着人们外在的社会互动过程和内在的心理发展过程。这样，学习根本上是一个整合过程，包含着相互影响的外在社会互动过程和内在心理发展过程。

三、学习的定义

学习研究史是一条人类文化之河，已经汇聚了四种智慧之流："脑科学揭示学习的生理基础，心理学描述学习的心理机制，人类学展示学习的社会脉络，而哲学则致力于对学习的批判式解读和认识论层面梳理。"③

脑科学格外突出学习的神经机制，主张："学习就是建立神经网络的过程"，④ "学习是受来自环境（除自己以外所有一切）的外部刺激构筑中枢神经通道的过程"⑤。这样，基于脑神经突触功效变化的记忆，就成为学习的唯一证据。于是，学习和记忆犹如一枚硬币的两面，不可能脱离其中一面去谈论另一面。

心理学从诞生之日起就一直关注学习的心理机制，结晶出了多种影响广泛的学习理论。在行为主义看来，"学习即反应的习得"；在认知主义看来，"学习即知识的习得"；而建构主义则提倡："学习即知识的建构"；同时，人格心理学却视学习为情感过程，突出分析学习过程中存在的多种心理防御机制以及学习的人格发展动力等基本问题。

---

① 叶瑞祥：《对学习概念的新认识》，载《韩山师范学院学报》1995 年第 4 期。

② Illeris，K.（2004）. *The Three Dimensions of Learning*. Malabar，Florida：Krieger Publishing Company，14-15.

③ 曾文婕：《文化学习引论——学习文化的哲学考察与建构》，华南师范大学 2007 年博士学位论文，第 6～33 页。

④ ［美］沃尔夫著，北京师范大学"认知神经科学与学习"国家重点实验室，脑科学与教育应用研究中心译：《脑的功能：将研究结果应用于课堂实践》，中国轻工业出版社 2005 年版，第 111 页。

⑤ ［日］小泉英明：《脑科学与教育——尖端研究与未来展望》，载《教育研究》2006 年第 2 期。

人类学则转向社会的、情境的视角以凸显学习的文化脉络。"情境学习理论"认为，学习是共同体成员在取得合法参与机会的状况下，得以从边缘逐渐进入实践共同体并走向中心的过程。"学习的社会理论"，信奉"学习即社会参与"隐喻，认为学习就是"主动参与社会群体的实践，并建构与实践共同体有关的身份的历程"。

哲学致力于凸显人类学习的多样性与丰富性。有学者认为："'学习'的本质是人们在实践中自觉地不断地通过多种途径、手段、方法获取知识并内化为自身素质和能力的人的自我改造、发展、提高和完善的过程，是使人成为主体并不断增强主体性的过程。"① 还有学者主张："学习是人类（个体或团队、组织）在认识与实践过程中获取经验和知识，掌握客观规律，使身心获得发展的社会活动，学习的本质是人类个体和人类整体的自我意识与自我超越。"②

作为当代哲学形态的文化哲学，正在带给学习研究一个整体主义视角，从而看到一种"文化学习"（cultural learning）的学习新形态正在生成。"文化学习，是学习主体调动整体性的学习生命力，去追求与文化的无限整合，进而凭借文化媒介不断通达自由的一种新的学习形态。"③ 这样，学习这一存在就以丰富多彩的学习文化图景敞亮了自身而展现出来。

心理学是最早尝试给学习下定义的，而文化哲学是学习定义的最新整合视角。心理学里，比较流行的定义为：学习是"个体通过练习或经验而导致行为有比较持久改变的过程或结果。"④ 在文化哲学看来："学习就是习得新的知识、行为、技能、价值观、偏好品质或理解力，并会包含着综合不同类型的信息。学习能力为人类、动物和一些机器所具有。进步伴随着时间倾向于遵循学习曲线。"⑤

四、学习的理论与类型

"学习理论是对个体如何习得知识、技能与能力的一套系统而整合的概念与研究性阐述，从而帮助我们理解把握学习固有的复杂过程。"⑥ 课程与学习理论之间的关系非常密切，课程本质上是学习的道路图。学习理论是教育者在设计课程并加以教学实施的时候进行考量的框架。将学习理论作为概念框架，课程与教学才能结构化来使学习最有效。不同学者建立了关于人们如何学习的许多不同理论，很难用同一标准加以分类。一

---

① 郝贵生：《对"学习"本质的哲学思考》，载《河南科技大学学报（社会科学版）》2004 年第 3 期。

② 桑新民：《学习究竟是什么》，载《开放教育研究》2005 年第 1 期。

③ 曾文婕：《文化学习引论——学习文化的哲学考察与建构》，华南师范大学 2007 年博士学位论文。

④ 林崇德、杨治良、黄希庭主编：《心理学大辞典》，上海教育出版社 2003 年版，第 1881 页。

⑤ http://en.wikipedia.org/wiki/Learning.

⑥ Eryaman, M.Y. & Genc, S.Z. (2010). Learning Theories. In Kridel, C. (Ed.). *Encyclopedia of Curriculum Studies*. Los Angles: Sage, 534-537.

般而言，学习理论可以归为三种不同类型或哲学与心理学框架，即行为主义、认知主义和建构主义。行为主义将学习看成是源自环境因素的一种可以测量的行为变化；认知主义则强调知识的内在心智组织，突出知识、心智结构的习得以及信息处理过程；建构主义却将学习看成是学习者基于已有知识和/或经验能动地建构新理念或新概念的过程。一些建构主义变种甚至认为，学习不仅是习惯形成、信息处理和知识建构，而且是人类借以实现自身的内在自主并获得生活感的独特活动。

研究表明，学习具有多种类型，罗列起来有许多。而就学习具有的动机特征看，存在三种类型的典型学习，它们分别为"直觉学习"（intuitive learning）、"审慎学习"（deliberate learning）和"文化学习"（cultural learning）。①

直觉学习，包括不同的日常学习，诸如模仿学习（learning through imitation）、习惯养成与感知学习（habituation and perceptual learning）、学习事件间联系（learning associations between events）、日常问题解决（informal problem-solving）和内隐学习（implicit learning）等。一般而言，这些直觉学习事实上都是适应世界的自发的与自然的方式，遍布校园内外和有无教师的所有人类文化活动。这些学习渗透着一种信念：学习就是对新情境的适应。尽管日常学习表明，人类不需要正规教学或引导就能够学习，但是学校旨在扩展学习以超越日常知识。所以，学校学习就被看成是"审慎学习"的一种特殊形式，因为它具有远比粗糙的学徒制、街头叫卖以及儿童直觉学习等高级得多的目标。学校及其班课上的审慎学习，需要迎接三个挑战，这就是理解、记忆和应用人们所学习的东西，现代认知心理学的发展，不断地探讨和揭示人们进化而成的内在心智能力（innate mental capacities）的重要性，使得人们开始将内在能力发展与学习形式结合起来，开辟了文化学习的新方向以探究和开发文化对人类学习的极其重要的贡献。文化学习涉及与世界的游戏性互动、同成人的积极性对话和在作业中的严峻遭遇，从而促使学习者开发和应用新颖的学习理念和有效的学习策略。直觉学习与审慎学习以及介于其间的文化学习，实际上构成了一个学习连续体。其中文化学习是逐步凸显出来的新型学习，它并不排斥而是包融了直觉学习和审慎学习，并且重视文化对人们学习的意义与贡献，努力实现和促进学习中的互动、对话和克服困难。文化学习的发展，使得学习本身也发展为一种特殊的学习文化。

20世纪80年代后期，文化对学习的影响越来越凸显，这促使教育学者开始关注"学习—文化界面"（culture-learning interface），形成了学习文化（learning culture）研究主题。从那以后的二十多年来，人们应用人种志和社会文化方法对学校与班课情境里的学习文化（cultures of learning）进行了大量研究，提炼出了四种主要的学习文化：②"包容性学习共同体""多元文化班级里的同一性建构""跨专业文化的混合学习"以及"合作与共同体学习活动中的意义建构研究"。应用时刻描述（chronotope）技术，有研

① Fox, R. (2005). *Teaching and Learning : Lessons from Psychology*. MA: Blackwell, 87-114.

② Kumpulainen, K. & Renshaw, P. (2007). Cultures of Learning. *International Journal of Educational Research*, 46 (3-4), 109-115.

究区分出了两种学习文化观：[1] 一是将学习当成一个个体的和习得的旅程；二是将学习看成是与同伴与教师建立社会同一性与关系的亲和性旅程。实质上，文化学习就是一个共同体建设的旅程，而非仅仅是未来市场里富有胜任力个体的生产。这样，文化学习亦获得了学习文化发展的反哺。学习文化，作为人类整体文化的一个重要组成部分，是人类在学习生命活动中产生与凝结成的稳定的特殊生存与发展方式。它具有多重表现形态和多种构成成分，既内隐着无形的学习价值观，也外显为有形的学习行为。

思考题

1. 试从影响因素、层次构成和载体表征等维度综合理解把握课程概念。

2. 请清理和阐述课程与教学术语概念词源学考察的方法论意义。

3. 你如何理解和把握学习理论与课程和教学的关系？

4. 请就你在前一章学习中提出的具体课程与教学问题，分析与界定其包含的主要术语概念。

---

① Renshaw, P. (2007). A Commentary on the Chronotopes of Different Cultures of Learning: Transforming Classrooms from Trading-places into Relational-places of Learning. *International Journal of Educational Research*, 46 (3-4), 240-245.

第四章　课程与教学理论

课程与教学理论是指已经形成的关于课程与教学活动的知识或信念体系。在教育研究文献里，人们既使用“理论”（theory）术语，又交替使用“模式”（model）① 和“方式”（approach）② 术语。所以，课程与教学理论，又被称为课程与教学模式或课程与教学方式；特别是论及具体的课程与教学理论时，常常用“模式”或“方式”称之。在历史长河中，教育领域积累起了丰富的知识与经验，使课程与教学理论逐步萌芽、发展并获得独立，逐步形成了今天理论流派林立的繁荣景象。

第一节　课程与教学理论的产生与发展

回顾漫长的历史进程，课程与教学论在产生和发展上可以划分为萌芽期、建立期和繁荣期，形成了三种经典学说。

一、萌芽期

从课程与教学产生到16世纪的数千年中，课程与教学理论经历了漫长的萌芽时期。其间，学校教育规模较小，为统治阶层强权垄断，主要是上层社会的贵族教育和宗教教育。

这个时期，人们的研究还普遍是一种哲学行为，顶多是对整体教育问题加以探讨，课程与教学问题没有成为独立的研究对象，也就没有独立学科的出现。不过，古代教育家已明确提出了“怎样教学”“教学什么”和“为什么教学”三大问题，分别关涉课程与教学的组织方法、内容体系和价值目标。对这些问题的研究结果，散见于比较多的古籍中，而且产生了一批论述课程与教学问题的专著。比如中国的《礼记·学记》，约成书于战国后期或末期（即公元前221年前），是世界上已发现的最早的课程与教学理论专著；而古罗马昆体良（Quintilianus，M. F.，约35—95）所著的《雄辩术原理》，则

---

① Anderson，L. W.（1995）. Theories and Models of Teaching：Introduction. In Anderson，L. W.（Ed.）（1995）. *International Encyclopedia of Teaching and Teacher Education*（2nd Ed.）. NY：Pergamon，89-91.

② Hall，J. C.（Ed.）.（1999）. *Approaches to Teaching*. NY：The Modern Language Association.

是西方教育史上第一部系统的教学法专著。

漫长的萌芽期表现出的主要特点如下。1. 人们十分重视教育内容及其分科等问题。在中国，有人开始用“课程”一词来描述和表达有关概念①。2. 国外有关课程与教学的主要观念，经历了巨大变迁，从职能主义到宗教道德主义再到人文主义；而在中国，只从职能主义到了宗教人伦道德教育，就停滞不前了。3. 课程与教学认识成果，仍包含在整个教育理论甚至哲学理论中，不仅没有形成独立的学科领域，就连最基本的学科、科目、课程与教学等基本概念都尚未形成。如西方称“三艺”（three liberal arts）“四艺”（four liberal arts）或“七艺”（seven liberal arts），而中国则有“孔子以六艺教人”，六艺即“礼、乐、射、御、书、数”。4. 教育内容的选择问题尚不突出，教育内容直接来自主流文化，课本就是经典著作。

二、建立期

经历了长期的积累后，课程与教学论在欧洲诞生。课程与教学论从出现雏形到基本成熟，大约经历了17～20世纪初持续三百年的建立期。

欧洲经过文艺复兴运动以后，新兴资产阶级已经在思想文化领域占据了主导地位，在政治上也逐步掌握了政权，社会急剧变革，实现了从封建社会向资本主义社会的转型。文化和政治的变革，极大地促进了科学技术的发展和应用，从而大大地提高了社会生产力，各种新兴作坊、工场不断出现，同时农村的自然经济逐步解体，大量农民流向城镇。这些人及其子女为了进作坊和工场工作谋生，必须接受一定的教育，掌握一定的知识和技能，这样就极大地刺激了学校教育的发展。

在欧洲，学校教育第一次走出家庭，走出上层社会，走向劳动阶层。同时因为社会发展的局限，尽管受教育的人增多了，但能专门从事教育的教师人数则十分有限。“一对一”的个别教学组织形式已不能满足需要，于是一位教师教几十个学生的班课教学制得以创生。在前所未有的规模宏大的教育背景里，在班课的组织形式中，课程与教学问题成了人们和社会关注的重大问题，专门研究应运而生，专门著作不断问世，从而形成了课程与教学论的专门的学科领域。在建立期，课程与教学理论的发展表现出“拓宽了问题领域”“出版了学科诞生的标志性著作”和“根本基础从哲学转换为心理学”三大显著特点。

（一）拓宽了问题领域

进入建立期，在深入探讨已有的“怎样教学”和“为什么教学”问题的同时，教育家们加强了对“教学什么”问题的探讨，并进一步提出了“课程与教学是什么”的新问题。

经过几千年的积累和发展，教学方法是多样的，教学目的也是多样的，而不同的人总是选择特定的教学目的和教学方法，这就催生了一个问题，“为什么选择这一教学目

① 参见本书第三章的有关引注。

的和这一教学方法而不另作他选呢?”这个问题的背后就是“课程与教学是什么”的问题。这实质上是一个教育哲学问题，所以当时人们对这一问题的探讨是与哲学密切联系在一起的，从那时到现在，这一问题一直是被归入了“教育或教学哲学”领域。

（二）出版了学科诞生的标志性著作

在建立期，课程与教学研究领域产生了大批研究成果。1632 年出版了《大教学论》，1806 年又出版了影响重大而深远的《普通教育学》。

《大教学论》是捷克教育家夸美纽斯的代表作，是历史上第一部系统全面地研究和阐述教育问题的专门著作，既被公认为教育学诞生的标志，也被赞誉为课程与教学论发展史上的第一座里程碑。《普通教育学》是德国教育家赫尔巴特的名著。如果说夸美纽斯在《大教学论》中把教学看成是“艺术”的话，那么赫尔巴特在《普通教育学》中追求的则主要是教学的科学性。为此，赫尔巴特宣称心理学是一门科学，并明确地将心理学作为教学的理论基础。赫尔巴特认定，教学的“根本目的”是将儿童培养成为对国家无限忠诚的“顺民”，而教学的“较近的目的”是发展儿童多方面的兴趣。他划分出了提示的、分析的和综合的三种教学类型；创立了“明了”“联合”“系统”和“方法”的教学阶段说。

（三）转换了根本基础

在建立期，课程与教学论的根本基础从哲学思辨走向了心理学实证。长期以来，人们几乎一直都是将教学理论研究置于哲学理论思辨层面。到了夸美纽斯的《大教学论》，已经开始注意到了儿童身心发展的自然性，但它的整个理论基础仍然是宗教自然哲学。之后，裴斯泰洛齐深刻洞悉了哲学思辨的局限性并极端地加以否定，公开提出了教育教学“心理学化”命题。赫尔巴特在与他结交以后，对此信奉一生，并竭尽全力发展心理学，努力把心理学作为教育学和教学论的根本基础。杜威则进一步提出了课程与教材心理学化的主张，开辟了课程与教学心理学化的崭新前景。

三、繁荣期

20 世纪是教育的黄金年代，为课程与教学论营造了一个繁荣期。在这个时期，首先是全球范围内义务教育的普及，接着是终身教育观念的提出和发展，教育规模持续扩大。人类在追求教育规模的同时，格外地注重追求教育质量；相应地，人们在追求教育效率的同时，也尤为注重追求教育公平。这样，教育规模进一步扩大，追求教育质量和教育公平，就构成了课程与教学论发展的新背景。人们开始追求学校课程与教学质量以及课堂教学平等，从而提出了大量急需解决的课程与教学问题，刺激了课程与教学研究的大发展，使课程与教学理论的发展进入了一个繁荣时期，并表现出“问题领域再度扩展”“不同流派的代表作面世”“心理学化”“课程论独立”以及“现代媒体广泛应用”等特点。

（一）问题领域再度扩展

进入繁荣期，人们在深入探讨已有的“教学什么”“怎样教学”“为什么教学”和“课程与教学是什么”等问题的同时，提出了“应该怎样开发课程与教学”的问题，这实质上就是"课程与教学价值"问题，进而提出了"课程与教学论是什么"的问题。

到了20世纪，学校的课程与教学进入了一个新阶段，不仅教学方法和教学目的具有多样性，而且教学观和课程观也具有多样性。人们开始反思自身对课程与教学的基本态度，发现了由于受唯科学主义的影响，对课程与教学研究的态度仅仅是"实然"性的，存在比较极端的"科学化"倾向。走出这一误区，人们提出了教育民主化和课程与教学人文化的要求，进而生发出对课程与教学研究的"应然"态度，这是一种面向未来的价值论态度。现实的课程与教学，包括现实的教育目标、课程设置、教学方法、教学观念，并非就是完全合乎人性的，或者并非就是各种可能性中最好的。这样，"应该怎样开发课程""应该怎样教学"就自然而然地成了人们追问和努力解决的新问题。在美国，课程与教学理论经历了从"课程开发"到"课程再概念化"再到"课程国际化"的进化历程。①

提出"课程与教学论是什么"的问题，是现代课程与教学论学科自我意识的表现，意在确立学科自身的独立性格，并通过自我反思和元研究，考察和建构该领域内理论反映和指导实践的特定方式和途径，追求和实现理论对实践的同一与超越。

（二）不同流派的代表作面世

经过长期实践和研究，一大批代表不同流派的课程与教学论著作陆续面世，并产生了比较大的影响。20世纪以来，教育领域里面世最多的当数课程与教学研究著作，其中许多产生了较大影响。例如不同课程与教学理论流派代表作就有：进步主义的《儿童与课程》，科学主义的《课程论》《课程与教学的基本原理》《教育目标分类学》和《人类特点和学校学习》，结构主义的《教育过程》，文化—历史理论的《教学与发展》，信息技术主义的《教学的学习原理》，后现代主义的《后现代课程观》，以及概念重建主义的《理解课程》等。

（三）课程与教学理论基础心理学化

前人萌生出的课程与教学"心理学化"的理想，在20世纪的西方得到了实现。20世纪是心理学特别是教育心理学、发展心理学和学习心理学的大发展时期，这既是教育与教学理论和实践发展需要所致，同时又反过来有力地促进了课程与教学论的发展。可以说，在20世纪，凡是创新而有影响的课程与教学理论，总是有新的学习心理学理论作基础，凡是著名而有创新的课程与教学论专家，肯定是有成就的心理学家。

（四）课程论获得独立并与教学论进行整合

在20世纪初叶，课程论从教学论中分离出来而成为一门独立的教育学分支学科。过去，对"怎样教学"和"教学什么"的问题，人们是统而论之，而且特别重视"怎样教学"的问题。到20世纪，科学技术的飞速发展，导致知识爆炸，"无限的知识"与"有限的学习"之间的矛盾日益尖锐，"教学什么"的问题日益突出。人们日益重视研究和解决这一问题，形成了独立于教学论的课程论知识体系。课程理论日益丰富，逐步形

---

① Pinar, W. F. (2010). *Curriculum theory*. In Kridel, C. (Ed.). (2010). *Encyclopedia of Curriculum Studies*. LosAngeles: SAGE, 267-270.

成了比较完整的体系，使课程论应运而生，成了一门独立的教育学分支学科。一批又一批的课程研究著作出版了，其中最为著名的有杜威 1902 年出版的《儿童与课程》以及博比特 1918 年出版的《课程论》等。其中，博比特的《课程论》被西方社会公认为“课程论”诞生的标志。

伴随课程论的独立，课程与教学研究出现一体化趋势，课程（论）与教学（论）开始走向整合。1949 年出版了泰勒的经典著作《课程与教学的基本原理》，提升了课程与教学整合论的进程。到世纪之交，在我国出版了一系列以“课程与教学论”命名的著作和大学教材，促进了课程（论）与教学（论）整合的发展和进程。

（五）现代媒体得到飞速发展和广泛应用

媒体的发展和应用，促使课程与教学发展经历了“教学机器”“程序教学”“CAI”和“网络学习”四个时代，启动了“课程与教学网络化”进程。美国的教育家在 20 世纪 20 年代，设计、制造和使用了教学机器，在 20 世纪 50 年代创用了基于教学机器的程序教学。后来人们把计算机引入程序教学，创立了计算机辅助教学（CAI）。到 20 世纪 90 年代初，以计算机为核心的多媒体教学技术蓬勃发展起来。20 世纪 90 年代中期，互联网飞速发展，网络课程与教学迅速崛起。现代教育媒体，在飞速发展和广泛应用过程中，已从开始时的教学手段演化而孕育出了当代课程与教学的一种新思维、新模式和新原理。

四、课程与教学的经典学说

进入现代社会，人们逐步形成了课程与教学系统观，进而提炼出了三种经典学说。

（一）课程与教学系统

课程与教学系统实质上是一种特殊的复合体，由相互作用着的教师、学生、内容与环境等共时态要素和理念、目标、内容、组织、方法与评价等历时态要素所构成。这些要素之间构成了异常复杂的关系，产生着复杂难控的相互作用；这些要素本身又是一个个复杂的子系统，并且是多种多样、变化不居的。

1. 课程与教学要素

关于课程与教学系统有哪些构成要素的问题，人们有“三要素说”“四要素说”“五要素说”“六要素说”和“七要素说”等不同观点。在课程与教学系统中，比较清楚的是，教师、学生这两个相互独立的要素。但不大清楚的是，内容、手段、方法、目的、媒体等等，似乎既是相对独立的，又在一定程度上相互联结。由于立场和视角不同，有学者认为，课程与教学系统就是由教师、学生和内容三大要素构成。其中，有人把内容称作知识或课程。也有学者把课程与教学系统的要素区分为过程性要素和构成性要素，其中构成性要素有教师、学生、课程和方法条件等四种。有学者针对四要素说指出，有了教师、学生、课程和方法，还不能算是课程与教学活动，必须有特殊媒体才能使它们构成实际的课程与教学活动，所以课程与教学实际上有五个要素。还有学者在此基础上主张，课程与教学系统的特殊性之一，就是它的目的性。目的是课程与教学系统看不见、摸不着但却无时无刻不在起作用的构成要素。所以，课程与教学系统是由教师、学生、内容、方法、媒体、目的等六种要素构成的。进而有人提出，课程与教学系统是由学生、目的、课程、方法、环境、反馈和教师七种要素构成的。① 因为，课程与教学是为"学生"组织的，是为达成一定"目的"的，是凭借一定"内容"、应用一定"方法"、在一定"环境"中通过"教师"来组织实施的，其过程状况和结果质量是靠"反馈"（评价）来表现和确定的。

课程与教学系统与其要素，互为条件，要素实质上是决定系统本身存在的内在因素。只有要素存在系统本身才存在，如果要素不存在了，哪怕是其中某一种要素缺失，那么系统本身也将不复存在；同时，只要系统存在，就必然包含着所有的课程与教学要素。

课程与教学是一个相对独立的社会活动系统，其结构有共时态和历时态两个维度。课程与教学系统的共时态要素，由教师、学生、内容和环境四大要素构成，同时有教育利益主体参与。组成课程与教学系统的教师、学生、内容与环境四个要素，存在着相互作用的内在关系（如图 4-1 所示）。课程与教学系统还有历时态要素，它们是"关于个体、社会和自然的理论""教育目的和目标""教育内容""课程结构与组织""教学活动样式"和"评估与评价"，可以简称为"原理澄清""目标设计""内容选择""组织开发""方法应用"与"评价反馈"，它们又被叫做课程与教学过程的基本环节。

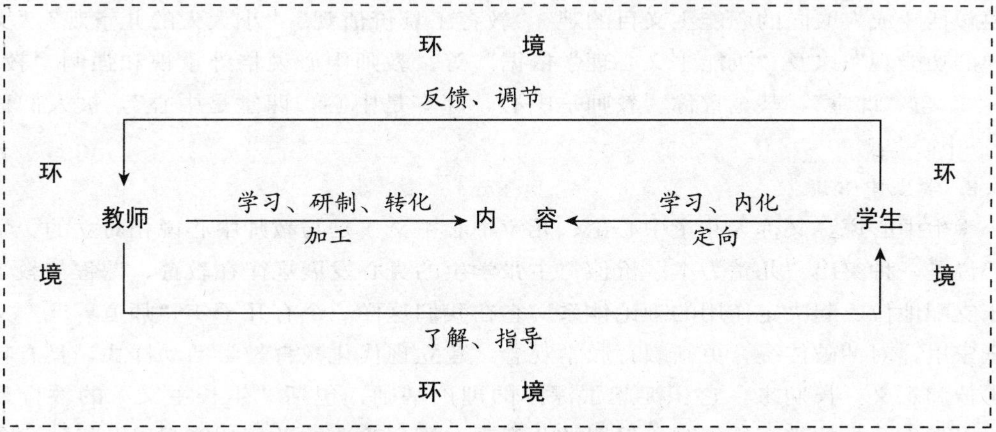

图 4-1 课程与教学系统的要素及结构模式图

2. 课程与教学系统的特性

课程与教学系统，与一般系统有显著区别，具有独特性、组合性、结构性和多样性等特性。所谓独特性，是指课程与教学系统具有独特的要素，这些要素的特征、性质、结构、地位和作用是独特的。所谓组合性（summative），是与累加性（constitutive）相对应的。累加性特征，指一个要素不论处在系统复合体内部或者外部都一样的那些特征，因而，只需把要素在孤立状态中已知的特征和行为累加起来就可以得出。组合性特征，是指课程与教学系统具有依赖于系统复合体内部特有关系的特征，因此不仅必须知

① 李秉德主编：《教学论》，人民教育出版社 1991 年版，第 12～17 页。

道要素，而且需要知道要素间的关系，才能理解和把握这样的特征。所谓结构性，是指课程与教学系统中的教师、学生、内容与环境等形成了“人、人与物”之间的特殊结构，具有既传承与创新文化又促进与优化人类个体身心发展的特殊功能。所谓多样性，是指课程与教学系统总是具体的，也总是多样的。

（二）三种经典学说

人们对教师、学生、内容以及环境等要素在课程与教学系统里的地位和作用，一直存在不同见解，孕育出了“教师中心说”“学生中心说”和“学科中心说”三种经典学说。

1. 教师中心说

教师中心说，又称为教师中心论、教师中心主义，长期来一直在教育教学实践中产生着重大的影响。教师中心说是一种主张教师在教育、课程与教学中居于支配地位和起决定作用的理论体系。它源远流长，肇始于古巴比伦，在古希腊与古罗马有了比较大的发展，在中世纪宗教教育中得到了强化，在文艺复兴运动中及以后被发扬光大，到后来为赫尔巴特学派建立起系统理论。

教师中心说在长期的萌芽、形成和发展的过程中，经过许多哲学家、心理学家和教育学家的辛勤耕耘，建立起了自己坚实的理论基础。简要说来，教师中心说的理论基础主要包括“成人取向的职能主义目的观”“教育工具价值观”“小大人的儿童观”“文化传递的功能观”以及“机能主义心理学依据”等。教师中心说格外重视和强调“教师”“课本”与“课堂”，甚至宣称“教师是中心，课本是中心，课堂是中心”，被人们称为“老三中心”。

2. 学生中心说

学生中心说，又称为儿童中心论、儿童中心主义，是与教师中心说相对立的。学生中心说是一种突出“儿童为本”价值，主张学生的身心发展规律在教育、课程与教学中居于支配地位、起决定作用的理论体系。它在我们这样一个有几千年“师道尊严”文化的国家里，对冲破传统，更新教育教学观念，建立现代化教育教学活动样式，具有特殊的价值和意义。长期来，它积淀起了深厚的理论基础，包括“生长主义”的教育目的观，以学生为本的教育价值观，发展的儿童观，社会改造的教育功能观以及机能主义心理学依据等。与教师中心说针锋相对，学生中心说提出了“新三中心”，亦即学生是中心、经验是中心和活动是中心。

3. 学科中心说

学科中心说，又称科目中心说，产生于20世纪50～60年代的美国课程改革运动之中。学科中心说是针对教师中心说和学生中心说的弊端，主张教育内容的极端重要性，追求教育卓越性的一种课程与教学理论。学科中心说虽然提出的时间比较短，但已经对美国乃至全球的教育改革产生了巨大的影响，形成了坚实的理论基础。它的理论基础包括英才主义的教育目的观，个人与社会需要相统一的整合价值取向，“潜能无限”的儿童观，传播文化科学技术的教育功能观，以及文化时期说、教育复演说和认知发展心理学等。学科中心说主张，教育的根本目的是培养能幸福生活的公民，教育的根本职能是创新文化，课程与教学应当促进甚至创造儿童的认知发展，必须重视学科结构、直觉思维和发现学习，将科学逻辑与心理逻辑统一于学科逻辑。

"教师中心说""学生中心说"和"学科中心说"，分别代表着三种极端的教育思维与行为方式，都具有一定的真理性，同时也存在着历史与时代的局限性。需要在具体的情境条件下，对它们进行适宜的分析、批判、发展和应用，并且充分考虑和开发环境要素等。

第二节　西方课程与教学理论流派

长期以来，西方孕育产生了许多影响较大的课程与教学理论流派。西方究竟有哪些课程与教学论流派，不同的人有不同的归纳和介绍。① 在此主要介绍与分析传统的古典人文主义、自然主义和赫尔巴特主义，现代的进步主义、文化—历史理论、要素主义与范例教学和人本主义，以及新兴的建构主义和后现代主义等。

一、传统流派

（一）古典人文主义

人文主义是西方文艺复兴的产物。在文艺复兴中，包括伊拉斯谟在内的许多仁人志士，反对封建社会，批判和否定神本主义，主张解放人性，让理性为人性服务。所以在教育、课程与教学中，人文主义特别重视儿童，特别强调心智训练。它竭力主张课程设置以人文学科为主，尤其突出有心智训练作用的古典语文，将其置于课程的中心，以养成坚持、勤奋、记忆和推理的习惯。

后来自然科学在快速发展中，开始进入学校课程成为教学科目，引发了泛爱主义教育运动，主张和实践以自然科学为主的课程与教学。对此，人文主义如鲠在喉，对泛爱主义及自然主义进行了猛烈批判，以捍卫自己。②

1. 超越功利，训练心智官能。现实主义和自然主义课程，均流于功利性，而人文主义课程旨在追求达到通识文化（general culture）。因而，当自然主义只是以有用的知识去充塞人的头脑时，人文主义则在强化和训练心智的基本官能方面谋求取得大丰收。

2. 减轻学习负担，突出心智能力迁移。自然主义课程，必然会为了包揽一切功利事项而汗牛充栋，使得儿童负担加重，而人文主义课程的有关学科却能给人的心智以一般训练，并使这些能力能够迁移到后来的一切学习之中。

---

① 参见陈侠著：《课程论》，人民教育出版社 1989 年版，第 129～160 页；Also See Ornstein, A. C. & Hunkins, F. P. (2004). *Curriculum: Foundations, Principles, and Issues* (4th Ed.). Boston: Pearson, 170-191.

② Brubacher, J. S. (1966). *A History of the Problem of Education* (2nd Ed.). NY.: McGraw-Hill Book Company, 258.

3. 拒绝物质诱惑，提升德育价值。自然主义课程由事实构成，而人文主义课程则由观念构成。自然主义、功利主义和科学主义都通向唯物主义而颠覆道德价值，导致道德沦丧；人文主义课程则强调非物质的和精神的方面，与道德价值密切相关而促进道德进步。

（二）自然主义

与人文主义一样，自然主义也有自己的悠久历史。早在古希腊时代，就有“四艺”偏重于科学学科的渊源。古代科学力图预测自然，近代科学恭顺地遵循自然。主张通过感觉研究自然的培根高呼：“知识就是力量！”夸美纽斯对科学知识格外青睐，设计出了包括科学知识在内的“百科全书”式课程。而著名教育家巴泽多则倡导“泛爱主义”教育，旗帜鲜明地主张课程必须以科学知识为主，已有的天文学和数学，以及力学、地理学、自然史、图画等新学科都相继进入他的泛爱主义学校课堂成为正式课程。课室中开始讲究教学设备和教学用具，地球仪、显微镜、指南针等都被用到了教学之中。

自然主义者都在身体力行地以新理论和新实践，来冲击课程中的人文主义观念。其中，在理论上最为著名的是卢梭提倡的浪漫自然主义；而在实践上，除了巴泽多外，最著名的还有福禄培尔。而使自然主义终于在课程里占据上风，全赖英国的斯宾塞在1859年发表的著名论文《什么知识最有价值》斯宾塞站在哲学的高度，雄辩地阐明了科学知识具有多层价值：“实用的价值”“训练的价值”和“教育（即德育）的价值”。斯宾塞对人文主义的抨击和对科学知识价值的阐发，从理论上与当时英国工业生产发展对教育与课程变革的客观需求一拍即合，从而在英国，使科学在课程中上升到主导地位，然后迅速地发展到欧洲和北美洲。这样，在经过17～18世纪的长期斗争后，自然主义与人文主义主张在课程与教学中的地位出现了历史性的交替，科学知识和技能成为课程内容的主宰，科学有效的教学方法成为人们争相追逐的宠儿。

（三）赫尔巴特主义

在课程与教学领域，赫尔巴特主义（Herbartists）一直是一种影响最广泛的流派，被人称为“传统教育”的课程与教学理论，创始人主要是赫尔巴特，发展者主要是他的学生齐勒和赖因。

到18世纪下半叶，人们广泛地注意到了学科主题编排的体系问题：课程应吸收哪些最基本的知识？如何将这些知识组成有效的课程？在寻求这些重要问题的答案中，诞生了文化时期说或称复演说。赫尔巴特就是信仰和应用文化时期说的教育家之一，他的高足齐勒则对文化时期说进行了现代解说。根据他们的观点，个人知识的发生，无论就其模式上还是排列上，都要符合人类历史中知识发展的过程。他们的一批支持者群起而响应，形成了三种不同的主张：（1）主张课程的材料要根据人的能力的成熟顺序加以排列；（2）主张按种族发展史上的社会—经济时期去安排课程材料；（3）主张课程应毫无遗漏地复演文化发展的每一个时期。

这样的思想为齐勒的学生赖因所发展，提出了“教材联络中心说”。根据心理学的“统觉学说”，课程组织必须使知识形成整合。赖因围绕历史、人文学科，按照情操教学、技能教学、语言教学这三类活动分别组织了一系列具体的课目，同时组织了地理、数学和自然科学等科目，全部课目以历史、文学为核心，按文化时期说加以编排。文化时期说和教材联络中心说，为赖因的弟子麦克默里兄弟带回美国用于学校。他们用地理代替历史，把地理作为教材联络的核心。也有人把科学作为核心，还有人把学校的社会生活作为核心。

赫尔巴特及其弟子从表象心理学的观点出发，将整个学习过程加以系统化，创造了经典的教学过程阶段论。赫尔巴特认为，兴趣是在旧有表象群类化为新表象时产生的，专心和致思是它的两大条件。专心是专注于一定对象，从意识中排除其他对象的心理状态；而致思是在意识中使多种观念结合、统一起来的一种作用。借助于对个别对象的静止性专心，就能“明了”地掌握对象。而专心从一个对象移至另一个对象时，是动态性专心。据此产生表象与表象之间的“联合”。致思，当我们静止地思考前阶段想起的许多事物的关系，并赋予一定的作用时，是静止的致思。其结果，产生“系统”。将这样获得的知识纳入已有的知识系统的作用，是动态的致思。其结果，便成为应用系统的“方法”。赫尔巴特创立了这一四阶段教学方法，后经其弟子引申发展，形成著名的“五段教学法”，长期风行于世界许多国家的学校教育理论和实践中。

“五段教学法”由“预备”“提示”“联想”“总括”和“应用”五个步骤组成。① 教师在准备教授某些具体知识时，必须首先唤起学生头脑中相关的已有观念和统觉，并使之成为注意的聚焦点。这就是“预备”，使学生心理准备好接受新知识，激发起对新知识的兴趣。接着教师进入对新知识的“提示”，运用具体实物或其他方法使学习清晰而生动，从最简单、最容易理解的事物入手，逐渐转向比较复杂和困难的内容。“联想”是教师指明新旧知识间的异同，帮助学生把新内容与头脑中的已有内容结合起来。这样，新知识与旧知识发生统觉，被吸收进原有的统觉团中，与学生已知的事物建立起联系。接下来就是“总括”阶段，教师引导和帮助学生将新的感知经验加以分析，使抽象的部分易于理解，最后从新旧观念的联系中形成一般概念，使学习从具体和统觉的低级水平，提高到抽象和概念的高级水平。最后，学习必须归结到“应用”上。通过在特定环境中应用所学知识，学生将它们转化成自己的东西，把握住它们的精确性，并为在进一步的学习中应用它们做好准备，从而可以将它们当做吸收更新知识的工具，这样就彻底掌握了它们。

赫尔巴特主义的教育目的是伦理学的，重视道德和宗教意识陶冶，以培养忠于普鲁士君主制的“善良人”。所以，传统的课程与教学是以“管理”和“训练”儿童为特征的。

二、现代流派

（一）进步主义

杜威坚决揭露和批判了以赫尔巴特为代表的“传统教育”的落后与错误，旗帜鲜明

---

① ［美］佛罗斯特著，吴元训等译：《西方教育的历史和哲学基础》，华夏出版社 1987 年版，第459～460 页。

地高呼“儿童是太阳!”当时的机能心理学揭示，人与生俱来就有大量本能与冲动，它们是儿童发生学习行为的内在动力，人的学习是对特殊情境作出特殊反应的方式。杜威主张，教育与课程必须适应儿童的本性，必须满足其特殊学习需要。杜威指出，儿童的本性是在活动中适应环境，既顺应同时又改造环境，儿童与社会、兴趣与训练、禀性与教养、知识与行为都是统一的，统一在经验与活动之中。由于原有的社会环境是庞杂的，办学校实质就是要造就一种特殊环境。这样，学校就至少有三种功能：简化环境；使社会风俗纯化和理想化；创造更全面的平衡环境。

杜威在批判传统教育的同时，倡导建设一种“进步教育”。在进步主义教育发展过程中，逐步形成了进步主义的课程与教学理论。进步主义，既强调教育的价值更多的在于满足和促进美国民主社会发展的需要，同时也主张教育满足儿童发展的需要和满足社会发展的需要是内在统一的。为此，杜威和进步教育特别重视经验，强调经验就是活动，经验是从活动中来的。杜威提出，课程应以儿童社会活动为中心，因为儿童代表的是不成熟的经验，而课程代表的是成人的成熟经验，儿童与课程本质上是统一的，统一点就是儿童的经验与活动。所以他主张，教育即生活，教育即生长，教育即经验的不断改造。因此，杜威的课程与教学理论，可以称为“儿童社会活动中心说”。

（二）要素主义与范例教学

对进步主义的批判一直不绝于耳，其中声音洪亮的有要素主义。要素主义坚持认为，人性有缺陷，经验靠不住，知识最有价值，必须突出教材的逻辑性。要素主义的代表人物有巴格莱（Bagley，W. C.）和德米亚西克维奇（Demiashkevich，M.）。他们批判杜威感伤地看待儿童，声称教育价值就是文化要素的传承，认为人性缺陷很大，从本质上讲是恶的，若不加控制让其按欲望和感情行事，人总是倾向于胡作非为、捣乱和不守纪律，尖锐批判施行儿童为中心就是放任儿童恶习的发展和泛滥。他们坚持主张，经验靠不住，教育和课程不能依靠经验，而要传授知识；课程内容不应是经验，而应是文化要素。他们指出，以儿童为中心和按心理逻辑组织教材很荒唐，必须坚持以学科为中心和以知识逻辑组织教材。

与此相应，以德国著名的教育家瓦根舍因（Wagenschein）和克拉夫基（Klafki，W.）为代表，建构起了“范例教学论”。所谓范例教学，就是通过典型的事例和教材中关键性问题的教授与探索，来带动学生理解普遍性的材料和问题。二战后，许多国家都通过扩充教材内容、增加课时来适应社会发展的要求。结果导致中小学的课程变得十分庞杂，学生负担加重，学生的智力活动受到窒息，教学质量下降。实际上，精神世界的各种固有的现象（规律）可以依靠个别真正能为学生所理解的事例来说明。这就启示人们，要克服传统教学的弊端，就要重视、重构教学内容，选择学科材料中最典型的材料，形成认识的“稠密区”或“岛屿”。在这个稠密区里，各种知识汇集并交融，通过对这个稠密区的探究与思考，形成一种整体的认识结构，就能够达到把握其他各种材料的目的。

选择范例需要遵循三个基本原则，即基本性、基础性和范例性。范例教学的课目主题选择不能是随意的，而应当是引导学生发现规律的突破点，这个突破点又是整个教学链上的关键点，能够同前后的主题、同学生横向的知识发生有机的联系。每个主题既是相对独立而完整的，又是彼此有内在联系的。这样，一个主题接着一个主题，学生就能够把握学科内容，能够发展智力和能力。因此，范例教学的程序一般有四个阶段：

在第一阶段，教师用特例，以具体直观的方法，范例地阐明“个”，使学生认识某一事物的本质特征；

在第二阶段，根据范例“个”所获得的知识，推论特点，分析掌握整个“类”的特征，使对“个”的认识上升为对“类”的认识；

在第三阶段，范例地掌握规律和范畴，即根据对“个”所获得的认识，进一步过渡到对“类”的认识，从而达到对更本质的关系——规律的认识；

在第四阶段，范例地获得关于世界的关系的经验，认识更为抽象或总结性的规律。

这四个阶段仅是范例教学的一般程式。其实同传统教学相比，范例教学的本质特征并不在于教学过程上的区别，更在于它的教学目标——教养性教学目标。这种教养性目标包括培养学生的问题意识和独立能力。

（三）文化—历史发展理论

文化—历史发展理论是由苏联的维果茨基（Выготский，Л. С.）在 20 世纪 20 年代创立的，它包含着儿童的最近发展区学说。20 世纪 50 年代，苏联著名心理学家和教育家赞科夫（Занков，Л. В.）据以进行了长达 12 年的《教学与发展》的实验研究，从而创立了新的课程与教学理论，亦即发展主义课程与教学论。这一理论的价值取向尽管有重儿童发展的一面，但它更注重的是满足苏联在科技大发展背景下的社会发展需要。

维果茨基以儿童概念发展的实验研究为基础，天才地提出了心理学的历史原理和意义原理。他在发现了儿童自生概念向科学概念的发展趋向后，敏感地认识到了儿童发展过程本身所具有的生长可能性。于是，他大胆地用以观照儿童的智力发展并提出，在儿童的发展中，存在着两种水平，第一种是儿童的现有发展水平；第二种水平则是指儿童能够做到但不能独立地，而只能是根据模仿来做到的那个区域，它是儿童在以后能独立完成的，所以应包括在儿童现有发展水平之中。这一区域，就被维果茨基命名为最近发展区。

赞科夫所说的一般发展，基本含义有三：一指个性发展而不仅仅是智力发展；二指心理一般发展而不是指身心的一般发展；三指包括动机、情感和意志的全面发展。但是，在他的实验中，能够操作并实际操作了的发展内容，仍然主要是智力发展。所以，这一理论实质上打上了深深的科学主义烙印。因为儿童的最近发展区只是可能的，而不是必然的，所以在儿童的发展历程中，是教学而不是别的什么创造着最近发展区。赞科夫以发展为目的，提出了课程与教学的五大新原则，即高难度原则，高速度原则，以理论知识为主的原则，使学生理解教学过程的原则和使全体学生包括差生都得到发展的原则。

（四）人本主义

人本主义课程与教学理论，是以现代人本主义心理学为基础，在批判布鲁纳的结构主义课程与教学理论存在的严重问题中逐步发展起来的，最著名的代表人物是马斯洛和罗杰斯。人本主义主张，教育与课程的根本价值是实现人的潜能和满足人的需要。人本主义敏锐地指出，结构主义课程对培养社会和科技精英目的的追求，导致了人的“畸形化”，遗失了人的价值。因此，课程必须走出英才教育思想的笼罩，建立新的教育价值。人本主义指出，人是具有心理潜能的，潜能的实现具有内在的倾向性；需要是潜能的自然表现，潜能是价值的基础，需要表现着价值。所以，课程的价值不是别的，就是实现人的潜能和满足人的需要。因此，教育与课程的根本目的就是培养“完人”（whole man）。人本主义批判道，结构主义课程与教学培养出来的是人格不健全的人，其大肆鼓吹的学科分化，其实是倒行逆施。人本主义提出，教育的目的是培养人格健全、和谐发展和获得自由的“完人”。这样的“完人”，首先是多种多样的潜能得以发挥，表现为各个层次的需要得以和谐实现；其次是情意发展与认知发展的和谐统一，包括情感、感情和情绪的发展，认知、理智和行为的发展，以及情意与认知、感情与理智、情绪与行为发展的统一。

为了实现人本主义的教育价值和目的，需要建立和实施并行课程体系，包括学术性课程、社会体验课程和自我实现课程。进而，一种人本主义的并行课程整合模式应运而生，它由知识课程、情意课程和体验整合课程有机结合而成，通过并行课程，组织意义学习。罗杰斯指出，人类学习有两种类型。一为无意义学习，比如无意义音节的学习，这类学习只涉及心智，不涉及感情或个人意义，与“完人”无关。二为意义学习，是指一种使个体的行为、态度、个性以及在未来选择行动方针时发生重大变化的学习。这不仅仅是一种增长知识的学习，而且是一种与每个人的各部分经验都融合在一起的学习。

意义学习理论的基本观点如下。（1）人类有一种天然的学习倾向。（2）意义学习通常是在学生认识到学习材料与自己的目的有关的情况下出现的。当学生看出他所学习的东西能够保持和发展自我时，他就会进行意义学习。对学习的意义理解不同，会影响到学习的方向、分量和速度。（3）许多意义学习是通过学生的实际活动进行的。（4）学生的整个人（包括他的认知活动和情意活动）灌注其中的自发学习，往往是最持久和最深入的学习。自发学习的关键是获得学习的自由。（5）凡是引起自我概念变化的学习往往对个体是一种精神威胁，因而容易遭到拒绝。自我概念是指一个人的价值观、信念和基本态度。（6）意义学习在当代多变的世界中应是对学习过程的学习。

三、新兴流派

（一）建构主义

建构主义源于现代最著名的心理学家皮亚杰的思想，后来为美国著名心理学家布鲁纳用以指导美国的课程改革，孕育出了“学科中心论”。近年来，通过充分吸收和挖掘维果茨基的“文化—历史发展理论”的社会建构原理，建构主义东山再起，风靡全球，在教育研究领域，卷起了一股旋风。一时间，建构主义充斥在大量教育研究文献里。

建构主义是一种斑驳陆离的思潮，至少可分为激进建构主义、社会建构主义和“折中”建构主义，它们在学习、教学和课程上，各执一词地强调个人性、社会性和个人—

社会的双重制约性。不过，它们都有着建构主义的同一性，这主要表现为，重视知识的不确定性和生成性，强调知识意义的建构特性，竭力主张开发互动性的课程与教学，组织合作互动学习。

建构主义的核心关键词是“建构”和“互动”。在建构主义看来，知识学习实质上是知识及其意义或价值的建构过程。“建构是以某种形式进行互动”①，这就是说，作为特殊活动的学习，建构的形式尽管多种多样，而实质是互动。而互动也不是简单的活动，“作为主动建构过程的学习，涉及两种类型的互动”。“第一种互动类型可以被解释为个体—环境的互动……第二种互动类型涉及个体与自身的互动”②。实际上，“个体—环境”互动，关注的是教育、教学以及学习过程中的那些社会性的发展及其事件，包括“物—物”“人—物”以及“人—人”之间的互动。而“个体与自身”的互动，也就是“行为与生理心理”的互动，它“更关注个体内部的建构过程”。③

按照建构主义的观点分析，“个体与自身”互动，在学习发展上主要存在于从“感知经验”到“理性思维”发展的路途之中，而铺就这条路途的，就是“反省抽象”。从特殊行为到感知经验，儿童的反省抽象大多是无意识的和不自觉的，一般被称为“经验抽象”；而从感知经验到理性思维的发展，反省抽象则是儿童的自觉努力过程。从经验抽象到反省抽象，必然要经历从感知、识别、概括、同化与顺应、概念、推理、意识等连续发展和交互作用的过程，实现这些过程的基本形式，在学校教育中就是儿童在教师组织引导下承担并完成“描述”“计算”“试验”“错误与纠正”以及“讨论分享”等“学习作业”。

（二）后现代主义

人们对现代化负面效应的反思批判，催生了各种后现代主义。从20世纪70年代以来，欧美逐步孕育起了后现代主义课程与教学理论。从20世纪80年代后期开始，全球许多教育家和课程专家都接受了后现代主义课程与教学理论的旨趣，从而形成了一股强劲的后现代主义思潮。其中，作为后现代主义课程与教学理论旗手的，有美国的派纳（Pinar，B.）和多尔（Doll，W. E.）等。

后现代主义旗帜鲜明提出了“工具理性还原”的人性主张。它并不否定现代理性文明，而是希冀在继续享用现代化带来的文明成果同时，医治好现代化的人性疾患。美国学者贝斯特（Best，S.）和凯尔纳（Kellner，D.）对后现代主义进行过比较全面的考察，结果表明，“后现代不仅已经介入我们所能设想的从人类学到企业管理到政治到科学的每一领域”，而且已经渗透到了“后现代总统制”“后现代爱情”“后现代心灵”“后现代神学”和“后现代电视节目”等一系列当代大众文化的各种不同主题之中。④ 集中到人性问题上，后现代主义旗帜鲜明地反对把人的本质理性化和抽象化，反对至高无上的理性主体。后现代主义指出，传统哲学以普遍性、同一性和理性为人的最高本质，以

①②③ ［美］斯特弗等著，高文等译：《教育中的建构主义》，华东师范大学出版社2002年版，第390、390、388页。

④ ［美］贝斯特、凯尔纳著，张志斌译：《后现代理论》，中央编译出版社1999年版，第36页。

主体的普遍性压抑对象的差异性，以同一性统治特殊性，以理性支配情感，只能使人成为丧失个性的、无血无肉无感情的抽象的人，从而压抑了人的具体性与个体性。因此，理性是重要的，但不是至上的，它只不过是“谋求人的幸福的工具”①。

后现代主义指出，现实生活世界的意义和价值，是人在亲身经验和体验中主动建构起来的。人们是以共同的历史为背景，参与到彼此之间的活动和对话之中，通过多重解释和转换而寻求或创造意义和价值。课程与教学就是为了人们通过历史性的体验和反思，寻找和安置好自己在社会变化潮流之中的位置而创生与存在的。后现代主义强调，心灵（mind）不再是过去误认为的白板、黑箱、非物质的事物或信息加工器，而是人类意识、目的性、思维、创造性、想象力以及认知的有机集合体；心灵不再是对自然的被动反映，而是人类采取赋予生活经验以意义、用处和价值的方式，是积极解释和转换概念的能力。它允许学生和教师在会谈和对话之中，创造比现有课程与教学结构更为复杂和更有价值的课目秩序与结构。教师的角色不再是原因性的，而是转换性的。课程不再是跑道，而成为跑的过程本身；而学习成为创造过程之中的探险。多尔呼吁，由于过去偏执地膜拜科学的祭坛，现在的教育也应该尊重故事（story）和精神（spirit）了。他充满豪情地告诉人们：“我相信，我们正不可改变、无以逆转地步入一个新时代。这一时代虽然过新，无法界定自身，或者说界定的概念过于狭隘，无以表达后现代性。当我们向这一时代前行之时，我们需要将科学（science）的理性和逻辑、故事的想象力和文化，以及精神的感觉和创造性结合起来。”②

后现代主义阐明，从深层次上看，过去的课程与教学是封闭性的，现在需要建构其开放性，它让人们探索并尊重彼此的思想和存在感，认可并尊重他人的他性（other's otherness）。这样，新世纪的课程与教学，就应该是以对话性会话为核心，因为保持会话继续，是新世纪中增进个人发展的根本。后现代主义坚信，没有人拥有真理，而每个人都有权利要求被理解。在后现代课程与教学中，教师是领导者，但只是学习共同体之中的一个平等的成员。在学习共同体中，隐喻比逻辑更能引发对话。关于教育目标、规划和评价的新观念也将出现，它将是开放的、灵活的，侧重的是过程而非结果。

后现代课程与教学有四个基本特点，即丰富性（rich）、回归性（recursive）、关联性（relational）和严密性（rigorous）。课程与教学的丰富性来自它的开放性和假设性，为合作性对话探索提供了多重领域。回归性像布鲁纳的螺旋型课程概念一样，一种丰富的课程与教学产生于对自身予以反思所带来的丰富性和复杂性之中，而且为经验和体验的反思性再组、重构和转换提供了机会。关联性指的是对观点、意义和价值之间联系的不断寻求，并考虑历史和文化背景与关系感知方式之间的联系。严密性是对可供选择的关联和联系的有目的的寻求。

---

① 曲萌：《马克思主义哲学与后现代主义》，载《教学与研究》1995 年第 6 期。

② ［美］多尔著，王红宇译：《后现代主义课程观》，台湾桂冠图书公司 1999 年版，“中文版序言”。

第三节　中国课程与教学理论流派

我国古代就已经形成了丰富的课程与教学思想，近代以来又从西方引进各种流行学说和实践经验，与本土实际相结合，孕育产生了许多有影响的课程与教学理论。以“理论系统化”和“实践影响大”等标准来考察，在我国当代课程与教学研究园地里，至少活跃着“启发式教学”“主体性教学”“情境课程与教学”以及“概念重建主义课程与教学”流派。

一、启发式教学

“启发式教学”历史悠久，由儒家文化始祖孔子所创，名称即来自他的名言“不愤不启，不悱不发”①。两千多年来，启发式教学不断发扬光大，一直都是我国主要的课程与教学流派。

在启发式教学看来，学习者是有“愤悱”学习需要的主体，教育和教学必须据以进行“启发”；这种需要是学习者采取主动、积极和能动的方式加以满足的，所以在教学过程中，学习者是学习的主体。所以，启发式教学，实质在于教学过程中学习者内在的“愤悱”状态。“‘愤悱’作为启发式教学的精髓，它揭示了启发的认识本质和基本特点。”② 愤悱具有双重内涵，是认知因素与非认知因素的辩证统一，它们既是教学的目的，又是教学的手段。其教学过程就是激疑、解疑与释疑的过程。因此，启发教学过程既要注重认知的因素，又要考虑非认知的因素，只有二者达到辩证统一才能实现启发教学整体优化。偏颇任何一方都是片面的，不完整的。在现代背景里，启发式教学的动力来自教与学的相互作用，实质是解决知与不知的矛盾，由模糊性达到精确性，过程是知情意完满人格发展的统一。

有关研究表明，“尽管启发原型的来源多种多样，思维形态千变万化，创造者的内部心理状态千差万别，人类启发活动的运行机制还是有一定之规的，即在特殊表现形态中带有普遍性的规律。”③ 从心理机制看，启发教学活动发生的基本条件，包括学习者的自觉要求和外界新信息的刺激。学习者的“自觉要求”，是伴随课题学习与研究出现的几种心理状态，包含着“需求—紧张”心理场，“目的—策动”心理活动，“准备—定势”心理状态以及“信念—灵光”心理效应。外界新信息的刺激，则是启发活动发生的外因，外因与作为内在激发因素的“潜意识”相互作用，就能使启发活动得以实现。

长期以来，人们通过理论和实践探索，不断地推动着启发式教学随着时代的进步逐

---

①　《论语·述而》。

②　熊梅：《论“愤悱”的启发式教学实质》，载《课程·教材·教法》1996 年第 8 期。

③　熊梅：《启发教育的心理机制及产生条件》，载《西南师范大学学报（哲学社会科学版）》1996 年第 3 期。

步变化发展。启发式教学的变化发展，需要人们探究并遵循启发活动的基本原理，不断地选择和确定培养目标，促使课程内容推陈出新，大量开发有效教学途径，创用各种有效的启发教学方法，以提高教学质量，满足学习者学习与发展的需要。启发式教学是生成于中华文化土壤里的一种历史底蕴深厚的教育教学文化传统，曾经培育出了数千年来屹立于世界民族之林的中华民族的一代又一代文化精英，至今仍然具有旺盛的生命力，在未来中华民族的教育复兴运动中，必将重新绽放异彩！

二、主体性教学

主体性教学，是在20世纪70年代末期肇始的教育改革运动中，逐步孕育起来并在学校教育实践中影响越来越大的一种课程与教学流派。主体性教学源自王策三先生等创立的“教学认识论”①。它认为：“教学过程是认识过程的一种特殊形式。”“学生是认识的主体，教师的职责是引导学生的认识，朝着完成教学任务和实现教育目的的方向发展。”②

“教学活动本质上是一种主体性活动。”③ 所以，主体性教学不仅是教师、学生与课程内容之间的双重双向对象化活动，而且是建构教师和学生的主体性的活动，同时还是发挥教师和学生的主体性的活动。主体性教学突出人的主体性，直接用反映时代精神的主体性教学目的来限定教学，凸显人的主体价值，高扬教学活动中教师、学生的那种生动活泼而能动的生命力、能动性与创造性；它还原了教学活动的完整性，建构起了目的、过程、内容、方法一体化的完整性原理和路径；它遵循“活动”教学原理，让活动成为人的主体性生成、发展的源泉和动力；它建构起了民主和谐的教学人际关系，主张师生之间、教师之间和生生之间，以对话、包容和共享的关系相处，相互尊重、相互信任、相互理解和相互承认；它强调教学活动的自主、开放和创造。

人们一直在探究和建构主体性教学的基本策略，这些有效策略包括④：正确认识和发挥教师主导作用，教师在教学过程中形成自觉意识，引导全体学生全面发展与主动发展；充分发挥学生学习的主体性，激发、维持并强化学生学习的主动性、积极性和创造性，让其享受学习成功的喜悦；发扬教学民主，处理好师生关系，促进师生和生生间的沟通、接触与相互作用；精心组织开发教学活动，促进学生学习的一切内隐和外显的操作动作，既包括听、说、读、写、练和思，也包括操作活动、言语交流活动和认知活动等。

主体性教学的框架已经搭就，“学生主体”的教学理念已为学校教师们所广泛接受

---

① 王策三主编：《教学认识论（修订本）》，北京师范大学出版社2002年版。

② 邹有华：《教学认识论》，载《课程·教材·教法》1982年第1期。

③ 和学新：《主体性教学：内涵与特征》，载《中国地质大学学报（社会科学版）》2001年第3期。

④ 参见吴翠龄：《简论主体性教学的策略》，载《教育评论》2002年第6期。

和认同。而且，由此引发的“交往教学”①，依据“主体间性学说和交往理论”而获得了合理性建构。然而，主体性教学在理论建构方面却开始出现停滞不前的征兆，同时在实践方面一直挣扎在创新有效教学方式的“瓶颈”前而几无作为。这样的巨大挑战，要求主体性教学走出传统认识论局限，走向新认识论，走向教育心理学和学习心理学。

三、情境课程与教学

情境课程与教学，是由当代著名的小学语文特级教师李吉林创立的。在我国，情境教学的思想古已有之。在 20 世纪后期，李吉林老师在语文教学中经过长期探索，创立了有效的情境教学方式，并进行了系统的经验总结和理论升华。情境课程与教学强调激发主动性，强化感受性，着眼发展性，渗透教育性和贯穿实践性，开发渗透教育目标、充满美感和智慧的学习情境，利用暗示、移情的原理，在心理场中，促进角色转换，引发和培养儿童主体意识，促使他们自觉投入教学，主动地开展学习活动，在活动中获得充分发展。

依据马克思关于人的活动与环境相一致的理论，借鉴现代心理学的研究成果，“情境课程与教学”建立了“情感驱动”“暗示倾向”“角色转换”以及“心理场整合”等基本原理。② 情感驱动原理，指利用移情作用，促使儿童形成身临其境的真切感受，在不断加深情感体验的过程中陶冶情操。暗示倾向原理，针对灌注式教学“直接传递”的弊端，应用各种艺术手段去优化环境，利用暗示作用对学习者的心理和行为施加影响，使其很快被激起强烈的情绪，形成无意识的心理倾向，情不自禁地投入教育教学活动中。角色转换原理，指通过情境活动，使学生从等待接受的“被动”角色，转换为“主动”角色，整个过程为进入情境—担当角色—理解角色—体验角色—表现角色—“我与角色同一”—产生顿悟。心理场整合原理，指利用情境开发丰富学习心理场，形成推进教育教学活动的正诱发力，使学习者在顿悟中改变认知结构乃至心理结构，同时令置身其中的教师感受到教学成功的快乐，又以更饱满的热情投入教学活动。这样“情境—教师—学生”三者之间就形成了良性推进、多向折射的优化整合的心理场，促使儿童情不自禁地用“心眼”去学习，教学便可进入一种沸腾的状态。

在情境教学中，活动课程顺乎自然地融入了学科课程，而课外活动、班队活动和野外活动，在主题大单元教育课程及其他课程的开发中，将知识传授、智力发展和品质培养，作为明确的目标纳入其中，从而孕育出了“情境课程”。情境课程注重精心设计、组织儿童的活动，将学科课程、活动课程与优化的情境融成一个有机的统一的整体，克服单纯学科课程存在的重讲、轻练，重知识、轻能力以及因缺乏操作而削弱应用性的弊端；同时也在一定程度上弥补了单纯活动课程容易陷入知识无系统状态的缺陷。“情境

---

① 参见张广君：《本体论视野中的教学与交往》，载《教育研究》2000 年第 8 期；袁维新：《交往教学的基本原理初探》，载《教育实践与研究》2002 年第 9 期。

② 李吉林：《情境教育的基本原理》，载《河南教育》1999 年第 7 期。

课程将知识的系统性、活动的操作性、审美的愉悦性融为一体，强调以特定的氛围，激起热烈的情绪，在优化的情境中，促使学生主动地参与。它努力追求将外显课程与内隐课程的影响糅合在一起，从学校各个不同的区域、时空，体现课程的基础性、操作性及多样性，发挥情境课程的多种功能。”① 在情境课程体系里，学科情境课程起主体作用，大单元情境课程发挥联动作用，野外情境课程具有源泉作用，专项训练情境课程则产生强化作用，而过渡情境课程则扮演衔接角色。

基于长期实践探索，李吉林老师最关注“怎么做”的问题，以严谨的态度不断筛选出有效方法，通过概括提炼，创建起了“以‘美’为突破口”“以‘思’为核心”“以‘情’为纽带”“以‘儿童活动’为途径”以及“以‘周围世界’为源泉”的情境课程与教学的操作体系。②

四、概念重建主义课程与教学

概念重建主义，是美国著名课程学者派纳于 1975 年正式提出来的。③ 在我国 1999 年启动的新一轮基础教育课程改革中，课程创新成为人们追求的迫切目标，在探寻我国课程创新路径的努力中，一批人将目光投向了派纳，并吸收糅合了以多尔为代表的后现代主义课程思潮，④ 结合我国教育改革的一些特殊需要，建立起了概念重建主义课程与教学流派。在我国孕育诞生的概念重建主义，针对的是中小学里“应试教育”的严重弊端，然而矛头则直指教学认识论主导的“主体性教学”，直指在我国有着长期影响的凯洛夫教育学。正如钟启泉教授所宣称的：“我国的课程创新宣告了‘凯洛夫教育学’时代的终结。课程创新的前提条件是‘概念重建’。这就需要我们‘建立一个学术流派的联合国来促进跨越话语边界的对话’。”⑤

根据我国新课程改革的某些特定需要，概念重建主义提出了一种明确的新课程理念，其核心假说为“从知识到文化的转换”。具体说来，“新课程的基本理念是：破除书本知识的桎梏，构筑具有生活意义的课程内容；摆脱被知识奴役的处境，恢复个体在知识生成中的合法身份；改变学校个性缺失的现实，创造富有个性的学校文化。”⑥ 为了“明确课程创新的概念重建基础”⑦，许多人对知识观，学习观和教学观等进行了批判和重新建构。

---

① 李吉林：《情境课程的开发》，载《课程·教材·教法》1997 年第 6 期。

② 参见李吉林：《“情境教学”的操作体系》，载《课程·教材·教法》1997 年第 3 期；李吉林：《谈情境教育的课堂操作要义》，载《教育研究》2002 年第 3 期。

③ See Pinar，W. F. （Ed.）. *Curriculum Theorizing*：*The Reconceptualists*. Berkeley，CA.：McCutchan. 1975.

④ 参见［美］多尔著，王红宇译：《后现代课程观》，教育科学出版社 2000 年版。

⑤ 钟启泉：《概念重建与我国课程创新》，载《北京大学教育评论》2005 年第 3 期。

⑥ 钟启泉、崔允漷：《新课程的理念与创新》，载《江西教育》2004 年第 22 期。

⑦ 钟启泉：《概念重建与我国课程创新》，载《北京大学教育评论》2005 年第 1 期。

传统课程信奉客观主义知识观，把知识视为普遍的、外在于人的和供人汲取的真理。这种知识游离于丰富的现实生活之外，却以其权威性和绝对性，成为每个学生顶礼膜拜的对象。这种知识的客观化追求，以牺牲个体知识因素为代价，违背了知识建构的机制。概念重建主义者则信奉经验主义知识观。这种观念认为，知识不是游离于认识主体之外的纯粹客观的东西，知识是由学习者主动建构的，是由认知主体与外在世界进行社会互动即个体与社会文化价值互动的结果。就“学校知识”的建构（知识习得）而言，乃是班课情境的教学过程中师生互动的历程与结果。知识兼具主观性与客观性，特别是非语言化的感受作为知识的主观成分是构成知识之意义的要素，缺乏它则无法形成知识的意义。这种能动地形成或者整合经验的力量，乃是“缄默知识”（tacit knowledge），它不同于“明确知识”，几乎不可言说，无法客观地编码或表征出来，却如影随形地跟着每个人，成为形成个体知识意义的基础。因此，概念重建主义认定，知识习得的实质在于“经验”“建构”和“协作对话”。所以它宣称：（1）知识习得是学习者的经验的合理化或实用化，不是记忆事实；（2）知识（意义）习得不是被动灌输，而是主动建构的；（3）知识习得是学习者通过对话与他人互动与磋商而形成共识。

概念重建主义指责传统课程将学习局限在学校里和课堂上，将学习规定为“知识的学习”。因此，有必要建构一种广义的学习观。概念重建主义明确主张：学习即基于情境的行为变化；学习即基于个体现象场的意义形成；学习即基于思考和行为的生存感悟/洞察；学习即基于协作的智慧对话；学习即基于多重对话的文化性实践。

概念重建主义断定，长期的理论说教和实践操作使已有的课堂教学，在教师向学生传递教学内容，传授概念、法则之类的“知识”中，逐步蜕变成了“灌输式教学”。它不是以学生的基于其经验的认识活动为媒介，而是教师片面地注入知识，以为教师只要照本宣科地让学生被动地接受教科书中的“系统知识”，学生就能系统地习得这些现成的知识。它排斥了学生应当把握的现象和过程与学生自身表象和经验间的关系，无视新知的生成与发展乃是这两者间交互作用的结果。概念重建主义力图从根本上扭转人们对教学的片面看法，倡导探究性、合作性和开放性的教学行为与学习方式。教学不仅是一个传授知识和学习知识的过程，还是教师和学生共同建构知识和人生的过程；教学不再是教师主导的独角戏，而是师生之间以交流、对话和合作为基础，进行文化传承和创新的特殊交往活动。概念重建主义大张旗鼓地倡导，建设一种班课文化，使班课教学成为一种重视批判性思维、促进验证批判性思维的集体实践，亦即“文化性实践”经验的场所。每一个学生在这种实践情境中，形成自己的意义。于是，学习的过程受到重视，学习过程本身成为学习的“内容”。在班课教学中，师生关系是“交互主体”关系，教师的责任就是为学生创造能够使其成为学习活动之主体的应答性“互动型学习环境”。

美国的概念重建主义，如今已经在教育学术期刊文献中比较少见了，派纳教授本人也主要致力于“课程理论化”（curriculum theorizing）运动，以建设一种“远离实践”

的“纯粹课程理论”①。今天在我国勃兴的概念重建主义课程与教学，则已经遭遇了来自理论界的批判，来自实践第一线的抵抗和来自一些社会权威人士的否定。在这样的三重夹攻之中，谁也不好说它究竟能走多远。不过有一点可以肯定，它的出现对于促进我国课程与教学研究的进一步繁荣，具有标志性意义并将产生深远影响！

几千年的课程与教学史孕育出来的课程与教学流派还有很多，比如西方的永恒主义、社会重构主义、实证主义、概念论经验主义、女性主义以及批判理论等，又比如我国的感性经验主义和交往教学等，它们一直在人们的研究或实践中，发挥着描述、预测、解释和指导等作用。然而，在百花齐放的课程与教学研究与实践的繁荣景象背后一直起主导作用的仍然是传统主义，不过传统主义本身也是不断变化和发展的，其直接动因就是时兴的各种理论流派带来的强烈冲击和挑战。为促进课程与教学研究和实践，学习、研究、发展和建构课程与教学流派，既有深远意义，又有重大价值！

思考题

1. 你认为应当如何进一步探究课程与教学论史及其所产生的经典学说？

2. 试选择一种西方课程与教学理论流派进行深入学习与研究。

3. 试选择一种中国课程与教学理论流派进行深入学习与研究。

4. 请就你在前面学习中提出的具体课程与教学问题或重新提出一个课程与教学问题，应用刚学习的某一种课程与教学理论形成一种框架进行考察与分析。

---

① 2001年8月，在东北师范大学举行国际课程学术研讨会，派纳教授出席并作有关课程理论化的演讲，席间裴娣娜教授提问：在美国，课程理论与课程实践存在什么关系？派纳教授审慎思忖后答道：没关系。裴娣娜教授继续追问：那你们搞课程研究目的何在呢？派纳教授给予的答复出人意料：为了建立一门纯粹的课程理论。

第二编　课程与教学系统

当代课程与教学已经发展成为一个有机的特殊生态系统，形成了越来越复杂的系统结构，发挥着越来越重要的多种功能。当今国内外课程和教学研究，已经比较集中地分别从“教师”“学习者”“内容”以及“环境”等要素切入进行具体探究，并且开始关注“教育决策者”“家长”“社区代表”以及“有关社会机构”等教育利益主体的参与和干预现象与问题。所以人们总是在问：课程与教学有哪些组成成分？课程与教学有哪些要素？课程与教学系统的每种要素具有什么特征？各种要素对课程与教学产生什么样的影响？怎样产生影响？各种要素之间存在什么样的关系或结构？怎样优化这些要素及其关系以提升课程质量和促进有效教学？

长期以来，人们带着这些问题开展课程与教学的实践探索和理论研究，积累起了相当丰富的专门知识经验，构成了“课程与教学系统”领域，主要有“教育内容”“学生成长”“教师发展”“协作参与”“环境开发”以及“课程与教学系统结构”等范畴，本编分“教育内容”“学生与教师”和“环境开发”三章进行简要介绍与阐述。

第五章　教育内容

教育内容，是课程与教学系统得以存在和运行的要素之一。它来自人类文化，主要包括知识经验、技能与能力、态度与价值观等，所以随着文化的发展，就逐渐成为课程与教学研究的一个热点问题。

第一节　教育内容概述

关于教育内容的概念、特性和构成等，人们已经形成了一些基本知识和理论。

一、教育内容的概念

教育内容，常常简称为“内容”（contents），在有些场合人们又叫课程内容或教学内容。

（一）教学内容与学习经验的含义

在教学活动与设计领域，流行使用教学内容（instructional content）和学习经验（learning experiences）术语。教学内容，通常指在一个课目、一个单元或一节课、一个具体教学活动中，作为师生教学对象的具体知识、主题、事实、观念和原理等。教学内容的组织与设计，主要依据是学习心理学的兴趣和动机理论、认知过程理论与情感智慧理论等。“学习经验则是个体在参与特殊学习活动中获得的个人意义与价值”，实质是“个人内在条件与客观外部条件的互动”。① 这样，教学环境、教学媒体和教学活动的设计与开发，创设丰富的学习机会，促进学习者的学习活动，均是教学内容研究领域的主要课题。

（二）课程内容的含义

在课程研究和研制领域，人们常用课程内容（curriculum contents）术语。“课程内容指课程所包含的具体事实、观点、原则、问题等等。”② 任何特定的内容项目都可以为不同的教学目的服务；反之，不同的内容项目也可以为特定的教学目的服务。有些

---

① Tyler，L.L.（1991）. *Learning Experiences*. In Lewy，A.（1991）. *The International Encyclopedia of Curriculum*. Oxford：Pergamon，331-333.

② Lewy，A.（1991）. *The International Encyclopedia of Curriculum*. Oxford：Pergamon，330.

人用“课程内容”这一术语来指所有课程里的问题领域、课目或学科，而另外一些人则倾向于在论及某一门具体课程时使用这个术语。在研制课程材料过程中，一门具体课程或课目中的内容概念界定、内容项目选择以及将它们组织成一门具有连贯性的学程，都是课程内容范畴的主要课题。

内容概念界定、内容选择和内容组织，既是逻辑问题，也是理论问题，还是实践问题。内容概念界定具有多样性。不同的人，比如研究者，政策制定者和课程设计者，均会根据各自有关知识对课程内容进行概念界定，从而使课程内容的概念越来越丰富。至于选用哪种概念界定，最终都取决于同课程问题有关的个人意愿和政治需要。事实上，个人意愿构成了选择某种概念界定的价值基础，政治需要则指复杂的课程背景动态关系中怀有不同动机的人对课程有不同的合理要求，重要的是对这些相左的不同要求实行政治解决。课程内容在进行实际选择之前，必须解决好它的概念界定，否则就会因为概念不清而变得混乱。

课程内容选择既具有理论性，又具有政治性，还具有个人性。所以，课程内容选择是一个需要审慎从事的过程，人们一直在实践和理论方面对它的目的和方法进行探索与发展。这是一个充满理性的过程，选择者可以说明带有个人政治和理论意图的各种理由。

课程内容组织就是对选定的课程内容，按照课程的目的进行横向的和纵向的组织。纵向组织，意在使整个课程中的内容具有连贯性，使具体课程中的概念逐步深入。调整课程的具体纵向组织，需要依据学生来建立连贯性的学习结构。横向组织，意在使课程内容中的一部分与其他部分结合并达至平衡，包括不同学习课目之间、不同内容系列之间、不同学习领域之间的结合与平衡。这就要求课程设计者和教材编写者，在任何时候都必须注意课程内容的连贯整合和协调平衡。

（三）教育内容的定义

教育内容是伴随历史进程逐步发展和丰富起来的。在原始社会，成人在生活过程中，向儿童传授渔猎经验和群居生活共同遵守的风俗习惯等，这是最早的教育内容。随着社会的发展，文字的创造，学校的产生，老人代表成人社会向新生一代传授生产知识、渔猎采集经验和祭祀规范、风俗习惯，使得教育内容不断丰富，并逐渐形成了体系。到了现代社会，人们创造出了把教育内容及其呈现形式和实施方式统一起来的课程。教育内容的载体，不同国家在不同时期有所不同。在我国，古代使用的是经典著作，如“四书”“五经”；20世纪上半叶，使用的是“课程标准”和“教科书”等；20世纪下半叶使用的是“教学计划”“教学大纲”和“教材”等；现在开始改为使用“课程计划”或“课程方案”“课程标准”“教材”以及“课程资源”等。

通常，教育内容是指“经选择而纳入教育活动过程的知识、技能、行为规范、价值观念、世界观等文化总体”①。广义上包括学校教育、家庭教育、社会教育以及自我教

---

① 顾明远主编：《教育大词典（增订合编本）》，上海教育出版社1998年版，第765页。

育所涉及的所有内容，狭义上特指学校教育内容，选择标准一般包括社会发展需要、个人发展需要和文化发展需要等。教育内容具有社会历史性，随着社会变化发展而变化发展。从人的发展结构看，包括德、智、体、美等方面；从社会结构看，则包括政治、经济、文化、科技、军事和宗教等方面。

二、教育内容的文化本性

教育内容既选自人类文化，具有文化本性，又打上教育目的的烙印，具有特殊性。所以，教育内容本质上是一种特殊文化，为人们从时代文化中选择出来并转化为新生一代自身经验。所以，教育内容的文化选择与经验转化是教育、课程、教学与学习研究共同的两个重大课题。教育内容作为一种特殊文化，是人类学习的优化条件，是人类文化的精华，是教学活动的对象和客体，是社会权力分配与传递的载体。

（一）教育内容是优化的学习条件

教育内容是学校情境中的一种特殊文化，其特殊目的是培育新生一代。教育内容来源于文化并获得了特殊的教育目的性，是一种教育化的文化，亦即优化的学习条件。

文化心理学揭示，文化的内核凝结着人类的认知、情感、技能和能力等发展成果。原生文化原本是庞杂的，一定质量与水平的人类认知、情感、技能和能力等，实际上凝结在大量的、多种的文化内容和样式里。一代代新人通过学习已有文化，将其中凝结的一定质量与水平的认知、情感、技能和能力等内化为他们自身的东西，从而实现着人类种族的发展。

在原始社会初期，人类各部落在空间上是相互分离的，创生的文化是有限的。各个部落成员及其新生一代，能够自然地占有其全部文化，并将其作为自己生存和发展的条件加以学习与内化。随着社会不断发展，部落与部落之间的文化开始交流，同时新的文化内容和样式在不断创生，使文化总量不断增长。

当历史进入原始社会后期，文化积累相当丰富之后，一个绝对的矛盾出现了：人需要学习的文化越来越多，具有无限性，而学习的时间、空间和资源却是有限的。为了解决学习内容的无限性与学习条件的有限性这对矛盾，就必须给予新生一代更多的时间、专门的空间和丰富的资源，以使其能够占有更多的文化；同时，必须对已有的全部人类文化进行选择和重新组织，以便使新生一代占有表征着人类发展程度和水平的文化精华。这样的任务，便历史地赋予了从社会活动中相对独立出来的教育活动，继而赋予了从教育活动中相对独立出来的学校教育活动。因此，学校教育产生和发展的根本动力，是文化的无限性与学习的有限性之间的永恒矛盾。

在教学活动中，经过选择和重新组织的文化便是教育内容。教育内容在被选择和重新组织的过程中，获得了不同于一般文化的新的客观规定性。显然，选择者和组织者的根本目的就是育人，就是培养新生一代，就是提供一种特殊而优化的文化环境。这样，学习者就能够在教育活动中通过学习活动掌握已有的人类文化精华，同时将凝结其中的人类已有的一定认知、情感、技能和能力种类及其品质转化为自身内在的东西，进而得到发展。

（二）教育内容是文化精华

教育内容是按照文化发展的需要、社会发展的需要和个人发展的需要而专门选择出来的特殊文化，是具有发展价值的文化精华。教育内容作为文化精华，具有再生性和简洁性。

文化在教育教学领域的入口处，要历经社会的需要和个人的需要等筛子加以反复筛选。这种筛选是一种将文化资源生成为教育内容的专门活动。这样，教育内容尽管来源于文化，却已不是人类创造出来时的原生性文化，而是一种再生性文化。

再生性决定了教育内容的选择存在着创新或退化两种可能性。因为文化在成为教育内容的再生过程中，发生着不可避免的积极的或消极的嬗变。积极的嬗变，将成就教育内容的文化创新结构和功能；而消极的嬗变，却会导致教育内容在文化的样式上偏执于某种取向，在文化水平上退化到某种低级阶段，使得文化的结构与功能退化。教育内容选择中的创新与否，取决于选择者的素养，选择标准的合理程度以及选择过程所使用的策略、技术和方法等。所以在课程研制和教材编制领域，建立和改进法律体系和政策体制，培养和训练课程专家，开发和提升行业标准，探索和建设专门的策略、技术和方法体系，都是非常紧迫的课题。

文化集中表现为精神化和物质化的知识和经验。知识经验及其凝聚的认知、情感、技能和能力等，均为人类持续进行的认识和改造世界活动的产物。知识经验总是特异性的，人类有什么样的实际活动，就会产生什么样的特殊知识经验，从而使知识经验在量上急剧膨胀。而认知、情感、技能和能力则总是一般性的，人类无论进行什么样的实际活动，它们的发展总是表现为品质的改善和水平的上升，几乎不表现出量的扩充。因而，知识经验与认知、情感、技能和能力便构成一种特殊关系，其实质为，一般性的认知、情感、技能和能力重复性地凝结在庞杂而特异的知识经验体系中。这就决定了，一定量的而不是全部量的知识经验就可以全面地涵括一般性的人类认知、情感、技能和能力。借用摄影术的话说就是，知识经验具有人类认知、情感、技能和能力的全息性，即少而精的一定量的知识经验凝结了已有人类认知、情感、技能和能力的全部信息。

所以，教育内容实际上是一种简洁性的文化。从文化中选择而生成的教育内容，往往具有也必须具有人类认知、情感、技能和能力的“全息性”，从而使少而精的一定量的教育内容的内核凝结了已有人类认知、情感、技能和能力的各种样式和各种水平。

（三）教育内容是师生活动的共同客体

教师在教学全过程中始终以教育内容作为活动对象。在课程编制和教案撰写中，教师从大量文化和材料中，精心地选择出精华部分作为教学内容，并且通过设计使之结构化。教师在实施教学中，一方面要在教案的基础上，根据真实情境中的学生、时间和环境等资源的实际情况，及时地对教学内容进行增删调整，进行现场再设计、再组织和再结构；另一方面，要利用设备、媒体等作为工具将教学内容呈现给学生，使之成为学生学习的对象。在教学评价中，教师把教学内容及其载体，与学生的学习结果进行对比，以确定教学目标的达成度。总之，在教学活动中，教育内容是客体，教师是主体。

教学活动始终贯穿着学生的学习活动。在学生的预习中，预习的范围是由教师根据教学内容而划定的，预习对象是特定的教学内容。在教学实施中，学生学习的是教师提供的教学内容。在复习巩固中，学生学习活动的对象，仍然是教师要求的教学内容。所以，在整个教学活动中，学生是主体，教育内容是客体。

不仅如此，在教学活动中，教育内容同时是教的对象和学的对象。在计划和预习阶段，教师计划的是学生即将学习的内容，而学生预习的则是教师即将教的内容。在教学实施中，教师呈现和传授的内容，也正是学生学习和接受的内容。在评价复习阶段，学生巩固的内容，必然是教师划定要考核的内容。所以，教育内容是教师与学生的教学活动对象与客体。

（四）教育内容是权力载体

众所周知，教育内容来自社会文化。所以，教育内容选择与社会公平具有内在关联。教育者以及课程工作者需要清醒地认识到自己的选择与活动所产生的严重伦理与政治影响。一方面，不平等权力在社会上复制和角逐；另一方面，教育机构为权力的维护与挑战提供了一条主要机制。人们已经认识到，教育内容是权力分配与运作的载体。所以，随着社会公正与教育公平的诉求越来越凸显，“课程内容政治学”“官方知识政治学”和“教科书政治学”等，[①] 便以前所未有的速度发展起来。

三、教育内容的构成

人们一直在努力开发和创新教育媒介，以适应和促进文化的传递、传播与转化，从而逐步丰富着教育内容的载体，不断革新着教育内容的媒介构成。过去在纸质媒介时代，教育内容的构成以“教材”和“教学参考书”为主。随着信息时代的来临，多媒体兴起，教育内容的构成逐步走向以电子教材、网络课程与教学资源库为主。

教育内容受媒介影响，但是教育内容的构成，是由教育的价值观和功能观综合决定的。教育内容的价值是多层次多元化的，而实现条件则是有限的。这就伴生出了永恒的教育内容的价值选择问题：什么最有价值？对谁最有价值？有什么样的价值？怎么样才有价值？同时，教育内容的功能是多方面的，可以区分为人才培养、文化发展和社会服务三大功能及其数不胜数的亚功能，这一切又孕育出了教育内容构成的功能定向问题。

文化无限与学习有限的永恒矛盾，是任何时代都必须面对和解决的矛盾。不同时代有不同的客观条件和主体观念，这使不同时代不同的人有不同的教育内容的价值观和功能观，从而孕育出多种多样的教育内容构成观，主要有形式教育与实质教育，科学主义教育与人文主义教育，普通教育、专业教育与职业教育，日常教育、正规教育与非正规教育等。

（一）形式教育与实质教育

教育和教学的主要任务是什么？是知识传授还是官能训练？围绕这一问题，长期以

---

① Apple, M. W. (2008). Curriculum Planning: Content, Form, and the Politics of Accountability. In Connelly, F. M., et al. (Eds.). (2008). *The SAGE Handbook of Curriculum and Instruction*. Los Angeles: SAGE, 25-44.

来存在着形式教育与实质教育的对立和斗争。[①]

形式教育，也称形式训练（formal discipline，formal training），又叫心智训练（mental discipline，mental training）。形式教育明确主张，“教育的主要任务在于使学生的官能或能力得到发展。”[②] 它格外重视教育内容、课程和教材的训练价值和心理能力的发展功能。形式教育依据官能心理学，经过长期发展和积累，形成了三大主张。第一，教育的任务在于训练心灵的官能，所以教育内容要能最有效地训练学生的各种官能。第二，教育应以形式训练为目的。在教育中灌输知识远没有训练官能来得重要。古典课程被认为是训练官能最优秀的工具。第三，学习的迁移是心灵官能得到训练而产生的结果。因此，官能的训练及其迁移作用和价值，是教育内容选择的一个重要依据。

实质教育是与形式教育相对立的一种教育内容观，主张“教育的主要任务在于使学生获得知识”[③]。与形式教育截然相反，实质教育（material education）格外重视教育内容、课程和教材的知识传递价值和文化功能。实质教育依据联想心理学，经过长期发展和积累，也形成了三大主张。第一，教育的任务在于提示适当的观念来建设心灵。心灵在出生时一无所有，心灵有赖于观念的联合，教育就是要以观念的联合来充实心灵。第二，教育应以知识传授为目的。建设心灵的材料是各种观念，提示外界事物，产生观念的课程和教材，就具有首要的位置。因而必须重视的是教育内容的知识性和实用价值，使学生获得丰富的知识。第三，必须重视课程和教材的组织。课程和教材的组织和程序，直接影响心灵的组织和程序。

（二）人文主义教育与科学主义教育

教育内容究竟应当以人文学科为主还是以自然科学知识为主？围绕这一问题，长期以来存在着人文主义教育与科学主义教育的论争。

人文主义教育主张，教育内容应该以人文知识为主，人文学科在课程中应该占支配地位，宗旨在于把人培养成有人文教养的和体面的绅士。人文主义后来发展成为新人文主义，不再极端地排斥科学知识，而是主张有选择地吸收自然科学知识，并挖掘自然科学中的人文主义教育意义。到 20 世纪 60 年代，勃然兴起人本主义，它尽管与传统的人文主义有着历史渊源关系，但是已经更新为以人为本的现代价值观。人本主义教育主张，教育要培养“完人”和“自我实现的人”，教育内容要实现认知与意动的统一，“理智”与“情感”的结合。

科学主义教育亦称自然主义教育，主张教育内容应该以自然科学知识为主，自然科学学科在课程中应占支配地位，目的是把儿童培养成具有科学素养的现代人才。科学主义是现代自然科学技术的发展及其在生产生活中广泛应用的产物。近代科学技术飞速发展，在工农业生产中得到广泛应用，推动了以班级上课为组织形式的新学校的产生和发

---

① 瞿葆奎等：《“形式教育”论与“实质教育”论》，载《华东师范大学学报（教育科学版）》1988 年第 1、2 期。

②③ 董纯才主编：《中国大百科全书·教育》，中国大百科全书出版社 1985 年版，第 430～431、330 页。

展。到19世纪上半叶，欧洲大陆学校基本上过渡到了以自然科学技术知识为主的教育内容。科学主义发展到当代，已经开始超越了极端化，注意吸收人文主义和人本主义教育的观点与主张，注意挖掘自然科学的人文精神。以布鲁纳为代表的结构主义教育，就是科学主义教育在当代的表现。美国1985年启动的课程改革重大举措“2061计划”，也贯穿着科学主义的思想，其主旨就是“普及科学”。

（三）普通教育、专业教育与职业教育

教育内容应以什么性质的知识为主？怎样优化教育内容中的普通知识、专业知识与职业知识结构？长期以来，教育内容范畴里存在着普通教育或通识教育（general education）、专业教育（professional education）和职业教育（vocational education）的平衡问题。

普通教育，指实施普通文化科学知识的教育，使学生掌握人文学科、社会科学和自然科学中基础的普通知识，使他们养成基本的文化修养和处理社会问题的能力。① 普通教育又称通识教育，是一种关于以通用文化知识来提高人的素养、培养通才的教育主张，其渊源是西方的博雅教育。普通教育强调，从文化中选择宽泛的普通知识或通用知识作为教育内容，以培养人生素养为目的，并为学习者的持续发展打下必需的知识和修养基础。

专业教育，指实施某种学科或某种职业的专门知识的教育，使学生掌握精深的学科专业知识或专门的职业知识与技能，将他们培养成为某种学科或职业的专门人才。专业教育又称专才教育，是一种关于以专门学科知识来培养科技精英、培养专才的教育主张。它强调，从文化中选择精深而系统的学科专业知识或专门技能作为教育内容，以培养专业素养为目的，并为学习者成长为科技专门人才或形成精深的职业技能打下必需的知识和技能基础。

职业教育，指实施某种社会职业技能、职业知识以及职业道德的教育，使学生掌握社会专门职业的系统知识，形成娴熟职业技能和养成一定职业道德，成为有职业修养的人才。广义的职业教育包括专业教育，反之，广义的专业教育也包括职业教育。在我国当代教育建制中，职业教育是与普通教育、成人教育并列的相对独立的教育体系，由社会职业培训机构、普通学校职业教育和职业院校构成。相比之下，职业教育突出工商业、农业以及服务业等职业知识与经验，侧重于这些行业的实践技能和实际工作能力的培养。

就内容而言，普通教育、专业教育与职业教育是密不可分的！三者的目的都是培植个人发展能力，以从事各种活动。普通教育是专业教育和职业教育的基础，专业教育与职业教育是普通教育的效用。随着经济与社会发展水平提高，基础教育阶段越来越普通化，职业教育与专业教育越来越上移到高等教育阶段和转移到在职培训之中。

---

① 顾明远主编：《教育大辞典（增订合编本）》，上海教育出版社1998年版，第1196页。

（四）正规教育、非正规教育与非正式教育

凡是有教育意义的活动，就一定有教育内容。联合国教科文组织指出：学校是正规教育，根据学校教育所涉范围不同，存在正规教育内容、非正规教育内容和非正式教育内容的区别。①

由学校确定的学生必须掌握的内容，是正规教育内容，学生学习成绩受到系统考核或评价。这些内容的学习按部就班进行，有系统、成体系和较密集，有教学规范和学校课程表可循。在一定阶段结束后要安排考试或竞赛，以保证学生达到教学过程一定阶段的一定水平。非正规教育内容，表现为各种具有选择性和非强制性的活动，这些活动是由学校、青年组织、与家长或各文化协会合作的学校或学生自己等组织的。这些活动的内容、方法和时间长短，原则上由学生确定；在教师的帮助下，学生可以自己负责辩论、竞赛、远足等活动。作为正规教育活动的补充，灵活多变的非正规教育活动在才能的识别和培养、推行跨学科性的学习以及一些具体问题的处理等方面，都起着重要的作用。而非正式教育内容是从大众传播媒介、家庭生活、体育竞赛等场合获得的信息。这些信息，量大且多样，对每个学生都呈现着不同的形态。它们包括科学技术最新成就，过去或未来的各种知识，各国、各地区千差万别的各种文化现象等。如何以正规教育内容为主，正确组织和利用非正规教育内容与非正式教育内容，是教育内容选择与转化的重大课题。

当代有影响的教育内容构成观，还有经验自然主义、要素主义、永恒主义、社会改造主义、基础主义以及建构主义等，它们都在显著地或隐蔽地对教育内容的概念界定、选择和组织产生或大或小的影响。

与价值和功能考量不同的是，在课程研制和教学设计及实施活动中，人们对教育内容的选择与转化，是区分为一般教育活动与具体教育活动来加以操作的。因此从活动操作视角来看，可以将教育内容分为一般教育内容和具体教育内容。

第二节　一般教育内容

一般教育内容指所有教育活动都涉及的内容，主要是知识。进入教育领域的知识，统称为教育知识。所以，教育知识就成为一般教育内容。人们关于知识和教育知识有不同看法，形成了不同的教育知识观，从而制约着教育内容的发展，影响着教育内容的选择与转化。

一、教育知识的概念

教育知识（educational knowledge），是人们从知识社会学视角考察教育而使用的

① 何齐宗：《全球视野的教育内容理念》，载《江西师范大学学报（哲学社会科学版）》2009 年第 5 期。

一个新兴术语概念。

知识指人凭借特有的智力认识事物的过程及其结果，所以，“知识是一个不断扩展的概念”①。古人确信，知识是由人创造或发现的，知识必须有一个载体，它只可能是语言文字。所以，共享的自然语言就成为了任何一个民族或人群最早的知识。接着，这种共享的语言被用来记录表达人类想象力的神话。然后，神话又逐渐过渡到了哲学，知识概念的扩展就由以神话为主流嬗变为以哲学为主流，形象化的神话思维逐渐被抽象的理性思维所代替。所以，柏拉图将“知识”和“意见”相区别，知识是人类理性认识的产物，是对事物本质的反映和表述，不同于人类感性认识的“意见”。

长期以来，西方占支配地位的都是这种理性主义的知识概念。而与之相对应的是经验主义的知识概念，它反对各种先验观，认定人类知识来源于感觉经验，都是对外部世界各种联系的反映。理性主义和经验主义的知识概念有根本差异，但是更多的却是相同之处。它们同把“知识”认定为真理，与假象、谬误和偏见区别开来；同将“知识”建立在主体与客体分离基础上；同将“知识”看成是终极而无需质疑的人类产品！

针对理性主义和经验主义的知识概念的对立与结盟，20世纪的美国产生了实用主义知识观，确立了知识的有用性标准。它认定知识仅仅是行动的“工具”而已，所以又被称为工具主义知识观。它否定先验主体的存在，批判主客体的割裂，指出“意识”是人杜撰而根本不存在的，存在的仅仅是“纯粹的经验”。于是，知识就不是静止、终极、完美和永恒的真理了，而仅仅是暂时的和不断进化的了。知识本身是有机体与环境之间相互作用的中介，是有机体为了适应环境的刺激而作出探究的结果。这样，就孕育出了各种各样的知识概念。当代知识概念，已形成了丰富内涵，涵括了“知识与认识对象的关系”“知识与认识者的关系”“知识与社会的关系”以及“知识本身的逻辑关系”②。

最早提出和研究教育知识的伯恩斯坦（Bernstein，B.），洞察了教育知识与权力分配和社会控制原则的内在联系，并据以定义：“教育知识是经验结构的调节机制”③。他揭示并阐明，正规教育知识是通过课程、教育学和评价三条信息系统得以实现的。课程确定哪些才是有效知识，教育学确定怎样才是知识的有效转化，而评价则确定这些内容中哪些知识作为所教部分得到了有效实现。

这样看来，教育知识是教育领域的所有知识的总称。以前，我们曾认为教育知识是进入到教育领域的知识。其实，教育知识包括进入教育领域的知识和产生于教育领域的知识两个部分。不少研究者都把教育知识限定为教育研究生成而在教育教学实践中应用

① 周祯祥：《知识概念扩展和作为知识表示技术的逻辑》，载《云南社会科学》2003年第5期。

② 石中英著：《知识转型与教育改革》，教育科学出版社2001年版，第19～20页。

③ Bernstein，B.（1971）. On the Classification and Framing of Educational Knowledge. In Young，M.（Ed.）. *Knowledge and Control*：*New Directions for Sociology of Education*. London：Routledge，47-69.

的教育学知识。[①②] 事实上，教育知识包容了教育加以传承的知识和教育赖以开展的知识两个部分。前一部分教育知识，是人们按照一定价值标准并通过一定途径加以选择而进入到教育教学活动过程加以传承的所有知识，主要表现为课程知识、教材知识和班课知识，亦包括一部分教育学知识和学习知识。后一部分教育知识，是教育活动创生的知识，属于教育和学校领域里专有的知识，专门用以保证和提升教育知识的传承，包括教师个人知识、学生个人知识以及教育学知识。

教育知识之所以凸显，是因为“我们在许多不同方面被卷入了‘知识问题’，这些问题涉及课程内容、教育学应用中的发现模式、教育管理与实践的理论基础、政策研制与分析的基础以及教育探究自身的样式。”[③] 新世纪以来，教育知识[④⑤]及其教育学知识，[⑥⑦] 一直是人们不断深入研究与开发的主题。

当代知识概念的丰富内涵，使得作为一般教育内容的知识出现了各种复杂的矛盾，陷入了各种问题的争论之中，比如“知识从何而来?”“知识如何可能?”“知识有什么价值?”“什么知识最有价值?”“谁的知识更有价值?”“知识怎样才有价值?”对这些问题的研究和争论，是建立在知识的各种分类基础上的。概括起来，当代人们从不同维度对教育知识的分类有：“人文知识与科学知识”“显性知识与隐性知识”“社会知识与个人知识”“常识、科学知识与现象学知识”以及“陈述性知识、程序性知识与策略性知识”等。

二、人文知识与科学知识

长期以来，人们最关心的两个问题是“知识从何而来?”“什么知识最有价值?”人类所生活和认识的世界，有客观世界和人文世界，分别来自这两个世界的知识内容就有不同的性质。根据内在性质的不同，知识被区分为人文知识和科学知识。

---

① ［德］布列钦卡著，杨明全、宋时春译：《教育知识的哲学》，华东师范大学出版社 2006 年版。

② 吴原、郭军：《教育知识与教育学知识》，载《湖南师范大学教育科学学报》2008 年第 2 期。

③ Corson D. (1991). Bhaskar's Critical Realism and Educational Knowledge. *British Journal of Sociology of Education*, 12 (2), 223-241.

④ Sorensen E K. (2007). Creating Global Digital Networks and Educational Knowledge Building Architectures Across Diversity. Bradford: *Multicultural Education & Technology Journal*, 1 (3), 162-177.

⑤ 陈建华：《论知识/权力关系及其对教育知识价值取向之影响》，载《比较教育研究》2006 年第 3 期。

⑥ Kerins, J. Richards, A. (2008). Developing a Prototype Information System Framework to Handle Pedagogical Knowledge in a Secondary School Modern Foreign Languages Department. London: *Education and Information Technologies*, 13 (3), 231-258.

⑦ 雷云：《“教育知识”的探究——兴起、现状与研究取向的思考》，载《东北师大学报（社会科学版）》2009 年第 2 期。

（一）人文知识

人文知识是人类采取各种手段对人文世界的认识及其结果。人文指礼教文化，是区别于自然的人事；人文组成的世界，是人之成人的世界。人类最早的知识是语言，语言的根本特性不是客观性，而是人文性，所以人类最早的知识形态是人文知识。人文知识的发展和应用，营造出了浓厚的人文精神。西方的人文精神，核心是以人为中心、思想自由和维护人的尊严；中国的人文精神，核心是天人合一、中庸和谐以及向文而化。在全球化背景中，人文精神正在经历着碰撞、冲突、裂变、融和与创生过程。人文知识有自身的特性，主要表现为价值负载和解释依赖。① 人文知识承载着事实之外的价值，陈述的是经过价值解释、理解和选择的事实，是被意义化和价值化了的即被主观化了的客观事实，不限于充分客观的事实，而是被精神化了的“事情”。人文知识演进以人为解释为机制，人文理论和学说的建构和发展，一方面在逻辑的意义上扬弃了前人的思想而得到超越，另一方面基于人类代际之间基本人文问题的相同性，人文领域的前沿问题和创新知识就总是与古老的历史文本的重新阐释解读相伴而生。人文知识的学习，使人们在获得价值的过程中，分享着人类精神生命的意义；使得人们在参与知识解释的过程中，创新着人类精神生命的价值。

人文知识已被概括和区分为一系列人文学科（the humanities，亦称“人文科学”）。人文学科，“在各个历史时期的含义与内容有所不同”②。人文学科最早起源于古罗马培养雄辩家的教育纲领，后转变为中世纪基督教的基础教育，包括数学、语言学、历史、哲学和其他学科，文艺复兴时期，广义上指与神学相对立的研究世俗文化的学问，主要研究语法、修辞、诗学、历史与道德，狭义上指希腊语言、拉丁语言研究与古典文学的研究。19 世纪以来，人文学科作为独立的知识领域，与自然科学相区别，泛指对一般社会现象和文化艺术的研究，包括哲学、经济学、史学、法学、伦理学、艺术学、政治学、语言学等。人文学科反对神学，倡导科学知识，作为反封建的文化思潮，具有进步作用，为近代科学技术的大发展开辟了道路。19 世纪“社会科学”一词出现后，与人文学科产生部分交叉现象，如经济学既被归入人文学科，又被归入社会科学。

（二）科学知识

科学知识是人们采取科学手段对客观世界的认识及其结果，表现为以范畴、定理、定律形式反映现实世界和运动规律的知识体系。“科学包括获得知识的活动和这个活动的结果（知识），它适应人们生产活动和社会生活的需要而产生和发展，是对具体实践经验的总结，是人类脑力劳动所创造的最宝贵的社会精神财富。”③ 马克思主义认为，科学包括自然科学、社会科学和思维科学，它首先是一种知识形态的东西，既与借助形象反映世界的艺术相区别，又同对现实作虚幻反映的宗教相对立。科学是社会历史发展的产物，近代科学就是在文艺复兴中人文精神的实践结果。

按研究对象不同，科学知识一般可分为以自然、社会和思维三个领域为研究对象的

---

① 张祥云：《人文知识的特性及其教育意蕴》，载《教育研究》2004 年第 6 期。

②③ 冯契主编：《哲学大辞典》，上海辞书出版社 1992 年版，第 23、1193 页。

自然科学知识、社会科学知识和思维科学知识，以及总括和贯穿上述三个领域的哲学和数学；按与实践联系的不同性质，科学知识可分为理论科学知识、技术科学知识和应用科学知识。自然科学是关于自然的知识，它所反映的是自然界本身的过程和人与自然界的关系；社会科学是关于社会的知识，它的多数学科所反映的是人们的相互关系和社会地位，阶级利益对社会科学有重大影响；思维科学，是以研究人脑思维过程为对象。比如心理学、逻辑学等科学的任务是正确说明和解释现实世界的过程和现象，探究其运动规律，揭示客观真理，进而对事物的发展作出正确预见，指导人们的实践活动。科学的最终目的，是在对世界的正确认识的指导下能动地改造世界，使人类在与自然界的关系中和在社会关系中获得自由。在人类与社会发展中，科学本质上是进步的因素，是一种在历史上起推动作用的、革命的力量。与人文知识相区别，科学知识坚持价值的中立性、理论的普遍性、结果的可检验性、逻辑的严密性和构造的简单性。

人文知识和科学知识，共同构成了人类知识的总体，对人类的生存和发展是不可缺少的，对新生一代的成长和学习是不可替代的。人文知识因其系统性、理论性、深刻性而对人生真谛有更充分的揭示，所以也更能启发和帮助人们进行自我反思和不断修养，以达到高尚的人文境界。科学知识因为其客观性、简捷性、对象性和革命性，得以从近代以来一直是社会和个人求得高质量生存与有效发展的力量源泉。尽管 20 世纪里对科学主义的责难和对唯科学主义的否定甚嚣尘上，但是不仅没有削弱反而增强了科学知识的这种力量。人文知识的学习与弘扬，光大的是人文精神；科学知识的学习与发展，孕育的是科学精神。自从盘古开天地以来，人类都是以人文精神和科学精神这两条腿站立和行走于大地上，缺一不可。

三、几种新知识观

在 20 世纪里，人类对复杂的知识领域表现出了前所未有的痴迷。人们不满于“人文”与“科学”简单分类而导致的知识对立，不仅开辟了科学人文主义的道路，而且纷纷从哲学、社会学、人学以及心理学等视角，对“知识世界”进行观照，形成了丰富多彩的知识观。新的知识观包含着不同的知识分类观点，主要有“显性知识与隐性知识”“社会知识与个人知识”“常识、科学知识与现象学知识”以及“描述性知识、程序性知识与策略性知识”等。

（一）显性知识与隐性知识

知识的工具性或有用性标准建立后，引发了人们对知识语言特征的批判。人们发现，无论人文活动还是科学活动，其过程和结果都存在着能否清晰地反思与表达的问题。在实践中发挥作用的，既有大量的语言性知识，更有许多不能进行反思和语言表达的知识。能够明确反思和陈述的知识，叫做显性知识；尚无办法进行清晰反思和表述的知识，叫做隐性知识。

显性知识（explicit knowledge），就是通常所称的“知识”，一般以书面文字、图表和数学公式等加以表达。长期以来在人类生活和实践领域，占据支配地位的都是显性知识。它们以自然科学、社会科学和人文学科的形式存在，并以人类创造的文字、语言、图像、书报、影视、计算机以及互联网等载体得到表达和有效的传递。在教育领域，占据支配地位的也基本上是显性知识，它们通过教育文件、课程方案、课程标准、课本、教学材料以及各种教学媒体得到了明确的表达，并以专题活动、课目以及学习领域等形式存在。

其实，人类还拥有大量“只可意会不可言传”的知识，即隐性知识（latent knowledge），又称“缄默知识”（tacit knowledge），也就是“意会知识”。在生活与认识活动中，隐性知识无时无刻不在产生并发挥作用。而在教育活动中，在课程研制与教学实施过程中，隐性知识因长期受忽视而陷于盲动状态。尽管隐性知识具有相当复杂的性质、功能和类型，并限于“经验”与“实践”的获得途径，但是事实上，它们“仍然是非常重要的一种知识类型，因为它们事实上支配着整个的认识活动，包括科学认识活动，为人们的认识活动提供了最终的解释性框架乃至知识信念”①。

因此，我们必须看到，怎样加强显性知识的选择与组织，怎样提高显性知识的教学效率，一直是今后也仍然是教育内容范畴的主导方面；同时，怎样认识和开发隐性知识，以改善教育内容的质量，提高新时代教育质量，则是需要引起重视和加强研究的重大问题。

（二）社会知识与个人知识

人们还将知识区分为客观知识和主观知识，客观知识是人们对客观世界普遍联系的认识及其结果，而主观知识则是对人们的主观体验的认识及其结果。无疑地，在课程与教学领域，客观知识长期居于支配地位，而主观知识则一直在发挥着重要作用。这种情形，随着教育的改革发展在逐步产生变化。“学习准备性理论”“教师专业发展理论”以及“人的需要层次理论”，把个人知识推到了教育活动的前台。

知识其实与人无法分离，所以知识往往又被分为“个人知识与社会知识”②。社会知识指的是得到社会大众认同的具有普遍客观性的知识，分为某一特定群体的社会知识、某一个国家的社会知识以及全人类的社会知识。社会知识反映了特定的文明程度、科技水平和经济状况，随着客观知识的变化发展而变化发展。社会知识结构具有累积特征，基本单位是知识单元（即精确概念），从知识单元或知识点到知识纤维（即定律、定理或原理），再到一个专业和一个学科，从而构成整个社会知识结构。

个人知识指社群中每一个体所具有的知识，既有从社会知识或客观知识中学习掌握的部分，又有个体自身在探索、学习、研究或实践活动中通过思维加工而创造的知识。在个人知识中，客观知识是主要的和基础的部分，是个人赖以与他人对话而融入社会之中成为社会人的根基；而个人创新的知识，虽然是少量的，但是具有新颖性、独创性和高价值的特点，既是个人知识的精髓，也是社会知识创新和科技发展的源泉。

社会知识与个体知识的相互作用和转化，成为知识发展的基本机制。社会知识内化为个人知识的客观知识部分后，个体赖以对有关信息进行加工产生创新性的个体知识，

① 石中英著：《知识转型与教育改革》，教育科学出版社 2001 年版，第 226 页。

② 陈东玉：《个体知识结构与社会知识结构》，载《现代情报》2003 年第 2 期。

这些创新的个体知识客观化为社会知识的一部分……这样循环往复，从而推进社会知识的发展和进步。就知识总体而言，在知识的发展与进步中，社会知识是基础，个人知识是动力。在教育内容范畴中，长期以来一直以社会知识为主，不同程度地忽视了个人知识；今后，怎样在改善社会知识的同时，重视和加强个人知识，是教育研究与开发的基本趋势。

（三）常识、科学知识与现象学知识

已有的绝对化知识观，导致知识与人分裂而对立，使得知识的异化愈演愈烈。揭示人与知识的同一，建构文化与人的连续性知识观，成为现代知识论的努力方向。新的哲学认识论聚焦于事实并从人的立场出发，建立起“人化”事实观及其“文化”知识观，区分出具有同一性的自然事实、科学事实和现象学事实，进而建构起了从常识到科学知识，再到现象学知识的知识连续体。

著名哲学家舍勒（Scheler，M.）指出，人们通常所说的“事实”，其实包括了相互连续的“自然事实”“科学事实”和“现象学事实”①。人类对这些事实的认识，就形成了“常识”“科学知识”与“现象学知识”连续体。事实与人同在，而且不可分离。自然事实是处于事物本身与人们在经验这些事物时所具有的主观状态之间的领域，是人们的感官可以触及和感知的事实领域。人们对自然事实的认识及其结果，产生常识，并形成自然的世界观态度。科学事实则是人们通过一定的人为性科学操作步骤进行“科学还原”而获得的事实，是感官不能直接感知，只有借助科学工具才能触及和感知的事实领域。人们对科学事实的认识及其结果，形成的是有别于自然态度的科学态度，并生成科学知识。科学事实以自然事实为基础，科学知识孕育于常识，并向着“人”跨近了一步而更多地展示和促进人性。还有一类“纯粹事实”叫“现象学事实”，是人们从哲学的高度，进行“现象学还原”而获得的纯粹直观内容。这些内容无论有什么样的实在性，都始终在人的直接经验中充分呈现，人们对它们的体验、认识及其结果，就获得了与纯粹事实及其本质相关联的“洞见性知识”或叫“现象学知识”，并生成一种特殊的现象学态度。

显然，常识获得的主要是客观性规定，与之相对，现象学知识获得的主要是主观性规定；而科学知识实际获得的是客观性与主观性相统一的规定。因此，在文化生活中，在教育活动中，在课程与教学活动中，教育内容必然以科学知识为主，而辅之以常识和现象学知识。因而，科学知识、常识和现象学知识的选择及其组织平衡的基本原理、策略、技术与方法，成为教育研究领域重大的主题和问题。

（四）描述性知识、程序性知识与策略性知识

以上是哲学层面的知识观，它们可以指示知识发展及教育内容改革的方向，但许多概念和命题却多半还是假设性的，无法转化为发展知识和开发教育内容的技术和方法。心理学介于哲学与科学之间，立意在科学与技术意义上建构新型知识观和新教育内容

① ［德］舍勒著，艾彦译：《知识社会学问题》，华夏出版社 2000 年版，“译者前言”。

体系。

心理学比较关注学习，揭示学习有不同类型，它们有各自特殊的过程和结果。从学习结果角度，心理学“把知识定义为个体通过与其环境相互作用后获得的信息及其组织。被贮存于个体内，即为个体的知识。通过书籍或其他媒介贮存于个体外，即为人类的知识”①。狭义上，知识仅包括它的贮存和提取；而在广义上，知识不仅包括它的贮存与提取，而且包括它的应用，即所谓“真知”，这样就将狭义知识、技能与策略融为一体了。

把技能纳入知识范畴，只是就知识掌握深度和熟练程度而言的；而将策略也纳入知识范畴，则使知识概念的内涵和外延都发生了深刻的变化。随着认知策略领域研究的深入，有关人们对自身认识过程的知识，已经作为一种普遍可以迁移的技能来学习。有些心理学家把这种特殊的智慧技能称为对内调控的技能，即认知策略或反省认知技能。

在现代教育心理学里，广义的知识包括了陈述性知识、程序性知识和策略性知识。陈述性知识是个人具有有意识的提取线索，因而能直接陈述的知识。程序性知识也就是技能，是个人没有有意识提取线索，因而只能借助某种作业形式间接推论其存在的知识。程序性知识是一套做事的操作步骤，是关于“怎么做”的知识。而策略性知识指如何学习、记忆或解决问题的一般方法，包括应用策略进行自我监控。

心理学的广义知识观，揭示了知识、技能和策略的同一性，建构起了三者之间的连续性原理。这既为教育内容的选择与组织提供了新的基础，又为教育内容范畴中开展深入研究和优化知识、技能和策略的关系，提出了迫切要求。

第三节 具体教育内容

学校始终进行着不同目标的各种具体教育活动。在我国，全面发展教育一般分为体育、智育与德育，并具体化为各个课目的教育活动。因而，具体教育内容就区分为体育内容、智育内容与德育内容，并进一步具体化为课目教育内容。

一、体育内容

一般而言，体育内容主要包括身体成长、体育锻炼、卫生习惯和身体健康等知识、技能和方法。体育有广义和狭义之分。“广义的体育为‘体育运动’的同义词。狭义的体育指向受教育者传授健身的知识、技能、增强体质，培养自觉锻炼身体和讲究卫生的习惯，促进学生身体和心理健全发展的教育活动。”② 不同国家有不同的体育内容，国外影响较大的有德国式、瑞典式与英国式。德国式以器械操为主，侧重培养刚气，吃苦

① 皮连生著：《智育心理学》，人民教育出版社 1996 年版，第 38～42 页。
② 王焕勋主编：《实用教育大词典》，北京师范大学出版社 1995 年版，第 447 页。

耐劳，增强体力，以保卫国家；瑞典式以徒手操为主，以促进身体各部分和谐发展；英国式以休闲性游戏与运动为主，以促进身体自然发育和精力充沛，培养道德性格。① 长期以来我国学校体育内容，主要包括有关卫生保健知识、合理的卫生保健制度、良好的卫生保健习惯、身体的正常发育和心理的健康发展，以及身体基本活动能力和对自然环境的适应能力。

目前，我国体育内容发展为"运动参与""运动技能""身体健康""心理健康"和"社会适应"五个学习领域②。"运动参与"是学生发展体能、获得运动技能、提高健康水平和形成乐观开朗的生活态度的重要途径。"运动技能"学习领域，体现了体育与健康课程以身体练习为主的基本特征。学习运动技能也是实现其他领域学习目标的主要手段之一。"身体健康"领域强调，在引导学生积极参加体育活动、发展体能的同时，注意使他们了解营养、环境和不良行为对身体健康的影响，并形成健康的生活方式，这样才能有效地提高学生的身体健康水平。体育活动不仅有助于身体健康，也能增进"心理健康"，提高学生的自信心、意志品质和情绪调节能力。体育活动对发展学生的"社会适应"能力具有独特的作用，能有效提高学生的合作和竞争意识、交往能力、对集体和社会的关心程度，并将合作与交往等能力迁移到日常的学习和生活中去。

二、智育内容

智育内容除了理性知识外，主要包括技能和能力发展。古代教育限于上层社会，所以人们比较重视可以装饰贵族身份的知识。而近代以来，教育的平民化，使得智育内容的重心转向了具有实用功能的技能和能力，因而越来越凸显动作技能与心智技能。

（一）技能与能力的概念

技能（skill），与人的学习、工作以及生活密切相关，使用比较广泛，含义也比较复杂。在心理学里，技能是指"个体通过练习形成的合法则的操作活动方式"③。技能表现为一种动作系列，属于动作经验，区别于认知经验。技能是一种合乎法则的活动方式，其动作的顺序以及执行方式，均需符合活动法则或规则的要求，区别于一般的随意运动方式。技能是通过学习及练习而获得的，区别于本能。

技能关涉人的整个身心活动及其发展，既涉及外部动作活动，也涉及内部心智思维活动。根据活动中的主要成分，技能分为动作技能和心智技能两种。动作技能，是为顺利完成某种操作活动而按一定方式组织起来的肢体动作系统，如写字、弹琴、骑车、游泳、打球、打字、使用生产工具等。心智技能，又叫智力技能，是为完成某种认知活动以一定程序组织起来的智力动作系统，如阅读、运算、分析、综合、概括、构思等技能。动作技能主要以外部动作的形式组织起来，而智力技能则主要以言语或表象的形式

① 陈桂生著：《学校教育原理》，湖南教育出版社 2000 年版，198 页。

② 中华人民共和国教育部：《全日制义务教育普通高级中学体育（1～6 年级）体育与健康（7～12 年级）课程标准（实验稿）》，北京师范大学出版社 2001 年版。

③ 林崇德等主编：《心理学大辞典》，上海教育出版社 2003 年版，第 553 页。

组织起来的。两者并不截然分开，而表现为相互联系，甚至相互包含，在复杂的活动中往往有机结合在一起。

能力（ability）是现代教育内容的宠儿，我国过去比较强调基础知识和基本技能，现在格外重视基本能力的培养。能力指“使人能成功地完成某种活动所需的个性心理特征或人格特质”①。从心理学的角度看，能力并不是与生俱来的，而是以遗传素质为基础，在实践活动中逐渐形成和发展起来的。能力有多种类型，根据表现形态不同，分为认知能力和操作能力；根据适用范围不同，则分为一般能力和特殊能力。认知能力，指人在观察、记忆、理解、概括、分析、判断以及解决智力问题等方面具有的能力；操作能力，指人在器械操纵、工具制作、身体运动等方面具有的能力。一般能力，指大多数活动都共同需要的能力，包括一般认知能力和基本操作能力两个方面；特殊能力，指从事某项专门活动所需的能力，如数学能力、绘画能力、音乐能力、写作能力、体育能力等。

知识、技能与能力之间，有着密切关系和相互影响。② 学习一定知识不能只停留在领会的水平，必须使它转化为相应技能，并发展为特定能力，才能使知识在完成任务中起到应有作用。领会某种知识需要有某些已形成的基本技能，如要领会教材中的知识就需要有阅读的技能，而已有知识又成为形成相应新技能的基础。技能的形成以一定的能力为前提，也体现了能力发展的水平和个别差异，它表现在掌握相应技能的难易及对技能调节的难易上。同时，技能是从知识掌握到能力形成与发展之间的中间环节，技能的形成对能力发展有重要的促进作用。另外，能力是掌握知识和技能的前提，只有具备一定的能力，才能顺利地掌握所学的知识和技能；能力也表现在掌握知识和技能的过程中，人们在掌握知识和技能的同时，也发展了自己的能力。可以说，能力既是掌握知识和技能的前提，又是掌握知识和技能的结果。

总之，能力、知识与技能之间，是相互转化、相互促进、有机结合在一起的。所以，有效的教育内容，必须是也必然是具有关联性的特定知识、技能和能力的统一体。忽视或者削弱知识、技能和能力三者中的任何一种或两种，都是有害的。

（二）动作技能

动作技能（motor skill），亦称运动技能或操作技能。动作技能是指“通过学习而形成的合法则的操作活动方式”③。动作技能调节和控制着操作动作的执行，可分为初级动作技能和高级动作技能。初级动作技能是通过一定练习或模仿形成的，仍带有明显的意识控制特点；而高级动作技能则经过反复练习，其基本成分达到了自动化水平。

“动作技能的形成可以分为操作的定向、模仿、整合与熟练这样四个阶段。”④ 操作

---

①③ 林崇德等主编：《心理学大辞典》，上海教育出版社 2003 年版，第 868、104 页。

② 参见潘菽等主编：《教育心理学》，人民教育出版社 1983 年版，第 138～139 页；林崇德等主编：《心理学大辞典》，上海教育出版社 2003 年版，第 868 页。

④ 冯忠良著：《结构化与定向化教学心理学原理》，北京师范大学出版社 1998 年版，第 257～283 页。

定向是主体了解操作活动方式的结构，头脑中建立活动的定向映象，初步形成操作的自我调节结构。操作模仿是主体仿效标准的操作方式，通过机体运动来尝试相应的操作，是将操作性知识转化为操作技能的开端环节。操作整合指活动中各个成分间的连接或结合，使之一体化，体现了操作成分之间的内在联系，以提高活动方式的合法则水平，使动作趋于定型。操作熟练指操作方式对各种变化的条件具有高度适应性，动作的执行达到高度的完善和自动化。这是在反复练习的基础上，通过活动方式的概括化和系统化实现的。

（三）**心智技能**

心智技能（mental skill），亦称为智力技能。心智技能“是一种调节、控制心智活动的经验，是通过学习而形成的合乎法则的心智活动方式”①。心智技能是一种活动方式，虽与程序性知识有密切的联系，但却属于动作经验，不同于知识。它也是一种智力活动方式，具有观念性、内潜性、简缩性，不同于操作活动方式，虽两者有时密不可分。它还是合法则的智力活动方式，其活动的动作构成要素及其执行顺序应体现活动本身的客观要求，区别于任意的活动方式。同时，它还是在不断的学习过程中，主体通过动作经验的内化而形成的，并非与生俱来，区别于本能。智力技能是获得新知、养成经验、解决问题和形成能力的重要因素。

在发展与教育心理学研究中，人们提出了“智力动作分阶段形成的理论”，后逐渐成为一种学习理论，认为智力动作是外部物质动作的反映，其形成是外部物质动作向内部心理活动转化的结果。心智动作形成是一种由外部的物质活动向内部的心理活动转化的过程，即内化过程，一般有“动作定向”“物质化动作”“有声言语”“无声外部言语”和“内部言语”五个阶段。② 动作定向基础阶段，即准备阶段，是学习者在头脑中构成关于活动和活动结果的表象，以便对动作本身和结果进行定向。物质动作或物质化动作阶段，即借助实物、模像或图表等进行智力动作的阶段。学习者通过外部的物质活动促进智力活动，了解学习内容。有声言语阶段，是动作由外部形式转化为内部形式的开始，学习者的智力动作不直接依赖实物而借助有声言语进行。无声的外部言语阶段，是学习者以词的声音表象、动觉表象为支柱进行智力动作。内部言语阶段，则是学习者智力动作简化而自动化了，难以觉察。

技能是能力的基础，能力是技能熟练状态的现实表征。无论是动作技能还是心智技能，都需要向它们的现实变体转化。这种转化形态，国内将其称为“实践能力”，指“保证个体顺利运用已有知识、技能去解决实际问题所必需具备的那些生理和心理特征。”③ 它是个体在实践过程中形成和发展起来的，关涉到生理成熟、获得经验等多种因素。依据各种能力因素在实践活动中的影响作用，实践能力可能由实践动机、一般实

① 冯忠良著：《结构化与定向化教学心理学原理》，北京师范大学出版社 1998 年版，第 284～330 页。

② 潘菽等主编：《教育心理学》，人民教育出版社 1980 年版，第 141～142 页。

③ 刘磊、傅维利：《实践能力：含义、结构及培养对策》，载《教育科学》2005 年第 2 期。

践能力、专项实践能力和情境实践能力四个基本要素构成。而从人类生存和发展的必需性来看，实践能力则可能主要包括“动手操作能力”“日常生活实践能力”“职业活动实践能力”和“人际交往实践能力”①。从基于心理学的教育学来看，如何在知识学习和技能训练过程中发展能力，是课程与教学研究的根本问题与主题。

三、德育内容

教育的基本含义，是引人向善；而向善教育就是道德教育。善主要包含在个体的态度与价值观里，所以长期来道德教育内容就主要包括态度（attitude）和价值观（values）。

态度指的是“个体基于过去经验对其周围的人、事、物持有的比较持久而一致的心理准备状态或人格倾向”②。态度包含认知成分、情感成分和行为意向成分。认知成分指个体如何知觉态度对象，认识其概念内涵，基本上由对态度对象的知识或信息构成，反映个体对态度对象的相信与不相信。情感成分指个体对态度对象的评价，反映个体对态度对象的喜欢与不喜欢。行为意向指个体对态度对象的行为倾向，反映个体对态度对象的行为意图及准备状态，所以可以从外显的行为推知个体的态度。通常三部分彼此协调统一，当认知成分与情感成分相矛盾时，行为意向往往倾向于情感。态度的特点主要有“对象性”“习得性”“意向性”“稳定性”和“功能性”等。

在德育活动中，人们一直在寻求有效促进态度改变的原理和方法，从而形成了态度改变理论，已产生较大影响的有“一致性理论”“自我知觉理论”“和谐理论”“归因理论”“功能理论”“刺激—反应理论”和“认知失调理论”等。态度改变，主要通过态度学习途径。态度学习专门指“通过经验形成的一种比较稳定的对人、对己和对环境的肯定或否定的持续反应的倾向，或决定个体行为选择的内部状态”③。态度学习，通常包括态度的形成与改变，是调节个体社会行为的工具。态度的学习与建立要经过若干阶段，可以是联想、强化、模仿三个阶段，也可以是顺从、认同与内化三个环节。

价值就是“客体对主体的意义”④。价值是一个关系范畴，反映客体属性对主体需求的一种满足。人的多方面与多层次需要，决定了价值关系的复杂性，所以价值总是多元的。在一切价值中，人的价值是创造一切价值的价值，是一切价值中的最高价值。通过一定的价值实践经验，人们便形成并表现出一定的价值观。价值观是“理论化、系统化的价值评价和选择意识”，是“文化的内核和灵魂，决定表层文化的性质和特征”⑤。价值观，为处理人与自然的关系提供价值尺度，为人生提供理想和信念，为人的一切社会活动提供价值导向。它不是孤立的存在，而是渗透于哲学、科学、艺术、宗教、法律、制度等精神文化中，存在于社会的风俗习惯和人们的物质产品中，通过道德规范、价值准则发挥作用，往往自觉或不自觉地影响人的行为。它既具有一定的稳定性，一旦形成便作为传统的力量在一个相当长的时期内发挥作用；又具有历史性，随时代、文化

---

① 刘三朵、张冬胜：《论实践能力的内涵与结构》，载《当代教育论坛》2004年第9期。

②③④⑤ 林崇德等主编：《心理学大辞典》，上海教育出版社2003年版，第1217、1219、571、571页。

的变迁会发生历史性变革。西方心理学史上有“价值内化论”“价值外塑论”和“价值内在论”三种价值观发展理论。

一定的态度和价值观，既包含特殊思想与信念，也表现为具体道德与习惯。所以，态度与价值，连同思想与信念、道德与习惯（含学习习惯），便成为教育内容的重要组成部分。

四、课目教育内容

具体的教育活动总是内容特定的，所以学校里的具体教育活动主要是按照课目来设置和区分的。这样，在学校与班课（school and classroom）层面，教育内容就具体化为多种课目教育内容，学者们通常将其归入“课程内容”范畴。

课程内容，“通常是以特定术语加以描述的概念地图、主题与课题，它们全部是人们提出并命名的抽象物”①。比如，学校科学课程，其课目主题包括的类型就有知识、知识的应用、技能、过程技能、问题解决、科学品性与态度、科技应用、人格与社会性需要、科学知识进化以及科学边界与限度。

课程最基本问题是应当如何对待知识的问题，而课目的最基本问题则是如何区分与转化知识变体（versions of knowledge）的问题。所以在课目教育内容层面，“课程工作依赖于对科目知识的哪些变体进行选择、分类与结构，并在根本上转化为可以实际应用的系列知识性、技能性、能力性和智力性作业的变体。”② 对此，人们的研究致力于超越学科性（disciplinarity），聚焦点主要有“知识的分类与概念界定”“课目主题的课程视角”“学校课目的理论化”“学科性的替代方式”“教师的课目主题知识”以及“师生的课目主题识知”等。

思 考 题

1. 请考察与分析当代影响较大的教育内容构成观是什么？
2. 请考察与分析当代教育领域影响较大的知识观是什么？
3. 具体到学校课目教育活动层面，如何深入探究知识变体的表现、区分与转化？
4. 请就你在前面提出的具体课程与教学问题，进一步分析和挖掘所关涉的教育内容、课程内容或教学内容的问题。

---

① Marsh, C. J. (2009). *Key Concepts for Understanding Curriculum* (4th Ed.). London: The Routlege, 9.

② Connelly, F. M., et al. (Eds.). (2008). *The SAGE Handbook of Curriculum and Instruction*. Los Angeles: SAGE, 66.

第六章 学生与教师

学生与教师，是课程与教学活动的主体。所以，学生成长与教师发展，均为课程与教学研究的重要课题。

第一节 学生与教师概述

学生与教师，是教育领域或机构里的作业者被赋予的两种不同身份或角色。长期以来已经形成了学生与教师的概念、权利与义务、赋权与参与以及课程经验等主题。

一、学生与教师概念

学生（learner），是对进入教育领域或机构中从事专门学习活动的所有人员的统称；教师（teacher），又叫教育者，是进入教育领域或机构中从事专门教育活动的所有人员的统称。

（一）学生概念

顾名思义，学生指从事学习活动的所有人。在幼儿园到大学的不同阶段以及成人教育中分别称儿童（child）、小学生（pupil）、中学生（student）、大学生（undergraduate）、研究生（postgraduate）、博士生（PH. D. student）以及学员（trainee）。

1. 学生定义

“只有通过适当的教育，人才能成为人。”① 从发生学看，学生与教育成为一种历史现象，具有同源性和广义性。因此广义上，学生泛指在各种情境中接受教育的所有人，即受教育者。由于普及了教育并出于对学生天性的尊重，学生又被称为儿童或孩子。

不过，人们一般是在狭义上使用学生概念的。学生专指用专门的时间在大中小学、幼儿园等专门的教育机构里从事专门学习活动的人。学生的学习活动是学校课程与教学的中心，是现代学校存在与发展的基本依据。没有学生，没有学生的学习活动，学校场地设施、教师及相关人员的活动就失去了固有的意义，也就失去了存在的理由和价值。在现代民主化社会，人们很关心学习活动及其结果公平，因而特别重视其中的学困生和

---

① ［捷克］夸美纽斯著，任钟印译：《大教学论·教学法解析》，人民教育出版社 2006 年版，第 51 页。

学优生。

2. 学习困难与学困生

学习困难（learning difficulties），又称学习障碍与困难（learning disabilities and difficulties）。① 心理学家最早开展的是学习障碍（learning disabilities）研究，重点关注脑损伤、身心障碍引起的学习障碍。在这种意义上，“学习困难是由一组学习技能缺陷构成的发展性心理障碍，表现为听、说、读、写、算术、空间等能力的习得与应用上的缺陷”②。后来，人们慢慢地将探究学习障碍与困难原因的眼光投向了学生的社会和家庭环境，直至学校与班课环境乃至教师的教学方法上。大量研究使人们认识到，不仅身心损伤会导致学习障碍，对更多的孩子来说，他们的认知、情感和行为偏失乃至所遭遇的课程内容与教学方法失当，亦会导致学习困难。因此，新世纪以来，学习困难成为为数很少的既受心理学重视又受教育学重视的主题。

综合而言，根据引发原因不同，存在“身心原因型学习困难”与“环境导致型学习困难”两种类型。环境导致型学习困难，又可进一步分为家庭环境导致的、社区环境导致的和学校环境导致的三种类型，分别简称为“家因性学习困难”“社因性学习困难”和“校因性学习困难”。遭遇学习困难的学生，通常具有正常的智力水平，但学业成绩明显低于预期成绩，并伴有较多的社会适应不良及情绪和行为问题。这类学生，曾经被歧视而贴上“差生”标签，其实他们只是遭遇了学习困难的学生，简称学困生。

学习困难，特别是环境导致型学习困难，是课目特定化的。学习困难研究就必然是具体课目学习困难（specific learning difficulties）研究。这就要求课任教师成为课目学习困难的研究者。

3. 学优生与学习不足

与学困生相对，在学校和班课里也总有一些学生学习感觉很轻松，表现很优异，成为学优生，甚至会出现学习不足。国外一直比较重视学优生研究，一直在努力探讨和建立学优生教育学。最近还报告了“一个叫做‘天才儿童的个性化教育模式’的形成性策略，该方法专用于天才儿童教育，其主要成分为‘课程丰富化’与‘教学辅导的差异化’”③。

学优生（brightest students），又叫尖子生（distinguished students）、绩优生或资优生，与天才儿童（gifted or talent children）有关。美国学者倾向于将学优生定义为“普通智能、特殊学术倾向、创造性思考、领导能力、视觉与表演艺术、技能六项成就

---

① Zoran Brkanac，Z.，et al.（2003）. Specific Learning Disabilities and Difficulties in Children and Adolescents：Psychological Assessment and Evaluation. *Journal of the American Academy of Child & Adolescent Psychiatry*，42（1），121-122.

② 赵晶，陈传锋：《学习困难：概念演变、认知表现及其影响因素》，载《心理研究》2010年第3期。

③ Kelemena，G.（2010）. A Personalized Model Design for Gifted Children' Education. *Procedia Social and Behavioral Sciences*，2（2010），3981-3987.

或潜力的高度表现者”①。在我国，学优生指的是在学校与班课教育教学活动中表现优异的学生。

目前我国对学困生和学优生尚需进一步加以关心与研究。对学优生，既要从生理遗传，心理特征和心智潜能，认知、人格、社会交往与生涯发展需要开展基础研究，更要从开发环境与教育以满足学优生潜能与发展需要切入，深入而系统研究与解决学优生学习不足（learning dissatisfaction）问题，以实现学优生的潜能，从而培养大量优秀人才。

（二）教师概念

“师者，所以传道授业解惑也。”② 这句中国古代圣言，流传千古。今天文化积累无比丰富了，教师无论作为职业、专业还是角色，都非常复杂了。

1. 教师定义

教师是“向学生传递人类积累的文化科学知识和进行思想品德教育，把他们培养成一定社会需要的人才的专业人员”③。广义上，教师是指所有直接或间接、专门或业余进行或从事教育活动的人，包括家长、教育行政人员、学校里的管理工作人员以及在各种传媒上参与教育工作的人等。狭义上，“‘教师’一词，涵盖学校里负责学生教育的所有人员”④。

教师是否称职，是一个不断发展变化的基本问题。对此，有效教师（effective teacher）或生产型教师（productive teacher），⑤ 成为教学与教师教育领域一个主要课题。在西方，对有效教师的界定，经历了“角色—示范定义”（role-model）、“心理特征定义”（psychological characteristics）和“新导向定义”（new direction）三个阶段。⑥ 新导向定义，一是突出教师行为与学生表现的联系，二是强调教学是一个研究过程，提倡教师通过研究建立自己的有效教学模式（pattern of effective teaching）。进而，提出了有效教师行为的五大特征：上课清晰（lesson clarity），教学方法灵活多样（instructional variety），教师任务定向（teacher task orientation），学生投入学习过程（involvement in learning process），学生高成功率（student success rate）。

2. 教师隐喻

教师隐喻，用来对教师及其教学进行概念化，反映社会公众、研究者以及教师本人对教师的想象与期待。西方流行的教师隐喻有“艺术家”“临床医生”“专家”和“研究

① 段红：《高中学优生的心理健康状况研究与教育对策》，苏州大学 2009 年教育硕士论文。

② 孟宪承编：《中国古代教育文选》，人民教育出版社 1985 年版，第 219 页。

③ 董纯才主编：《中国大百科全书·教育》，中国大百科全书出版社 1985 年版，第 146 页。

④ UNESCO. (1966). *Recommendation Concerning the Status of Teachers*. Paris: UNESCO, 4.

⑤ Valberg, H. (2007). Productive Teachers: Assessing the Knowledge Base. In Ornstein, A. C. (2007). *Contemporary Issues in Curriculum*. Boston: Pearson, 99.

⑥ Borich, G. D. (2004). *Effective Teaching Methods* (5th Ed.). NJ: Pearson, 3-21.

者”,[①] 而我国最流行的教师隐喻，则有“园丁”“蜡烛”和“人类灵魂的工程师”三种。

教师是园丁，喻义很广。学生像园圃里的绿苗，教师像园丁一样，对他们倍加爱护，辛勤耕耘，精心护理，使其茁壮成长。意大利有名言：“教师就像蜡烛，燃烧了自己，启发了学生。”中国有名诗：“春蚕到死丝方尽，蜡炬成灰泪始干。”教师是蜡烛，这个隐喻突出了教师无私奉献的牺牲精神：像蜡烛一样，照亮了别人，即使消耗了自己也在所不惜。工业化时代，工程师是年轻人仰慕的职称，遂产生“工程师”隐喻。教师常常被赞誉为“人类灵魂的工程师”。这个隐喻源自苏联的加里宁（Калинин，М.И.），他曾经告诫说：“很多教师常常忘记他们应当是教育家，而教育家也就是人类心灵的工程师。”[②]

3. 教师角色

教师角色的概念涵括较广，可以区分为“行为角色”“社会地位角色”和“期望角色”三类。[③] 教师角色，一些人用来指称教师的行为品质特点，另外一些人用以指称教师所享有的社会地位，还有一些人则用来指称对教师素养的期望。所以，教师角色是指作为职业人的教师在学校与班课共同体中被赋予的行为模式、身份地位、素养期望及其所发挥的功能。教师角色表现为教书育人的一整套行为方式，并受其社会地位和社会期望制约。这决定了教师角色必然随社会进步而发展变化。

古今中外，教师角色的说法很多。西方长期流行教师中心主义角色观：教师是“神父”和“专家”，是“教育环境的设计师和规定者”，是“学生行为的塑造者”，是“知识的传授者”；[④] 现代逐步走向“学生中心”的教师角色观，提倡教师的“组织者角色、管理者角色、咨询者角色、交流者角色、职业角色、革新者角色、伦理者角色、政治角色和法律角色”[⑤]。后现代主义重新理解教育，教师至少要担任 10 种不同角色：（1）社会代表，培养学生道德观念，并为学生树立榜样；（2）知识传授者和能力培养者；（3）法官与裁判，对学生之间行为冲突作出是非判断；（4）辅导者和咨询者，指导学生学业、生活和就业等；（5）侦探，调查学生良好行为或犯规行为；（6）认同对象，以教师的人格感染学生，起到潜移默化的效果；（7）父母替身，给予学生父爱与母爱；（8）团体领导者，领导学生参加校内外各种活动；（9）朋友，帮助学生解决困难和问

① Anderson，L. W.（Ed.）.（1995）. *International Encyclopedia of Teaching and Teacher Education*（2nd Ed.）. Cambridge：Pergamon，6-19.

② ［苏］加里宁著，陈昌浩等译：《论共产主义教育和教学》，人民教育出版社 1957 年版，第 186 页。

③ Biddle，B. J.（1995）. *Teachers' roles*. In Anderson，L. W.（Ed.）.（1995）. *International Encyclopedia of Teaching and Teacher Education*（2nd Ed.）. Cambridge：Pergamon，61-67.

④ 黄甫全：《美国多元课程观的认识论基础探析》，载《比较教育研究》1999 年第 2 期。

⑤ ［美］麦金太尔、奥黑尔著，丁怡等译：《教师角色》，中国轻工业出版社 2002 年版，“序言”第 5 页。

题；（10）感情倾诉对象。①

为着实现“学习为本”的教育价值目标，现代教师角色以教师教与学生学之间的关系为核心。据此加以梳理，现代教师就具有知识的传授者（teacher）、学习者（learner）、学生的引导者（instructor）、课程的研制者（developer）、教学的组织者（organizer）、团体的领导者（leader）、教育的研究者（researcher）和文化的创造者（innovator）八大角色。②

二、师生关系

师生关系是教师与学生关系的简称。“师生关系是课程与教学影响能否达到预期目的的关键因素。”③ 一直以来，师生关系都是重要的教育理论与实践问题。狭义上，师生关系仅仅指称教师与学生之间的关系；而广义上，师生关系则包括了三个方面，亦即教师与教师之间的关系，简称同伴或同事关系；教师与学生之间的关系，简称师生关系；学生与学生之间的关系，简称同学或同伴关系。长期以来，人们对教师与学生之间的关系、学生与学生之间的关系研究较多，成果比较丰富；但是对教师与教师之间的关系则关注较少，需要引起重视。

（一）师生的基本关系

在课程与教学活动中，师生关系主要包括业务关系、伦理关系和情感关系三个方面。所谓业务关系，是指在课程与教学过程中，教师和学生分别充当一定的角色，组成师生双边的活动共同体，形成分工合作的角色关系。同时，教师和学生还组成了一个特殊的道德共同体，各自遵守一定的伦理原则，承担一定的伦理责任，也享有一定的道义权利。教师和学生之间形成的特殊道德责任和权利联系，就是师生的伦理关系。事实上，伦理关系既是课程与教学文明与否的重要标志，又是顺利开展课程与教学活动的必要保障。情感关系是教师和学生在课程与教学活动中自然形成的态度和感受上的联系。课程与教学过程同时也是一种特殊的人际交往过程，存在着群体交流、社会认知、社会情感、社会态度等社会心理过程。

师生关系的三个方面，分别代表着教师和学生作为工作人、社会人、自然人而存在的状态。其中，业务关系是最基础的关系，直接决定着课程与教学活动的组织执行；伦理关系是课程与教学活动社会性的重要表现，是社会或教育的道德观念的具体化；情感关系是师生互动与交往的自然结果，是师生作为活生生的生命存在及其优化活动的重要表现。

（二）师生关系的优化

课程与教学活动的理想追求，使改善和优化师生关系成为教育领域一个现实而永恒的课题。优化师生关系，关键在教师养成良好的交往态度和有效的沟通技巧。著名的人

---

① 尧新瑜：《试论教师专业化的三个向度》，载《教育理论与实践》2003 年第 2 期。

② 黄甫全编著：《新课程中的教师角色与教师培训》，人民教育出版社 2003 年版，第 50 页。

③ 田慧生、李如密著：《教学论》，河北教育出版社 1996 年版，第 123 页。

本主义心理学家罗杰斯（Rogers，C. R.）早已指出，促进课程与教学的关键不在教师的教学技能和课程计划，也不在视听设备和图书资料，而在于教师与学生交往中的某些态度品质。交往态度及其技巧，就是教师对待学生的基本信念及其相应行为方式。

良好的交往态度和有效的沟通技巧，主要体现为“关怀学生”和“有效沟通”。教师一旦对学生关怀爱护，就会融入学生的群体，走入学生的心灵，形成水乳交融的师生关系。在师生交往中，教师关怀学生并不抽象也不神秘，需要具体而实在地做到“尊重”“热爱”和“真诚”。

良好师生交往，需要讲究沟通技巧。优化师生关系，教师处于相对主动的地位，教师的行为和沟通技巧，起着决定性的作用。一般来说，沟通技巧有言语的和非言语的两类。言语的或语言的沟通是师生交往的主要途径，教师在运用语言时应注意明确“目的”“内容”“方式”“时间”“空间”和“人物”等，做到“选择适宜的语音与语种”“辨明学生交往的动机”“掌握语言的抽象、复杂和文雅程度”和“避免贴标签式的滥用心理学术语”。非语言的沟通，往往事半功倍，教师应用时应尽量做到“衣着适体”“表情切景”和“体态通情”。

（三）同学关系

同学关系是影响课程与教学活动效果的重要因素之一。同学关系，按交往对象分，有班干部关系，干部同学关系，同学间关系以及班集体间关系；按性别分，有同性关系和异性关系；按核心成分分，有情感型、兴趣型和利益型三种类型。

在现代学校里，男女同学关系是一个很敏感的领域。对异性向往的心理，逐渐地发展为接近异性的行为：刻意修饰打扮自己、以各种理由接近异性；进而一些学生开始与异性单独接触，发展成男女间比较亲密的关系。男女同学间的交往，是学生逐渐走向成人的必由之路，只要正确地引导，有利于他们的成长和社会化；如果引导不好，则会出现诸如“早恋”“厌学”甚至“越轨”等影响身心健康的现象。

情感型的同学关系，是同学在日常接触中通过融洽的感情交流而逐渐培育起来的同学关系。他们对事物、社会、人的观点及态度趋于一致，产生共同语言，进而能够坦率地交谈、相互间意气相投，结成知心朋友。兴趣型的同学关系，是由于同学彼此间的某种爱好一致，在活动中相互切磋、研讨，接触交往频率增高，成为某一方面的“知音”，进而结为好友。利益型的同学关系，是以双方需要的互补和相互利益的一致为基础结成的交往类型。有的是力图以对方的优点或特长，来补偿自己某一方面缺陷而产生的需要互补，或者是为了完成某件工作而产生能力结构的互补，因而建立起交往关系。

每一种同学关系的形成都有其合理性，关键是看教师怎样引导学生将这些复杂的关系发展为健康的、有利于学生学习与成长的交往。教师对同学交往关系的指导，有效策略包括“形成班集体目标”“提升交往水平”“改善人际沟通”和“正面引导”。

（四）教师基本素养

教师基本素养，是一个教师走进学校与课室时所须具有的知识、技能和能力。实际上，教师就是人际关系专家，既要具备人际交往技能，更要具备自我调适技能。

1. 自我调适技能

心理学揭示，人总是倾向于像对待自己一样去对待别人。所以，教师要搞好人际关系，首先要搞好自我关系。一个教师如果老是自己跟自己闹别扭，总是情绪冲动和大发脾气等，是绝对不可能搞好人际关系的。人总会有情绪，也有发脾气的时候，心理矛盾和心绪不宁，也是人之常情。关键在于出现这些情况时，教师要能进行有效的自我调适，实质是进行自我关爱，这就需要养成自我调适技能。其中，自尊，也就是体认自身价值，欣然地接受自己，是一个有效教师最根本的品质。

一个有效教师必须是心理健康者，并且坚持原则，决不把自己个人或家庭的问题带到学校与课堂，决不带去转嫁给学生或他人！有效教师的自我调适品质与能力，主要表现为：①

- 为自己的行动负责（take responsibility for actions）；
- 关心和安抚自己的情感（stay in touch with feelings）；
- 适当揭秘自己（self-disclose discretely）；
- 起模范作用（model appropriate behavior）；
- 拥有一份健康的幽默感（possess a healthy sense of humor）；
- 主动自我检查（engage in self-examination）；
- 适时求助（know when to ask for help）；
- 做自我约束模范（model self-discipline）。

2. 人际技能

“教学是一种服务性专业。”②教师必须服务好自己的伙伴，首先要服务好学生，同时服务好与学生有关的家长、同事、上级和朋友。教学就像举办广场舞会，教师作为舞者，必然要轮换许多舞伴。有效的教师，就像优雅的舞者一样，就需要养成人际技能（interpersonal skill），适应并互动于许多不同的伙伴。

教师的人际关系，分为师生关系与班课外人际关系两种。后者又具体分为家—师关系、同事关系、上级关系以及朋友关系。其中，师生关系是核心。教师在建立和维护良好人际关系中，交流沟通技能很重要。

建立良好人际关系，秘诀就是真情关怀学生、家长、同事、上级以及朋友。这并不是要教师违背自己心愿刻意去讨好别人，而是需要教师在自己身上和日常交往中涵养和实现教育本身所具有的“关爱”品性！其中，在班课活动中，教师对待学生应当做到六点：“尊重”“接受”“理解”“信任”“关爱”和“友好”。

教师最基本的四种交流沟通技能是“融通感情”（rapport）、“关注伙伴”（attending）、“主动倾听”（active listening）和“清晰无误”（clarity）。融通感情，指在两人间通过相互的合作、尊重和关心培植亲近感情；关注伙伴，是真情地给予另外一个人恰到好处的身心关爱；主动倾听，就是热情倾听别人的讲述，能抓准别人要传达的核心信息内容，并将其中的情感的和理智的东西加以区别；清晰无误，是以智慧的方式，准确无误地将信息内容与他人交流沟通。

---

①② Fielstein, L. & Phelps, P. *Introduction to Teaching: Rewards and Realities*. 中国轻工业出版社 2005 年版，第 22～43、45 页。

三、学生与教师的权利与责任

学生与教师，既是法律主体亦是道德主体，享有法律与道德赋予的不可剥夺的权利与不可推卸的责任，需要尊奉伦理原则（ethical principles）和法律标准（legal standards）。

（一）学生的权利与责任

学生的权利与责任，与学生的“公民”“受教育者”和“未成年人”多重身份相应。所以，学生分别享有“普通公民”“受教育者”和“未成年人”三重权利与责任，它们都由国家颁发的系列法律法规所规定与保证。首先，学生拥有公民权，承担相应公民义务；其次，学生享有受教育权，承担相应学生义务；再次，大多数中小学幼儿园学生系未成年人，还享有未成年人的特定权利，并承担相应义务。

学生的法律地位集中体现在享有受教育权上，受教育权是学生具体权利与义务的基础。《中华人民共和国教育法》由国家制定并加以强力保证，其中确定了学生的基本权利和义务。① 学生的权利，是指学生参与教育活动所享有的法定权利。我国现行《教育法》分别从“参加教育活动”“获得经济资助”“获得证书”“处罚申述”和“法定其他权利”等方面，规定学生享有以下权利：

参加教育计划安排的各种活动，使用教育设施、设备、图书资料；

按照国家有关规定获得奖学金、贷学金、助学金；

在学业成绩和品行上获得公正评价，完成规定学业后获得相应的学业证书、学位证书；

不服学校给予的处分，向有关部门提出申诉，对学校、教师侵犯其人身权、财产权等合法权益，提出申诉或者依法提起诉讼；

法律、法规规定的其他权利。

学生的义务，是指学生参与教育活动所必须承担履行的义务。我国现行“教育法”分别从“遵法”“守规养德”“努力学习”和“接受管理”等方面，规定学生的义务如下：

遵守法律、法规；

遵守学生行为规范，尊敬师长，养成良好的思想品德和行为习惯；

努力学习，完成规定的学习任务；

遵守所在学校或者其他教育机构的管理制度。

（二）教师的权利与责任

教师的权利与责任，亦与其“公民”与“教师”双重身份相应。一方面，教师享有公民权利，同时承担公民责任；另一方面，教师享有教师权利，同时承担教师责任。教学是一种专业，因此教师所享有的社会权利，尤其是专业权利的多少，不仅反映国家和社会对教师职业的重视与保护程度，而且直接影响到教师在社会大众及学生心目中的威

① 参见《中华人民共和国教育法》第四十二、四十三条。

望与地位。

教师的权利，是指教师从事教育工作时所享有的法定权利，由国家予以保障，具有不可侵犯性。《中华人民共和国教师法》对教师的权利、义务、任职资格、待遇、职责和培养提高等都作了具体的规定，① 分别从“教育工作”“学术活动”“教管学生”“待遇”“参与民主管理”和“进修提高”等方面，规定教师享有以下权利：

进行教育活动，开展教育改革和实验；

从事科学研究、学术交流，参加专业的学术团体，在学术活动中充分发表意见；

指导学生的学习和发展，评定学生的品行和学业成绩；

按时获取工资报酬，享受国家规定的福利待遇以及寒暑假期的带薪休假；

对学校教育、教学、管理工作和教育行政部门的工作提出意见和建议，通过教职工代表大会或者其他形式，参与学校的民主管理；

参加进修或者其他方式的培训。

教师的义务，是指教师从事教育活动时法定承担的义务。《中华人民共和国教师法》分别从“遵法守德”“守规履职”“育人”“爱生”“维护学生”和“发展提高”等方面，规定教师必须履行下列义务：

遵守宪法、法律和职业道德，为人师表；

贯彻国家的教育方针，遵守规章制度，执行学校的教学计划，履行教师聘约，完成教育工作任务；

对学生进行宪法所确定的基本原则的教育和爱国主义、民族团结的教育，法制教育以及思想品德、文化、科学技术教育，组织、带领学生开展有益的社会活动；

关心、爱护全体学生，尊重学生人格，促进学生在品德、智力、体质等方面全面发展；

制止有害于学生的行为或者其他侵犯学生合法权益的行为，批评和抵制有害于学生健康成长的现象；

不断提高思想政治觉悟和教育业务水平。

四、师生赋权和参与

当代教育正在努力推进赋权增能（empowerment），以增进师生和有关人员的课程与教学参与（participation in curriculum），从而提高改革成效。赋权增能和参与涉及所有人员，主要有学生、家长、社区有关人员、学校校长、教师和教辅人员，其中最受关注的莫过于师生赋权和参与。

（一）赋权和参与的概念

赋权增能通常有两种用法：一是指称赋权增能的行动；二是描述个体被赋权增能的

① 《中华人民共和国教师法》，中国法制出版社 1998 年版，第 78～86 页。

内在心智过程。① 赋权概念与人们所持权力概念有关，因权力所涉不同而不同，至少存在“个人赋权”“组织赋权”和“情境赋权”三种模式。②

参与是“利益主体对涉及自身的开发事项的决策与资源施加影响与分享控制的过程。”③ 关于参与本质，有“手段说”和“目的说”。传统上将参与仅仅看成是提高参与者积极性、实现管理目的和提升行动效率的一种手段。而现代人本主义则主张，参与的实质是分享，所以参与是个体的思想和感情都投入一种为团队目标作出贡献、分担责任的团队环境之中。这样，参与本身就是目的，就是个人自我价值的实现，体现以人为核心，满足人的需要。④

（二）学生赋权和参与

当今课程与教学研究的深层价值取向是“解放理性”或者“解放兴趣”。解放兴趣强调自主和责任，强调学生只有在自我反省的行动中，解放才是可能的，透过解放兴趣产生的知识才是真实的洞见。⑤ 解放兴趣的价值追求，孕育出了学生的赋权增能和参与，以促使学生有权能来决定和提升自己的学习生活。

1. 学生赋权增能

当今的批判主义课程观指出：“赋权是一种历程，在此历程中学生获得发展批判的与适宜的知识工具，以扩展他们对于自身的理解、对于世界的理解，以及对于那些与自身生活方式有关的并被视为理所当然的假定进行转化的可能性。”⑥ 也就是说，学生赋权增能本质上是自我赋权的过程，是学生个体的主体性彰显的条件和手段；学生在参与课程与教学活动的不断“自我赋权”的历程中，不断重构对自我、环境、学校和文本等的认知，发展掌握自己行动以及影响周围人、事和物的权利与能力。

千万不要把学生赋权误解为外在于学生的权力给予，其实，学生赋权增能的内涵包括“权力觉醒”“批判素养”“去社会化”和“自我教育”。⑦

2. 学生参与

学生参与的潜能，是多层面和全方位的。学生参与课程决策，与学生赋权增能的实

---

① Menon, S.T. (1999). Psychological Empowerment: Definition, Measurement, and Validation. *Canadian Journal of Behavioural Science*, 31 (3), July 1999, 161-164.

② Simpson, D. & Cieslik, M. (2002). Education Action Zones, Empowerment and Parents. *Educational Research*. 44 (2), 119-128.

③ Swift-Morgan, J. (2006). What Community Participation in Schooling Means: Insights from Southern Ethiopia. Cambridge: *Harvard Educational Review*, Fall 2006, 76 (3), 339-370.

④ 刘兴春:《普通中小学教师参与决策研究综述》，载《教育理论与实践》2005年第3期。

⑤ Giroux, H.A., et al. (1981). *Curriculum and Instruction*. Berkeley, California: McCutchan.

⑥ Giroux, P.A. (1988). Teacher Education and Democratic Schooling. In *Schooling and the Struggle for Public Life: Critical Pedagogy in the Modern Age*. Minneapolis: University of Minnesota Press, 189.

⑦ Freire, P. (1972). *Pedagogy of the Oppressed*. Harmondsworthe: Penguin. 参见［加］史密斯著，郭洋生译:《全球化与后现代教育学》，教育科学出版社2000年版，第167页。

践紧密联系并互相促进。事实上，学生在学校与班课两个层面参与了课程决策。① 一个教师或一所学校对待学生参与决策，可能积极鼓励，也可能加以限制，甚至进行扼杀。所以，学生在这两个层面的参与又分别存在着低、中、高三种不同水平的差异（参见表6-1）。②

表 6-1 学生参与课程及教学决策的层次和水平特征

层次＼水平	低	中	高
班课	咨询学生 （如需求分析）	学生积极制订方案 （如研究计划）	学生参与多数班课活动的决策 （所有科目均要求协商合作）
学校	咨询学生 （如学校评估）	学生充当积极角色 （如学生自治会）	学生分享决策权 （如学校课程研制委员会）

（三）教师赋权和参与

兴起于 20 世纪 80 年代的美国学校重构（school restructuring）运动，是一场整体性的教育变革，包含校本管理、择校、教师赋权增能和为理解而教四大主题。近年来在我国，教师赋权增能也日渐成为教育与课程改革、教师专业发展、教育管理等领域的研究主题之一。

1. 教师赋权增能

教师赋权增能具有明确的内涵与有效的策略。③ 教师赋权增能，包括“参与决策”“提升影响力”和“提高自我效能感”等，其中享有决策权是政治目的性的成分，提升地位与影响力是社会条件性的成分，而增强自我效能感是心理动机性的成分。促进教师赋权增能，关键是使教师有条件、有能力来行使权力，基本策略主要有：

（1）变革国家和地方教育管理体制，创设赋权增能的社会环境；

（2）提高校长的管理素养，营造赋权增能的校内环境；

（3）加强教师集体的培养，建设赋权增能的教师专业共同体；

（4）促进教师教育一体化，提供赋权增能的智力保障。

2. 教师参与

随着教师赋权增能运动的推进，教师参与成为新世纪以来教育改革与研究的一种新的理论与实践取向。

国内外的教师参与，各有重点和特点。在英美教育分权传统中，教师参与历史悠久，形成了教师广泛参与条件下的教育行政体制和学校管理模式。所以，英美等国已经

---

① 袁艳：《论课程决策模式的再构建》，载《江西教育科研》2001 年第 5 期。

② See Marsh, C. J. (1997). *Perspectives: Key Concepts for Understanding Curriculum 1*. London: The Falmer Press, 52.

③ 曾文婕、黄甫全：《美国教师“赋权增能”的动因、涵义、策略与启示》，载《课程·教材·教法》2006 年第 12 期。

不再泛泛地讨论教师参与决策和管理的课题了，而是回应校本课程开发与教学专业化运动的呼唤，主要探讨教师参与“课程开发”“专业发展”和“教学研究”三大主题。①

而在国内，随着课程三级管理体制的建立与健全，教师从过去的被动执行者角色中解放了出来。首当其冲的，就是教师参与管理。管理的实质是决策，决策又遍及所有活动。所以，很快形成了“教师参与决策”的研究热点。这样，我国的教师参与，便形成了与英美等国有些区别的教师参与“管理”“课程开发”“专业发展”和“教学研究”四大主题。

综观国内外教育改革，学生与教师的赋权和参与，是相互联系并融会到整个教育改革潮流之中的。所以，“师生合作”“家长—教师参与”“院校协作”以及“社区—家庭—学校伙伴关系”，在师生赋权和参与的推动下，得以创生并不断发展。

五、师生的课程经验

由斯宾塞提出的课程基本问题“什么知识与经验最有价值”，至今一直贯穿在每天的每所学校和每节班课之中。与这个基本问题相关的所有教育教学实际而具体的问题，莫不包含在日常的学生与教师的课程经验之中。

（一）学生的课程经验

无论是学困生及其学习困难问题，还是学优生及其学习不足问题，都是学校与班课真实世界里的学生课程经验问题。因此，学生的课程经验成为了研究聚焦点，形成了下列重要问题。②

• 学生的学校经验有怎样的不同？

• 这种不同，发展性特征如何？亦即，进到小学幼儿园的年少学生与进到中学大学的年长学生的学校经验在质量上有何区别？在学生不适应学校学习环境氛围的意义上，学生分化随着时间变得不仅越来越严重了，而且越来越明显了吗？

• 这种不同，受制于学生的社会地位和个人立场情况是怎样的？亦即，受制于学生的社会阶层、种族与民族出生、性别、性取向和宗教信仰等的情况如何？这种不同，范围很广吗？如果广，广到何种程度？

• 这种不同，在不同课目中的情况如何？在不同课目领域间（比如在数学、语文、科学、社会、绘画和表演艺术等之间），与学校常规实践疏离或融会的模式非常相近吗？抑或在不同课目间，学习经验存在质的差异吗？

• 这种不同，在作为整体的社会组织、学校和班课间层面上存在组织上的差异吗？

---

① See Hur，J. W. & Brush，T. A.（2009）. Teacher Participation in Online Communities：Why do Teachers Want to Participate in Self-generated Online Communities of K-12 Teachers? *Journal of Research on Technology in Education*. Eugene：Spring 2009，41（3），279-304.

② Erickson，F.，et al.（2008）. *Students' Experience of School Curriculum*. In Connelly，F. M.（Ed.）.（2008）. *The SAGE Handbook of Curriculum and Instruction*. Los Angeles：SAGE，200-201.

• 上述不同维度的变易交互情况如何？这种协变的实际及其结果如何？

（二）教师的课程经验

正是教师们通过自身的课程经验，在日复一日地成功解决学校与班课里的琐碎而真实的课程问题，以改善自己的教学和促进学生的学习。

教师课程经验，存在于教师生活的各种记载文本之中，存在于一个一个教师在学校与班课里的一节一节的上课之中，存在于教师对自己教师生涯的点点滴滴回顾、反思与叙说之中。所以“文本”“上课”与“口传”，是教师课程经验的三种基本形式，英美学者将其统称为“叙事”（narrative）。20 世纪 60 年代以来，英美等国学者努力开拓了教师课程经验及其研究方向，形成了“叙事研究”运动。研究和实践表明：“通过教师叙事探究总结以有效改进班课实践，教师声音是富有力量来整合教师经验与课程的。”① 概括而言，教师课程经验主要涉及政策、教育学与班课情境三个方面。

课程已经超越了原有的定义，成为师生在学校内外所经验与学习的所有东西！这样，课程就不仅仅描述教师与学生经验共同点的复杂交会，而且包含“一种批判性实践”，这样的实践要反思什么才是真正投入到了富有价值的经验中，反思如何才能在面对社会公平制约时实现这些经验，从而糅合行动、研究与自传探究。面对凸显的师生课程经验，国内外逐步发展起了许多研究方式，主要有日本的授业研究、美国的课例研究、中国大陆的校本教学研究、校本学习研究和香港的课堂学习研究。

第二节 学生成长

学生成长指的是学生通过有计划、有目的的学校教育生活而不断发生的身心积极变化。对课程与教学来说，学生成长既是基本价值又是基本依据。所以，学生成长（learner growth & development）是课程与教学领域的一个视角，成为大家关注的重点范畴。

一、学生特征

传统上，我们都把教学过程看成是直线的和单向的。现在需要建立教学过程中的学生视角，突出学生在学习中的作用及其对教师和班课教学的影响。

（一）学生的入学特征

我们必须摒弃洛克的“学生白板说”。实际上，学生来到学校时已经是一个有着自己的准备和目标的学习者，总是打着家庭环境的烙印，怀揣自己的志向与期望，储备了各种知识经验，内在着不同的学习风格，具有各种学习动机，带着各自的情绪与情感，

---

① Ayer，W.，et al.（2008）. *Teachers' Experience of Curriculum*. In Connelly，F. M.（Ed.）.（2008）. *The SAGE Handbook of Curriculum and Instruction*. Los Angeles：SAGE，306-348.

这些就构成了他们的主要特征。

人们已经就学生的入学特征，开展了大量深入的研究与实践，主要涉及了家庭环境（home environment）、已有知识（prior knowledge）、认知风格（cognitive styles）、志向与期望（aspirations and expectations）、学习动机（motivation）以及情绪与情感（affect and emotion）等。一些学者分别对它们各自的概念、组分、结构及其对学生学习过程与结果的影响进行了考察，取得了丰硕的成果，可以供人们分享与参考。①

（二）班课活动过程

学生对教师、班课教学过程以及他们自己的学习，产生着重大的甚至是决定性的影响。所以，班课活动中的学生学习问题，被广泛地提出来并加以持续研究。这些问题主要有：学生在班课活动中扮演什么角色？学生对教学产生着怎样的影响？学生形成与发挥着什么样的班课观念？班课活动中学生的认知过程是怎样的？学习注意是怎样的并对教学产生什么样的作用？学业学习时间状况如何并对学习过程与结果产生什么样的影响？学习习惯与策略是什么并对具体课目学习具有什么样的作用？等等。

长期以来，学者们对这些问题进行了越来越深入和具体的研究。主要涉及的领域有学生班课角色（student role in classroom）、学生对教学的影响（student influence on teaching）、学生班课观（student perceptions of classroom）、学生认知过程（student cognitive process）、学习注意（attention in learning）、学业学习时间（academic learning time）和学习习惯与策略（learning habits and strategies）等，②并且获得了富有课程与教学认识和方法价值的大量发现。

（三）开发学生的教学活动特征

对学生的入学特征与教学活动状况的考察，为教育者提供了两大启示。第一，教师必须深入到心理特征层面把握自己的学生，以便把他们教好。第二，教学要想有效，必须基于新学生观："学生并不是被动接受知识灌输的容器，他们是学习过程的能动参与者！"③

学生总是带着已有的和独特的学习经验和人格特质，来到学校与班课里，参与课程与教学活动。当好教师的第一件事情，就是透彻了解把握学生，为因材施教打下必需的基础。"教师要想真正尊重学生，不仅要在教态、教学语言等这些外在形式上体现出来，更重要的是要真正地去了解学生，根据学生的实际需要去教学。"④ 如何才能有效了解、把握和开发每个学生的教学活动特征呢？这里提出"建立学生特征概念图""收集资料了解""活动调查分析"和"开发学生特征的有效策略"等思路。

---

①② See Anderson，L. W.（Ed.）.（1995）. *International Encyclopedia of Teaching and Teacher Education*（2nd Ed.）. Cambridge：Pergamon，378-407，408-436.

③ Anderson，L. W.（1995）. Students and the Teaching-Learning Process：Introduction. In Anderson，L. W.（Ed.）.（1995）. *International Encyclopedia of Teaching and Teacher Education*（2nd Ed.）. Cambridge：Pergamon，375.

④ 张健：《教师要了解学生》，载《中小学教材教学》2002年第25期。

1. 建立学生特征概念图

教师根据学生的入学特征知识，建立一个包括“外貌特点”“家庭环境”“已有知识”“认知风格”“志向与期望”“学习动机”“情绪与情感”“认知特点”和“学习习惯”等特征项目在内的考察框架，最好做成表格式，便于记忆和使用。然后，从学生入学前的“收集资料了解”到学生入学后的“活动调查分析”进行持续调查、了解和记录。

2. 收集资料了解

通过收集资料来了解学生，是教师在学生入学前常使用的有效方法，也是学生入学后应该继续使用的方法。收集资料的有效方法主要有以下几种。

(1) 查看档案。自己班课的学生一旦确定下来，就尽快细心查看每个学生档案。

(2) 家访。在查看档案基础上，与家长联系，直接或电话或网络访问家长。

(3) 前任教师访问。需要时，访问学生以前的教师。

(4) 学生作品收集。在了解过程中，收集学生已有作业、试卷和作品。

3. 活动调查分析

通过活动调查分析来了解学生，是教师在学生入学后常使用的有效方法。活动观察分析的有效途径和方法主要有以下几种。

(1) 现场观察。通过上课和组织活动、听课和出席学生有关活动，现场观察学生表现。

(2) 访问调查。直接或电话或网络调查家长和同学，了解和分析学生各种表现。

(3) 作业调查。采取各种有效方法，收集和分析学生的作业、试卷和作品。

4. 开发学生特征的有效策略

在精心收集、调查和分析学生特征基础上，适时选择或创用有效策略，充分开发和利用学生特征，来加强对学生的教育与教学，显著提高教育与教学效果，努力营造和收到奇效。学生特征的开发与利用，有效策略主要有以下几种。

(1) 出其不意。比如，初次见面就直呼其名，学生出错时却表扬其优点，遭遇难题时则关心入微……从而震动其心灵。

(2) 精心设计。在教学方案及活动方案的设计中，针对学生的特征，透彻分析学生心理需要和困惑，充分发挥积极特征，同时努力消解消极特征，直达学生内心需要与畏惧。

(3) 适时点拨。在活动中，适时点出并赞扬学生的优秀的做法例子、作业和作品，及时幽默地抨击和阻止学生的错误念头和行为，强化与维护学生学习投入。

(4) 组织同伴学习。根据学生特征，将强项学生与弱项学生进行友情配对，并有效培植他们之间浓厚而纯洁的同学感情，增进他们之间的互动与互促。

(5) 善用留言与赠言。充分利用作业/试卷批改、手机、短信、电邮、视频和 QQ，针对学生的优异或错误表现，针对其心理活动和潜能，适时给予简明扼要的留言或赠言，收到锦上添花或雪中送炭的心灵交流与指导效果。

学生特征，异彩纷呈，难以穷尽。这需要每位教师在自己的日常教学生活中，努力创用各种有效途径、方法和策略，去进行探索、调查、把握和开发。

二、学习理论

随着教育普及，学习成为了心理学、社会学、政治学、文化学和教育学交叉研究的问题，形成了丰富的学习理论，为课程与教学发展提供了坚实的基础。

（一）新兴挑战及其应答

在科学与民主双重发展背景中，学习理论与实践在发展过程中遭遇了来自传统与现实的大量挑战，要求学校与教师主动给予建设性应答。

1. 新兴挑战

概括起来，当代学习理论与实践主要面临着来自科学、家庭、社会和多元文化的挑战。

（1）科学：认知科学领域孕育起来的具身学习理论（embodied learning）。①

（2）家庭：核心家庭、独生子女、家长的无理期望、单亲家庭、同性恋家庭及双性恋家庭等导致的处境不利学生（at-risk student）。②

（3）社会："贫穷""无家可归""负面同伴压力""少女怀孕""少年暴力与反社会行为""少年涉毒忧患"③和"网络一代"（N-Geners）"QQ族""网虫"和"能力分组""分轨制"（tracking system）④ 以及"自杀""伤害"与"心理危机"，⑤ 还有我国的各类教育机构的入学制，高考制，特别是高考中的加分制，以及就业激烈竞争等社会问题。

（4）文化：全球化背景中的多元文化碰撞问题。⑥

2. 积极应答

面对如此严峻的诸多挑战，研究者与实践者各自采取了五彩缤纷的应答行动。概括起来，主要有：⑦

（1）培养多元化学习能力（diverse learning abilities）；

---

① Emig，J.（2001）. Embodied learning. *English Education*，Jul 2001，33（4），271-280.

②③ Fielstein，L. & Phelps，P.（2005）. *Introduction to Teaching*：*Rewards and Realities*. 中国轻工业出版社2005年版，第76、88～94页。

④ Ornstein，A.C.，et al.（2007）. *Contemporary Issues in Curriculum*. Boston：Pearson，285-401.

⑤ 黄甫全、邓文杰：《繁荣生命教育研究，促进和谐社会建设——第47期广东教育沙龙综述》，打印稿，2010年8月。

⑥ 参见联合国教科文组织世界文化与发展委员会编著，张玉国译：《文化多样性与人类全面发展》，广东人民出版社2006年版。

⑦ Ainscow，M.（2008）. Teaching for Diversity：The Next Big Challenge. In Connelly，M. M（Ed.）.（2008）. *The SAGE Handbook of Curriculum and Instruction*. Los Angeles：SAGE，240-258；Fielstein，L. & Phelps，P.（2005）. *Introduction to Teaching*：*Rewards and Realities*. 中国轻工业出版社2005年版，第95～128页.

（2）创新多元化教学（teaching for diversity）；

（3）采取集体主义策略（collective strategies）和合作伙伴关系（partnership）；

（4）开发有效班课教学策略。

（二）学习理论流派

学习的价值无法估量，研究学习的学科，除了心理学外，还有哲学、生命科学、社会学、人类学、管理学和教育学等。在学习理论的大花园里，各种主张交相辉映，众多流派异彩纷呈。总体来看，可以区分出科学的学习理论、心理学的学习理论和教育学的学习理论三大类型。为数众多的学习理论，按照时间顺序又可以分为经典学习理论和新兴学习理论。

1. 经典学习理论

对学习的认识和探究，自古有之。很早以前，人们就在探讨学习的实质与结构，古人的学习智慧表现在丰富多彩的古今中外民谚、格言和座右铭中。西方哲人比较重视人的内在心智，所以将“学习”一词基本含义规定为内在心智的“理解把握”。中国古代圣贤比较重视外向的人事关系，所以将学习的基本含义规定为“效法”和“练习”。到了18～19世纪，科学心理学兴起，欧洲大陆和英美启动了学习的科学心理学研究。

经过长期积累，专门的心理学学习理论终于诞生了，并且出现了多种流派。其中，至今仍然影响重大的经典学习理论，有巴甫洛夫（Pavlov，I.）的“经典条件反射说”，华生（Watson，J. B.）的“行为主义”，桑代克的“联结主义”和韦特海默（Weitheimer，M.）、苛勒（Köhler，W.）和考夫卡（Koffka，K.）的“格式塔心理学”等。

2. 新兴学习理论

当20世纪上半叶行为主义和格式塔心理学在西方大行其道时，皮亚杰（Piajet，J.）的认知发展理论和维果茨基（Vygotsky，L. S.）的文化历史理论在欧洲崛起，并传播到美洲大陆。这样，随着20世纪50年代兴起的行为主义批判浪潮，多元心理学文化的相互交融，孕育出了多种多样的学习心理学流派。其中，“认知心理学”一直是主流，影响巨大的有“操作性条件反射理论”“学习条件理论”“认知加工理论”“元认知理论”“认知发展理论”“历史文化理论”“社会认知理论”和“学业动机理论”等；[①]另外，加德纳（Gardner，H.）的“多元智力理论”和费厄斯坦（Feuerstein，R.）的“认知塑造理论”等，亦对学习理论产生着无法估量的影响。

在这些心理学基本理论的指导下，学校教育情境的学习组织与开发，亦即课程与教学研究，对具体化的学习理论提出了强烈的需求！于是，在学习心理学研究及其在学校课程与教学的应用开发中，兴起为数众多的学习理论，它们在不同国家和地区的不同课目的课程与教学开发中，又进一步孕育出了数不胜数的学习方式。其中，具有代表性的新兴学习理论有“建构主义学习理论”“掌握学习理论”“观察学习理论”“情境学习理

---

① Gredler，M.（2009）. *Learning and Instruction*：*Theory into Practice*（6th Ed.）. NJ：Merrill，Content vii-xii.

论”“变易学习理论”和“媒介学习经验理论”等，具有代表性的学习方式有“同伴互助学习”“合作学习”“活动学习”“自主学习”“研究性学习”“探究性学习”“课目与语言整合学习”“合作活动学习”和“混合学习”等。

三、学习结果

学生通过一系列的学习活动产生并获得一定的学习结果（learning outcomes）。当代学习结果比较强调的主题有核心技能与一般能力、教育标准与学习标靶、高级学习目标、学习习惯、结果为本教育以及学业成就和学习成绩等。

（一）学习结果的概念

学习结果与学生的学习紧密相连。学习结果就是学生通过长期而持续的学习所发生的表征个体发展的、变化了的经验和行为。

学生学习结果主要包含在认知、情感和动作这三大领域的经验和行为变化中。学习结果与学习成就密切相连，学习成就包含学业成就及成绩、个性发展、社交发展及生涯发展等。学习结果的研究与开发，有助于提升评价的有效性，有助于教师准确掌握学生的学习成就状况，有针对性地适时采取有效教学策略，同时有助于激励学习者的学习努力，从而有效改善学生的学习，提升学生的学习成就（learning achievements），提高学生的学业成就（academic achievements）和学习成绩（learning scores），促进学生的个性、社交和生涯发展（personal，social and career development）。

（二）核心技能与一般能力

现代课程与教学改革追求人的全面素养提升，但这不意味着学生的平均发展，而是要突出学生的核心技能（core skills）与一般能力（generic competences）的发展。

在人类众多技能与能力中，存在一些最基本的、最重要的技能与能力，它们就是核心技能与一般能力。掌握了它们，就可以使个体很快熟悉新问题、适应新环境；相反，掌握它们不牢靠，就可能导致个体缺乏适应力、难以解决新问题与适应新环境。核心技能与一般能力具有普遍的适用性和广泛的可迁移性，其影响辐射到整个行业通用技能和职业特定技能领域，对个体的终身发展与成就影响极其深远。因而，开发和培育个体的核心技能与一般能力，能为他们提供最广泛的从业能力和终身发展基础。

所以，核心技能与一般能力，是范围很窄、数量很少而适用性、可迁移性很强的，为个体工作、生活所必需的，并能对个体未来发展起关键性作用的技能和能力。在我国，劳动与保障系统开发出的核心技能主要包含交流表达、数字运算、革新创新、自我提高、与人合作、解决问题、信息处理和外语应用八类。①

（三）教育标准与学习标靶

国家办教育与学生从事学习，都会确立某种基本标准，它们分别是教育标准（educational standards）和学习标靶（learning target）。

① 王晓望：《试析关键能力》，载《中国培训》2004年第7期。

教育标准是一个国家提出的，关于国民接受学校教育后预期在某方面或某领域所应具备的素养及其达到水平的基本要求，主要体现在学业成就方面。教育标准体现国家在教育要求上的意志，具有权威性，适用于所有国民，旨在提升整个民族或全体国民的素养。当然，国家教育标准是绝大部分人通过一定的努力就可以达到的基本要求。另外，教育标准主要体现为学业成就的基本要求。我国的国家教育标准尚不健全，需要进一步加强研究和建设。

学生在学习过程中必然对学习具有不同追求、需要和期望，从而形成各自的学习标靶。学习标靶是学生自定而独有的，但不能低于教育标准。所以，学习标靶就是学生在达成教育标准的基础上，不断产生的自我指向的学习活动和自我期望的学习结果。学习标靶着眼的是学生的学习行为而不是教师的教学行为，描述学生学习结果的同时，注重学生的学习过程，同时强调学生学习结果的获得是一个持续不断的深化过程。基于学习标靶的自我指向和自我期望，能使学生自觉而持续地把自己的全副身心投入到学习活动中，能使学生积极主动地参与解决班课教学内外的各种问题。

从学生的学术性学习来看，学习标靶应该至少与教师所拟订的教学目标是一致的。然而在此基础上，学生会在问题解决和任务完成的学习探究过程中，不断生成新的解决新问题、改造新环境的体验和冲动，会产生比班课教学目标更为丰富的需求和目标。

（四）高级学习目标

在学校学习中，记忆知识、训练技能和发展能力均很重要，但更重要的是在理解知识、发展技能与培养能力的过程中进入牢固掌握（grappling）的高级学习层次。“牢固掌握必然是一种平衡行动。”① 这种平衡可能至少涉及三个层面：个人与情境的平衡、个人之间的平衡和所学与所思的平衡。因应当代三层平衡的挑战，人们在“牢固掌握”水平上，突出强调的高级学习目标有：（1）批判性思维；（2）创造性心智；（3）道德认知发展；（4）品德教育；（5）学生信心。②

（五）学习习惯

习惯本来就有学习之意。学习习惯不仅是学术研究的重要主题，而且是教育实践非常重视的主题。根据人们对习惯约定俗成的看法和心理学研究的认识成果，学习习惯实质上是学生在长期的学习过程中为着改善学习而逐步形成的自动而稳定的学习活动，包含着特殊的互联互惠的学习意向、学习机制和学习方式等。

学习习惯的意义包含积极和消极两个方面。良好的学习习惯意味着学生养成了强烈的学习意向，形成了良好的思维品质，掌握了有效的学习方式，可以提升学习效率，并能推进持续的主动学习。所以，学习习惯是学生学习结果最重要的部分。养成良好学习习惯，学生将受益终身。

---

① Sizer, T. R. & Sizer, N. F. (2008). Grappling. In Ornstein, A. C. et al. (2007). *Contemporary Issues in Curriculum*. Boston: Pearson, 153-160.

② Ornstein, A. C. et al. (2007). *Contemporary Issues in Curriculum*. Boston: Pearson. 153-224.

学习习惯的构成和养成，“大致而言存在着两个基本的方面：一是对学习活动的监控习惯，二是领域或科目学习习惯”①。学习的监控习惯，又叫一般学习习惯，主要包括“计划性”“坚持性”和“独立性”三种品质；具体课目领域的学习习惯，又叫具体的学习习惯，包括“向老师和他人学习”“向书本学习”“向自身学习”以及“认真完成作业”等品质。

（六）结果为本教育

长期以来，教育领域对学习结果的重视，就孕育出了结果为本教育（outcome-based education）和标准为本教育（standards-based education）。

结果为本教育其实长期存在，到20世纪末期在英美等国兴起了一场运动。“‘结果为本教育’，指的是要依据清晰定义了的结果来聚焦和组织学校教育的全部课程与教学，这样的结果是要求所有学生在毕业时必须达到的。”② “结果为本教育提供了一个承诺，如果教育系统按照我们欲求的学习结果进行重新组织，就会有更多学生达到更高水平的学习成就。它不再简单地聚焦于信息浓缩，而是强调知识及其在现实生活中的应用。”③结果为本教育秉承的基本理念为，不仅优秀生而且所有学生都能够达到高水平的学业成就！

对于学校来说，结果为本教育意味着应当首先明确拟订自己对所有学生毕业离校时必须达到的结果，然后集中和组织全校所有课程与教学努力加以实现。所以，作为改革过程，结果为本教育模式，要先追问和辨明哪些学习结果是必需的，然后回头据以决定课程、材料、活动和教学方法等，以达到所确定的学习成就。

很明显，结果为本教育首先是确定预期学习结果，也就是制订学校的组织目标。通俗易懂且清晰明确的教育目标，是学校作为组织获得成功的起点。然而，长期以来学校缺乏清晰明确的教育目标，原因主要是缺乏大家认同的统一教育标准。为了解决这一问题，西方兴起了一场标准运动，冲击到学校与班课活动层面，从而诞生了标准为本教育(standards-based education)。人们围绕制订什么样的学业标准，如何处理好学业标准与课程标准之间的关系，如何准确看待有些标准不怎么成功的问题，标准与评估是什么关系的问题，标准如何才能有利于解决实践中内容过多的问题，开展大规模的研究与实践，以图“努力实现标准为本教育的承诺”④。

另外，学生成长在现代社会里备受关注，既因为它是一个重要领域，更因为它成了

---

① 申仁洪：《学习习惯：概念、构成与生成》，载《重庆师范大学学报（哲学社会科学版）》2007年第2期。

② Marsh, C.J. (1997). *Perspectives: Key Concepts for Understanding Curriculum 1*. London: The Falmer Press, 40.

③ Kearney, J.V. (1994) *Outcome-based Education: Final Report*. Washington: U.S. Department of Education, 3.

④ Ornstein, A.C. et al. (2005). *Contemporary Issues in Curriculum*. 中国轻工业出版社2005年版，第262页。

一个让人感觉沮丧和失败的焦点问题。失败的根源之一，被人们锁定在了“作为课程与教学指挥棒”的测验与考试上。当然人们也清楚，测验与考试确实有促进教育发展和人才培养的积极一面。通过测验与考试，对学生的学习结果及其可能获得的发展予以适当的评估，仍然是课程与教学研究的一个重要领域。显然，过于放大测验与考试的选拔评价功能及社会功利价值是一种社会弊病，但简单地取消“考试”也是一种草率的想法和有害的做法。科学的态度应是正确认识测验与考试发挥作用的条件、使用的范围和考试自身的局限，创新有效方法与技术，逐渐弱化其选拔功能，淡化其社会功利价值，强化其诊断、反馈、激励与发展等多种功能，使之真正成为促进学生健康成长的有效策略。

第三节 教师发展

对于教育来说，学生成长是目的，教师发展是保障。教师发展，是作为社会职业人的教师从接受师范教育的学生，到初任教师和有经验的教师，再到实践教育家的持续发展过程。

一、教师发展的概念

在很长时间里，教学只被看成是一种技艺，教师一直不被当成专业人员，而陷入社会地位与专业水平低下的窘境。到20世纪50年代，对经济、科技以及人类文明快速进步的回应，对教育与教师的双重关照，提出了“教学是一种专业”（teaching as a profession）的崭新命题，进而引发了持续至今的教学专业化运动。时至今日，关于教师发展，形成了“专业”“专业化”“专业发展”和“有效专业发展”等基本概念。

（一）专业

1966年，国际劳工组织和联合国教科文组织在《关于教师地位的建议》的官方文件中倡导：“教学应该被当成一种专业，这种专业是一种公共服务业，要求教师经过严格而持续不断的学习研究获得并维持专业知识及专门技能；它还要求教师对所带学生的教育和福利具有个人的以及共同的责任感。”① 教师作为一种专门职业为大家注目，许多国家纷纷以立法形式确定了教育或教学的专业地位。1993年颁布的《中华人民共和国教师法》，第一次从立法上确立了我国教师的专业性及其重要作用：教师是履行教育教学职责的专业人员。2001年4月1日起，我国启动了全面实施教师资格认定制度，教师专业发展正式提上议事日程，标志着我国教师职业发展进入专业化阶段。

“简言之，一种专业就是一种依赖可靠的系统知识、需要高深的专业教养并回报社会以专门服务的职业。”② 美国教师教育院校联合会经过专门调查研究，于1976年发布

① UNESCO. (1966). *Recommendation Concerning the Status of Teachers*. Paris: UNESCO, 6.

② Fielstein, L. & Phelps, P. (2005). *Introduction to Teaching: Rewards and Realities*. 中国轻工业出版社2005年版，第315页。

《造就一种专业》（*Educating a Profession*）的专题报告，提出了与半专业、准专业、技能化和非技能化等相比，教学作为一种专业，具有12大特征，包括“职业机构”“职能领域”“专业知识”“专业决策”“知性学科”“表现标准”“高校培养”“公信力高”“从业者服务动机与责任感强”“权威性强”和“相对自由”。[①] 由此，教学专业目前凸显出来的有“知识基础”“服务定向”“专业自主”和“责任担当”四个主要方面。

（1）英文“专业”的动词为“profess”，意为“进行公开声明”或“以知识答谢”。因此，必须有系统知识作为一种专业的基础，亦即专业的知识基础。

（2）每一种专业都有一个确定的服务取向（service orientation），即为社会和个体提供一种基本的服务。服务理念对教学专业至关重要，一位教师的主要责任就是为学生服务。服务取向也就意味着一种自我奉献精神。

（3）教师上课绝大多数时候无人督导，处于自由状态。所以，教师大部分活动都是自主决策，既需要专业自主（autonomy）来保障，又需要专业自主来改进。

（4）责任担当（accountability），指教师和学校对学生学习负责的良好实践。众所周知，教师对与自己决策和行动有关的许多方面负有责任，比如学生、家长、学生监护人、其他教师、学校管理者以及公众等。教学作为专业，要求教师必须承担并履行好自己的这些责任。

（二）专业化

“专业化通常被理解为一种职业持续增长地达到其被赋予的专业标准的过程。”[②] 而教学专业化，本质上是一种促使教学职业达到公认的教学专业标准并持续提升达标程度的过程，它有两个既密切联系又不怎么相关的方面，即地位提高与能力提升。地位提高，是一个关涉经济、政治、文化与政策等学校外部因素的社会问题，解决这一问题主要是社会与政府的任务。能力提升，则是一个关涉身心发展的学习问题，解决这一问题则主要是教育与培训的任务。然而，无论哪个方面，其价值目标无疑都表现为“公认专业标准”。所以，公认专业标准是什么？就成为首要问题。然而，这里的“标准”，必须是也一定是“关于教学专业人员”的标准，亦即“关于教师”的标准。于是，教学专业化，核心和关键就被定位为教师专业化。

（三）教师专业发展

教师专业化主要聚焦于教师教育与培训中的专业能力提升，包括专业知识的增长、专业不可替代性的增强、长期训练的持续、专业自主性的实现以及职业伦理的养成等。人们普遍认定，教师专业化必须通过专业发展并惠及学生。

教师专业发展，又称为教师发展或教师专业成长。概括地说，教师专业发展就是指教师习得并提升有效教学专业实践所必需的知识与技能的过程。教师专业发展，听起来

---

① Howsam, R. B. et al. (1976). *Educating a Profession*. Washington, D.C.: American Association of Colleges for Teacher Education, 6-7.

② Holye, E. (1980). The Professionalization of Teachers: Paradox. *British Journal of Educational Studies*, June 1980, 30 (2), 161-171.

似乎有点像“在职培训”的同义词，其实却包含更多含义，具体说来包含“过程性”与“实践性”两个理念。过程性意为，专业发展包括教师从职前教育开始并贯穿入职教育与在职培训的整个职业生涯，在整个职业生涯中，教师随着环境变迁和新职责的赋予，持续地发展有效专业实践必需的知识与技能；而实践性则意为，教师专业发展所提升的知识与技能，必须在已有基础上更大程度地直接与教师面对的真实问题相关。这就是“实践中心”的教师专业化原理，它揭示了教师专业发展实质就是持续不断地获得并程度越来越高地提升教师解决自身面对的学校与班课真实问题的知识与技能。

（四）教师有效专业发展

专门研究表明，已有的绝大多数教师专业发展活动，仅仅聚焦在一般性教学方法与技巧上，几乎没有结合学校与班课里具体的课目或活动的内容，很少惠及学生的课目或专题的学习活动，因而其有效性并没有得到彰显。针对这种问题，因应越来越强烈的学习需要，研究者与组织者便提出和走向了有效专业发展。①

所谓有效专业发展，凸显了专业发展的内在改善专业实践与提升学生学习的本质内涵。因而，教师专业发展就被进一步定义为“教师为了改进自己的专业实践以强化学生的学习而完成的各种个体的或集体的活动”②。于是，有效专业发展就以提升学生学习活动与结果为核心价值目标，从而引导探究者们的目光穿越教师教育与培训异彩纷呈的表象，直击教师专业发展与学生学习提升之间的复杂关系与尖锐矛盾。

于是，问题就集中到各种形式的专业发展有效性上，人们非常关心专业发展课程的差异。这样教师教育与培训课程的设计、实施与评估，就成为热点课题，人们倾向于拿出富有说服力的结果来回答关于教师专业发展有效性的质疑。这就在教学专业化领域，孕育出了结果定向专业发展（results-oriented professional development）路向。③

二、教师专业发展的途径

为了有效促进教师专业发展，人们对教师专业发展过程进行了大量研究。人们一般认为可以区分出教师专业发展过程的相互区别又相互联系的几个阶段或时期。在国外，关于教师专业发展过程比较有代表性的主张有：“教师关注阶段论”“教师生涯发展三阶段论”“教师生涯循环说”和“教师生涯发展模式说”。④ 在我国，关于教师专业发展过程有代表性的看法主要有“素养成熟三时期模式”“业绩发展四阶段论”和“能力形成

---

① American Institutes for Research. *Designing Effective Professional Development*: *Lessons From the Eisenghower Program*. *Executive Summary*. Washington，DC.：Department of Education，Oct. 1999.

② InPraxis Group Inc.（2006）. Effective Professional Development：What the Research Says. Edmonton：*Arberta Education*，2.

③ Guskey，T. R.（2007）. *Results-Oriented Professional Development*. In Ornstein，A. C. et al.（2007）. *Contemporary Issues in Curriculum*. Boston：Pearson，334-346.

④ 杨秀玉：《教师发展阶段论综述》，载《外国教育研究》1999 年第 6 期。

四阶段说”。

对于教师专业发展的途径，人们进行了长期的探索。比如国外就有“个体指导型职员发展”“观摩评课”“参加发展改进活动”“培训”和“探究”五种模式。① 概括起来，当代教师专业发展的基本途径，有“教师教育课程改革”“教师学习”“教师参与研究”“校本培训”和“专业发展学校”等。

（一）教师教育课程改革

教师的专业发展，必须经过专门的教师教育，以促进教师养成承担其专业职能所必需的基本知识、技能与态度等素养。当代教师教育格外关怀教师专业生活，努力创新教师知识基础，重建教师教育课程。

1. 创新教师知识基础

长期以来在教师教育课程领域，知识基础都被界定为一种产品而不是一种过程，包含着定义、原理、价值观和事实。近年来人们开始重新界定教师知识基础。“知识基础的重新概念化，尽管亦是建立在先前模式之上，但是已将反思性思维、主动探索问题和向行家里手学习提升到了显著的优先地位”②，从而逐步形成了建构主义知识基础观。

如前所述，早年舒尔曼在“教学中的知识增长”专项研究中，发现并提出了“课目教育学知识”。格罗斯曼（Grossman，P. L.）进而归纳出，教师知识包括四个领域：通用教育学知识、科目主题知识、课目教育学知识和情境知识。它们为教师教学专业奠定了知识基础。③

2. 重建教师教育课程

人们逐步认识到教师发展是一个连续的生命过程，并掀起了持续的改革，促进了“教师培养”从“师范教育”与“在职培训”分离模式，向“教师教育一体化”范式转换。新的范式主要包括职前与在职教育一体化、学术性和师范性一体化、普通与特殊教育的一体化以及理论培养与实践训练一体化。

伴随着教师教育体系革新，并根据教师知识基础，人们开始致力于教师教育课程重建。教师教育课程有泛义、广义与狭义之分。泛义上，教师教育课程指教师在其专业生涯中获得的所有经验，包括教师在职前教育、入职教育、在职教育、教学实践以及自学中获得的所有教学专业经验。广义上，教师教育课程指教师在其专业生涯中接受学校专门教育和在职专门培训时获得的教学专业经验。而狭义上，教师教育课程则分为职前教育课程和在职教师培训课程。职前教师教育课程是指教师培养机构为培养各级各类学校

---

① Sparks，D. & Loucks-Horsley，S. （2007）. Five Models of Staff Development for Teacher. In Ornstein，A. C.，et al. （2007）. *Contemporary Issues in Curriculum*. Boston：Pearson，334-346.

② Nancy，T. （1989）. *Teacher Education：Considerations for a Knowledge Base Framework*. NJ：Pearson，1.

③ Grossman，P. L. （1990）. *The Making of a Teacher：Teacher Knowledge and Teacher Education*. NY：Teachers College Press，5.

合格师资而为学生提供的所有学习经验，表现为专门课目、活动与环境。而在职教师培训则是为在职教师组织实施的各种专门课目和活动。

一般而言，教师教育课程主要包括通识类课程、学科专业类课程和教育类课程。① 教师教育课程重建，包括教师通识教育课程重建、教师学科专业课程重建、教师教育专业课程重建以及三者关系的重建。一方面，为了研制高质量的教师教育课程，必须首先研制课程开发可以依凭的教师教育标准。由此，教师教育课程领域兴起了"标准为本改革"运动。② 教师专业的国家标准、教师教育机构资格认证、教师资质保障以及表现评估等，是教师教育课程重建的制度安排维度。另一方面，各个教师教育机构都在依据教师政策和教师教育政策进行课程改革与创新探索，提出和尝试了多种多样的教师教育课程模式。同时，研究者在围绕教学中的知识增长与教师教育课程对学习者教学专业发展的影响等两大领域，进行不断深入而具体的研究，形成了大量研究成果，为教师教育课程改革提供理论指导和参考框架。

（二）教师学习

教师学习，是指教师基于专业发展的需要所从事的更新个体专业知识经验的各种活动。自学，是教师学习的古老而有效的基本形式。然而教师的专业成长是一个终身学习的过程，这种学习不仅是个体的学习过程，也是一个集体的学习过程。教师只有在集体与个体互动的学习中，才会有真正的专业成长。近年来，作为教师专业发展的一种新兴方式，专业学习共同体（professional learning community）逐步发展起来。

通俗说来，专业学习共同体是某一学校或校际间某一类教师组成一个专业性群体，全体成员在共同目标指引下以学习为主导和纽带，具备高度凝聚力和旺盛生命力。学习化专业共同体的构建策略，包含"文化建构""多样化发展""共同愿景"和"知识共享平台"。教师文化建构就是进行不断反思，生成的"自觉""自律"和"协作"的教学专业文化智慧。多样化发展，就提供了教师之间个人知识和隐性知识共享的机会和实践园地。教师专业学习共同体可以是正式与非正式的组织结构，例如备课组、教研组、课题组与专业协会等。共同愿景的建立，一要鼓励每个教师发展个人愿景，二要促进教师组织的共同愿景融入学校发展理念。当前很多学校都建立了校园网以促进教师的专业学习，但是，如何提升其作为知识共享平台的功能还需要进一步努力。

教师学习是一种发展性学习。近年来，在追求优质专业发展中，专业学习共同体形成了新的知识观，建构了转化学习理论。优质专业发展具有长久性、情境特定性、教师声音、协作和可持续的特征。有效专业发展则根植于参与驱动的探究、反思和实验之中。转化型学习实质是一种过程，凭借这一过程，人们将理所当然地加以采纳的意义、视角、心智习惯和心理定势的参考框架进行转化，使之对革新更具有包融性、差异性、

---

① 周莹：《基于教师教育一体化视野的职前教师教育课程改革研究》，华东师范大学 2009 年硕士学位论文，第 6 页。

② Fielstein, L. & Phelps, P. (2005). *Introduction to Teaching: Rewards and Realities*. 中国轻工业出版社 2005 年版，第 331 页。

开发性、激情力和反思性，从而生成更具行动指导意义的真理性和合理性的信念与观点。因为在专业学习共同体视野中，知识不再被看成是一种可以拥有的对象或事物。事实上，“知识栖息在内含着这些知识的方面的工具、文献和过程之中，栖息在成员的技能、理解与关系之中”①。所以，专业学习共同体已经被看成是一种成熟情境，可以让成员参与其中并进行深入的转化活动。转化是一种过程，当且仅当学习者对自己的假设与信念进行深入反思进而就观察世界的方式调适已有参考框架或采用新的参考框架之时，才会发生。

（三）教师参与研究

教师参与研究，长期以来形成了许多有效类型。在中小学幼儿园，教师参与研究已经制度化为“校本教学研究”，基本类型是“行动研究”，并创新了多种有效方式。

1. 校本教学研究

我国过去长期实行“独立于学校外”的教研制度，由从省到县的教研室系统及其下属的乡镇教研组，构成了一个庞大的教研体系。这个教研体系是我国教育领域中具有独创性的部分，为我国中小学教育教学常规的运行和教育教学质量的提高，发挥了不可或缺的作用。随着基础教育课程改革的深入发展，教研体系的改革和发展，以教育管理分权制为背景，与教师专业发展相结合，孕育出校本教学研究的新方向。

2003年国家教育部颁布了“建立以校为本的教学研究制度”正式文件，明确规定“学校应建立以校为本的教学研究制度，鼓励教师针对教学实践中的问题开展教学研究，重视不同学科教师的交流与研讨，建设有利于引导教师创造性实施课程的环境，使课程的实施过程成为教师专业成长的过程。学校应与教研部门、高等院校等建立联系，形成有力推动课程发展的专业咨询、指导和教师进修网络”。②

校本教学研究是一种特殊的教学研究制度和方式，以学校为基地，以教师为主体，以教师在教育教学实践中遇到的真实问题为对象，以提升学生学习结果、促进教师专业发展和提高学校教育质量为目的。所以，它强调“真实问题”“实践研究”和“全员参与”。③

2. 教师行动研究

教师行动研究，是指教师在日常工作中，将自己组织开展的实际教育教学活动作为研究对象，采取有效方法加以观察、反思和改进的方式。“行动研究的操作程序为规划、行动、观察与反思的连续循环。”④ 具体来说，就是实践者与他人一道分析已有教育教

---

① Jacobs, J. & Yendol-Hoppey, D. (2010) Supervisor Transformation within a Professional Learning Community. *Teacher Education Quarterly*. San Francisco: Spring 2010, 37 (2), 97-105.

② 教育部：《关于印发〈普通高中课程方案（实验）〉和语文等十五个学科课程标准（实验）的通知》，2003年3月31日。

③ 柯言：《校本教研：意义、问题与对策》，载《课程·教材·教法》2005年第6期。

④ Hearn, G., et al. (2009). *Action Research and New Media: Concepts, Methods and Cases*. Hampton Press, 11.

学实践，筛选出急需解决的典型性实际问题，进行精心的研究设计并制订操作性的实施计划；实践者有计划地、螺旋式地至少实施两轮以上的教育教学行动；同时采用有效方法与工具，对行动过程进行系统观察和资料收集；进而对研究的问题、计划、教师学生的实际表现进行系统反思、讨论和交流，并将反思的信息，及时用来改进紧接而来的下一轮教育教学实践。

行动研究蕴涵着两个基本理念：一是在实践中学习；二是实践者成为研究者。教师的行动研究，把教师置于自身实践的具体过程中，进行再思考和再体验，对发展教师的教育教学专业能力提供了机会，有利于教师在反复和反思的实践中成长。

3. 新兴方式

国内外对教师参与研究以促进专业发展进行了广泛探索，创新出了“授业研究”“课例研究”“课堂学习研究”与“校本学习研究”等多种有效方式。

日本早在20世纪50年代就挖掘中华教育传统的“授业”思想，开展了一场持续至今的“授业研究”运动，聚焦于“学校实际的学生学习情况”，建设起教师一节课一节课的授业反思研究文化，从而使每个学生“通过学力形成的过程去积极地谋求人格的形成”。[①] 美国立志于“不让一个孩子掉队”，“从1999年开始，取长于日本专业发展的主导形式，课例研究（lesson study）在美国迅速铺开”。当下，“教育者已经将他们的焦点从课案研制等课例研究的表面特征，扩展到了它的根本原则，诸如增加教师向他人、向实践、向课程学习的机会。”[②] 香港在回归祖国之际兴起了院校协作创新优质教育运动，萌生出了聚焦于“学习内容”的课堂学习研究（learning study）。为真正提升学生学习结果，课堂学习研究基于变易学习（variation learning）理论，由来自高校的研究人员与中小学幼儿园教师结成专业学习共同体，采用质性取向的研究方法，在学校的真实情境中加以实施和开发。短短几年里，课堂学习研究取得了提升学生学习结果、促进教师专业发展和涵养学校协作文化的显著效果，在香港乃至海内外都产生了越来越大的影响。[③] 在中国大陆，随着课程改革与研究不断深化，也逐步产生了校本学习研究。“校本学习研究，实质上就是校本教学研究，它是一种以学校为基地以学习为本位的新型课程与教学研究理论与实践，包含着建设文化学习理论、提升学生学习结果、促进教师专业发展、建构研究型学习共同体和创新文化学习环境等内涵。”[④] 校本学习研究，已经初步形成了特有的多层次研究对象、整体主义方法论和操作性研究过程结构。

---

① 钟启泉、方生明著：《当代日本授业研究》，山西教育出版社1994年版，第165～308页。

② Lewis, C. et al. (2006). *Lesson Study Comes of Age in North America*. Bloomington: Phi Delta Kappan. Dec. 2006, 88, (4), 273-281.

③ 卢敏玲等著，李树英等译：《课堂学习研究——如何照顾学生个别差异》，教育科学出版社2006年版。

④ 黄甫全：《让学校成为学习的天堂——校本学习研究引论》，载《教育发展研究》2008年第10期。

（四）校本培训与专业发展学校

为了有效促进教师学习和参与研究，进而促进教师专业发展，人们进行了创新性探索，形成了“校本教师培训”与“专业发展学校”两种取向。

校本教师培训（school-based teacher education/training），简称校本培训，最早兴起于英国，现在已成为国内外教育改革中的一个重要主题和趋势。校本培训是指源于学校发展的需要，由学校发起和规划的，旨在满足学校每个教师专业发展需要的教师培训活动。① 全面地看，校本培训是指由学校和教师共同发起与组织，以学校教育教学发展和改革所面临的各种实际问题为中心，充分利用校内外的各种资源，注重教师教、学、研的时空统一，有效实现教师专业发展的培训活动。校本培训包含“校本”与“培训”两个基本概念。②“校本培训”中的“校本”概念，主要包括“为了学校”“在学校中”和“基于学校”三层含义。进而，以学校为本的“培训”，就被赋予了“持续”“复杂”和“专业发展”三方面含义。

专业发展学校（professional development schools，PDSs）由美国创建，目前正在成为教师教育与课程改革深化过程中的热点课题，成为教师专业发展的现实途径。一般说来，专业发展学校是由中小学校幼儿园与大学的教师教育院系一起建立一种合作伙伴关系而形成的创新性体制和功能，注重于通过合作分担责任来开展新教师的培养、在职教职员的发展和教育实践的改进。③ 它通过搭建大学与中小学、幼儿园的桥梁，沟通理论与实践的联系，争取教育官员的支持和吸引家长与社区代表参与，应用问题探究方式，形成学习共同体，满足所有参与者的学习需要，促进教师的专业成长，优化教育教学过程，提升学生的学习结果并改善社区文化。国内外的研究和实践表明，专业发展学校的功能至少有促进职前教师培养、在职教师发展、教育教学行动研究、学生学习以及社区改良等五个方面。专业发展学校旨在促进有效专业发展，主要含义有：

- 合作伙伴关系（collaboration-partnerships）；
- 学习环境（learning environment）或学习共同体或学习型社区（learning community）；
- 探究性教与学方式（inquiry-oriented approach to teaching and learning）；
- 体制功能创新（innovative institutions）。

思 考 题

1. 当代如何发展与保证师生的权利与义务？

---

① Van lakerveld，J. &Nentwing，P. (1996). School-based In-service Education. *Educational Leadership*，53 (6)，75-92.

② 田秋华：《校本培训研究》，华南师范大学 2003 年硕士学位论文。

③ 黄甫全：《关于专业发展学校研究的几个问题》，载《华南师范大学学报（社会科学版）》2006 年第 2 期。

2. 当代学生成长与发展的重大主题有哪些？试选择一个加以专门考察与探究。

3. 当代教师专业发展的重大主题有哪些？试选择一个加以专门考察与探究。

4. 请就你在前面提出的具体课程与教学问题，进一步分析和挖掘所关涉的学生成长或教师发展方面的具体问题。

第七章　环境开发

环境是课程与教学系统的四大要素之一，是教育研究的重要领域。当前，人们特别关注协作参与、校园文化、隐性课程、教育媒体与学习环境等问题。

第一节　环境概述

在教育领域，环境（environment）是指直接或间接影响个体的孕育和发展的全部因素或事物。环境涵括面广，包含的概念复杂和类型较多。

一、环境的概念

在教育环境范畴里，人们常用教育环境、教学环境以及学习环境三个基本概念。

（一）教育环境

人们在研究教育环境时，往往区分为宏观与微观两个层面。① 宏观教育环境是指“环绕”教育活动的周围有关事物。因为教育是培养人的一种社会实践活动，教育的中心是“人”，所以，宏观教育环境即是指直接或间接影响人的个体生存和发展的全部外在世界，包括自然环境和社会环境。其中，社会环境包含社区环境、家庭环境和学校环境。

微观教育环境是指为培育人而有意识地创设的环境，包括家庭教育环境、学校教育环境和狭义社会教育环境。微观教育环境具有一定的目的性，所以不同于宏观教育环境中的自然教育环境，也不同于社会教育环境中的政治环境、文化环境等，它们都是无计划的、无组织的自然形态的教育或影响。微观教育环境是为培养人而有目的地创设的环境，如家庭里父母为培养和陶冶子女，购置有关图书和工具；学校有目的地开设课程，设立开展各种科技、文娱和体育活动的场所，美化校园环境；社会建设图书馆、文化馆、举办文娱比赛等。

总之，与教育相关，对培养人产生影响的环境，都属于教育环境，它在教育领域的环境层次中是最宽泛的，包含了教学环境和学习环境。但是，在课程与教学研究中，人们的探讨一般指向更为具体的教学环境。

---

① 王冬桦：《教育环境与环境教育——21世纪世界基础教育热点展望》，载《外国中小学教育》1999年第6期。

（二）教学环境

一般说来，教学环境是学校教学活动赖以进行的各种客观条件的综合体。广义上，教学环境包括了社会政治经济制度、科学技术发展水平、社区文化、家庭条件以及亲朋邻里等，因为所有这些在某种程度上都制约和影响着教学活动的成效。而狭义上，教学环境限定于学校教学活动，指的是学校教学活动的时空条件、各种教学设备、校风班风和师生关系等。教学以教师和学生为主体，所以教学环境是指那些与教学有关、影响教学并通过教学影响学生和教师的所有因素。①

教学环境是教学活动的重要组成部分，对教师的教以及学生的学都产生不可估量的作用。比如，教师的教学设计、课堂实施和现场情绪、学生的学习动机、学习方式和学习效率等，都深受教学环境的影响。对教学环境进行深入研究，是优化教学活动进程与提高教学效率的必要途径。

当代以人为本的思想和追求，逐步促使教育教学环境向着“学习化”的方向发展。进入现代社会，人类一直在努力凸显学习价值，建设学习化社会，包括建设“学习化社区”“学习化组织”“学习化家庭”“学习化教育”“学习化学校”以及“学习化课程”。这一切为学习化的教育教学环境发展提供了客观要求和可能条件。我们可以深切感受到，当代教学环境发展的立足点和出发点，是适应人的学习本性，满足人的学习需要和促进人的学习发展。所谓学习，主要指学生的学习，并包含了教师的学习在内。教学环境的学习化特性，规定着现代教学环境的各种因素及其结构与人的学习特性具有亲和性。在这种意义上，“教学环境实质上是影响人的学习生命存在及其活动的各种文化因素的总和，学校教学环境就包括了各种空间里、各种时间进程中的影响学生学习的各种文化因素”②。

（三）学习环境

随着为学习者服务的教育教学理念的发展，学习环境的研究近年来突飞猛进。特别是 20 世纪 90 年代以来，由于信息技术的发展与应用，互联网的出现和心理学理论的突破，尤其是建构主义学习理论的兴起，出现了一个广泛的学习环境研究热潮。这标志着人们在经历了从宏观的教育环境研究到微观的教学环境研究的发展之后，正在从偏重于“教师的教学”的教学环境研究，向突出“学生的学习”的学习环境研究深化。学习环境研究的勃兴，是当代人类对自身学习本性的自觉认识与追求的表现，也是教育或课程文化历史发展与演变的必然。

实际上，学习环境与教学环境二者具有同一性，二者的构成要素相同，只是关注重点不同。教学环境重“教”，强调从教师的教学立场来看待环境；而学习环境重“学”，侧重从学生的学习立场来重构环境。因此，“学习环境”是环境研究的新阶段，包含“学习为本”价值观，突出和倡导“以学生的学习环境建构为核心”，辅之以教师的教学

① 张楚廷著：《教学论纲》，高等教育出版社 1999 年版，第 162 页。

② 黄甫全：《当代教学环境的实质与类型新探：文化哲学的分析》，载《西北师范大学学报（社会科学版）》2002 年第 9 期。

环境优化，从而创新与构建新时代的“学习环境的理论和实践”。

重视学习环境的研究和开发，是教育、课程与教学领域中环境研究的新兴路向，旨在使环境的设计和开发满足人的学习需要，促进人的学习发展。因此，如何创设符合学生学习需要的学习环境，成为教育领域内环境研究与开发的重要课题。

二、环境的类型

环境可以进行不同分类。比如，根据形态不同，环境可分为有形环境与无形环境、动态环境与静态环境。这里从“一般”“空间”和“功能”三个不同角度来简要介绍环境的类型。

（一）一般分类

目前比较流行的分类，是把教学环境分为物质的、社会的和心理的三类环境。物质环境，如班级教学用品、学校图书设备、文体器材、教育经费、学校所在地区物质条件和家庭经济状况等；社会环境，如班集体组织状况、师生交往水平、学校管理水平、教师素质、学生家长的文化素养以及社会风尚等；心理环境，如班级心理生活状况、校风、学风、生活心理面貌和传统观念等。① 社会的和心理的环境可以合并为社会心理环境，这样，整体的教学环境系统主要由两类环境构成，即物质环境和社会心理环境。由此出发加以清理，可以得到一个清晰的教学环境分类和整体结构（参见图 7-1）②。

- 教学环境
  - 物质环境
    - 时空环境——时间分配与安排，空间组合形式及时间密度，如班级规模、座位编排
    - 设施环境——教学场所，场所内的通风、照明、温湿度、色彩、声音等，课桌椅、各种教学仪器和设备、图书资料
    - 自然环境——学校的自然地理位置，气候条件，自然景观
  - 社会心理环境
    - 人际环境——学校内部的各种人际关系，如学生之间的关系、师生之间的关系 ……
    - 信息环境——学校内部的各种社会信息
    - 组织环境——校内各类正规与非正规团体、团体活动、团体环境规范、团体心理氛围(校风、班风)
    - 情感环境——课堂中的合作、竞争、期望、奖惩因素的运用及由此形成的课堂氛围
    - 舆论环境——集体舆论、个体意见、个别流言

图 7-1 教学环境的分类与整体结构示意图

（二）空间分类

从空间上看，环境是一种特殊的实体性存在，主要因素有人、物、功能空间以及声

① 参见顾明远主编：《教育大辞典（增订合编本）》，上海教育出版社 1998 年版，第 716 页。

② 参见田慧生著：《教学环境论》，江西教育出版社 1996 年版，第 18～19 页。

色光及其结构等，分为班课环境、宿舍环境、校园环境以及家庭环境和社区环境等，其中社区环境涵括家庭环境，校园环境涵括宿舍环境和班课环境。

班课是师生主要活动场所，班课环境对教育教学活动影响最大，所以最受重视。宿舍是学生自学和生活的主要场所，宿舍环境通过影响学生进而影响教学活动。校园环境是师生部分教育教学活动以及大量日常活动的场所，对教育教学活动作用很大，仅次于班课环境。家庭环境直接影响学生，进而间接影响教育教学活动。随着家校协作的发展和家长参与学校教育的强化，家庭环境对学校教育教学活动影响力度变得越来越大。社区环境包括人文环境和自然环境，直接影响教师和学生，进而间接影响教育教学活动。

班课环境、宿舍环境以及校园环境的主体，是学校及其教师与学生。学校和师生可以发挥聪明才智，将这三类环境进行设计、改造和创新，从而优化它们。家庭环境和社区环境的主体主要是家长和社区人员。一方面，家长与社区人员应积极地认同学校及其师生的教育和学习价值，主动地对家庭和社区环境进行教育化和学习化设计、改造和创新；另一方面，学校及其师生也可以通过价值选择过滤这两类环境因素及其影响，还可以通过积极主动地影响家长和社区成员特别是社区代表，参与到家庭环境和社区环境的教育化和学习化设计、改造和创新之中。

（三）功能分类

环境随时都在对其中的人产生功能，与人整合而形成了一个文化连续体。在这一意义上，环境作为特殊文化，实质上是一种功能性存在，始终在对人的学习生命存在及其活动产生作用。这样，从人到环境，由里向外区分，环境就包含着生理环境、心理环境、物质环境、交往环境、符号环境和活动环境等。①

在教育教学情境中，生理环境就是人的脑神经系统学习活动的生理过程与机制，它们总是通过人在学习过程中的生理变化与动作表现出来。这样，遗传、年龄、饮食、住宿和体育锻炼等对生理环境事关重大。心理环境就是人们在学习过程中所特有的心智—人格条件，包括个体学习心理、学生群体学习心理和教师群体学习心理以及其他有关群体学习心理，包括与学习心理有关的师生个体心理和群体心理，还包括基于个体心理而形成的学风、教风和校风等。心理环境影响因素较多，其中常常被忽视的是情感因素，需要加以重视。物质环境实际上就是以社区物质环境和家庭物质环境为背景的学校物质环境和班课物质环境。建筑、绿化、装饰、结构、声光色温味以及涂料等，是物质环境的重要因素。因为教育者和学习者每一个个体都是处于群体之中，形成了特殊的教育与学习生活的交往文化，分为组织制度文化、道德规范文化和非正式群体文化，从而构成了交往环境。符号环境主要包含视听符号、可视符号和可听符号三类。其中，视听符号主要有话语和文字；可听符号主要有音乐和副语言，副语言是师生在各种有关活动中通过发声和发音器官所形成的类似语言又不是语言的“意识表达”形式，例如哭笑、赞叹、怒吼、口哨等；而可视符号，主要有表情、动作、行为以及光、热、颜色等。

① 黄甫全：《当代教学环境的实质与类型新探：文化哲学的分析》，载《西北师范大学学报（社会科学版）》2002年第9期。

生理、心理、物质、交往和符号，作为不同层次的教学环境是内在统一的，这种统一是在师生的学习活动中实现的，这就形成了教育中的活动环境。学习活动就是师生学习生命存在与优化的根本形式，主要包含三层含义：一是指人的学习生理器官“正常”地进行着自己的“工作”，从而为人的学习奠定了物质基础；二是指人的思想、情感和意志存在着，也就是人的心智—人格机能处于“激活”而不是“抑制”的状态，从而使人的学习心理状态连续不断地“保持”着；三是指师生在进行着相互之间和与外界的有关活动，这些活动在一定规范的范围内保持着“学习”的秩序，并以特殊符号为活动媒介，从而使师生的学习生命存在得以持续与实现。

在文化主题凸显的背景下，随着经济发展、人员流动和社会变迁，课程领域的环境研究受困于文化差异问题。因而，新旧世纪交替之际，环境研究新兴了许多聚焦点，主要有“多元文化教育”（multicultural education）、“农村教育”（rural education）、“城市教育”（urban education）和“不分级课程”（nongraded curriculum）等。①

第二节　课程协作参与

学校外部环境主要通过其中有关的个人、团体与机构，以各种直接或间接的协作参与方式，对学校课程与教学产生作用。

一、协作参与机制

学校课程与教学正在走向社会化，逐渐成为各种专业的和非专业的个体与团体利益交织点。这些个体和团体，分别从“教育决策”“利益参与”和“施加影响”等不同层次，协作参与其中。

（一）基本概念

随着教育改革的深化，参与课程与教学的个人和团体越来越多，分别成为“决策者”（decision-makers）、“利益主体”（stakeholders）和“影响力量”（influences）等。

课程与教学决策者，是指那些有职位和专业资格的个人或团体，他们能够作出具体的关于“教学”什么、何时“教学”和怎样“教学”的决定。诸如教育官员、课程及学科专家、学校校长、教师和学生，构成了课程与教学决策的共同体。

课程与教学的利益主体，是指那些与课程及教学有利害关系的个人和团体，他们有计划地通过投资、建议或者说服等各种方式，参与学校课程与教学活动从而保证自己的利益得以实现。如学校董事、家长以及家长委员会、教材编写者和出版社、考试与测验机构、认证和授予证书部门等，构成了复杂的课程与教学的利益主体群。

---

① Lewy, A. (Ed.). (1991). *The International Encyclopedia of Curriculum*. NY: Pergamon Press, 215-223.

此外，还有一些个人和团体并不直接参与学校的课程与教学，而是通过自己的兴趣爱好取向、特定口号和时髦观念的宣扬，以及舆论导向和特殊权力的干预等间接中介，对课程与教学产生作用，这些就是课程与教学的影响力量。如教育学会等专业学会，法律协会等专业团体，教辅材料编写者和出版社，报纸、电视和网络等现代传媒，各种影响力团体（如环境保护组织、妇女联合会、宗教组织、社区代表等），赞助商（如各种奖学金和研究基金等），教育系统外的各种专业考试机构等，已逐步成为作用越来越大的影响力量。

课程与教学的决策者、利益主体和影响力量之间，并没有明显的分界线。他们各自参与学校课程与教学活动的程度和水平是不同的，会因时因地而有所增加或减少。

（二）决策者和利益主体

在西方专业文献中，榜上有名的课程与教学的决策者和利益主体主要有“政治家”“教育督导与教育行政”“国家教育部和地方教育当局”“评估委员会”“教师联盟”“家长和学校议会”“学校校长”“教师”“学生”“学术专家”和“雇主”等。①

我国长期实行中央集权，国家掌握着整个教育系统资源与权力的组织和分配，也严密地控制着学校的课程与教学。近年来随着“国家、地方和学校三级课程管理”体制的确立，许多个人和团体在不同层次和水平上获得了一定的决策权力，许多利益相关者逐步变成了利益主体。分析起来，协作参与课程与教学的决策者和利益主体，主要来自“政府和教育行政部门”“学校”“家庭”以及“社会组织”四个方面。其中主要有政治家、地方政府及教育行政部门、督学及教育督导体系、校长、教师、学生、家长、考试中心、教研室、学术专家及教材编写者与出版社等。

（三）影响力量

课程与教学的影响力量，因地而异。在西方社会，参与课程与教学而产生较大影响的个人、团体和机构非常多，主要有“专业协会”“课本编写者”“国家或联邦教育机构”“大众传播媒体”“教育咨询者”“游说团体”“法庭”和“各种研究与测验组织”等。②

在我国，许多个人和团体在不同层次和水平上获得了一定的机会，成为课程与教学的影响力量。概括看来，协作参与课程与教学的影响力量，主要来自“权威部门”“教学资源开发者”“教师教育与培训机构”以及“大众媒体”四个方面。

对课程与教学产生重大影响的权威人士或机构，主要有“两会人士”“法院”和“教育研究机构”。“两会人士”指的是各级“人民代表大会”代表（简称人大代表）；各级“政治协商会议”委员（简称政协委员）。法院直接接受、审理和宣判学校教育、课程与教学有关案件。我国的教育研究机构，主要有“教育部基础教育课程教材发展中心”“各级教育研究院所及教育科学规划办公室”以及“师范大学基础教育课程研究中心”等。

---

①② See Marsh，C. J. （2009）. *Key Concepts for Understanding Curriculum* （4th Ed.）. London：The Routlege，205-214，214-218.

在我国，教学资源开发是一个非常广阔的领域，参与者主要有“教学辅导资料编写者和出版社”以及“教育/课程与教学网站”等。

我国的教师教育与培训机构，包括师范院校、各级教育学院和教师进修学校等。各级教师教育机构，负责培养新教师和承担教师的继续教育任务，对教师在理论上和实践中所遇到的问题进行有针对性的培养和指导。在教师专业发展成为时代潮流的当代，教师教育机构通过培养和提高教师的课程素养和教学技能，对课程与教学产生越来越大的影响。

大众传媒在近几十年来通过报纸、广播、电视和网络等，逐渐产生了不可低估的影响，因为教育、课程与教学的话题具有很强的新闻价值。有些报纸、广播、电视和网站，都开辟有教育专栏或增刊。我国媒体参与课程与教学有两条基本途径：一是政策导向媒体，发布国家课程政策与课程要求，引导课程与教学的走向；二是通过专题讨论与议题的主导，关注民间的教育、课程与教学问题，反映民众的教育、课程与教学利益和需要。

课程与教学的决策者、利益主体和影响力量的逐步扩大，使得本身就复杂的课程与教学领域更加复杂了。这就需要人们对各种决策者、利益主体和影响力量开展深入具体的研究，以便引导、组织、规范和发挥它们的正面功能，推进课程与教学的健康发展。

二、四大主题

在当代社会背景里，协作参与课程与教学的决策者、利益主体和影响力量之间形成了动态的张力，其中比较活跃的因素有政治家，工商业、农业和服务业雇主，学生，家长，大学教育院系和文化社群等，从而使得“国家目标与标准”“职业教育课程”“协作与伙伴关系”以及“多元文化教育”等主题凸显出来。

（一）国家目标与标准

国家通过研制、颁布与实施国家目标和标准（national goals and standards），实行全国课程与教学的集中领导与控制。国家目标与标准，在课程与教学的协作参与中占据主导地位，从而保证培养一个国家未来公民的基本素养。

国家课程目标，着眼于所有学生必须达到的统一要求，体现了培养社会性和一般人格的功能，使所有个体获得适应社会应具备的基本素养和基础学力，具有全体性、全面性、基础性和强制性等特点。在我国，国家目标主要通过国家课程标准得以实现。国家课程标准体现国家对不同阶段学生在知识、技能、能力和态度等方面的统一基本要求。

作为国家影响课程与教学的纲领性文件，国家目标与标准有中央集权传统和地方分权传统。中央集权传统，以中国、法国、德国、俄罗斯、日本等国为典型，由中央政府及其行政部门研制和颁布全国统一的教育/课程计划、课程目标和课程标准，来规定一定学校教育的课目、教学目标、内容、方法及所需的课时等，并通过统一而严格的外部考试作为强制性的评价手段，从而形成了国家研制课程的传统。地方分权传统，以英国、美国和澳大利亚等国为代表，课程的决策权属于地方，地方赋予学校在课程事务上的自主权，于是学校和教师就成为课程决策与开发的主体，从而形成地方研制课程的传统。国家课程研制传统强化了国家目标和标准，而地方课程研制传统则弱化了国家目标与标准。到20世纪80年代，单一的课程研制模式逐渐退出了历史舞台。传统上属于中央集权的国家研制课程模式，在国家课程框架规定的限度内开始向地方和学校实行分权；而地方分权课程行政体制，则在保持地方和学校高度自主的基础上，试图研制全国统一的核心课程，由国家制定学生必修的课程门类及统一的目标与标准并组织统考。

（二）职业教育课程

职业教育课程实际上是工商业、农业以及服务业的需要和参与的产物，具有显著的可获得性、灵活性与关联性，表现出较强的产业协作参与特征。当代职业教育及其课程的发展，已突破传统上狭隘的职业训练和就业框架，越来越强调广阔的经验学习主题与工作实际、学生需要和核心技能的相互关联。

职业教育课程涉及职业教育、职业教育课程和生涯发展三个术语概念。世界各国和国际教育界，对职业教育的概念和内涵有不同提法和设定。一些国家称“职业技术教育”，另一些国家叫“职业教育”。联合国教科文组织曾于1974年建议将“技术和职业教育”（technical and vocational education）作为教育的综合性术语，到1999年4月在韩国召开的第二届国际职业教育大会上，正式使用了“技术和职业教育和培训”（technical and vocational education and training）的术语概念。在我国，近年来出现了仅仅将职业教育理解为一种教育类型的倾向。有学者指出：“职业教育是以技能为中心的综合职业能力的教育，这是职业教育的本质所在。”① 它将职业教育规定为以培养符合职业或劳动环境所需要的技能型人才为目标的一种教育类型。还有学者进一步从判断职业标准入手，认为“‘技艺授受’符合判断职业教育本质的标准，是职业教育的本质所在”②。这些看法有一定道理，但有失偏颇，需要加以扩展。其实，早年熊子容先生就曾精辟地指出：“一切教育都含有职业的意义。”③ 普通教育与职业教育，是从各种教育的立场划分的，二者联系甚为紧密。“无教育价值之职业训练，往往流为狭义的功利主义，致陷于机械化之境地；而无职业目的之教育，又往往带有贵族色彩，而变为有闲阶级之专利品。”④所以，职业教育是“传授某种职业或生产劳动知识和技能的教育”⑤。职业教育既指某类教育机构开展的一种职业教育活动，也指教育体系中的一类职业教育机构。

随着职业教育课程改革与研究的逐步深入，“我国职业教育课程理论基本上摒弃了职业教育课程的知识本质观，职业教育课程的活动本质观越来越多地得到人们认可，并在职业教育课程实践中得以显现”⑥。人们过去将职业教育课程仅仅看成是一种学科知

① 俞启定、和震等：《职业教育本质论》，载《中国职业技术教育》2009年第27期。

② 刘晓：《职业教育本质的再审视》，载《职教论坛》2010年第10期。

③④ 熊子容：《职业教育》，上海黎明书局1931年版，第9页，序文第1页。

⑤ 顾明远主编：《教育大词典（增订合编本）》，上海教育出版社1998年版，第2032页。

⑥ 邓泽民、吴学敏：《我国职业教育课程本质观与价值观的转变》，载《中国职业技术教育》2009年第36期。

识体系，现在更倾向于认为，职业教育课程是一种特殊的职业活动，表现为特殊的职业实践活动和特殊的职业工作过程，进而创新和建构了职业教育的“实践导向课程模式”“过程导向课程模式”和“能力本位课程模式”。

这样却凸显了教育领域里“学术教育课程”与“职业教育课程”的对立现象。实质上，学术课程和职业课程是互联互动的。所有学术课程应含有实践的和应用的特征，所有职业科目也都有学术的成分。为了超越这种对立，生涯发展的思想诞生了。“与职业发展相比，生涯发展更超越了职业选择、准备、就业与适应，而达致以自我了解、自我接受和自我发展为基础，逐渐形成一个整合而适当的自我概念（包括职业自我），同时将此概念转化，为实际的生涯选择与生活方式，达到个人的生涯发展目标，并满足社会的需要。”① 因此，生涯发展更多地倾向于与职业相关的一生的经验与活动，不仅包括职业选择和发展，而且包括非职业性的活动，如休闲活动、社交活动选择、追求与参与所获得满足感等，即生涯是个人一生职业、休闲、社会与人际关系的总称，生涯发展是一个人的终身发展历程中的个人适应、社会适应和职业适应。

（三）协作与伙伴关系

进入现代社会，学校越来越开放，与社区和家庭一起创新出了多种有效的协作关系。其中近年发展较快的有大学的“产学研合作教育”和中小学幼儿园的“院校协作/伙伴关系”“学校、家庭与社区伙伴关系”以及“家长—教师参与”等。

1. 产学研合作教育

进入现代社会，大学走出了“象牙塔”，加强了与社会的合作，先后创新了合作教育与产学研合作教育，以培养社会需要并引领社会发展的大量专门人才。

“产学研合作教育是指在人才培养过程中，通过教学、科研、生产劳动相结合，以培养创新性、复合型人才为目标，建立适应社会发展需要的教育体制和人才培养模式。”② 严格说来，产学研合作教育与产学研合作是既相联系又相区别的两个概念。“产学研合作教育”在国际上被称为“合作教育”，它与传统只强调知识传授和理解的教学模式相区别，是学校与用人单位合作、共同培养用人单位需要人才的教育模式。“产学研合作”是指生产单位、高等学校和科研院所相结合、协调发展的过程或活动。“产学研合作”无论在内涵还是在外延方面都比“产学研合作教育”来得深、来得广。

2. 院校协作

“院校协作是大学教育院系与中小学幼儿园以合作方式作为伙伴开展各种教育及其研究活动的一种理论与实践。”③ 院校协作又叫院校合作或院校伙伴关系。自正式的教师教育培训诞生起，教师教育机构与中小学幼儿园就有了许多联系。院校协作从此开始孕育，历经成型过程，到20世纪80年代在美国的倡导下，进入了繁荣阶段。新世纪以

---

① 申仁洪：《基础教育课程：生涯发展视角》，载《教育研究》2007年第3期。

② 姜健等：《产学研合作教育的内涵与时代特征》，载《教学研究》2006年第2期。

③ 黄甫全、方佳：《论院校协作的历史沿革、基本原理与主要模式》，载《现代大学教育》2010年第6期。

来，在不断深化的教育与课程改革的牵引下，我国的院校协作活动悄然勃兴，规模越来越大，范围越来越广，方式越来越多，程度越来越深。研究与实践表明，院校协作对大学教育院系与中小学幼儿园是互联互惠的，具有改进教师教育、推进教育研究、促进教师与师范生专业发展、深化校本课程开发和创新院校协作文化等积极作用。

院校协作是以组织形式提供大学教育院系与中小学幼儿园及其师生以机会进行交往。院校协作中包含着人与人、人与组织、组织与组织、组织与协作共同体之间的复杂关系。组织和协作共同体成功运作，离不开每一个身在其中的个人。因此个人之间的交往成为协作中最基本最重要的影响因素。协作关系的产生基于协作的组织，合作双方协作活动的展开即是一次次协作机会的开始，一次次知识、技能与智慧的碰撞，并在其中尽显参与者们的交往哲学和生活之道。

由于院校协作关系发展中的目的与价值取向的多元性，使得院校协作在纷繁复杂的背景下形成了多种多样的模式。从演进过程中凸显出来的重要性和典型性来看，院校协作主要有实验学校、专业发展学校以及大学“双师制”三种模式。实验学校有悠久的历史，分为前期的大学主导型实验研究和后期的协作型实验研究两种类型。专业发展学校系由大学教育院系与一所或多所中小学幼儿园协作建构而成，是一种功能性重建，将中小学幼儿园建设成既是学生学习发展的场所，也是在职教师与师范生教学专业发展的地方。而“双师制”则是指院校协作中大学教育院系聘请合作伙伴中小学幼儿园的教师进入大学任教，使师范生拥有大学学者和一线教师两种类型的教师。

3. 学校、家庭与社区伙伴关系

把学生仅仅看成是学生还是将他们看成是儿童，关系到教育者如何对待家庭与社区。“教育者如果将学生看成是儿童，就会在儿童教育与发展方面将家庭与社区两者当成学校的伙伴。”① 学校、家庭与社区伙伴关系，实质是关怀教育。也就是说，伙伴关系旨在帮助所有年轻人在学校里以及走上社会后获得成功。当家长、教师、学生与有关人员相互当成教育伙伴之时，就是关怀共同体形成与生效之日。成功的伙伴计划显示了哪些特点？怎样有效地设计与施行伙伴关系实践？学校、家庭与社区较好的交往、互动与交流能取得什么结果？这些问题正在挑战研究与实践，将“关怀”作为核心概念，去创造一个学校、家庭与社区伙伴关系的跨学科领域。

在我国，学校、家庭与社区伙伴关系叫做“三教合作”，即学校教育、家庭教育与社区教育合作。“在当前创建学习型社会的进程中，家庭、学校和社区教育‘三教’整合问题日渐成为人们关注的热点。”②

校社合作、家校合作与家访，是“三教合作”中的主要领域。校社合作是学校与社

① Epstein, J. *Creating School, Family and Community Partnership*. In Allan C. Ornstein, A. C., et al. (Ed.). *Contemporary Issues in Curriculum*，中国轻工业出版社 2004 年版，第 354 页。

② 曾文婕：《家庭、学校与社区教育整合：新认识、新方法与新问题》，载《教育导刊》2006 年第 7 期。

区合作的简称，“学校与社区的合作是指学校与社区和社区成员、管理机构、组织之间的双向沟通与共同运作。”① 课程分权的改革，正在提升和推进家校合作。“家校合作”既具有悠久的历史，又面临当代亲子教育发展和校本课程开发的挑战。在已有研究与实践中，家校合作方式概括起来，主要有“家庭与学校的有效沟通”“亲识教育”“协助子女在家学习”“家长义务参加学校工作”“家长积极支持学校教育教学活动”以及“学校与社区建立协作关系”等。家访是指教师或校长到自己学生家里访问，与家长或监护人，有时候连同学生本人一起，就学生的学习状况、学习进步或学习问题，交换意见，分析原因，寻找促进学生进步或解决学生学习及成长问题的有效途径和具体方法。家访曾经是我国中小学幼儿园长期使用的沟通学校与家庭，从而实现家校合作共同教育儿童的有效方式。然而，当前“家访”严重衰微了。这呼唤人们抑制“学校教育万能论”，解放家庭教育力量，重新建立和巩固家访制度，加快学校和教师伦理的批判与重建，探讨现代家访的有效策略和方法。

4. 家长—教师参与

众所周知，家长在教育中特别是在学校教育中起着举足轻重的作用。在当代，“教育出现的新情况是，学校不再是唯一的学习场所了，至少对于年长学生是这样；而且学生已经将他们避风港似的家庭当成了开展有意义学习的地方。”② 这一切孕育起教师与家长的一种新型关系，即家长—教师参与。所谓的家长—教师参与，是指家长和教师一起分享或影响政策事项的决策，在诸如学校政策、教职员招聘与专业发展、预算、场地与建筑、资源管理以及学校课程等方面，扮演主动的决策角色。研究表明，家长与教师参与通常都能导致学生在智力、社交与情感方面的学习进步，并显著增加学校学习环境的丰富性与多样性。这样，参与学校教育、课程与教学，就成为家长与教师的权利与责任。有效的家长—教师参与，需要加强和革新“家长学校”“校本培训”和“家长委员会”等工作。

（四）多元文化教育与课程

随着全球化和民主化发展，多元文化教育逐渐得到关注，并通过课程与教学得以实现。多元文化教育对课程与教学的渗透，意味着各种文化群体共存并分享对新生一代教育的权利与责任。

1. 多元文化教育的概念

文化是多元的，孕育了多元文化教育。文化因不同种族、民族、宗教信仰、性别与社会阶层等而具有显著差异。任何社会都是不同文化群体和谐共存的社会，理应自由维持多元的宗教、语言或社会习俗，作为平等的个人拥有同等权利，包括获得适合他们需

① 邓璐：《区域性社区与学校合作问题研究——以上海市浦东新区为例》，华东师范大学 2007 年硕士学位论文。

② Marsh，C. J.（2009）. *Key Concepts for Understanding Curriculum*（4th Ed.）. London：The Routlege，233.

求的资源、服务、公民和政治权利，分享其他人的特殊的关怀和价值观。① 多元文化社会具有一些重要的元素，包括“差异的存在”“文化差异的价值”“与其他群体分享和交流”“平等地享有资源的途径”和“分享对国家的忠诚”等。

多元文化教育是一个非常宽泛的概念。美国著名多元文化教育家班克斯（Banks, J. A.）认为，“多元文化教育是一种理念的反省，是一场教育改革运动，是一个持续的过程，其目的在于改变学校的文化与结构，使不同文化背景的学生在学校中都有公平的学习机会。”② 多元文化教育包括“在（in）多元文化社会中的教育”和“为（for）多元文化社会进行的教育”两种含义。“在多元文化社会中的教育”，给来自非主流文化背景的儿童赋予权利，使他们认同自身的文化意识；“为多元文化社会的教育”，则在所有儿童中间发展跨文化的理解，并抗击种族主义和族群偏见等消极的态度。多元文化教育的理念，强调文化多样性和尊重差异，强调社会正义与机会均等。学校课程乃是各种知识、价值、观点以及文化展现的场域，课程内容的设计与规划，关系着学生的学习经验和学习品质，与教育机会均等理想的实现密切相关，因而成为多元文化教育探究的重要课题。

2. 多元文化课程

多元文化教育集中表现在学校和班课里的多元文化课程里。在我国，多元文化教育的理论与实践，主要聚焦在民族教育领域。所以大多数人仅仅将多元文化教育描述为民族教育，进而限定在跨民族文化视域里将多元文化课程定义为：“多元文化课程是指在课程建设中，将各民族文化精华有机地融于学校整体课程，以揭示文化多元性，实现多元化价值选择的一种课程形态。”③ 其实，为着多元文化教育的“公平的学习机会”旨归，多元文化课程必然关涉学校与班课里不同文化背景的学生学习。所以，多元文化课程实质上是在当代多元文化背景下为具有不同种族、民族、宗教信仰、性别和阶级出生的学生提供公平学习机会的一种课程理论与实践。

学校和班课里的多元文化课程，并不仅仅针对那些具有多元文化背景的学校，而是对所有学生都十分重要。一些学者比较赞同班克斯的见解，学校和班级里的多元文化课程包括五个维度：“①内容整合，对此班克斯辨识出了增长型多种水平，从象征性的‘贡献方式’和零星的‘增加方式’到整合性的‘转化方式’和决策取向的‘社会行动方式’；②知识建构过程，通过提问‘谁的知识得以呈现以及使谁得益或受损’问题来检查班课知识的偏见；③降低损害，以凸显积极而建构性的跨文化交互的需要；④公平教育学，加强文化型回应教育学和对话教学方式，对教师作为一个反思型决策者而不是

---

① National Advisory and Coordinating Committee on Multicultural Education. (1987). *Education in and for a Multicultural Society*, *Issues and Strategies for Policy Making*, Canberra: AGPS.

② Banks. J. A. (1988). *Multicultural Education*: *Theory and Practice*. Boston: Ally and Bacon, 115. 参见王守纪、杨兆山：《后现代主义视域下多元文化教育的特征、实质及问题》，载《东北师大学报（哲学社会科学版）》2009年第6期。

③ 沈小碚：《对多元文化课程构建的理性思考》，载《民族教育研究》2008年第2期。

一个去技能似的知识传递者角色进行再概念化；⑤整个学校文化，既关涉‘隐蔽课程’，又奠基教师和学生两者学校人口学统计特征，对校本决策实践和参与加以标识与分组。”① 学校和班课里的多元文化课程，根据解决主要问题的需要，可以采取“文化理解”“伦理研究”“多元文化视角”“反歧视教学”和“跨文化研究”等教学方式。

第三节　学校文化

学校文化是环境的重要组成部分。随着学校改进（school improvement）运动的勃兴，许多学者开始倡导教育研究聚焦“学校文化及其重要表现”。② 其中，学校文化概念、教师文化取向、校园文化与隐性课程，是人们研讨的几个重要主题。

一、学校文化的概念

学校文化肇始于学生同伴交往。“学校文化是由法律与管理实践确定的年龄分级背景里的中心课题，包含了逐渐生成的超越了学生自身关系的一系列同伴群体文化。学校文化亦包含了教育者的专业文化和地方组织与管理实践的标准。”③ 人们对学校文化概念的探讨与阐释，可以分为描述与实质两个层面。从描述意义上说，“学校文化是学校全体成员在教书育人长期实践中所积淀的物质和精神财富的总和，其核心是所凝聚的共同遵循的行为准则以及在其指导下的学校全体成员所表现的行为方式、心理取向和道德风貌。”④ 这样，学校文化就其实质内容来说有环境文化、管理文化、课程文化、教师文化、学生文化、教学文化、组织文化和制度文化等。

文化与其说是名词，不如说是动词。文化指涉的是人们的活动及其行为模式，学校文化指涉的是教师与学生的交互活动及其行为方式。这样，“学校文化是不断为师生生命成长过程中的种种困境提供有效的解释系统，并帮助其超越困境、全面及时满足生命和谐发展需要的行为过程。”⑤ 在学校里，这样的行为过程的基本活动形态无疑是学习。所以，学校文化的本质就是学习，就是不断获取知识以更好地发现和解决教育问题的行为过程。

---

① Schoorman，D.，& Bogotch，I.（2010）. Conceptualisations of Multicultural Education among Teachers：Implications for Practice in Universities and Schools. *Teaching and Teacher Education*，26，1041-1048.

② Peim，N.（2000）. School Culture. *Educational Review*. Birmingham：52（3），312.

③ Hill，J.（1995）. *School Culture and Peer Group*. In Anderson，L. W.（Ed.）. *International Encyclopedia of Teaching and Teacher Education*（2nd Ed.）. Cambridge：Pergamon，332.

④ 金培雄：《浅析学校文化的内涵及其建设策略》，载《江苏教育研究》2010 年第 5B 期。

⑤ 宋家才、郑其恭：《学校文化：涵义・结构・品性》，载《教育导刊》2007 年第 6 期。

二、教师文化取向

“进入新世纪以来，学者们在教师文化研究的诸多方面开展了新的研究，取得了不少的成果。”① 教师文化在学校文化中具有举足轻重的地位。加拿大学者哈格里夫斯（Hargreaves，A.）对教师文化从内容和形式两方面进行分析后指出，教师文化的内容是多种多样的，包括一定范围内的教师组织或更大范围内的教师群体所共享的态度、价值观、信念、习惯、假设以及做事的方式等，而教师文化的形式是指群体成员间的关系和交往方式。概括起来，他列举了已有教师文化的四种主要表现形式：个人主义文化（individualistic culture）、派别文化（balkanized culture）、协作文化（collaborative culture）和人为合作文化（contrived collegiality）。

在全球化背景中，源自西方的专业个人主义（individualism）② 和源自东方的集体主义（collectivism）③，在学校教师生活中交会而生成了一个文化连续体。④ 在终身教育浪潮中，学习型社会崛起。伴随着同伴互助学习、同伴互教、合作学习与协作学习等活动方式的发展，一种新兴的协作主义（collaborativism）文化开始孕育起来了。这样，不同时代，不同教育机构，不同的教师，在不同的教学活动中，就可能有个人主义、集体主义或协作主义的文化取向。所以，在当今教师文化领域，绽开着专业个人主义、集体主义和协作主义三簇瑰丽的花朵，等待我们去栽培、浇灌、嫁接和传播，以开发出一座繁花似锦的教师文化大花园。

三、校园文化

校园文化，也称学校文化，通过物质的、制度的和精神的等各种文化形式对学校成员的思想、行为与道德等产生潜移默化的影响。积极设计、革新与创建有特色的校园文化，是教育领域中环境研究与开发的重要课题。

（一）校园文化的概念

“文化”概念向来众说纷纭，有广义和狭义之分。文化在广义上指人类社会历史实践过程中所创造的物质财富和精神财富的总和，在狭义上指社会的意识形态，以及与之相适应的制度和组织机构。⑤ 这样的文化观，在很大程度上影响了人们对校园文化含义的认识。因此，目前人们往往会进行模仿套用：“校园文化作为人类社会文化的重要分

---

① 王德寿、汪丽：《新世纪以来的我国教师文化研究》，载《安徽广播电视大学学报》2008 年第 4 期。

② Kainan，A.（1992）. Themes of Individualism，Competition，and Cooperation in Teachers' Stories. *Teaching and Teacher Education*，8（5-6），441-450.

③ 王晓燕：《论中日“集体主义”观念下教师文化的构建》，载《和田师范专科学校学报（汉文综合版）》2006 年第 4 期。

④ Rothstein-Fisch，C. et al.（2009）. Making the Implicit Explicit：Supporting Teachers to Bridge Cultures. *Early Childhood Research Quarterly*，24，474-486.

⑤ 《辞海（缩印本）》，上海辞书出版社 1989 年版，第 1731 页。

支，应有广义和狭义之分。广义上，校园文化就是由全体师生员工共同创造出来的一切物质的和精神的产品以及创造过程。狭义上，校园文化仅指精神文化，包括学校全体成员的思想素质、道德修养、价值取向、知识和能力结构、生活方式、人际关系等方面。”①

但是，对文化的理解，不应该仅仅局限于“文化是人的创造物”。因为这种理解，使得“文化与人本性的内在联系被‘遮蔽’了，文化就成了外在于人的存在物，成了人生存和发展的外在条件。”② 当代文化哲学揭示了人与文化具有整合和同一的实质。“文化的本质就是人的自我生命存在及其活动，文化世界的本体就是人的自为的生命存在。”③ 因此，文化实质上就是人的生命存在及其优化活动。这样，在功能的意义上看，人就是文化，文化也就是人，人与文化是整合同一的。对文化本质的新认识能帮助我们深入理解校园文化。

校园文化有广义和狭义的区分。从广义上看，校园文化是学校教育中师生的生命存在及其优化活动的总和，它存在于校内所有正规教育和非正规教育中，既存在于课堂教学以外的各种校园活动中，也存在于正式课程的课堂教学中；既有外显形态，又有内隐形态。因此有人说，广义的校园文化是指“校园中这一特定人群的生活方式的总和，具有为整个群体共享的倾向”④。“校园宏观环境中的主体的思想品德、价值观念、知识、信仰、艺术、文化活动，甚至人际交往、生活方式、行为规范、兴趣爱好等，无一不包容在‘学校文化’这一范畴内。”⑤而从狭义上看，校园文化是指教学大纲或课程标准或培养方案规定和班课教学以外的校园生活的存在方式。⑥ 因此，狭义的校园文化不仅指精神文化，也包括物质文化、制度文化等，但是以价值观念、道德情操、审美观等精神文化为核心，并体现在各种物质形态和活动形式中。

（二）校园文化的类型

校园文化主要包括物质文化、制度文化和精神文化三种类型。

1. 校园物质文化

校园物质文化是校园里看得见、摸得着的物化文化形态，属于外显层。它既是校园文化的外壳和物质基础，又是校园文化内核的载体，主要包括校园的地理环境、区域规划、建筑布局、人文景观和传播设施等。

校园地理环境，体现在校园地理位置的优劣、校园地址的选择、校园周边的环境

---

① 史华楠等主编：《校园文化学》，北京医科大学、中国协和医科大学联合出版社 1993 年版，第 29 页。

② 黄甫全：《当代教学环境的实质与类型新探：文化哲学的分析》，载《西北师范大学学报（社会科学版）》2002 年第 9 期。

③ 李鹏程：《当代文化哲学沉思》，人民出版社 1995 年版，第 71 页。

④⑤ 程振响：《校园文化与青年学生的价值实现》，载《江苏教育学院学报（社会科学版）》1989 年第 4 期。

⑥ 参见俞国良等著：《学校文化新论》，湖南教育出版社 1999 年版，第 29 页。

上。校园内部要系统地进行规划和布局，校园里的教学区、生活区、活动区等区域划分要尽可能合理。校园建筑，既要有教学、科研和生活的实用功能，也要有学校思想、精神、信息和观念传播和满足人们审美享受的教育功能。校园人文景观是在校园中赋予了人文寓意的环境和设施，体现着学校的教育目的和意图，潜移默化地熏陶学生的精神世界。例如：校园雕塑，小型园林，长廊，甚至菊花、竹子等植物都可以成为校园人文景观。校园传播设施是文化传播的物质载体，负载着多种有教育意义的信息，对师生在学校的思想观念、行为方式等都产生影响。校园传播设施，包括电视、广播、报纸、杂志和互联网等传播媒介，以及图书馆、报告厅、文化广场等活动场所。

2. 校园制度文化

学校制度文化，又称校园组织文化，是指学校制订的各种规章制度、管理条例、学校纪律、领导体制，以及学校成员对这些制度的认识态度和对制度的执行情况等。

学校制度文化所包含的各种形式的制度，既是国家的有关法律、法规政策以及各级教育部门颁布的一系列政策法规的具体化，也是学校特有的教育精神、价值观念等精神文化的制度化表现。因此，学校制度不仅要约束师生的行为，而且要通过师生对各种规章制度、行为礼仪和管理条例等的认可和执行，使学校成员形成比较统一的思想观念和行为规范。因此，学校制度文化的建设，是校园文化发展的重要保障。在具体建设中，需要做到：制度本身要完备，制度执行要灵活，制度意识要加强，非正式规范要引导，制度与教育要协调。①

3. 校园精神文化

校园精神文化，又叫校园行为文化或心理文化，主要指学校成员特别是师生认可的行为方式、价值观念、道德观念和心理氛围等。校园精神文化体现在校园的价值观念、人际关系、学校风气、学校传统以及学校成员的思想道德、思维方式、审美情趣等方面。它是校园文化的内核，是一所学校的灵魂，彰显着学校的价值观和个性，深层次地决定学校的特性。它渗透在各种物质文化和制度文化层面中，对师生具有强大的潜在教育影响力。校园精神文化主要包括校园的价值观念、人际关系、学校风气和学校传统等内容。

校园文化是一个自组织系统，三种类型的校园文化并非截然分离，而是互相渗透、互为依托的。只有当学校的价值观、教育思想和校风教风学风等学校内在本质和个性，通过制度文化保障，以及各种物质形体、活动形式体现出来，才能形成有特色的校园文化。

（三）校园文化建设的发展趋势

校园文化建设是一项系统工程，是当代教育领域重点聚焦课题，从中小学幼儿园到大学，从普通学校到职业院校以及成人院校，都呈现出了校园文化研究与建设热潮。总览这一热潮，出现了许多发展走向，其中主要有“特色化”“高品味”“涵养文化精神”

---

① 参见史华楠等主编：《校园文化学》，北京医科大学、中国协和医科大学联合出版社 1993 年版，第 103 页。

“促进德育”和“网络化校园文化”等。

校园文化建设不是孤立行为，总是与学校的发展目标相互砥砺。随着特色学校建设的兴起，校园文化建设与特色学校建设合流，形成了校园文化特色化的趋势。特色化的内涵主要包括：努力构建“前瞻型的观念文化”“民主型的制度文化”“智慧型的课堂文化”“和谐型的环境文化”和“生态型的特色文化”，在此基础上将学校建设成为特色学校。①

校园文化建设中，正在孕育“文化校园”理想。在当今经济与社会快速发展过程中，功利主义与物质主义失控而泛滥，浸入校园，腐蚀广大师生的观念与行为，激起了校园低俗文化暗流。针对这一严峻挑战，人们提出并践行着校园文化的“高品味”诉求。高品味的校园文化，关键是学校精神的涵养。②“高品味的校园文化，应当是充满着追求卓越的拼搏精神、实事求是的科学精神、不畏权威的求实精神和与人为善的团队合作精神。”③

当代社会与道德转型，对学校道德教育提出了严峻挑战。当前学校以构建和谐校园文化为目标，将儿童青少年学生思想道德教育的着力点或者基础性环节，聚焦在公德教育上。公德的界定与公德意识的涵养，就成为“构建和谐校园文化的伦理基石”④。其实，校园文化的内涵非常丰富，它对学生思想品德的影响是多方面和多层次的。概括起来，校园文化的德育功能主要体现在“教育导向”“行为规范”“健全人格”“实践锻炼”“情感陶冶”以及“审美教育”等方面。⑤ 良好的德育能促进校园文化的健康发展，健康的校园文化建设能引导和保证德育目标的实现。

随着信息通信技术的快速发展与应用，网络化成为大中小学幼儿园的基本趋势。“随着网络的飞速发展，各种文化思潮和形形色色的价值观念呈现在校园师生面前，使传统校园文化的道德观念、伦理观念、集体观念、环境观念、价值观念、行为方式、生存方式都受到了前所未有的冲击，给校园文化建设中一直倡导的构建校园共同价值理想的根本目标带来了严峻挑战。”⑥ 一方面，网络化使校园文化建设面临价值取向的多元化、人文精神的缺失、主体行为的失衡和世俗化浪潮的冲击等挑战；另一方面，网络文化的兴起又培养了现代思想观念，促进了教育方式的改变，拓宽了人际交往渠道，带来学生生活方式的改变，拓展了学校工作载体，提供了校园文化建设的新方法和新手段，丰富了校园文化内容，繁荣了校园文化生活。人们在网络环境下应该加强学校精神文化培育，突出精神文化的主导作用；加强学校制度文化建设，重视制度文化的引导作用；加强校园物质文化建设，发挥环境文化的熏陶作用；加强校园行为文化建设，强化行为

① 张必忠：《全面建设校园文化倾力打造特色学校》，载《江苏教育研究》2010 第 7A 期。
② 张建国：《大学精神视角下的校园文化建设》，载《教育研究》2010 年第 3 期。
③ 王建凤：《关于建设高品位校园文化的思考》，载《职业教育研究》2010 年第 2 期。
④ 祝成生：《公德意识：构建和谐校园文化的伦理基石》，载《思想教育研究》2008 年第 3 期。
⑤ 肖庆生：《论高校校园文化的德育功能》，载《思想政治教育研究》2008 年第 4 期。
⑥ 王文昇、黄长军：《网络环境下的校园文化建设》，载《电化教育研究》2009 年第 2 期。

文化的示范作用等。

四、隐性课程

在正式课程之外，隐性课程是教育文化环境中最具影响力的组成部分，对学习者的学业成就、人格、社交以及生涯发展均具有特别重要的潜移默化作用。

（一）隐性课程的概念

隐性课程（hidden curriculum），亦称隐蔽课程、潜在课程、潜课程、内隐课程或非正式课程等。“可以将学校教育中的潜在课程定义为：学校通过教育环境（包括物质的、文化的和社会关系结构的）有意或无意地传递给学生的非公开性教育经验（包括学术的与非学术的）。”① 隐性课程与正式课程一样旨在实现教育目的，因而，“隐性课程的概念被定义为自觉而精心地组织学校的环境、生活、方案和政策以达至学校教育的目的。”②

隐性课程的概念界定，一直有着诸多分歧。这既与不同的研究者采用不同的视角有关，也与其上位概念“课程”内涵的不确定性有关。人们对隐性课程定义的阐释，分歧主要在四个方面，即隐性课程在设计上是有计划的还是无计划的，在实施中是有意识的还是无意识的，在结果上是学术的还是非学术的，在范围上是在校内发生的还是在校外发生的。实际上，隐性课程是相对于正规课程而言的，涵括了计划与非计划、学术与非学术、有意与无意、情意与学术、校内与校外等教育经验，其根本特征是没有公开列入课程方案。正如《国际课程百科全书》中所描述的：“隐性课程是指学校教育的那样一些实践与结果，它们在课程指南或学校政策里没有明确规定，然而却似乎是学校经验中正常而有效的部分。”③

（二）隐性课程与道德教育

美国著名的道德教育理论家科尔伯格（Kohlberg，L.）通过研究揭示，“学校风气影响道德发展，而隐性课程则影响学校风气”④，因为“隐性课程包含着许多暗藏的道德假设与价值观，它们可能与教育者们认同而纳入自身道德意识系统的东西，完全不同”⑤。多年来对隐性课程的研究和实践也表明，隐性课程具有较强的德育功能，充分

---

① 参见靳玉乐：《潜在课程简论》，载《课程·教材·教法》1993年第6期。

② Sari，M.，et al.（2009）. Hidden Curriculum on Gaining the Value of Respect for Human Dignity：A Qualitative Study in Two Elementary Schools in Adana. *Kuram ve Uygulamada Egitim Bilimleri*. Istanbul：9（2），925-940.

③ Lewy，A.（Ed）.（1991）. *The International Encyclopedia of Curriculum*. New York：Pergamon Press，40.

④ Kohlberg，L. et al.（1980）. Moral Reasoning of Students in Different Cultural，Social，and Educational Settings. *American Journal of Education*，88（3），345-362.

⑤ Kohlberg，L. & Hersh，R. H.（1977）. Moral Development：A Review of the Theory. *Theory into Practice*，16（2），53-59.

利用隐性课程进行德育工作合乎人的思想品德和个性发展的规律。

道德教育十分复杂，学生的思想品德形成和发展是知情意行辩证统一的过程。思想政治课及其相关的德育实践活动，属于显性课程，但仅靠显性课程组织学生进行道德知识的学习是不够的。更重要的是使道德知识内化为学生的思想品德与个性品质，这只有在活动和交往中，在具体的实践活动中，让学生亲历体验才能渐渐培养起来。而校风学风、集体舆论、师生关系与文化氛围等属于隐性课程的内容，则能使人在学习活动中接受道德熏陶，并进而转化为道德情感、道德意志和道德行为。因此，德育隐性课程的范围非常广泛，而且对学生产生的影响也更加深刻持久。具体来说，隐性课程具有提高道德认识、陶冶道德情感和规范道德行为等功能。

至今人们仍在不断深入探究，隐性课程是如何促进道德发展的。有专门研究在两所学校考察了隐性课程对人类自尊（respect for human dignity）发展的影响。① 结果显示，两所学校的隐性课程尽管强度不同，但都具有与民主价值观不相称的特征。对大多数变量来说，学校生活质量越低，隐性课程与人类自尊不相称的特征就越多，而且学生在人类自尊上的出错行为频率就更高。所以，改善隐性课程需要不断深化研究，清楚地认识和把握其对诸如人类自尊这样的具体道德品质发展的影响因素与机制。

（三）网络隐性课程

随着网络教育兴起，网络隐性课程成为隐性课程研究的一个崭新主题。

1. 网络隐性课程的特点

网络隐性课程，是一种蕴涵网络特色内容和表现手段的隐性课程，是学生在网络信息、网络技术、网络资源和网络交互活动等网络环境中获得的非公开性的教育经验。它与传统学校教育中的隐性课程相比，具有虚拟实在性、开发性、平等性和交互性等特点。②

虚拟实在性指整个网络环境是虚拟的，但是其中的人物、事件与形象则是典型化的，更容易记忆、理解、动情与模仿等。开放性主要表现在学习时空、课程设置、教学组织、教学资源和交流形式的开放性。平等性指网络教育是通过间接的“人—机—人”交往方式展开，学生与教师形成了真正平等的教学关系。网络教育与课程的最终选择权，从教师转到了学生，教育的资源由教师单极拥有转向多极化发展，教师的权威因此弱化，教师由“权力阶层”转化为“参与阶层”，学生与教师在知识面前处于平等地位，实现着网络教育中师生关系的平等性。网络的平等决定了整个网络语言环境的平等，教学语言也相应具有平等性。在网络学习共同体里，领导角色由成员共享，无人发号施令，接受网络教育的学生都是在平等的教育机会面前进行自主、合作与协作的学习。课

---

① Sari，M.，et al.（2009）. Hidden Curriculum on Gaining the Value of Respect for Human Dignity：A Qualitative Study in Two Elementary Schools in Adana. *Kuram ve Uygulamada Egitim Bilimleri*. Istanbul：9（2），925-940.

② 参见廖诗艳、黄甫全：《网络教育中的隐性课程：概念、特征与文化建构原理》，载《电化教育研究》2004 年第 10 期。

程学习和信息获取等也打破了等级性，实现了课程与信息获取权利的平等。交互性指网络教学打破了传统的单向式学习的传播方式，具有学习行为主动性、交互性和创造性的特征。

2. 网络隐性课程的类型

网络隐性课程与传统教育中的隐性课程比较相近，主要分为物质形态、制度形态与精神形态三种类型，但是充分体现了网络教育的特点。①

物质形态的网络隐性课程，指人们上网所使用的物质设备和技术手段等。它们使学生在上网过程中有意或无意地掌握了有关知识技能和获得了有关的教育经验，主要包括网络技术、网络资源和管理平台。它能为人类的信息交流提供坚实的和物化的人文环境。制度形态的网络隐性课程，指维系师生个体网络教学生活及与相关的文化共同体的网络关系法则。它又可以分为"社会规范的网络文化"和"行为方式的网络文化"两种。社会规范的网络文化，是基于学生和教师个体的社会责任感和价值认同感，确定网络活动的道德准则和法律制度，从而构成了网络活动的基本依据和总体要求。行为方式的网络文化，是网络中师生个体在网络活动中约定俗成的规律性方式，它伴随网络活动中外在的物化技术力量和资源的演化而不断更新。精神形态的网络隐性课程，是师生个体和群体的精神的、内化的网络意识和素养的集中体现，它外化成为网络课程文化的精神支撑，是网络课程文化的核心之所在。

总体来看，隐性课程研究一般以道德教育为聚焦点，目前则逐步扩展到体育领域和深化到各个具体课目教育活动之中，并且向文化背景、课本分析、性别研究、教师教育、教师专业发展、心理辅导、孤独症治疗与评估开发等范畴渗透。

第四节 教育媒体

教育媒体具有"扩大教学规模""提升教学质量"和"增进教学效率"三大作用。②现代教育媒体的开发与运用，已经成为课程与教学改革的主要组成部分。

一、教育媒体概述

教育媒体（educational media），又称教学媒体或学习媒体。传统的教育媒体比较简单，作用有限。而现代教育媒体的技术和智能含量越来越高，作用也越来越大，甚至在改变和重塑课程与教学的性质和原理。

（一）基本概念

教育媒体泛指在教育过程中介于教师的教与学生的学之间，携带、传递与交流教育

① 韦德先：《网络隐性课程及其对高校德育之影响》，载《广西大学学报（哲学社会科学版）》2003年第10期。

② 参见李秉德主编：《教学论》，人民教育出版社1991年版，第276～278页。

信息的工具。它能储存、表达、传递和传播教育信息，能在教育教学过程中由人选择、控制和操作使用，分为传统与现代两种形态。传统教育媒体主要是话语、文字与教学用具，而现代教育媒体则是广泛应用于教育活动的各种信息通信技术（information and communication technology，ICT），生成了专门的教育技术学（educational technology）。现代教育媒体分为硬件和软件，硬件指装备或设备物件本身，如计算机、校园网、多媒体课室及互动电子白板等，软件指教学内容、教学软件、多媒体课件包等。

历史上，教育媒体的发展经历了“原始教育媒体”“古代教育媒体”和“现代教育媒体”三个阶段。原始教育媒体，应用于原始教育时期，包括人体各器官、生产生活工具、各种实物和口头语言等。作为最古老的教育媒体，形象直观是它们最大的特点，其局限是离不开人的亲身传授，效率较低。古代教育媒体，流行于古代社会。从古代社会一直到17世纪末，教育媒体增加了文字和书本等，是一种巨大进步，拓宽了教育教学活动的范围与深度。

而现代教育媒体阶段，则从夸美纽斯的《世界图解》出版至今，又具体分为三个时期。第一个时期，是17～19世纪，以直观教育媒体为标志。第二个时期，是从19世纪末到20世纪50年代。随着现代科技大发展，教育媒体开始体现电子化和现代化特征，产生了视听教学法。第三个时期为20世纪50年代至今。教育媒体由视听结合媒体发展到多媒体综合运用，使教育活动由单向传递发展到双向乃至多向交互作用。

根据作用于感觉通道的不同，人们把现代教育媒体分为视觉媒体、听觉媒体、视听媒体和综合操作媒体四种类型。顾名思义，视觉媒体是指主要作用于人的视觉通道的教育媒体，主要包括各类投影视觉媒体，如幻灯机和投影仪等。听觉媒体是指主要作用于人的听觉通道的教育媒体，主要包括扩音机、收音机、录音机、CD机和MP3/MP4等。视听媒体则是指既作用于视觉通道，又同时作用于听觉通道的教育媒体，主要包括电影、电视、录像、VCD和DVD等。而综合操作媒体是一类不仅能提供视听刺激，还可以让学习者接触并根据需要亲自操作的教育媒体，主要包括计算机和网络多媒体。借助于综合操作媒体，通过建立多媒体网络学校、校园网和多媒体课室网，教育与学习正在生成超时空形态，并且因为有了能集声音、真彩图形、动画演示于一体的媒体而日趋丰富与生动。

（二）主要潜能

现代媒体具有无限的教育潜能，显示出了信息容量大、多媒体、智能化、虚拟化和网络化等特点。随着信息技术和数字压缩技术的进步，现代教育媒体的信息容量越来越大。比如，目前的U盘容量均以“G”为单位，一个U盘就可以装下中小学学习和作业的全部用书；而移动硬盘则可以装载一个藏书丰富的“图书馆”。未来，光盘的容量还将继续增长。

现代教育媒体，能迅速且同时地呈现语言、文字、图形、动画、音频和视频等，能综合处理声音、图像、文字等多种信息，不受时空限制，还能指挥、控制其他教育媒体。比如，计算机同步接收到电视现场节目后，可根据需要储存并分解演示，还可通过其控制的投影和音响，欣赏到清晰的画面和优美的音乐。集视、听、触等各种感官刺激于一体，能产生出合乎自然的交流环境和方式，呈现多种刺激，有利于提高学习效率。

现代教育媒体具有高智能化特点。计算机融入教育过程，使过去“师—生”的单一教育界面，丰富为“师—机—生”的多样教育界面。这正在改变以往教师向学生传授知识、学生向教师上交作业的单向教学关系，创新超越时空的多维双向互动教育形态。例如，计算机不仅能与学生进行教学“对话”，实现双向互动，而且能即时管理教学，监督和评价学生的学习效果；而网格技术（grid technology），则能使教师群体与学生群体超越时空开展同步或异步互动教育活动。

现代教育媒体，可以在“真实班课”与“真实现实”之外，创设超越时空的“网络班课”和“虚拟现实”环境，使学生真正实现自主学习并获得身临其境的感受。人机交互方式和内容从简单的数字和图形发展到人与“虚拟现实”交往，学生可以获得三维的视觉、听觉等逼真的体验。计算机能模拟真实的生活情境，为学习者提供虚拟学习环境，通过模拟练习，获得在现实情况下无法或不能获得的感性经验和真实体验，以训练学生的一些特殊技能。

网络化教育将是多层面的。首先是上课网络化，师生凭借网络进行课前共同备课、课中互动上课和课后适时作业批改。其次是校园网络化，把学校的全部课程与教学信息完全数字化，让全校师生在校园网中自由共享。再次是全国性或全球性的多媒体教育网络和课程与教学网络，为学习者提供新的教学“场所”，实现全国或全球学习信息资源共享。

（三）重大意义

现代教育媒体为解决传统课程与教学所存在的一些问题创造了良好的机遇，同时也给当前的课程与教学理论和实践带来新的挑战。这些机遇与挑战是全方位与全层次的，迫使我们创建新型课程与教学，重塑课程与教学性质，重建课程与教学基础，转换课程形态，革新教学方式，建构学习环境和创新学习为本评估等，因为“最好的技术如果没有与使用这种技术相适应的教学，它在教育环境中就毫无用处”①。

现代教育媒体正在重塑课程与教学性质。在现代信息技术环境里，人类知识与学习存在形态产生了剧变，更新为“网络化知识与学习”。“把学习和知识看做网络现象，很大程度上改变了20世纪我们体验知识的方式。”② 课程与教学性质，正在从过去教育者包办的“选择与转化知识”，转变为师生合作的“开发网络化知识学习资源”。课程与教学的根本基础，就开始从已有的“知识作为名词”的“认识论”和“知识传递”的学习论，发展为“知识作为动词”的“新知识论”和“知识网络建构”的具身学习论（embodied learning）。正如学者所揭示的：“学习是建立网络的过程。”③ 而课程形态，在学科形态的基础上，历经活动形态的改造，开始走向“整合课程”形态。课程内在价

① 联合国教科文组织国际教育发展委员会编著，华东师范大学比较教育研究所译：《教育——财富蕴藏其中》，教育科学出版社1996年版，第172页。

②③ ［加］G. 西蒙斯著，詹青龙译：《网络时代的知识和学习——走向联通》，华东师范大学出版社2009年版，第3、28页。

值取向从“满足教师的教授需要”转向“满足学生的学习需要”。所以，整合课程也就是学习化课程（curriculum for learning）。

面对学习化课程的勃兴，已有的教学模式（teaching model）遭遇到课程革新的严峻挑战，人们开始广泛探索与建构有效学教方式（approaches to effective learning and teaching）。综览已经建构使用的各种教学方式，基本特征均为“学生自主”和“以学习为名”。所以，革新教学方式就是创新一系列的学习方式（approaches to learning），它们所具有的共同特征使得人们将其统称为“教育教学情形中的自主学习（self learning in education and classroom settings）。

西方的教学即评价（teaching as evaluation）和学习即评估（learning as assessment），中国的“中年考校”曾经是人们的理想与渴求，但在缺乏技术支撑情形中导致了“应试教育”。有了信息技术就不同了，网络化学习为本评估（network supported and learning-oriented assessment）理论与实践孕育起来了，科学设计的自动评价与反馈体系借助技术融入了学生的学习过程与教师的教授过程，一方面杜绝了或者至少降低了人工作业、测验与考试的主观随意性，另一方面将师生从烦琐的评价中解放出来，使他们将时间、精力与资源都悉数投入到教育教学过程中。为了确立和实现学生自主学习地位，人们凭借高新技术将用武之地开拓到了学习环境（learning environment）领域，基于学校与课堂真实情形，如何开发教育资源、优化学习环境、增加学习机会和丰富学习经验，成为当代教育媒体研究的核心主题。

二、网络多媒体的开发与应用

当前教育正在步入网络多媒体时代，网络多媒体的开发与应用方兴未艾。

（一）网络多媒体的概念

多媒体应用于教育，虽时间不长，但变化却快，可划分为“多种媒体组合”“程序教学”“多种媒体系统”“计算机辅助教学”“多媒体辅助教学”① 和“网络多媒体课室”六个阶段。每个阶段没有明显的结束，即使是最原始的多媒体，也可以在最现代的教学中找到它们的影子。人们先创建了计算机辅助教育（computer-based education，CBE），分为计算机辅助教学（computer-aided instruction，CAI）和计算机管理教学（computer-aided management，CAM），继而建构了多媒体计算机辅助教学（multiple computer-aided instruction，MCAI），至今凭借网络多媒体开拓出了网络化学习环境（Internet-Supported Learning Environment，ISLE）。② 所以，这里先简要介绍教育领域的多媒体、网络与网络化多媒体三个基本概念。

1. 多媒体

所谓多媒体，是指计算机综合处理文本、图形、图像、音频与视频等多种信息，建

---

① 参见刘同侃编著：《多媒体教育应用基础》，电子工业出版社1998年版，第1～6页。

② Bekele，T. A.（2010）. Motivation and Satisfaction in Internet-Supported Learning Environments：A Review. *Educational Technology & Society*，13（2），116-127.

立多种信息之间的逻辑连接，集成为一个具有交互性的系统，能同时抓取、处理、编辑、存储和呈现两种以上不同类型的媒体信息。当前，许多教师都在大量开发或选用多媒体CAI课件。多媒体CAI包括硬件系统和软件系统，其中软件系统包括课件和运行环境。课件本身是在特定的开发环境中利用适当的工具软件制作的，它包含具体教育内容。目前，课件开发是我国多媒体CAI领域人们最为关心的课题。课件制作通常以教学设计理论为指导，运用系统的观点和方法，按照教学目标和教学对象，合理地选择和设计教育媒体与信息，并在系统中有机地组合，形成最优化教学结构。① 课件制作过程包括课件设计、脚本编写、软件开发和软件修改等环节。为了方便教师制作多媒体课件，国际上已经开发出多种多媒体课件制作工具。这些多媒体创作工具，为教师提供一套符号化工具或者图标，教师可以通过对各种图标进行直观的布局来创作课件，从而取代了编程语言，教师能轻松地设计出融图、文、声、像以及动画于一体的课件。目前常用的课件制作工具，有Authorware Profession（简称Authorware）、Hong Tool、Multimedia Toolbook、PowerPoint等，其中简单好用的有Authorware和PowerPoint。

2. 网络

这里的网络是计算机网络的简称。计算机网络通常是指把地理上分散在不同地方的计算机按照网络协议系统地连接起来，实现内部通信和共享硬件、软件以及数据等资源的系统。按照网络的分布范围的标准，计算机网络可分为局域网和广域网。② 广域网在地理上可以覆盖一个地区、一个国家甚至全球，将各个广域网相互连在一起便形成网间网，如国际互联网（Internet）。局域网根据不同的范围，又可以划分为若干类型，如中国教育与科研网（CERNET）、校园网和课室网。

互联网是由分布在世界各地的计算机通过协议和工具连接而形成的集合。互联网可以创建网络学习环境，使学习者不受地理位置的限制，减少时间上的浪费，大幅度提高教学效率。我国20世纪90年代开始投资国内的计算机网络建设并与互联网连接，已经建立了中国教育与科研网（CERNET）等几个网络资源和应用系统，在网上提供服务。③ 校园网实质是局域网，它把学校内部的多媒体计算机课室、图书馆、学科实验室、教研组办公室、行政办公室等设置的计算机，全部用光纤或者电缆连接起来，配备网络服务器，实现全校信息管理、教育教学和图书阅览电子化。④ 校园网的教育功能，主要有“支持教师的教学与科研”“促进因材施教”“支持学生课外活动”“促进信息资源有效管理”和“促进学校管理与领导”等方面。

3. 网络多媒体

当代多媒体正在网络化，已经孕育出了网络多媒体，并以无与伦比的优势登陆教育和教学领域，应用越来越广泛。网络多媒体是集计算机、多媒体和网络于一体的综合操作媒体，能够在网络中实现传输与交换图形、图像、声音和文字等。因此，网络多媒体

---

①④ 参见刘同侃编著：《多媒体教育应用基础》，电子工业出版社1998年版，第156、252页。

② 容世彦、仲池主编：《现代教育技术基础》，宇航出版社1999年版，第292页。

③ 参见虞和洵主编：《校园网的建设与管理》，东南大学出版社1997年版，第10～22页。

必需的环境包括“特殊设备环境”和“运行网络多媒体的计算机设备”两方面。

网络多媒体不仅对传统多媒体的集成性、交互性、网络化、虚拟化和智能化有了新的演绎，而且可以使教师随时可以借以实现点对点教学，随时检查学生学习情况以及调整教学进度和讲课形式。除此之外，网络多媒体还具有数字化、平等性和个性化的特点。

（二）网络多媒体课室

网络多媒体课室，是指装备了计算机局域网系统以及多媒体教学系统的课室，它由网络、多媒体与课室融会创生而成。目前，典型而先进的网络多媒体课室，主要由专门设计制作的活动式讲台讲桌、混元式课桌椅、学习角、生活角、工作台、展示角、文件服务器、计算机网络系统、多媒体投影仪、互动电子白板、高清晰观察与录播系统等构成。其中，混元式课桌（blended desk）是创意设计制作的，虽然系常用的桌面盖屉式，但是抽屉里专置无线上网的手提电脑，为常规教学与网络教学分开或结合提供了充分条件；而互动电子白板（interactive whiteboard）是最新面世的集成性网络多媒体教学设备。①

互动电子白板的创新之处集中体现为一块白色的触感式计算机大屏幕，屏幕与一台主操作计算机直接相连，并通过计算机与网络相接，而且上置投影仪，内置即时存储系统。互动电子白板，还代替了天花板高挂投影仪和传统课室黑板或白板。这样，网络上和计算机屏幕上的多媒体内容，可以通过投影仪直接上大屏幕向全课室展示；师生在大屏幕上，既可以直接取用计算机里与网络上的各种多媒体教育资源，又可以即时设计与制作多媒体教学作品，进而还可以利用这些资源和作品，开展师生间、生生间和自我间互动式教学活动。不仅如此，它还可以将教学活动使用的资源和师生作业作品即时记录保存，配合高清晰数字录播系统对课堂教学活动及其声音的记录保存，就为新兴的校本教学行动研究提供了数字化的真实研究对象，解决了行动研究备受责难的真实性与客观性危机。

出乎意料的是，互动电子白板的发明、发展与应用，不仅实现了曾经仅仅是理想的生成性与互动性教育哲学，而且很快就会成就“教学即研究”的研究性教育哲学。这样一来，网络多媒体课室，既是互动性的，也是生成性的，还是研究性的！

三、信息技术与课程整合

信息技术与课程整合存在三种取向：一是信息技术整合与创新课程；二是课程整合与应用信息技术；三是信息技术与课程互动性双向整合，以创新整合型的信息化课程新形态。

（一）基本概念

信息技术与课程整合（integration of ICT and curriculum），作为教育情境中一种具

---

① Marsh, C. J. (2009). *Key Concepts for Understanding Curriculum* (4th Ed). London: The Routlege, 179.

体的创新活动，有着历史、社会、人和现实的多种规定性。所以综合地看，“信息技术与课程整合实质上就是一种基于信息技术的课程研制理论和实践，它针对教育领域中信息技术与学科课程存在的割裂和对立问题，通过信息技术与课程的互动性双向整合，促进师生民主合作的课程与教学组织实施方式的实现和以人的学习为本的新型课程与教学样式的发展，建构起整合型的信息化课程新形态，进而使信息文化与学习者的学习生活整合而成为有机的连续体和统一体。”① 信息技术与课程整合作为一种新型课程研制理论与实践，具有信息化、学习化、民主化和文化化等丰富的内涵。

（二）基本原理

信息技术与课程整合的基本原理，是一个重要课题。信息技术与课程整合旨在建构整合型的信息化课程新形态。从文化视角看，课程作为进入教育领域的特殊文化，实质就是人的学习生命存在及其优化活动。而人的学习总是具体的知识学习、经验学习、文化价值学习以及学习的实现。因此，信息技术与课程整合的基本原理包括“知识的整合”“经验的整合”“价值的整合”以及“课程研制的整合”。

学习首先是知识的学习，其实质在于理解和把握知识的内在联系。所以，知识的整合就是建构“知识的自身联系”“知识之间的联系”和“知识与生活的联系”。

学习经验强调学习者与学习环境的相互作用，强调学习者在经验过程中具有主动性和能动性，强调“活动”中学习心理与经验世界的双向互动。所以，经验的整合就是学习者身心与其学习经验世界的“空间维度上的双向互动”“时间维度上的双向互动”和“时空统一维度上的双向互动”。

价值学习过程是个人的一定价值观的形成和发展过程。价值的整合就是建构价值学习的自由选择机制，这种选择机制必须“贯通”学习者的“价值认识、理解和体验”的全过程。在教育和课程领域，价值的整合涵括了在民主化背景中“多元价值”的认同。在民主化社会，教育和课程的职能就是为来自不同背景的学习者提供共同的经验。这样，价值的整合原理，就是遵循价值观发展的选择性和过程性来充分开发和超越信息技术课程化的“虚拟”价值。

因为课程与文化之间存在互动关系，信息文化必然催生与之相适切的新课程文化。所谓“课程研制的整合”原理，指的是“信息技术与课程整合”通过基于信息技术的课程研制，创生出信息化课程文化。信息化课程文化，是以人的学习为本的新型课程文化。信息技术与课程整合，强调学习者参与课程研制，即学习者要全程参与规划、实施和评价等课程研制全过程，成为名副其实的课程规划者、课程实施者和课程评价者，从过去被动的教授内容的接受者转变成主动的学习经验的创造者。

（三）基本策略

信息技术与课程整合的基本策略，是依据一定的信息技术理论以及教育与课程理论，为满足教育信息化和课程改革的需要，按照系统结构基本原理提出的加强和促进信

---

① 黄甫全：《试论信息技术与课程整合的实质与基本原理》，载《教育研究》2002年第10期。

息技术与课程整合的行动路向和基本措施。研究者已经提出了“提升共时态结构”“优化历时态结构”和“创新课程材料包”三大基本策略。

1. 提升共时态结构

课程与教学系统由课程研制者（教师）、课程学习者（学生）、教育内容和环境四大要素组成。在信息技术与课程整合中提升共时态结构，就是提升课程与教学系统四大要素及其关系的信息化程度，包括提升课程研制者和课程学习者的信息素养，改善教育内容与教育环境和优化课程与教学内部关系等。

优化课程与教学关系，实际就是优化并建构信息化学习的课程与教学系统要素之间的关系，使课程与教学成为学生的学习环境，使学生学习真正成为信息化的学习。所谓信息化学习，包括以信息技术为对象的学习和以信息技术为学生“劳作”（work）工具的学习，也就是使学生生活在信息文化环境中实现的“体验—陶冶”的学习。

2. 优化历时态结构

课程与教学过程的历时态结构，是指课程的理念、目标、内容、结构、学习经验、教学活动样式以及评价等要素及其关系。在信息技术与课程整合中优化历时态结构，就是形成信息化理念、研制信息化目标、选择信息化内容、建构信息化结构、实现学习经验转化、创新信息化教学活动样式、发展信息化评价技术和方法及其优化课程与教学过程。

3. 创新课程材料包

随着信息技术的发展，网络多媒体正在逐步成为主流的课程物质载体和新型学习环境。在这一转换背景里，信息技术与课程整合的基本策略之一，就是创新和建构信息化课程材料包。课程材料是对教材的超越，既包括教材，还包括“学材”、课本分析、教学指南、学习指南、补充材料、多媒体材料和网络材料等。课程包作为电化教育的产物，是为实现特定教育目标，基于现代信息技术开发的一套相互关联的课程材料，包含了借助于多媒体网络实现的以学习活动为核心的多重教育活动，主要由电子书包以及可以链接与嵌入的网络多媒体资源库组成。现代课程包主要包括电子书包及其支撑资源与技术体系，后者又分为本地课程资源库、远程网络课程资源库和课程材料整合技术平台。

（四）教育创新

信息技术革命造就了网络教育新形态。信息技术与课程整合，出人意料地改变了传统的和常规的课程、教学与学习，创造出了新型的网络课程、网络教学和网络学习。

1. 网络教育

网络教育又称电化学习（e-learning）。网络教育是指在网络环境下，以现代教育思想和学习理论为指导，充分发挥网络的各种教育功能和丰富的网络教育资源优势，向教育者和学习者提供一种网络教与学的环境，传递数字化内容，开展以学习者为中心的教育活动。①

网络教育不仅具有共享、虚拟、交互、协作、检索和服务功能，而且具有教学时空

① 参见程智著：《网络教育基础》，人民邮电出版社 2002 年版，第 7 页。

的开放性、教学内容的多媒体呈现、教学模式的个性化、师生关系的平等性、教学方法的多样性、教学管理的自动化、学生学习的终身性以及科学精神与人文精神相融合等特点。国内外均在争相利用这样的功能和特性，建设网络学校，大力发展网络教育。

2. 网络课程

我国教育技术专家普遍认为，网络课程是"通过网络表现的某门学科的教学内容及实施的教学活动的总和，它包括两个组成部分：按一定的教学目际、教学策略组织起来的教学内容和网络教学支撑环境"①。这是我国教育工作者根据我国的多年实践所作的高度总结，也正在指导着我国网络课程开发的实践。

首先，网络课程具备"课程"的一切特征，如包含教育目标、教育内容、教学实施、教学评价及教学管理等，是网络课程的基本特征。其次，它一定要体现"网络"的属性，基于计算机、多媒体、通信以及网络技术的数字化是网络课程的重要特征。再次，网络课程应该体现网络教师教学与学生学习分离的特征，应站在学习者的角度，以学习者为中心来考虑一切问题。所以，从本质上讲，网络课程所预期获得的数字化经验总和，是人的数字化学习生命存在及其优化活动。而从操作层面看，网络课程是选择确定的数字化教育内容、教学活动、教学评价以及教学管理的有机集合体。

所以，开发一门网络课程，必须以数字化技术作支撑，以学习为本，研制出配套的具体教育内容、教学活动、教学评价和教学管理。

3. 网络教学

网络教学，是利用互联网的各种特性和资源开发出超媒体教学程序以创造一种有意义的学习环境，进而促进和支持人们的学习。② 从课程设计、准备以及管理的过程来看，网络教学具有教学材料、教学设施和教学环境等方面的特征。

教学材料特征，是网络教学与传统课堂教学相区别的特点，指网络教学其实是一种网络教学材料，这种特殊教学材料包含的项目有互动学习、开放系统、学习者自我管理、多媒体课本、在线支援、在线查询、网上资源和安全性等。教学设施特征，指网络教学其实是网络教学设施，是为网络教学活动得以开展而开发利用的各种网络工具，包括电脑、互联网、电子邮件、搜索器、浏览器以及网页制作的程序语言等。教学环境特征，指网络教学实际上是利用电脑网络的特征来营造一个虚拟现实的教学环境，包括虚拟课室、虚拟图书馆、虚拟个案讨论以及虚拟实践调查等。

4. 网络学习

网络学习，常称为数字化学习（e-learning）。它是一种新型的学习方式，利用各种数字化技术的功能特性和资源以及其他形式的学习材料以创建开放式学习环境，面向任

---

① 教育部现代远程教育资源建设委员会：《现代远程教育资源建设技术规范（试行）》，2000 年 5 月。

② See Khan，B. H.. Web-based Instruction：What is It and Why is It? In Khan，B. H.（Ed.）. *Web-based Instruction*. NY：Educational Technology Publications，1997，5-18.

何时间任何地点的任何人，实现精心设计的、以学习者为中心的、交互性的和促进性的学习。[①] 实质上，网络学习反映了教育领域中的一种范式性的变革，不仅对学生而言，对于教师、培训者、管理者、技术人员或其他支持服务人员以及教育机构而言也是如此。网络学习是一种新的教育方式，在学生、教师和支持人员互不见面的环境中为各种学习者提供学习机会。这种学习环境是一个开放系统，它拓展了学习的边界而使之具备了开放性和灵活性，学习者可以决定何时、何地进行学习。

在课程与教学设计中，网络学习的因素被归为“机构”“教学法”“技术”“界面设计”“评价”“管理”“资源支持”和“伦理”八个维度，从而形成了一个网络学习的系统结构框架。这个框架是一种非常有用的工具，可帮助设计者在开发网络学习的过程及其各个步骤中，妥善考虑和处理所做工作的各个侧面，以促进和完善网络学习。

信息技术与课程整合，对已有学习研究、课程研究与教育技术开发的分离传统与现状提出了严峻挑战，呼唤心理学、课程与教学论以及教育技术学携手结成新型研究共同体，深入而具体地开展网络教育、网络课程、网络教学和网络学习等主题的探究和建构。

信息技术的发展与应用，可谓一日千里！不知不觉地，“在课程适切性与班课时间有效利用的诉求环境中，教师已经变成了技术的批判性消费者。”[②] 所以，只有通过吸纳教师参与设计活动，学习技术的研究者们才可能创造这样的奇迹。他们提供给一线实践者的东西，不仅是崭新的，而且是适切的和适用的，从而有效地帮助无数校长与教师，为那些渴求知识与成长的学生们，开发出信息技术支持的新颖学习环境。

第五节 学习环境

开发并优化学习环境，旨在满足人的学习需要和合乎人的学习本性，从而实现当代“学习为本”教育价值目标。

一、学习环境的概念

许多研究者都对学习环境概念进行过界定，归纳起来有“空间/场所说”“资源/工具说”“组合说”“情况/条件说”“功能性描述”和“综合性阐释”等几种类型。[③] 学习环境，广义上泛指课堂、学校、家庭乃至社区里一切作用于学习活动的学习资源与人际关系的组合。就空间场所来说，学习环境是由学校的建筑、课堂、图书馆、实验室和操

① 参见张建伟编译：《开放灵活的分布式学习环境》，载《现代教育技术》2003 年第 4 期。

② Connelly, F. M. (Ed.). (2008). *The SAGE Handbook of Curriculum and Instruction*. Los Angeles: SAGE, 140.

③ 尹睿：《学习环境的技术哲学分析与建构》，华南师范大学博士学位论文开题报告，2009 年 6 月。

场等，家庭和社区的学习设施所组成的学习场所。① 就内在组成因素来说，学习环境既包括丰富的学习资源，又包括人际互动的因素。学习资源包括学习材料（即信息）、帮助学习者学习的认知工具（获取、加工、保存信息的工具）、学习空间（如课室或虚拟网上学校）等。人际关系包括学生之间的人际交往和师生之间的充分的人际交往，学生不仅能得到教师的帮助和支持，而且学生之间也可以相互协作和支持。②

狭义上，学习环境专指班课环境，包括班级课堂上影响学习活动的各种设备、资源与因素。“班课环境是学习过程的有机组成部分，没有哪位教师或学生可以不受其影响。”③ 班课环境是保障学生个体安全舒适并进行认知的资源，教师理应有能力加以开发改善以激发创造与创新的灵感。一方面，人们一直在持续革新学习环境，电子化（fully electronic）或网络化（internet-supported）的学习环境已经在规划与建构当中，一些范型已经出现。另一方面，有人则在提倡“绿色学校”（green school）和“绿色班课”（green classroom），采用自然阳光与空气流通。

二、班课学习环境的空间利用

班课学习环境中空间利用情况，直接影响学生的学习效果。空间利用是指在限定的课堂或开放的教学场所里，教师为达到某种教学目的而将设备与空间组合成特定的模式。

（一）班级课堂情境

在班级课堂里，怎样利用空间是非常重要的，但却常常被想当然地加以处理。这需要重视与纠正。教师要尽力使所有设备及工具得到最好的利用，同时方便学生使用。包括书橱、学生放置个人用品的柜子、各种放置实验用具和电教用品的设施等，都应该根据学生的年龄特征、学习需要，安排特定的课室结构。比如，小学低年级的学生由于学习注意力不集中，尚未养成良好的学习习惯，需要教师进行行为控制，一般就采用一排排课桌面对黑板的传统模式。但随着学生年龄的增长，他们需要师生间和同学间的更多交流。教师就应该根据实际情况，采用各种相对开放的空间模式，比如四人小组的形式、U形或H形的模式。

教师需要经常思考的是：在优化学习环境的原则下，如何安排这些课桌、橱柜、设备等，才能增大不可见的空间，给学生提供更多的活动空间；在合理合法前提下，如何开发学校的、家庭的与社区的各种资源，以充实班级课堂环境；在学生自主学习的原则下，如何引导学生自主设计与开发教学用品，以装饰、美化与丰富班级课堂学习环境；

---

① Frederick G. Knirk，F. G.（1979）. *Designing Productive Learning Environment*. Educational Technology Publication，Inc..

② 何克抗、郑永柏、谢幼如编著：《教学系统设计》，北京师范大学出版社2002年版，第190～191页。

③ Marsh，C. J.（2009）. *Key Concepts for Understanding Curriculum*（4th Ed.）. London：The Routlege，175.

在互动学习的原则下，如何引导和组织学生进行合作活动学习，营造活跃的人际关系环境；等等。

（二）课室组织的两种类型

有效的课室组织（organizing rooms）有“场所型”（organized by territory）和“功能型”（organized by function）两种。①

在场所型组织的课室里，如何分配和安排学生的课桌椅子起主要的决定作用。可以假定，每个学生都需要自己的“领地”或学习空间，这是考察特定学习活动如何发生的基础。虽然教师会努力创生一些相当不同的课桌结构，以鼓励学生之间特定类型的互动，但是每种活动的焦点及课桌的方位，仍然会使教师成为中心人物。

另外，在功能型组织的课室里，空间分配依据的是，一定科目领域里的专门材料如何才能方便使用，或专门活动如何才能有效开展。这在小学低年级以及中学一些特定科目领域里，是比较普遍使用的。如果一间课室中有几种不同的功能区域，那么就需要进一步考虑，每个区域应该如何安排来与其他区域相关。

过去的课室空间，较多是场所型组织。随着学生学习需要多元化的发展，功能型组织的课室空间，将受到越来越多的重视。学习角（learning stations），就是“功能型”的空间组织例子。简单说来，学习角就是课室里一组学生为完成指定的具体科目主题学习任务而在一起学习的地方。通常，每个位置都有资源材料，而任务就写在有颜色的编码卡上，这样学生个体或小组就能全神贯注地学习而几乎不用老师的监管。有时一间课室可能只设置三或四个学习角，从而使得相互间都有足够的空间将噪音的相互干扰减到最小程度，同时又可以很方便地通到其他提供学习帮助的区域，比如师生进行讨论作业的资料台。

（三）学生需要与课室空间

教师在考虑课室空间安排和使用模式时，最重要的依据是学生的学习需要。已有研究表明，有些学习需要基本上是学生共同的要求，包括：②

（1）学生需要坐在课室中能轻易参与学习活动的地方；

（2）学生需要与伙伴坐在一起；

（3）学生需要有与教师相一致的学习目标及价值取向。

此外，还要考虑学生的个别需要。比如，一些学生会下意识地靠近教师，确保能与教师进行语言及非语言的交流。而有些学生则不然，他们没有这种意识，而是尽量坐得离教师远一些。所以，教师要根据学生需要，尽可能让学生坐在课室里合适的地方，这样才能获得学生在活动中的最大参与度。比较理想的方法就是，教师和学生一起商议为某种目的行为准备和安排课桌椅。

因此，教师要了解学生的学习需要，并据此为他们提供尽量多样化的教学方式。教师必须清楚地认识到，有些教学形式在一些情况下也许是不适合一部分学生的，切忌一

①② Marsh，C. J.（2009）. *Key Concepts for Understanding Curriculum*（4th Ed.）. London：The Routlege，176-177，177-178.

成不变。

（四）空间利用的匠心独用

当代，人们可以根据“传统—现代整合”“学生与环境互动”“预成与生成”与“教学与研究交融”等原则，创造性地进行班课空间利用的设计与开发。家具与设备布置，学习角与生活角创意，偶像贴板与布告栏设计，现代化互动电子白板布置，节日与主题活动装饰，乃至诸如学生涂鸦、摄影、剪纸和书法等美术创作等，都可以供教师引导和组织学生一起来设计与开发，借以装点班课环境。另外，如果资金条件允许，还可以设计和应用基于信息技术的“观察与录播技术系统”，既可以用做教学资源，也可以用做研究工具。

（五）空间利用的自主评估

为确保并提升班课空间利用的有效性，可以采用以下问题来进行自主评估。

1. 教具与设备过多而累赘了吗？
2. 整个班课空间都已经最好地利用了吗？
3. 空间利用是怎样满足不同学习活动的安排与需要的？
4. 空间利用是怎样得到有效分享的？
5. 空间利用是怎样具有吸引力和激发力的？
6. 桌椅与作业区域分组，是怎样反映学生与任务特别是计算机辅助学习任务的需要的？
7. 学生懂得班课组织的程度如何？
8. 资源配置是如何适当与有效的？
9. 资源与空间的好用程度如何？
10. 学生与教师行走方便吗？
11. 空间组织是怎样有效促进学生互动的？

三、其他物理与心理因素

丘吉尔（Churchill，W.）曾说过：“我们建造了建筑，建筑造就了我们！”这个隐喻告诉我们，必须优化环境，让优化的环境造就优秀的新生一代。环境包括物理因素与心理因素，尽管它们两者之间很难清晰地区分开。①

（一）主要的物理因素

环境中的物理环境因素会对学生学习过程的情感状态产生作用，进而影响到学习效果。影响学生学习过程的情感状态的物理因素，主要有颜色、噪音、温度、装饰、桌椅舒适和班课规模。

教学环境中各种设施的颜色会影响学生的视觉感受和智力活动。一般来说，浅绿色

① 本部分引自 Marsh，C. J.（2009）. *Key Concepts for Understanding Curriculum*（4th Ed.）. London：The Routlege，180-187.

和浅蓝色会使人产生安静与和谐的感受，易于消除大脑疲劳；而红色与橙色则会容易过度刺激大脑兴奋，让学生产生不安宁的感觉。另外，课室也可以布置得色彩相对丰富一些，很多项目是可以加上颜色的，如墙上布置艺术画和书架粘贴风景照等，都可以增强视觉效果，但是要根据课室的整体氛围来设计，避免零散纷乱。

声音对学习影响很大。噪音是一种让人产生不安或不适应的听觉刺激，会严重干扰学习活动的正常进行，影响学习效果。在噪音环境中学习的人会容易感到疲惫与注意力涣散，严重的还会发生多疑与易怒等情绪波动。因此，学校应该选择远离喧嚣的区域，尽可能安装隔音设备，减少噪音干扰。另外，在教学活动过程中，为学生提供音量适中与悦耳舒缓的背景音乐，则能使学生紧张与疲劳的神经得到放松，让他们产生愉快的学习情绪。

适宜的温度是良好学习环境的一个重要要求，它影响着学生的舒适水平、心理警觉以及学习效率等。一般情况下，中等温度范围（约 20～25 ℃）对学生的学习最有利。而过高或过低的温度都不利于学生的身心感受，高温会使某些学生感到困扰和不舒适，在一些极端的情况下，学生可能会昏昏欲睡甚至感到恶心；而低温也会降低学生的学习情绪，甚至产生负面行为。因此，学校要根据实际情况，安装一些设备，使得温度保持在理想的水平。

学习环境的装饰也会影响学生的情绪、思维、美感以及学习效率。校园整体上是一个大的学习环境，因此装饰不应该只局限于课室，还包括课室外的走廊和楼梯、图书馆、实验室与师生宿舍等学生学习活动的场所。而装饰的形式也应该多样化，植物、名家名画与学生教工书画作品等具有感染力的事物，只要能够给予师生美的熏陶和积极向上的精神感染，都可以广泛采用。而在课室装饰上更要注意与学生日常学习密切结合，符合学生的学习心理，比如在课室适宜装饰简单的名言警语挂图、世界地图与小型盆栽等。装饰既不能太花哨以致分散学生的学习注意力，也要对学生起到耳濡目染和潜移默化的教育作用。

班课规模指一个班级上课时学生人数的多少。谁都懂得，学生人数少，教师投放给每个学生的平均关注就会增加，师生互动也会增加，学生的学习积极性亦会提高。总之，“小班能够为学生学习创设优化的学习环境。”① 在已有研究中，尽管小班化是否能显著提高学生的学业成就还有很大争议，但是已经得出以下几点结论：

（1）在低年级，小班化对孩子产生了可持续的益处，孩子在小班里学习时间越长，所获得的益处就越大；

（2）当班额小于 20 人时，低年级学生从小班化获得的益处会更大；

（3）男孩与女孩分别从小班化获得的益处具有相等性；

（4）小班化在小学高年级和中学可能的益处，尚需研究证据加以验证。

---

① 陶青：《小班化教学：走向个性自由——一种文化哲学的考察》，华南师范大学 2009 年博士学位论文。

（二）心理环境

学习者对班课环境的感受，直接影响其学习及其结果。所以，人们为了探讨与建构更好的“人—境相适”（person-environment fit）班课模式，开发了班课环境量表、班课状况调查问卷和班课教学状况调查问卷等新型专用工具，深入到心理层面对学生的班课环境观念进行了大量研究。有学者开始研究与建构基于计算机的网络化班课的学习环境，通过对比初步发现，学生的满意度与心理环境变量的联系具有显著性，而与物理环境变量的联系则不具有显著性。

心理环境涵括面比较广泛。除了前述有关因素外，还有能力分组或重点班与非重点班、独立男校女校、男班女班、民校公校、家庭学校以及来自工商界的指导服务等。此外，学校与社区交往过程中，寺庙道观、社区教育机构等开展相应的有组织、系统化的教育活动，学校采用的社区服务学习等，都会在心理层面对师生尤其是对学生产生重要影响。

随着学习化社会的发展，学校逐渐成为一种学习共同体或学习化社区。因此，学校教育环境也显现出“学习化”的发展趋势。于是，学习环境迅猛成长，不仅成为环境研究的主要组成部分，而且逐步成为环境研究的新阶段。

思 考 题

1. 试分析、概括并阐述教育活动所涉环境有哪些层次？

2. 试考察和阐述课程协作参与具有什么样的环境特性？

3. 当代学校文化建设具有哪些重大主题？试选择一个加以专门考察与探究。

4. 试分析教育媒体具有什么样的环境特性？

5. 教师如何建构和优化班课学习环境？

6. 请就你在前面学习中提出的具体课程与教学问题，进一步分析和挖掘所涉环境问题。

第三编　课程与教学过程

课程与教学活动，具有连续性、变化性以及方向性等特征，集中表现为过程性。在课程与教学过程中，人们直面的是教育研究领域的两大专门问题：“教学什么?”“怎样教学?”著名教育家泰勒（Tyler，R. W.）以经验主义为价值取向，将它们进一步具体化为四个特殊问题：“学校应该达到哪些教育目标?”“如何选择可能有助于达到这些目标的学习经验?”“如何为有效教学组织学习经验?”“如何评价学习经验的有效性?”经过多年发展，人们的问题更加多样而全面，形成了至少六大问题：“学校课程与教学活动的合理性何在?”“学校应当达到什么样的目的和目标?”“选取什么样的文化内容才能实现这样的目的和目标?”“怎样有效地组织和开发教育内容?”“怎样实施有效传递和转化教育内容的教学活动?”“怎样评价课程与教学过程的有效性?”人们围绕这些问题开展的实践与研究，形成了课程与教学过程的六个要素，它们是“关于个体、社会和自然的理论”“教育目的和目标”“教育内容”“课程结构与组织”“教学活动样式”和“评估与评价”，可以简称为“原理澄清”“目标设计”“内容选择”“组织开发”“方法应用”与“评价反馈”，它们又被叫做课程与教学过程的基本环节。

人们对这些问题、要素或环节进行了长期的研究与探索，获得了特别丰富的研制优质课程与实施有效教学的知识经验，形成了课程与教学过程领域。课程与教学过程领域的已有知识经验，可以区分为“课程研制过程”“课程设计与规划”“课程与教学目标”“课程结构”“课程资源”“教材编制”“课程实施与组织”“校本课程开发”“教学媒体”“教学组织形式”“教学过程”“教学方法”“教学策略”“学习方式”“班课教学技能”以及“课程评价”“教学评价”与“学习评价”等范畴。本书专列“课程研制过程”“课程设计与规划”“课程与教学目标”“课程实施与组织”“校本课程开发”“教学过程”“教学方法与策略”“学习方式”“班课教学技能（一）”“班课教学技能（二）”和“课程与教学评价”共十一章加以探讨与分析。

第八章　课程研制过程

人们经过长期的实践与研究，已经积累起了丰富的课程研制过程知识和理论。

第一节　课程研制概述

课程研制是一种持续不断的、螺旋上升的活动，内蕴课程的改革、变迁与创新。

一、课程研制的概念

课程研制术语有多种用法。从 20 世纪 50 年代以来，英美用“curriculum development”逐步取代了以前常用的“curriculum making”。我国在 20 世纪 20～40 年代常用“课程编制”或“课程编订”。20 世纪 70 年代末以来，我国学者在译介外国文献中，对“curriculum development”一词的译名有四种：一是沿用对“curriculum making”的旧译，译为“课程编制”或“课程编订”；二是照字面通常含义，直译为“课程发展”；三是参照日本人的译名，转译为“课程开发”；四是按照它的深刻含义，意译为“课程研制”。目前，大家常用的是“课程开发”或“课程研制”。

“幸运的是，课程论（curriculum studies）领域已经形成了一个课程研制的历史模型，涵括了学校经验的综合性维度。”① 如今，在人们的观念中，课程研制依然与学校具体教育活动的设计与操作连为一体，尽管课程研制过程包括哪些细节人们的意见尚不一致。一些教育者仍然将课程研制等同于课目主题组织，坚信课程是通过革新或重组课目内容而实现的。与这种看法一致的歧见就是，将术语“课程”与术语“教学”严格加以区分，这就至少导致了教什么（课程）与怎样教（教学）的分析性分离。然而，课程研制过程就其自身而言确实是有机的和综合的。应当清楚地看到，任何有关怎样教的决定一定是在与教什么相关联下作出的，而任何教什么的决定则必须是在与宽泛的学习目的和要达到的学习效果相关联下加以理解把握的。

所以，课程研制是精心组织的设计、实施、评价并管理课程的动态过程，意在改进课程功能和提高学校教育质量，包括从提出变革课程的动议、确立理论原理、编制课程文件、实施课程、开展教学与评价课程等一系列复杂事项。

---

① Hlebowitsh，P.（2010）. Curriculum development. In Kridel，C.（Ed.）.（2010）. *Encyclopedia of Curriculum Studies*. Los Angeles：SAGE，202-205.

从根本上说，课程研制是一种促进人的成长与发展的文化选择、传递和创新活动过程。课程研制是教育过程的核心，它是有关的教育人员、机构和团体，按照一定思想和标准从文化中选择出教育内容，并进行专门的组织与开发，以优化课程结构和改进课程功能，将文化内容转化生成为学习者的经验，促进学习过程和提升学习结果，从而实现学生与教师的健康成长。事实上，任何课程研制都是具体化的，都打着时代的客观制约和研制者的主观努力的烙印。

在当代社会，人们追求文化与人的统一，追求课程与学习者的同一，追求课程与教学的整合。因此，当代课程格外关照人的学习生命存在及其优化活动。具体说来，课程研制就是为学习者的专门学习活动进行规划、实施和总结反馈的过程。课程研制要处理三大事项：一是从文化中选取专门的学习内容；二是对学习活动本身进行计划安排、实施和总结；三是提升学习活动的各种条件的计划、开发、配合应用和评价改善。

二、课程研制的阶段

在课程领域，涉及过程的术语概念比较多，诸如设计（design）、规划（planning）、建设（construction）、设置（framework）、实施（implementation）、评价（evaluation）、评估（assessment）和改进（improvement）等。它们各自含义的区别有些不清晰，相互之间的关系也显得较为复杂。不过，总的说来，“课程研制是一个更具综合性的术语，它包括了规划、实施和评价。”① 所以，课程研制过程，实际上由课程的规划、实施和评价三个阶段组成。课程研制内涵着变迁与优化（betterment）之意，所以常常与课程改进交替使用。

（一）课程规划

课程规划，就是包括教师在内的课程工作者作出决定、并制订教师和学生将要在教学活动中执行的教学计划的过程。具体说来，课程规划就是制订课程计划或方案，研制课程标准（或各科教学大纲），编制教学材料以及开发课程资源等活动过程。其中，人们常常使用课程规划、课程设计和课程决策三个术语。它们的区别和联系在于，课程规划是一个综合的课程决策过程；而课程设计则是产品和独立存在的实体，是课程决策过程的产物。②

（二）课程实施

课程实施，又叫课程施行（enaction），实质上就是把规划阶段研制的课程计划方案变为师生的教与学行动。当在课程规划阶段，选择和确定了教育理念、内容、教学领域、课目及材料后，课程实施便把它们投入到实际的教与学活动之中运行。具体说来，课程实施就是按选定的课程计划（教学计划）和课程标准（教学大纲），教师利用选定

---

① Oliva，P. F.（2009）. *Developing the Curriculum*（7th Ed.）. Boston：Pearson/Allyn and Bacon，22.

② Lewy，A.（Ed.）（1991）. *The International Encyclopedia of Curriculum*. Oxford：Pergamon Press，294.

的教学材料、课本和课程与教学资源作为媒介，将选定的知识经验传递给学生，让学生在掌握知识经验的过程中实现自身的成长与发展，同时教师也得到专业成长与发展。课程实施把计划变为行动，从而把课程领域转变为教学领域，教师角色便从课程工作者转变为教授者，进而成为教学组织者。

（三）课程评价

课程评价，是对课程研制过程，包括课程的规划、实施及其结果进行评估，以确定预期教育目标是否实现，学习和计划是否获得成功。它的目的主要有两个：一是为正在进行的课程研制的各个步骤或环节及时提供回馈信息，以促使其及时修正与完善；二是为新一轮的课程研制提供修正和完善课程规划与实施的反馈信息。广义的课程评价包括了教学评价、教师评价、学生学习成就评价和课程产品评价，所以称为课程与教学评价；狭义的课程评价仅指课程产品的评价。

必须清醒地认识到，课程评价不仅是课程研制过程的一个阶段，更是渗透于研制全过程的一个要素。所以，课程规划和实施两个阶段都不是纯粹的，总是包含着评价。课程规划阶段的评价，就是对课程的原理、目标、内容及其组织结构的选择和决策，对所涉及的有关教师、学生和课程资源应用，进行合理性评估，并提供即时的反馈调节，以尽可能地完善课程规划和课程设计。课程实施阶段的评价，侧重于对课程实施具体计划、教师的教学组织表现、学生的学习活动过程及其成果、教学资源的应用及其效果，进行即时的评估与反馈调节，以尽可能地完善课程实施与教学过程。另外，课程评价也包含着对自身的评估，包括对评价技术和方法选择、评价实施各个细节以及评价的结果进行即时的评估与反馈调节。在现代教育活动中，评价的核心价值是满足人的学习需要，它的基本功能是促进人的学习，既促进学生学习，也促进教师学习。

通过课程研制过程，人们既可以发现与确定更加有效的预期学习成果及其结构和序列的新途径，又可以选择、开发和创用优化的学习条件和可行的学习方式，还可以持续不断地找到更新、更好和更有效的手段来完成培养年轻一代的任务。

三、课程研制的参与者

课程研制涉及各种不同的层面，比如个别教学、班课、学校、地方、国家以及世界层面。事实上，许多人都会参与课程研制，有的是全程性的，有的则是阶段性的，还有的可能只是某个环节性的，他们分别来自政府、学校、教育系统、公众以及社会。这些参与者有时能愉快合作而相安无事，有时则针锋相对而激烈斗争。他们各自对某一具体课程的不同关注使课程研制很大程度上成为一种政治活动，其中充满了对权威与控制、稀缺资源、某些价值的主导地位的争夺。

（一）政治方面的参与者

政府掌握着大量教育资源和权力，为着维护自身及其所代表群体的利益，以直接或间接的形式参与甚至决定课程研制。在我国，政府以教育行政领导的身份组织与管理课程研制，是课程研制政策和过程的决定者，尤其在国家课程和地方课程研制层面更是如此。

（二）学校方面的参与者

学校是课程实施的场所，所以来自学校的人几乎都参与课程研制，他们包括教师、学生、校长和教职员。校长在学校课程研制中是决定者。教职员，比如教导主任等，则是校长的助手。教师在课程研制过程中居于主导地位，从班课层面和学生个人学习层面看尤其如此。学生极少对他们的学习对象和方式产生正式影响的时代，已经一去不复返了。学生越来越成为课程研制中的活跃力量。

（三）教育系统方面的参与者

课程是教育系统的一个组成部分，所以课程研制参与者有许多便是来自教育系统的各色人等。细数起来，来自教育系统的参与者，包括教育行政官员、课程与教材专家、教研员、督学、学者等。教育行政官员负责学校系统的管理运作，是学校课程活动的发起者和课程资源的掌握者，直接决定学校课程研制的重点和方向。课程与教材专家是课程文件和教学材料的编制者，直接规划课程研制。教研员分为省级、市（地区）级和县级等，他们既是学校教师的优秀代表，又被赋予了一定的课程与教材的行政管理权力，直接决定着学校系统的课程研制聚焦点和方向。中外督学的角色有些不同，如美国的督学是教育主要官员，直接领导课程研制活动；而中国的督学则是政府对学校教育运行的监督机制，不对课程研制负责，但是对课程评价具有话语权。学者主要是大学和教育专业机构中从事教育研究的课程理论专家，对一个时代的课程理念起决定作用，他们要么直接提倡某种新课程理念，要么间接宣扬某种新课程理念。

（四）公众

随着课程分权进程，公众参与课程研制的数量有所增加，作用也越来越大。参与课程研制的公众，可以区分为一般公众和学生家长两部分。一般公众主要参与课程决策和评价，且参与形式多种多样，基本上不参与课程研制的整个过程。而作为公众中特殊群体的家长，则更多地关注教学过程和结果，关注孩子的学习进程和学习成就，从而参与到学校特别是班课层面的课程研制之中。另外，为数众多的家长还通过各自的“官员”“商人”“社会活动家”或“媒体人”等职业角色，也参与并影响课程研制。

（五）社会

有关社会团体与机构，也直接或间接地参与课程研制，以分享课程利益或影响课程与教学的变化。它们主要有教育出版商、考试机构、专业学会组织以及一些有影响的个人和团体机构。“教材是短缺商品”，而课程与教学资源是新开放商品，其中的巨大经济利益引诱甚至孕育出了特殊的教材商人。一些出版社为学校提供了全国性和地区性的师生必用课本，许多出版社争相出版和推销各种教学辅导材料，一些网络公司也开始涉足“课程与教学资源市场”。考试机构在西方很多，而在我国也已经得到了大力发展，比如各级“考试院”或“考试中心”。它们通过使测验内容和形式标准化，极大地影响着课程内容、教学重点和教学方式等。各种专业学会均十分关注课程与教学改革，一有机会就直接或间接参与其中，以影响课程研制。高等院校和科研院所往往直接或间接地影响课程研制。而一些商业和私人行业、各种基金会也和教育部门、学校等建立起紧密的联系，通过提供专门人员和资金、捐赠设备和材料，以资助它们特别感兴趣的课程与教学改革项目，从而影响课程的形成。

在民主化进程中，课程研制的参与者越来越社会化。为了弄清楚他们之间的关系、他们对于课程研制的影响与作用等，急需开展课程的政治学和社会学研究。

四、课程研制的特性

课程是人造物，随着社会的发展，总在不断地发展变化，其形式、内容均在或快或慢地变动和更换。人们对课程中这种变更（alterations）的实质，通常以“研制”“变迁”“创新”“改革”或“运动”等术语加以概括和表达。一般说来，课程改革既包含在变迁之中，也是变迁的实现机制；而课程研制则是课程改革与变迁的具体化。事实上，我们总是在课程研制、改革和变迁的过程中，实现着课程创新。

（一）课程变迁、课程创新和课程运动

所谓变迁，是指情况或阶段的变化转移，实质上就是情况或阶段的变换。课程变迁是最常用的和用得最普遍的术语。“术语‘课程’在文献中十分广泛地被用来指称与教学有关的学生的教育经验。它涵括了教育哲学、价值观、目标、组织结构、材料、教授策略、学生经验、评估和学习成果。课程变迁可以定义为课程在这些方面的任何变换。”① 课程变迁的内涵比较小，而外延比较大，是一个包含整个课程变迁概念家族的术语。“它自身不包含对它有关的现象作出数量判断；而其他概念，诸如创新、研制、更新、改革和改进等，则包含比较精确和数量化的意义。”②

课程变迁有时指称一种具体变迁，而术语“课程创新”则常用来指称具体变迁，既可指称单门课目的变迁，也可指称课程体系的综合性变迁。课程创新的实质，是通过改革和变迁，使课程得到改良，向前发展。课程运动则更多地具有历史含义，以其共同的主题来表征课程变迁的周期。

（二）课程研制的运行

“课程改革”的概念虽然也与特殊变迁有关，但它通常关涉更综合性的和更根本性的课程变迁。课程改革关涉学校体系的重构、课程的整体改造等，它基于主要的价值变迁或重新定向，而且通常根源于政治体制。

课程变迁包含着课程改革。如果说课程改革犹如夏天的暴风骤雨的话，那么课程变迁则是春天里的和风细雨。课程变迁是指课程的形式、内容及其赖以建立的课程价值取向的变化过程，在此过程中，渐变与剧变交替出现。渐变是由课程研制的许多周期构成的；而剧变则是由课程改革引起的。一场课程改革，既标志着一个课程变迁周期的结尾，也标志着接踵而至的另一个课程变迁周期的开始。

课程变迁周期总是由许许多多的课程研制周期的连续展开而构成的。如果把一个课

---

① Lewy, A.（Ed.）.（1991）. *The International Encyclopedia of Curriculum*. Oxford：Pergamon Press，279.

② Blenkin，G. M.，Edwards，G. & Kelly，A. V.（1992）. *Change and the Curriculum*. London：Paul Chapman，30.

程变迁周期分解成为一级一级的台阶的话，每级台阶便由一个课程研制周期构成。我们可以把课程研制、改革、变迁、创新与运动之间的关系，用一个模式图（参见图 8-1）来加以形象地表达。

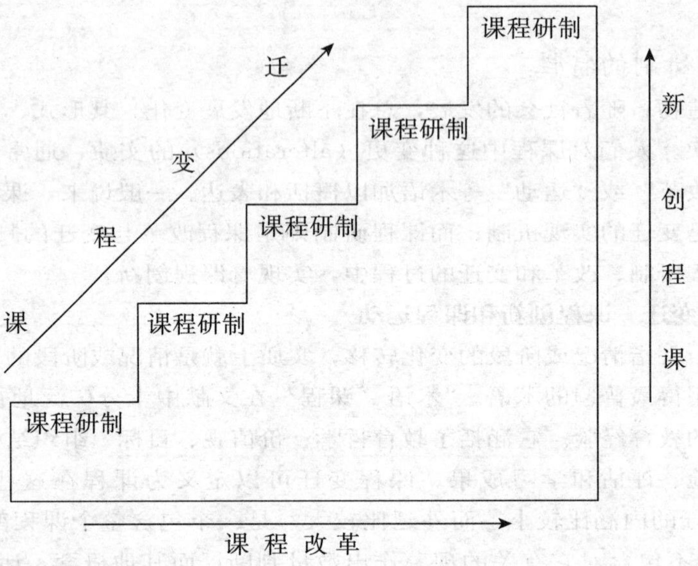

图 8-1 课程研制、变迁、改革与创新关系模式图

五、课程改革

课程研制实现着课程改革与课程变迁。课程改革是将课程中陈旧而不合理的要素及其关系改变为新的能适应社会、文化、儿童以及教育发展情况的专门活动过程。

（一）课程改革的含义

课程改革是教育改革的具体化。教育改革是“改变教育方针和制度或革除陈旧的教育内容、方法的一种社会活动”①。“课程改革包括整个课程图式的改造，包括设计、目的、内容、学习活动和范围等。最重要的是，课程改革包括前面提到的一切课程领域建立其上的价值命题的变革。”② 这样，课程改革的核心是价值命题的变革，课程改革的范围包括课程的设计、目的目标、内容、教育教学方法、活动方式乃至评价等。因此，“所谓的课程改革，简单说来，就是在改变课程领域的价值命题基础上革新课程形式和组成成分的专门活动。”③ 首先，课程改革是以课程价值命题的改变为核心，它包括对价值、人员、社会和文化，以及究竟什么构成教育和美好生活的基本命题的改革。课程价值是所有课程领域赖以立足的基础，课程领域包括课程的理念、基础、设计、编制、

① 顾明远主编：《教育大辞典（增订合编本）》，上海教育出版社 1998 年版，第 745 页。

② ［美］蔡斯著，李一平等译：《课程的概念与课程领域》，载瞿葆奎主编，陆亚松、李一平选编：《教育学文集·课程与教材》（上册），人民教育出版社 1988 年版，第 264 页。

③ 廖哲勋、田慧生主编：《课程新论》，教育科学出版社 2003 年版，第 481 页。

研制、规划、实施、评价与工程等。其次，课程改革必然对课程的形态或形式进行变革，它既包括渐变式的改革，比如把分科课程形态变革为分科课程与综合课程相结合、把学科课程变革为学科课程与活动课程相结合；也包括突变式的改革，比如把学科课程变革为经验课程。再次，课程改革包括对整个课程结构的变革，即对课程要素或组成成分及其相互关系的全面变革，变革的范围包括课程的设计、目的目标、内容、学习活动和评价等。

课程改革具有必然性。课程改革是与社会改革密切联系在一起的。对于课程改革的性质，有两点基本结论。第一，改革是不可避免的。尽管阻止改革的现象存在，但改革总是要出现的。第二，改革本身无所谓好与坏，只是改革的方向和对改革作出的价值判断才决定了改革的性质。从这两点可以推断出，由于改革在任何情况下都会发生，那么与其让改革因偶然的历史条件而随机出现，倒不如使改革受人的理智指导。

课程改革与作为整体的社会及其特定方面的相互关系，可以从两个维度加以分析：(1) 社会可被看做课程改革发生发展的所有条件的总和，社会要求就成了课程改革发生的总的条件；(2) 社会可被看做教育必须为人们做好准备的总标准，社会要求就成了课程研制赖以识别这些标准并为教育和训练提供的新目标、新内容与新形式的依据。这两方面对于理解课程改革均同等重要。此外，课程改革的社会动因，包括经济发展的压力、课程改革的权威和教育政策的发展。

课程改革是教育改革的核心。国外从 20 世纪 50 年代开始，就已经把教育改革的中心转到了课程改革上。国内从 1985 年开始启动了基础教育课程改革，20 世纪 90 年代初启动了高等学校教学内容和课程体系改革，也逐步把教育改革的重点转移到了课程改革上。实践的发展使人们逐步认识到，课程改革是教育改革的核心。首先，就其内部构成来看，教育改革包含课程改革，课程改革的内容是教育改革内容的核心。其次，就其内在性质来看，教育改革的成果要靠课程改革来实现，教育思想与制度革新需要课程体系的更新，这样才能对人才培养产生直接作用。课程改革是教育改革的实践状态，没有课程改革，就没有真正的教育改革。

（二）课程改革的类型

古今中外出现过多种多样的课程改革，异彩纷呈，各有建树。众多课程改革的区别在于，或是改革涉及的范围不同，或是改革涉及的任务不同，或是改革涉及的内容不同。

按所涉空间范围不同分，课程改革可以分为全国性的、区域性的和学校性的。全国性的课程改革，是全国范围的有关教育机构都参与的课程改革。这实质是由国家行政机构牵头组织或由某一个有关的全国性社会组织或机构牵头组织的课程改革。它涉及的范围广，内容复杂，问题比较多。区域性的课程改革，是一个国家某一地区范围内的教育机构均被包括在内的课程改革。这是由地方政府机关或区域性社会机构或社会组织牵头组织进行的课程改革。它涉及的范围比较广，内容比较复杂，问题也比较多。学校性的课程改革，是一所学校在本校范围内组织的内部课程改革。这是由一所学校自己组织进行的课程改革。学校性课程改革，涉及范围比较小，既可以相对集中使用一个学校的人、财、物以及环境资源，还可以充分发挥某一高水平学校的校长和教师的聪明才智以及创造力，从而因时因地制宜地变革旧课程，构建新课程。

按承担的任务不同分，课程改革有试验性的和更替性的两种。试验性课程改革，是在经过选择的地区或学校里，对新课程进行试验，以取得新课程实际效果的一定信息和数据，进而对新课程是否需要修改完善以及怎样修改完善、是否推行以及如何推行等问题作出决定。更替性课程改革，是一种由政府或权威机构组织进行的课程改革，目的是用新研课程取代已有课程，实现课程的新旧更替。实验性与更替性的课程改革之间，有着密切的联系。试验性课程改革往往是为更替性课程改革打基础的，而且在普遍情况下，试验性课程改革总会发展为更替性课程改革。事实上，课程改革不是简单地新课程“更替”旧课程，而更重要的是课程理念、功能、价值的更新，以及课程结构、内容、实施、管理、评价的改革。

从所涉内容的不同看，课程改革可以分为整体的与局部的两种类型。整体课程改革，是对课程所包含的所有文化内容和所有组成成分进行改革，以形成新的优化的整体文化内容和新的优化课程结构。整体课程改革包括对课程理论、课程目标、知识经验、活动样式以及评价等的整体改革。在中小学，整体课程改革既包括人文学科内容的更新，也包括科学内容的更新；既包括学科课程内容的更新，也包括活动内容的更新；既包括必修课程内容的更新，也包括选修课程内容的更新；既包括显性课程内容的更新，也包括隐性课程内容的更新；等等。局部课程改革，又可以分为单项课程改革和多项课程改革。单项课程改革，就是对课程的某一内容、某一组成成分进行的改革。比如，语文课程改革、小学科学课程改革、生态教育课程改革，还有教育目标改革、课程评价方法改革、课程实施改革，等等。而多项课程改革，是除整体课程改革以外的，对课程多项内容和多个组成成分同时进行的改革。比如，STS 课程改革，涉及课程的科学内容、技术内容和社会内容及其相互关系等多项内容；而德育课程改革，也涉及政治教育内容、法制教育内容、思想教育内容等。实际上，绝对的整体课程改革和单项课程改革都是比较少的特例，大量的是处于中间状态的多项课程改革。

（三）课程改革的形式

古今中外课程改革的形式很多，归纳起来，有“突变式”“渐变式”和“渐变与突变统一式”三种。突变式的课程改革，指一定形态的课程延续到一定阶段，已与社会发展的和人发展的要求完全不相适应，甚至变成了消极的阻碍因素，从而引发的课程改革。这种课程改革除旧布新，摒弃陈旧的课程形态，建构起新的课程模式。突变式课程改革的根本所在，是经过改革，课程产生了质的变化，以新的课程目标、内容、结构、样式和评价方式，来彻底取代陈旧的课程。

渐变式的课程改革，指一定形态的课程对社会发展的和人发展的要求不相适应，出现一些问题，在特定时期有特定的主要问题，从而引发的课程改革。它一般旨在解决这样的少数主要问题，或者是目标问题，或者是内容问题，或者是结构问题，等等。课程在逐步解决问题的过程中逐步实现改革，革除陈旧的课程形态，建构起新的课程模式。渐变式课程改革的根本所在，是经过课程改革，课程一次又一次地产生局部的而非整体的变化，求得变革过程的稳定性。

渐变与突变统一式的课程改革是就课程改革的历史过程而言的。任何课程改革总是先进行局部改革，使课程发展出现量的变化，逐渐向新的课程演变；经过从时间的量变积累，到一定时候，课程改革使课程产生质的突变，构建起一种超越性的、与已有课程有本质区别的新型课程。课程改革总是先渐变，然后在适当时候才产生突变。

（四）课程改革的基本理论

课程改革的理论和实践发展，使人们除了对课程改革的实质有了深入的认识外，对课程改革的内在联系和基本过程，也有了越来越丰富、越来越深入的认识和把握。

1. 课程改革的“钟摆”现象

在课程改革的历史上，存在一种引人注目和值得思索的“钟摆”现象。① 所谓的“钟摆”现象，就是课程改革中，两种对应而对立的课程理论、价值取向、课程类型、课程结构、课程形式等，随时间流逝而不断地此消彼长，然后又彼消此长，从而实现着课程的不断发展。这样的现象主要表现为“课程价值取向的‘钟摆’现象”“课程的统一与多样的‘钟摆’现象”“学术性与职业性课程的‘钟摆’现象”和“课程类型的‘钟摆’现象”等。

课程改革的钟摆现象符合事物发展的辩证法。但是，伴随着“钟摆”现象的，往往出现矫枉过正的偏颇。矫枉过正的做法不仅受政治局势或经济起伏的影响，也往往同课程改革和课程研制的指导思想是否端正，理论基础是否成熟有关。在课程改革中，产生矫枉过正现象的原因主要有三方面：第一是课程改革者的“短期目标”和“短期行为”所造成的；第二是所谓“逆反心理”造成的；第三是对传统的偏颇认识而造成的。

一种倾向往往掩盖着另一种倾向，对一种倾向的扭转，既可能适中而比较正确，也可能过头而导致另一种不正确的偏向。从客观上讲，事物的曲折发展是不可避免的。在“矫枉”中出现“过正”是完全可能的，但不应当把这种“过正”视为正确，更不应当视为“矫枉”的前提。使偏差向正确转化的前提，显然不应当是另一种偏差。课程改革和课程研制者如何避免在课程问题上的大起大落，如何克服过于激荡的振幅，这是需要引起重视的。在课程改革中，我们既要顺应“钟摆”现象，又要注意避免掉入上述陷阱，克服乃至避免矫枉过正的做法。

2. 课程改革的系统性

所谓课程改革的系统性，至少有两方面的含义：第一，课程是一个系统，课程改革要建立一种课程系统观念；第二，课程改革是一项系统工程，需要进行整体实施。

所以，课程改革必须认识和把握好三个层次的系统性。首先，课程结构改革是一项系统工程。从学校教育的培养目标来说，课程结构改革这项系统工程必须具有完整性、基础性和多样性。其次，课程研制过程也是一项系统工程。课程研制是课程理论与课程实践之间的中介环节，课程理论只有通过课程研制，才能变为课程实践；而课程实践对

---

① 以下参阅吕达著：《中国近代课程史论》，人民教育出版社 1994 年版，第 349～357 页。

课程理论产生作用，将实践经验上升为课程理论，从而提高课程实践的理论含量，也离不开课程研制。课程研制过程包括课程规划、课程实施和课程评价三个阶段。系统的课程改革，就必须包括课程规划阶段的改革、实施阶段的改革和评价阶段的改革。最后，课程改革是整个教育改革系统工程的组成部分。课程改革相对于整个教育改革来说，它又只是局部，是子系统，是组成部分。从纵向看，基础教育课程改革是与大学密切相关的；从横向看，普通中小学课程改革与家庭教育和社会教育相关联；从系统结构看，课程改革内容又是教育改革内容的有机组成部分。

第二节 课 程 结 构

课程研制，既需基于课程结构，又需优化课程结构。课程结构由于受到社会文化的学科分类及逻辑、学习者身心发展规律以及教育条件等制约，并决定教育教学活动的功效，所以历来备受重视。

一、课程结构概述

课程结构概念主要涉及课程内容、课程平衡与课程设置。

（一）课程内容

课程结构，实质上是课程的各种类型、各个组成成分或要素按照预定的一定准则形成的相对稳定的相互联系。课程结构标志着课程系统的组织化和有序性的程度，课程系统的有序性越高，课程结构就越严密。

课程结构问题，实际上是课程内容问题。课程内容既受到文化形式和学科分类的制约，又受到心理因素和学习过程规律的制约，还受到学科逻辑与学习过程间互动的影响。

课程内容是指教育活动开设的学习领域和课目中特定的事实、观点、原理和问题及其相互联系方式，表现为一定的知识、技能、技巧、思想、观点、信念、言语、行为和习惯的总和。在教育领域，课程内容历来以教学材料为载体，总是在一定的活动中使用，而且需要转化为学生的学习经验。所以，人们所秉持的课程内容观有“教材取向”“学习活动取向”和“学习经验取向”三种。

上述三种取向都有合理因素，但也都有明显缺陷。教材、学习活动和学习经验是相互联系的，课程研制不能只考虑其中的一个或两个方面，而要进行全面考虑，权衡利弊，致力于形成既能反映社会生活，又能使学生获得系统知识，还能丰富学习经验的课程内容的选择和转化机制。

（二）课程平衡

在一个教育与课程系统中，总是存在多种类型的课程，相互之间需要协调与和谐，以达到课程平衡（curriculum balance）。一般而言，课程平衡是指选入学校教育活动中的各类课程及其所包含的课目主次分明、比例适当、满足了学生的潜在需要和合乎社会价值观标准。人们往往以学生的学习状况及潜在需要、社会的需求及价值观念，作为衡量课程平衡的依据。“基于价值观念、学生的需求观、社会的期望等方面的差异，各国用以确定课程平衡与否的标准极不一致。课程科目所占时间是说明课程是否平衡的常用变量。内容的取舍也是衡量课程是否平衡的重要因素，这种内容的取舍也是评价学生工作的特征和内容。”①

课程平衡主要涉及“内容主次结构”“课时比例”“重点难点安排”“教育学结构”“目标—评价匹配”五个方面或层次。课程设计与规划需要努力使各类课程、学习领域及其课目，在内容结构上主次分明、比例适当，在时间分配上比例适当，在重点与难点的安排上合乎学习者的心智结构，在教育学结构上学与教风格适切，在目标与评价上匹配。

上述各个层面的状态，是衡量一个课程项目或一套课程体系是否平衡的不可缺少的因素。促进课程平衡，要进行全层面分析，全面地审视和建设课程结构，不能顾此失彼，厚此薄彼。

（三）课程设置

课程平衡依赖于课程设置的活动和状况。“课程设置，实际上就是一组有内在联系的课目或主题，根据一套预定准则而有机结合在一起，意在恰当地覆盖整个学习领域。”② 每种课程设置（curriculum frameworks），都有潜能既为课目设计提供一种结构，也为接踵而至的这些课目的课程研制提供一种理性的和政策的具体文化背景。如果说课程结构是课程内部诸要素及其相互关系，那么课程设置就是宏观的课程结构，就是组成课程的课目或主题及其相互关系。就课程规划而言，课程设置为广大教师提供了一个重要的起点和聚焦点。在一定意义上，课程设置既是一种控制和导向的工具，也是激发创造灵感与活动的动力。

古今中外的许多学者，提出了各种各样的课程设置建议。有的从教育领域的知识学习出发，有的从哲学理念和逻辑出发，有的则从社会生活的需要出发……却几乎没有人从现实社会和教育的平衡出发。所以，尽管他们的课程设置理想动听而且迷人，却很少被教育机构和课程决策者们相中。事实上，长期以来无论在国内还是在国外，课程设置都是指导学校校长和教师等进行课程设计与开发的主要因素。

在国外，一份课程设置文件通常由“基本原理或理论基础”“课程领域的范围和因素”“课程领域内各个课目的广泛目的和目标”“学程设计指南”“内容”“教与学原则”“课目评价指南”“课目认证和颁证标准”和“课程领域的进一步开发”等项组成。③ 它相当于我国的课程方案文件再加上配套的课程标准文件。课程设置文件对学校教师来说

---

① 江山野主编译：《简明国际教育百科全书·课程》，教育科学出版社 1991 年版，第 106 页。

② Marsh. C. J. （2009）. *Key Concepts for Understanding Curriculum* （4th Ed.）. London: Routledge，36.

③ See Marsh. C. J. （1997）. *Planning，Management & Ideology：Key Concepts for Understanding Curriculum* 2. London：The Falmer Press，30.

非常重要，主要表现在：（1）它提供了跨课目和跨年级的内在一致性，阐明了该套课程设置里各个课目之间的共同性，并使内容与技能可以在各个年级之间形成顺序；（2）它鼓励教师评价整个学习环境，驱使教师不仅考察学生表现，而且必须考虑所教课程的有效性，考虑自身的教学有效性；（3）它促使教师反复考虑并在必要时重新界定课程边界，从而使各个课目的变革重点和内容界限非常清晰；（4）它鼓励教师反思他们自己的备课以及教学状况，使他们能够研制新的重点内容（比如职业教育内容、创新教育内容）和开发新的教学路径；（5）它赋予各种课程设置以平等地位，从而可以使学校情形中处境比较低的课目提升地位。

（四）课程内容与课程结构的关系

内容与结构的关系状态，是考察和处理课程平衡的一个基本维度。一般说来，课程内容决定课程结构，课程结构在一定条件下反过来制约课程内容。而历史地看，课程改革中课程内容与课程结构之间关系是动态性的，大致存在“从内容到结构”和“从结构到内容”两种关系模式。

大规模的课程改革，常常是先更新课程内容，再重建新课程结构，属于“从内容到结构模式”。这种模式先根据社会需要重新选择和确定课程内容，然后再根据儿童身心发展规律、学科逻辑、哲学理论以及课程设置传统等因素来划分和组织这些新课程内容，形成一定的新课程结构。

当社会发展到一定阶段，已有的课程结构不再适应社会发展的需求时，就需要我们全面反思这种课程结构，从而在审查社会、学生、学科与生态发展状况的基础上，重新选择课程内容并建构新的课程结构体系，这是时代发展的必然趋势。在这一过程中，我们需要考虑课程内容的选择与组织等问题，并处理好课程组织中各种课程类型的平衡问题，从而构建合理的课程结构体系。事实上，许多课程改革，往往是在对已有课程结构进行调整基础上，再对内容进行更新，呈现从结构到内容的模式。

我国新一轮的基础教育课程改革，针对已有课程结构单一等弊端，进行了局部的调整和改革，整体上改善学科课程，同时加强综合课程。进而，相关部门组织人员研制课程标准和编制新的配套教材，以更新和完善内容，建立与新课程结构相适应的新内容体系。

二、课程类型

课程类型，是指一个教育系统或教育机构中具有某一相同属性或共同特征的课程所形成的汇集或种类。随着课程研制实践的发展，人们开发和区分出的课程类型（curriculum types or categories），琳琅满目，美不胜收。

（一）课程分类

根据各种课程性质和特征的不同，可以进行一般分类和专门分类，以深入认识各种课程的性质和归属。

1. 一般分类

人们经常按照一般标准来区分课程类型，一般标准主要包括知识分类、教育层次、经验性质、教育组成以及课程发展的历史时期等。

按知识经验的分科，课程分为语文课程、数学课程、历史课程、地理课程、物理课程、化学课程、生物课程、体育课程、美术课程、音乐课程，等等。按分科知识经验的学科属性，课程分为科学课程、人文课程和社会课程三大类。按教育层次，课程分为幼儿园课程、小学课程、中学课程、大学课程和研究生课程。按知识经验的不同性质，课程分为文化课程和职业技术课程。按教育的不同组成，课程可以区分为德育课程、智育课程、体育课程、美育课程和劳动技术课程等。按不同历史形态，课程可以分为原始课程、古代课程、近代课程、现代课程和未来课程。

2. 专门分类

课程类型还可以根据特定标准来区分，特定标准主要包括价值取向、学生学习选择性、课程地位、横向结构、纵向结构、主体性质以及结构形式等。

按价值取向不同，课程分为社会本位课程、知识本位课程和儿童本位课程。历史上，人们在建构课程时总是灌注了特定的价值观。社会本位课程，以满足社会发展需要为根本价值取向；知识本位课程，以满足知识或文化发展为根本价值取向；而儿童本位课程则以满足儿童个体发展需要为根本价值取向。按学生学习选择的自由程度不同，课程分为必修课程与选修课程。选修课程又可以进一步分为限制选修课程与任意选修课程。按地位和作用不同，课程分为显性课程和隐性课程。显性课程，又叫正规课程，是一个教育系统或教育机构中用正式文件颁布并提供给学生学习，学生通过考核后可以获取特定教育学历或资格证书的课程，表现为课程方案里明确规定和有专门要求的课程。隐性课程，则是一个教育系统或教育机构中学生在显性课程以外所获得的所有学校教育的经验，不作为获取特定教育学历或资格证书的必备条件。课程在水平与垂直两个维度上的结构，往往具有比较大的差异。按课程的横向结构特征不同，课程分为分科课程、关联课程、融合课程、广域课程、发生课程、科际课程、超学科课程和经验课程等；而按照课程的纵向结构特征不同，课程又分为直线型课程、圆周型课程、螺旋型课程和阶梯型课程。按课程结构的根本形式不同，课程则分为学科课程、活动课程和整合课程。

课程作为一种教育化和再生性的文化，具有“学科与经验的统一”“规定性与可选择性的统一”“分科与整合的统一”“显在与潜在的统一”和“普通与专业的统一”等特性。所以，在现代学校里，主要有学科课程与经验课程、必修课程与选修课程、显性课程与隐性课程、核心课程与外围课程以及通识课程与专业课程。前面第六章已经专门介绍了“隐性课程”，所以这里对主要类型之一的“显性课程与隐性课程”，不再赘述。

（二）学科课程与活动课程

课程内容是以学科的形式还是以儿童的经验来组织，长期来都是课程领域争论最大的一个问题。这样，从根本形式上，课程就分为学科课程与活动或经验课程两种类型。

1. 学科课程

学科课程萌芽于古巴比伦学校和古希腊的学校，成型于近代学校，以夸美纽斯的百科全书式课程为代表，经赫尔巴特而模式化。在现代学校里，比较稳定的学科课程有：语文、外语、历史、地理、数学、音乐、美术、物理、化学、地质和生物等，分归为人文课程、社会课程和科学课程。

学科课程（subject curriculum），又叫学科主题课程（subject matter curriculum）或分科课程（branched curriculum）。学科课程从形式、价值、功能、认识论和相互联系等视角看，分别有不同的含义。学科课程与活动或经验课程相对应，是以学科的形式来区分和组织内容的一类课程。它以人类对知识经验的科学分类为基础，从不同的分支科学或学科中选取一定内容来构成对应的课目，从而使内容规范化和系统化。

2. 活动课程

活动课程（activity curriculum），又称经验课程（experience curriculum）或经验学习（experience-based studies）、学生中心课程（student-centered curriculum）。活动课程的最早萌芽可以追溯到原始社会的教育，到学校教育产生后，“课外活动”一直是学校教育的一种重要形式。到了18世纪，卢梭在他的自然主义教育理想中，首先描绘出了“活动”这种培养自由和谐发展的“自然人”的课程。接着，裴斯泰洛齐、福禄培尔等在他们各自的教育实践中，设计和实施了“活动”课程。到了19世纪末，在批判和冲击传统教育的进步教育运动中，杜威及其门徒从理论上和实践上首次系统地提出和阐明了“活动或经验课程”。

活动课程是与学科课程相对应的，以围绕学生的发展需要和兴趣爱好为中心、以活动为组织方式的课程形态。首先，活动课程是一种课程形态，是与学科课程相对应的，甚至相对立的。不过，活动课程并不是对分科课程的彻底否定，而是对分科课程的一种整合式超越，活动课程中超越性地包含了分科课程。其次，活动课程是以儿童发展需要为教育和课程的价值尺度。再次，活动课程是以活动为组织课程内容和进行教育的根本形式。与分科课程相比，活动课程具有“学习的自主性”“内容的广泛性”“过程的实践性”“个体的创造性”“形式的多样性”“组织的整合性”以及“结果的非唯一性”等特性。

（三）必修课程与选修课程

具体的课程是社会规定与儿童选择的统一。课程作为一种统一性的客观存在，既要实现社会的规定性，又要实现儿童的选择性，并形成两者统一的平衡形式。这样，从管理的角度，课程可以分为必修课程与选修课程。

1. 必修课程

必修课程是一个教育系统或机构法定性的要求全体学生或某一学科专业全体学生必须学习的课程种类。必修课程（compulsory subjects; obligatory courses; compulsory curriculum），是相对于选修课程而言的，它的根本特性是强制性，是国家和社会权威在课程中的体现。必修课程有多种功能：①选择、传递和传播主流文化；②帮助儿童掌握系统化知识，形成特定的技能、能力和态度；③促进社会政治、经济与科技的发展；④帮助学生获取某一教育程度的文凭和某种职业的资格；⑤促进一部分学生的体质、认知、情感和技能的发展。

不同教育机构受不同因素的制约，存在着不同的必修课程。在高等教育中，必修课程分为公共必修课程和专业必修课程，专业必修课程又再分为基础课程、专业基础课程和专业课程；在基础教育中，必修课程分为国定必修课程、地方规定必修课程和校定必修课程等。

2. 选修课程

选修课程，是一个教育系统或机构法定性的学生可以按照一定规则自由地选择学习的课程种类。选修课程（optional subjects；selected courses；optional curriculum），根源于社会经济和文化的多元发展。现代选修课程蓬勃发展，其动因有：①社会需要和文化背景的差异；②儿童发展需要的差异；③知识经验增长的无限性；④学习时间的有限性。

选修课程一般分为限定选修课程与任意选修课程两类。限定选修课程，指在规定范围内学生按一定规则选择学习的课程，比如学生必须在若干组课程中选修一定组数的课程，或在若干门指定的课程中选修一定门数的课程。任意选修课程，则指不加限制由学生自由选择学习的课程。

选修课程与分科选科既有联系又有区别。① 分科有三层含义：一是分设必修科目和选修科目（课程）；二是实行文、实（理）分科；三是分设普通科和职业科。选科亦有三层含义：一是对选修科目（课程）的选择；二是对文、实（理）科的选择；三是对普通科和职业科的选择。显然，分科选科比选修课程的含义宽泛，选修课程只是分科选科的一个含义。

（四）核心课程与外围课程

核心课程认为，无论是以学科逻辑为中心还是以儿童的心理逻辑为中心都有失偏颇，而主张以社会生活为中心来组织课程。

1. 核心课程

核心课程（core curriculum），既指“一种课程设计。在此设计中，儿童的学习有一个中心，所有的学习活动都围绕着这个中心进行”，又指“所有学生都要学习的共同学科。它是学校（或系科）所设课程中最重要、最基础的部分。是核心学科、共同基础课的同义语”。② 核心课程产生于 20 世纪 20～30 年代的社会动荡时期。当时，改造主义者大力倡导以社会改革为核心来组织课程，课程要密切反映社会生活的状况。核心课程可以看做对分科课程和儿童中心课程的反动。它反对分科课程将各门学科进行切分的做法，提倡将几门联系紧密的学科合并起来形成一个范围较广的大学科，从而避免学科之间分离；同时，它也反对儿童中心课程忽视了对社会需求的反映，提出课程要密切反映社会的发展变化，社会生活的状况是课程组织的一个重要参照系。核心课程是根据社会生活的需求，并结合儿童身心发展的状况，在若干课目中选择若干重要的学科合并起来构成一个范围广阔的课目，这些课目规定为每一学生所必修，同时尽量使其他课目与之配合。

核心课程一直受到重视，在第二次世界大战以后运用范围颇广。美国一些中学曾较

---

① 参见吕达著：《中国近代课程史论》，人民教育出版社 1994 年版，第 390～401 页。

② 顾明远主编：《教育大辞典（增订合编本）》，上海教育出版社 1998 年版，第 568 页。

大范围地推行过核心课程，小学也曾实行过，不过两者的内容稍有差别。在我国，长期来形成的核心课程是“语文”和“数学”。近年来，随着改革开放的发展，外语尤其是英语逐步成为另外一门核心课程。这样一来，中小学幼儿园里的课程领域，就凸显出核心课程挤占其他课程的现象和问题。这需要加以深入探讨和解决。

2. 外围课程

核心课程还有一个显著的政治学特征，它要求每个学生都必须学习和掌握。这样就带来一些问题。一是社会生活的需要是多种多样的，哪些课程需纳入“核心课程”。二是随着新学科的不断涌现，拥护者都极力希望这些学科纳入到课程中来，而且，有的学科客观上也的确需要在核心课程中得到反映。这就出现了课程空间的有限性与新学科内容不断增长的无限性之间的矛盾。为应对这样的矛盾，便产生了“外围课程”（peripheral curriculum）。

外围课程是为弥补核心课程的不足而通过吸收新内容而形成的课程类型。外围课程不同于照顾大多数学生、面向所有学生的核心课程，而是以学生存在的差异为出发点的；它也不像核心课程那样稳定，而是随着环境条件的改变、年代的不同及其他差异而产生相应的变化。核心课程与外围课程是相辅相成的关系。

（五）普通课程与专业课程

长期以来，中等专业教育和高等教育被强调和突出的特性是专业教育，而专业教育客观上需要普通教育的支撑，所以形成了普通课程与专业课程两种类型。

1. 专业课程

在学校教育中，除了普通教育外，还有专业教育和职业教育。专业教育，是指通过高深的专业知识的教学和娴熟专业技能的训练而培养专门人才的教育，它是为学生从事某一领域的职业和工作所需的知识与技能做准备的教育。因此，专业课程是指直接为学生未来职业做准备而设置的各种专门学科领域的课程，可分为专业基础课与专业课两大亚类。而职业教育与专业教育相比，更强调与经济和社会发展背景中具体工作岗位的需要对应，强调学生职业技能的获得，因而所学知识技能更具体，更具经验性，适应范围更狭窄。

在功利主义思想的主导下，专业教育和职业教育在“专业性和实用性”上得到不断强化，而专业课程对人性的关怀却逐渐受到冷落。特别是在市场经济建设起步时期，教育高速发展而缺乏资金，不得不被迫走向市场，与商业界和政府合作，为其训练专门的往往是狭隘的职业人才。对公共资金的依赖，使教育丧失了自己的标准和使命。为了适应市场及社会的短期需求，学校须在任何时候基于任何理由，向学生开设任何课程，从而导致了学校课程的支离破碎和同一性丧失，使学科的发展受到阻碍。针对这样的严重问题，普通教育再度兴起，教育家们提出了回归教育本位的口号，普通课程又开始受到重视。

2. 普通课程

普通教育，又叫通识教育，是指学校中开展的科学、社会和人文基础知识和基本素养的教育。普通课程，是旨在使学生获得基本文化科学素养，促进个性健康发展，增强未来工作适应性而构建的各种学科、教育和教学活动的总和。事实上，学校不仅仅是一个为未来工作做准备的地方或场所，有责任通过教育使学生获得广博知识。普通课程，可以有效地把学生培养成为有社会责任感的公民，可以持续不断地把学生培养成为能深刻地理解社会和文化的有教养的人。

怎样认识和处理普通课程与专业课程的关系，是职业教育与高等教育领域的重大课题。即使在基础教育领域，也存在着普通课程与专业课程的关系问题。所以，加强和重视普通课程与专业课程的研究，是教育发展的客观需要。

三、课程结构原理

课程结构的主要制约因素是学科知识的内在逻辑和学习者的心理逻辑，课程结构的内在关系主要涉及水平维度和垂直维度，而课程结构的内涵则涉及形式结构与实质结构。

（一）学科逻辑与心理逻辑

课程内容是按照学科逻辑组织还是按心理逻辑组织，是现代教育史上争论最激烈的课程与教学问题之一。

1. 学科逻辑与心理逻辑的概念

课程的学科逻辑，是指根据学科内容本身的系统和内在的联系来组织课程内容。在课程史上，“传统教育”主张根据学科的逻辑顺序来组织课程内容，把课程结构的重点放在内容的逻辑顺序上，至于这种逻辑结构对学生有什么意义则很少考虑或不予考虑。课程的心理逻辑，是指按照学生心理发展的规律和特点来组织课程内容。针对传统教育按照学科逻辑组织课程内容的主张，心理学家们提出了相反的观点，强调要根据学生身心发展的特征，以及他们的兴趣、需要、经验背景等来组织课程内容。学生是课程的中心，是目的。对于学生的生长和发展来说，一切学科的逻辑都处于从属地位。

在心理学特别是儿童心理学和学习心理学的研究取得重要进展以前，课程和教材基本上都是按照学科逻辑编排的。课程中的科学与学科至多在程度上和分量上有些区别，在体系上都是一样的，都是从概念出发，然后学习原理、原则和公式等，最后进行求证。科学的可贵之处恰恰在于它的概括和抽象。但是在中小学幼儿园中，学生的感性认识还不够丰富，抽象思维能力尚未形成或正在形成。他们对这种从概念出发而不是从事实出发排列的教材，学习起来困难重重，从而学习效率低下。因此，具体到每一门学科，都需要按照学习心理的要求，将这门科学的材料，重新组织成为适合学生学习的教材。这就涉及教材组织的逻辑顺序与心理顺序的关系问题。

2. 学科中心的课程组织与儿童中心的课程组织

关于课程组织的逻辑顺序与心理顺序的关系问题，在教育史上出现了相互对立的学科中心课程与儿童中心课程的主张，相应地存在着学科中心的课程结构和儿童中心的课程结构。

学科中心课程主张，课程内容应当以学科为中心，以学科知识的内在逻辑线索加以组织。它把课程区分为许许多多的课目，每门课目有意识地阐述专门的同质的知识体系。因而，学科中心课程是由各自具有独立体系而彼此缺乏联系的学科所组成的课程，其实质在于其组织的内在性质。学科中心的课程组织存在不同的观点，不过都主张以学科为中心组织课程，都具有以下共同特征：①强调知识的系统传授；②强调以知识的学科逻辑体系来组织编排课程；③强调课程目标是理智训练和智力发展；④把知识划分成不同的价值等级。

儿童中心课程则主张，课程内容应当以儿童兴趣为中心，以儿童内在心理逻辑线索加以组织。儿童中心的课程组织，有着“浪漫自然主义”“经验自然主义”和“当代人本主义”三种理论形态。它们均呼吁：①课程的结构由学习者的需要和兴趣来决定；②课程设计需要师生共同进行，必须尊重学生的主体地位；③把重点放在问题解决的过程中而不是学习结果上；④课程的组织比较重视学习者的个性差异。

儿童中心课程与学科中心课程之间的关系，本质上是儿童当下的心理逻辑与学科逻辑之间的关系。事实上，任何课程结构取向都具有综合的性质。当代已经很少有人只从学科逻辑或心理逻辑单一方面来组织课程，而是越来越倾向于把课程的学科逻辑与心理逻辑统一起来。一方面，学科体系是客观事物的内在联系的反映；另一方面，课程内容是为学生安排的，如果不符合学生的认识特点，再科学的内容也是无效的。

（二）横向结构与纵向结构

课程结构或组织，总是区分为横向结构与纵向结构来加以处理的。

1. 横向结构

课程的横向结构，又叫水平结构，是指课程不同成分之间在横向上或水平面上的结构过程及其结果。现代教育研究与实践，使课程的横向结构具体表现为课程分科在内容和形式上的整合。课程整合是使分化了的教育系统的各要素及其各成分形成有机联系、成为整体的过程和结果。①

课程整合的根本问题是，什么样的课程内在结构才具有整合的功能？人们对此的回答各不相同，形成了“科目中心整合理论”“儿童中心整合理论”和“注重科目与儿童心理统一的整合理论”三类不同的课程整合观。科目中心整合理论主要是针对学校科目割裂知识的弊病，立足于科目，为的是建构学校科目之间的有机联系，有“历史中心整合论”和“地理中心整合论”两种不同主张。它为后面发展起来的另外两类整合理论奠定了基础，而且至今仍然对课程整合的理论与实践具有借鉴意义。

有些人站到儿童的立场上，对儿童的发展满怀同情和浪漫的理想，形成了一切从儿童出发，以儿童为中心的课程整合理论。儿童中心整合理论主要有帕克的“儿童中心整合论”和杜威的“儿童社会活动中心整合论”。帕克（Parker，F.）是美国著名的教育家，曾经游学欧洲，对科目中心整合理论有深刻认识并持反对态度。他主张，教育的中心不应是科目，而应是儿童的自我活动；课程整合的中心必须是儿童而不是别的。儿童应该是学校教育的规划与组织工作的中心，学校课程应当尽可能从儿童的实践活动中引

① 黄甫全：《整合课程与课程整合论》，载《课程·教材·教法》1996年第10期。

串出来和整合起来。杜威深受帕克的影响，并以自己的经验自然主义哲学为基础，对强调一切从儿童出发的“儿童中心”论与强调一切从课程出发的“科目中心”论进行了解剖批判，指出它们均走进了割裂儿童与课程的极端的和片面的误区。他阐明，课程整合的中心，不是历史，不是地理，不是科学，也不是儿童，而是儿童的社会活动。儿童的社会或教育活动的实质是经验，因此儿童社会活动中心整合论，也就是经验整合论。

儿童中心整合理论在美国流行了整整半个世纪，这种理论解放了儿童，却以牺牲学生的学业成绩为代价。20 世纪 50 年代末，苏联的卫星上天引起了人们对杜威的进步主义教育理论及其“儿童经验中心”课程理论的反思。同时，为了避免重蹈科目中心的极端，一些人提出了注重科目与儿童相统一的课程整合理论。科目与儿童相统一的整合理论，内在地具有“偏重科目”还是“偏重儿童”的取向差异，因而出现了有代表性的“科目结构整合论”和“认知—情意整合论”两种主张。

在课程横向结构维度，至少有五个层面的课程整合，包括相邻知识系列的整合、性质相近科目的整合、所有科目群的整合、文化的整合以及儿童与文化的整合。在优化课程横向结构的长期探索中，人们已经创建了许多种类的整合课程，主要有关联课程、融合课程、广域课程、发生课程、超学科课程和活动课程等。①

在当代课程改革中，人们正在建构一种新的理念和新的整合形式，这就是“学习化课程”。② 在学习化课程里，课程设置不再以科目来划分，而改用“学习领域”（learning area）作为基本结构形式。学习领域，是当代课程设计中，把儿童的学习作为课程的出发点和落脚点，为着整合教学课目而设置课程的框架。比如我国台湾 1998 年颁布的《九年一贯课程总纲纲要》，就是分别以语文、健康与体育、社会、艺术与人文、自然与科技、数学、综合活动七个学习领域来设置课程的。课程学习领域的划分和设置，是一个异常复杂的问题，既要处理好与社会文化的关系，也要处理好各个学习领域的相互关系，还要处理好学习领域与所包含的课目及其内容的关系。

2. 纵向结构

课程的纵向结构，又叫垂直结构，是指课程要素的不同质量之间在纵向上或垂直维度上的结构过程及其结果。国内外许多学者对课程的纵向结构进行了大量的研究，提出了许多优化课程纵向结构的主张，其中主要有“直线型课程”“螺旋型课程”和“阶梯型课程”三种。

（1）直线型课程。国内一般只提直线式教材排列，它是指“一科教材内容采取环环紧扣、直线推进、不予重复的排列方式③”。直线型课程，就是在课程内容的排列上，按照由浅入深、由易到难的原则，环环紧扣、直线推进、不予重复的排列方式。它对于

---

① See Lewy，A.（1991）. *The International Encyclopedia of Curriculum*. Oxford：Pergamon Press，160-162.

② 黄甫全：《文化哲学视野里的新世纪课程改革远景》，载中华比较教育学会等编：《超越与创新——比较教育的理论与实践》，台湾书店 2000 年版，第 77～120 页。

③ 廖哲勋著：《课程学》，华中师范大学出版社 1991 年版，第 239 页。

解决课程内容逐渐增加与学生学习时间与精力有限的矛盾问题具有重要意义。但是，它由于没有理顺人类知识经验的条块结构，从而没有解决课程的宏观结构和中观结构的问题。

（2）螺旋型课程。螺旋型课程在夸美纽斯那里就有了萌芽。20世纪50年代末，布鲁纳首次提出了螺旋型课程的概念。后来，拉根（Ragan，W. B.）和谢泼德（Shepherd，G. D.）又对其进行了探讨，提出："螺旋型课程是一种排列复杂课目主题的方式，这种排列方式使课目主题每次都在学程中反复出现，以便学生在课目中逐步深入或学习课目的一个方面。"① 螺旋型课程，实质上就是在课程内容组织上采取螺旋排列方式，这种排列方式按照学习的巩固性原理，在相邻的两个以上主题、单元、年级或阶段里安排主题相同但深度或广度不同的内容，以便让学生逐步深入学习某门课程或某门课程的一个方面。

（3）阶梯型课程。直线型课程和螺旋型课程只是从排列课目主题的方式来探讨课程的组织，而课程结构的内容与课程排列的形式被人为地割裂了，儿童的学习心理与课程内容的适切性也被人们遗忘了。事实上，课目主题的排列是目的明确的，为的是促进儿童的学习与发展。优化课程纵向结构，实际上就是为儿童造就依次前进和逐步上升的课程"阶梯"。因此，阶梯型课程便应运而生。② 阶梯型课程是根据客观需要与可能，从人类文化中选择出精华部分作为预期教育结果，然后按照学生发展的动态水平层次，把它们按难度高低分解后由简单到复杂、从低级到高级地排列成一道波浪式上升的阶梯，从而在课程实施中适应和促进学生的发展跃上一个又一个阶梯，一步一步地把预期教育结果内化为学生的发展成果。

实际上，课程内容的纵向排列方式，既不存在单一的直线型，也不存在纯粹的螺旋型，而是两者的有机结合。阶梯型课程并不是断然否定直线型课程和螺旋型课程，而是在吸收其有益成分的基础上，对课程内容结构排列规律的反映。

（三）形式结构与实质结构

课程结构分为宏观、中观和微观三个层次，每个层面都存在独特的形式结构和实质结构。形式结构是指课程的形式性构成要素及其相互关系；课程的实质结构是指课程内部的实质性构成要素及其相互关系。

1. 宏观层次的形式结构与实质结构

在宏观层次，课程的形式结构，涉及"范围"最广，其构成成分是各"大类"课程；课程的实质结构，其组成成分是知识与经验、经验与人格、个人与社会等，关涉价值取向和教育观。所以，宏观课程结构的优化，需要分别进行形式结构优化和实质结构优化。宏观层次的课程形式结构，需要分别在形式性构成要素及其相互关系两大方面进行优化，宏观层次的课程实质结构，也需要分别在实质性构成要素及其相互关系两大方

① Lewy，A.（1991）. *The International Encyclopedia of Curriculum*. Oxford：Pergamon Press，71.

② 参见黄甫全著：《阶梯型课程引论》，贵州人民出版社1996年版。

面进行优化（参见图 8-2）。

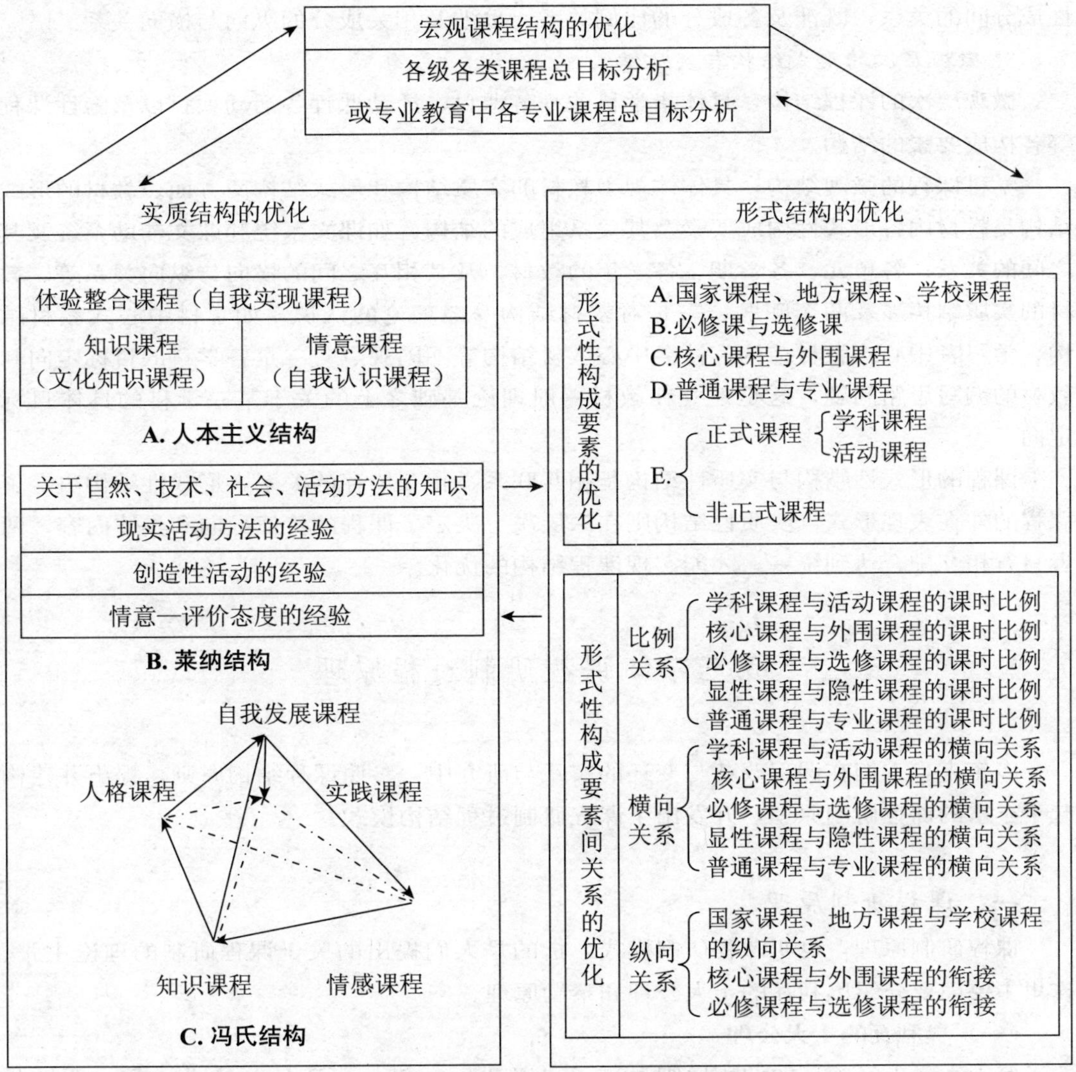

图 8-2　宏观课程结构优化示意图①

2. 中观层次的形式结构与实质结构

中观层次的课程结构，是指各大类课程所属具体课目及主题或活动项目及主题及其相互关系。中观层次课程的实质结构分别涉及学科课程、活动课程和隐性课程等各大类课程包含的实质性构成要素及其相互关系。中观层次课程形式结构的组成成分，涉及学科课程的分类及其所含具体课目的设置，活动课程的分类及其所含具体活动项目的设

① 改编自郭晓明：《整体性课程结构观与优化课程结构的新思路》，载《教育理论与实践》2001 年第 5 期。

置，选修课的分类及其所含学科、单元和模块的设置等。中观层次形式结构中的各形式性成分间的关系，既涉及各成分的比例关系，也涉及相关成分的纵向与横向关系。

3. 微观层次的形式结构与实质结构

微观层次的课程结构，具体指学科课程各课目、活动课程各活动项目以及隐性课程等各构成要素的结构。

学科课程的微观结构，具体体现为教材的实质结构和形式结构两方面。教材的形式结构是教材内各形式性构成要素及其关系组成的结构，如课文系统和课文辅助系统及其之间的关系；各单元、各学期、各学年的教材，及其相互之间的横向与纵向关系等。教材的实质结构涉及两个问题：一是对教材结构一般理论的认识，如学科中心式教材结构、学习者中心式教材结构、社会中心教材结构等不同观点；二是各学科的目标定向和教材的编写思路问题，这是建立在教材一般理论基础之上的关于某一学科的具体目标定向。

课程的形式性结构与实质性结构是相互联系、相互依存的关系，形式性结构决定了课程的外在表现形式，实质性结构则在深层次上决定了课程的价值导向和具体内容，两者只有相互配合达到统一，才能实现课程结构的优化。

第三节　课程研制过程原理

多年来，人们在课程改革与变迁的实践与研究中，参照课程结构原则，提出并建构起了丰富的课程研制原理，开发出了课程研制过程结构模式。

一、课程研制原理

课程研制原理，也叫课程研制模式，指的是人们提出的关于课程研制的理论主张。这里主要简要介绍奥利瓦的十大公理和泰勒原理。

（一）奥利瓦的十大公理

鉴于大量未经验证的课程原则过滥了，奥利瓦（Oliva，P. F.）主张，用自明性公理的说法取代全部真理或部分真理的说法。于是，他精心整理，提出并阐述了课程研制领域的十大公理。①

公理一：课程变迁是必然的。正是通过变迁生命才会生长与发展，所以，课程变迁既是必然的，也是必须的。

公理二：课程是其时代的产物。一种学校课程，不仅是时代的反映，而且是时代的产物。

① Oliva，P. F.（2009）. *Developing the Curriculum*（7th Ed.）. Boston：Pearson/Allyn and Bacon，26-38.

公理三：课程总是与时俱进的。前一时期的课程变迁与后一时期的课程变迁具有一致性。

公理四：课程变迁乃人的变迁。课程变迁依赖于人的变迁。

公理五：课程研制是一项合作事业。课程变迁是一种群体合作事业影响的产物。

公理六：课程研制是一个决策过程。课程研制根本上是一种决策过程。

公理七：课程研制是一种持续过程。课程研制是一种永远不会结束的过程。

公理八：课程研制是一种综合性过程。课程研制要克服“单打一而忽视整体模式”做法，对所涉成分与因素进行综合性或整体性的规划。

公理九：课程变迁是一种系统性研制过程。系统性课程研制比试误性的更加有效。

公理十：课程变迁以现行课程为基础。正如教师的教学总是从学生现状开始一样，课程规划者总是从现行课程开始。

（二）泰勒原理

为了促进课程研制的系统化、科学化和规范化，许多学者都致力于课程研制的模式化，从而形成了许多在课程实践中运用的课程研制模式，其中影响最大的和应用最广的当属泰勒原理。

课程研制模式，实质上是课程与教学系统所包含的共时态要素和历时态要素，在空间和时间上相对稳定的联系和作用方式总和的一种主观理性形式，既可以是过去经验的缩影，也可以是现实状况的摹写，还可以是对理想状态的设计。课程研制模式涉及两个维度，一个是作为共时态课程要素的教师、学习者、内容和环境等之间相对稳定的相互联系和作用方式，另一个是作为历时态课程要素的原理澄清、目标设计、内容选择、组织开发、方法应用与评价反馈等之间相对稳定的作用方式。这样的模式表达了课程研制内在结构的自身调适的根本特性，即组成课程与教学的各个要素是相互制约和互为条件的。

最早形成的是著名的“目标模式”。后来经过对目标模式的批判和超越，孕育出许多新型模式，它们均在清理和建构课程研制内部和外部诸多关系。按照所建构的关系及其取向不同，已有的各种课程研制模式概括起来，有代表性的主要有“目标模式”“自然模式”“过程模式”“情境模式”“研究模式”“实践折中模式”和“批判模式”七种。① 其中“目标模式”和“过程模式”侧重解决课程要素间的关系问题，“情境模式”侧重解决课程与文化背景的关系问题，而“自然模式”“研究模式”“实践折中模式”和“批判模式”则侧重于解决课程的实践与理论的关系问题。

综观各种课程研制模式，它们实际上就是课程研制的实际运行状况的缩影，或是理想运行状况的纲要式呈现，从而借以介绍、沟通和示范课程研制的蓝图，使课程研制行动获得指导。其中，目标模式尽管受到了大量而且尖锐的批判，但是至今仍然在课程研究中占主导地位。

目标模式，就是泰勒原理。泰勒提出著名的“选择教育目标→选择学习经验→组织

① 黄甫全主编：《课程与教学论》，高等教育出版社 2002 年版，第 162～176 页。

学习经验→评价课程”的“目标为本”原理后，又加以扩展完善，创建了影响深远的“泰勒原理”，并经人们多方探究加以发展，成为了现代应用广泛的课程研制原理（参见图 8-3）。

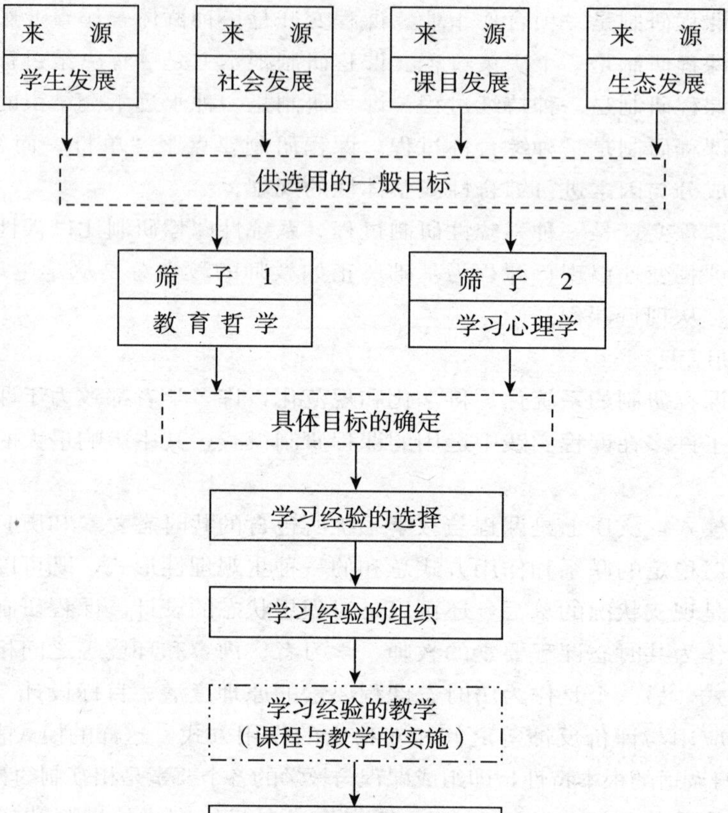

图 8-3 当代课程研制原理模式图①

二、课程研制过程结构

所谓课程研制过程结构，是指课程研制从开始到结束的各个工作环节或步骤的顺序及其相互关系。循着课程研制经典理论和实践的发展轨迹，吸取生态主义主张，结合我国课程研制实践发展的需要，我们提出了一个课程研制过程结构模式图（参见图 8-4）。② 其目的有两个：一是建立一个人们在进行课程研制时希望而且可以使用的系统

① 改编自 Oliva，P. F.（2009）. *Developing the Curriculum*（7th Ed.）. Boston：Pearson/Allyn and Bacon，132.

② 该模式图系参照国外文献并考虑我国实际加以改编而成。See Oliva，P. F.（2009）. *Developing the Curriculum*（7th Ed.）. Boston：Pearson/Allyn and Bacon，137-140.

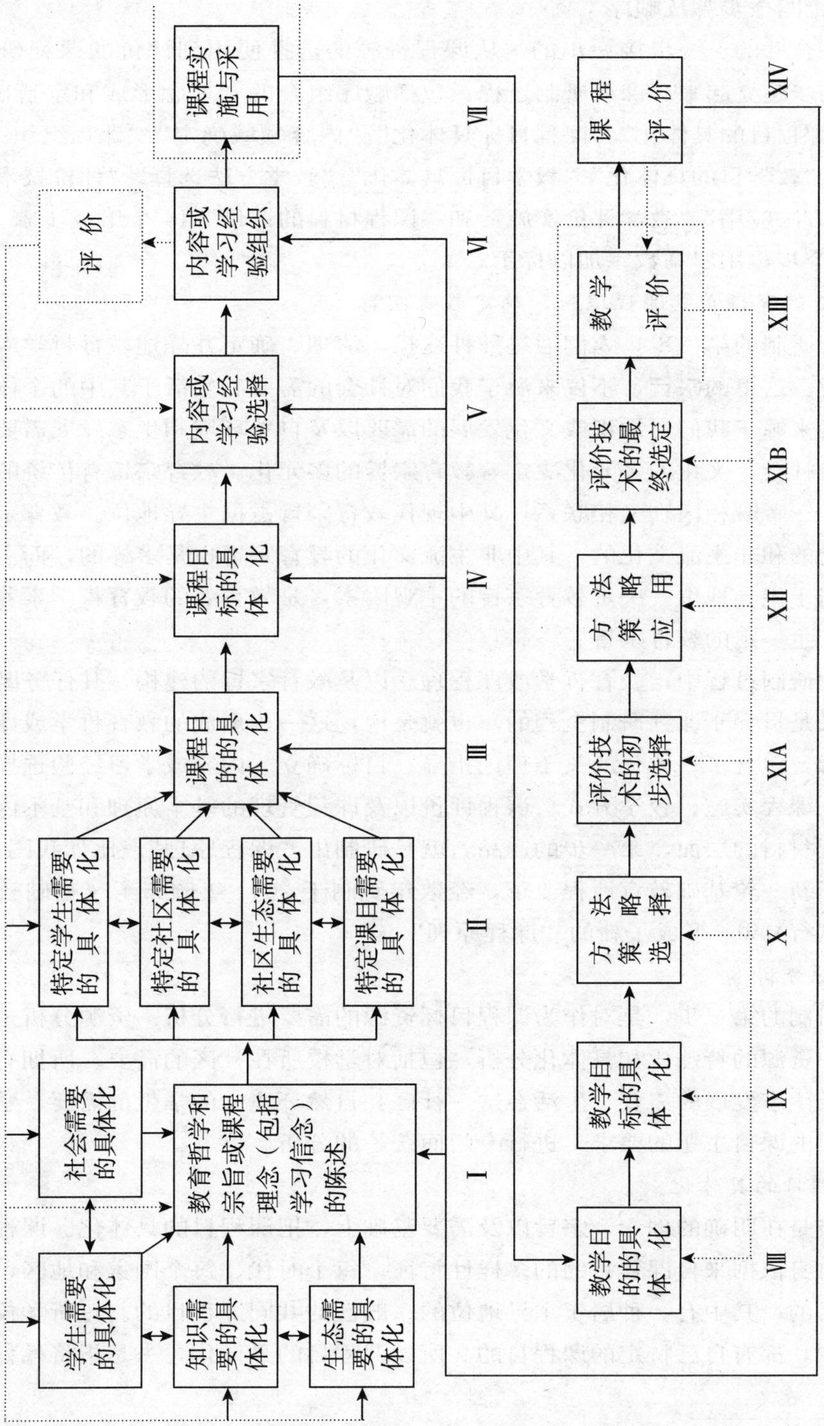

图 8-4　课程研制过程结构模式图

工具；二是建立一个课程研制过程的阶段和组成步骤的解释框架。

（一）**十四个步骤及顺序**

一个综合性的、一步接一步的、从课程资源的选择使用到评价的课程研制过程结构，已经初步建立起来。课程研制过程，包括顺序组合的“理念形成和宗旨确定”“需要分析”“课程目的具体化”“课程目标具体化”“内容领域确定”“课程组织”“课程实施与采用”“教学目的具体化”“教学目标具体化”“教学方法选择”“评价技术与方法初选”“教学方法应用”“教学评价实施”和“课程材料的评价”14 个组成步骤。在图 8-4 中，这 14 个步骤用罗马数字加以标示。

1. 澄清教育哲学或课程理念，确定教育宗旨

在课程研制的第一步，人们通过种种途径，清理、确定并陈述教育哲学或课程理念和教育宗旨。这里的宗旨，不仅来源于我们对社会的需要和生活于其中的个体的需要的信念，而且来源于我们对知识或文化发展的需要以及自然环境和生态发展需要的信念。

在现代社会，文化的多元化决定着教育宗旨的多元化。教育宗旨有传统的、现代的和未来的，三者既相区别又相联系，其中现代教育宗旨占据主导地位。教育宗旨还区分为主流文化的和非主流文化的，其中非主流文化的教育宗旨也是多样的，而主流文化的教育宗旨居于主导地位。决定教育宗旨的主观因素，是教育者的教育哲学素养，一定的教育哲学产生一定的教育宗旨。

在课程研制过程中，教育哲学或课程理念以及教育宗旨的建构，其任务既是独立而专门的，又是贯穿于课程研制全程的。也就是说，这一步形成的教育哲学或课程理念以及教育宗旨，包含了一体化的关于理论指导、目标确立、内容或学习经验选择、课程结构和组织、课程实施、教学方式、课程评价以及课程管理的基本原理和基本内涵。

在课程材料的层面，第一步的产品，就是研制出“课程原理”。比如我国从 1999 年正式启动了新一轮基础教育课程改革，经数年研制于 2001 年颁布了《基础教育课程改革纲要（试行）》①，形成了新的“课程原理”。

2. 资源分析

课程研制的第二步，是对作为课程目标资源的需要进行分析。资源分析是对基于学校的需要和资源的特殊化和具体化分析，包括对学校所在社区的需要、所拥有的特殊自然环境以及生态发展的需要、生活在这一社区和自然环境中的学生的需要、学生在一定学校要学习的课目主题的要求，进行专门而统一的分析。

3. 课程目的具体化

第三步是在明确的理念、宗旨以及需要基础上，把课程目的具体化。课程目的的具体化，其自身依据来自课程目的的多样性特征。每个时代、每个国家和地区，都有多样化的课程目的，其中有一种居于主导地位的一般性的共同课程目的。每所学校甚至每个年级或班课，都有自己特定的课程目的。所以课程目的具体化，一是指将教育宗旨具体

① 教育部:《基础教育课程改革纲要（试行)》，2001 年 6 月 7 日。

化为课程目的，二是指将一般性的共同课程目的具体化为一所学校、一个年级或班课的课程目的。课程目的具体化，一般是在国家或地方《课程计划》或《课程方案》以及学校的《课程实施方案》等文件里，以“培养目标”的形式加以陈述。

4. 课程目标具体化

第四步是将具体化了的课程目的，再进一步具体化为课程目标。课程目的与目标均是学生学习的预期结果，但是两者之间有着明显的区别。其中目的具有一般性，陈述比较概括，主要解决把儿童培养成为什么样的人的问题；而目标则是具体的，陈述是操作化的，主要解决将一定的人培养达到什么样规格的问题。如果说，教育宗旨和课程目的的形成和发展，主要基于哲学的话，那么课程目标的形成和发展，则主要是基于心理学特别是学习心理学。

所以课程目标的具体化，就是将一般性的课程目的具体化为一门课程的专门目标。课程目标具体化，就是根据学习心理学，应用目标设计和表述技巧，在一种具体课目、领域或活动的教学大纲或课程标准里，加以具体呈现。

5. 选择确定内容

第五步的任务，就是根据目的和目标，从文化中选择能够实现目的和目标的内容，这一环节非常关键，也比较困难。需要做到“推陈出新”和“少而精”。选择课程内容，实质就是“教育内容的文化选择”。“内容的文化选择”，就是从社会文化中，从人类全部知识经验中，选择出年轻一代需要学习掌握的内容来，涉及面非常广泛，需要组织大规模的全社会参与行动才能完成。

“教育内容的文化选择”，是课程与教学领域里“教学什么”问题的实质所在。在我国由于种种原因，这一问题在理论研究中至今还被遮蔽着。轻轻揭开覆盖着的面纱，一连串撩人的问题簇拥而来：教育内容的文化选择意义和实质何在？人类是如何从文化中选取出教育内容的？教育内容是如何经过文化再选择而实现更新的？什么文化和谁的文化最有教育价值？什么权力和谁有权力选择教育内容？从文化到教育内容的转化机制是什么？……

选择确定内容，至少有广泛性与特定性两个层面的区别。广泛性的选择确定内容，是指全国与地方课程体系研制中，由研制队伍进行的内容选择确定。特定性的选择确定内容，是指学校课目课程研制中，教师进行的内容选择确定。在研制全国与地方课程体系时，内容选择主要是由专门的课程研制队伍从发展的社会文化中选取新课程体系的主要内容；而在研制学校课目课程时，内容选择主要是由学科教研组及其每位教师依据课本规定的课目主题，从相关的课程与教学资源中选取班课教学使用的内容。

6. 课程组织

课程组织，既是贯穿于整个课程研制过程的一项基本活动，又是联结课程规划与课程实施的一个关键环节。作为课程研制过程的一项基本活动，课程组织包含着课程的价值、决策和管理三大课题的连续性工作，需要人们从“课程组织”的视角，分别深入地开展课程的价值、决策和管理等范畴的研究。

作为联结课程规划与课程实施的一个关键环节，课程组织一方面要以“课程文件”

或“课程材料”的形式，总结和呈现课程规划阶段的成果，为课程实施和课程评价提供文件依据或材料媒介；另一方面要深入进行课程开发，为“规划”阶段选择确定的“内容”在“实施”阶段转换为“学习结果”，进行“学习经验”转化。因而，课程组织实质上就是通过多种有效途径和应用各种策略，全面开发课程资源和教学过程以实施课程，促使选自文化的教育内容顺利地转化为学生的学习经验。所以事实上，课程组织包括“课程方案的形成”和“从内容到经验的转化”两个层面的内涵。

在课程规划阶段，教育内容确定后，需要进行专门的课程组织，研制、修订和确定课程文件并使之一体化，形成课程方案。在这一意义上，课程组织的任务，就是“开发课程框架”或“完成课程设置”，实质就是重新建立课程结构。课程结构主要关涉“水平的”和“垂直的”两个维度，所以分为横向结构和纵向结构，也就是门类结构和程度结构。所谓门类结构，就是把选择确定的内容或学习经验分门别类进行安排，并使之形成有机的横向结构；所谓程度结构，就是将内容或学习经验进行分学段和分年级学期甚至单元进行排列，并使之形成有机的纵向结构。课程组织，作为课程结构的建构过程，对课程规划阶段进行一体化的全面总结，并过渡到课程实施阶段。

在形成课程方案的同时，课程组织必须解决从文化中选取的“教育内容”转化为“学习经验”的问题。从内容到经验的转化，是课程研制从规划到实施的关键课题，既需要课程专家们在原理、原则以及课程方案、标准以及教学材料研制层面加以研究，更需要教师们基于学校和班课教学，结合学习领域及其课目内容，进行具体的设计与开发。课程组织是最具潜力也是问题最多的领域，需要开展深入而全面的研究和实践来推进其发展。

7. 课程实施和课程采用

人们有了课程方案，便开始制订实施计划，正式作出决定，将方案投入实际的学校教育和教学活动之中运作，这被习惯地称之为课程采用。从此，课程研制过程就结束了规划阶段，开始正式实施课程。课程研制者，实际上就开始进入教学活动领域，从课程设计者或规划者的角色，转换为教师的角色。

更重要的是，在课程规划到课程实施过程中，课程主体从少数课程专家扩展到了广大教师了。所以，在课程实施中，首先要处理的是课程设计与课程实施的关系；进而要面对的是教师、校长和学生对课程设计态度的状况及变化趋势，以及伴随课程实施进程，教师、校长、学生等主体的心理变化趋势与课程文化认同过程。

8. 教学目的具体化

教学目的具体化，就是设计和陈述一门具体课程的教学目的。校长需要组织全校力量，结合学校、学生、教师、课程性质以及家庭、所在社区和自然环境的实际，研制学校课程实施方案；而学科教研组及其每位教师则需要进一步研制特定班课和具体活动的教学方案，将教学目的具体化为教学方案的组成部分。教学目的的具体化，主要有两个层面：一是校长主持下在学校层面的课程实施方案中，面向全部课程和全校师生确定校本课程的教学目的；二是教师在每一门课程的教学方案中，确定特定于该门课程的教学目的。

9. 教学目标具体化

这里的教学目标具体化，是指在课时教学方案编制中，设计和确定每一节课的教学目标。在教学目标具体化中，需要达到操作化和作业化的水平。

教学目的和目标的具体化，是相辅相成的。在这个过程中，需要将目标具体化到内容或学习经验的选择和更新上。在这个层面上，课程规划所选择确定的内容或学习经验，课程规划阶段的产品，全部成了课程实施的资源。教师将以开发利用这样的资源为主，同时结合实际，广泛开发和利用学生、家长、社区和自然的各种资源，使教学目标得以顺利实现。

10. 选择和确定教学方法

将教学目的和目标具体化后，人们就需要进行教学技能技巧方面的考虑了。人们要选择和确定教学方法，并在教育活动中与学生一起使用这些方法，制订方法使用计划。方法是一个历史悠久而内涵丰富的概念，包含了“教学模式、教学方式以及教学策略”等含义。所以，选择和确定教学方法，就是要选择和确定班课教学活动使用的具体的教学模式、教学方法、教学方式和教学策略等。

11. 初选评价技术和方法

在确定教学方法的同时，需要开始就课程与教学评价的技术和方法，进行预选。在这里，人们要事先思索和考虑将对课程材料、教学过程、教师表现以及学生学习进行评估的宗旨、手段、方式和办法。其中特别重要的是进行作业题目、测验与评估工具的选择或研制。

这一步结束后，就形成了主要由学校、教师和学生以及家长、社区代表合作研制的课程教学方案。学校课程教学方案，主要由全校总体课程方案以及各门课程的教学方案组成；其中各门课程的教学方案一般分为三个层次：由课程组（教研组）负责组织规划的全校性各门课程的总体教学方案、由教师负责组织规划的班课教学方案和由教师组织规划的课时教学方案，即课案、教案或学案。

12. 教学方法应用

教学方法，既是对有效的课程实施的谋划，也包含着相应的手段、媒体、模式、方式和策略的选择和综合使用。

在课程实施中，在学生获得适当机会从事学习之后，人们就应转到选择评价学生学习、教学有效性和课程材料的技术和方法上。第十一步分为两段，第一段是在课程与教学实施开展之前（ⅪA），第二段则是在实施开展之后（ⅪB）。在课程实施与教学阶段（第十二步），课程研制者获得机会来精练、增加和完善评价课程、教学、教师与学生表现的工具选择。

13. 教学评价的实施

第十三步是应用事先选定的技术、工具和方法，实施教学评价。教学评价包括学生学习过程与结果和教师教学过程与效果的评估，可获得学和教的状态和质量的信息，以调节教学活动。这个阶段要优化评价的技术和方法，修改完善评价的工具，严格按照规范实施评价与评估，认真负责地解释和使用评价结果。

14. 课程材料的评价

第十四步为课程材料的评价，是结束课程研制周期的最后一个环节。课程材料，不仅是教育内容的载体，而且是“从内容到经验转化”的媒体，制约着教学效果和质量。课程材料评价，可以直接促进课程材料的完善和间接调节教学效果。

课程评价包含着教学评价，内容有：（1）学生学习评价，分为学业成就评价和学习性向评价；（2）教师教学评价，分为教师素养评价、教学过程评价、教学效果评价等；（3）课程材料评价，包括课程研制过程评价，课程产品评价；（4）课程评价的评价，亦即元课程评价。

（二）应用原则

课程研制过程结构，具有广泛适用性。它提供了一个国家、地区、学校或课目的课程研制的完整过程及基本环节。一个国家、地区以及一所学校，均可以利用这一模式来研制新课程；而学校里每个学科教研组乃至每一特定课任教师，例如语文教师等，可以利用它研制出一个自己所任课目或领域课程的更新计划，并设计实施教学的方式；或者，人们可用以研制全校性的、淡化了专业领域的跨学科课程，比如绿色教育、社区服务和课外活动，以及目前流行的研究性学习。

本章提供的课程研制过程结构模式，包含了“课程亚结构”和“教学亚结构”。这十四个步骤的过程结构，整合了一个课程研制的一般结构和一个教学实施的一般结构。第一到第六和第十四步构成一个课程研制亚结构，简称课程亚结构；第七到第十三步构成一个教学亚结构。为了将两者区分开，模式图专门用虚线将教学亚结构勾勒了出来。一个教师不仅可以照其步骤Ⅰ～Ⅵ和ⅩⅣ，进行课程规划性决策，而且也可以集中于教学实施的步骤（Ⅶ～ⅩⅢ）。

当课程亚结构运转时，课程规划者须牢牢记住，只有当课程目的和目标被其分解而转换到教学之中，任务才算完成。进而，当教学亚结构运转时，教学规划者须十分清醒，学校的课程目的和目标，是作为一个整体，是渗透到各个特定课目领域或学习领域里，并贯穿到全部课目领域或学习领域之中的。

思 考 题

1. 如何深入理解把握课程研制的三个阶段及其关系？
2. 怎样结合实例深刻理解把握课程改革的“钟摆”现象？
3. 如何加深理解把握课程平衡的内涵？
4. 如果你进行课程研制，你将选用哪种课程研制模式？为什么？
5. 中国具有丰富的课程研制文化，能否以及怎样提炼出独具特色的课程研制模式？

第九章　课程规划与设计

课程规划是课程研制的起始阶段，主要任务是完成课程设计和开发课程与教学资源。

第一节　课 程 规 划

课程规划（curriculum planning），就是课程工作者（包括教师在内）作出决定、制订教师和学生在教学活动中将要执行的计划的过程。在我国，具体来说，课程规划就是确定指导理论、制订课程计划、研制课程标准（或各科教学大纲）和编制课程材料的过程。在信息技术快速发展的今天，课程材料包含了视听电子教学材料、多媒体材料和网络化材料。

一、课程规划的层次

由于所涉及范围不同，课程规划存在不同的层次。在美国，人们将课程规划区分为“班课”“学校”“学区”“州”“地区”“国家”和“世界”七个层次。① 而在我国，现行的课程体制是“三级分权”，课程规划层次有：“班课”“年级或专业”“学校”“市县”“省”以及“国家”等；近年来，随着国际化程度的不断提高，以联合国教科文组织为首的“国际”层次课程规划也已蓬勃兴起，并产生了越来越大的影响。

（一）班课层次

教案和学案的设计与撰写，是典型的班课层次的课程规划。过去，由于我国的课程体制是中央一统制，课程由国家教育行政部门组织研制，教师仅仅是被动的课程执行者。因此人们忽视班课层次的教师规划，而重视国家层次的课程规划。随着我国“三级分权”课程体制的建立，所有教师都被转换成了班课层次的积极规划者。教师在班课层次的课程规划与其他层次的课程规划相比，重要性凸显出来，它直接作用并影响着学生的学习。

这需要我们转变思维与行为逻辑，由过去的从国家层次到省级层次、县市层次、学校层次、年级层次，再到班课层次，转换为立足于班课层次的课程规划，从班课层次到年级层次、学校层次、县市层次、省级层次，再到国家层次。

---

① Oliva，P. F.（2009）. *Developing the Curriculum*（7th Ed.）. Boston：Pearson/Allyn and Bacon，47.

（二）年级或专业层次

在我国学校，普遍实行的是课任制度，一个老师担任一个班或一个专业一门课程的教学任务，一个班级或专业就有若干位教师任教。各门课程具有某种联系，各位任课教师就结成了某种共同体。据此，年级或专业层次的课程规划得以产生。

在这一层次的课程规划中，领导与成员的区分就出现了。在大学中，实行教研室或系主任领导的专业层次的课程规划。而在中小学中，可以有两种组织结构形式：第一种是校长作为领导直接带领若干教师开展班级或年级层次的课程规划；第二种是在校长领导下，任命一个组长，由组长组织领导有关教师开展班级或年级层次的课程规划。在第二种形式里，有混合编组和按课程编组两种方式。前者是在一个班级或年级的范围内，把各门课程的教师编成一个组，开展课程规划，这叫班级或年级组；后者则是在全校范围内，把各个班级和年级的某一门课程的教师编成一个组，开展课程规划，这叫课目组或课程组。

为学生的学习和发展考虑，这一层次的课程规划需要教师在下列方面作出课程决策：

1. 建立本教师群体的工作目标；
2. 选择出适合自己负责的学生学习和发展的材料与资源；
3. 建立学生班组；
4. 为达标争优而调适教学；
5. 建立使各班学生共同进步的工具；
6. 编写所有教师共同使用的课程材料；
7. 编制所有学生使用的测验试卷；
8. 商定所有教师和学生使用的课程计划；
9. 商定学生能学习和形成的社会性行为规范和自律的方式；
10. 商定学生必须掌握和形成的基本技能的最低标准；
11. 合作建立和使用实验室和学习中心；
12. 商定实践性课程；
13. 商定自己职权范围内的新计划的实施和老计划的废除；
14. 组织评价教师自己的计划和教学以及学生的学习。

（三）“学校”层次

校长是学校层次课程规划的法人代表。为搞好课程规划，一般的策略和举措是建立常设性的学校课程研制委员会及各门课程的研制小组，由校长任主席，成员包括学校各个职能处室的主任、社区代表、教师代表和学生代表。学校课程研制委员会负责整体规划、设计全校总体课程方案和班级教学方案，于新学期开课前规划、设计并审定各个班级的教学主题与教学活动计划。这实际上就是校本课程开发或临场课程开发，编制学校各个班级或专业的课程表，研制有学校特色的课程与教学材料。

（四）“市县”层次

“市县”层次的课程规划由市县教育行政首长领导，责任机构包括教育行政部门的有关职能科室，单独设置的教育教学研究室。一般需要建立行政首长负责的课程改革工作领导小组，负责组织实施国家课程和省级地方课程，并对它们进行适应性改造开发；负责组织研制和实施有本地特色的地方课程；组织编制和实施有关的地方课程纲要，编写地方教材等。

（五）“省级”层次

“省级”层次的课程规划由省级教育行政首长领导，责任机构包括教育行政部门的有关职能处室，单独设置的教育教学研究室以及课程教材编审室；还可以组织咨询性质的课程研制委员会和教材审查委员会。一般需要建立行政首长负责的课程改革工作领导小组，负责组织实施国家课程，并对它们进行适应性改造开发；组织开发多种类型的课程与教材；负责组织研制和实施有本地特色的省级地方课程，组织研制和实施省级地方课程纲要，组织编写和审查地方教材等。

（六）“国家”层次

“国家”层次的课程规划由中央政府教育部部长领导，责任机构包括教育部的有关职能司局。在我国，成立了中小学教材审定委员会和各门学科的教学指导委员会。在1999年启动的新一轮基础教育课程改革中，专门成立了全国中小学课程改革专家工作组，在大学里组建了数个基础教育课程研究中心；近期又建立了国家基础教育课程教材发展专家委员会。由教育部负责组织实施全国课程研制，开发国家课程，颁布国家级课程文件，包括国家课程计划和课程标准，审定中小学使用的教材。

教育部领导并统筹全国基础教育课程改革工作，教育部基础教育司具体负责课程改革的组织与实施工作。教育部要广泛地组织教育专家、课程专家、学科专家以及教育实践工作者参加课程改革工作，为国家决策提供研究、咨询意见。

教育部基础教育课程教材发展中心，协助基础教育司承担基础教育课程教材改革的组织、管理与协调工作。教育部组织部分师范大学成立“基础教育课程研究中心”，承担国家或地方教育行政部门委托的课程改革任务，开展课程改革的研究和实验，对课程研究人员及实验教师进行培训，提供课程研究信息和咨询服务。

（七）“国际”层次

“国际”层次的课程规划由联合国教科文组织进行。国际层次的课程规划，主要体现在联合国教科文组织出版的一系列有关课程研究的文献中，还出版一部分专门性的课程研究文献和文件，其中比较有影响的研究文献《从现在到2000年教育内容发展的全球展望》，于1987年出版法文本，1988年出版英文本，1992年出版中文本。

二、课程规划的步骤与任务

课程规划已形成了特有的基本步骤，并担负着研制课程产品的任务。

（一）课程规划的步骤

课程规划阶段，可以划分出相对独立的11个基本步骤。课程规划基本步骤的顺序结构为：课程理念澄清→培养目标研制→课程目标研制→课目内容或学习经验选择→课目内容或学习经验组织→教学活动方式选择→教学策略选择→课程评价技术和方法预选→教学目标具体化→教学组织结构→课程评价技术与方法确定，同时编制或选择课程与教学材料。

从课程理念澄清到课程评价技术与方法的确定，一般是顺序而行的。但是，并不是所有的课程规划都是顺序而行的，在特殊情况下，可以从其中某一个环节开始，然后在实践的过程中再行补做或越过其先前的有关环节。另外，课程评价反馈贯穿于整个课程规划阶段，每个环节都需要进行特殊形式的评价和反馈调节。

（二）课程规划的基本任务

在课程规划阶段，教育内容确定后，需要进行专门的课程组织，研制、修订和确定课程文件并使之一体化，形成课程方案，亦即编制确定课程方案，包括配套的课程计划、课程标准和教学材料。此外，还要实现从课程规划阶段向课程实施阶段的过渡。所以，课程规划阶段需要完成“研制课程计划/方案”“编制课程标准”“开发教学材料”“开展过程评价”以及“启动课程实施”等基本任务。

1. 研制课程计划/方案

课程计划，又叫课程方案，在欧美国家称为教育计划（programme），在苏联或俄罗斯称为教学计划。新中国成立后，我国曾长期跟随苏联称为教学计划，现在随着课程改革的发展，正在逐步改称为课程计划或课程方案。课程计划或课程方案，是根据一定的教育目的和学校及其性质，由教育行政部门或学校机构制定的关于学校教学和教育工作的一种法规性文件，它对学校的教学教育活动作出全面和简要的总体安排，阐述课程理念、规定培养目标、课程设置、课程顺序、课时分配、学年编制和学周安排，确定课程管理体制和学校教学管理原则等，是课程标准和教学材料研制的主要依据。

研制课程计划/方案，指在宏观上总结课程规划的成果，同时设计课程的横向结构和纵向结构，并使之成为统一整体，撰写和修改出课程计划或课程方案文件。分为在一个国家或地区范围内使用的课程计划或课程方案，在一所学校里使用的学校课程方案，在一所学校的某一教育活动中使用的微型课程方案等。

2. 编制课程标准

一直以来，人们将英美等国使用的“syllabus”一词，翻译为“教学大纲”。其实在英语中，教学大纲的基本含义是“课程中一系列主题、话题和文本等”①。这与我国使用的“教学大纲”或“课程标准”相比，含义差异显然很大，需要在理论和实践上注意区分，以防混淆和误解。

课程标准，是我国20世纪上半叶使用的术语，后来一度曾模仿苏联称“教学大纲”。现在，随着课程改革发展，正逐步改称为课程标准。课程标准是根据课程计划或课程方案，以纲要形式编制的各门课程的目的目标、教学内容范围、实施原则及方式、评价标准及其结构的指导性文件。在我国，“课程标准”是分“学习领域”或“课目”进行研制的，所陈述和规定的项目，一般分为“前言”“课程目标”“内容标准”和“实

① ［英］霍恩比编，李北达译：《牛津高阶英汉双解词典（第四版·增补本）》，商务印书馆2002年版，第1550页。

施建议”，有些还有“案例”介绍分析；其中，“前言”一般分为“引言”“课程性质”“课程理念”和“课程设计思路”等，“课程目标”一般包括“总目标”和“具体目标”，“内容标准”则勾勒出了课程内容的大致范围及水平要求，“实施建议”一般包括“教学建议”“评价建议”“教科书编写建议”和“课程资源利用和开发建议”等。

编制课程标准，指根据课程计划或课程方案的课程设置或课程框架，将培养目标或课程目的具体化为分门别类的学习领域或课目的具体课程标准，进而选择和确定其内容或学习经验范围，并提出实施策略和评价建议，最终编制出课程标准文件。

3. 开发教学材料

教学材料的核心部分是课本或教科书。开发教学材料，就是将课程原理、课程计划和课程标准的准则，具体化到教学材料之中，研制出纸质的和电子化的课本，以及辅导材料、教师指南、补充材料、课程包和网络资源等，并进行具体化的教育学结构设计。

4. 开展过程评价

在课程实施之前，按照实际情况，需要对课程规划阶段开展适宜性的评价。具体说，需要对课程规划的各个成分进行评估，对课程规划阶段开发出的课程计划/方案、课程标准和教学材料进行评价，并利用评估和评价的反馈信息对课程规划的各个环节及其课程文件产品，进行调节和完善。

5. 启动课程实施

启动课程实施，就是结束课程规划阶段，进入课程实施阶段，将设计好的课程方案投入实际运行。具体说，就是启动课程实施计划工作，以教学为主要途径，并配合以自学、管理活动、学生自治活动、课外活动、校外社会实践乃至家庭教育和社区教育活动等，按照课程规划有序地开展教育教学活动。

在课程规划过程中，课程规划者必须熟悉各种课程设计方式，才能选择、确定和编制出恰当的课程设计方案。同时，课程规划者务必牢记去寻找和明确几个问题的答案：(1) 课程学习者将是什么样的人？(2) 课程的具体目标是什么？(3) 需要提供哪种类型的学习经验？(4) 有哪些学习场所？(5) 学习者、教师和其他参与者的作用是什么？(6) 时间和空间是什么？(7) 用以评价课程产品、学生学业和教师表现的标准是什么？

6. 开发教学资源与设计课案

开发教学资源与设计班课方案，就是在启动课程实施后，作为课程规划主体的教师依据新颁发实行的课程文件，开发校内外各种教学资源，设计出班课教学活动的课案。

所以，在课程规划阶段，包括课程专家进行的课程设计，也包括教师基于班课的教学规划。这样，课程规划的产品，主要包括课程计划/方案、课程标准、微型课程方案、教学设计或课案等课程文件。在我国基础教育课程改革中，国家教育部组织规划并出台了一系列课程文件，学校校长与教师们也设计并开发了一系列课程方案和教学计划等。在后面有关章节，将列举微型课程方案和课案样例，这里只列举国家教育部新颁布的义务教育和高中教育阶段的课程方案（见附录 9-1 和附录 9-2）。

当代课程规划，已经被纳入了绩效政治学（politics of accountability）的轨道。对此，社会在疾呼：教育者们应当严肃地对待他们进行的选择与活动所产生的伦理的和政治的影响！“它们敦促我们格外重视有关事实，即课程规划与选择的方式、课程的教学与评价方法以及谁参与和应该参与其中的问题，并不是孤立的现象。”① 这样，课程规划就需要放到课程研制过程各个环节的关系中，进行社会政治学的全面考察。

第二节 课 程 设 计

长期以来，人们已经建构和使用了比较清晰的课程设计概念和影响广泛的多种课程设计方式。

一、课程设计的概念

尽管很难给课程设计下个确切定义，但是人们对课程设计的作用、成分和维度已经有比较一致的看法。

（一）课程设计的定义

目前，课程设计作为特定概念有两个指称：一是指称设计课程的活动，此时，“设计”为动词，课程设计也就是课程规划；二是指称这种设计活动的产品，此时，“设计”为名词，相当于我们常说的“课程方案”。因此，课程设计是包含过程与产品于一体的概念。所以，课程设计既指课程规划，即研制课程实施计划的过程，又指课程规划过程的产品，是独立存在的实体和课程决策过程的结果。

课程设计，实质上是人们根据一定的价值取向，按照一定的课程理念，以特定的方式组织安排课程的各种要素或各种成分，从而形成特殊课程结构的过程及其产物。这就是说，课程设计是基于对课程资源的选择和对课程要素的优化组合，是对目标和内容或学习经验的选择确定，旨在确定课程的组织形式与结构。课程设计形成的主要产品是课程方案。

（二）课程设计的作用

设计对课程与教学来说，具有中介、平衡和总摄等三方面的作用。

课程设计旨在把课程目标和经过选择的内容或学习经验转化为具体的课程计划（教学计划）、课程标准（教学大纲）和教学材料等。缺少课程设计这个中介环节，就不能把理论上设想的目标与基于某种理念选择的内容转化成具体可行的课程，也就无法实现教育或课程目标。正是从这一意义上说，课程设计是课程从理念到实现、从目标到实施的中介与桥梁。

课程研制过程必然涉及课程素材的取舍，必然涉及课程诸要素或成分如理念、目标、内容、学习活动、评价程序、学习材料、时间、空间和环境、课程实施形式及教学

---

① Connelly, M. M. (Ed.). (2008). *The SAGE Handbook of Curriculum and Instruction*. Los Angeles: SAGE, 25.

策略等相互关系的综合处理。如何平衡从而优化诸要素或成分及其相互关系，据以产生有机结构的课程，是课程设计的主要任务。

课程设计是设计者深思熟虑的决策结果。所选择的设计应与课程目标及其功能相吻合。课程设计一旦确定下来，对课程要素的处理就要与这种设计保持一致，对目标和评价的决策要与对材料和活动的决策相一致。否则课程功效就会降低，进而影响育人的质量。从这一意义上说，课程设计就是寻找"总摄多样性之纲的同一性"的活动。

（三）课程设计的成分

课程设计的重点在于课程要素或成分（components）的组织方式。在英美等国家，学者们一般将课程设计的组成成分归为"目标""课目主题""方法与组织"和"评价"四类。[①] 在我国，课程设计的成分有课程的哲学、目标、内容、方法与组织、评价以及管理六类。其中，方法与组织包括学习经验。课程设计六类成分的基本关系见图 9-1。

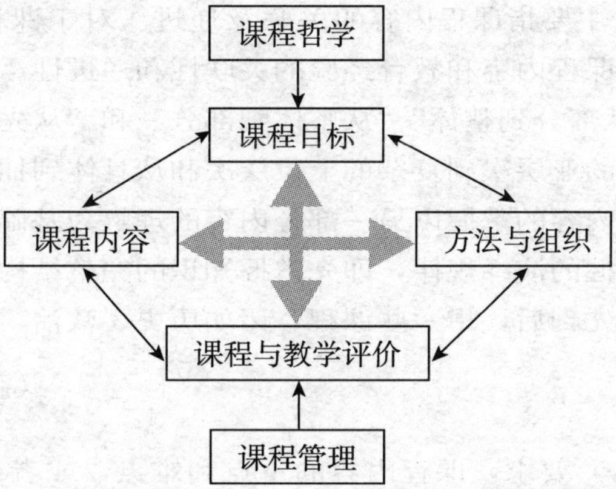

图 9-1　课程设计的成分及其相互关系模式图

课程设计，首先要对课程与教学的这些成分进行规划、挑选和决定。为此，课程设计者必须澄清自己关于社会和学习者个体的哲学观、社会观和政治观，亦即明确所谓的课程来源（the sources of curriculum）。课程设计的来源众多，不同的人有不同的重点。全面地看，凡是课程与教学的影响因素，凡是课程与教学的成分，都是课程设计的来源。在当代，人们比较重视的课程设计的来源，包括科学、社会、永恒而神圣的文化遗产、知识、学习者以及教师等。这些课程设计来源的含义、作用以及应用策略等，是需要深入探究的课题。

（四）课程设计的维度

课程设计是否成功，取决于课程研制者是否在组成课程设计的主要维度上进行了深思熟虑和系统处置。课程设计的主要维度，包括"范围（深度和广度）""顺序性""重

① Ornstein，A. C. & Hunkins，F. P.（2004）. *Curriculum：Foundations，Principles，and Issues*（4th Ed.）. Boston：Pearson Education，236.

复性”“整合性”“关联性”和“平衡性”。①

1. 范围

范围（scope），关涉课程的垂直结构，主要是指课程内容的广度（breadth）和深度（depth）。课程内容不仅包括知识，还包括各种各样促进学生致力于学习的教育经验。范围不仅涵盖认知性学习，而且涵盖情感性学习。一般而言，广度和深度似乎是两个不同的问题，但深入课程平衡的内隐机制去探究，二者之间作用相当密切，具有此消彼长的对应关系。当有批评者抨击课程内容偏深、偏难和过分强调学科体系结构，要求以增加内容广度、减少内容深度时，他基本上是把广度和深度当做两个不同性质的事物加以对待，二者似乎截然无关。但是，课程内容广度的增加在一定程度上本身就在构成新的深度或难度。广度不可能无限地增加，深度也不可能无限地减小，如何辩证地看待广度和深度的关系是解决问题的关键。

2. 顺序性

顺序（sequence），主要指课程内容的关联及递进。对于课程的垂直结构而言，课程设计者需要重点考虑课程内容和教育经验的关联性和递进性。形成顺序的方式，主要有“从简单到复杂”“从部分到整体”“从整体到部分”和“从先到后”等。从简单到复杂，指课程内容从简单的亚层次到复杂的上位层次和从具体到抽象，依次递进；从部分到整体，意味着一部分内容的掌握以另一部分内容的理解为基础；从整体到部分，依据认知心理学关于知识掌握的演绎规律，即先掌握知识的完整结构或体系，然后深入具体地学习理解知识点；从先到后，指一些课程，诸如历史、政治、时事等，其内容组织多以事件发生的时间为序。

3. 连续性

连续性（continuity）要求，课程内容的重点和难点，或者课程设计者认为重要的课程内容，必须在一定的时间内重复再现，使学生有足够的机会尽可能多地接触、学习和掌握这些内容。螺旋型课程充分考虑和体现了这一维度。

4. 整合性

整合性（integration），强调知识的横向联系。课程整合，正受到越来越多课程研制者的青睐。从某种意义上说，整合性不仅是考量课程设计的维度，而且体现着学校的教育目的、课程来源和知识的性质与用途。课程整合是从学习者的生命世界出发，由内向外整合知识和经验。随着人们知识观和个体意义建构方式的发展，课程设计整合性的价值将更加突出。

5. 关联性

如果说课程设计的顺序性与整合性只是分别针对课程垂直结构与水平结构而言，那么课程设计的关联性（articulation）则兼指两者。对于前者，关联性主要体现在课程内容时间性的内在联系上；对于后者，关联性主要体现在课程内容空间性的相互联系中。

① Ornstein, A.C. & Hunkins, F.P. (2004). *Curriculum: Foundations, Principles, and Issues* (4th Ed.). Boston: Pearson Education, 241-245.

然而，课程设计的关联性，是很难实现的。原因之一是知识本身的联系性与相关性难以界定，原因之二是学科之间缺乏合作与沟通机制。

6. 平衡性

设计课程时，设计者必须合理分配重心，避免顾此失彼。在这样的课程设计中，学生享有机会以适宜于个人、社会、学科以及生态目标的方式去掌握、内化和运用知识。然而，课程设计平衡性（balance）却不易实现。虽然人们希望课程设计应该在个人、学科、社会三者之间取得“生态”平衡，但现实中，顾此失彼的现象却屡见不鲜。就平衡性本身而言，取得平衡的复杂性在于平衡的相对性与时间性。彼时彼地彼人的课程重心未必是此时此地此人的课程重心。即使时空不变，但个体变了，平衡性理应随之调整。

二、课程设计方式

在长期的课程研究中，形成了各种各样的课程设计方式（approaches to curriculum design）或课程设计模式。最新的课程研究百科全书列出了“学校科目设计”“杜威设计”“社会性设计”“个人适切性设计”“智能发展设计”和“隐性设计”。① 历史而全面地看，已有课程设计方式可以分为学科中心设计、学习者中心设计和问题中心设计三大类。②

（一）学科中心设计

学科中心课程设计的理论假设是，学校教育的目的在于向下一代传递人类千百年来积累起来的文化科学知识，其精华需包含在学校设置的各门学科里。学科中心设计方式，又有“课目设计”“学科设计”和“大范围设计”三个亚模式。

1. 课目设计

课目设计是最古老、应用最广泛的课程组织形式。它在西方源于古希腊罗马的七种自由艺术，在中国则源于孔子的“六艺”。要素主义课程和结构主义课程，是其 20 世纪的代表。

就其最纯粹的形式来说，课目设计把课程组织成为许许多多的课目，每一门课目有意识地阐述专门的和同质的知识体系。课目通常以最富逻辑、最经济、最有用、最真实以及最易消化的形式来阐述知识。最大限度地掌握知识的人，是那些富有最完善的知识以成功处理生活问题的人。课目设计，在范围上要由需进入课程的一系列课目所决定，也受每门课目中的内容制约；在内容的关联上，则要依据学生身心发展水平。

事实上，课目设计是使儿童青少年熟知文化遗产要素的最系统、最有效的组织形式。通过学习有组织的知识主题体系，学生就能最有效、最经济地建造自己的知识宝

---

① Thornton, S. J. (2010). Curriculum Design. In Kridel, C. (Ed.). (2010). *Encyclopedia of Curriculum Studies*. Los Angeles: SAGE, 199-202.

② ［美］蔡斯著，李一平等译：《课程设计：有代表性的模式》，载瞿葆奎主编，陆亚松、李一平选编：《教育学文集·课程与教材》（上册），人民教育出版社 1988 年版，第 283～328 页。

库。所以，课目设计具有广泛的适应性。当然，课目设计也有弊端。它极其强调事实和细节的记忆，忽略思维习惯和记忆习惯的养成。

2. 学科设计

学科设计出现于第二次世界大战后，一出现就迅速铺开，在 20 世纪 60 年代中期产生了最大的影响。学科设计以教育内容中占主导地位的科学技术知识的内在组织形式为根本依据。然而，它与课目设计却有着重要区别。课目设计对于用来确立课目究竟是什么的原则完全不明显，诸如数学、家政、驾驶培训等多种领域都可接纳为"课目"，而学科设计则决意使标准专门化，因此把知识体系确立为学科。由于强调学科，产生了内容方面的学科人员，即物理学家、生物学家和历史学家等，他们积极参与了课程建设。

虽然学科设计的倡导者把完全熟悉知识学科视为人本主义自由教育的基础，但他们强调理解学科的要素，而不像课目设计，只是占有材料和信息。他们鼓励学生明确学科的基本逻辑或结构，即学科的关键概念、观点和原理的种种关系，理解学科独特的探究方式。

3. 大范围设计

大范围设计，通过把两门以上有关的课目合并成单一的大范围学程，而体现了克服科目课程的破碎形式与框架形式的努力。例如，在小学阶段，读、写、拼、讲与作文合并为语文，而在中学阶段，物理、化学、生物、天文与地理等合并为普通科学。大范围设计在大多数小学已成为基本的课程组织形式，并且在许多中等学校课程中采用。我国当前义务教育阶段课程中出现的综合文科（如社会）、综合理科（如科学）课程，就属于大范围设计。

（二）学习者中心设计

学习者中心设计，是人本主义哲学思想的产物，主张以儿童的兴趣、动机和需要为中心设计课程。与学科中心设计相比，学习者中心设计不同的地方有两点：第一，它以个别学生而不是以内容为其组织的线索；第二，它不预先进行确定性规划，而是随教师和学生展开教育任务而变化。学习者中心设计，也有许多变式，但是成熟的比较少，这里只简单介绍活动—经验设计。

活动—经验设计虽然起源于 18 世纪的欧洲，并在卢梭和裴斯泰洛齐的著作中已初见端倪，但是直到 20 世纪 20～30 年代进步主义运动蓬勃兴起时，才成为美国现代公立学校使用的一种课程设计。活动—经验设计主张，人们只学习自己所经历的事情，只有那种与活动目的有关并且根植于经验的学习，才会转换成行为变化。

活动—经验设计，具有"兴趣为本""师生合作"和"问题解决"三大特征。第一，课程的结构要由学习者的需要和兴趣来决定。这意味着课程是学习者自己直接感觉到的需要和兴趣，因此，教师的重要任务是发现学生的兴趣是什么，并帮助学生为学习而选择最重要的兴趣。第二，在课程实施中形成课程结构。当教师和学生一道确立追求的目标，规定查阅的资料，计划实施的活动，以及安排进行的评价程序，这时，课程结构才会形成。这种师生合作规划课程，是活动—经验设计的核心特征。第三，把重点放在所学问题的解决过程上。学生在追求兴趣的过程中，会碰到某些必须加以克服的困难和障碍。这些困难构成真正的、学生渴望挑战去接受的问题。在寻找解决办法以攻克这些难题时，学生才实现了有价值的课程学习，其价值包括活动与经验的真实性、意义性、直接性、生动性以及相关性。

活动—经验设计优点与弊端并存，它具有“迎合内在动机”“适应个别差异”和“沟通校外社会”等优点，同时存在着“缺乏生活准备”“缺乏水平结构”和“缺乏连续性”等弊端。

（三）问题中心设计

问题中心设计，是指把重点放在现实中个人与社会生存与发展问题上的课程设计。一般来说，这类设计基本上要预先计划，这是不同于学习者中心设计的地方。所谓的“基本上”是指，这类设计绝大多数由于关切真正的生活问题，努力做到在包括学习者关心的事情和情境过程中，适时作出某种程度的调整。问题中心课程的水平组织，要由所学问题领域的范围和分类来确定。因此，内容由于是以问题的相关性为基础来加以选择的，就几乎总是跨越课目界限的。顺序也要由问题的分类来确定，但还在很大程度上以学生的需要、关切和能力为基础。问题中心设计可以分为生活领域设计和核心设计两类。

1. 生活领域设计

把生活领域作为组织课程的基础，通过强调共同的社会功能，生活领域设计试图在克服课目设计的内在弱点的同时，又避免活动—经验设计的陷阱。生活领域设计的基本特征在于围绕生活领域重新组织传统的教材，而且同活动—经验设计一样，把重点放在学习的问题解决过程上，并把学习者的经验和直接情境当做通往基本生活领域的途径。

生活领域设计具有“整合”“问题解决”和“功能化”等优点。首先，生活领域设计以整合的多样化形式呈现课目主题，而做到这点是通过跨越分离的课目，并且把重点放在社会生活的有关范畴上。其次，它围绕着生活在社会中的个人的问题来组织，因此彰显问题的解决过程。内容是为了用于解决实际生活问题，而不是为了内容自身或为了教师教授这些内容。再次，它以功能化的形式呈现内容。因为是用于解决学生自己的问题，生活领域设计就为学生提供了能直接运用于未来生活情境的学习。生活领域设计的实施亦遇到许多困难，需要认真而深入地对待与研究。

2. 核心设计

核心这一概念起源于20世纪初，用以反对破碎形式和“从不同课目积累起来的零碎学习”。为了达到整个课程的紧凑性，提出了统一的课程核心，其他课目要与之有关并服从之。然而，到20世纪20年代末期，人们发展起来了完全不同的核心课程理论。依据课程应当培养个人发展和民主的社会能力这一信条，进步主义者提出学习的核心是个人和社会共同需要的中心。由此，就逐渐产生出了被称做生活领域核心和社会问题核心的课程。

核心设计作为一种课程组织形式，其核心成分是“普通教育”和“模块课程”。任何核心课程的核心成分，即一般的必需成分，意在给所有学生提供共同学问或普通教育。构成核心的那部分课程，是所有人为了在社会中有效地发挥作用而必须学会的共同概念、技能和态度。核心的这种共同学问特征，有时被用来指称普通教育的任何方案的术语。核心课程的另一个共同特点是被称为核心“体系”的东西，即它的管理框架和分块上课制。不论各种核心课程中体现出什么形形色色的课程设计，实际上所有核心设计，都用了由两个以上正规时间所组成的单元时间来教学核心成分，亦即均包含两个以上的模块课程。

在吸收了学科中心设计、学习者中心设计和生活领域设计的优点基础上，核心课程已经形成了“单独课目核心”“关联核心”“融合核心”“活动—经验核心”“生活领域核心”和“社会问题核心”等多样化的设计模式。

第三节　课程与教学资源

课程设计与规划需要开发课程与教学资源，研制出课程与教学材料。课程与教学资源，涵括性较强，既包括课本（教科书）、教材、教学材料和课程材料，也包括可以用于课程与教学活动的其他潜在资源。

一、课程与教学资源的概念

课程与教学资源的英文是“curriculum resource”。课程研制者常用“课程资源”术语，而学校教师们更喜欢用“教学资源”术语。这里，将它们统称为“课程与教学资源”。

“resource”是“供满足需要的东西”，或“储藏以备需要时提取”之物。早期人们使用的是课程来源（curriculum source）概念，这是编制课程、选择课程知识必须关注的。波得（Bode，B. H.）从学科专家的视点、实践者的视点和学习者的兴趣三个来源上考察了课程目标的维度与矛盾。① 而泰勒则把课程目标的来源分为“对学习者本身的研究”“对校外当代生活的研究”和“学科专家对目标的建议”。②

后来人们认识到，泰勒仅仅把这三个方面作为课程目标的来源是一个缺陷。确实，学习者、社会和学科知识不仅是确定课程目标和选择课程知识内容的来源，也是整个课程与教学活动的全过程必须始终依托的资源。后来，泰勒也拓展思路，从课程目标、教学活动、教学活动组织、课程评价四个方面来考察课程资源的含义。泰勒所理解的课程资源，是指进行课程编制所需要了解的情况、知识、背景和条件等。

---

① Bode，B. H.（1931）. Education at the Crossroad. *Progressive Education*，8（7），543-549. See Tanner，D. &Tanner，L.（2007）. *Curriculum Development*：*Theory into Practice*（4th Ed.）. Columbus，Ohio：Pearson，129.

② ［美］泰勒著，施良方译：《课程与教学的基本原理》，人民教育出版社 1994 年版，第 3～25 页。

简单说来，课程与教学资源是指能为课程与教学活动所用并满足其需要的一切素材和条件。① 课程资源，包括对课程理念形成、目标确定、内容选择、课程实施、班课教学活动和课程评价等有价值的知识和经验，包括能保障课程与教学活动得以进行的人文环境、物质设备和材料。所以，课程与教学资源所指有广义与狭义之分，广义的课程与教学资源对课程与教学活动而言是潜在的、间接的，它本身不是专门为课程与教学活动而存在的，只有人们开发课程与教学时，它才被考虑进来作为一种素材或条件。如一定的物质设施和经济条件可以被用于开发课程与教学，也可以被用于其他事业。狭义的课程与教学资源是指直接构成课程与教学各因素的直接来源，它对课程与教学的作用是直接的。

二、课程与教学资源的类型与要素

（一）类型

课程与教学资源十分庞杂，为了便于分析与研究，人们总要对其进行归类。每类课程与教学资源，都有自身的价值。由于角度不同，课程与教学资源类型的划分也不相同。

1. 校内资源与校外资源

对课程与教学活动可能有用的知识、经验和物质条件等，按照空间范围划分，凡是在学校范围之内，都是校内资源，而超出学校范围以外的就是校外资源。我们除了充分挖掘、利用、建设好校内资源，为课程与教学开发提供有力的保障，还必须与校外资源密集的单位建立长期合作的关系，或与校外单位保持必要的联系，以便充分利用校外的课程与教学资源。

2. 素材性资源和条件性资源

素材性资源是构成课程的因素，是课程的来源。如知识、技能、经验、活动方式、情感态度和价值观等属于素材性资源。条件性资源不能成为构成课程的因素，只是为课程运作提供保障，决定着课程的实施范围和水平。如资金、时间、场地、媒介、设备、设施和环境等属于条件性资源。② 课程研发，既要充分利用课程素材，也要加强课程条件建设。

3. 原初性资源、粗加工资源和精加工资源

原初性资源主要是指那些可以作为课程构成因素和条件保障的一切因素。它们主要不是因为课程与教学活动而存在的，正如某地的一个公园，它不是为课程活动而是作为城市的一种人文景观而存在的，当教学活动中组织学生游览公园时，它才成为一种重要的课程与教学资源。粗加工资源，指课程文件、课程政策文件、课程与教学材料等。精加工资源，指经过认真雕琢的、具有许多课程与教学品性的精细的课程与教学资源。原初性资源很多情况下不会成为参与课程与教学活动的因素，但是精加工资源则是课程与

---

① 范兆雄著：《课程资源概论》，中国社会科学出版社 2002 年版，第 3 页。

② 吴刚平：《课程资源的理论构想》，载《教育研究》2001 年第 9 期。

教学活动必不可少的依托。不过，粗加工资源还需要教师进行认真的筛选、提炼、组织与加工，才能纳入课程与教学活动之中，成为课程与教学活动的因素。

（二）**要素**

课程与教学资源，包括物质与非物质两个子系统，其中非物质子系统包含思想、知识和经验三大要素，物质子系统包含人力与物力两大要素。

思想资源，指一切有可能渗入课程与教学活动之中，影响参与人员，诸如教师、学生、管理者、研究人员和其他教育工作者的各种观念。思想资源可以分为三类：有关自然界的思想，即对自然的形成、发展、本质的个体认识；有关社会的思想，即社会价值观、道德观、发展观等；有关人——个体的人和人类的思想，即对人和人类行为的认识、对人的心理发展、对人类语言现象等的观点。

知识资源，指全部人类知识。它既包括描述自然、揭示自然规律的自然知识，又包括描述人类社会、揭示社会运动规律的社会知识。而数学知识可以描述社会的关系，也可以描述自然的关系，还可以描述社会与自然之间的关系；语言知识既涉及生理的、物理的自然现象，也涉及思维的、交往的社会内容。因此，课程知识资源可以分为四大类：语言知识、数学知识、自然知识和社会知识。

经验资源，指教育系统的教师、管理者、研究者、工作人员和学生所具有的个人经历的总和。他们各自的经验有所同也有所不同，他们都有受教育的经验、社会和学校生活经验，而各自的经验内容、性质与水平等则不一样。教师的经验是起主导作用的课程与教学资源，它支配着课程与教学活动的过程。不管教师持什么观念，他们的经验都会不自觉地进入他们的课程与教学活动中。学生的经验是课程与教学活动的基础，刚刚跨入学校大门的学生，主要依赖于学前的生活经验，然后，他们在学校中渐渐地形成一整套的学校经验，包括学习经验、师生与同学交往经验、学校生活经验、学校社团活动经验等。

人力资源，指组织课程与教学活动所拥有的劳动力的总量及其活动，关涉教育人力资源的理解、供给、配置与开发等课题。课程人力资源，受制于社会经济系统的供求规律，所以必须研究教育系统中的教师、学生、管理者、教育研究人员的供给与需求状况，探索教育人力资源的管理特点和调配方式。

现代课程与教学活动不仅有具体形态的物质内容，而且离不开财力——符号化了的物力的支持。物力资源，由物品资源和财力资源两个要素构成。按性质不同，物品资源分为自然的和人造的两个部分。按来源不同，财力资源分为“政府拨付”“社会支持”和“学校开发”三部分，即各级政府可能用于课程与教学活动的最大财力的指标，各种社会组织（企业、社会团体）提供的财力支持，学校及其他教育机构用于课程与教学设计、实施和评价的财力。

当今网络已经进入人类社会生活，并产生了广泛的影响，已经成为一种独特的资源。它既需要物质设备的支持，投入大量的资金进行建设，又是一个虚拟的世界。随着网络教育的发展，虚拟学校已经成为现实，网络课程与教学不仅将现实教育虚拟化，而且催生了新的课程与教学形式。这种新的课程与教学主要是通过虚拟现实技术，使人置身于其中，获得的感受不仅以模拟真实为目标，而且正在向着新的专业教学技术发展。在当代课程与教学领域，网络资源具有物质与信息的双重特性，是一种特殊而前景广阔的新兴资源。

三、课程与教学资源的开发

课程与教学资源开发的途径多种多样，亟待人们去探索与建构，目前人们使用较多的，主要有“挖掘教师智力资源”“利用学生经验资源”和“发挥教育内容资源”三条途径。

（一）挖掘教师智力资源

教师是学校最为宝贵的资源。如何充分调动教师的积极性，开发以教师为主体的学校智力资源，是学校课程与教学发展中最受关注的问题。一所学校的师资力量，是由个体的教师组成的，是以教师个体的思想、知识和智慧为基础，以学校组织机构为骨架而构筑起来的集体智慧。因此，智力资源开发要从增强个体教师智力和加强学校组织建设着手。

1. 人才引进

一所学校的师资总是处于自然流动的过程中，学校要广泛收罗优秀教师，包括引进高水平的中年教师和具有良好基础与广阔发展前景的青年教师。引进人才不仅要考虑完成教学任务，而且要从学校教师的专业、知识水平、能力状况、年龄等整体结构来决策。

2. 培养提高

大部分学校的主体师资力量具有稳定性。学校对教师进行的培养提高，是开发教师的智力资源和提升课程与教学的有效途径。教师培养应针对学校课程与教学发展的需要，围绕课程与教学改革和发展的主题来进行，而不是盲目追求教师队伍的高学历、高职称。

3. 教师组织建设

学校运行的管理系统、科目组和年级组，是整合教师资源的组织系统。要充分发挥学校管理系统在组织教师进行课程与教学活动方面的作用，建设一个高效能的学校行政管理组织系统。要重视学校内部和校际之间的教师专业协作组织建设，充分发挥其作用以提高教师专业水平、提升课程与教学工作，促进学校课程与教学改革等。

4. 学校文化建设

学校文化对于开发学校教师资源来说具有特殊的意义。一所学校的传统、风气会对学校的成员具有潜移默化的感染力。努力建设一种文明健康、积极向上的学校文化，有助于提高教师的思想水平，增强教师的道德修养，改善教师的业务素质。有利于教师潜力发挥的学校文化特征有：科学民主的文化价值取向，积极进取的文化心态，敢于创新的文化意识，先进新颖的文化手段以及和谐协作的文化环境等。

（二）利用学生经验资源

学生已有经验是学校课程与教学开发的重要资源。学生的经验处于不断的发展和变化之中，不仅是学生知识增长和智力发展的基础，而且本身就是课程与教学所追求的目标。

1. 热爱和尊重学生

学生不仅是课程计划与教学设计的出发点，而且是课程实施、教学活动的主体。因此，热爱学生，要求落实学生在课程与教学中的主体地位；尊重学生，要求使课程与教学过程成为学生自己主动建构知识、获得发展的过程。

2. 了解和研究学生

尊重学生的课程与教学活动，必然要求深入全面地了解和研究学生，要以学生学习为本，而不是以教材传授为本。了解学生，不是为了控制学生，而是为了帮助学生自主探索；研究学生不是为了灌输更多知识，而是为了让学生充分享受在自主创造中成长的快乐。

3. 解放和激发学生

现代的课程与教学活动，必须解放和激发学生的学习潜能。解放学生，就是消除学生的身心束缚，还学生以自主地生动活泼地发展的自由，进而激发学生学习的积极性、主动性和创造性。解放学生不是放任自流，激发学生不是煽动学生的激情，而是要因势利导，使学生探究的本性得到自然的发挥。解放学生要求从课程目标设计到课程与教学方案的组织实施，以及评价等各个环节都要以学生发展为核心，避免将学生束缚于教材，局限于课堂。激发学生，要求课程与教学面向学生的生活实践，从学生活动中寻求课程主题。

（三）发挥教育内容资源

教材特别是课本，是教师教学和学生学习的基本依据。但是受各种复杂因素的影响，我国中小学形成一种教师死教教材、学生死学教材的局面。教材是经过严密选编的系统化了的课目知识，但它不可能囊括该课目领域所有最为主要的知识，更不可能完全反映该课目的全部结构。因此，在尊重和充分利用教材的同时，要积极开发和利用各种教育内容资源。

1. 选择重组知识资源

无论社会或政治控制怎么严密，实际上筛选知识的权力在学校和教师手里。虽然国家通过发行或审定教材、督促检查、考试测评等手段控制着知识资源的选择权，但是教师对这些知识进行着再筛选。而且教育改革逐步扩大了学校和教师的知识选择权，学校和教师可以根据课程标准（教学大纲）选择知识内容，或者可以根据实际需要选择教材和自编教材。

知识资源的载体非常丰富，包括教材、图书、杂志、报纸、广播、电视、网络和广告等，它们都可作为学习内容。所以要重视内容资源的开发与利用，不要把教材当做唯一的资源，只局限在教材上。要制订切实可行的开发广泛知识资源的整体计划，以满足学生发展需要为旨归重组教材，为学生制订切实可行的读书计划，引导学生接受各种现代传媒，通过各种长期持续的读书活动、传媒节目鉴赏活动等，获得知识、情感与道德的全面发展。

2. 认识利用自然资源

人类拥有的宝贵的知识和经验，有很大一部分是直接来自于对自然的认识。学会认识和利用自然，是人类一代又一代的永恒主题。那种认为在掌握了人类已有的知识基础之上再去认识自然的做法是不合理的，学校不是只教给学生现成知识的场所，还应该是让学生参与认识自然的机构。学校应该创造条件使学生亲密地接触自然，并在探索自然奥秘的过程中，学会认识和利用自然的初步方法，形成与自然和谐相处的初步观念。

3. 熟悉开发社会资源

社会是人类生存的方式，养成社会性是学生发展的重要目标。但是使学生了解社会不只是为了将来能够适应社会、为社会作出贡献，更应该重视学生所生活的现实社会。学生认识社会不只是通向社会的途径，还是学生社会生活的一个组成部分。学校内容资源的开发和利用，需要重视学生的社会生活资源，这种资源主要包括游戏、玩具、同辈组织、青年人的时尚，等等。与学生有密切联系的社会生活资源还有家庭、社区、群众组织和政府组织，等等。前者是青少年儿童所独有的生活世界，后者则是他们要认识和熟悉的社会组织。只有在学校课程与教学资源开发上使这两个世界相互沟通，才是实现培养学生实践能力的有效途径。

课程与教学资源研究，作为课程与教学研究领域的一个组成部分起步较晚，需要格外重视而加以推进。课程与教学资源，涉及课程理念、课程目标、课程内容、课程实施、教学方式以及课程评价等。深入研究这些领域里的资源开发的具体问题，是今后需要努力的方向。课程与教学资源一旦被开发并应用到教学活动之中，就形成了课程与教学材料。

第四节 课程与教学材料

当代课程与教学材料，随着信息技术的应用，越来越丰富多彩，正在逐渐地网络化和多媒体化。在课程与教学材料中，课本或教科书最为重要。

一、课程与教学材料概述

课程与教学材料，是课程研制与规划产品的物化形态，包括文件和用品两大类。

（一）概念

在西方，有两个相关的术语概念。一个是“teaching materials”，一般翻译为“教学材料”，或简称为教材。教学材料，是指教学活动中教师用来与学生交流的所有天然或人造物品。① 包括课本、讲义、讲授提纲、参考书、教学指导书、学生作业材料、教

① ［英］德里克·朗特里著，赵宝恒等译：《英汉双解教育辞典》，教育科学出版社 1992 年版，第 505 页。

学辅导材料、多媒体课件、网络教学资源、各种教具学具和教案学案等。另一个是“curriculum materials”，一般翻译为“课程材料”。在狭义上，课程材料是指课程设计过程中编制的各种课程产品。包括各种课程文件、课本、教学辅导材料、学习材料、作业材料、多媒体课件和网络课程等。在这个意义上，教学材料包括了课程材料，因为教师除了使用课程材料外，还要在教学活动过程中另外开发使用丰富多样的材料。而在广义上，课程材料是指课程研制/开发过程中人们专门编制的用于规划、实施、教学、评价与管理活动的所有的产品总和，包括各种课程产品、教学材料和管理文件。

课程与教学材料主要是为课程实施与评价过程而准备开发的。人们根据不同的目标和需要，引用、创作、编辑与开发各种不同的课程与教学材料。有的是系统的、严密的某一学科知识体系的概括；有的是某一方面的专门知识或训练方案；有的是供教师教学或学生学习而配套使用的材料；有的是为教师教学或学生学习的方便而作为商品出售的，有的却是教师个人根据自己的教学理念或学生的特殊需要从人类知识宝库中筛选加工的。

总之，课程与教学材料是经过精选和加工的课程与教学资源。课程与教学材料是有目标指向的，它是为教学活动而设计的，它本身是一种课程要素。与此不同，课程资源只是一种可能的、潜在的课程要素，在没有经过加工时，它是不直接指向教学活动的。

教材，作为我国常用的一个术语，虽然是教学材料的简称，却不同于教学材料的概念。教材包括了科目主题（subject matters）或教学内容（contents）和教与学的材料（teaching and learning materials），还关涉教学双方的相互作用。所以，“教材是教学过程中教师用来协助学生学习达到教学目标的各种知识信息材料。”①

（二）实质与作用

在现代社会，课程与教学材料以纸质的、电子的文献形式和标本、仪器等物质形式存在，直接针对学校课程与教学活动而制作，通过商业渠道和手段而流通。因此，课程与教学材料实质上是一种文化产品，具有商品特性和社会属性。

在商品经济社会，课程与教学材料是一种文化商品。它们要通过市场运作才能到达教育消费者手中，才能发挥作用。在这个过程中，商家的目的与学校教育的目的不完全相同。商家是以利润最大化为原则的，而学校教育的原则是实现育人目标。课程与教学材料的文化商品价值，要通过它的教育价值而实现，从理论上来说，没有教育价值的课程与教学材料是不能够进入销售市场的。但是现实中，课程与教学材料的销售，却并不一定与它的教育价值相对应，不是教育价值越大的课程与教学材料，其销售情况就一定会好。这就是课程与教学材料的文化商品特性。

同时，课程与教学材料是一定的社会阶层、团体对学校教育的控制工具。它们通过对教育内容的选择，来实现对人才培养目标和整个学校教育的控制。这是因为不同的内

---

① 曾天山著：《教材论》，江西教育出版社 1997 年版，第 8 页。

容会对人产生不同的影响，从而在培养人方面具有不同的作用。这就是课程与教学材料的社会属性。

课程与教学材料“对课程具有非常重大的决定性的作用”①，是学校教育所不可或缺的，其质量好坏直接影响学校教育的优劣。从根本上说，课程与教学材料是实现教育目标的中介和手段，具有积极的和消极的双重作用。

课程与教学材料的积极作用主要有：使课程设计的理想得到落实，满足学生课外学习的需要，开阔学生的视野，帮助教师理解和实施课程方案。

但是，“课程材料并非总是有利于学生学习的”②，因为课程与教学材料的作用在现代商业社会中常会被歪曲。商家为了利润会采用各种商业手段降低研制成本，可能牺牲产品的教育质量；为了吸引购买者，商家可能夸大产品的教育意义，或迎合购买者的消费心理，误导学生和教师购买“假冒伪劣”的课程与教学材料。

（三）改革与发展

在课程与教学材料开发过程中，存在着经济利益与教育价值的尖锐矛盾。课程与教学材料改革与发展，需要超越商业文化陷阱，建设充分体现教育价值的新型“教材文化”。在现代社会，课程与教学材料制作、流通都要依靠市场运作，企业参与其中，利润因素成为其主要指标。在经营课程与教学材料的过程中，企业有可能为了自身商业利润而背离教育价值，仅考虑如何赢得最大的市场和利润，从而使之与教育发展的目标相背离。政府具有监督管理的责权，需要运用法律、行政与经济手段，引导企业和商家规范经营，确保课程与教学材料的教育价值。

在市场经济条件下，课程与教学材料的改革与发展中，有些地方出现了“经济利益驱动”的不良倾向。

第一，各种各样的课程与教学材料，都打着“素质教育”的旗帜，即使其中那些彻头彻尾为“应试教育”服务的，也要乔装打扮穿上“素质教育”新装进行推销。

第二，课程与教学材料在生产、销售等环节都采用各种商业化手段，其中许多都换上了漂亮的包装，价格大幅提升，营销策略花样翻新。

第三，名目繁多的各种培训课程，大多开发了配套的课程与教学材料，采用商业手段极力推销。以中小学生为对象的各种培训多与中小学的教学进程相衔接，有的还直接与中小学的教材相配套。

这孕育出了课程与教学研究中的两个尖锐问题和重大主题：一是开展课程与教学材料的经济学研究，为该领域的经济利益和行为划出界限和制订规范；二是开展课程与教学材料的教育学研究，为该领域的教育追求建构价值基础和提供理论指引。

---

① Lebrun, J., et al. (2001). Past and Current Trends in the Analysis of Textbooks in a Quebec Context. *Curriculum Inquiry*, 32 (1), 51-83.

② Collopy, R. (2003). Curriculum Materials as a Professional Development Tool: Textbook Affected Two Teachers' Learning. *The Elementary School Journal*, 103 (3), 287-312.

二、课本概述

“课本乃课程的主导成分。”① 课本（教科书），作为课程与教学材料的核心部分，作为最重要的课程资源，历来是课程与教学研究的聚焦点之一。在课本研究中，人们力图揭示课本的文化意蕴和社会意义，探寻课本的设计原理、方法和使用方式等。

（一）课本的概念与实质

“课本实质上是一种文化产品和课程的具体化。”② 作为文化产品，课本是编辑者的创造物；作为课程的具体化，课本系统地体现着课程设计的理念。指出课本是一种文化产品，触及了课本的本质。克伦巴赫（Cronbach，L.）指出，课本作为教学工具，暗示着课程是由文本以外的社会因素决定的。③ 课本的本质，要通过揭示课本所隐含的社会文化取向，课本所代表的社会文化力量，才能得以彰显。

长期以来，课本在传播主流文化的同时，扮演了课程主要载体的角色，并成为了班课教学的基本依据。

课本体现着主流文化意志，传播着主流文化内容。课本成为文化传承的载体，是一种作为文化传播工具的特殊文化。在现代社会，课本在文化交流中扮演着一个重要的角色。对我国台湾和香港课本的研究表明，课本中的“现代性比重大于传统性”，“均发挥‘再生产’社会文化意识的功能”。④

课本是课程的主要载体，因此课本的编订成为课程改革的重心之一。每一次课程改革总要分析批判已有课本，并把编辑和出版新的课本作为课程改革的核心环节，以致一些人错误地将课程改革与更换教材等同起来。其实，课本虽然要反映课程改革的理念，但课程改革不仅局限于教材更换，还包括课程目标、观念、评价等各个方面的改革。因此，课本的作用要通过与课程改革的其他环节相互协调才能充分发挥。

教学是课程实施的一种主要途径，是学校教育培养人的主要活动，而课本是完成这种活动的基本依据。课本是经过充分选择与严密组织的课程资源。在古代社会里，教师和学生无权处理教学材料，课本就成了学生必须诵读的《圣经》，课本内容就成了人们必须掌握和遵循的“金科玉律”；课本是教学活动的中心，是唯一的教学内容。而在现代社会里，教师具有一定的课程材料处理权，课本不再是《圣经》，而只不过是一种非常重要的课程资源。

---

① Connelly，M. M.（Ed.）.（2008）. *The SAGE Handbook of Curriculum and Instruction*. Los Angeles：SAGE，25.

② Venezky，R. L.（1992）. Textbooks in School and Society. In Philip W. Jackson. *Handbook of Research on Curriculum：A Project of the American Educational Research Association*. NY：Macmillan，437.

③ Cronbach，L. J.（1955）. *Text Materials in Modern Education*. Champaign：University of Illinois Press，88-216.

④ 区洁珍：《课程内容与现代性：香港及台湾小学课本的比较研究》，载《香港中文大学教育学报》第19卷第1期。

（二）课本的发展与研究

古代学校教育经常直接采用经典名著作为学校的课本。它使人们形成一种印象，即认为课本是必须烂熟于胸的《圣经》。这与古代社会知识增长缓慢有关，由于知识领域长期稳定不变，致使同一文化类型的经典的知识具有稳固的社会地位，有的经典在自己的文化领地传播几千年而不衰。但是，进入现代社会，随着知识量的急剧增长，古代知识传统受到挑战，取而代之的是提倡怀疑和证伪的现代知识。因此在现代社会再也不可能像古代社会一样进行全民“读经”的教育，不可能也不需要一种具有绝对权威性的课本，课本再也不可能是一成不变的《圣经》，而是需要进行不断的改编与解读的“文本”。

西方早期的课本是直接采用名人的著作，现代课本起源于15世纪下半叶和16世纪初德国和意大利的儿童读物。到16世纪晚期，英国的学校课本才考虑适应儿童的兴趣与能力。① 早期课本的主要内容是拼写，后来才逐渐加上画片、教法建议和生动的插图等，课本的内容和形式越来越丰富。如美国殖民地时期的课本简陋而短小，内容简单，品种屈指可数。但到1985年，据不完全统计，美国教育研究图书馆收录了近五千种共两万册课本。

课本发展是一个国家教育和文化发展的一部分。因此，随着文化和教育的发展，课本也在不断地变换形式。如随着程序教学的发展而产生了程序课本（programmed textbook）；随着计算机辅助教学的发展而产生了计算机辅助教本（computer-assisted instruction）、在线课本（online text）和超文本链接课本（hyperline text）；随着印刷技术的发展，小批量印刷已经不像以前要付出高昂的成本，因此为满足特定学校的需要而量身定做的课本（customized publishing）出现了，它可以根据教学者的需要而任意剪裁课程材料、设计难度不同的问题。

国外课本研究是课程研究的一个重要领域，但迄今为止，这方面的研究既不系统，也没有中心目标和研究范式。② 国外已有课本研究，主题主要集中在“课本的价格、性别、种族”“课本内容控制”和“课本的出版与使用”等问题上。③ 随着知识剧增和信息技术广泛使用，课本研究的课题和领域需要拓展，应从现有的单纯的内容分析中走出来，它的主要课题应加以扩大：第一，课本设计编纂的理论研究，应着重在深层次挖掘课本编纂的社会和文化的意义与机制；第二，课本编纂的工艺研究，应着重解决课本的心理接受问题，研究如何使课本成为学习者喜爱的作品；第三，现有课本的更新改革的研究，主要是及时跟踪正在使用的各类课本，系统研究它们的知识体系、适应性等，为课本的改编提供决策依据。

---

①②③　Venezky，R. L.（1992）. Textbooks in School and Society. In Philip W. Jackson. *Handbook of Research on Curriculum：A Project of the American Educational Research Association*. NY：Macmillan，452，442，441-442.

三、课本的结构与标准

课本结构是指“各科教材之间的横向组合方式和各种教材内部各要素、各成分之间的组合方式”①。

（一）课本的结构

课本结构指构成课本的各种成分及其相互关系，分为系统结构和内部结构。

1. 课本系统结构

课本系统结构，即某一国家、地区或教育机构所用各种课本之间的结构。课本系统是指某一级学校教育机构所用各种课本构成的体系。各种课本，必须体现学校培养目标的要求，必须体现知识结构，必须体现学生发展需要，因此它们不是孤立的，而是共同组成一个严密的系统。在这个系统中，各科课本都有自己相对独立的主体功能，指向培养目标中的某一方面。我们必须考虑，各科课本在课本系统中的功能及协调，并从“培养目标”“知识结构”“逻辑结构”和“身心发展规律”等不同的角度分析课本系统结构。

课本系统结构，必须有与培养目标相对应的结构，包括“知识技能”“能力”“道德与情感”等。各科课本之间，各部分知识必须构成一个知识体系，使学生学习的知识，避免偏于一隅和零碎割裂，达到全面系统地包括社会生活中所需要的各种知识。课本体系结构，必须合乎逻辑，形成清晰的顺序结构、因果结构和层次结构。课本体系结构，还必须符合学习者的身心发展规律，满足其身体健康、心理健康和智慧成长的需要。

2. 课本内部结构

课本内部结构，是指某一种课本的内容与形式组成成分及其相互关系，包括知识结构、逻辑结构、文本结构和教学结构。

（1）知识结构。课本的知识结构安排要考虑两个方面。一是学生的知识结构。学生已有的知识结构是课本知识结构的基础。因此，在编辑课本时，必须了解学生的知识结构。各个年龄阶段、各个年级的学生，知识结构各不相同，可以通过课本编辑有意识地安排构筑或改变学生的知识结构。二是学科的知识结构。学科是人类建构知识的重要而又有效的形式，学科知识是人类文化的重要内容，掌握学科知识是学校教学的重要主题。所以学科知识结构，是编辑课本的基本依据。

（2）逻辑结构。课本都有自己的逻辑结构。课本逻辑结构，有时候与学科知识结构相重合，但并不完全与学科知识结构相重合。因此，安排课本的逻辑结构，要根据学生的身心发展规律与学科知识结构相结合的特点来考虑。

（3）文本结构。课本文本是指严格按照课程标准和课程计划的要求编制成的课本书面呈现形式。一般而言，课本文本由封面、说明、目录、课文、思考与练习、附录、插图和插表等组分构成。课本的封面一般包括题目（课目）、适应对象（适应年级或适应

---

① 廖哲勋、田慧生主编：《课程新论》，教育科学出版社 2003 年版，第 328 页。

专业）等；课本的说明部分一般包括编辑课本的依据、指导思想、体系介绍与课时安排的建议、解释有关事项等；目录则列出课本主要内容的标题以及页码；课文是课本陈述知识的主体部分，它要根据教学对象的特点，系统地陈述一定的知识内容，具有严密的逻辑结构；思考与练习，与课文内容紧密相联，既是为巩固课文内容而设计的，也是课文内容的延展；课本的附录有“参考文献与索引”“人名表”“单词表”及“其他补充知识”等；插图是在课本旁边插入与知识内容相关的图画，可以增强学生对于知识内容的印象，加深对该知识内容的理解；插表则是在课本旁边，插入简明扼要地呈现相关知识内容的表格。

(4) 教育学结构。课本的教育学结构（pedagogical structure），是在课本编制中，结合具体内容教学的可能需要对补充材料、活动、情境、策略、方法和艺术等教育学因素及其使用的设计，用以帮助师生提高教学兴趣、强化教学动机、促进教育过程和提升教育质量等。它与文本结构有一定关联，以心理学理论、学习理论和教学理论为依据，是今后课本编制中需要加强研究与开发的领域。

（二）课本的标准

课本的标准是指编辑课本必须达到的基本要求，在课本编辑商业化的时代，制订严格的课本标准是十分必要的，它是评价、审定（审查）课本最直接的依据。课本的标准，具体上各有不同，一般来说包括“培养目标”“学生发展”和“美观实用”等。

课本，必须能够满足学校实现培养目标的要求。针对实现培养目标的需要，确定相应的知识内容与训练内容。课本选材必须既满足学生发展的需要，又考虑到社会发展的需要。同时，课本必须做到装帧朴素大方，图文精美，版式赏心悦目和印刷清晰。

四、课本的选择与使用

课本的选择与使用，是指各级各类学校根据教育行政部门的要求，或依据国家的法律法规的规定，选择与使用适合于各自学生与教师的课本。

（一）课本的选择

课本的选择，是随着课本社会化和多样化而出现的。课本的选择是指从若干种教材中选择一种自己满意的教材。其基本前提是，同一门课程必须是有多种课本可供选择。课本的选择，涉及选择权属、选择标准与选择方法等主题。

课本的选择权属，是指有关教育法律、法规赋予教育机构或教育行政部门管理课本的行政权力。课本的选择标准，是具有选择权力的机构根据自己的办学思想和对人才培养的理解而确定的。必须在法定公开出版和使用的课本中进行选择，选择的基本标准包括：与自身的办学思想定位相符合；设计、编辑与印刷等方面具有高质量；代表课本编辑的前沿水平；经济实惠。课本的选择方法多种多样，主要有：比较法，在多种课本中选择出一种；专家筛选法，聘请熟悉某科各种课本的专家，请他们在众多课本中选择一种；权威论定法，采用权威机构评审的结论，如直接选择获奖课本等。

（二）课本的使用

课本是一种重要课程资源，课本的使用需要认识课本的基本属性，遵循基本原则，选择适宜操作方法。

1. 认识课本的基本属性

历史上，无论是西方还是东方，都曾长期直接把经典作为教材，导致人们容易将课本与经典等同起来。在当代，为正确使用课本，人们必须认识到课本的基本属性。

（1）课本是一种重要的课程资源，它代表一定学科知识和教育思想。我们必须了解一种课本渗透着什么样的教学思想和课程思想，只有充分了解了，才能在使用这种课本时更深更好地体会课本设计与编辑的原意，从而更好地使用该种课本。另外，课本所选编的学科知识有没有真正达到课程标准的要求，这一点需要教师对照课程标准进行研究。如果发现课本存在不足，需要及时地补充课程材料。

（2）课本是教师教学和学生学习的重要依据，是实现学校培养目标的一种工具。课本虽然是根据培养目标、课程标准编辑的，但它不是唯一的教学工具，让学生掌握课本的内容并不一定能够保证完全达到课程标准的要求，更不一定能够保证实现培养目标。因此，我们要不断地检验这种工具的有效性。

（3）课本是课程评价的重要资源。课程评价要检验课程实施的效果，它要以课程标准的达成度为原则。课本是根据课程标准编制的，它能够在一定程度上反映课程标准的要求，所以它可以作为课程评价的一个重要介质，可以根据学生掌握课本的程度来推测学校实现课程标准的程度。

2. 遵循基本原则

课本作为教学工具，在使用中需要遵循一定的基本原则，才能促进有效教学。根据大量实践经验，使用课本的基本原则有“目的明确”“基础牢固”“知情统一”“高屋建瓴”以及“批判创新”。

（1）目的明确。使用课本的目的是实现培养目标，不仅是传递课本知识。要围绕德智体美等方面的培养目标，充分挖掘课本内在因素的培养功能。

（2）基础牢固。课本里大多为基础知识，使用课本要突出基础知识和基本技能。基础牢固不仅是知识增长的重要保障，也是知识创新和能力发展的必要前提。

（3）知情统一。课本的使用，不仅要传授书面知识，还必须使学生体验到与这些知识相关的情感。情感体验，是在使用课本进行教学活动时，通过在心灵中产生冲突与共鸣而实现的。如，科学课本的使用，除传播科学知识，还要使学生在教学活动中体验求真、求实的实证科学精神，而不是通过口头宣讲科学精神。

（4）高屋建瓴。使用课本，要把课本放到它所在的主要学科领域或问题领域，要认真研究与课本内容相关的自然科学和社会科学的问题，或深入研究与课本内容相关的社会生活问题，使课本成为引导学生学会研究现实世界问题的实践园地。

（5）批判创新。使用课本，要反对盲从课本，因而要始终保持对课本的批判态度，对课本内容要经常性地运用逆向思维进行求证或深入批判。

3. 选择适宜操作方法

在使用课本中，需要选择使用行之有效的“搬家式”“重组式”或“参考式”操作方法。

（1）搬家式操作方法。该方法是将课本中的知识完全转移到学生的头脑中，以学生理解、记忆课本中的知识为主。

（2）重组式操作方法。该方法是将课本中的内容加以取舍，根据学生的具体特征加以重新组合，形成新的更适合于某一群体的学生需要的课程内容。

（3）参考式操作方法。它是将课本中的内容作为学生学习的辅助材料，教师自编讲义、教案等作为班课教学的主要内容，课本处于辅助地位。

思　考　题

1. 如何深刻理解把握课程规划与课程设计的关系？
2. 请选择一种课程设计加以深入考察与阐述？
3. 为何和如何进行教科书的批判？
4. 如何选择当地特色文化项目或自然景色并加以课程与教学资源开发？
5. 中国具有丰富的课程设计文化，能否并如何提炼出独具特色的课程设计模式？

附录 9-1　义务教育课程设置实验方案[①]

根据《国务院关于基础教育改革与发展的决定》和《基础教育课程改革纲要（试行）》构建符合素质教育要求的新的基础教育课程体系的要求，设置义务教育阶段的课程。课程设置应体现义务教育的基本性质，遵循学生身心发展规律，适应社会进步、经济发展和科学技术发展的要求，为学生的持续、全面发展奠定基础。

一、培养目标

全面贯彻党的教育方针，体现时代要求，使学生具有爱国主义、集体主义精神，热爱社会主义，继承和发扬中华民族的优秀传统和革命传统；具有社会主义民主法制意识，遵守国家法律和社会公德；逐步形成正确的世界观、人生观、价值观；具有社会责任感，努力为人民服务；具有初步的创新精神、实践能力、科学和人文素养以及环境意识；具有适应终身学习的基础知识、基本技能和方法；具有健壮的体魄和良好的心理素质，养成健康的审美情趣和生活方式，成为有理想、有道德、有文化、有纪律的一代新人。

二、课程设置的原则

1. 均衡设置课程

根据德智体美等方面全面发展的要求，均衡设置课程，各门课程比例适当，并可按照地方、学校实际和学生的不同需求进行适度调整，保证学生和谐、全面发展；依据学

① 教育部：《义务教育课程设置实验方案》，2001 年 11 月 19 日。

生身心发展的规律和学科知识的内在逻辑，义务教育阶段九年一贯整体设置课程；根据不同年龄段儿童成长的需要和认知规律，根据时代发展和社会发展对人才的要求，课程门类由低年级到高年级逐渐增加。

2. 加强课程的综合性

注重学生经验，加强学科渗透。各门课程都应重视学科知识、社会生活和学生经验的整合，改变课程过于强调学科本位的现象。

设置综合课程。一至二年级设品德与生活课，三至六年级设品德与社会课，旨在适应儿童生活范围逐步从家庭扩展到学校、社会，经验不断丰富以及社会性逐步发展；六至九年级设科学课，旨在从生活经验出发，让学生体验探究过程，学习科学方法，形成科学精神；一至九年级设艺术课，旨在丰富学生的艺术经验，发展感受美、创造美、鉴赏美的能力，提高审美情趣。

增设综合实践活动，内容主要包括：信息技术教育、研究性学习、社区服务与社会实践以及劳动与技术教育等。使学生通过亲身实践，发展收集与处理信息的能力、综合运用知识解决问题的能力以及交流与合作的能力，增强社会责任感，并逐步形成创新精神与实践能力。

3. 加强课程的选择性

国家通过设置供选择的分科或综合课程，提供各门课程课时的弹性比例和地方、学校自主开发或选用课程的空间，增强课程对地方、学校、学生的适应性，鼓励各地发挥创造性，办出有特色的学校。

在达到九年义务教育基本要求的前提下，农村普通中学试行“绿色证书”教育，形成有农村特点的学校课程结构。城市普通中学也要逐步开设职业技术课程。

三、课程设置

表 1 义务教育课程设置表

<table>
<tr><td rowspan="12">课程门类</td><td colspan="9">年级</td></tr>
<tr><td>一</td><td>二</td><td>三</td><td>四</td><td>五</td><td>六</td><td>七</td><td>八</td><td>九</td></tr>
<tr><td colspan="2" rowspan="3">品德与生活</td><td colspan="4" rowspan="2">品德与社会</td><td>思想品德</td><td>思想品德</td><td>思想品德</td></tr>
<tr><td colspan="3">历史与社会（或选择历史、地理）</td></tr>
<tr><td colspan="4">科学</td><td colspan="3">科学（或选择生物、物理、化学）</td></tr>
<tr><td>语文</td><td>语文</td><td>语文</td><td>语文</td><td>语文</td><td>语文</td><td>语文</td><td>语文</td><td>语文</td></tr>
<tr><td>数学</td><td>数学</td><td>数学</td><td>数学</td><td>数学</td><td>数学</td><td>数学</td><td>数学</td><td>数学</td></tr>
<tr><td></td><td></td><td>外语</td><td>外语</td><td>外语</td><td>外语</td><td>外语</td><td>外语</td><td>外语</td></tr>
<tr><td>体育</td><td>体育</td><td>体育</td><td>体育</td><td>体育</td><td>体育</td><td>体育与健康</td><td>体育与健康</td><td>体育与健康</td></tr>
<tr><td colspan="9">艺术（或选择音乐、美术）</td></tr>
<tr><td colspan="2"></td><td colspan="7">综合实践活动</td></tr>
<tr><td colspan="9">地方与学校课程</td></tr>
</table>

表 2 义务教育课程设置及比例

	年级									九年课时总计（比例）
	一	二	三	四	五	六	七	八	九	
课程门类	品德与生活	品德与生活	品德与社会	品德与社会	品德与社会	品德与社会	思想品德	思想品德	思想品德	7%～9%
							历史与社会（或选择历史、地理）			3%～4%
			科学	科学	科学	科学	科学（或选择生物、物理、化学）			7%～9%
	语文	语文	语文	语文	语文	语文	语文	语文	语文	20%～22%
	数学	数学	数学	数学	数学	数学	数学	数学	数学	13%～15%
			外语	外语	外语	外语	外语	外语	外语	6%～8%
	体育	体育	体育	体育	体育	体育	体育与健康	体育与健康	体育与健康	10%～11%
	艺术（或选择音乐、美术）									9%～11%
			综合实践活动							16%～20%
	地方与学校课程									
周总课数（节）	26	26	30	30	30	30	34	34	34	274
学年总时（节）	910	910	1 050	1 050	1 050	1 050	1 190	1 190	1 122	9 522

四、义务教育课程设置的有关说明

表 1 为义务教育阶段一至九年级的课程设置，表 2 为义务教育阶段各年级周课时数、学年总课时数、九年总课时数和各门课程课时比例，每门课的课时比例有一定弹性幅度。地方与学校课程的课时和综合实践活动的课时共占总课时的 16%～20%。

省级教育行政部门可根据本省（自治区、直辖市）不同地区社会、经济、文化发展的实际情况，制订不同的课程计划；学年课时总数和周课时数应控制在国家所规定的范围内；根据教育部关于地方课程、学校课程管理与开发的指导意见，提出本省（自治区、直辖市）地方课程、学校课程管理与开发的具体要求，报教育部备案。民族学校、复式教学点、简易小学等学校的课程设置，由省级教育行政部门自主决定。

每学年上课时间 35 周。学校机动时间 2 周，由学校视具体情况自行安排，如学校传统活动、文化节、运动会、远足等。复习考试时间 2 周（初中最后一年的第二学期毕业复习考试时间增加 2 周）。寒暑假、国家法定节假日共 13 周。

晨会、班队会、科技文体活动等，由学校自主安排。

综合实践活动是国家规定的必修课，其具体内容由地方和学校根据教育部的有关要求自主开发或选用。综合实践活动的课时可与地方、学校自主使用的课时结合在一起使用，可以分散安排，也可以集中安排。

为培养学生的创新精神和实践能力，各门课程普遍增加了实践活动。学校在做学年教学安排时，应根据活动的性质和内容，统筹合理安排。

初中阶段的学校在选择分科与综合相结合的课程时，若选择科学、历史、地理，可相应减少自然地理的内容；若选择历史与社会、生物、物理、化学，则应参照相关课程标准安排自然地理的内容。

各门课程均应结合本学科特点，有机地进行思想道德教育。环境、健康、国防、安全等教育也应渗透在相应课程中进行。

一至六年级设体育课，七至九年级设体育与健康课，均应贯彻“健康第一”的原则。七至九年级体育与健康课程标准中要求的健康知识，应在学生进行相关体育活动时，使学生了解，但不得组织笔试。

小学开设英语课程的起始年级一般为三年级。各省级教育行政部门可结合实际，确定本地区小学开设英语课程的工作目标和步骤。

初中阶段开设外语课程的语种，可在英语、日语、俄语等语种中任选一种。外国语学校或其他有条件的学校可开设第二外语。民族地区的中小学校，外语课程的设置由省级教育行政部门决定。

附录 9-2 普通高中课程方案（实验）①

普通高中课程方案以教育要“三个面向”的指示和“三个代表”重要思想为指导，坚持全面贯彻党的教育方针，认真落实《中共中央国务院关于深化教育改革全面推进素质教育的决定》和《国务院关于基础教育改革与发展的决定》，适应时代发展的需要，立足我国实际，借鉴国际课程改革的有益经验，大力推进教育创新，努力构建具有中国特色、充满活力的普通高中课程体系，为造就数以亿计的高素质劳动者、数以千万计的专门人才和一大批拔尖创新人才奠定基础。

一、普通高中教育的培养目标

普通高中教育是在九年义务教育基础上进一步提高国民素质、面向大众的基础教育。普通高中教育为学生的终身发展奠定基础。

普通高中教育应全面落实《国务院关于基础教育改革与发展的决定》所确定的基础教育培养目标，并特别强调使学生：

初步形成正确的世界观、人生观、价值观；

热爱社会主义祖国，热爱中国共产党，自觉维护国家尊严和利益，继承中华民族的优秀传统，弘扬民族精神，有为民族振兴和社会进步作贡献的志向与愿望；

具有民主与法制意识，遵守国家法律和社会公德，维护社会正义，自觉行使公民的权利，履行公民的义务，对自己的行为负责，具有社会责任感；

具有终身学习的愿望和能力，掌握适应时代发展需要的基础知识和基本技能，学会收

---

① 教育部：《普通高中课程方案（实验）》，2003 年 3 月 31 日。

集、判断和处理信息，具有初步的科学与人文素养、环境意识、创新精神与实践能力；

具有强健的体魄、顽强的意志，形成积极健康的生活方式和审美情趣，初步具有独立生活的能力、职业意识、创业精神和人生规划能力；

正确认识自己，尊重他人，学会交流与合作，具有团队精神，理解文化的多样性，初步具有面向世界的开放意识。

为实现上述培养目标，普通高中课程应：

（1）精选终身学习必备的基础内容，增强与社会进步、科技发展、学生经验的联系，拓展视野，引导创新与实践。

（2）适应社会需求的多样化和学生全面而有个性的发展，构建重基础、多样化、有层次、综合性的课程结构。

（3）创设有利于引导学生主动学习的课程实施环境，提高学生自主学习、合作交流以及分析和解决问题的能力。

（4）建立发展性评价体系。改进校内评价，实行学生学业成绩与成长记录相结合的综合评价方式；建立教育质量监测机制。

（5）赋予学校合理而充分的课程自主权，为学校创造性地实施国家课程、因地制宜地开发学校课程，为学生有效选择课程提供保障。

二、课程结构

1. 课程结构

普通高中课程由学习领域、科目、模块三个层次构成。

（1）学习领域

高中课程设置了语言与文学、数学、人文与社会、科学、技术、艺术、体育与健康和综合实践活动八个学习领域。

设置学习领域能更好地反映现代科学综合化的趋势，有利于在学习领域的视野下研制各科课程标准，指导教师教学；有利于整体规划课程内容，提高学生的综合素养，体现对高中学生全面发展的要求；同时，要求学生每一学年在所有学习领域都获得一定学分，以防止学生过早偏科，避免并学科目过多，有利于学生全面发展。

（2）科目

每一领域由课程价值相近的若干科目组成。八个学习领域共包括语文、数学、外语（英语、日语、俄语等）、思想政治、历史、地理、物理、化学、生物、艺术（或音乐、美术）、体育与健康、技术等12～13个科目。其中技术、艺术是新增设的科目，艺术与音乐、美术并行设置，供学校选择。鼓励有条件的学校开设两种或多种外语。

（3）模块

每一科目由若干模块组成。模块之间既相互独立，又反映学科内容的逻辑联系。每一模块都有明确的教育目标，并围绕某一特定内容，整合学生经验和相关内容，构成相对完整的学习单元；每一模块都对教师教学行为和学生学习方式提出要求与建议。

模块的设置有利于解决学校科目设置相对稳定与现代科学迅猛发展的矛盾，并便于适时调整课程内容；有利于学校充分利用场地、设备等资源，提供丰富多样的课程，为学校有特色的发展创造条件；有利于学校灵活安排课程，学生自主选择并及时调整课程，形成有个性的课程修习计划。

2. 课程设置及其说明

普通高中学制为三年。课程由必修和选修两部分构成，并通过学分描述学生的课程修习状况。具体设置如下：

<table>
<tr><th>学习领域</th><th>科目</th><th>必修学分
（共计 116 学分）</th><th>选修学分Ⅰ</th><th>选修学分Ⅱ</th></tr>
<tr><td rowspan="2">语言与文学</td><td>语文</td><td>10</td><td rowspan="15">根据社会对人才多样化的需求，适应学生不同潜能和发展的需要，在共同必修的基础上，各科课程标准分类别、分层次设置若干选修模块，供学生选择。</td><td rowspan="15">学校根据当地社会、经济、科技、文化发展的需要和学生的兴趣，开设若干选修模块，供学生选择。</td></tr>
<tr><td>外语</td><td>10</td></tr>
<tr><td>数学</td><td>数学</td><td>10</td></tr>
<tr><td rowspan="3">人文与社会</td><td>思想政治</td><td>8</td></tr>
<tr><td>历史</td><td>6</td></tr>
<tr><td>地理</td><td>6</td></tr>
<tr><td rowspan="3">科学</td><td>物理</td><td>6</td></tr>
<tr><td>化学</td><td>6</td></tr>
<tr><td>生物</td><td>6</td></tr>
<tr><td>技术</td><td>技术（含信息技术和通用技术）</td><td>8</td></tr>
<tr><td>艺术</td><td>艺术或音乐、美术</td><td>6</td></tr>
<tr><td>体育与健康</td><td>体育与健康</td><td>11</td></tr>
<tr><td rowspan="3">综合实践活动</td><td>研究性学习活动</td><td>15</td></tr>
<tr><td>社区服务</td><td>2</td></tr>
<tr><td>社会实践</td><td>6</td></tr>
</table>

说明：

（1）每学年 52 周，其中教学时间 40 周，社会实践 1 周，假期（包括寒暑假、节假日和农忙假）11 周。

（2）每学期分两段安排课程，每段 10 周，其中 9 周授课，1 周复习考试。每个模块通常为 36 学时，一般按周 4 学时安排，可在一个学段内完成。

（3）学生学习一个模块并通过考核，可获得 2 学分（其中体育与健康、艺术、音乐、美术每个模块原则上为 18 学时，相当于 1 学分），学分由学校认定。技术的 8 个必修学分中，信息技术和通用技术各 4 学分。

（4）研究性学习活动是每个学生的必修课程，三年共计 15 学分。设置研究性学习活动旨在引导学生关注社会、经济、科技和生活中的问题，通过自主探究、亲身实践的过程综合地运用已有知识和经验解决问题，学会学习，培养学生的人文精神和科学素养。

此外，学生每学年必须参加 1 周的社会实践，获得 2 学分。三年中学生必须参加不少于 10 个工作日的社区服务，获得 2 学分。

（5）学生毕业的学分要求：学生每学年在每个学习领域都必须获得一定学分，三年中获得 116 个必修学分（包括研究性学习活动 15 学分，社区服务 2 学分，社会实践 6 学分），在选修Ⅱ中至少获得 6 学分，总学分达到 144 分方可毕业。

三、课程内容

高中课程内容的选择遵循如下基本原则。

时代性——课程内容的选择体现当代社会进步和科技发展，反映各学科的发展趋势，关注学生的经验，增强课程内容与社会生活的联系。同时，根据时代发展需要及时调整、更新。

基础性——强调掌握必需的经典知识及灵活运用的能力；注重培养学生浓厚的学习兴趣、旺盛的求知欲、积极的探索精神、坚持真理的态度；注重培养搜集和处理信息的能力、获取新知识的能力、分析和解决问题的能力、交流与合作的能力。高中课程内容既进一步提升所有学生的共同基础，同时更为每一位学生的发展奠定不同基础。

选择性——为适应社会对多样化人才的需求，满足不同学生的发展需要，在保证每个学生达到共同基础的前提下，各学科分类别、分层次设计了多样的、可供不同发展潜能学生选择的课程内容，以满足学生对课程的不同需求。

国家通过制定各科目课程标准规定高中课程的主要内容和要求。

四、课程实施与评价

1. 合理而有序地安排课程

高中一年级主要设置必修课程，逐步增设选修课程，学生可跨班级选修；高三下学期，学校应保证每个学生有必要的体育、艺术等活动时间，同时鼓励学生按照自己的兴趣和需要继续修习某些课程，获得一定学分，也可以安排总复习。

学校在保证开设好所有必修模块的同时，要积极创造条件，制订开设选修课程的规划，逐步开设丰富多彩的、高质量的选修课程。

为加强集体主义教育，发展学生的团队精神和合作意识，高中三年以行政班为单位进行学生管理，开展教育活动。

2. 建立选课指导制度，引导学生形成有个性的课程修习计划

学校要积极进行制度创新，建立行之有效的校内选课指导制度，避免学生选课的盲目性。学校应提供课程设置说明和选课指导手册，并在选课前及时提供给学生。班主任及其他教师有指导学生选课的责任，并与学生建立相对固定而长久的联系，为学生形成符合个人特点的、合理的课程修习计划提供指导和帮助。学校要引导家长正确对待和帮助学生选课。

学校要鼓励学生在感兴趣、有潜能的方面，选修更多的模块，使学生实现有个性的发展。

3. 建立以校为本的教学研究制度

学校应建立以校为本的教学研究制度，鼓励教师针对教学实践中的问题开展教学研究，重视不同学科教师的交流与研讨，建设有利于引导教师创造性实施课程的环境，使课程的实施过程成为教师专业成长的过程。学校应与教研部门、高等院校等建立联系，形成有力推动课程发展的专业咨询、指导和教师进修网络。

4. 充分挖掘课程资源，建立课程资源共享机制

为保障高中课程的实施，学校应加强课程资源建设，充分挖掘并有效利用校内现有

课程资源。同时，大力加强校际之间以及学校与社区的合作，充分利用职业技术教育的资源，努力实现课程资源的共享。

学校课程的开发要因地制宜，努力为当地经济建设和社会发展服务，注重普通高中教育、职业技术教育与成人教育的融合与渗透。农村地区的高中学校要结合农村建设和发展的实际开发课程资源。

学校课程既可以由学校独立开发或联校开发，也可以联合高校、科研院所等共同开发；要积极利用和开发基于现代信息技术的课程资源，建立广泛而有效的课程资源网络。

5．建立发展性评价制度

实行学生学业成绩与成长记录相结合的综合评价方式。学校应根据目标多元、方式多样、注重过程的评价原则，综合运用观察、交流、测验、实际操作、作品展示、自评与互评等多种方式，为学生建立综合、动态的成长记录手册，全面反映学生的成长历程。教育行政部门要对高中教育质量进行监测。

第十章　课程与教学目标

目标选择和表述是课程规划阶段乃至整个课程研制过程中最重要的环节之一，是课程与教学领域重点研究和处理的主题。

第一节　课程与教学目标概述

课程与教学目标是一个整体，不过有时人们也将“课程目标”与“教学目标”分开加以考察和使用，并与教育方针、教育目的、教育目标以及教学目的等有着密切关系。在英美等国，人们习惯于将课程与教学目标统称为教育目标（educational objectives）。

一、课程与教学目标的概念

课程与教学目标的提出及其定义，经过了长期的认识过程，至今仍然处于变化和发展之中。美国学者博比特最早在那本被许多人恭称为“课程论诞生标志”的《课程论》著作中提出了“课程目标”（the objectives of the curriculum）。在该书中，课程目标指的是实际生活中各种事务要求儿童掌握和形成的能力、态度、习惯、鉴赏和知识的形式。① 近一百年来，许多学者都对“课程与教学目标”概念下过定义，作过阐释，所描述的内涵和外延差异比较大。但是，对于课程与教学目标的实质，人们的看法还是比较一致的。人们倾向于认为：课程与教学目标是一种预期的学习成果。综括国内外的各种研究，我们可以从泛义的、广义的和特指的三个层面来理解和把握课程与教学目标的概念。

（一）泛义的课程与教学目标

实际上，课程与教学目标常常被人们用来泛指教育意图（educational purpose）。在英美等国，目标包含了“成果”（outcomes）、“宗旨”（aims）、“结果”（ends）、“功能”（functions）、“目的”（goals）和“目标”（objectives），甚至包含了“教学目的”和“教学目标”。② 它可以区分为“课程宗旨”“课程目的”“课程目标”“教学目的”和“教学目标”等几个层次。在我国，目标则涉及了“教育方针或教育宗旨”“教育目的”

---

① Bobbit，J. F.（1918）. *The Curriculum*. Boston：Houghton Mifflin Company，42.

② Oliva，P. F.（2009）. *Developing the Curriculum*（7th Ed.）. Boston：Pearson/Allyn and Bacon，146.

“教育目标”“培养目标”“课程目标或教学目的”和“教学目标”；其中，教育目标的概念又包含了“教育目的”“培养目标”“课程目标或教学目的”和“教学目标”。

在泛指的意义上，课程与教学目标的含义定位于教育与社会的关系，是一个比较大的视角，涵括面是全层次的。所以，泛义上的课程与教学目标，包含了“教育方针或教育宗旨”“教育目的”“教育目标”“培养目标”“课程目标或教学目的”和“教学目标”等。

（二）广义的课程与教学目标

在广义上，课程与教学目标就是教育目标。人们在使用课程与教学目标概念时，常常将其含义定位于教育与学生的关系，是一个相对宽阔而具体的视角，它的涵括面比较大，等同于“教育目标”。在广义上，课程与教学目标，虽然不包含“教育方针或教育宗旨”，但是包含了“教育目的”“教育目标”“培养目标”“课程目标或教学目的”和“教学目标”。

（三）特指的课程与教学目标

在文件材料的层面，课程是“教育内容”，主要体现于“教学计划或课程计划或课程方案”“教学大纲或课程标准”“教科书或教材”和“课外活动”①。所以，课程与教学目标特指权威教育部门或机构制订和颁布使用的主要课程文件里规定和阐述的“培养目标或课程目的”“课程目标或教学目的”和“教学目标”。具体说来，课程与教学目标有三方面的特指：一是特指国家、地方或学校制订和使用的教学计划、课程计划或课程方案里规定和阐述的“培养目标”或“课程目的”；二是特指国家、地方或学校制订使用的教学大纲、课程标准或课程实施方案里规定和阐述的“课程目标”或“教学目的”；三是特指教师基于教材编写的教学计划、课案、教案或学案、课外活动计划里规定和阐述的“教学目的”或“教学目标”或“活动目标”。在学校里，教师一般是根据时间长或短、内容宽泛或具体来编制从概括到具体的不同层次的“学年教学计划”“学期教学计划”“单元教学计划”和“课时教学计划”，所以教学目标又特指学年教学目标、学期教学目标、单元教学目标和课时教学目标。

二、课程与教学目标的功能

课程与教学目标的功能，是指课程与教学目标的特殊结构对社会和儿童的发展所产生的作用和影响。课程与教学目标具有激励、导向和标准三大主要功能。其中，标准功能是课程与教学目标的基本功能，激励功能和导向功能均是标准功能的衍生物。

标准功能，就是课程与教学目标对课程检查、考核、评价与评估产生的标准作用。首先，课程与教学目标是对学生学业成就进行测量和评价的基本标准体系，它规定了通过教学活动，学生的学习结果应达到的基本要求和水准。借此可以衡量学生学习知识和

---

① 叶立群：《中小学课程改革探讨》，载瞿葆奎主编，陆亚松、李一平选编：《教育学文集·课程与教材》（上册），人民教育出版社1988年版，第415～449页。

技能、情感与价值观的状况，以调节教学进程。其次，课程与教学目标是对课程产品进行检查、评估的基本标准体系。课程产品评价分为直接评价和间接评价，前者是以课程产品本身为对象的评价，后者是通过对学生学业成就的评价间接地对课程产品进行的评价。再次，课程与教学目标也是对教师的教学表现进行检查和评价的基本标准体系。教师的教学表现评价，也分为直接评价和间接评价：前者是以教师教学表现为对象的评价，直接起着标准作用；后者则是通过对学生学业成就的评价间接地对教师教学进行的评价，是评价体系的主要依据之一。

在教育领域，目标的研究与发展受到文化传统的制约，涉及人的理想本性和社会民主化，关涉教育、课程与教学的进化发展。英美等国家经过长期努力，建构起了比较成熟的教育目标理论，开发出了适应西方文化的、具有比较强的科学性、系统性和可操作性的教育目标分类体系，有力地推进了教育、课程与教学改革和发展。而我国的教育目标研究，则基本上还处于传统的和经验的水平，已经成了教育与课程改革深化的制约因素。这要求我们形成清醒的认识，组织人力大力开展“中国文化传统和现代化建设中的教育目标理论和体系的研究与建构”，有力推进中国教育目标理论的发展，尽快建立起具有中国文化亲和性的现代教育目标分类体系及其开发应用机制。

三、教育目标的来源

明确目标的来源，是课程研制的基础。人们经过长期的实践和探索，提出了教育目标的不同来源，泰勒集其大成，归纳总结为三大来源：“对学习者自身的研究”“对校外当代生活的研究”和“来自课目专家的目标建议”。当代，人们接受并把握了自然生态的规律和观念，形成了生态主义的思维与行为方式，并渗透到教育领域，形成了生态主义课程与教学研究的方向，从而开辟了目标的生态来源，即“对生态平衡的研究”①。因此，分析和确定教育目标来源时，需要注意儿童、社会生活、课目与生态的发展需要及其相互关系和相互作用。

（一）对学习者的研究

教育实际上是改变人的经验与行为方式的过程。目标代表着教育机构的追求，追求使学生经验与行为发生各种变化。对学习者的研究，就是要找出并确定教育机构期望学生经验和行为方式产生的变化，需要对学习者自身的需要和兴趣进行研究，并让学习者参与目标选择。学习者的多种多层需要，只有进行系统研究方能把握。学习者的需要存在文化、地域差异，这就要求进行具体的和分层次的调查研究以确定世界性、全国性、地方性和种族性等的学生共同需要，某一特定学校的几乎所有学生共同的其他一些需要，以及对该学校某些学生群体是共同的，但对多数学生不是共同的其他需要。

教育涉及学生自身积极主动的努力。倘若学校情境提供的是学习者感兴趣的活动，

---

① 王牧华、靳玉乐：《生态主义课程思潮引论》，载《辽宁师范大学学报（社会科学版）》2000年第4期；王牧华、靳玉乐：《生态主义课程研究范式刍议》，载《山东教育科研》2002年第4期。

那么学习者就会主动参与其中，从而有效地学会应付这些情境。兴趣是当代心理学研究的热点问题，特别是儿童的学习兴趣以及学习动机和学习效能等问题，是教育与学习心理学研究的重要领域。课程目标的分析确定，需要借助心理学的方法来探明儿童的学习兴趣及其各种表现。

学生身心在不断发展，可以比较正确地表达自己的身心发展需要。因此，学生可以也应该参与目标选择。学校和教师可以采取调查、访谈与征求建议、建立学生的课程开发小组、组织有学生代表参加的“校本课程研制组”等形式，以保证学生有充分的机会参与目标选择。

（二）对当代社会生活的研究

“从对校外当代生活的研究中获得教育目标的努力，主要源自于科学问世和工业革命，因为伴之而来的知识量的大大增长，使学校难以完成其担负的所有任务。”① 以前，因为人类积累的知识是如此的少，所以从文化遗产中选择出重要的成分用于学校，几乎不成问题。但是，现代科技的产生、发展及应用，引发了“知识爆炸”，以致把人们公认的全部重要知识都选入课程计划、课程标准和教学材料里，已不再可能。人们就越来越重视知识和技能对当代社会的意义问题。有人开始用“工作分析”法来确定目标，随即得到大家的赞赏和广泛使用。

人们开始信奉，第一，随着社会生活越来越复杂多变，教育的有限作用应集中到社会生活中最重要的方面，这样就不会浪费学生的时间，使他们不会忽视当代生活，从而不会去学习那些过去重要而当代没用的东西。第二，训练迁移规律的环境相似性原理，使当代社会的目标价值凸显了出来。训练迁移规律使人们相信，对学生心智和各种官能进行训练是可能的，而训练的迁移，则只有在学生确认生活中遇到的情境与学习情境之间具有相似性时，才较有可能发生。而且，学生觉察这样的相似性的必要条件是：生活情境和学习情境在许多方面明显相似；为学生提供练习机会，在校外生活中应用校内所学内容。

进行这种研究，基本途径是将社会生活分成若干领域，以便对各个领域进行调查与研究。我们应当从本国、本地区、本社区的实际社会生活出发，寻求一种适切的生活领域的分类，保证不遗漏任何重要的方面，以便进一步的调查分析，能从生活领域的每一方面获得当代生活中可能对目标有实际意义的那些信息。

（三）课目专家的目标建议

很多情况下，课目专家的目标建议，回答的问题常常是：“将来要在该领域从事更高深研究的学生应接受什么样的基础教育？”据此所提出的目标，就成了训练未来学科专家的目标，但不具有普遍性。这显然不是制订目标时，要求课目专家回答的问题。他们需要回答的问题应该是：“这门学科对不会成为这个领域专家的那些人们的教育可以有什么贡献？这门学科对于外行或一般公民有什么贡献？”课目专家因为最了解自己的

---

① Tyler, R.W. (1949). *Basic Principles of Curriculum and Instruction*. Chicago: The University of Chicago Press, 16.

领域，所以能根据该学科的训练方法和内容等，较为准确地指出该学科能对一般人作出哪些贡献。

关于目标，来自课目专家的建议，至少有两方面的启示。一是关于某一特定课目所能起到的广泛功能方面的一系列建议。如数学课目可以培养逻辑思维能力、想象力和严谨的科学态度等。二是关于一门课目对其他主要教育功能作出的特殊贡献，而这些教育功能并不被认为是这门学科本身的独特功能。如科学家对科学的独特教育功能提出的建议有：（1）在个人生活方面，科学有助于促进个人的健康、自信的需要、令人满意的世界观、广泛的个人兴趣以及审美的满足；（2）在个人与社会关系方面，科学可以有助于满足学生在家庭生活中和与家庭以外的其他人之间，形成日益成熟的相互关系的需要，以及与男女同伴形成成功而又日趋成熟的相互关系的需要；（3）在社会与公民方面，科学有助于学生满足自己以负责的态度参与社会活动的需要，以及获得社会的认可需要，等等。通过对这些建议的分析，人们就可以推导出有关的课程目标。

课目专家的目标建议，在学校里可以充分利用"教研活动"，还可以采取"请进来走出去""校际合作"和"大学与学校协作"等途径，来加以充分开发利用。

（四）对生态需要的研究

在过去很长时间里，人们只重视前述三个方面的目标来源。这当然具有一定的历史合理性，却是受限于过去缺乏生态主义观念的结果。随着生态主义的兴起和后现代思潮的流播，在当代我们意识到了，环境破坏把人类放置到了生存和发展的威胁面前，开始不仅把自然当成人类的朋友，而且将人类与自然的"灵性"沟通，开始承认和尊重自然需要与价值，进而开始了对生态需要的研究。教育者开始了将自然生态及其需要、社会生态及其需要和生活生态及其需要，纳入教育资源和依据之中。生态主义开始成为教育与课程的基础，生态需要变成了教育目标的主要来源之一。

生态的需要，实质上就是可持续发展的需要，它至少包含：①整个宇宙作为存在而保持生态平衡的需要；②地球作为一个大生态系统存在与发展的需要；③人类社会与自然建构平衡生态的需要；④人类社会作为特殊生态系统恢复和保持生态平衡的需要；⑤造福人类后代的需要；⑥建构教育生态系统的需要。

对生态平衡需要的研究，正在上升为生态主义课程文化的批判与建构。在目标领域，表现出整合"社会""个人""课目"和"自然"需要的倾向，建构起目标的同一性和连续性，即"促进学生在一个社会、自然环境、文化有机统一的环境中身心获得全面发展"。①

四、目标的筛选

从前面提到的四种来源或途径，人们可以得到数量繁多的一般的或宽泛的、缺乏精确性的目标，要比可能编入课程计划（教学计划）、课程标准（教学大纲）、模块设计以

① 王牧华、靳玉乐：《生态主义课程研究范式刍议》，载《山东教育科研》2002 年第 4 期。

及课案里的目标要多得多。它们与特殊课目可能是相关的，也可能是不相干的，而且其中某些目标与其他目标是冲突的。它们仅仅属于供选用的一般目标。为了选择出数量适宜的非常重要而又互相一致的目标，必须对已经获得的大量庞杂的目标进行筛选，以剔除不重要、有矛盾和多余的目标。用于筛选与确定教育目标的，是教育哲学和学习心理学两把筛子。

（一）哲学维度

人们信奉的教育哲学或社会哲学，可以保证目标本身的内在一致性，使目标具有逻辑和价值两方面的合理性。每位课程研制者，每所特定学校的校长和教师，都有自己的教育哲学。但是由于种种原因，教育哲学往往处于自然的或无意识的状态，若要进入自觉的或显意识状态，人们就应该将自己的一种教育哲学系统化。比如民主哲学，课程研制者、校长和教师应明确其价值，并通过强调以下四个“民主”目标来充分阐明这一任务：

（1）确认每一个体无论其种族、民族以及社会或经济状况如何，其作为一个人的重要性；

（2）广泛参与社会中社会群体活动的各个阶段的机会；

（3）鼓励差异性而不是要求单一类型的个性；

（4）建立理性是处理重要问题的一种方法的坚定信念，而不是依赖于一个专制的个人领袖或显要群体的权威。

在推进教育哲学的过程中，应当将学校人道化，将其当成一个动态的活生生的实体。课程研制者需详细考察那些供选用的一般目标，剔除那些与教职工认同的哲学不一致的内容。

（二）心理学维度

蕴涵在学习心理学里的目标准则，意在确保目标与儿童身心发展规律之间的一致性，使目标发挥引导实践的功能，并具有可操作性和实用性。为了正确而有效地使用学习心理学这一维度来筛选与确定目标，人们必须澄清自己掌握、懂得并信奉的学习原理。泰勒指出，一种学习心理学，不仅包括特殊的和明确的发现，而且包含一种具有一致性的系统化的学习理论。它可以帮助我们明确：学习过程的本质是什么？学习是怎样发生的？在什么条件下发生？起作用的是什么机制？等等。有效地应用这把筛子，课程研制赋予学生的学习任务，可能在教育心理学方面和人的发育发展方面具有适当性。心理学的重要性表现为：

（1）学习心理学的知识，能帮助我们区分出人类导源于学习过程的变化；

（2）学习心理学的知识，能帮助我们区分出那些可行的目标与那些需要比较长的时间或在特定年龄阶段不可能达到的目标；

（3）学习心理学给人们提供一些清晰的思想，帮助人们明确目标达成所需时间和学生的努力可能得以最有效地激发的年龄阶段或时机。

在课程规划者结束这第二维度的筛选以后，其备用的一般目标的清单上将会减少内容和目标项目，留下的就是那些最有意义和最容易实现的目标项目和内容了。接下来的事情就是用适宜的语言和词汇来表述目标，并进一步将目标转换为教学的或班课的具体目标。

第二节　教育目标分类理论

20世纪以来，许多心理学家和教育学家，都对教育领域中目标分类问题进行了深入研究，提出了自己的主张和观点以及分类体系，形成了丰富的教育目标理论，各具特色，为我们正确认识、设计、实施或进一步研究课程与教学目标提供了理论依据和基础。下面择其几种影响较大的主张和体系，加以简要的介绍和评析。

一、传统的目标分类

在西方的课程组织和设计中，传统上占支配地位的主张是，把目标分为“事实、技能和态度”三个领域。①“事实”是已被正确认识到的客观事物、现象、关系、属性及规律性的总称，表现在资料、意见、概念里。“技能”是个体运用已有的知识经验，通过练习而形成的智慧动作方式和肢体动作方式的复杂系统，指称的是那些能够表现和实行的，例如阅读、写作、书写、表演、语言沟通、批判性思考等。“态度”是个体对某一对象所持的评价和行为倾向，指称的是个体对各种刺激来源的倾向和感受，例如喜好、兴趣、需要等。比如下列三个目标是初中《地理》课程的，就分属三个方面：②

1. 使学生获得有关地球的知识（事实）；
2. 使学生初步具有自学地理的能力（技能）；
3. 培养学生实事求是的科学态度和不断追求新知的精神（态度）。

传统的目标分类，具有操作较简单，可行性较强，易为课程研制人员所接受并使用的优点。但其不足之处在于：一是过于笼统，在课程实施和评价中难以操作，容易走样；二是逻辑层次不分明，事实、技能、态度难以区分，无法具体化，难以精确代表教育教学过程中的实际现象。因此，它已逐渐被新教育目标分类体系所代替。

二、布卢姆等的教育目标分类理论③

受到行为主义和认知心理学的影响，布卢姆等将教育目标分为认知、情感和动作技能三个领域。每一领域内，又细分为若干目标层次，这些层次具有阶梯关系，即较高层

① Rowntree，D.（1982）. *Educational Technology in Curriculum Development*（2nd Ed.）. London：Harper. 参见黄政杰著：《课程设计》，东华书局1991年版，第193页。

② 中华人民共和国国家教育委员会：《九年义务教育全日制初级中学地理教学大纲》，人民教育出版社1995年版，第1～2页。

③ See Bloom，B. S.（1956）. *Taxonomy of Educational Objectives*，*Handbook I*：*Cognitive Domain*. NY：Dvid Mckay. Krathwohl，et al.（1964）. *Taxonomy of Educational Objectives*，*Handbook II*：*Affective Domain*. NY：Dvid. Mckay. Simpson，E. J.（1965）. *The Classification of Educational Objectives in the Psychomotor Domain*. Washington：Gryphon House.

次目标包含且源自较低层次目标；每一层次又规定了一般（具体）目标。

（一）认知领域教育目标

布卢姆等把认知领域的教育目标，从低级到高级共分为识记、领会、运用、分析、综合、评价六个层次，层次越高其共同性越少个别性越多，反之其共同性越多个别性越少。

识记指对先前学习过的材料的记忆。它一般分为三类：一是具体的知识，包括术语概念的和具体事实的知识等；二是处理具体事物的方式方法，包括惯例的知识、趋势和顺序的知识、分类及类别的知识、准则的知识及方法论等；三是学科领域中的普遍原理和抽象概念，包括原理和概括的知识、理论和结构的知识。这是最基本的认知学习结果，其心理过程是记忆。

领会指把握知识材料意义的能力。可以借助三种形式来表明对知识材料的领会：一是转换，即用自己的话语或用与原先表达方式不同的方式来表达所学的内容；二是解释，即对一项信息（如图表、数据等）加以说明或概述；三是推断，即预测发展的趋势。领会是最基本的理解，它超越了单纯的记忆。

运用指把学到的知识应用于新的情境，包括概念、原理、方法和理论的运用。运用是较高水平的理解。

分析指把复杂的知识整体材料分解为组成部分并理解各部分之间联系的能力。它包括部分的鉴别、分析部分之间的关系和认识其中的组织原理。分析代表了比运用更高的智能水平，因为它既要理解材料的内容，又要理解其结构。

综合指把各种要素和组成部分组合成一个整体。包括进行独特的交流、制订计划或操作步骤、推导出一套抽象关系。

评价指对材料（如论文、小说、诗歌、研究报告等）作价值判断的能力。包括依据内在证据来判断。评价是最高水平的认知学习结果，因为它要求超越原先的学习内容，并需要基于明确标准的价值判断。

（二）情感领域教育目标

情感领域的教育目标，依据价值内化的程度由低到高分为接受或注意、反应、价值评价、价值观的组织、品格形成五个层次，其共同性随层次的递增而减少，个别性则随之增加。

接受或注意指学习者愿意注意特殊的现象或刺激，如课堂活动、参加班级活动、意识到某问题的重要性等。学习结果包括从学生意识一事物的存在的简单注意到学生的选择性注意。这是较为初级的价值内化水平。

反应指学习者不仅注意到某种现象，而且主动参与，作出反应，如积极完成教师布置的作业、参加小组讨论和以愉快的心情阅读。反应包括默然的反应、愿意的反应和满意的反应。

价值评价指学习者将特殊的对象、现象或行为与一定的价值标准相联系。它包括接受、偏好某种价值标准，为某种价值标准作出奉献。例如：欣赏文学作品，在讨论问题中提出自己的观点，刻苦学习外语等。

价值观的组织指学习者遇到许多价值观念出现的复杂情境时，克服价值观之间的矛盾、冲突，对各种价值观加以比较，接受重要的价值观和价值标准，形成个人的价值观体系。学习的结果可能涉及某一价值系统的组织。

品格形成也就是价值或价值体系的性格化，指学习者通过对价值观体系的组织，逐渐形成个人的品格。即各种价值被置于一个内在和谐构架之中，它们的层级（高低）关系已确定，个人言行受其所确定的价值观体系的支配。观念、信仰和态度等融为一体，最终表现是个人世界观和人生哲学的形成。例如，工作一贯勤勤恳恳、在团体中表现合作精神等。

学习者的情感培养和学习是课程目标中的重要方面。情感学习与形成或改变态度、提高鉴赏能力、更新价值观念等有关。但是，要将上述这些情感的心理过程转化为可观测的外显行为的学习目标是非常困难的。

（三）**动作技能领域教育目标**

布卢姆本人并没有编写出动作技能领域的目标分类，这个领域出现了好几种分类法，目前尚无公认的最好的分类。这里只介绍辛普森（Simpson，E. J.）的分类。辛普森把动作技能领域的教育目标，由低到高分为知觉、准备、有指导的反应、机械动作、复杂的外显反应、适应、创作七个层次，其共同性也随着层次的增高而降低。

知觉指运用感官获得信息，了解与某动作技能有关的知识、性质与功用，以指导动作。

准备指对稳定的活动的准备，包括心理定向、生理定向和情绪准备（愿意活动）。知觉是其先决条件。

有指导的反应指能在教师的指导下表现有关的动作行为，包括模仿和尝试错误。例如，能模仿教师的动作进行学习，在教师引导下进行试误练习，直到形成正确的动作等。

机械动作指经过一定程度的练习，学习者的反应已形成习惯，能以某种熟练和自信水平完成动作。例如，能正确、迅速地制作切片标本，能准确迅速地打字等。

复杂的外显反应指包含复杂动作模式的熟练动作操作。操作的熟练性以准确、迅速、连贯协调和轻松稳定为指标。

适应指阶段练就的动作技能具有应变能力，学习者能修正自己的动作模式以适应特殊的装置或满足具体情境的需要，这是高度发展水平。

创作指学习者在学习某动作技能的过程中形成了一种创造新的动作技能的能力。在这里，重要的是以高度发展的技能为基础进行创造。

认知领域、情感领域和动作技能领域目标的各个层次，均有各自的一般目标，这些目标可以分别用一些特殊学习结果和行动的动词加以表示。①

三、加涅的学习结果分类理论

加涅认为并非所有的学习均相近，从而把学习区分为不同层次，以代表不同种类的

---

① 黄甫全主编：《高中新课程目标的研究与开发》，天津教育出版社 2005 年版，第 8～13 页。

认知能力。为了能够使学习的层次原理在教学上得到应用，使教师能根据学习成果的表述，设计和开发最佳的学习条件，加涅将学习成果区分为“态度”“动作技能”“言语信息”“智力技能”和“认知策略”五种。①

态度（attitude），是通过学习形成的影响个体行为选择的内部状态。它包括三种类型：①可被看做期望达到的教育目标，如希望儿童和蔼待人、为他人处境着想等；②对某类活动的积极偏爱，如听音乐、阅读等；③有关公民身份的态度，如爱国、愿意承担公民义务等。

动作技能（motor skills），是一种习得能力，如能写字母、做体操、跑步等。它包括两种成分：①描述如何进行动作的规则，即动作的程序；②因练习与反馈逐渐变得精确和连贯的实际肌肉运动。

言语信息（verbal information），是学习者通过学习以后，能记忆诸如事物的名称、符号、地点、时间、定义、对事物的细节描述等具体事实，并能够在需要时将它们表述出来。信息在知识体系中是最基本的“建材”，是进一步学习的先决条件，是培养智力技能的基础。

智力技能（intellectual skills），是学习者通过学习获得了使用符号与环境相互作用的能力。言语信息回答“是什么”的知识，而智力技能则与知道“怎么办”有关。它对学生能力的要求主要是理解、运用概念和规则的能力，进行逻辑推理的能力。智力技能由简单到复杂，由低级到高级可分为辨别、概念、规则、高级规则四个亚类。“辨别”是概念的基础，“概念”是规则学习的基础，“规则”揭示的是两个或更多的概念之间的关系；“高级规则”适合于解决不同内容范围的问题或是更复杂的问题，是学习者在解决问题过程中的思维产物。加涅说：“学习者在试图解决一个问题时，可能把属于不同内容范围的两条或更多的规则结合在一起组成一条能解决问题的高级规则。”②

认知策略（cognitive strategies），是学习者借以调节他们自己的注意、学习、记忆和思维等内部过程的技能。作为认知策略学习的成果，学习者能根据过去所习得的规则，经过内在思维过程而创造新的或更高层次的规则，提出解决问题的方案。总之，认知策略是学习者操纵管理自己学习过程的方式，是学生学会如何学习的核心成分。

四、我国的课程目标分类探索

20 世纪 80 年代以来，我国教育与课程改革在原有的双基目标模式上，凭借扬弃的精神和追求，催生出了“三基教学”，即基础知识、基本技能和基本能力教学。③ 随着社会逐步重视儿童健康个性的形成和发展，课程改革以心理学特别是教育心理学对发展领域的划分作为内在逻辑，以时代的社会需要为领域设计的标准，把教育目标分为“基础知识、基本技能、基本能力和健康个性”四个领域，并进一步总结出了我国基础教育

---

①② Gagné, R. M. (1985). *The Conditions of Learning and Theory of Instruction*. Chicago: Holt, Rinehart and Winston, 46-60, 54.

③ 汪潮、吴奋奋：《“双基论”的回顾和反思》，载《课程·教材·教法》1996 年第 5 期。

目标体系的“三基一个性”构建设想，包括“教学基础知识”“形成基本技能”“发展基本能力”“促进个性健康发展”。①

（一）教学基础知识

基础知识是个体作为一个现代公民的劳动、生活和修养所必须具有的人文、社会和自然科学的基础知识。把人类社会长期积累起来的基础知识迅速有效地传授给新生一代，并使它内化为儿童个体的知识和智慧，是课程与教学的基本而永恒的目标之一。

（二）形成基本技能

基本技能则是指各门学科中最主要、最常用的技能。技能又分为动作技能和智力技能。动作技能是指一系列实际动作以合理、完善的程序构成的操作活动方式，如写字、游泳、踢球等。智力技能是指借助内部言语在头脑中进行的认知活动的方式，如默读、心算和作文等。让新生一代掌握人类积累起来的生活、学习、交往、社会和思考的基本技能，并形成自己的一些特殊技能，也是课程与教学的基本而永恒的目标之一。

（三）发展基本能力

基本能力包括观察力、注意力、想象力、思维能力和创新能力等。能力分为实际的和潜在的能力两种，心理潜能是各种实际能力形成的基础和条件。它们都是借助基因代代相传的，也是作为人的外部客体化的东西和作为文化成果继承下来的。儿童的发展就是在成人的帮助下，通过掌握外在的人类的能力才得以实现的。因而以培养人为目标，有意识有目的有计划地组织这种掌握活动，发展儿童的基本能力，是课程与教学的重要目标。

（四）促进个性健康发展

个性也称人格，是指一个人的整个精神面貌，即具有一定倾向性的心理特征的总和，是以先天生理结构为基础，在后天环境教育影响下形成的。个性还与身体体质有密切关系，体质是个性的物质基础，健康体质是健康个性的基础。在现代社会中，各种环境因素的变化，加上多元价值观带来的内心冲突，导致了许多个性或人格危机。通过课程与教学活动，能促使个体提高能力，改善气质和性格，形成健康协调的动机、兴趣、理想和信念等，促进个性的健康发展。所以，促进学生体质和个性的健康发展，是当代课程与教学的重要目标。

掌握知识、形成技能、发展能力与个性健康发展，四者之间是一种密切相关的有机联系。知识是形成技能的基础，它指导着技能的形成，使技能变得准确和精练；而技能的形成，也会加深和巩固对知识的理解，并为新知识的学习提供条件和手段。能力的发展是在掌握和运用知识技能的过程中完成的；同时，能力水平又制约着知识掌握的程度和技能形成的速度。一个人的知识、技能、能力对气质和性格等个性的形成和变化的影响非常大，在某种程度上，对个人动机、兴趣、理想和信念的发展、形成乃至变化，具有决定性意义；而个性的差异，则对一个人的知识掌握、接纳感形成和能力发展的种

① 黄甫全、王本陆主编：《现代教学论学程》，教育科学出版社1998年版，第40～42页。

类、速度以及品质，在一定意义上具有决定作用。

第三节　课程与教学目标设计

课程与教学目标设计，既是一个知识问题，也是一个技能问题。这里拟从课程与教学目标设计的基本原则、程序和步骤等方面，对有关知识、技能和理论进行介绍分析。

一、课程与教学目标设计的基本程序

课程与教学目标的来源比较广泛，涉及学生、社会、课目和生态等方面，并且其制约因素也比较多，相互之间关系复杂。因此，课程与教学目标设计必须处理好各种关系，贯彻系统化、具体化和层次化的基本原则。

目标设计的程序，受文化、政治以及教育制度等社会因素的影响，特别受到不同民族和国家的课程与教学目标设计传统制约，因而国内外的课程与教学目标设计程序有所不同。

塞勒（Saylor，J. G.）等提出，目的和目标内涵，必须包含“具体行为”和“个人特质”两个维度。① 学生通过教育达成具体目标，一是需学会表现某种行为，这就要求课程与教学目标的设计和表述必须明确学生能做什么；二是发展某种个人特质（personal trait），这则要求课程与教学目标的设计与表述必须明确学生应当成为什么样的人。

以“帮助学生成为自我引导的人”目标为例，说明教育目标应当包含“行为表现”和“个人特质”两个维度的内涵。学生要成为自我引导的人，在行为上必须能“读”“写”“使用电脑”“分析资料”“综合资料”“应用问题解决方法”和“组织自己的学习经验”等，在个人特质方面必须能“相信自己能够学习”“喜欢学习”“喜欢阅读”“认同学习和教育的价值”“具有控制自己生活的感觉”和“具有自制精神以组织和贯彻学习经验”等。

需要明确的是，行为导向的学习活动，有确切的时间和工作；但个人特质的发展，没有特定的时间，也不能细分为零碎的项目学习。因此，行为表现的目标被分为许多层次，例如宗旨、一般目的、领域、亚目的、目标等，但对个人特质的目标，却不加细分。据此，塞勒等人经过研究，提出了目标设计的基本程序为“确定价值”“确定宗旨”“确定一般目的”“确定课程领域”“确定亚目的”和“确定教学目标”。在课程与教学目标设计过程中，课程规划者（包括教师和教育行政人员）以及学生、社区有关人员等参与者，他们在目标设计的每一程序环节中，都有其独特的作用和贡献。

---

① Saylor，J. G.，et al.（1981）. *Curriculum Planning for Better Teaching and Learning*（4th Ed.）. NY：Holt，Rinehart & Winston. 转引自黄政杰著：《课程设计》，东华书局 1991 年版，第 225 页。

在我国，课程改革中的重要工作是课程与教学目标的设计，从国家领导人、教育行政官员、课程与教学专家、教研人员到学校第一线的广大校长教师都参与了目标设计。在我国的课程改革实践中，课程与教学目标设计的基本程序为“收集资料以确定基本价值”“确定教育方针”“确定教育目的”“确定培养目标”“确认课程领域或课目”“确定课程目标或界定教学目的”和“确定教学目标”。

（一）收集资料以确定基本价值

社会文化体系中的价值系统，对课程与教学目标设计的各个环节具有整合作用。教师、学生、家长、教育行政官员及社会的有关人员，都应直接或间接地参与课程设计，表明各自的价值、理想和信念，使课程的基本价值、理想和信念符合知识的发展，学生、社会和生态的需求，国家法令与政策的规定等。当代，我国全力以赴进行社会主义现代化建设，受到传统文化、西方民主文化和科学文化的多重影响。所以，我国的社会文化体系，交织着以人为本、社会和谐与科学发展的整合价值观。

（二）确定教育方针

教育宗旨具体包括“社会化”“发展”与“解放”三个方面。社会化，旨在维护社会的各种现状；发展，旨在指出教育、课程与教学演进的方向，并指引这个方向的过程；解放，旨在使个人能拓展时空，开启个人创造和社会更新之门。为了确定和表述教育宗旨，课程设计人员必须回答和明确两个基本问题：（1）这个社会最根本的理想是什么？（2）教育机构在教导人们在现在及未来社会生活方面，具有何种责任与功能？

20 世纪上半叶，我国流行使用“教育宗旨”术语。教育宗旨是指“国家和政党在一定历史阶段提出的教育工作发展的总方向、总要求。内容一般包括教育的性质、目的和实现目的的基本途径。其中以教育目的最为重要”①。新中国建立后，用“教育方针”代替了“教育宗旨”的提法。教育方针是指“国家为了发展教育事业，在一定阶段，根据社会和个人两方面的发展需要与可能制定的具有战略意义的总政策或总的指导思想。内容包括教育的性质、地位、目的和基本途径等”②。

教育方针是由党和国家在不同的历史时期根据特定社会形势需要而制定的，以行政性和法规性的权威，规定教育为谁服务，培养什么样的人，通过什么途径培养人等。教育方针具有浓厚的时代性，不同的时代会制定适应不同时代需要的教育方针。教育方针处于最抽象的层次，体现的是教育与社会和人的最一般的关系，一般是作为确定教育目标、课程目标和教学目标的基本原则。比如，20 世纪 50 年代，我国制定和颁布实施的教育方针为：“教育必须为无产阶级政治服务，教育必须与生产劳动相结合”。20 世纪 90 年代末期，根据“到 21 世纪中期，基本实现社会主义现代化，把我国建设成为富强、民主、文明的社会主义现代化国家”的全民族共同理想，党和政府制定和颁布实施的教育方针更新为：“教育必须为社会主义为人民服务，教育必须与社会实践相结合”。

（三）确定教育目的

课程设计人员依据教育宗旨或教育方针选择和确定广泛的教育目的，进而据以提出

①② 顾明远主编《教育大辞典（增订合编本）》，上海教育出版社 1998 年版，第 780、744 页。

课程培养目标、课程设置以及课程结构。理想的做法是，教育目的应经公民代表同意，再颁布给各级各类教育机构贯彻和执行。

教育目的是“培养人的总目标。关系到把受教育者培养成为什么样的社会角色和具有什么样素质的根本性质问题。是教育实践活动的出发点。根据一定社会生产力、生产关系的需要和人自身发展的需要来确定。”① 教育目的的核心是规定和阐述培养什么样的人，把儿童培养成为什么样的社会角色。它具有历史性，不同的社会、不同的历史时期，需要不同的社会角色，就决定了具有不同的教育目的。它还具有一般性、概括性和抽象性，是对教育培养人的一种总的规格要求。比如，“使受教育者在德育、智育、体育几方面都得到发展，成为有社会主义觉悟的有文化的劳动者”，“国家培养青年、少年、儿童在品德、智力、体质等方面全面发展”，“培养德、智、体全面发展的社会主义事业建设者和接班人”，“培育适应社会主义现代化要求的一代又一代有理想、有道德、有文化、有纪律的新型公民”。

在我国，一般教育目的通常不是某一机构或团体可以独立完成的，而是由党和政府根据社会需要来确定，并且以最高领导人的正式讲话，或党和政府的正式文件，或国家颁布的法律形式，来加以规定和阐述的，其价值观常常是“政治本位”。课程研制人员似乎没有参与设计和制订，以至于不少人误认为，课程方案与一般教育目的无关。

（四）确定培养目标

在我国，培养目标就是教育目标。教育目标有三方面指称：一是“培养受教育者的总目标”，亦即“教育目的”；二是“各级各类学校、各专业的具体培养要求”，亦即“培养目标”；三是“教育事业发展的目标”。② 在第一和第二方面指称的意义上，教育目标就是受教育者完成一定的教育和课程计划后在身心发展等各个方面预期达到的具体规格要求及其结构体系。第一，教育目标总是体现在一定的教育计划中。在长期性的总教育计划中，有教育目标的规定，比如一个国家、一个地区、一个教育系统的教育计划，一个教育阶段、一个学校及其各个专业的教育计划，中小学幼儿园的各种课程计划，都有教育目标成分。在短期性的或临时性的教育计划中也有教育目标的规定，比如在短训班、微型课程、课案、活动方案等教育计划中，也都有教育目标成分。第二，教育目标实质是学习者身心发展各个方面的指标，规定完成一定教育计划后需要达到的发展水平的指标。第三，教育目标是具体化的，是教育方针和教育目的的具体化。教育目的规定学习者的发展方向，而教育目标则规定学习者按照既定方向发展过程中，身心发展的各个方面应该达到的水平指标。第四，教育目标是体系化的，总是表现为一个结构性、多层次和多规格的有机整体。结构性是指形成了一个以身心发展规律为依据的基本结构，比如“德、智、体”的结构，或“认知、情感、动作技能”的结构等。多层次是指教育目标包括总教育目标，大中小学幼儿园的各个阶段的教育目标以及各个阶段的各个年级的教育目标。多规格是指依据社会发展不平衡和儿童发展的个体差异而设计的对学习者

---

①② 顾明远主编《教育大辞典（增订合编本）》，上海教育出版社 1998 年版，第 765、764～765 页。

的不同标准和要求。

国家教育部新近颁发的《义务教育阶段课程设置方案》和《普通高中课程方案（实验）》，里面研制人员已经分别设计出了“义务教育阶段”和“普通高中”的“培养目标”。①

（五）确认课程领域或课目

在确定一般教育目的和各个阶段各个专业的培养目标之后，课程研制人员应该接着确认课程领域或课目。“领域”可以用来划分主要目的和相关的学习机会，它是目标得以建立的人类发展层面。课程领域或课目是指一组有计划的学习机会，用来达成一套密切相关的教育目标。这里，课程领域或课目并不是目标，而是扩大的组织因素，可以用来包容密切相关的目标。它是发展各种学习机会的基础，例如学科、科目或课目、活动、独立学习经验、非正式的学校方案及社区经验等。在我国的基础教育新课程改革中，课程研制人员设计的课程领域或课目如下。

1. 小学一至二年级为：品德与生活，语文，数学，体育，艺术或选择美术、音乐。

2. 小学三至六年级为：品德与社会，科学，语文，数学，外语，体育，艺术或选择美术、音乐，综合实践活动。

3. 初中为：思想品德，历史与社会或选择历史、地理，科学或选择生物、物理、化学，语文，数学，外语，体育与健康，艺术或选择美术、音乐，综合实践活动。

4. 高中为：思想政治，语言与文学，数学，人文与社会，科学，技术，艺术，体育与健康，综合实践活动。

（六）确定课程目标或界定教学目的

课程目标是目标设计的基本因素，必须与教育目的及培养目标一致。课程目标一般是分课程领域或课目加以设计的，内容和阐述更加具体详细，从而可据以设计学生所需要的学习机会和学习内容。依据教育目的和培养目标设计课程目标，必须具备专业能力，包括精通课程领域或课目的学科专业素养，以及养成教育学知识和课程研制技能的教育研究素养。设计、选择和阐释课程目标的工作，通常是由教育专家、课程专家和学科教学专家一起合作负责和完成的，但需要其他专家特别是学科专家的协助和参与。

在我国基础教育新课程改革中，已经颁发实施了义务教育阶段和普通高中的各个学习领域或课目的课程标准，其中课程研制人员分别为各个学习领域或课目设计和阐述了课程目标。在一些课程领域或课目里，由于涵括面比较广泛，涉及内容比较多，课程目标设计往往分总目标和学段目标进行确定和阐述。

比如，《全日制义务教育阶段语文课程标准（实验）》确定的课程总目标如下。②

1. 在语文学习过程中，培养爱国主义感情、社会主义道德品质，逐步形成积极的

---

① 教育部：《义务教育课程设置实验方案》，2001 年 11 月 19 日；教育部：《普通高中课程方案（实验）》，2003 年 3 月 31 日。亦可参见本书第九章的附录。

② 中华人民共和国教育部制订：《全日制义务教育语文课程标准（实验稿）》北京师范大学出版社 2001 年版，第 4 页。

人生态度和正确的价值观，提高文化品位和审美情趣。

2. 认识中华文化的丰厚博大，吸收民族文化智慧。关心当代文化生活，尊重多样文化，吸取人类优秀文化的营养。

3. 培植热爱祖国语言文字的情感，养成语文学习的自信心和良好习惯，掌握最基本的语文学习方法。

4. 在发展语言能力的同时，发展思维能力，激发想象力和创造潜能。逐步养成实事求是、崇尚真知的科学态度，初步掌握科学的思想方法。

5. 能主动进行探究性学习，在实践中学习、运用语文。

6. 学会汉语拼音。能说普通话。认识3 500个左右常用汉字。能正确工整地书写汉字，并有一定的速度。

7. 具有独立阅读的能力，注重情感体验，有较丰富的积累，形成良好的语感。学会运用多种阅读方法。能初步理解、鉴赏文学作品，受到高尚情操与趣味的熏陶，发展个性，丰富自己的精神世界。能借助工具书阅读浅易文言文。九年课外阅读总量应在400万字以上。

8. 能具体明确、文从字顺地表述自己的意思。能根据日常生活需要，运用常见的表达方式写作。

9. 具有日常口语交际的基本能力，在各种交际活动中，学会倾听、表达与交流，初步学会文明地进行人际沟通和社会交往，发展合作精神。

10. 学会使用常用的语文工具书。初步具备搜集和处理信息的能力。

另外，还分第一学段1～2年级，第二学段3～4年级，第三学段5～6年级，第四学段7～9年级，分别确定和阐述了“课程阶段目标”。这就为各个学段的“语文”内容选择与确定，提供了可以操作的基本依据和标准。

在过去使用的中小学各科教学大纲中，不称“课程目标”，而称“教学目的”。所以，在编制各科教学大纲中，需要依据教育目的和培养目标，在课程设置的各个课目中，界定教学目的。

（七）确定教学目标

在学校和班级教育活动的层面，教师依据课程目标选择、确定和陈述教学计划里的教学目标，是设计学校课程与教学目标的最后步骤。这里所谓的教学目标，是学校提供的一个或一组学习机会或教学活动预期达成的学生学习成果。教学目标是由课程目标，特别是课程目标中的阶段目标具体化而来，有助于教育目的和培养目标的实现。教学目标通常由学校里各个课程领域或课目教师负责确定，因为他们实际组织和指导学生的学习活动。不过，课程研制人员和教研人员，也常常搜集、设计或撰写教学目标，以“教案精选”的形式编辑成册并出版发行，供学校里广大教师设计教学计划和组织教学活动时参考和选用。

按照上述程序和要求，课程研制者以及教师就可以设计和撰写出具体的课程与教学目标体系。比如，在社会主义现代化建设中肯定“民主”和“人本”价值时，按照以上程序和技术，课程研制者就可以设计和确定下述课程与教学目标体系。

教育方针：培养“四有”公民。

教育目的：成为社会主义现代化的建设者。

培养目标：具有社会主义民主法制意识。

课程领域或课目：高中思想政治课。

课程目标：知道有关人民代表大会制度的宪法条款。

教学目标：能正确回答人民代表大会代表的选举方法和程序。

具体教学目标：能说出分配人民代表大会代表名额给各地各机构的依据。

能说出人民代表大会代表的权利和职责。

上述“具体目标”是教学目标的进一步落实，更为特殊而详细，是教学目标是否达成的指标。课程与教学目标体系，从教育方针到教学目标，从教育目的到具体目标，由上到下构成一个金字塔形，越抽象的“目的”的条目和内容越少，越具体的“目标”的条目和内容则越多。需要明确的是，在课程与教学目标设计过程乃至整个课程研制过程中，“价值”具有支配和整合作用与地位。

二、课程与教学目标设计的基本步骤

分析任何层次的目标确定过程可以发现，课程与教学目标设计有“目标分解”“任务分析”“起点确定”和“目标表述”四个基本步骤。

（一）目标分解

任何下一级的课程与教学目标的确定，必须以其上一级目标为依据，下位目标是为上位目标服务的。课程与教学目标自上而下的分解过程，是一个不断具体化的过程。课时教学目标是课程与教学目标体系中最为具体的目标，要确定课时目标，就必须明确其上位目标——单元教学目标及其相互关系；要设计单元教学目标，就必须明确其上位目标——年级教学目标及其相互关系；要设计年级教学目标，就必须明确其上位目标——课目课程目标及其相互关系；而要设计课程目标，就必须明确其上位目标——培养目标及其相互关系。这就涉及一个课程与教学目标的分解过程。

怎样将领域或课目课程目标分解为单元课程目标呢？

第一，进行学习需要和兴趣的分析。

第二，进行学习任务选择。即以第一步分析结果为基础，确定为实现课程目标，学习者必须完成的学习任务（内容）。

第三，进行学习任务的组织。这里主要是分析各项学习任务的关系。学习任务之间或是相对独立，或是相互平行，或是前后关系，或是递进关系，根据其不同的关系，可以将学习任务或组成单元，或根据需要调换顺序，或形成阶梯递进性结构。

第四，单元教学目标的表述和归类。在明确了各单元的学习任务后，需要为每个单元编写相应的单元教学目标。在单元目标中，要说明学习者完成本单元学习以后应能做什么，而不是教师做什么。相对于科目课程目标来说，单元教学目标是具体的；但相对于课时教学目标来说，单元教学目标又较概括和抽象，这一点与课时目标必须可操作、可观察和可测量的特征有很大的不同。以下是小学数学第六册第五单元长方形和正方形的“面积”单元教学目标的一部分：

（1）能说出面积的意义；

（2）能记住长方形和正方形面积计算公式；

（3）能区分长度单位和面积单位这两种不同的单位；

（4）愿意按教师示范和要求，口述面积计算的思路；

（5）在面积计算中，养成认真负责、仔细运算的态度。

单元目标的归类是按照某种教育目标分类的方法，将单元目标归入相应的类中。按照布卢姆的教育目标分类理论，上述单元目标的第一、二项可归入认知学习领域中的识记，第三项可归入认知领域的领会，第四、五项可归入情感领域的接受和反应。

目标归类可以为紧接而来的第二步骤提供基础，促进有针对性的任务分析。

（二）任务分析

单元目标确定后，需要根据单元目标进行任务分析。任务分析，实际上就是对学习者为了达到单元目标的规定所需学习的从属知识和经验以及技能、能力、态度、情感等及其相互关系，进行具体的剖析。根据单元教学目标来确定课时教学目标时，这种任务分析往往是与单元教学内容结合进行的，所以有的人也把这种任务分析叫做教学内容分析。通常的做法是，从已确定的教学目标开始提问和分析：要求学习者获得教学目标规定的能力，他们必须具备哪些次一级的从属能力？而要培养这些次一级的能力，又需具备哪些更次一级的能力？……这种提问和分析一直进行到教学起点为止。单元教学目标可分为认知的、情感的和动作技能的几种类型，任务分析可以按照这几种类型分别进行而有条不紊。

（三）起点确定

课程与教学目标不是对教师的教学行为的描述，而是指预期的学生学习成果。既然如此，要设计出合适的课程与教学目标，就不能忽视对学习者的分析。教学起点确定，就是对学习者与学习任务有关的已有知识、技能、经验以及能力进行分析和澄清。

教学起点的确定，直接关系到课程目标的作用发挥和教学的有效性。教学起点定得过高，则可能导致课时教学目标过高，超过了一般学生的能力。教学起点定得过低，则会在学生已掌握的内容上或教学活动上浪费时间和精力。一般说来，确定教学起点，主要应对学习者进行三方面的分析：首先是对学习者的社会特征进行分析，主要包括学习习惯、兴趣、方法、态度以及成熟程度、班级水平、心智发展水平等；其次是对学习者预备技能的分析，主要包括学习技能、技巧和方法的特征和水平等；最后是对学生目标技能的分析，即了解学习者是否已经掌握和部分掌握了课程与教学目标中要求学会的知识和技能。

学习任务分析和教学起点的确定是密不可分的，在设计课程与教学目标时，这两方面的分析往往是同时进行的，二者并不存在明显的先后关系。

（四）目标表述

进行课程与教学目标设计时，必须对学习者通过每一项从属知识和技能等的学习以后应达到的行为表现和内在心理状态作出具体而明确的表述，再将这些表述进行类别化和层次化处理。下面特列专节，来阐述有关概念、理论和方法。

第四节 课程与教学目标表述

课程与教学目标的表述是非常重要的，它直接为选择内容和经验、为选择或开发教学资源提供依据，并为教师组织课程实施、开展班课教学和继而进行的课程评价提供基本准则。课程与教学目标表述正确、清晰和通俗易懂，就为它的实现奠定了坚实的基础；如果表述不当，不仅浪费各种资源，而且会对课程和教学活动产生误导。当前，课程与教学目标的表述，常用“行为目标的ABCD表述”“表意目标的表述”和“内部过程与外显行为相结合的表述”三类方法。

一、行为目标的ABCD表述方法

行为目标（behavioral objectives），是以对具体而可操作的行为进行规定的形式加以陈述的课程与教学目标，指明经历课程与教学过程后，学生身上所发生的行为变化及其程度。它具有精确性、具体性和可操作性的基本特征。事实表明，行为目标有助于选择学习经验和指导教学，所以在现代课程与教学目标的设计和表述中占据主导地位，它对于基础知识和技能的熟练掌握，对于保证一些简单的教育目标的达成，是非常有效的。

ABCD分别指具体的课程与教学目标中应包含的四个要素，是四个要素的英语单词首字母。A即“audience”，意指“学习者”，要求有具体的学习者，他们是目标表述句中的主语。B即“behavior”，意为“行为”，要求说明通过学习后，学习者应能做到什么，是目标表述句中的谓语和宾语。C即“conditions”，意为“条件”，要求说明上述行为在什么条件下产生，是目标表述句中的状语。D即“degree”，意为“程度”，要求明确上述行为的标准。

现介绍一个运用ABCD方法表述的目标例句：“给予20个要填写形容词的未完成的句子，学生能在15分钟内分别写出形容词以完成句子”。在这一目标表述句中：

“学习者”是“学生”。视具体情况，可标为“小学三年级学生”或“（5）班学生”等。

“行为”是“写出形容词”。是目标表述中最基本的成分，不能缺少。表述行为的基本方法是使用一个动宾结构的短语，行为动词说明操作的行为，宾语则说明动作指向对象。课程与教学目标的具体性和明确性，主要取决于行为动词的可观察性和可操作性，所以应尽量避免使用诸如“知道”“理解”“掌握”等含义不易确切把握的词。另外，某一类型的行为动词一般表示学习结果的某一类型和层次，所以需要谨慎选择使用行为动词。

“条件”是“20个需要填写形容词的未完成句子”。条件是指学习者表现行为所处的环境、设备、信息、时间以及人等因素的限定。如在“一个小时的平时测验中”“依照书本第四章的课文”“不得参考笔记或其他参考资料”等，均是对行为目标的条件叙述和限定。在实际的目标表述时，有时条件要素可省略。

“标准”是“15分钟内”。标准是指作为学习结果的行为可接受的最低衡量依据。标准可从行为的速度、准确性与质量等方面确定。如，“指认8个当中的3个”，属于准确性；“15分钟内”，属于速度；“至少达到80分”，属于质量。与条件要素一样，标准要素也可省略，比如大多数时候是约定俗成的“100％正确”。

二、表意目标的表述方法

表意目标（expressive objectives），指学生在具体的教育情境、教学活动和学习活动中的个性化表现，旨在培养学生的创造性，强调学习及其成果的个性化。美国学者艾斯纳首先将教育目标区分为“教学目标与表意目标”①。他指出，教育的作用可以区分为两种：一是使人掌握已有的文化工具；二是为人提供可能性使之产生超越已有文化的创造性反应，并得以发展和个体化。教学目标适用于前者，而表意目标则适合于后者。教学目标旨在使学生学习掌握已有知识和技能等，熟悉现有的文化工具（cultural tools），所指向的行为方式是已知的，希望学生在学习的某一时间内均共同发展出来。而表意目标则着眼于形成可能的种种创造性反应，是超越现有行为状态的，不但意在使学生发展，而且认为学生的发展是因人而异的。因此，教学目标也就是行为目标，可用行为目标的方式表述，但是表意目标则与行为目标有本质区别。

（一）理论根据

斯腾豪斯指出，学校教育至少包含四种不同的过程：训练（training）、教学（instruction）、启蒙（initiation）和导引（induction）。②“训练”旨在获得技能，训练如果成功了，个人便具备行为或表现的能力，例如造独木舟、打字和说外国语等。“教学”和信息学习有关，成功的教学形成了信息的保留，例如化学元素、国名和日期等的记忆。“启蒙”旨在使人熟悉社会价值和规则，成功的启蒙使人能够解释社会环境、预测他人的反应。“导引”与文化思想体系的介绍有关，由此形成理解，例如把握要点、了解关系和作出判断等。

其中，最令人关注的是“训练”“教学”和“导引”三种过程。“训练”的目的旨在行为或表现的改变，容易用行为目标表示预期的结果，军事训练和工商人员的训练，采用行为目标均相当成功。而“教学”过程，采用行为目标亦适合，例如，记忆五个动词，记忆与否，很容易以行为显示。但是，“导引”过程，作为一种真正的教育，旨在使人类更加自由、更富有创造力。如在知识或艺术领域之中，学生成就最重要的成果是

---

① Eisner，E. W.（1969）. Instructional and Expressive Educational Objectives：Their Formulation and Use in Curriculum. In Popham，W. J.，et al.（1969）. *Instructional Objectives*. Chicago：Rand McNally，1-18.

② Stenhouse，L.（1975）. *An Introduction to Curriculum Resesearch and Development*. London：Heinemann，166-180. 参见黄政杰著：《课程设计》，东华书局1991年版，第247～248页。

"试做"——图画、音乐、演奏、设计、制作等，而对"试做"的评价，应该着眼于创造，而不是根据事先规定的格式。"试做"无所谓对与错。

（二）表意目标的特性与表述

表意目标表述了学生"作业情境""问题处理"和"从事作业"的教育经历，但并不确定在这些经历中，学生会学到什么。因此，它只是给师生提供了探索个人感兴趣或某些重要问题的机会。表意目标是引发的，不是规定的。它使学生可以应用习得的种种技能去理解现在的主题，透过这个主题，学生能扩大、完善自己的技能和理解，显示个人的特质。表意目标反映学生个性和发展前景的多样性。在表意的理念中，教师能提供一定情境，让学生受到启发。但学生在这样的情境中获得的发展，不论理论上的（theoretical）或质性的（qualitative），都会因人而异，所以对这些发展的评价工作不应采用相同的标准去衡量，而需因人而异去促进个人反省这些发展，突出它们的特性和重要性。①

表意目标的表述，不在于明确学生从事教育活动后应该展示的行为结果，而在于确立学生所经历的情境。比如：

（1）用自己的语言描述《咏雪》的意境；

（2）阅读和评价《海燕》的启示；

（3）使用电线和木材，设计三度空间的形式；

（4）游览野生动物园，讨论其中的趣味。

其中，描述《咏雪》或设计三度空间的形式，均指出学生作业的项目或问题，但学生的学习成果如何并未指定。由"经历"的种类，师生均可获得评价所需资料。这种评价方式如同审美批评一样，只就品质和意义来评估作品，而不事先引导艺术家去画出特定的作品。

三、内部过程与外显行为相结合的表述方法

行为目标的表述方法和表意目标的表述方法，对不同课程理念和教学内容来说各有不同的适应性，但是又都各有自己的局限性。格朗伦（Gronlund，N. E.）指出，在陈述了一个"过程性"的一般目标后，需要对该目标进行深入具体的阐释规定，以描述清楚学生需达到的特定具体行为表现，这些表现是为人们接受来作为"一般目标"达到的证据的。"先陈述一般目标进而用具体化陈述对其进行阐释规定的这一过程，与单一目标陈述的使用相比，有着优越之处。"② 这是一种带有"综合性"特点的表述方法，应该说是一种陈述教学目标的更好方式，可以将其称之为"内部过程与外显行为相结合的折中表述方法"。

---

① Eisner，E. W.（1979）. *Educational Imagination*. NY：MacMillan，15. 参见黄政杰著：《课程设计》，东华书局 1991 年版，第 248～249 页。

② Gronlund，N. E.（2000）. *How to Write and Use Instructional Objectives*（6th Ed.）. NJ：Prentice-Hall Inc，9.

学习的实质是内在心理的变化，因此教育的真正目标不在具体的知识、技能或能力的行为表现，而在内在经验或情感的发展。而内在心理变化，如理解、欣赏、热爱和尊重等，不能直接进行观察和测量。为了能间接地测量与观察这些内在心理变化，需要列举反映这些内在变化的行为表现，使有关目标具体化。例如，文学作品鉴赏能力的目标可表述为：

1. 欣赏优秀的文学作品

1.1 描述优秀和不良文学作品的区别。

1.2 区别优秀和不良的文选。

1.3 提出分类优秀和不良文选的重要理由。

1.4 在自由阅读时间内选读优秀的文学作品。

1.5 说明为何喜爱某些优秀的文选。

这一目标表述，第一个层次是心理内部过程，第二个层次是心理外显行为。又如在教学“人类与环境”时，要求学生树立可持续发展的观点，教学目标可表述为：

1. 学生能树立可持续发展观点

1.1 能说出可持续发展的大意。

1.2 能运用所学的知识批判现实中破坏环境的思想和行为。

1.3 对材料中有不符合可持续发展思想的例子，能指出来并作出批判和评述。

在这一组表述中，前面一部分“学生能树立可持续发展观点”是对内部过程的表述，后面三句话是为了说明内部过程而表述的可观察与可测量的外显行为。两者相结合的表述方法，既保留了行为目标表述的优点，又避免了行为目标只顾及具体行为表现而忽视内在心理过程变化的缺点。所以这种表述方法既适合认知目标的表述，也适合于情感目标的表述，受到很多人的青睐。

课程与教学目标的表述不能拘泥于某一种方法或某一种形式及其条条框框，而必须根据目标的层次，学习任务分析的结果、学生的特点等情况具体分析，只要简洁明了、容易理解和可以操作就可以了。

四、目标表述的系统化

教学目标的表述完成以后，还有一个将表述系统化的过程，即将各教学目标类别化和层次化。类别化是按照有关目标分类理论，将已经确定的目标表述归入有关的领域或类别，比如按照布卢姆等人的教育目标分类理论，将各教学目标归入认知、情感、动作技能三个领域。所谓层次化，就是根据目标层次性要求，使教学目标的表述反映学习结果的层次性。我们可以应用布卢姆等人的教育目标分类理论或其他目标分类理论，把教学目标归为不同类和分成不同层次，以便于分析评价、改进完善和掌握使用。

比如，我们可以设计使用一张双向细目表，一项是“教学目标”内容表述，另一项是“目标层次”分栏，再将具体内容填入，并在相应层次栏空格中画“√”，表示各个目标反映的学习成果层次所在；也可以采取文字“归类分层”法，将各个目标项目内容加以分析，按照先“类别”再“层次”将它们分列。

上述目标设计步骤和方法，只是理想化的程式。人们在实际的课程与教学目标设计中，面对已经确定的单元教学目标、统一的教学内容和考试、教学对象特点、教学条件等因素，可以因地制宜地取舍这些步骤和方法。

思　考　题

1. 如何理解把握教育目标术语的多样性？

2. 如何强化和提高教师的课程与教学目标设计的意识与能力？

3. 应用本章知识与理论，以本书第十一章为教学主题，设计并陈述一套单元教学目标。

4. 中国具有丰富的教育目标资源，如何借以创建特殊而适宜的教育目标分类学？

第十一章　课程实施与组织

长期以来，大量的课程改革成效不彰，其主要原因之一就在于改革倡导者大多忽略了课程实施与组织。因此，为了提高课程改革的成效，人们对课程实施与组织这一领域日渐关注，并积累起大量的研究成果。

第一节　课程实施概述

课程实施（curriculum implementation），是实践形态的教育教学活动的集中体现，对实现教育目标和提高教育质量起关键作用。

一、课程实施的概念

目前，人们对课程实施的本质有着不同理解，归结起来主要有两种观点。① 第一，课程实施是将课程方案付诸实践的过程。实施是达到预期教育目标的基本途径，实施的焦点是实践中发生改革的程度和影响改革程度的那些因素。第二，课程实施就是教学。这种观点主要针对课程与教学割裂的问题。教学总是特定内容的教学，它内在地包含着内容；课程作为内容，它是教学的内容，脱离了教学的课程是“空置”的内容。教学与课程是内在统一的，课程实施就是教学。

把握课程实施概念，可以从外部与内部两个角度进行。从外部来看，在课程研制过程中，课程规划与课程实施之间，是理想与现实、预期的结果与实现结果的过程之间的关系；而课程实施与课程评价之间，课程实施为课程评价提供内容，课程评价考察课程实施的可能性、有效性及其教育价值等，并为课程实施提供反馈信息，以便及时对各种课程实施要素进行调整。从内部来看，课程实施包括课程采纳、课程调适和课程应用三个环节。“采纳”不等于实施的完成，“调适”代表一种努力，“应用”的方案才是实际运作的课程方案，应用方案与最初的课程方案相比，已经发生了根本的变化，是一种发展了的或者发展中的行动计划。因此，课程实施既是课程研制中一个极为关键的环节，又是一项复杂的系统工程。

在课程实施过程中，由于诸多影响因素的存在，使得整个实施过程有着不可预测性和不确定性。总体而言，课程实施，是指在现实意义上，调和与平衡影响课程实施的诸

---

① 参见黄甫全主编：《课程与教学论》，高等教育出版社 2002 年版，第 326～328 页。

因素，采纳、调适与应用课程方案，创造教育新文化的过程。具体来说，课程实施包括以下三层含义：在目标维度，它是在众多复杂性中求得调和与平衡的过程。这就需要课程实施主体系统地考虑课程实施的诸多影响因素，最大可能地发挥和协调每个因素的功能，使之产生最大功效。在操作维度，它是采纳、调适与应用课程方案的再创造过程。这就需要课程实施主体主动地参与课程实施过程，有效地利用课程资源，积极而富有创造性地调适与应用课程方案。在效果维度，它是落实课程理想以创造教育新文化的过程。包括由学生创新的学生亚文化，由教师创新的教师亚文化，由课程研制者创新的课程亚文化，由校长带领师生创新的学校亚文化，以及由教育行政人员创新的教育政治文化，进而整合创新出“教育新文化”。

二、课程实施的取向与水平

人们对课程实施理解的不同，导致三种实施取向的并存；而课程实施水平的差异，则造成八种实施状况的出现。

（一）三种取向

课程实施取向，是指“对课程实施过程本质的不同认识以及支配这种认识的相应的课程价值观”①。迄今为止，人们普遍认同美国学者斯奈德（Snyder，J.）提出的“忠实取向”（fidelity orientation）、“相互调适取向”（mutual adaptation orientation）和“创生取向”（enactment orientation）三种课程实施取向。

忠实取向，指课程实施是按部就班地执行预定课程方案的过程。依据这一取向，预定课程方案的实现程度，就是衡量课程实施成功与否的基本标准。课程方案实现程度高，则课程实施成功；而课程方案实现程度低，则课程实施失败。坚持忠实取向的课程实施者，强调忠实执行、按部就班，难以对课程方案作出变革。

相互调适取向，指课程实施是预定课程方案与学校情境之间相互适应的过程。这种相互适应包括两方面的内容：一是课程方案为适应具体学校或班级的实际情况，在课程目标、内容、方法和组织形式等方面进行的调整；二是学校实际情境为适应课程方案而发生的改变。坚持相互调适取向的课程实施者，将课程实施理解为“协调中的变革”，强调课程实施不仅是一个事件，还是一个过程，在过程中实施者需要对课程方案作出修订甚至改变，以适合其自身的目的。

创生取向，指课程实施是师生在具体情境中，联合缔造新的教育经验的过程。在创生过程中，预定的课程方案仅仅是师生进行或实现“创生”的材料或背景，是一种课程资源，借助于这种资源，师生不断地得以变化和发展，课程本身也不断得以生成。

以上三种取向，在对课程变革的假设和教师角色的理解等方面均有较大差异。它们有着各自的优缺点和适用条件，在不同情境中其价值可以得到不同程度的体现。理解这

① 李子建、黄显华著：《课程：范式、取向和设计》，香港中文大学出版社1994年版，第314～315页。

三种取向，有助于从不同视角对课程实施进行研究。

（二）**八种水平**

不同的地区和学校，在课程实施水平上存在着差异。按照预定课程方案在实践中的使用程度，课程实施分为“未使用”“定向”“准备”“机械使用”“例行化”“精致化”“整合”和“更新”八种水平。①

未使用，指实施者对于课程改革缺乏了解，或了解甚少，尚未涉入课程改革工作，也未准备涉入。定向，指实施者开始获取课程改革的资料与信息，探讨课程改革的价值取向及其对使用者的要求。准备，指实施者正在为第一次将预定课程方案的要求付诸实践进行准备。机械使用，指实施者逐渐熟悉课程改革要求完成的任务，但任务的完成往往是肤浅且不连贯的。例行化，指对实施者来说，完成课程改革所要求的任务，已经成为“例行公事”或生活中的“习惯”，他们很少自觉地考虑改革的效果。精致化，指实施者依据短期或长期的结果进行课程评价，并对课程改革进行调整，以提升改革的效果。整合，指实施者之间互相接触，结合彼此的努力，力求使课程对学生产生更大的影响。更新，指实施者再度进行课程评价，试图对课程改革作出大幅度的调整或改变，以增进对学生学习的积极影响。

三、课程实施的影响因素

课程实施的影响因素众多，大致可以归纳为“文化背景”“主体”“对象”“管理”“环境”和“理论基础”六个方面。

（一）**文化背景**

课程实施的文化背景，主要包括课程实施的取向和学校及社区的历史文化等。

业已形成的课程实施的取向，常常成为一种“惯性”左右着人们的行动。忠实取向，让实施者成为预定课程方案按部就班的或被动的“消费者”；相互调适取向，激励实施者积极主动地“消费”预定课程方案，并根据实际情境不断地对其进行调整；创生取向，让实施者成为课程开发者，将课程方案作为特殊课程资源，并主动开发其他资源，积极建构新课程。

学校及社区的历史文化，是课程实施的历史限定因素。学校历史地存在着改革的良好氛围，会对推进新改革大有帮助；而学校缺乏改革的风气，或者积淀着一些不利于改革的滞碍因素，则会在推进改革中遭遇各种阻力。因此，要推进课程实施，必须研究学校既成的历史文化，分清其中的有利与不利因素，并有针对性地加以利用或控制。同时，学校是社区的学校，如果社区公民历史地培养出对学校教育改革的热诚，就十分有利于课程实施，至少在开发社区课程资源方面不会遇到太多的阻碍。

（二）**主体**

课程实施的主体，主要包括教师、校长和学生。

① 参见黄政杰著：《课程设计》，东华书局 1991 年版，第 407～408 页。

1. 教师是课程实施的决定因素

课程改革的方案可能是理想的，问题在于教师是积极实施还是消极应付。可以说，课程实施成效依赖于教师的思维和行动。① 教师的决定作用主要表现在“方案学习”“相互支持”和“知识重构”上。

(1) 课程实施是教师的学习过程。在教师理解与把握课程改革的理念、目标、内容和方法等之后，才能决定是否接受这个方案，这是课程实施的前提。如果教师拒绝学习或“假学习”课程方案，课程实施就失去了前提。

(2) 课程实施是教师相互支持与合作的过程。教师在课堂教学中拥有相当大的自主空间，这容易使课室成为每位教师的独立王国，每位教师的教学彼此孤立，随着时间的推移，对于整体性的课程与教学问题，教师们不愿意通过合作共同解决。② 鉴于这种情况，只有教师之间加强相互支持与合作，才能推进课程实施。

(3) 课程实施是教师观念和知识“重构”的过程。只有教师转变旧有观念，确立对新课程的正确态度，更新已有知识，掌握或生成新课程所需要的知识经验，才能保证课程实施的顺利进行。但是，并非所有的教师都会积极主动地“重构”观念和知识，因此可以说课程实施的最大阻力和动力都源于教师。

2. 校长是课程实施的保障因素

校长是教师群体动力激发的关键，是学校教育哲学确立的关键。他们在课程实施中的作用不容忽视。当下人们较为关注校长的领导风格对课程实施的影响。专题研究发现：校长的远见、推动力和决策的一致性等，均是促使教师实施课程创新的重要因素；③ 课程实施的成功，需要校长致力于学校合作性文化的建设，鼓励教职员进修，经常性地运用沟通文化规范、价值和信念，增强个人责任感，与他人分享权力等措施。④

此外，课程管理体制正在发生变化，学校课程开发的地位不容忽视，校长是教师群体参与课程开发的领导力量。校长要重视课程实施，并持续关注和鼓励，尽可能解决课程实施所必需的时间、空间、材料和设备等要求，这也是校长对教师工作应有的尊重。

3. 学生是课程实施效果的体现者

学生在课程实施中扮演着越来越重要的角色。有专门研究表明：学生具有参与课程实施的能力，学生参与课程实施有助于课程改革走向成功，学生参与课程实施研究也具有方法论上的优势。学生参与课程实施及其研究具有四种基本形式：学生作为数据来

---

① 参见马云鹏：《中国城乡小学数学课程实施的个案研究》，香港中文大学 1999 年博士学位论文，第 36 页。

② 参见黄政杰著：《课程设计》，东华书局 1991 年版，第 413～414 页。

③ Hord, S. M. & Hall, G. E. (1987). Three Images: What Principles Do in Curriculum Implementation. *Curriculum Inquiry*, 17 (1), 70.

④ Fullan, M. G. (1992). *Successful School Improvement: The Implementation Perspective and Beyond*. Buckingham: Open University Press, 85-86.

源、学生作为积极反应者、学生作为共同研究者和学生作为研究者。① 为了深化对课程实施的认识，提升课程实施的成效，急需将学生纳入课程实施及其研究之中，并给予相当程度的关注。

（三）对象

课程实施的对象，即是课程自身。课程方案的清晰度、课程材料的质量和新课程对旧课程革新的范围和程度等，都是影响课程实施的因素。

如果课程方案的清晰度不够，教师就会感到非常复杂、含糊不清，不知道实际上应该做些什么，从而造成回避方案的状况。

课程材料的质量，诸如材料的难度、实用性与学生接受水平之间的适切性等，影响着教师实施新课程以及学生学习新课程的态度。为保证课程顺利实施，要求课程材料及其组合方式“反映一种新的教学观念，具有一定的理论基础，有新意，而且能够达到课程研制的目标”，课程材料体系“内部符合循序渐进的规律，外部与其他学科能够相互配合”。②

新课程对旧课程革新的程度和范围，也影响着课程实施。如果新课程改革的力度大、范围广，而课程资源的开发、教师队伍的整体素养和数量等配套条件不能很快跟进，那么，新课程实施就会面临巨大挑战，在实施过程中将困难重重。

（四）管理

地方教育当局对课程实施的管理，直接影响着课程实施的水平。

如果教育当局实行优先发展教育的策略，并将课程改革置于教育发展的核心地位，那么对课程实施的经费和人力投入就会较为充足，从而为课程实施奠定坚实的基础。同时，教师聘用制和校长聘任制的有效实施，可以增强教师和校长参与课程实施的紧迫感和积极性；师资队伍建设与发展体制的合理健全，可以提升课程实施的质量；督导机制的科学化，可以指引课程实施朝着科学的方向前进。而这些体制与机制的建立与完善，都需要强有力的“管理”才能达成。

（五）环境

课程实施的环境，主要包括学校现有教育条件和社区课程资源等。

学校现有教育条件，诸如活动场所与设施、教育媒体和教育辅助手段等，是课程实施的必要保证。需要说明的是，并非教育条件越好，课程实施水平就越高，当教育条件达到一定程度之后，真正决定课程实施水平的还是教师和学生等课程实施主体。

社区课程资源，无论是博物馆、科学馆、图书馆、教育网络资源中心、青少年活动中心，还是学校周边的自然环境等，都是课程实施的有力保障。这些课程资源的存在，对于学校开展综合实践活动与研究性学习十分有利。

（六）理论基础

实践已经证明，课程实施的理论基础，诸如课程论的发展状况、教学论的研究成

---

① 尹弘飚、李子建：《论学生参与课程实施及其研究》，载《课程·教材·教法》2005 年第 1 期。

② 钟启泉著：《课程设计基础》，山东教育出版社 1998 年版，第 457 页。

果、心理学的研究进展等，对课程实施产生着很大影响。

以教师进修为例，教师训练越充分，课程实施程度就越高，这已无须质疑。但进一步的问题是：在职教师的进修课程如何设计？由谁来实施？采用什么方式？在什么时间？实施多少次？经费与人力如何保障？又如，如何确定教师参与课程实施的性质、时间、范围和策略？教师怎样对教材进行再创造，使之与学生的生活、已有认知基础和认知发展特点紧密结合？凡此种种的问题，都急需开展系统而深入的理论研究来进行回答。

四、悬空课程

课程实施主要在学校与班课层面进行。当人们从整个知识领域和文化发展来考察学校课程实施的实际情况时发现了一个特殊现象，这就是"应该有"而实施中"没有"的反差。已经得到实施的显性课程与隐性课程，是"实有课程"，而"应有"但"实无"的课程，叫做"悬空课程"（null curriculum)。这一现象和概念是美国当代著名教育家艾斯纳（Eisner，E. W.）首先提出来的，他说："阐述并不存在的课程，是一件包含着自相矛盾的事情。然而当我们涉及学校计划的排列的时候，我就意识到要建议大家，不仅应该考虑学校里显性的和隐性的课程，而且也应该考虑学校没有教什么。我的意思是，学校没有教的与已经教的一样重要。"①

悬空课程，实际上是指称课程价值理想与实际运行课程之间的悬空现象，包含着三个层面。第一，知识领域和社会文化应该进入课程的范围与实施课程的范围的差异，也就是一般意义上"应该教"与"已经教"之"差"。第二，文件课程规定的范围与实施课程落实的范围之间的差异，也就是专门意义上的"规定课程"与"实施课程"之差。第三，学生身心发展过程需要的完整内容与课程满足需要的不完整内容之间的落差。这是悬空课程的实质所在。时代在发展，儿童的生长发展条件在变化，身心发展过程及其需要也在变化，因而与课程的满足程度之间总是不平衡的。悬空课程之鹄的，就是使实施课程实现对儿童身心发展过程需要的最大程度满足。

已有的课程研制和课程实施的思维方式，只有唯一的正向思考，仅考虑"学校教了什么"和"学生学了什么"。这当然是重要的，却是不够的。悬空课程的提出，开辟了另一条反向思考的方式，从"学校没有教什么"切入。这实际上是一场思考和解决课程问题的根本方式的变革。悬空课程是一个十分敏感的领域，它涉及知识领域和文化与课程关系问题，还关系到课程权力分配问题，更涉及文件课程与实施课程的整合问题。所以，悬空课程研究，需要遵循五方面的基本原则。②

第一，坚持"范围"的关系性考察。悬空课程的焦点，是在课程包含的范围上，是在"已经教学什么"与"没有教学什么"的关系上。其中重要的不仅是缺乏的内容，而

---

① Eisner，E. W.（1984）*Educational Imagination*：*On the Design and Evaluation of School Programs*. New York：MacMillian Publishing Company，97.

② 参见黄政杰著：《课程设计》，东华书局 1991 年版，第 83～84 页。

且所缺乏的是儿童身心健康发展所必需的内容。考察的重点是对悬空课程的重要性提出辩护，为悬空课程变为实有课程寻找合理性和合法性。

第二，坚持具体化的考察。悬空课程是一个相对性概念，它所包括的实际内容依赖于与它对应的实有课程的内容。实有课程往往随时空和对象不同而异，悬空课程的实际内容范围也随之而变。

第三，坚持归因式考察。悬空课程的成因，有故意设计、疏忽而未纳入以及改革发展落后等。其中的故意设计，又由价值观念、意识形态等不同导致。我们需要具体情境具体归因，再针对原因设计解决方法。

第四，坚持过程性的考察。解决悬空课程问题是一个复杂甚至是永恒的过程，一些悬空课程在有的时候解决起来比较容易，但是有的时候解决起来就比较复杂和困难。而有一些悬空课程则只能在某种程度上加以相对性的解决，而不能彻底解决。考虑和解决悬空课程，可以说是一个永恒的过程。

第五，坚持"正向"与"反向"相配合的课程研制思维方式。课程研制，需要从正向、反向两方面来思考问题，提出和思考解决的问题不仅有"需要什么"，也要有"不需要什么"，不仅要有"有什么"，还要有"缺少什么"。这样，才能全面把握问题，使课程研制、课程实施越来越趋向于明智。

第二节 课程变迁

课程实施，需要将新课程方案付诸实践。而新课程方案总是蕴涵着对原有课程的革新，从根本上说，课程实施就是力图在教育实践中实现"课程变迁"（curriculum change）。已有的专门研究，从"变迁理论""变迁类型""变迁阻力"和"变迁认同"四个方面对课程变迁作出了系统考察。①

一、课程变迁理论

有"变迁理论之父"美誉的勒温（Lewin，K.），从"变迁原因"与"变迁过程"的角度构建了一种较为简明的理论。勒温指出，所有的个体、群体和组织都处于力量场（force field）之中。在力量场中，存在着两种相互冲突的力量，即推动力量与阻碍力量。推动力量（driving forces），主要包括政府干预（government intervention）、社会价值观（society's values）、科技革新（technological changes）、知识爆炸（knowledge explosion）和管理进程（administrative processes）；阻碍力量（retraining forces），主要包括对未知事物的担心（fear of unknown）、对权势的畏惧（threats to power or turf）、过时的

① Ornstein，A. C. & Hunkins，F. P. （2004）. *Curriculum：Foundations，Principles，and Issues*（4th Ed.）. Boston：Pearson，305-311.

知识和技能（obsolete knowledge or skills）、传统价值观（traditional values）和有限的资源（limited resources）。当推动力量与阻碍力量相当时，就会出现平衡状态，维持稳定现状。此时，人们尽可能谈论个体或群体的行动以及组织的功能，平衡稳定状态不会因此被打破。当推动力量开始强过阻碍力量时，变迁随之出现。只要推动力量持续保持强势，变迁就会一直继续下去。当阻碍力量重新强过推动力量的时候，变迁随之放缓。一旦阻碍力量超过推动力量一定程度后，变迁就会停止。“为着学校与课程适应新学生与新社会条件，学者与实践者均须理解把握变迁的力量及其如何影响与形塑课程。”①

根据大量的实证研究，勒温把变迁过程分为解冻、努力和稳定化三个阶段。解冻（unfreezing）的主要目标，是使人们业已形成的“像冰一样”相对凝固的思想、观念和态度等“融化”，打破固有模式，对变迁产生要求和渴望。勒温指出，在这一阶段，要引发变迁，减弱阻碍力量比增加推动力量更加重要，因为在阻碍力量减弱的情况下，推动力量能够更加自如地发挥作用。努力（effort）的主要目标，是形成新观念、新态度和新行为方式等，力求实现所期望的变迁，这是变迁的关键阶段。稳定化（refreezing）的主要目标，是对变迁的成果进行巩固与深化，使已被接受的新观念、新态度和新行为方式等扎下根来。

就学校的课程实施而言，一项前提性的任务，是让校长和教师们对于本校课程的旧有状态有一个比较全面和深入的认识，并基于这些认识意识到课程变迁的必要性，以实现“解冻”，从而为引发变迁奠定现实基础。接下来的任务，是让课程变迁进入学校和班课，让校长与教师们为之付出努力，并最终将课程变迁的成果转化为学校和教师新的专业生活方式。如何完成这些任务以保证课程变迁的实现，值得研究者们进一步探讨。

二、课程变迁类型

从“课程变迁中的权力分配”和“课程变迁的复杂性”等不同的角度入手，可以划分出不同的课程变迁类型。

从权力分配角度，课程变迁可以概括为计划性变迁、强制性变迁和互动性变迁三类。在计划性变迁（planned change）中，通过事先规定，参与变迁过程的人们各自拥有相应的权力，行使相应的职能，人们可以清楚地认识并遵循特定的程序。在强制性变迁（coercion change）中，变迁的目标由某一团体确定，权力主要集中在少数人手里，其他人基本上没有参与决策的可能性，只能服从与执行相关指令。在互动性变迁（interaction change）中，变迁的目标由多个团体共同确定，权力在多个团体之间均衡分配，但是由于对行动缺乏深思熟虑，往往没有形成有效的实施程序与步骤，人们或多或少有些各行其是。计划性变迁合理性较强，是最为理想的变迁类型。

从复杂性程度的角度，课程变迁可以概括为替代、改变、搅乱、重构和价值取向改

① Allen, L. A. (2010). Curriculum Change. In Kridel, C. (Ed.) (2010). *Encyclopedia of Curriculum Studies*. Los Angeles: SAGE, 196-197.

变五类。替代，是指用一个因素替代另一个因素，比如用一种教材替代另一种教材，这是一种最普遍最简单的变迁类型。改变，是指让新内容、新章节、新材料和新程序介入现有的材料和计划之中，这些改变通常较为微小，比较容易为人们所接受。搅乱，是指变迁开始的时候会打乱原有的课程计划，但是课程领导者会很快将之调整到新的课程计划上来。比如为了要教授一门特定课目，校长对课程表作出调整。重构，是指学校或学区系统本身进行结构性调整，诸如分组配置（differentiated staffing）或团队教学（team teaching）等关于教师角色的新观念，就会引发重构类型的变迁。价值取向改变，是指参与者的基本哲学观或者课程取向出现转变，要实现这种类型的变迁，学校的主要掌权者甚至所有课程实施者，都必须为之付出极大的努力。可以说，如果教师不改变他们的基本价值观，任何课程变迁都不可能持久地进行下去。

三、课程变迁阻力

课程变迁必然遭遇多重阻力，主要有来自实施者的、来自变迁本身的和来自经费方面的。

首先，教师的“安于现状”给变迁造成阻力。教师有着自己信奉的传统和习惯，他们不愿意轻易作出改变。而且，在现有的学校情境中，教师感到能够出色而安逸地工作，所以他们认为没有必要改变现状。

其次，教师的“工作倦怠”给变迁造成阻力。教师认为课程变迁要求他们学习新的课程理念、形成新的教学技能和建构新的人际关系。这样就意味着更多的繁重工作，意味着在已经超负荷的、没有多少空闲时间的作息上再添加新的任务，而且这些新任务通常又没有额外的报酬或奖励。事实上，许多教师对课程变迁带来的工作感到倦怠，所以便采取得过且过的应付式的态度。

再次，课程变迁引起的“不安全感”给变迁造成阻力。变迁必然带来一些不可预测的甚至是不可控制的状况出现，这会让身处其中的人们感到不安与焦虑。于是，人们宁愿维持有欠缺的现状，也不愿冒险去探索充满不确定性的未来世界。因此，教师们对于课程变迁满怀犹豫。

最后，课程变迁的“来势迅猛”给变迁造成阻力。课程领域曾出现过许多“昙花一现”的变迁，以致许多教师感到，今天的变迁不久就可能被遗弃，就可能被新的“花样”所代替，再多的努力也都是白白付出。过于频繁的变迁，使得一些教师采取以不变应万变的策略。

此外，还有多种力量阻碍着课程变迁的进行，比如没有充足经费预算的课程改革就不太有实现的可能。虽然很难把变迁的阻力一一列举并加以准确的分类，但是我们应该认识到，这些阻力是客观存在的，重视并研究这些阻力，将有助于课程变迁的顺利开展与实现。实际上，这些阻力的存在对课程变迁也是有利的，它要求改革的倡导者必须进行审慎思考，从而避免心血来潮或考虑不周的课程变迁。

四、课程变迁认同

课程变迁依赖人的思想和行动，人是关键因素。成功的领导者，都懂得去把握人们特别是教师对课程变迁的反应，并采取多种策略以鼓励他们认同课程变迁。为促进人们对课程变迁的认同度，我们可以采取“团队合作”“转化反对意见”“优化进程”和“把握时机”等策略。

第一，实现团队合作。所在团队具备使命感和信心，十分有利于教师接受课程变迁的理念，提高他们对课程变迁的认同度。同时，在合作式团队中，教师可以就比较关心的与变迁有关的主题进行讨论与交流，作出有价值的课程决策，也可以就变迁过程中遇到的疑难问题进行探索，找到解决方法，还可以获得“互动生成”的学习机会，丰富知识、提升专业素养并创生出新智慧。

第二，积极转化反对意见。任何新出现的事物都可能遭到反对，这是很自然的事情。作为课程领导者，应当积极应对人们的反对意见。领导者需要先去梳理人们的反对意见有哪些；然后去分析造成这些反对意见的原因是什么，比如需要回答人们存在哪些疑虑、什么问题可能是引发的焦点等问题；在此基础上，才能提出减少人们反对意见的相应措施。

第三，不断优化变迁进程。新课程的出现是特定时代与环境的产物，随着时间的推移与环境的改变，需要不断地进行调整和较大幅度的更新。因此，就课程变迁而言，需要进行不断的评价与反思，以便及时对变迁的方向与具体任务等作出调整与更新，使变迁过程得以持续优化。正是通过评价、反思、调整与更新，课程变迁才能越来越有助于提升课程与教学的质量，有助于提升学生的学习结果，也才能越来越得到人们的认同。

第四，善于把握时机。如果课程变迁是针对学校课程与教学领域中客观存在的问题而提出的，那么新的课程就能够在满足人们需要的基础上得到人们的普遍认同。相反，如果在人们对现行课程比较满意的情况下，仍要勉强进行较大规模的课程变迁，那么要得到很好的认同则势必很难。而且，如果教师刚刚完成一项较大规模的课程变迁，那么也不宜让他们投入另一次课程变迁之中，否则极易造成教师的倦怠和不满情绪，更谈不上对变迁的认同。

第三节 课程实施模式

由于人们所持的课程观、知识观和课程实施取向等不同，课程实施模式的种类也是多种多样。其中，有代表性的课程实施模式主要有“研究—开发—推广模式”“兰德变迁模式”“变迁阻力消除模式”“组织发展模式”和“情境模式”五种。

一、研究—开发—推广模式

研究—开发—推广模式把课程实施视为一种理性化和技术化的过程，认为课程变迁就是由学科专家与课程专家针对具体的学科或课目问题进行研究，并根据研究结果开发新课程方案，然后把方案投入学校推广使用。

研究—开发—推广模式包括“研究”“开发”“推广”“采用”四个按计划线性展开的步骤。首先通过研究，确立课程与教学的基本原理，它们是课程变迁的基本价值取向和指导原则。然后依据研究得出的基本原理，设计和开发出新的课程方案。接着将开发出的新课程方案推广到学校，系统地传递给学校中的教师。进而教师采用新课程并将其整合到学校课程之中，但是无权对课程方案进行修改或调整。

研究—开发—推广模式具有其特定的基本内涵：(1) 课程方案由专家设计而使其臻于完美，并且假定这样的方案能适合不同的学校情境，教师很少有机会进行现场修改；(2) 认定课程实施所需的技能，既可以具体化又可以学会；(3) 认定课程目标会得到课程开发者、教师和学生的认同，这些目标会成为评价学生的主要基础；(4) 评价课程实施的成功与否，以对课程方案的“忠实”程度作为标准，课程方案的使用者成为了课程变迁的被动接受者。

二、兰德变迁模式

研究—开发—推广模式的应用效果不彰，使人们开始质疑课程实施“忠实取向”的合理性。兰德社团于 1973～1977 年对美国联邦政府资助的教育改革展开研究，发现成功的课程实施，实际上是一个相互调适的过程，进而提出了兰德变迁模式。

兰德变迁模式由“启动”“实施”和“合作”三个阶段组成。(1) 启动。课程变迁的发起者致力于让变迁得到所有参与者（如教师、行政人员等）的理解和支持，这就需要对变迁的目标等作出解释。(2) 实施。新课程方案与学校组织之间相互调适，既定的课程方案、教职员工的观念与能力以及学校的组织结构等都可能有所改变。(3) 合作。所实施的课程方案已经成为现行课程体系的一部分，需要课程专家、教育行政管理人员、教师、社区代表甚至家长等密切合作，从而保证所实施的方案不断得到人力与财政的支持。

兰德变迁模式具有自己的主张：(1) 课程实施的关键在于课程专家、校长与教师等方面的相互适应；(2) 良好的教育学知识是缄默知识，最好是让教师通过观摩相互学习，而不是让有关专家或顾问来界定和传授知识；(3) 课程实施并非由一套预设目标指引，而是由一套与学生、教学方式、教学内容以及学校教育等有关的信念指引；(4) 教师可以根据特定的教育情境对课程方案进行调适，课程实施是教师对课程方案的多元诠释过程，他们会从多个侧面来认识与实践课程方案。

三、变迁阻力消除模式

变迁阻力消除模式①宣称，计划性课程变迁的成败，取决于课程领导者是否有能力

① Ornstein，A. C. & Hunkins，F. P. (2004). *Curriculum：Foundations，Principles，and Issues* (4th Ed.). Boston：Pearson，313-314.

克服教师对新课程方案的抵制。变迁阻力消除的有效策略，有管理上的权力平衡和实施中的关注为本两种类型。

教师对课程变迁的抵制是变迁的阻力，消除变迁阻力的一种方法，是在学校管理层和组织成员之间建立一种“权力平衡”。课程领导者应该与教师共享权力，让教师参与有关课程变迁的决策，从而使得教师把变迁视为自己的分内之事，感到自己是变迁的主人，并认真负责地来推动变迁。

消除变迁阻力的另一种方法，是确定和处理好教师所关注和忧虑的事情。事实上，有学者将变迁阻力消除模式归类为关注为本采用模式。他们假设个体的改变先于组织的变迁，变迁也是一种个人性的经验活动，因而必须允许教师的个性特点在课程变迁中有所体现，必须明了教师的需要和关注对象。

霍尔（Hall，G. E.）和劳克斯（Loucks，S.）在对学校的课程实施进行研究之后发现，教师随课程实施的进程，所关心的事项存在规律性的变化的现象。教师对课程变迁的关注变化，可以顺序分为“无关关注”“自我关注”“任务关注”和“影响关注”四个阶段。(1) 无关关注。在这一阶段，教师没有意识到自己与课程变迁之间的关系。比如，某校正在设置一门新的科学课程，该校某位教师会意识到这需要有人为之付出努力，但与自己无关。此时，教师不会抵制课程变迁，因为他们没有意识到变迁对自己的专业领域和个人生活所产生的影响。(2) 自我关注。在这一阶段，教师将自己与课程变迁联系起来，他们关心新的课程与现行课程的异同之处，意识到自己必须投入到课程实施中去，从而面临着怎样教好这门课程的问题。在这个阶段，教师内心深处可能产生应付或抵制新课程的想法。(3) 任务关注。在这一阶段，教师关注课程变迁在课堂上的实际推行。教师关心的是怎样实施这门新课程，比如新课程的教学需要花多少时间？提供的材料足够了吗？教学新课程的最佳方法是什么？(4) 影响关注。在这一阶段，教师关注的是课程变迁对学生、同事和教育团体等的影响。教师会考虑，新课程是否有助于学生的未来生活？学生学习新课程需要什么新的有效方法？等等。

采用变迁阻力消除模式时，必须处理好教师在第二、三、四阶段所关注与忧虑的事项，否则，教师不仅不会认同课程变迁，而且会以与变迁不相关的方式进行工作。因而，课程领导者不仅应该让全体教师了解课程变迁的情况，让教师在变迁一开始就参与决策，而且应该让教师聚在一起，彼此分担所关注与忧虑的事情，共同找出解决问题的方法。当教师彼此倾诉与分担各自的忧虑并找出相应的解决方法之后，那些对课程变迁存有疑虑的教师就不仅会打消疑虑，鼓起勇气，积极投入到改变旧的教学策略和教学新的课程内容等课程实施工作之中，而且会充满信心去努力实现相应的变迁。

四、组织发展模式

施穆克（Schmuck，R. S.）和迈尔斯（Miles，M.）指出，许多课程实施没有成功的原因，就在于把课程实施视为一种理性化的过程，过于强调进行技术层面的推广，而忽视了实施过程中学校组织需要进行不断的发展与更新，进而提出了组织发展模式。[①]组织发展模式强调学校组织的发展，强调提升学校组织解决问题与自我更新的能力，强调进行团队工作与形成组织文化。

弗伦奇（French，W. L.）和贝尔（Bell，C. H.）描述了组织发展不同于较为传统的组织介入的七个特点：（1）重视团队在处理问题中的作用；（2）重视团体及团体间的活动过程；（3）运用行动研究；（4）强调组织内部的合作，并视其为主流文化；（5）文化被视为整个组织系统的核心；（6）让组织的负责人成为顾问兼促进者；（7）赞赏组织在不断变化的环境中所表现出来的动态性。

正是由于组织发展模式的动态性与形成性的特点，有学者将它视为课程实施创生取向的具体体现。该模式基于"个体是关注未来的"这一主要假设，认为人们渴望积极地参与到设计、发展、实施和评价教育系统的活动中去，他们期望通过实施新课程达到师生的预期目标，并最终促进社会的进步。因此，该模式认同课程实施者的主体性，赞同教师与学生对课程知识进行个性化处理，认为课程实施是人类的社会活动，是一个新观点不断产生，新材料和新方法不断涌现的永无休止的过程，而不是使人像齿轮般转动的机械活动。通过不断地创生与实施课程，教师与学生在丰富多彩的学习活动与研究中得以发展，并达至最佳的教育生活状态。

五、情境模式

持创生取向的帕里斯（Paris，C.）提出了课程实施的情境模式。[②]情境模式基于以下三个假设：（1）课程知识包括情境知识，这些情境知识是教师在教学实践过程中创造出来的；（2）课程变迁体现为一种个体在思想和行动方面的成长与变化过程，并不体现为一种课程设计与实施的组织程序；（3）教师不论是调整和创造自己的课程，还是对别人创造和推行的课程作出反应，他们的课程实践总是基于他们对特殊情境的知觉。这些假设使帕里斯运用解释学（hermeneutics）的方法来研究课程实施。

帕里斯认为，应该把课程作为教师在复杂的情境中所创生出来的东西来考察，应该用对教师有意义的观点来解释课程实施的过程、结果与情境。如此，我们就必然视教师为课程知识的创造者而非接受者。从这一观点出发，创生课程所需要的知识与技能等就不能是静态的真理，而是情境性和具体化的，是教师通过探究性的教学实践而不断获取与更新的。创生课程的最佳途径是班课探究、与同事的讨论及共同观察研究等。通过这些途径形成的课程与教学理念，不再是别人强加于自己的，而是隶属于自己正身处其中的不断前进着的实践活动。

---

① See Ornstein，A. C. & Hunkins，F. P.（2004）. *Curriculum：Foundations，Principles，and Issues*（4th Ed.）. Boston：Pearson.，314-315.

② 参见张华著：《课程与教学论》，上海教育出版社 2000 年版，第 351～352 页。

第四节 课程组织

课程组织（curriculum organization），既是课程研制过程的一个重要环节，也是贯穿于课程研制的整个过程的一种因素。

一、课程组织的含义

课程组织是一个处于变化发展中的概念。一般来说，当人们确定了教育目标之后，紧接而来的就是从无限的人类文化中，筛选出能够很好地实现教育目标的有限的教育内容，并将其加以组织。因而，人们普遍认同，课程组织，就是将教育内容加以安排，建立有机联系和排列顺序，从而形成有机的课程结构。课程结构主要关涉“水平的”和“垂直的”两个维度，所以分为横向结构和纵向结构，也就是门类结构和程度结构。所谓门类结构，就是把教育内容分门别类进行安排，使之形成有机的横向结构；所谓程度结构，就是将教育内容进行分学段、分年级、分学期甚至分单元进行排列，使之形成有机的纵向结构。

然而，自泰勒旗帜鲜明地强调课程组织的对象不是“知识”而是“学习经验”开始，人们逐渐对课程组织的含义进行新的思考和拓展。泰勒指出，学习经验，不是“一门学程所涉及的内容”，也不是“教师所从事的各种活动”，而是“学习者与他能作出反应的环境中的外部条件之间的相互作用”。① 这一定义意味着：学生是主动参与者，环境中的某些特征吸引着他们的注意力，学生所做的，正是对这些特征的反应。②因此，课程组织，就不仅限于对教育内容的安排、联系和排列，更重要的是设计和开发教育教学活动赖以进行的特殊环境的各种条件。所设计和开发的环境及其外部条件需要具备两个基本特性：一是学生置身其中就能够作出主动反应；二是将教育内容“融化”到能够引起学生主动反应的外部条件中去，进而将教育内容转化为学生的学习经验。

所以，课程组织，就是将选自文化的教育内容，通过多种途径的创造性设计与开发，转化为学习者的学习经验，其基本价值取向是满足人类学习生命存在及其优化活动的需要，其最终目的是提升学习者的学习结果。现代含义上的课程组织分为宏观、中观和微观三个层面：宏观课程组织主要是在“课程方案”“学习领域”和“科目或学程”范围里的设计与开发；中观课程组织主要是在“课程模块或单元”和“学习主题”范围里的设计与开发；微观课程组织主要是在“课时教学计划”或“教案或学案”意义上的设计与开发。

---

①② ［美］泰勒著，施良方译：《课程与教学的基本原理》，人民教育出版社 1994 年版，第 49、50 页。

二、课程组织的要素

为了进一步对现代意义上的课程组织进行揭示与阐发，有必要对课程组织的要素进行剖析。简要来说，课程组织的要素包括“内容转化”“学习经验”“学习机会”和“学习心理”。

（一）内容转化

一方面，人们可以竭尽所能地将教育内容排列组合成“完美”的课程结构，另一方面，学生却对这些教育内容熟视无睹甚至是厌恶和抵制它们，那么这样的课程组织无疑是没有意义的或者说是失败的。因而，课程组织必须实现“内容转化”，必须把从文化中选取出来的“教育内容”转化为学生的“学习经验”。过去，我国教育界只有从文化中选取而来的“内容”的观念，造成课程组织忽视“内容转化”的问题，以至于教学过于偏重于知识的授受，教师的角色被狭隘化为纯粹的“知识传授者”，学生被压抑为“知识的接受者”。现在，急需确立“内容转化”的课程组织理念。当然，这一理念真正得以践行，既需要课程专家们在原理、原则、课程方案、标准以及教学材料研制层面加以研究解决，更需要教师们基于学校和班课教学，结合学习领域及其课目内容，针对确定的教学主题进行具体的设计与开发。可以说，“内容转化”的实现，需要大家开展深入而全面的研究和实践来予以推进。

（二）学习经验

“内容转化”就是将“教育内容”转化为学生的“学习经验”，因此，“学习经验”是课程组织不可或缺的组成要素。而学习经验指的是学习者与其能产生反应的环境中的外部条件之间的相互作用，这就需要我们在进行课程组织的时候，检视和确定所选择的教育内容是与学习适切的，所创建的外部条件是能激发和维持学习者的学习兴趣的，并且将内容整合、转换和“融化”到师生举行教学活动的情境之中。唯有如此，教育内容才能转化为学习经验，并与学习者产生相互作用。长期以来，我国对“学习经验”的关注不够，尚未真正建构起“学习经验”这一概念。开展学习经验的专门研究与建构，以繁荣课程组织的理论与推进课程组织的实践，需要人们投身其中辛勤耕耘。

（三）学习机会

为了让学生获得“学习经验”，就必须提供丰富的“学习机会”。利用学习机会，学生才能与外部条件直接产生相互作用。因此，在进行课程组织的时候，我们应该关注如何通过对学生学习的外部条件的设计与开发，为学生创设学习机会，而不仅仅是为设计而设计，为开发而开发。

已有的研究指出，提供学习机会的基本原则有“恰当的实践”“满足感”“成功”“多样化途径”和“多样化结果”等原则。① （1）恰当的实践。学生必须有机会开展相应的实践。比如要发展学生解决问题的能力，学生必须有机会亲自去解决各种问题，而

---

① McNeil，J. D. （1996）. *Curriculum*：*A Comprehensive Introduction* （5th Ed.）. NY：Harper Collins，149-154.

不仅仅是站在旁边观看其他同学如何解决。(2) 满足感。所提供的学习机会必须让学生感到满足。发展学生问题解决的能力，不仅要让学生有机会亲自去实践解决问题，而且应该让学生通过有效解决这些问题而获得满足感。如果一种学习机会不能让学生感到满足，学生并不享受这种学习机会带来的学习过程，那么学习很难持续下去。(3) 成功。所提供的学习机会必须适合于学生目前的身心特点，所开展的学习活动必须在学生力所能及的范围之内，使学生的学习活动获得成功。(4) 多样化的途径。可以通过提供多种学习机会来达到相同的目标，这需要人们发挥自己的创造性来设计与开发出多样化的学习机会。(5) 多样化的结果。一方面，由于学生的个体差异，对不同的学生而言，同样的学习机会产生的结果各异；另一方面，通过巧妙的设计，同样的学习机会带来多种预期的结果，比如在地理和写作等课程的教学中，学生可以通过对相关历史事件的探究而获得历史知识。

(四) 学习心理

要给学生提供丰富的学习机会，必须以"学习心理"为依据。在把握学生学习心理的基础上，设计与开发出的外部条件，才能与学生的注意、兴趣、动机和想象等相适切，才能更好地引起学生的主动反应。

课程组织的心理学依据主要有四个方面：一是依据注意的规律，使学生学习的外部条件在声、形、色、光等方面能够长久地"引人注目"；二是依据兴趣心理学理论，使学生学习的外部条件中的各种因素"闪烁"着激发、维护和滋养学习兴趣的"亮光"；三是依据动机心理学理论，指导对学生学习的外部条件的设计与开发，从而激发学习的需要，维持学习的动力；四是依据想象心理学理论，使学生学习的外部条件既充满刺激想象的多种"元素"，又具有放飞学生想象的广阔"空间"，为学生将学习升华为创造性的活动提供保障。当前，我们应大力开展和深化"学习心理"的研究，以便为课程组织的研究与开发提供有效依据。

三、课程组织的主要途径

课程组织的最终目的，是通过提供丰富的学习机会，让学生与承载着教育内容的环境产生积极的相互作用以获得学习经验，从而实现教育内容到学习经验的转化。为了达至这一目的，我们必须以学习心理学为依据，对学生学习的外部条件进行创造性的设计与开发。目前，人们围绕"从内容到经验的转化"课题所开展的研究，已经开辟出了"媒体设计与开发""环境设计与开发"和"活动设计与开发"三条相互关联的基本途径。

(一) 媒体设计与开发

教学设计发端于教育技术领域，所以一直以来与媒体技术的发展密切相关。自20世纪上半叶起，在媒体技术和传播理论飞速发展的影响下，教学设计的研究者们比较关注如何通过媒体的选用和媒体资源的开发，来提高教学效果。教学设计的理论与技术的发展，不断地充实与推动着课程组织的研究与实践。目前，特别是在教学设计领域，人们比较关注把多媒体技术与网络技术等现代科技手段运用于教学活动的策略、方法和途径等，并且取得了大量的研究成果，这些成果可以极大地促进课程组织的发展，从而孕育出课程组织领域里的“媒体设计与开发”途径。

教学媒体的设计与开发，既包括言语和语言、教师示范、黑板或白板、粉笔、教具与学具等传统媒体的设计与开发，也包括幻灯、视听、计算机、多媒体和互联网等现代媒体的设计与开发。通过媒体的设计与开发，可以把教育内容“融化”到能引起儿童学习兴趣和学习定向的极富表现力的各种媒体之中。就目前的发展趋势而言，应该重视把教育内容“融化”到多媒体和网络媒体之中，并逐步开发以计算机技术和网络技术为支撑的新型的多媒体网络课程与教学材料。

（二）环境设计与开发

环境的设计与开发，就是通过课室、校园等环境的设计与开发以及对家庭和社区环境建设的影响，将教育内容“融化”到环境之中，使儿童一旦置身于这样的环境，就自然生发出特定的学习兴趣和意向。在教学活动中，可以借助于专门的媒体，让学生主动地产生学习反应，从而与环境中某些特殊条件产生相互作用，获得特定的学习经验。以学生的学习心理为依据，以学生的学习结果为定向，环境的设计与开发，就催生出了学习环境的新兴研究领域。

（三）活动设计与开发

教育教学活动的设计与开发，就是对学生的学习方式、教师的教授方式和师生互动的教学方式的设计与开发，以及对使三者相互作用而“融合”为一体的教学活动过程的设计和开发，从而使教学活动形成最具效能的有机结构。活动设计和开发需要考虑“教师”“学生”“内容”“氛围”等方面的因素。教师方面，要考虑各位教师个人的长处、弱点、经验、能力和兴趣；学生方面，要考虑学生的需要、经验和基础水平；内容方面，既要考虑教育内容的主题、性质和范围，还要考虑教学目标的层次、要求和条件；氛围方面，要考虑学校、课室和教学场所的设施、布置和特点。

媒体、环境以及活动，具有内在统一性。由于活动是人的生命存在的基本形式，学生只有在活动中才会对承载着教育内容的外部条件产生积极的相互作用，因此，无论是媒体还是环境的设计与开发，最终都要统一到活动的设计与开发之中。

思　考　题

1. 参照国外研究成果，如何做一项中国课程实施取向及其成因的调查研究？
2. 如何研究并加强课程实施中的教师作用？
3. 如何研究、提炼和建构基于我国改革实践的课程实施模式？
4. 如何加强课程组织研究与改革，有效促进教育内容向学习经验的转化？

第十二章　校本课程开发

校本课程开发，是在课程管理分权体制下催生出的一个新兴研究领域，已经逐步发展成为具有当代特色的学校建设、教师专业发展和有效教学开发的基本策略。

第一节　校本课程开发概述

校本课程开发，在国外于20世纪70年代兴起，导源于教育民主化和学生中心课程运动；在我国，则是在世纪之交才出现的研究课题，与三级课程管理体制的建立直接相关。

一、课程管理体制

课程管理体制，是指一个国家承担课程管理职能的组织机构及其工作制度的总称，包括各级课程管理机构的设置及其隶属关系、职责权限划分以及它们的工作常规等内容。课程管理体制随着国家政治制度与经济制度的变革而发展变化，但往往又具有较强的历史继承性。

（一）课程管理体制的类型

世界各国的课程管理体制可分为中央集权制、地方分权制和学校自主制三种类型。

1. 中央集权制

实行中央集权课程管理体制的国家，其课程管理的权力集中在中央最高教育行政机关，并由其对全国课程管理的各个方面进行统一指导和领导。其基本特点是：（1）制定和颁行全国统一的课程计划、课程标准（教学大纲）；（2）由国家组织统一编制或审定教材；（3）举行全国性或区域性的毕业统考和升学考试，考试结果可作为评价课程与教学效果的指标。

2. 地方分权制

实行地方分权课程管理体制的国家，其课程管理的权力分散于各地方的教育行政机关，并由其对辖区内各类学校的课程管理进行分级指导和领导。其基本特点是：（1）全国可以没有统一的课程计划、课程标准（教学大纲），由地方自主决定；（2）课程开发可以由地方自主决策，全国可以没有统一的教材；（3）可以没有全国性的统一考试制度，可以由地方自行组织考试与测验。

3. 学校自主制

实行学校自主课程管理体制的国家或地区，其课程管理的权力在学校，由学校自主对课程进行管理。其基本特点是：（1）学校可以根据自身实际情况和对社会需要的预测，自行制订教学计划或课程方案；（2）课程开发可以由学校自主决策，学校可以自由选用教材；（3）可以没有全国性和地方性的统一考试制度，可以由学校自行组织考试与测验。

（二）课程分权

中央集权制、地方分权制和学校自主制都有自身的优点和缺陷。中央集权制强调全国统一的教育标准与课程计划，能够加强中央教育行政机关对课程规划和课程改革的领导，有利于全面提高教育质量。但是由于它过分强调统一，不能适应不同地区的具体情况，容易带来课程体系僵化的弊端。地方分权制和学校自主制能够使课程设置丰富多样，因而有利于满足不同地区、不同学校和不同学生的需要，有利于因地制宜地开展课程建设与改革。但是，如果它们过于忽视全国性的计划和标准，加之各地经济与文化发展的不平衡，不同学校的办学水平和层次差异较大等原因，会最终导致不同地区和学校在课程设置、课程标准、教材编订上参差不齐，因而难以保证大面积高水平的教育教学质量。

国内外的实践充分证明，权力的过分集中和过分分散都不适应当代学生与社会发展的需要。因此，第二次世界大战后，世界各国的课程管理体制进入了改革时期，课程管理权力开始分散化，中央集权制、地方分权制和学校自主制开始走向融合，以求相互协调而达至平衡，出现了普遍的课程分权趋向。实行中央集权制的国家，借鉴了地方分权制和学校自主制的优势，将部分权力下放给地方和学校。而实行地方分权制和学校自主制的国家，也开始建立国家统一的课程标准，逐渐加强中央对课程标准的控制，以保障课程质量。

现代教育和课程体制的改革与进步，已经基本上超越了单一的中央集权制、地方分权制或学校自主制，走向更合理的分权平衡制。中央集权制国家的权力下移，并不意味着国家权力的全部转让，而是走向更合理的“分权”。而地方分权制和学校自主制国家的所谓“集权”，也只是让渡部分权力给地方或中央政府，实质也是走向一种更合理的“分权”。改革的目的都是试图根据本国和本地区的实际情况，在集权和分权之间找到一种动态的平衡和最佳的结合点与生长点。

（三）课程开发的层次

20 世纪 70 年代末以来，世界上大多数国家都认识到，国家、地方和学校不能也不应该独自进行所有的课程决策，而需要共同参与课程决策，在分享权力的同时分担责任。我国新世纪开始在基础教育“实行国家、地方和学校三级课程管理”①，简称三级课程管理。国家、地方和学校三级主体，在课程开发方面的权限和侧重点不尽相同，由此出现了相应的层次化的“三级课程开发”，即国家课程开发、地方课程开发和学校课程开发。

---

① 教育部：《基础教育课程改革纲要（试行）》，2001 年 6 月 7 日。

1. 国家课程开发

国家课程是国家教育行政部门规定的统一课程。国家课程开发，是中央教育行政部门作为主体组织全国的精华力量，按照全国的一般需要而进行的课程开发。国家课程开发，一般要研制全国通用的教育目标、课程计划、各个领域或课目的课程标准或教学大纲，组编或审批配套的教材或课本，管理其编制、出版和发行事宜，对教学方式与评价提出指导性建议。

在国外，课程开发在许多教育系统中是集中开发的，课程开发项目是集中管理的。因而，国家课程开发体现为集中式的课程开发体制。① 集中式的基础课程开发是指在教育系统中政府官员或项目管理者决定教什么、怎么教和如何评定。作出课程决策的人员包括高级官员和课程行政官员、大学专业学者、研究者以及政治家。

在现今中国，国家课程开发的主体是中央教育行政机构教育部。教育部的主要职权，一是制定国家教育培养目标、课程计划框架和课程标准等及其配套政策，并指导和监控地方、学校加以贯彻执行；二是制定课本或教材开发与管理的政策，定期向学校和社会公布经过审定的中小学教材目录和教材使用情况的评估报告，以指导地方和学校合理合法地选用教材。

2. 地方课程开发

地方课程开发，是省或学区一级的教育行政部门或其授权的教育部门依据当地的政治、经济、文化、民族以及学生的发展需要等进行的课程开发。

在国外，地方课程开发由“课程开发中心”“课程编制研究所”或“课程编制委员会”负责，它们受政府的指派或委托，负责为整个教育系统、某些地区、某类学校或某级学校开发课程。国外地方课程开发有四种模式。②（1）共创模式。地方课程开发以国家课程目标为指导，地方（包括省或州、学区两级）作为主要行政主体，享有高度的课程决策自主权，完全自主地开发、实施、管理本地区的所有课程。（2）整合模式。各省或州作为课程开发的主体，替代国家履行管理与开发全部课程的责任；下属市政府和相应的各地方政府，执行省教育主管部门所规定的课程政策，并在此基础上依据本地区的实际情况和学生的教育需求对课程进行再开发，并将之有机整合进各省或州的课程之中。所以，这种模式也可称为再开发模式。（3）补充模式。地方课程开发作为国家课程体系的一个组成部分，是指地方作为课程开发主体，在国家规定的课程范围内依据本地区政治、经济、文化、民族发展的需要，自主开发的地方本位课程，是国家课程的补充。（4）桥梁模式。地方作为课程开发的行政主体，主要承担着国家课程在地方的协调、指导、评估和监督的职责。地方课程是国家课程与学校课程之间的桥梁，不作实际意义上的开发，却是课程体系中重要的组成部分。

---

① Marsh，C. J.（1997）. *Planning，Management and Ideology：Key Concepts for Understanding Curriculum* 2. London：The Falmer Press，137-144.

② 孟凡丽：《国外地方课程开发机制的几类模式及其启示》，载《外国教育研究》2003 年第 11 期。

我国的地方课程开发机构，包括各省、市、区专门的课程改革领导机构、教研室和出版社等。我国的地方课程开发，由地方教育行政部门负责，其课程权责是，贯彻执行国家课程计划和课程标准；按照地方的实际情况与发展需要，为落实国家课程标准制订具体方案；开发地方课程；监督学校合理地实施地方制订的课程计划；指导学校开发学校课程。

3. 学校课程开发

学校课程开发，是依据课程管理法规，以学校教师为主体，对学校拥有决策权的“学校课程”进行的开发。学校课程开发，具体是指学校在实施国家课程和地方课程的前提下，通过对本校学生的需求进行科学的评估，充分利用当地社区和学校的课程资源，根据学校的办学思想和原则，在“学校课程”范围内开发多样化的可供学生选择和学习的课程。它强调以学校为主体，限定在“学校课程”范围内，充分尊重和满足学校师生的独特性和差异性，有利于学校开发出特色课程，办出学校特色，有利于学生的个性发展，也有利于教师专业发展。

应当注意的是，学校课程开发与校本课程开发既有联系也有区别。一方面，学校课程开发以课程管理体制为依据，是对课程管理体制所规定的“学校课程”部分的开发；而校本课程开发强调的是课程开发主体和基地，是由校长和教师立足于学校和学生的需要而进行的课程开发。另一方面，学校课程开发的权限和范围要小于校本课程开发，校本课程开发不仅包括学校课程开发，而且包括对国家课程和地方课程的再开发。

目前，我国基础教育实行三级课程管理体制，实施三级课程开发，学校课程开发是国家课程开发和地方课程开发的必要补充。但是，学校的课程自主权是有限的，大约只占 10%～15%，国家课程仍然是课程体系的主体。

二、校本课程开发的概念

校本课程开发（school-based curriculum development），自 20 世纪 70 年代提出后，一直在不断革新。

（一）校本课程开发的兴起

校本课程开发，伴随着的是校本管理运动。校本管理，又叫“自主管理型学校”或“现场本位管理”。校本管理的兴起与普及，伴随着社会经济与政治的去集权趋势。所以无论政府持有什么不同的哲学，校本管理都表现出以下特点：① 实行学校集权制，采用学生科层组织，下放责任、权威与任务给学校，形成声誉卓著的共同体并在教育活动中享有更多选择机会，以及建立赋权型领导特别是校长负责制。然而，这种学校管理革新并不必然生成优质课程与有效教学。为此，需要加强校本课程开发。

1973 年 7 月，经济合作与发展组织（OECD）所辖机构“教育研究革新中心”在爱

① Marsh, C. J. (2009). *Key Concepts for Understanding Curriculum* (4th Ed.). London: The Routlege, 138.

尔兰阿尔斯特大学举办了“校本课程开发”国际研讨会，菲鲁马克（Furumark，A. M.）和麦克马伦（McMullen，I.）两人在会上最先试图界定校本课程开发的定义。[①] 1974 年，在日本东京的国际课程研讨会上，校本课程开发成为一个重要的议题。之后，国内外许多学者均提出个人的观点和见解。

校本课程开发尽管从 20 世纪 80 年代末期起有些沉寂，然而新世纪以来又兴起了一个高潮。“‘老式’教育理念在‘新式’教育风尚中现身，绝不会与它们首次出现时一模一样。有如时装设计师一样总是从先前数十年吸收精神同时又加入他们自己年代的形变，教育者必须从过去吸取教育理念并加以重新阐释以适应当代教育境况。”[②] 所以，校本课程开发的一种新含义已经在形成之中，以反映学校当前与未来的发展新方向。当代，校本课程开发对学校教育革新具有非常重要的意义。具体说来，校本课程开发可以提供一种机制，让学校更好地满足学生以及学校共同体的需要与兴趣，更好地开发当地资源与知识以满足学生的学习需要，更好地回应教育新理念与新技术，更好地获得新的课程与评估结构创造的良机。

（二）校本课程开发的含义

“很难给校本课程开发下一个简单明了的定义。这个术语在不同场合被分别当成一个口号，一种教育哲学，或一种方法或技术。”[③]作为一个口号，校本课程开发呼唤当地层次的行动，意味着参与、草根控制以及许多亲近公众等特性；作为一种教育哲学，校本课程开发在理念上乃是一种内在的和有机的制度，强调在师生之间分享决策，在教职员工之间加强合作；作为一种方法，校本课程开发则旨在促进学校与课堂里的课程革新。

概括地说，校本课程开发，实质上是学校根据自己的教育哲学，为满足学生的实际学习需要，以教师为主体，吸收有关人员参与，并以学校为基地进行民主开放的课程决策的过程。简言之，校本课程开发，就是校长、教师、课程专家、学生、家长以及社区人士等共同参与学校课程的规划、实施和评价的全过程。校本课程开发的最终目的是促进学生发展，不是开发校本教材抑或其他。

校本课程开发包括“校本课程的开发”与“校本的课程开发”两层含义。“校本课程的开发”，把“校本课程”看成是“学校课程”，是课程设置方案中与国家课程、地方课程相对应的一个“课程板块”，是校本课程开发活动的“产品”或结果。“校本课程的开发”，其权限及范围是确定的，开发主体是学校及其教师，范围是国家课程和地方课程以外的领域。而“校本的课程开发”，重心则放在“校本”上，指的是“基于学校”的所有课程开发。在此意义上，“校本的课程开发”的权限和范围就要大得多，既包括学校课程的开发，又包括国家课程和地方课程的“校本化”，即根据各校实际，对国家

---

① 参见黄显华著：《强迫普及教育：制度与课程》，香港中文大学出版社 1997 年版，第 228 页。张嘉育著：《学校本位课程发展》，台湾师大书苑有限公司 1999 年版，第 1 页。

②③ Rachel Bolstad，R.（2004）. *School-based Curriculum Development*：*Redefining the Term for New Zealand School Today and Tomorrow*. Paper presented at the conference of the New Zealand Association of Research in Education（NZARE），Wellington，24-26 November 2004.

课程和地方课程进行的“再加工”“再整合”或“再开发”，从而进行校本化的实施。

（三）**校本课程开发的形式**

国内外进行了大量的校本课程开发，创造了各种各样的活动形式。根据不同的分类依据，校本课程开发有不同的类型。有人根据课程开发的动因，把校本课程开发分为“学校内部自发”和“响应外部命令”两大类型。有学者根据校本课程开发与全国课程框架的关系，把校本课程开发分为“在全国课程框架内”和“超越全国课程框架”两大类别。还有学者从“活动类型”与“参与成员”两个维度对校本课程开发进行了分类，进而按“活动类型”“参与成员”与“时间投入”三个维度来划分校本课程开发的形式。①

综合国内外的研究文献可以发现，校本课程开发实质上是一类具有包容性的特殊的课程开发活动，具有多样化的开发形式，且在开发主体、开发范围以及开发特性上都存在着差异和变量。因此，我们可以根据开发主体、开发范围和开发特性这三个维度的变量及其结构对校本课程开发的多样化形式进行描述。从所涉及的开发主体来说，校本课程开发可以分为教师个人、教师小组、教师全体以及与校外机构或个人合作四个层次。从所涉及的开发范围来说，校本课程开发可以分为全部课程、部分课程、单门课程以及一门课程所含具体学习活动四种规模。从所涉及的开发特性来说，校本课程开发则可分为选用、改进、整合、补充、拓展和创新六种特性。这样，校本课程开发实际上具有一种三维度与多层次交叉的立体网络结构（参见图 12-1），可以区分出 84 种以上的不同形式。

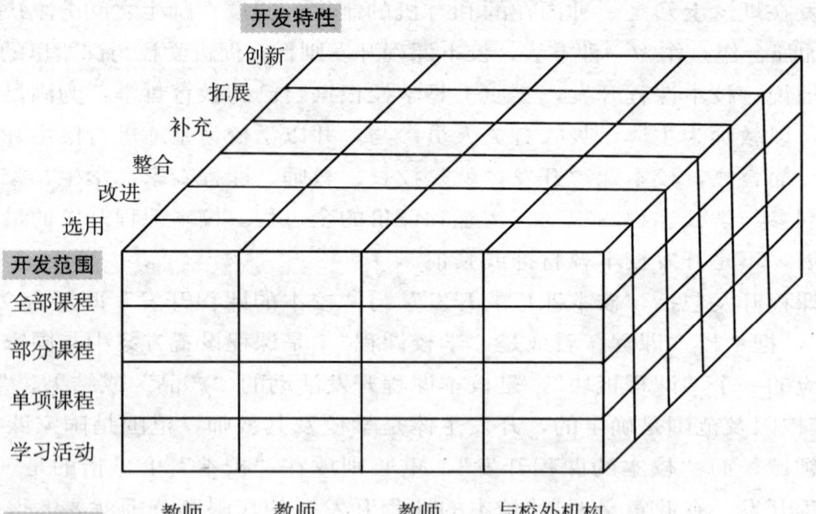

图 12-1　校本课程开发变量的矩阵模型②

① Marsh, C. J. (2009). *Key Concepts for Understanding Curriculum* (4th Ed.). London: The Routlege, 140.

② 参见徐玉珍著：《校本课程开发的理论与案例》，人民教育出版社 2003 年版，第 96 页。略有改动。

其中，绝对意义上的校本课程开发，是指学校共同体的全体成员对学校的全部课程进行独立自主的开发，而一般意义上的校本课程开发类型则可能更多涉及上述三个维度的若干组合形式。能够进行绝对意义上的校本课程开发活动的学校几乎是不存在的，进行一般意义上的校本课程开发对于大多数学校而言更具有普遍性，只是各个学校之间在范围、程度和层次上会有所不同而已。学习活动在这里属于生成性课程，它能反映出学校的教育哲学思想和办学旨趣，并与各种形式的课程开发相配合。

事实上，“课程开发”是由“规划”“实施”和“评价”三个阶段组成的。而且，随着信息技术和网络技术的发展与应用，课程开发还包括了网络课程的开发。所以，校本课程开发的活动类型，实际上是非常复杂而具体的，需要大家精心区分、规范和应用。因此，学校或教师应当根据具体情况进行决策和定位，确定自己的校本课程开发的类型，以便更好地推动校本课程开发的顺利运行。

第二节　校本课程开发过程

校本课程开发是一个持续的过程，有特殊的基本步骤和工作进程。人们在长期的实践和研究中，创用了许多有效的校本课程开发的模式和流程，并认识到其存在的优点和局限。

一、校本课程开发的模式

目前，影响较大的校本课程开发模式主要有“情境分析模式”“学生需求模式”“问题解决模式”和“目标主导模式”。

（一）情境分析模式

情境分析模式，指校本课程开发以分析学校的具体情况和特点为主要依据和核心。校本课程开发活动，应该优先考虑的是学校的现实可能，学校在现有条件下能够开发什么样的课程。斯基尔贝克（Skilbeck，M.）提倡，校本课程开发首先必须分析情境，整个过程的具体步骤是“分析情境”“拟定目标”“构建课程方案”“解释与实施”和“追踪与重建”。①

在情境分析时应考虑到校外与校内两部分的因素。在校外因素中应考虑：社会与文化的变迁、家长的期望、雇主的要求与社区的价值观，教育系统中教育政策的变革、考试制度的改变与教育研究的发现，课目的知识内容与教学方法的革新，教师支持系统（如教师教育机构或研究机构）的可能贡献，社会资源的情形等。在校内因素中应分析学生的身心发展、兴趣、能力与需求，教师知识、能力、态度、价值观与经验，课程现

---

① Skilbeck，M.（1976）. School-based Curriculum Development. In Walton，J. & Welton，J.. *Rational Curriculum Planning*：*Four Case Studies*. London：Ward Lock Educational，161.

状与优缺点，学校气氛与权力结构的关系，校内外相关资源的配合等。

目标的陈述应包含预期的结果，所编制的方案也应说明教学活动的设计，达成目标所需的教材、情境设计、人员安排与角色的定义，明确评价工具与方法，通过追踪与沟通机制，搜集教学事件的信息和资料，确定目标与实施结果间的差距，判断是否需重新设计方案。

（二）学生需求模式

学生需求模式，指校本课程开发以学生的实际发展需要为主要依据和核心。校本课程开发活动，应该优先考虑的是满足学生的实际发展需求。经济合作与发展组织比较重视学生在学校课程中的重要性，提倡校本课程开发过程以满足学生的实际需要为宗旨，基本步骤为“分析学生”“分析资源与限制”“拟定一般目标”“拟定具体目标”“确定方法与工具”“评估学生的学习”“分配资源、人员、设备与时间”和“实施、评价与修订”。①

分析学生时应了解学生的年龄、社会经济背景、知识与能力的准备等情况。分析资源与限制时应掌握教师人数、教师经验、教师知识与能力、经费、外部支持、弹性课程表、家长与学生以及行政当局的反应等。拟定目标时应包含一般目标与具体目标，前者指教育的价值或哲学，即“教育目的”；后者指学生通过实施相应的课程之后，所应具备的知识与能力。还应确定评价的方法或工具，如采用前后测试成绩比较的方式，对学生的学习结果进行评价，借以判断课程方案的成效。同时，重新配置空间、课表、人力，做好各种有关的准备。最后将这一模式付诸实施，并进行评价与修订。评价时应兼顾认知、情感与动作技能三大领域的目标，建构客观、科学的指标作为评价依据。评价方法可考虑运用实验控制组作为参照，评价的工具可借用态度与成就测验了解成效。评价人员可以在原课程开发小组之外设置评价小组，进行长短期的成效评估。

（三）问题解决模式

问题解决模式，指校本课程开发以解决课程问题为主要依据和核心。校本课程开发活动，应该优先考虑的是解决学校与班课里的课程问题。在这点上，情境模式显得过于宽泛，学生需求模式则显得过于理想。事实上，课程问题集中发生在班课里的教学过程之中。因此，有效的校本课程开发应当以解决课室里的实际问题为基本途径。这样，校本课程开发实际上就是对学校和班课里的教育教学现场的课程开发，具体步骤为“发现问题”“分析问题”“确立目标”“寻找解决途径”“找到解决对策”“采用、改编现成课程或创新”“开始使用”“评价”和“继续采用”。②

问题解决模式以教育教学现场为焦点，问题分析是其不可或缺的一环。此外，学校除了善用校内现有的资源外，也可以寻求校外资源的协助，只是校外人士的角色必须是咨询与合作性的，而不应是主导与决定性的。

---

① OECD.（1979）. *School-based Curriculum Development*. Paris：OECD，36.

② Saylor，J. G.，et al.（1981）. *Curriculum Planning：For Better Teaching and Learning*（4th Ed.）. NY：Holt，Rinehart and Winston，94.

（四）目标主导模式

目标主导模式，指校本课程开发以学校的办学目标为主要依据和核心。校本课程开发活动，应当优先考虑的是学校的办学思想及其指导下的具体办学目标，其他因素都只服从或服务于这些目标。目标主导模式格外重视校本课程开发中的目标规划部分，具体步骤为：（1）成立课程开发委员会或相关工作小组，承担相关的规划与决策；（2）确立参与课程开发工作的成员和开发程序；（3）经由参与成员的集体讨论，拟定课程方向、目标与计划；（4）据此进行课程开发的具体工作。其中，目标规划部分需要包含课程类型、课程焦点、时间安排、组织结构、行政资源等。

校本课程开发模式表明，校本课程开发的关键点有“持续”“多样”“可行性评估”和“准备”等。首先，校本课程开发是一种动态而持续的过程，不是僵化而线性的行动步骤。学校在进行课程开发时必须分析、确定和把握课程开发的工作步骤，根据本校的实际情况作出适当的决定，进行灵活的调整。其次，校本课程开发的实施步骤是多样化的，涉及的工作范围也不一样，所以，没有哪种模式是万能的或是可以优先选用的。学校在开发具体的课程方案时，应依照学校的情况或方案的性质，采用某一模式或多种模式，并进行必要的修改与调整。再次，校本课程开发旨在解决学校的教学问题，而不是追求教育时尚。因此，学校进行课程开发时，一定要先评估课程开发的必要性与可能性，在确定了课程开发项目的可能性后才能加以实施。否则，必然导致校本课程开发的失败。最后，学校准备程度的高低往往是校本课程开发成败的关键。这些准备工作除学校时间与空间的重组外，营造学校气氛、与校内外人士和机构合作、争取社区人士与学生家长的支持与合作等也是不可忽视的方面。

二、校本课程开发的基本流程

在校本课程开发过程中，活动主体是多样化的，包括教师、主任、校长、学生、家长、社区代表、校外专家、学校行政人员、教育行政部门及其官员和专门的校本课程开发工作小组，他们各自扮演不同的角色。具有普适性的校本课程开发基本流程主要包括“组织建立”“情境分析”“目标拟定”“方案编制”“解释与实施”和“评价与修订”六大步骤。①

在组织建立阶段，主要议题是成立课程委员会及相应的工作小组，确立参与成员及工作程序，并进行校本课程开发的准备。在情境分析阶段，主要议题则是进行需求评估、问题反思和资源调查。在目标拟定阶段，主要议题是澄清教育哲学，确定一般目标与具体目标。在方案编制阶段，主要议题是确定课程编制的方法与手段，选择课程材料，确定课程与教学的组织方式，撰写和润色课程方案。在解释与实施阶段，主要议题是强化教育哲学思想与理念，传播学校特色意识，准备课程实施的条件，营造课程开发的氛围，统筹安排教育的资源。在评价与修订阶段，主要议题是设计监控和交流系统，

① 引自徐玉珍著：《校本课程开发的理论与案例》，人民教育出版社2003年版，第85～91页。

准备课程评价方案，追踪课程实施效果，收集反馈意见，修订课程与课程开发方案。

在上述流程中，学校完成第一个步骤后，既可以从其余五个中的任何一个步骤入手，也可以几个步骤同时进行。即使是第一个步骤，也会随着校本课程开发的深入而进行某种程度的调整和改变。不同的步骤所涉及的参与人员及其所起的作用是不同的。显然，根据校本课程开发的基本流程，学校可以自己进行范围广泛的综合探究。其中，有些决策可以通过贯彻有关法律法规和教育方针政策等进行，而有些决策则可以由有能力的专业人员来进行，当然，还有许多决策需要进行特殊的探索。在此提供的校本课程开发的基本流程，旨在勾画出各种可能的范围及相互之间的联系，为学校和校本课程开发小组制订学校或学校某些方面的课程开发计划时提供一个框架，从而推进校本课程建设。

在校本课程开发过程中，我们需要清醒地把握其主要因素并采取有效策略。校本课程开发包括四个主要因素：一是对集中控制的满足/不满足的水平；二是赋权增能；三是课程规划的知识与技能；四是人力与非人力资源。① 根据研究成果和实践经验，校本课程开发可以采用一系列有效策略，包括“确立校本教育宗旨”“组建校本课程开发的行动队伍”“确立校本课程开发的主题”“营造民主开放的课程开发环境”和“课程开发与教学改革一体化”。②

三、校本课程开发的优点与局限

对学校教育的改革与发展而言，校本课程开发的优点是显著的，其局限也是明显的。

（一）校本课程开发的优点

校本课程开发，有利于“教育目标的实现”“教育决策民主化”“课程实施的改进”“教育公平的达成”“学校特色的形成”“学生个性发展”和“教师专业发展”等。

校本课程开发，能尊重学生的个性发展和多样化的需求，提高教师的积极性，使学校更合理地使用和配置资源，弥补国家课程和地方课程的不足，有助于更好地实现教育目标。它涉及教育经验的各个方面，是由校长、教师、课程专家、学生、家长以及社区人士共同参与的开放民主的课程决策过程，反映了他们的需求和智慧，有助于推进教育决策特别是课程决策的民主化进程。它能照顾不同学校不同学生的需求，使每个学生都能享受到合适的教育和平等的受教育机会，也能使学生、地方与社会的复杂性结合在一起，达成教育公平。它可以形成更适合社区、学生需要的课程，响应新兴的课程议题，避免“悬空课程”，有效整合学校水平的学科领域课程与各年级学习经验，提升课程的衔接性，消除课程设计与课程实施相分离的现象，降低课程目标与课程实施的落差，提供教师探究课程问题的机会，在实践中检验课程原理，化解课程理论与实践脱离的矛

① Marsh, C. J. (2009). *Key Concepts for Understanding Curriculum* (4th Ed.). London: The Routlege, 142-148.

② 参见黄甫全主编：《课程与教学论》，高等教育出版社 2002 年版，第 351～353 页。

盾。它根据学校和社区的具体情况与特点，尊重学校师生的独特性与差异性，融入学校自己的教育哲学思想，有助于学校继承办学传统，突出学校办学特色。它充分尊重学生的个性差异，满足学生的多样化需求，为学生提供更多的可选择的课程，有助于充分发展学生的个性和潜能。它赋予教师进行课程开发的权力和责任，使教师成为课程开发的主体，不仅能够激发教师的士气，提高教师的积极性和主动性，增强其课程开发的意识，而且能够提高教师的专业素养和课程开发的能力，促使教师专业发展水平得到不断提高。

（二）校本课程开发的局限

校本课程开发的局限，主要表现为"可能降低教育质量""削弱学术性""苛求教师""缺乏评价机制""资源短缺"和"流于形式"等。

校本课程开发追求差异性、个性化和特长，过于强调学生、社区的需要和选择，往往会忽视课程组织的共同与平衡原则，也会造成国家难以控制校本课程开发的质量，最终也可能会影响到国家教育方针与目标的落实。校本课程主要着眼于学生、学校与社区的需要，往往会忽视学科领域和学科知识的核心，从而与学术性的要求产生距离。学生倾向于选择一些比较简单的、较感兴趣的课目，而一些要求较高的课目则可能无人问津。另外，学校和教师开发的课程和教材与国家或地方组织研制的相比，在品质上有较大的差距。一方面，校本课程要求教师具备较高的专业精神、知识和技能。但是，由于培训体制和教师学科背景的影响，很多教师得不到比较系统的、专业的课程开发能力方面的培训，绝大多数教师又缺乏深厚的教育学和心理学知识。另一方面，教师又担任着繁重的教学任务，教学活动占据了大部分工作时间，以至于没有时间和精力投入校本课程开发。目前，由于国家没有统一的评价标准，校本课程主要实行的是内部评价，而内部评价又存在着评价标准不高、评价过程不严密等问题。大多数校本课程开发计划中都有评价部分，但是评价结果很难反映计划的实施状况，也就很难评价校本课程开发的质量。另外，以国家统一考试的结果作为衡量学校教育质量的主要依据导致学校较重视外部评价，而忽视内部评价。此外，校本课程开发需要一定的人力、物力和财力的支持。而大多数学校在开发校本课程时，往往会由于经费短缺、设施有限、教师负担过重、教师数量有限等，而面临巨大的困难，以致无法保证有效的校本课程开发。有些校长虽然意识到校本课程开发能形成学校特色，提升学校档次，塑造学校品牌，但是，在进行校本课程开发时却忽视了学生的需要、教师和学校的实际情况。结果，表面上校本课程开发得有声有色，而教师却怨声载道，学生需要也没有得到满足。另外，很多学校为了响应政府的政策，不管有无能力，一哄而上，结果谁都没有受益，致使校本课程开发流于形式。

第三节　校本课程开发趋势

校本课程开发，正在逐步建构创新型学校课程体系，从而呈现出了许多新趋势。其中主要有课程开发校本化、学校特色课程开发、补充课程开发和微型课程开发。

一、课程开发校本化

随着校本课程开发的范围扩展和形式创新，学校教师们开始无意或有意地对国家课程与地方课程进行校本化开发。

（一）教师作为课程研制者的角色

课程改革的新形势，要求教师充分认识和发挥自己在课程规划、实施和评价的整个课程研制过程中的重要作用，担负起教育改革赋予的课程研制任务，以提高教育、教学质量，培养全面发展的人才。① 随着教育与课程改革的不断深化，教师在课程研制中被赋予新的角色和任务。在整个课程研制进程中，课程研制者既包括各级各类课程行政工作者和决策者、课程专家及中小学校长，也包括教师。在课程实施和评价阶段，教师无疑都是参加者，即使在课程规划阶段，教师也是直接或间接的参加者。每个教师在走进课室之前的备课，实质就是在学校情境中的班课层次上的课程规划。显然，在课程研制过程中，教师被赋予了课程研制者的角色，发挥着非常关键的作用。教师作为课程研制者，在英美等国自 20 世纪以来一直成为课程与教学研究的焦点问题。最早是杜威哲学，中间经过泰勒的课程研制原理和施瓦布（Schwab，J. J.）的反思性实践论，研究者们一直在努力“培植教师即课程研制者的意象”②。

概言之，“教师作为课程研制者乃是一种意象。”③ 这种意象承认，教师乃是知识的拥有者、使用者与生产者，教师乃是将课程具体化的自主个体，教师乃是处于主动地位与学生协商课程以满足其作为学习者的需要，进而在可能范围内达到正式课程文件规定的要求。

（二）国家与地方课程的再开发

伴随着校本课程开发的不断扩展与深化，教师作为课程研制者，不仅担负着学校课程的开发任务，而且被赋予了国家与地方课程再开发的历史使命。

1. 教师在课程规划阶段的任务

教育行政部门颁布的课程计划、课程标准和审定的教材内容宏观而抽象，不能直接进入课堂实施，还有待于教师将其微观化和具体化。教师在课程规划阶段的任务主要包括：制订具体的课程目的和目标，选择教材，挑选教学参考资料，识别并开发学校及其周围社区所具有的课程资源，确定每一课的范围，增删课程内容，确定可供使用的教学（进度）计划类型，制订教学（进度）计划，试验新计划，制订课外的发展性和补习性

① 黄甫全：《略论教师的课程研制者角色》，载《教育理论与实践》1995 年第 1 期。

② Craig，C. J. & Ross，V. （2008）. Cultivating the Image of Teachers as Curriculum Makers. In Connelly，M. M. et al. （Ed.）. *The SAGE Handbook of Curriculum and Instruction*. Los Angeles：SAGE，282-305.

③ Kridel，C. （Ed.）.（2010）. *Encyclopedia of Curriculum Studies*. Los Angeles：SAGE，867.

计划，设计班课里因材施教的途径，协调各门课程的内容和研制乡土教材。

2. 教师在课程实施阶段的任务

在班课这一层次上，教师在课程实施阶段的任务主要是组织教学活动，将自己的备课方案付诸运行。这些任务具体包括：制订教学目的和目标，有选择地讲授教材中合适的重点内容，确定哪些学生重点学习哪些内容，分配和掌握不同主题和单元的学习时间，选取和使用适宜的教学设备，选择和使用最佳的学习材料和信息呈现方式，启用学生助手，选择和运用有效的班课和教学活动策略等。

3. 教师在课程评价阶段的任务

教师担负着评价课程和教学两个方面的责任。在某种程度上，我们很难区分两者的范围，明确教学评价在哪儿结束以及课程评价在哪儿开始。教师在课程评价中的具体任务包括：确定计划是否满足了课程目标的要求，明确计划是否是正确的、确切的、可行的、使学习者感兴趣的以及是否能够满足学习者的需要，审查所用材料和信息的内容及方式，对自己完成的课程产品诸如学习指导书、单元练习、补充教材、乡土教材等进行检验。同时，教师在教学评价中的任务主要包括：在教学开始前对学习者的已有水平进行评估，通过单元和/或期中测验掌握学生学习进步情况，命题并组织期终考试，判卷并分析学生的考试成绩，组织学生对自己的教学进行评价。

二、学校特色课程开发

在教育与课程改革进程中，广大中小学校自觉或不自觉地卷入了建设有个性特色的学校课程体系的浪潮之中。在当代教育改革中，学校课程体系的核心是学校特色课程。

（一）学校特色课程的概念

学校特色课程，是伴随着特色学校建设而兴起的研究趋向。特色学校是我国教育改革浪潮中涌现出来的学校改革发展的新路向，已经成为研究热点。特色学校，指根据自身的传统和优势，运用先进的办学理念，开展学校教育整体改革，推动学校工作整体优化，形成了独特的整体风貌和显著的育人效益的学校。

课程与教学是学校教育的核心，教学必须通过课程体现出来。实际上，特色学校的核心是学校特色课程。校本课程开发赋予学校自主开发课程的权力，使学校可以根据本校的实际情况开发出能够体现和实现学校特色的课程。可以说，学校特色课程开发是创办特色学校的关键。所谓学校特色课程，指通过学校建设形成的在内容和形式上具有独特性并产生显著的整体办学效益的课程。学校特色课程是学校办学水平和教育质量的基本标志。在当代教育改革条件下，学校整体实力的竞争就体现并落实为学校特色课程的建设与竞争。凡是在特色课程建设上取得成就的学校就能够得到显著发展，学校的教育质量就能够得到明显提高，学校就能够赢得良好的社会声誉！

在我国当代教育与课程改革中，一方面，学校特色课程有多种类型，具有广阔的开发空间；另一方面，大多数学校主要集中在“学校课程”范围内进行特色课程开发。

（二）学校特色课程的类型

根据不同的分类标准，学校特色课程可分为“特色学科课程和特色活动课程”“特色分科课程和特色综合课程”“特色必修课程和特色选修课程”以及“特色基础课程、特色拓展课程和特色研究型课程”等。

根据课程内容的属性来分，学校特色课程可划分为特色学科课程和特色活动课程。学科课程的目的在于传承人类文明，使学生掌握人类积累下来的文化遗产；活动课程的目的在于使学生获得关于现实世界的直接经验和真切体验。特色学科课程具体体现为单一的语文、数学、外语、社会（或品德、历史、地理）、科学（或物理、化学、生物）、艺术（或音乐、美术）等，或是几门学科的交叉融合；特色活动课程体现为综合实践活动等。

根据课程内容的组织方式来分，学校特色课程可划分为特色分科课程和特色综合课程。分科课程的目的在于使学生获得逻辑严密和条理清晰的文化知识；综合课程的目的在于通过相关学科的整合，促进学生认识的整体性发展并形成把握和解决问题的全面视野与方法。特色分科课程主要体现为语文、数学、外语等，特色综合课程体现为社会、科学、艺术和综合实践活动等。

根据课程设置的性质来分，学校特色课程可划分为特色必修课程和特色选修课程。必修课程的目的在于培养和发展学生的共性，而选修课程的目的在于满足学生的兴趣、爱好，培养和发展学生的个性。特色必修课程主要体现为国家课程，特色选修课程主要体现为地方课程和校本课程。

根据课程功能来分，学校特色课程可划分为特色基础型课程、特色拓展型课程和特色研究型课程。基础型课程的目的在于为学生的发展打好共同基础；拓展型课程的目的在于根据社会发展、学生的兴趣和发展需要，拓宽学生的知识面，提高学生的能力；研究型课程的目的在于培养学生的探究能力、实践能力、创造能力和创新精神。特色基础型课程主要体现为国家和地方规定的课程；特色拓展型课程主要体现为学校开设的选修课；特色研究型课程主要体现为研究性学习。

另外，我们还可以根据课程研制过程的不同阶段建设学校特色课程，包括孕育特色课程理念，开发特色课程组织方式、特色课程内容、特色教学方式以及特色课程与教学评价方法等。

（三）学校特色课程建设的基本途径

在我国新世纪的课程改革中，新的课程方案是以国家课程为主，辅之以学校课程和地方课程。国家课程设置了非学科性的综合实践活动课程，地方和学校具有开发综合实践活动课程的权力。这样就使学校特色课程建设获得了“国家课程与地方课程的再开发”“学校课程开发”以及“综合实践活动课程开发”三条基本途径。

1. 国家课程与地方课程的再开发

国家课程与地方课程的再开发，是所有中小学普遍选取的学校特色课程建设的基本途径。大量的中小学校开发新课程的能力是有限的，而国家课程和地方课程已经在各个方面都比较成熟了。因此，在国家课程与地方课程的基础上进行再开发往往能事半功倍。国家课程与地方课程的再开发有“课程改进”“教学改进”和“学习改进”三个方向，学校或教师可以选择其中一个或多个方向加以突破。

课程改进，就是重点对课程设置、课时比例及其相应的主题和方式进行创新和改进，分为“重点课程改进”和“全部课程改进”两种策略。许多学校的实践经验表明，重点课程改进策略具有普遍有效性。所谓重点课程改进，指根据学校自身的传统、条件、社会需要以及教师的开发能力，从国家课程与地方课程中选择一个领域或一个课目进行学校特色课程建设。比如“艺术教育课程开发”“传统体育课程开发”“数学奥林匹克竞赛课程开发”“语文情境课程与教学改革”等。而全部课程改进就是对全部国家课程和地方课程同时进行全部改进。全部课程改进策略对基础高、条件好的学校比较有效，而对普通学校则往往是无效的，甚至会导致负面效应。

教学改进，就是重点对国家课程和地方课程的教学方式进行创新和改进，立足点和落脚点是教师的教学。教学改进有多种策略，比如“课案改进”“教学信息化”“教学方式改进”“教学方法改进”以及“教学评价技术改进”等。

学习改进，就是重点对国家课程和地方课程的学习方式进行创新和改进，立足点和落脚点是学生的学习。学习改进以学生为主体，但是必须坚持教师的组织者角色。学习改进也有多种有效策略，比如“学案创新”“网络学习”“学习方式改进”和“学习习惯养成”等。

2. 学校课程开发

学校课程开发，是建设学校特色课程的一条特殊途径。在新课程方案里，学校课程是一个学校自主的领域，既是一个富有创造性的空间，也是一个富有挑战性的领域。在这样一个领域中存在“传统的学校课程开发”和“创新的学校课程开发”两个方向。

传统的学校课程，是指那些已经存在于学校中而没有列入国家课程和地方课程的部分。根据经验可以列举出一系列传统的学校课程，比如校园与课室设计，学校礼仪，团队活动，主题班会，学校科技节、体育节和艺术节，课间活动，同学交友活动，家访活动，学习竞赛，秋游和春游等。长期以来，中小学校已经形成了丰富多彩的传统学校课程，这是已有课程研究所忽略的领域，需要加强探讨、研究和开发。

创新的学校课程在已有的学校教育中并不存在，它是依据课程理想通过学校的专门开发而创新出来的学校课程。创新的学校课程，有“理论演绎”“政策提倡”和“实际需要”三个基本来源。学校的校长和教师可以通过“理论学习”“政策贯彻”和“经验总结”三条基本途径，经过创新性的实践加以开发。在这个文化发展日新月异、课程研究日益繁荣和课程改革飞速进步的时代，创新的学校课程是学校特色课程建设最具活力的领域。

3. 综合实践活动课程开发

综合实践活动课程开发，是目前校本课程开发的热点领域，也是学校特色课程建设的一条有效途径。在我国的新课程方案里，综合实践活动是一个创新性的学习领域，也是一个非常特殊的课程领域。综合实践活动的管理权属于国家，课程材料的开发任务由地方负责，具体内容和方式的决策权则属于学校。从本性上说，综合实践活动课程是学生在教师的引导下自主进行的综合性学习活动，是基于学生的经验，密切联系学生自身生活和社会实际，体现对知识的综合应用的实践性课程。按照新课程方案，综合实践活动课程领域主要包括研究性学习、社区服务与社会实践以及劳动技术教育，在义务教育阶段还包括信息技术教育，其中最具挑战性且反响最强烈的是研究性学习。

研究性学习有广义与狭义之分。广义的研究性学习指的是一种专门的教与学方式，是学生在教师指导下，通过模仿科学研究而获取知识和应用知识，从而达至有效学习的方式。狭义的研究性学习，特指我国基础教育新课程方案设置的一门研究型课程，是学生在教师的指导下，从自然、社会和生活中选择和确定专题进行研究，并在研究过程中主动地获取知识、应用知识和解决问题的学习活动。研究性学习的基本特征是以学生的自主性、探索性学习为基础，使学生通过亲身实践获取直接经验，养成科学精神和科学态度，掌握基本科学方法，提高综合运用所学知识解决实际问题的能力。研究性学习的基本条件是研究内容的联系性和教师组织与监督学习过程。激发学生的自主和探究精神，精心研制学习内容和主题以及加强教师的教学组织与监督，同时建构三者的有机联系和综合平衡，是研究性学习在中小学得以健康发展的关键所在。

三、补充课程开发

补充课程，是学校教师根据教学实际创造出来的以满足学生特殊学习需要的一类课程，是校本课程开发的一个重要领域。

（一）补充课程的概念

在班课教学条件下，学生的个性差异决定了统一课程的实施会产生负效应，使得有些学得快的学生总是“吃不饱”，而有些学得慢的学生却总是“吃不了”。针对这样的情况，长期以来学校教师们千方百计采取各种措施，促使学得快的学生学得更好，辅导学得慢的学生完成学习任务，达到教学目标。这样的措施经过逐步发展后形成了一类特殊课程，实际上是对学校统一课程的补充，所以被称为补充课程。补充课程，是学校教师为了弥补统一课程的缺陷，以适应学生的发展差异、满足学生的特殊学习需要和提高教学成效而开发的学校课程。

补充课程，有着悠久的历史，形成了良好的传统，在校本课程开发中具有重要的意义和作用。补充课程意在课程提升（curriculum enrichment），课程提升有集体提升和个别提升两条途径，教师经由这两条途径开发补充课程。所以，补充课程可分为群体性提升课程和个别性提升课程两种类型。群体性提升课程，又称延伸规划（extended planning），是教师在指导学生完成学校所定具体的和基础的课程之外，设计和组织的教学活动，是面向全班或某类学生群体的。而个别提升课程（individualized enrichment），是教师为加快学习者学习进度或为满足那些有特殊需要和兴趣的学习者而设计组织的特殊学习活动，是面向个别特殊学生的。个别提升课程又可根据学生的特征不同，分为培优课程和补差课程或辅导课程等。

补充课程可由学校统一组织开发，也可由教师小组合作开发，还可由教师个人单独开发。补充课程的材料是丰富多彩的，包括提高性、矫正性和补救性练习，报纸和期刊剪辑，声像材料，教学影视片，电影短剧，图画图表，模型游戏和计算机光盘等。这些材料如果应用恰当，则有助于实现内在于统一课程中的教育目标，进而提升教师的教学和学生的学习。

（二）学习理论与校本分类课程开发

随着课程改革的不断深入，“学习为本课程开发”理论与实践开始兴起。① 人们已经认识到，随着高新技术的应用和知识经济的发展，现代工人的任务、角色与身份已经并在继续产生革新，使得学习中心教育的开发变得日益重要。越来越多的人认识到课程开发与学生学习过程密切相关，学习理论是课程开发的有用基础。

校本课程开发从学校层面开始具体化到班课层面，对多样化的学习理论基础的需要越来越迫切。班课层面的校本课程开发，与课目具体内容的选择、组织、教授与学习紧密联系在一起。不同课目的培养目标与教学内容不同，不同课目的校本课程开发亦需要不同的学习策略与学习原理，这就孕育出学习理论与校本分类课程开发的课题。

1. 活动与素养的对应性现象

一般而言，活动与活动所实现的发展在内容上具有相关对应性，即特定的活动最有利于发展与之相对应的特定素养，或者说，特定的素养最适宜于在特定的活动中去形成。因为特定内容的需要、价值取向、情感体验、审美感受等，总是与特定的客体对象或活动过程相对应，所以我们不能单纯以操作活动或探究活动去满足人的交往需要和培养人文素养，也不能仅仅以合作学习活动去满足人的知识习得与逻辑思维发展的需要和科学素养的培养，更不能仅仅依靠研究性学习活动去满足人的智力发展的需要与思维素养的培养。

早已有学者指出活动与发展之间的相关对应性。泰勒（Tyler，R. W.）在分析如何根据教育目标选择教育经验时，提出了四条选择学习经验的原则。其中之一是：“为了达到某一目标，学生必须具有使他有机会实践这个目标所隐含的那种行为的经验”。② 这一原则所包含的前提命题为：不同的学习经验与不同的素养发展之间存在着相关对应性。这样，在开发培养目标不同的各类校本课程时，就需要根据文科课程、理科课程和活动课程所蕴涵的“培养人文精神”“培养科学精神”或“培养创新能力”等不同目标，分别选择相应的承载着丰富人文知识、科学知识和思维挑战的活动内容。根据活动与发展之间的相关对应性规律，组织最有针对性和适宜性的学习活动。

2. 学习理论的价值取向与校本分类课程开发

在基于学习理论的课程开发研究中，人们普遍奉行的是“学习理论原理与课程方法和技术之间的适切性原则”③。检视学习理论，有众多的流派，均与学校不同类型的科

---

① Nygaard, C., Højlt, T. & Hermansen, M. (2008). Learning-based Curriculum Development. *Higher Education*, 55, 33-50.

② ［美］泰勒著，施良方译：《课程与教学的基本原理》，人民教育出版社 1994 年版，第 51 页。

③ Sürmeli, H., et al. Determination of the Relationship between the Samples of Instructional Methods and Techniques Prepared for 4th and 5th Grade Primary School Science and Technology Curriculum and the Principles of Situated Learning in Turkey. *Procedia Social and Behavioral Sciences*, 2009 (1): 483-488.

目课程之间存在着不同的关系，这种关系的根本点在于“学习理论的价值取向”与“各类课程的目标定位”之间的适切性。在众多学习理论中，有些与文科类课程关系密切，有些与理科类课程关系密切，有些则与活动类课程关系密切。比如，观察学习理论为校本文科课程开发提供了比较适宜的理论框架，变易学习理论则为校本理科课程开发提供了比较适宜的理论框架，而媒介学习理论则为校本活动课程开发提供了比较适宜的理论框架。这一切都有待于人们展开进一步的研究与开发。

3. 观察学习与校本文科课程开发

“校本文科课程开发，旨在满足无数学生具体文科课程的学习需要，所以迫切要求清理与建构专门的学习理论基础。”① 纵览国内外校本课程的开发趋势可以发现，观察学习理论得到了越来越广泛的应用。因此，亟待挖掘观察学习的人文价值，阐释观察学习理论对校本文科课程开发提供的启示，以期推进和拓展校本文科课程的开发与研究，同时为实现人文课程目标与塑造人文精神提供一种可供选择的有效学习方式。

观察学习从传统行为主义学习理论中脱胎而出，发展为带有认知主义学习论和人本主义学习论血肉的“混血儿”，这一“脱胎换骨”的历程让它拥有了一种“天然”的人文价值取向与意蕴。从已有研究成果中我们可以看到，观察学习理论内涵的人文价值，充分体现在“以人为本”的主体原理、“观察—习得—表现”的模仿原理、“注意—保持—动作再现—动机”的过程原理以及“三元交互决定”的互动原理等四方面。这些原理与原则可以从课程目标制定、课程资源开发、学习方式创新、教育环境优化等环节为校本文科课程开发提供新的思路和途径，从而更好地发挥校本文科课程的教育功效。

四、微型课程开发

微型课程开发，属于校本课程开发的特殊形式，是近年来校本课程开发浪潮中涌现出来的新趋势之一。

（一）微型课程开发的兴起

校本课程开发至少有改善学校文化、促进教师专业发展和提升学生学习效果三大价值。已有的校本课程开发，大多集中在学校层面，主要通过教师小组对综合实践活动等全校性课程进行开发，慢慢地就出现了如流于形式、加重教师负担和受到教师抵制等问题。调查表明，学校层面的校本课程开发对于改善学校文化的效果显著，却与绝大多数教师所任课目的日常教学活动相互脱离，因此对教师的课目教学专业能力发展的意义不大，对提升学生的课目学习质量几乎没有作用。也就是说，学校层面的校本课程开发在弱化了教师专业发展价值的同时，也严重忽视了学生学习进步的价值。

针对这样的问题，微型课程开发就凸显了出来，受到人们的广泛关注。事实上，“由学校成员自愿、自主、独立或与校外团体或个人合作开展的，旨在满足本校所有学

① 张三花、黄甫全：《观察学习的人文价值与校本文科课程开发》，载《华南师范大学学报（社会科学版）》2011 年第 1 期。

生学习需求的一切形式的课程开发活动”都是校本课程开发。① 也就是说，校本课程开发应具有多重形式，既有学校层面的也有班课层面的，而“学校层面”的全校性课程开发仅是校本课程开发的形式之一，“班课层面”的课目主题特定性的课程开发也是校本课程开发的一种形式。目前，学校教育实践中兴起的“课程微型化”趋势可以为我们提供一种新的理论视野。自 20 世纪 60 年代起，英美等国学校的教师开始在主题内涵丰富的大规模、长期性的课程外，开发“微型课程”（minicourse），即特定于某一课目主题，设计与实施小规模的短时课程，既能灵活照顾学生的兴趣和需要，又能及时吸收最新的文化知识，反映时代精神与问题。微型课程开发在我国虽然尚未得到广泛关注，但不少教师已经开始进行基于自身经验的实践探索。这些探索正是对校本课程开发的创新，也是基于实践经验而创生新课程的活动，其实质即是“微型课程开发”。“微型课程开发为深化校本课程开发提供了一种新思路、新方向，更多教师与研究者应对这类实践性创新进行理论层面的提炼和升华，并予以推广。”②

（二）微型课程开发的概念

微型课程开发，核心概念是“微型课程”。“微型课程的一些内在本质规定性，主要包括在‘归属’‘时间’和‘主体’等维度的特殊性。”③ 同时，还具有课目特定性。其归属于“班课层面”；其时间表现为“持续短”，一般是一到数个课时；其主体具有“多样性”，由各个课目的教师带领自己的学生进行开发，而非由学校统一组织的开发小组进行；其内容特定在具体课目里，不超出特定课目内容的范围。概言之，微型课程是由一个课任教师在具体课目的教学中，根据所教班级学生的具体学习需要，带领学生开发并使用的、持续时间一到数课时不等的班课层面的小型课程。

我们从校本课程开发的视角进行考量，借鉴西方微型课程开发的做法，挖掘我国学校教师在课目教学中进行创新型课例设计与实施的经验，可以创新性地将“微型课程开发”的性质定位为“一种特殊形式的校本课程开发”。微型课程开发，就是教师个人在课目教学过程中为了满足所教学生的具体学习需要，组织学生进行的班课层面的、短时的校本课程开发活动。

（三）微型课程开发的价值及策略

微型课程开发具有多重价值：既可促使教师破除校本课程开发的畏难情绪，提升开发能力，又可密切校本课程与国家课程的联系，凸显校本课程的意义，还可完善学校课程体系，增强校本课程的灵活性和针对性，同时优化学校特色建设，回归校本课程开发的本真追求。微型课程开发属于新兴事物，要想在学校中得到广泛而有效的扩展与应用，我们需要采取“观念更新”“行动规范”和“制度建构”等有效策略予以推进。

1. 观念更新

在观念层面，更新教师、学校领导以及教师教育者的观念，使之树立明确的微型课

---

① 徐玉珍：《校本课程开发：概念解读》，载《课程·教材·教法》2001 年第 4 期。
② 曾文婕：《微型化：校本课程开发的深化之路》，载《教育发展研究》2009 年第 4 期。
③ 曾文婕：《微型课程：校本课程开发的新方向》，载《教育科学研究》2009 年第 2 期。

程开发意识。微型课程的开发者主要是课任教师，推进微型课程开发必然要求教师转变“自己只需做实施者”的观念，意识到自己应当善于、敏于捕捉微型课程的开发时机，并展开相应的开发行动。大部分教师观念的更新还有赖于外部力量的推动，其中主要是依靠学校领导的调动。这就要求领导必须首先更新观念，不再将校本课程开发狭隘地定位为全校性课程开发，并深入地体悟“微型课程开发”的重要价值，积极组织微型课程开发的校本培训，逐渐形成微型课程开发的共同愿景，不断创生微型课程开发的文化氛围，进而让大部分教师在潜移默化中转变自身观念，最终成为自觉自为的微型课程开发主体。学校教师和领导的观念很大程度上来源于教师教育工作者的观念，前者的更新有赖于后者的更新。这就意味着，教师教育工作者在理解校本课程开发的内涵时，需要深入把握班课层面的微型课程开发。这样，教师教育工作者才能既在师范院校的职前教师教育中，也在以校为本的在职教师教育中，为人们勾勒出一幅完整的校本课程开发的图景。这不仅不误导人们校本课程开发的思路及实践，而且能结合微型课程开发长期受到忽视的现状，有针对性地凸显微型课程开发的价值，并提供具体的开发思路、方法和资源等。

2. 行动规范

在行动层面，建立和遵循规范的开发步骤。微型课程开发要落实到行动上，主要包括规划、实施和评价这三个相辅相成的环节，并依次遵循“拟定主题”“确定目标”“选择内容”“研制过程”“实施课程”与“评价课程”六个步骤。（1）拟定主题。这需要教师时刻留意所教学生的学习状况与学习需要。（2）确定目标。拟定主题后，需要确定这一微型课程要达到的具体目标，主要依据一定的教育目标分类原理，对学生的预期学习结果进行明确、具体和简洁的表述。（3）选择内容。确定目标后，就要精心选择有利于实现目标的课程内容。（4）研制过程。选择内容后，应当考虑如何有效地将内容组织起来并选取适宜的教学策略，以方便学生学习，即研制课程实施的过程。（5）实施课程。前述四步均属课程规划环节，紧随其后的是将规划好的微型课程落实到具体的教与学的活动中去。在实施微型课程的教学中，需要随机应变地采取适宜的教学方法，以保证教学质量。（6）评价课程。通过切实而深入的课程评价，教师可获得大量反馈信息，进而提高自身的课程开发能力，提升所开发课程的内涵品质，以便更好地满足学生发展的需求。

3. 制度建构

在制度层面，建立合理的交流与分享平台。为使微型课程开发保持持久的动力和活力，学校可以建立“微型课程开发经验交流会”和“微型课程共享共建资源库”等有助于教师交流与分享的长效的制度和平台。学校定期开办“微型课程开发经验交流会”，可使教师有机会呈现自己对微型课程开发的“进展情况”以及相关“经验、教训和疑问”等，分享同伴或外请专家的经验与理论。在此基础上，可以逐渐形成“微型课程共享共建资源库”。有条件的学校可运用信息技术建立网络化的学校微型课程资源中心，拓宽校内外微型课程资源及其研究成果的分享渠道，实现校内与校际资源的共建与共享。

思　考　题

1. 国内外课程管理体制改革表现出什么样的趋势？

2. 请有依据地阐述你选择的校本课程开发原理与方法。

3. 请应用所学知识，为一所学校设计一份“校本课程开发实施方案”，并加以阐释。

4. 请基于你在前面几章学习的课程理念与教育目标，选择一个课目主题，设计和实施一个微型课程，并加以阐释。

附录　微型课程实例

古诗文中的数学
——一次综合实践活动[①]

一、活动目标

1. 在研究过程中，通过搜集资料、归类整理资料，提高学生获取、分析、加工、利用和归纳信息的能力，培养学生良好的信息素养。

2. 激发学生阅读古诗和学习数学的兴趣，培养学生学习的主动性、协作性，养成探究意识、合作意识及创新意识，提高创新能力。

二、活动过程

1. 谈话揭题

师：同学们，唐诗、宋词、元曲和明、清小说是我国古代文化中的瑰宝。大家在“把书读好”与“经典诗文诵读”活动中，接触了很多古诗文。前段时间，大家经过讨论，确定了我班“古诗文中的数学”实践活动方案。全班同学分成四组，各组根据自己的计划搜集了不少古诗文，并在小组里进行了交流。今天这节课，就请大家展示自己的活动成果。老师准备了两份小礼物，准备送给今天表现最优秀的小组和最棒的同学！

2. 学生展示

第一组汇报

师：下面先请第一组同学展示你们的成果。

组长：在我国古代诗词文化宝库中，数字入诗的例子不胜枚举。早在我国古代第一部诗歌总集——《诗经》中，就有不少诗句使用了数字。在《唐诗三百首》中，含有数

---

① 李海东、朱涛：《古诗文中的数学——一次综合实践活动》，载《小学教学参考（数学）》2008年第9期。

字的诗达 130 多首。我们认为：数字入诗叙事抒情，可使所叙之事、所抒之情更加感人；数字入诗刻画人物，可使人物形象更加饱满；数字入诗绘景状物，可使所写之景、所状之物鲜明生动。我们小组确定的主题是“一字诗”。先请××同学汇报。

××：数字入诗通俗易懂，使人过目不忘，这也许是一些诗极易流传的原因之一。如“劝君更尽一杯酒，西出阳关无故人”“离离原上草，一岁一枯荣”“朝辞白帝彩云间，千里江陵一日还”“忽如一夜春风来，千树万树梨花开”等。

组长：接下来请××同学汇报。

××：有的诗前半部用数字开头让人通俗易懂，感觉平淡如水；后半部用警句作结，平中出奇，骤然生色，让人充分体会到“山重水复疑无路，柳暗花明又一村”的艺术之妙。如明代才子唐伯虎写的《登山》“一上一上又一上，一上上到高山上。举头红日白云起，四海五湖皆一望。”这首诗前两句通俗如白话，后两句意境鲜明，全诗陡然生色。

组长：下面，××同学愿意为大家展示他的成果。

××：有时，诗人会把“一”字在诗中反复运用。如清人易顺鼎在《天童山中月夜独坐》中前后相连的四句诗的相同位置都用了“一”字：“青山无一尘，青天无一云；天上惟一月，山中惟一人。”唐代诗人王建的《古谣》一诗用了八个“一”字：“一东一西垄头水，一聚一散天边路。一去一来道上客，一颠一倒池中树。”这首诗丝毫不给人重复啰嗦之感。清代诗人陈沆在《无题》中用了十个“一”字：“一帆一桨一渔舟，一个渔翁一钓钩。一俯一仰一顿笑，一江明月一江秋。”这首诗对仗工整，自然贴切，描写了一幅渔翁在秋江月下荡舟独钓、怡然自得的生动画面，诗中有情有景、有人有物、有声有色……

组长：我们小组的汇报结束了，不到之处，请同学们多多批评。

师：第一组同学的“一”字诗说得很好。接下来，请第二组同学汇报。

第二组汇报

组长：数字入诗，运用巧妙，就会趣味无穷，读来使人荡气回肠，爱不释手。如把“一、二、三、四、五、六、七、八、九、十”等数字巧妙地运用到诗中时，诗就会变得形象生动，表现出很强的艺术感染力，使全诗妙趣横生。我们组汇报的主题是“一到十的数字入诗”，××同学准备了一些这样的诗。

××：说起数字诗，当推宋朝理学家邵康节的一首启蒙诗：“一去二三里，烟村四五家。亭台六七座，八九十枝花。”这首诗用数字把乡村路上的景物自然地组合起来，勾勒出一幅恬静闲适的山村风景画，使人容易识记，又情趣盎然。郑板桥的咏雪诗同样如此：“一片二片三四片，五片六片七八片。九片十片无数片，飞入芦花皆不见。”全诗奇异活泼，意境开阔，情景交融。

组长：有人曾用十个数字写成一副概括诸葛亮一生的对联：“收二州，排八阵，六出七擒，五丈原前，点四十九盏明灯，一心只为酬三顾；取西蜀，定南蛮，东和西拒，中军帐里，变金木土草爻卦，水面偏能用火攻。”有的诗人不但能在上联中用一到十这十个数字，还能在下联中也用一到十这十个数字。下面请听××同学汇报。

××：相传，有个穷秀才很有才学，因科举考试徇私舞弊，屡试不第。这一年，他听说主考官廉洁奉公、任人唯贤，就打点行装，赴京赶考。秀才历尽千辛万苦赶到京城时，考试已经结束。秀才好说歹说，主考官才允许补考。主考官出的题目是用一至十这十个数字写对联，秀才就把误考的原因说给考官听："一叶孤舟，坐了二三个骚客，启用四桨五帆，经过六滩七湾，历尽八颠九簸，可叹十分来迟。"主考官要求他再写一副下联，秀才立即说道："十年寒窗，进了八九家书院，抛却七情六欲。苦读五经册书，考了三番两次，今天一定要中。"下联将莘莘学子寒窗苦读、赴京赶考的艰难表述得淋漓尽致，主考官听了连连称好。

组长：最后请听××同学汇报。

××：相传司马相如与卓文君新婚不久，就去长安做官了，一去就是几年。卓文君朝思暮想，等到第五年时，司马相如给她写了封家信："一、二、三、四、五、六、七、八、九、十、百、千、万；万、千、百、十、九、八、七、六、五、四、三、二、一。"卓文君一看，立即写了一首诗作为回信："一别之后，两地相思，只说是三四月，又谁知是五六年，七弦琴无心弹，八行书无可传，九连环又从中折断，十里长亭望眼欲穿，百思想，千系念，万般无奈把郎怨；万语千言说不完，百无聊赖十凭栏，重九登高看孤雁，八月中秋月不圆，七月半烧香秉烛问苍天，六月伏天人人摇扇我心寒，五月石榴如火偏遇阵阵冷雨浇花端，四月枇杷未黄我欲对镜心意乱，急匆匆三月桃花随水转，飘零零二月风筝线儿断，郎呀郎，巴不得下一世你为女来我为男！"司马相如接信后，立即把卓文君接到长安团圆了。

组长：我们小组的汇报结束了，谢谢大家！

师：你们的故事生动、有趣，谢谢你们！

第三组汇报

师：接下来请第三组的同学汇报。

组长：有的诗人把数字用得巧妙生动，加减乘除，无所不能。我们小组选择了"古诗文中的计算"为主题，搜集了一些古诗文。请先听××同学汇报关于加法计算的诗文。

××：有人在乾隆皇帝五十岁生日时写了一副祝寿的对联："二万里山河，伊故以来，未闻一朝一统二万里；五十年圣寿，自古以往，尚有九千九百五十年。"下联中的"五十年"加上"九千九百五十年"就是一万年，寓万寿之意，实在是巧思佳联。此外，元朝汤式把加法写到了曲中。他的《双调·庆东原·京口夜泊》全曲如下：

"故园一千里，孤帆数日程。倚篷窗自叹漂泊命。城头鼓声，江心浪声，山顶钟声。一夜梦难成，三处愁相并。"曲中除运用一千里、孤帆、一夜、三处等数字外，还巧妙运用了加法"城头＋江心＋山顶＝三处"，从而渲染出作者孤旅悲寂的游子情怀。

组长：接着请听××同学汇报有关减法计算的诗文。

××：元朝的阿鲁威在《双调·蟾宫曲》中巧妙运用了减法："问人世谁是英雄？有酾酒临江，横槊曹公。紫盖黄旗，多应借得，赤壁东风，更惊起南阳卧龙，便成名八阵图中。鼎足三分，即一分西蜀，一分江东。"他把天下分成三份：一份西蜀，一份江东，剩下的一份就是北魏。宋代苏轼在《水龙吟》中所写的“春色三分，二分尘土，一分流水”，也是一个很好的减法例子。

组长：下面请听××同学汇报关于乘法计算的诗文。

××：曾有无名氏写了一曲《水仙子·遣怀》：“百年三万六千场，风雨忧愁一半妨。眼里儿觑，心儿上想，教我鬓边丝怎的当，把流年仔细推详。一日一个浅酌低唱，一夜一个花烛洞房，能有得多少时光。一年三百六十日，百年三万六千场。”乘法的巧妙运用，不着痕迹地写出了混世者的人生哀音。

组长：下面请听××同学汇报关于除法计算的诗文。

××：有人写了这样一副对联：“北斗七星，水底连天十四点；南楼孤雁，月中带影一双飞。”这副月夜星雁图中的数字“十四”是“七”的两倍，“一双”是“孤”的两倍。又如元代张可久写过一曲——《沉醉东风·秋夜旅思》：“二十五点秋更鼓声，千三百里水馆邮程。青山去路长，红树西风冷。百年人半纸虚名。得似璩源阁上僧，午睡足梅窗日影。”古时候，夜里击鼓计时，每夜五更，二十五除以五等于五，是五个夜晚。古人用“更”作为舟程计时单位，每更水程大约五十里，一千三百除以二十五约等于五十。

组长：最后请听××同学汇报关于混合运算的诗文。

××：明代一位才子、广东南海的状元伦文叙为苏东坡所画的《百鸟归巢图》题写的诗：“天上一只又一只，三四五六七八只。凤凰何少鸟何多，啄尽人间千万石。”这首诗就用了混合运算。“天上一只又一只”是两只，“三四”十二只，“五六”三十只，“七八”五十六只，四组数字相加恰为百只，正好暗合了画中的“百鸟”之数。这首诗构思奇巧，让人拍案叫绝，是算术数字诗中很好的例子。又如，元朝卢挚写的《双调·蟾宫曲》一诗，抒发了人生短暂的思想。他是这样写的：“想人生七十犹稀，百岁光阴，先过了三十，七十年间，十岁顽童，十岁尪羸。五十岁除分昼黑，刚分得一半儿白日，风雨相催，兔走乌飞。仔细沉吟，不都如快活了便宜。”意思是说：“人生百年，常人先减去无法过的后三十年，只能按七十岁来计算。七十岁，减去十岁顽童，再减去十年尪羸，等于五十年。接着又用除法，五十年的一半是白天，一半是黑夜。人生有用的时间非常短暂，要珍惜时间。”

组长：我们组的汇报结束了，谢谢大家。

师：你们的汇报非常精彩，谢谢！

第四组汇报

师：最后请第四组同学汇报。

组长：数学很抽象，容易让人感到枯燥无味。那么，怎样使数学易于理解并为人们所喜爱呢？古代数学家做过许多尝试，歌谣和口诀就是其中的一种形式。从南宋杨辉开始，很多数学家都采用诗歌和歌诀的形式提出各种算法或各种数学问题。我们小组汇报的主题是“古诗文中的应用题”，下面请××同学汇报。

××：古代数学家朱世杰的《四元玉鉴》《或问歌录》中共有十二个数学问题，都用诗歌形式提出。如：

“今有方池一所，每面丈四方停。葭生两岸长其形，出水三十寸整。东岸蒲生一种，水上一尺无零。葭蒲稍接水齐平，借问三般怎定?”“我有一壶酒，携着游春走。遇店添一倍，逢友饮一斗。店友经三处，没了壶中酒。借问此壶中，当原多少酒?”

组长：下面请××同学汇报。

××：明代的程大位是一位商人。他经商时顺便搜集各地的算书和文字方面的书籍，并编成一首首歌谣口诀，把枯燥的数学问题化成美妙诗歌，读起来琅琅上口，加强了数学的普及性。如他写的《算法统宗》是一本通俗实用的数学书，也是数字入诗的代表作。书中有一首二元一次方程组的饮酒数学诗：“肆中饮客乱纷纷，薄酒名醨厚酒醇。好酒一瓶醉三客，薄酒三瓶醉一人。共同饮了一十九，三十三客醉颜生。试问高明能算士，几多醨酒几多醇?”诗的大意是：“好酒一瓶，可以醉倒 3 位客人；薄酒三瓶，可以醉倒一位客人。如果 33 位客人醉倒了，他们总共喝下 19 瓶酒。好酒、薄酒各多少瓶?”

组长：最后请××同学汇报。

××：著名的《孙子算经》中有一道“物不知其数”的问题。这道算题原文为：“今有物不知其数，三三数之剩二，五五数之剩三，七七数之剩二，问物几何？答曰二十三。”程大位在《算法统宗》中用诗歌形式，写出了数学解法：三人同行七十稀，五树梅花廿一枝。七子团圆月正半，除百零五便得知。也就是说，用 3 除的余数乘 70，加上 5 除的余数乘 21，再加上 7 除的余数乘 15，结果如比 105 多，就减去 105 的倍数，因此得数是 $2\times70+3\times21+2\times15-2\times105=23$。

组长：我们这组的汇报结束了，谢谢大家！

师：你们组的汇报让人耳目一新，谢谢！

3. 制作书签

师：同学们，刚才四组的成果展示各具特色，你们觉得哪一组的表现最好？（第三组）不错！第三组的展示形式新颖，并且全体参与，体现了良好的合作精神，老师把这面优胜红旗奖给第三组。今天的礼物该送给谁？（××）这是老师自己制作的书签，希望你以后都能像今天一样，勤奋努力。

师：你们也想获得这样的书签吗？我准备了一些空白书签，等会儿发给大家，制作后赠给别人。制作有个要求：请你们从有数字的诗中选出经典诗句（最好自己创作），写在书签上送给别人，让接受的人从你的诗句中有所收获。

（老师给学生发空白书签，学生制作书签，最后选择学生制作的书签展示、朗读、评价。）

4. 全课总结

师：同学们，你们刚才的精彩表现正是饱读诗书的结果。希望大家今后继续和好书为伴，你们的知识才会越来越丰富。

第十三章　教 学 过 程

课程设计好后，就会投入到学校行动中进行教学实施。设计和组织好教学过程，是提升教学质量与学习结果的必要保证。

第一节　教学过程概述

在教学过程的设计与组织中，人们一直比较关心教学过程的概念、本质与原则等问题。

一、教学过程的概念

（一）教学过程的内涵

教学过程这个术语在使用中有五个指称：一是指以一节课为时间单位，从开始上课到下课的教学过程；二是指为完成一个课目单元或一个相对独立的学习任务，从开始到结束的整个教学过程；三是指在一个教育阶段里，比如小学、初中、高中、大学、研究生读书期间等，从开学报到至毕业的教学过程；四是指贯穿在从幼儿园到大学的整个学校教育系统中的教学过程；五是指在人类历史发展进程中的教学过程。后两者是抽象的教学过程，而前三者属于具体教学过程。这里所论及的，主要涉及前三个层面的教学过程。

简单说来，教学过程实质上是教师引导学生学习与探究教育内容的教与学相统一活动的时间进程。教学过程有比较复杂的内涵，其中“教学过程性质”“学习过程结构”与“教学合作互动”是主要成分。在教学过程领域里，如何有效组织具有个性差异的学生成功学习与掌握具体教育内容特别是其中的课目知识并形成普适能力，是根本问题；如何设计与实施学生对课目教育内容的学习过程结构，是关键问题；而怎样采取有效教学策略促进教学合作互动，是保障问题。

（二）教学过程的动力

教学过程的动力，简称教学动力，是指推动和维系教学系统运动的力量，其产生和作用方式受教学系统结构与逻辑联系的制约，其实体是教师与学生的动机联合体。① 进一步看，“教学动力是由教学内外部各种相关因素产生的，促使教学主体从事教学活动，

① 参见王本陆：《教学动力研究的现状、问题与思路》，载《教育研究》1992 年第 2 期。

推动教学过程周而复始地运行和发展，以实现教学目标的无数分力融会而成的合力。”①目前人们对教学动力实质有不同看法，归纳起来主要有“教学内部矛盾论”“学习动机论”“教学系统动力结构论”和“教学认识动力论”等。

教学内部矛盾论认为，教学过程的动力是教学过程内部的矛盾。学习动机论，把教学动力看成一种特定情境下人的适应模式，强调从个体活动的角度，讨论学生从事学习的原因以及怎样改善和唤起学生的学习动机。教学系统动力结构论认为，教学系统有三种调节机制：一是由广泛的相互联系支配的机制；二是由教学系统中的反馈实现的机制；三是由人的心理调节系统实现的机制。这三种不同的机制，有机结合而构成了教学过程发展的动力系统。教学认识动力论认为，教学动力是由来自师生两方面的力量所构成的。在教学活动中，教师在自身工作动机的推动下，不间断地通过设置诱因，激发学生的学习动机，将自己的动机转化为学生的动机，形成整个教学认识活动的动力。

（三）教学过程的基本矛盾

从根本上说，教学过程的基本矛盾，是教师在教学过程中所提出的认识和学习任务或其他任务与学生的知识和心理的现有发展水平之间的矛盾。这是一个贯穿始终的矛盾，也是其他矛盾赖以依存的矛盾。教学活动过程中“教”与“学”的基本矛盾，主要体现在认知和情感两个方面。

从认知方面看，教学过程的基本矛盾表现在教学要求与学生已有的认知发展水平之间的差距上，涉及的是学生能不能、会不会学的问题，即可接受性问题，与学习的能力有关，属认知范畴。从情感方面看，教学过程的基本矛盾表现在教学要求与学生当时的具体需要之间的差距上，涉及的是学生要不要学、愿不愿学的问题，即乐接受性问题，与学习的动力有关，属情感范畴。心理匹配策略尝试从操作层面上去解决知情统一问题，并取得了较好的效果。所谓心理匹配策略，“就是通过改变学生的认知评价或改变教学形式，使教学活动被学生主观上认为是满足其需要的，以解决教学要求与学生需要之间的矛盾，使教学活动变成能激发学生学习动机的诱因，调动学生学习积极性，以促进教学活动顺利、有效地进行。”② 目前，人们已开发出两种操作策略：一是通过“调整学生对教学要求与学习需要之间关系的认知评价”来实施的认知匹配策略；二是“教师通过改变教学活动的形式”来实施的形式匹配策略。

（四）教学过程的教育性

教学过程的教育性，是指在学校教学活动中学生的认识纳入了整个教育过程。“学生进行认识的过程同时是接受德、智、体全面发展教育的过程。”③ 学校有教学性教育和非教学性教育，前者乃学校以教学为主并借以完成对学生的多方面教育任务；后者乃学校通过社会劳动、实践活动、课外活动和游戏娱乐等进行的教育，是教学活动的必要补充。

---

① 李森著：《教学动力论》，西南师范大学出版社 1998 年版，第 6 页。

② 卢家楣：《教学的基本矛盾新论》，载《教育研究》2004 年第 5 期。

③ 王策三著：《教学论稿》，人民教育出版社 1985 年版，第 131 页。

教学过程的教育性，贯穿在教学目的、教学内容、教师言行、教学方法、教学评价和课外活动等方面。教学目的的教育性，体现为价值取向的整合性和目的内涵的全面性，可以引导教学走向全面发展教育的方向；教学内容的教育性，可以发展学生的智力，形成一定的思想观点、劳动态度、审美意识；教师品德言行的教育性，可以促进学生形成良好的个性品质和高尚的道德情操；教学方式方法的教育性，可以使学生如身临其境，兴趣盎然地获得知识，受到智慧的启迪；教学评价的教育性，可以强化知识技能教学的教育渗透；课外活动的教育性，可以使学生形成组织纪律性、培养爱护公物、热爱劳动和集体主义精神，有利于教师进行有针对性的教育。为实现教学过程的教育性，我们可以采取的途径是多种多样的，需要进行具体开发。

二、教学过程的本质

教学过程的本质是指教学过程内在的、能被人的思维所把握的基本关系和属性。我国教育界对教学过程本质问题开展了长期讨论，出现了许多不同见解，罗列出来有十多种。① 归纳起来，关于教学过程本质的不同观点，具有典型性和代表性的主要是“认识说”“特殊认识说”“学生发展说”“双边活动说”“多质说或符合说”“认识—实践说”“认识—发展说”“审美过程说”和“文化认识说”。这里主要介绍“特殊认识说”“学生发展说”和“文化认识说”。

（一）特殊认识说

教学过程和认识过程都是人脑对客观世界的反映，但认识是主体直接作用于客体，是直接的反映，而教学是学生主体通过教师作为媒介间接地作用于客体，是间接的反映。因此，教学过程本质上是一种认识过程，但这种认识又不同于一般认识或其他形式的认识，具有特殊性。

1. 教学认识过程的特点

教学活动受间接经验、教师参与、学习者年龄特征和教育目的等的制约，所以，教学认识的特殊性包含“间接性”“领导性”“简捷性”和“教育性”。

间接性表现为，教学过程主要是学生掌握人类长期积累起来的基础科学文化知识，并以此为中介间接地认识客观世界。领导性表现为，教学过程中学生的认识是在具有丰富知识和特殊教学专业素养的教师领导下进行的，是不能完全独立完成的。简捷性表现为，教学认识有着一条认识的捷径，避免了一般科研认识过程中的无数次尝试、失败和曲折。教育性表现为，学生进行认识的过程同时是接受德、智、体全面发展教育的过程。

2. 教学认识与科学认识的区别

教学中的认识，尽管主要是间接经验，但是也包括一定的直接经验。在现代教育思想指导下，“特殊认识说”强调直接经验的重要性，要求在教学中增加研究和创造成分，

---

① 参见张武升编：《教学论问题争鸣研究》，南开大学出版社 1994 年版，第 1～8 页。

渗透科学研究和艺术创作活动，以培养学生的独立、探索和创造能力。但教学过程不等同于科研过程，两者之间的主要区别表现为“短期—漫长”“接受—创新”和“教育—认识”等。

在活动持续的时间上，教学可以缩短时间，而科研比较漫长。学生的知识掌握与认识活动是在教师指导下进行的，主要掌握已有知识，因此学习时间可以掌控而缩短。科学研究过程，基本上是个人的独立操作，客观规律是未知数，所以是一个长期的探索过程。

在知识的性质上，教学主要传递知识，科研主要创造知识。在教学过程中，学生认识的是人类业已熟知的事实和法则，这些事实和法则是从教育的需要出发而经过适当选择的。而在科研过程中，人们认识客观世界的新规律，目的在于扩充、变革和创新知识。

在活动特性上，教学不是专门的认识，而是教育活动，科研则将焦点集中于认识。教学活动不仅有认识过程，而且通过知识的学习与掌握，同时使学生提升品德，发展智力和能力，并促进身心健康发展。而科研活动是人类专门的认识活动，没有专门教育任务。

（二）学生发展说

学生发展说，又称儿童发展说。学生发展说认为，教学过程本质上是培养学生、促进学生德、智、体全面发展的过程。学生体质、智能和品德的发展，虽然是在认识过程中实现的，但发展高于认识。近代教学论是伴随着挣脱封建枷锁的束缚，争取人类自由与解放的运动发展起来的，其先驱者主张在教学中尊重儿童的独立性和创造性。因此，掌握知识是重要的，但不是教学的本性所在，教学的本性是儿童的生长与发展。

1. 发展性教学

20 世纪 40 年代以后，教师中心说和儿童中心说中的合理内核在现代教学论中得到了完善和发展，人的质量要比人的数量更为重要。要提高人的质量，必须依靠教育去促进人的智力发展。教学就是促进人的体质、智力与品德发展，促进人的质量不断提高的重要活动。

20 世纪 50 年代，苏联的赞科夫强调，通过对整个教学结构的改革来促进学生的一般发展，包括身体发展和心理发展，不仅发展学生的智力，而且发展情感、意志品质、性格与集体主义思想。在一般发展中，智力的发展是核心，教学是发展性教学。同期，美国的布鲁纳强调，通过对知识结构的课程改革来促进学生的发展，改革的目的是为了发展智力，使教学过程成为发展智力的过程。教学既要传授知识，又要促进发展。到了新旧世纪交替之际，认知科学勃兴，强调学习实质是认知，人的发展核心是认知发展。

2. 知识与智力的关系

掌握知识和发展智力是相辅相成、紧密联系的，掌握知识的过程也是智力运用与发展的过程。知识是智力的母体，是发展的必要条件。而知识本身就是人类智力的结晶，本身就蕴藏着丰富的人类认识方法。学生只有在掌握知识的过程中，把这些人类的智力和人类认识的方法内化为自我的智力和能力，才能学会获取知识的认识方法，获得智能的发展。

智力的发展离不开知识的掌握，知识的掌握依赖于智力的发展，发展智力与掌握知识互为条件。事实证明，智力发展好的学生接受能力就强，学习效率就高。在科学技术迅猛发展的现代，教学内容迅速增多，程度不断提高，难度越来越大，更需要高智力的学生去接受和消化。倘若依旧是死记硬背和强行灌输的教学，只能培养出更多的“书呆子”和“高分低能儿”。

（三）文化认识说

事实上，课程与教学这种特殊认识活动，不是别的什么“特殊”认识活动，就是文化认识活动。在特殊认识说基础上，逐步形成了课程与教学本质的文化认识说。伴随着认知多元论的发展，它经历了主体自觉与文化自觉两个阶段。

1. 主体自觉

所谓主体自觉，就是提出、阐明并确立教师与学生在课程与教学活动中的主体性。人们对教育认识中的主客体关系的研究和讨论，张扬并实现了教育活动中人的主体自觉，形成了“主体主导说”“单一主体说”和“双主客体论”，阐释了“教育主客体关系的双重结构”和“学生主客体双重性”。①

“主导主体说”阐明，在教育活动中，教师起主导作用，学生是主体。“单一主体说”认为，课程与教学活动中的主体只有一个，分为教师主体说和学生主体说两种对立的观点。教师主体说认为，课程与教学活动中，教师是唯一主体，学生是教师加工、改造的对象，与教育内容一起是教师活动的对象，是客体。学生主体说则相反，认为课程与教学活动的唯一主体不是教师，而是学生，教师和内容都是被作用的对象，是客体。“双主客体论”则主张，在教育活动中，教师是主体，学生同时也是主体，内容是他们活动的共同客体，同时师生双方互为主客体。在教的活动中，教师是主体，学生是客体；在学的活动中，学生是主体，而教师是客体。因此，在教育活动中，既存在教师主体与学生客体的关系和学生主体与教师客体的关系，又存在教师主体与学生主体之间的关系，即主体间关系。

深入分析可以看到，“教育活动中的主客体关系是由‘主—客’与‘主—客—主’两个层次构成的一种双重结构”②。这样，教育主客体关系包含了自然关系也包含了社会关系，具有双重结构。在整体上，教育者承担着教育活动，是主体；而受教育者是主体活动的对象，是客体，他们构成“教育主体—教育客体”的总体结构。在具体操作过程中，参与教育活动的人又同时作为主体相互结成了“教育主体—教育客体—教育主体”的具体结构。

在教育活动中，学生既是自己学习活动的主体，又是教师教授活动的客体，既具有主体性，又具有客体性，形成了主客体双重性。“学生的主体性和客体性始终处于一个

① 参见潘洪建、徐继存：《教学过程主客体关系研究之透视》，载《四川师范大学学报（社会科学版）》1997年第4期。

② 项贤明：《试析教育主客体关系的双重结构》，载《教育研究》1996年第9期。

动态过程中。”[①] 正是教育活动过程使学生的主体性和客体性得以实现，并统一于不断的变化发展中，从而使学生在教育活动过程中具有主客体双重性，并充分地表现出来，不断地变化发展。因此，学生主客体双重性具有以下意义。第一，教育过程，实际是学生自身主体性和客体性变化发展的过程。第二，伴随着教育活动的展开，学生的主体性强度越来越大，一般地这种增长经历着一个以中学期为临界点的先加速后减速的进程；与之相对应，学生客体性的强度越来越小，一般地这种减弱也经历着一个以中学期为临界点的先加速后减速的进程。第三，学生的客体性与主体性的强度，存在着内在的消长关系，并对立统一于整个教育过程。第四，在不同的教育阶段，学生的客体性和主体性均具有相互区别的强度。

2. 文化自觉

所谓文化自觉，就是在主体自觉基础上，提出和阐明教师与学生的文化主体性，让教师与学生自觉到他们自己不仅是教育实践的主体，而且是教育研究的主体，从而开发与建构“师生”的教育学，开发与建构“师生”的课程与教学理论。

文化自觉正在从社会一般到教育具体的传播之中。在新旧世纪交替之际，从社会性视角对主体自觉的反思，催生了“文化自觉”的情怀。最早提出文化自觉的费孝通先生指出：文化自觉“是指生活在一定文化中的人对其文化有‘自知之明’，明白它的来历，形成过程，所具的特色和它发展的趋向……自知之明是为了加强对文化转型的自主能力，取得决定适应新环境、新时代文化选择的自主地位。”[②] 人们凭借文化反思以确立自身的自主地位和发展自身的自主能力，是文化自觉的根本内涵。所以，文化自觉就是文化自主。课程与教学认识的文化自觉，实质上是教师与学生进行自我解放的一种时代诉求。一方面，文化自觉为教育、课程与教学领域“提供了新的认识论视角、价值论支撑与方法论指导，具有重要的现实意义。”[③] 另一方面，教育、课程与教学文化自觉“体现着师生发展的能动认识与选择……体现为三个核心特征：教学文化的主体意识，教学文化的反思意识，教学文化的理性意识”[④]。

在文化自觉视野里，“与其说‘教学过程是一种特殊的认识过程’，毋宁说教育、课程、教学与学习就是一种文化认识活动。”[⑤] 文化认识就是当代形态的认识。认识本质上是人脑在实践基础上对客观事物的能动反映，内在地至少包含着人类“物质性的实践”及其“观念性的能动反映”两个层次活动。哲学认识论的发展，正在超越传统“主

---

① 黄甫全：《试论学生主、客体双重性的动态模式》，载《东北师大学报（哲学社会科学版）》1992 年第 12 期。

② 费孝通：《反思·对话·文化自觉》，载《北京大学学报（哲学社会科学版）》1997 年第 3 期。

③ 靳玉乐、罗生全：《课程理论的文化自觉》，载《教育研究》2008 年第 6 期。

④ 晋银峰：《论教学文化自觉》，载《当代教育科学》2010 年第 17 期。

⑤ 黄甫全：《师生主体、知识价值与整体方法——文化教学认识论纲》，载《教育发展研究》2010 年第 22 期。

客体二分对立”而“走向认识论的重构”。① 有研究揭示：“认识实际上是一种文化现象。认识的本质是观念地反映与客观地表现的有机统一，也就是在人化活动基础上以主体为载体的客观性的反映与以客体为对象的主体性的表现的有机统一。”② 当代认识作为文化认识，就包含了主体与客体互为载体的交互性“主体性表现”和“客观性反映”两层活动。这样，文化认识至少包含着“实践过程”中交互性的“实物操作”与“思维运演”两类活动。文化认识论的新视界，就将教育教学活动作为一种文化认识活动的“多层结构”映现在人们眼前。教育教学活动作为文化活动，就不仅仅是纯粹的师生教学实践活动，而至少包含了师生交互性的“教学实践活动”与“教学研究活动”。这样涌现出来的新教学世界，开始孕育起文化教学认识论。

文化教学认识论，正在倡导“教师研究者”③ 和“学生研究者”④ 角色，并逐渐生成了新型“教育主体观”和“师生主体观”。教育者、教师和学生都是人，他们既不是教育实践的纯粹对象，也不是教育研究的纯粹对象；事实上，他们既是教育实践的主体，也是教育研究的主体。在学校教育领域，学生是主体，教师也是主体；师生实质上是教学认识的主体，他们既是教学实践的主体，也是教学研究的主体。所以，师生亦即教育者与学习者，都是教育认识的主体，他们既是教育实践的主体，也是教育研究的主体。

由此看来，师生主体或教育主体实质上是文化主体。文化哲学揭示和确立了人的文化主体地位，文化主体把人提升到了对自身的文化存在及其价值实现的自觉状态。⑤ 文化主体，在“自然而然”的实践活动中，同时完成了“向文而化”的认识活动。所以，文化主体，就不仅仅是埋首于自然性实践活动的单一主体，而是同时完成着“自然性实践活动”和“自觉性认识活动”的双重主体。在心理操作层面，师生作为文化主体，既通过教学中自然性实践活动，实现并促进着课目知识的习得与意义建构；又通过教学中的自觉性认识活动，在自然性实践活动完成的基础上，实现并促进了真实情境中课目教育学知识及其意义的建构。

3. 认知多元论

随着认知心理学向认知科学发展，关于知识、学习与认知的关系，正在从“认知单一发生论”走向“认知多元论”。

关于认知发展，过去长期流行“认知单一发生论”，认为所有人从根本上说都在使

---

① ［英］哈克著，陈波等译：《证据与探究——走向认识论重构》，中国人民大学出版社 2004 年版。

② 吴家清：《从普通认识论到文化认识论：认识论视角的新转换》，载《现代哲学》1999 年第 1 期。

③ Stenhouse，L. （1975）. *An Introduction to Curriculum Research and Development*. Heinemann Educational Books，142-143.

④ ［美］Steinberg，S. R. & Kincheloe，J. L. 著，易进译：《学生作为研究者——创建有意义的班课》，中国轻工业出版社 2002 年版。

⑤ 司马云杰著：《文化主体论》，山东人民出版社 1992 年版。

用相同的认知过程，而语言是思维的唯一媒介工具。大量的研究与批评针锋相对地指出，事实上，复杂的符号、公式和想象配合着语言一起进入了认知发展过程，以应对语言充溢或乏力的情况。“认知多元论是一种知识习得理论，主张接收与理解信息具有多种途径，每一个体的经验都是独特的，都具有与他个人知识合生的独特价值观、信念、假设与理念。”① 结果就是，这些多种路径的输入，通过反映先前学习产生影响与偏好的媒介过程，就合成了学习者的累积知识。这些外部的和内部的影响因素对表征过程产生效应，从而创生了个体积累知识的独特路径与个人基础。

思维过程的一般简化过程，可以被看成是表征人们思想与理念的心智想象的创生过程。这样的想象能够包含语言、公式、音乐、记忆策略、数学符号以及视听经验，我们储存它们以便随后的唤醒和进一步的矫正。许多学者主张，这样的矫正是社会文化影响的产物，价值观和信念随着文化而进化。虽然一群学习者接收了相同信息，但是他们个人生活学习经验将形塑成信息得以接收与阐释的独特路径。于是，个体就将自己的偏好、方法、策略以及符号合成进了他们生长与进化着的思想过程之中。学习者生活其中的文化与其他社会力量，在认知发展中扮演着重要角色。

许多教育者注意到了认知多元论对课程研究与教育革新的重要启发意义。怎样教与教什么的概念，其复杂性来自怎样学、学什么与为何学的问题。文化的和学习的差异问题，既凸显了教学与评估公正性问题，又开始关照测验与评价的准确性问题。有学者指出，这一切既揭示了学习者被误教现象，又表现了重构上课及其教学方法的迫切需要。

三、教学原则

教学原则对于实践中设计与组织教学过程具有重要意义，需要教育者加以明确与遵循。

（一）教学原则概述

教学原则是人们根据一定的教学目的、遵循教学规律而制订的指导教学工作的基本要求。教学原则受教学目的的制约，是为实现教学目的服务的；教学原则的形成和应用，以教学原理为基础，有赖于对教学规律的认识；教学原则用来指导教学实践，对教学内容、教学方法、教学组织的设计与运用起指导作用。

1. 教学原则的依据

教学原则不能主观臆造，必须立足教学实践经验、依据教学目的和遵循教学规律。教学原则是教学实践经验的概括和总结。人们在长期的教学实践中，不断从成功经验与失败教训中进行分析总结，由感性认识上升到理性认识，从而制订出教学原则。如《学记》提出的“教学相长”“长善救失”，朱熹总结的“循序而渐进，熟读而精思”等。随着教育研究的发展，教学原则进一步通过实验方法更加自觉地概括生成。如赞科夫根据

① Jones, T. O'C. & Kim, Y. (2010). Cognitive Pluralism Curriculum Ideology. In Kridel, C. (Ed.). (2010). *Encyclopedia of Curriculum Studies*. Los Angeles: SAGE, 116-118.

近20年的教学改革实验，提出了五条著名的具有启发意义的小学教学新原则。

教学原则是教学规律的反映。教学原则虽然是人们主观制订的，但是反映了教学过程的客观规律。由于教学原则与教学规律的关系很复杂，因此规律与原则不是一一对应的关系，根据一条规律可以提出好几条教学原则，而一条教学原则也可能反映着不同规律的要求。教学原则由于基于对教学规律的认识，因此受到人们认识的限定，具有时代的特点。

教学原则受到教学目的的制约。教学目的是教学工作的出发点和归宿，它规定了教学活动的发展方向和预期结果，指导和支配着教学活动的各个方面。任何教学原则体系的确定，都要依据和反映教学目的。

随着实践、研究以及有关学科理论的发展，教学原则体系不仅需要进一步充实与完善，而且需要加以创新与建构。

2. 教学原则的发展

教学原则作为一个研究主题，主要源自苏联。20世纪50年代，我国全盘引进苏联的教学论体系，重视对教学原则的研究，对我国的教育教学产生了重大影响。“文化大革命”结束后，一方面，已有的教学原则体系在学校教育实践中的影响越来越广泛，并在教育理论界继续受到重视；另一方面，随着英美课程与教学新理论的引进和借鉴，人们开始对“教学模式”“教学策略”“教学方式”和“学习方式”领域越来越关注。而英文“principles of instruction”，既可译成“教学原则”，还可译为“教学原理”，它通常包含应用哲学、心理学和社会学等新理论来阐释教学的原理、过程、策略与方法。这显然与我国现行的“教学原则”研究主题是无法直接对应的，甚至导致了两者的矛盾和冲突。因此，当代我国的“教学原则”研究逐渐进入了一种酝酿着新发展的相对沉寂的状态。

（二）常用的教学原则

经过长期的实践检验修正，我国的教学原则体系已经初具雏形。目前在学校教育中比较流行和常用的教学原则体系，包括“科学性和思想性统一”“理论联系实际”“传授知识与发展能力相统一”“教师主导作用和学生自觉性积极性相结合”“直观性与抽象性相统一”“系统性和循序渐进性相结合”“理解性和巩固性相结合”“统一要求和因材施教相结合”八大原则。①

1. 科学性和思想性相统一原则

科学性和思想性相统一原则，是指教学要以马克思主义为指导，在学生学习掌握科学知识的过程中，对学生进行社会主义品德、辩证唯物主义思想和心理健康等教育。这条原则要求处理好知识教学与思想品德教育之间的关系，真理与谬误的关系，先进思想的教育与错误思想的影响之间的关系。

---

① 这一原则体系引自车文博教授的研究成果（参见车文博著：《教学原则概论》，湖北人民出版社1982年版）。近半个世纪来，国内多种教育学、教学论论著以及论文对教学原则体系均有探讨，且有许多新的见解，丰富着教学原则的研究成果。

人们在应用这条原则时，需要达到三个基本要求：（1）教学内容的选择和组织要注意科学性和思想性相结合；（2）发掘教学材料的思想性，在教学活动中渗透思想教育；（3）不断提高教师的专业水平和思想素养。教师的教学态度要实事求是，不可文过饰非。

2. 理论联系实际原则

理论联系实际原则，是指教学必须坚持理论与实际的结合与统一，用理论分析实际，用实际验证理论，使学生从理论和实际的结合中理解和掌握知识，培养学生运用知识解决实际问题的能力。这条原则意在保证学生所掌握的知识能够在实践中运用：①继承了我国的知行统一的优秀教学传统；②遵循学习活动的“直接感知”原理，要求教师联系学生的知识基础和思想状况，用丰富的实际事例，论证书本知识，使学生从具体到抽象，获得必要的直接经验，领会科学知识，用以指导实践；③依据我国的教育目的，要求培养知行统一、学用一致的社会主义建设的各级各类人才。

人们在应用这条原则时，需要达到四个基本要求：①加强基本理论和基础知识的教学；②恰当联系实际；③重视基本技能的培养；④适当补充乡土教学材料。

3. 传授知识与发展能力相统一原则

传授知识与发展能力相统一原则，是指在传授系统知识的同时，培养学生多方面的能力，知识与能力相得益彰，共同提高。这条原则，意在转变“重知识轻能力”的传统观念，树立传授知识与发展能力相统一的现代教学观。它具有以下意义。①反映了知识与能力的密切联系，掌握知识是发展能力的基础，同时能力发展是掌握知识的必要条件。二者互为重要条件，不可重此轻彼。②反映了现代社会发展提出的“知识与能力并重”的时代要求。“教育应大量和有效地传授越来越多、不断发展并与认识发展水平相适应的知识和技能，同时，教育还应找到并标出判断事物的标准，使人们不致被充斥公共场所和私人场所、多少称得上瞬息万变的大量信息搞得晕头转向。教育既应提供一个复杂的不断变动的世界的地图，又应提供有助于在这个世界上航行的指南针。”①

人们在应用这条原则时，需要达到三个基本要求：①知识结构要合理；②引导学生主动掌握知识和运用知识；③教会学生学习。

4. 教师主导作用和学生自觉性积极性相结合原则

教师主导作用和学生自觉性积极性相结合原则，是指教师既要充分发挥主导作用，同时要善于调动学生学习的自觉性、主动性和积极性，使教学过程成为师生双方密切配合、协调共进的过程。这条原则主要解决教师的主导作用与学生的主体地位的关系问题。它具有以下意义。①反映了“教学认识原理”，教师的教以“学”为落脚点，学生的学是在教师的领导下进行的。②反映了师生各自的地位和特点，教师受社会委托，闻道在先，而学生正在发展，知识经验不丰富。20 世纪 80 年代以来，主体精神成了时代理想的核心内容，呼唤学生主体精神，尊重学生主体地位，注重发挥教师主导作用，成

---

①　联合国教科文组织国际 21 世纪教育委员会编著，联合国教科文组织总部中文科译：《教育——财富蕴藏其中》，教育科学出版社 1996 年版，第 76 页。

为我国教学理论界的共识。

人们在应用这条原则时，需要达到四个基本要求：①坚持教师的主导作用；②调动学生学习的积极性和参与意识；③创造最佳的学习环境；④启发学生积极思维。

5. 直观性与抽象性相统一原则

直观性与抽象性相统一原则，是指教师通过直观的教学手段，引导学生形成所学事物或过程的清晰表象，以丰富感性认识，进而对学习材料进行分析、综合、抽象和概括，发展学生的理论思维。这条原则要求处理好教学中词语、概念和事物及其形象之间的关系，克服言词脱离事物，抽象脱离具体形象，理解脱离感知等矛盾。它具有以下意义。①反映了认识活动中感知与理解、具体与概括、形象与抽象的关系。科学知识是事实与概括在学生头脑中的统一体，认识是在事实基础上逐步导向概括的智力活动过程，直观保证对事实的认识，抽象则保证对概括的掌握。②体现了社会对人才素养的需要，既强调思维能力的训练，又重视心理品质的发展。

人们在应用这条原则时，需要达到三个基本要求：①恰当选择直观手段；②直观与讲解相结合；③从运用直观形象过渡到摆脱具体形象。

6. 系统性和循序渐进性相结合原则

系统性和循序渐进性相结合原则，是指教学要按照学科的逻辑系统和学生身心发展的顺序，持续、连贯和系统地进行，使学生系统地掌握基础知识和基本技能，形成严密的逻辑思维能力。这条原则意在优化教学活动顺序、科学知识的体系、学生掌握知识和智力发展顺序这几者之间的关系。它具有以下意义。①反映了知识的内在逻辑联系，学校课程中的各门学科都具有自己独特的逻辑结构和知识系统。②反映了学生身心发展的顺序性，学生身心均是一个从不成熟、到开始成熟再到成熟的顺序发展过程。③反映了学习的基本规律。学习是一个由简单到复杂，由现象到本质、由具体到抽象的逐步深化过程，所以教学只有顺其自然并循序渐进，才能有效促进学生的身心健康发展。

人们在应用这条原则时，需要达到五个基本要求：①严格按照教学内容的系统性进行教学；②突出重点，突破难点，注意新旧知识之间的联系；③由浅入深，由易到难，由简到繁；④培养学生踏实而系统地学习的良好习惯；⑤根据学生的接受能力灵活处理“渐进”和“骤进”的关系。

7. 理解性和巩固性相结合原则

理解性和巩固性相结合的原则，是指教师要引导学生在理解的基础上牢固地掌握所学的知识和技能，能根据需要迅速再现出来加以运用。这条原则主要解决教学中知识的内化与应用问题。它具有以下意义：①反映了教学认识的间接性原理，学生学习以间接经验为主，以理解为基础去内化所学知识与经验；②反映了学习的意义原理，学生学过的知识和技能一定要进行适当练习加以深刻理解和熟练掌握，才能在未来的生活与实践中具有广泛适应性。

人们在应用这条原则时，需要达到四个基本要求。①教师讲授知识要清晰而深刻。②帮助学生掌握记忆的规律和方法。“所有的专家都认为：应该从幼年开始就训练记忆力，而且在学校中取消一些被看做使人厌倦的传统训练是不当的。”① ③组织学生进行有效复习。④在扩充改组和运用知识中积极巩固。

8. 统一要求和因材施教相结合原则

统一要求和因材施教相结合原则，是指教学既要面向全体学生，坚持培养人的质量规格，保证课程标准（教学大纲）要求的实现，又要根据学生的实际情况，有的放矢地进行个别教学，使每个学生的个性得到充分发展。它具有以下意义：①反映了教育目的对教学的要求，在教学中既要实现统一的人才规格，使全体同学都达到课程标准（教学大纲）的要求，又要根据学生的兴趣、特长、爱好等发挥个性特长；②反映了教学要适应并促进儿童身心发展的规律，教学要把集体教学与个别教学结合起来，既充分发挥班级上课制的优点，又以个别施教作为集体教学的必要补充；③反映了我国教育中因材施教的优良传统，符合现代社会对丰富个性人才的需要。

人们在应用这条原则时，需要达到四个基本要求：①按国家统一规定的课程计划、课程标准并结合学校实际可能来教学；②针对学生的特点进行差异教学；③采取有效措施，使有才能的学生得到充分的发展；④热情关怀与帮助成绩不佳的学生。

第二节 教学过程结构

教学过程结构，是指教学过程内部各个组成环节及其在时间上的有机联系或相互作用的方式或顺序。

一、已有的理论与实践

教学过程作为教学活动展开和进行的时间流程或逻辑历程，是教师教授过程与学生学习过程相互作用而形成的一个十分复杂的动态性复合体。为了正确地安排和指导学校里的教学过程，必须明确地认识教学过程的发展逻辑，阐明教学过程的时间结构，辨清教学过程的各个组成部分即各个环节及其特有的职能。

（一）古代的遗产

早在春秋时期，孔子的教育思想中便包含了关于学习过程的主张，可以概括为学、思、行。主张“多见”“多闻”，学思结合；提倡“躬行”，学以致用，言行相符。荀子则主张“闻、见、知、行”。儒家思孟学派把孔子的思想加以继承和发展，在《中庸》中明确提出了“博学之，审问之，慎思之，明辨之，笃行之”的学习过程结构理论。

在西方，早在古罗马时期，昆体良就比较明确而具体地提出三个递进的学习阶段：模仿，接受理论的指导和练习。到了近代，西方关于教学过程的研究活跃起来。夸美纽

① 联合国教科文组织国际21世纪教育委员会编著，联合国教科文组织总部中文科译：《教育——财富蕴藏其中》，教育科学出版社1996年版，第78页。

斯以感觉论为基础，指出一切知识都从感官开始，主张教学必须与自然的规律、儿童天赋的自然力相适应；提倡教学生要从观察到理解、记忆，从感知事物到文字、概念，应“先去动用他们的感觉（因为这一点最容易），然后去运用记忆，再后去运用理解，最后才去运用判断”①。

（二）现代的发展

进入近代以来，基于心理学的发现，学者们纷纷提出并验证了一系列适用的教学过程结构模式，其中影响较大的有赫尔巴特的“四阶段说”，杜威的反思结构说，凯洛夫的特殊认识说，我国的知识掌握说以及最新的认知阶段说。

1. 四阶段说

18 世纪末，赫尔巴特第一次明确提出，应该根据受教育者心理活动的规律去规定教学过程的结构。他基于统觉团理论，认为教学必须使教师在传授新教材时能在学生的心灵里唤起一系列已有观念。他把教学过程分为明了、联合、系统和方法四个阶段。他对实际的教学过程作了比较正确的描绘，重视系统知识与技能的传授和教师在教学中的领导作用，却忽视了学生的主动性和能动性，严重脱离社会生活实际，把班课教学变成了千篇一律的四个阶段的僵化格式。

2. 反思结构说

杜威作为进步教育运动的领袖，反对以赫尔巴特为代表的传统教育。在教学过程结构上，首先提出了反思思维的概念和理论，主张教学过程实质上包含着学生认识发展过程，继而提出了学习过程的五个阶段：从情境中发现疑难，从疑难中提出问题，作出解决问题的各种假设，推断哪一种假设能解决问题，经过检验来修正假设、获得结论。这一过程结构被人们概括为：疑难、问题、假设、验证和结论。

3. 特殊认识过程说

20 世纪上半叶，凯洛夫在总结了国外历史经验的基础上，把教学过程认定为特殊认识过程，强调教学过程要发挥教师的主导作用，应以知识、技能和熟练技巧的体系去武装学生。在此基础上，他提出了感知、理解、巩固、运用四个教学阶段。但他仅从哲学认识论的角度去揭示教学过程，而忽视了心理成分的研究；只强调掌握知识而不注意分析儿童的智力发展；只看到教师的主导作用，而忽视了儿童这一认识主体的作用。

4. 知识掌握说

到 20 世纪 80 年代，我国教育界对“教学过程”进行了长期的大范围研讨，提出了种种“教学过程的阶段”的见解。其中影响比较大的见解为：在教师指导下学生掌握知识的活动是教学过程中最基本的活动，学生掌握知识的基本过程由“引起求知欲”“感知教材”“理解教材”“巩固知识”“运用知识”“检查知识、技能和技巧”六个阶段构成。②

在现代教育研究与实践中，许多教育家和心理学家纷纷对学习过程、教学过程问题

---

① ［捷克］夸美纽斯著，傅任敢译：《大教学论》，人民教育出版社 1984 年版，第 122 页。

② 参见王道俊、王汉澜主编：《教育学》，人民教育出版社 1989 年版，第 201～209 页。

进行了深入研究，提出了各具特色的教学过程结构的见解和主张，其中有影响的不下二三十种，可以供今天的课程与教学研究和实践引用、借鉴和创新。①

5. 认知阶段说

教学旨在促进学习，学习过程在心理学层面看来就是认知过程。因此，教学过程在心理学意义上实质就是认知过程。“教学有四个认知阶段，即规划——前活动阶段、教学实施——互动阶段、分析评价——反思阶段以及应用——辐射阶段。”②

在规划——前活动阶段，教师必须决定教什么、教什么人、怎么教以及怎样评估学生的学习。在前活动阶段完成的规划，可以是正式的，或非正式的，或两者结合的。对于正式规划，教师需要安排充足时间，编制出具体的书面教学计划或课案；对于非正式规划，教师则在任何时间、任何地点都可以进行。

在教学实施——互动阶段，教学作为“活生生的班课行动”发生了。前活动阶段编制的课案，要么加以执行，要么加以修正。课案永远都是尝试性的，必须根据教学实施时间的气氛、情绪以及其他因素相机加以革新，让人们能够对教学过程加以掌控与校准。教师在与学生进行班课互动的进程中，需要作出决策的量大得惊人！这就需要教师作出“当机立断”的决策，因而要求教师具有“急中生智”的能力。

分析评价——反思阶段，可能是人们最不熟悉的事情。在这个阶段，教师需要回顾上课和评估结果。教师进行这样的自主评价，需要提出并回答三个问题：产生了什么作用？没产生什么作用？为什么产生了这些作用又为什么没产生那些作用？进行这种教学反思，可以帮助教师检视并解决班课难题，质疑班课里的前提假设与价值观，重视特定学校的文化背景，参与课程开发与学校改革，承担起专业发展责任。

在应用——辐射阶段，教师进行抽象性与假设性思考。其中关键之处，是能够预测学生对另外不同的方式会作出什么样的反应。未来课案的修改完善，依赖于教师在先前经验中所学习到的东西。教师通过辐射思考，就会生成未来教学的指导原则。

二、教学过程的基本环节

随着理论研究和实践的深入，人们逐渐认识到学生学习动机的激发和维持，是展开和推进教学活动进程不可缺少的环节；同时也逐渐认识到对教学效果的测评，能够及时了解教学进展情况，及时发现问题和解决问题。所以，在已有的对教学过程环节的认识基础上，一般认为现代教学过程包括“明确教学目标”“激发学习动机”“感知教学材料”“理解教学材料”“巩固知识经验”“运用知识经验”和“测评教学效果”七个基本环节。教学过程的每一环节，既是相对独立的，各自发挥着独特作用，又是彼此关联

---

① 参见［南斯拉夫］鲍良克著，叶澜译：《教学论》，福建人民出版社 1984 年版，第 61～62 页，［日］筑波大学教育学研究会编，钟启泉译：《现代教育学基础》，上海教育出版社 1986 年版，第 279～280 页。

② Fielstein, L. & Phelps, P.. *Introduction to Teaching* (*Rewards and Realities*)，中国轻工业出版社 2005 年版，第 200～206 页。

的，产生着相互作用。

（一）明确教学目标

教学目标是教师和学生双方根据一定的要求预先设想和确定的学习结果。为明确教学目标，教师要在研究教学系统特点的基础上，透彻理解教育方针、宗旨与目的，结合具体课目主题，以书面材料的形式把课程目的和目标具体化，提出适切于学生身心发展水平的具体教学目标和任务，激发学生的内心需要，使他们产生主动需要去掌握新的概念、新的法则和把它们运用于实践的方法。要做到这一点，可以通过创设问题情境的途径，使教学目标和任务在问题情境中鲜明地表现出来。而对于学生而言，就是要明确自己的学习目标，并在教师创设的问题情境中，进行猜测、探索和设想，产生强烈的求知欲和学习动机。

（二）激发学习动机

所谓学习动机，是指推动个体进行学习活动，维持已引起的学习活动，并引导学习行为朝向一定学习目标的一种内部心理过程或状态。① 教学活动主要是学生的学习活动，而这种学习活动，总是在一定的思想、情感和愿望的影响下，在学习动机的支配下进行的。学习动机是引发学生学习行为的重要力量。心理学研究表明，学习动机与学习活动是互惠的，可以相互激发、相互强化。一方面，学习动机可以通过学习活动逐步地引发和形成；另一方面，学习动机一旦形成，它就会自始至终，贯穿于某一学习活动的全过程。学生的学习动机既可以由内驱力所激起，也可以由外部刺激引起。

在教学过程中，教师需要采取一些有效策略，激发学生的学习动机。如，向学生提出学习要求，适当的奖励或惩罚，唤起学生的学习兴趣和求知欲望，培养学生的责任感和使命感等，都能够在一定程度上激发和维持学生的学习动机。

（三）感知教学材料

学生在教学过程中，主要是以学习书本知识来认识客观世界和发展身心。书本知识一般以抽象的理性知识为主，具体表现为概念、定理、公式和原理等，而它们都是对客观世界各种事实和现象的抽象概括。学生要理解和掌握它们，必须以一定的感性材料为支撑。感知教学材料，就是对教学材料进行初步的把握，将其承载的抽象知识与直观、生动的形象结合起来，形成关于客观事物的正确表象，从而有利于学生对抽象知识的理解。

教学过程中学生获得感性知识的途径和形式，可以分为直接感知和间接感知两类。通过参观见习、实验实习等直接感知有关对象，学生可获得大量的感性认识和直接经验，为理解抽象的书本知识创造条件。教师通过模拟案例的展示、直观教具的使用、生动形象语言的描述、引导学生记忆表象的重现等间接感知办法，可帮助学生高效地感知教学材料。

（四）理解教学材料

理解教学材料就是要领会书本上的理性知识，从而达到对客观事物本质及规律的认

---

① 参见李伯黍、燕国材主编：《教育心理学》，华东师范大学出版社1993年版，第235页。

识。理解教学材料是在学生获得感性知识的基础上，在教师的指导下，经过学生自己的思维加工而实现的。思维是认识活动的核心，所以理解教学材料阶段的重要任务，就是启发与引导学生开展积极的思维活动。

在教学过程中，要实现感性知识到理性知识的升华，关键就是使学生开展积极的思维活动，发展思维技能。为此，教师工作的重心通常放在给学生提示思路、引导自主探索、教给思维方法、培养思维能力等方面。在学生的认识活动中，除了思维这一核心要素之外，还有观察、记忆和想象等要素的参与。所以，在教学过程中对学生观察力、记忆力、想象力的培养也是不可或缺的。

（五）巩固知识经验

巩固知识经验，是指学生把所学的知识经验，牢固地保存在记忆中。学生以学习书本知识、接受间接经验为主，如不及时地巩固强化，就会产生遗忘，不利于对后续知识经验的学习理解，也难以做到学以致用。

在教学过程中，教师不仅要向学生提出记忆的要求，而且要教给学生有效记忆的方法，尤其要注意将巩固知识经验与死记硬背区分开来，帮助学生认识和掌握记忆的基本规律，分清机械记忆和理解记忆的特点和作用，着重培养理解记忆的能力，掌握或形成适合自己的记忆知识经验的方法。此外，学生通过加强复习和练习，也可以巩固所学知识经验。

（六）运用知识经验

将所学知识经验运用于实践，是帮助学生加深对书本知识的理解、形成分析问题和解决问题能力的关键环节，尤其是在培养学生的独立性和创造性方面，有着重要的作用。在教学过程中，教师引导学生运用知识的形式，有练习作业、实验、实习等，还可以与生产劳动、社会实践等活动联系起来，相互配合和相互促进。其中，练习作业是常见的一种运用知识经验的形式，但一定要注意练习作业的内容、类型及方式，努力避免一味地简单重复和机械模仿，力求灵活多样和变革创新，以发挥练习作业在培养学生独立性、创造性方面的积极作用。

（七）测评教学效果

测评教学效果是保证教学过程良性循环，争取理想教学效果的重要环节。教学作为一个特殊系统，要保证目标的有效达成，就必须通过信息反馈，实现对过程的有效监控与改进。检查和测量，是对教学过程及其结果进行事实信息的收集和概括，而评价是对教学过程及其结果的价值判断，检查与测量是评价的基础和前提。教师一般可以通过观察、提问、家庭访问、检查书面作业、评阅单元测验和考试试卷等方式，还可以采用专门的测量方法，来了解学生的知识掌握、智力水平和学习态度等方面的状况，获得有关的反馈信息，诊断教学问题，及时改善教学过程。教师还应注意引导学生学会自我检查、测量与评价，促其自觉调控学习过程，强化学习动机，增强学习能力，从而保证教学取得更好效果。

教学过程的七个基本环节，反映了教学过程时间连续性特征，是各个学段、各门课程的教学一般都要经历的共同环节，我们可以把它叫做“基本范式”。由于教学情况的复杂多样，教学过程的基本环节也就不可能是一成不变的，会因时因地因人因课和因条件不同而衍生出无数“变化范式”。这就需要人们根据实际情况深入开展具体研究而不断探询，以创用更多有效的教学过程结构“变式”。

第三节　班课互动

教学过程的场所与形式，主要是班课。班课是充满着学习生命活力的场所，也是闪耀着智慧光芒的地方。师生都被卷入一个复杂的互动过程之中，在这里他们必须对不断变化的行动进行相互的调适。① 正是班课互动，使教学价值得以实现，师生生命得以彰显。②

一、班课互动研究的主题

“互动”一词来自社会哲学领域，指社会中人与人的交互作用。“班课互动”是指处于班课这一特殊环境中的特殊交互作用，主要包括师生互动、生生互动和师生自我互动。目前，班课互动研究主要包含两个方面：一是班课中的人境互动和师生自我互动；二是班课中的师生互动关系，主要有描述性主题、关联性主题和价值性主题。

（一）描述性主题

班课互动研究，首先面临的问题是如何科学、准确地描述、认识和理解现有的班课互动事实。相关研究发现，班课互动从时间维度上看已形成了传统班课互动与现代班课程互动两种形态，从空间维度看已经形成不同文化地区以及不同课目的班课互动形态。已有的班课互动描述研究基本上都围绕着以上形态展开。不管是哪一种形态的班课互动，都包含着师生的行为互动、情感互动与思维互动三大基本主题，三者相互交织影响并动态地建构起各色各样的师生互动的模式与类型。

西方自 20 世纪 50 年代起就兴起了班课互动研究。贝尔斯（Bales，R. F.）首度对班课中的小组互动展开研究，此后迅速涌现了大量的班课互动行为观察研究。研究者发现了多种师生互动行为类型，根据视角不同，可以分为社会学取向与心理学取向。

从社会学视域出发，研究者主要分析班课互动中的角色分配与社会关系。英国学者阿什利（Ashley，B. J.）将班课互动视为整体来进行观察，并将其划分为教师中心式、学生中心式和知识中心式三大类。③ 从师生关系切入，利比特（Lippitt，R.）和怀特

---

① Blumer，H.（1969）. *Symbolic Interactionism：Perspective and Method*. Englewood Cliffs：Prentice-Hall，68.

② 本节内容引自左璜、黄甫全：《当代班课互动研究的主题、方法与趋势》，未发表文稿，2010 年。

③ Ashley，B. J.，Cohen，H. S. &Slatter，R. G.（1969）. *An Introduction to the Sociology of Education*. London：Macmillan，116-120.

(White，R. K.）经过研究，揭示了“教师命令式”“师生协商式”和“师生互不干涉式”三种互动类型。① 这与我国学者提出的“控制—服从型”“控制—反控制型”和“相互磋商型”三种互动类型可谓异曲同工。②

从心理学视角，班课互动所关注的对象主要包括行为、认知和情感三个方面，其中的行为则分为言语行为和非言语行为。班课互动言语行为研究，首见于阿斯纳（Aschner，M. J. M.）的“班课语言互动的分析”，后又兴起专门的班课提问以及班课评价等主题研究，如今已经扩展到班课互动中师生话语量及其持续时间研究、师生话语策略研究以及意义协商研究等。非言语行为的研究从美国心理学家萨宾（Sarbin，T. R.）对身体姿势做专门调查开始，引发了系列深入研究。有研究证实，教师的身体姿态在师生互动中起着十分重要的作用，影响到学生的学习效果。专门的研究，则具体地区分出了班课互动中身体姿势的不同类型：学生体态语（用于反馈其当前理解与学习准备的水平），教师体态语（用于解释或指导学生行为）。深入到认知层面的班课互动，研究涉及四种思维过程：认知性记忆、聚合性思维、发散性思维和评价性思维。进一步研究深入地提出和采用两维度的分析框架：一是用于开展教学的思维单位（心理逻辑或策略的）；二是思维的深度。二者又包含许多下位类目。至于情感方面的互动研究，则基本上都诉诸师生关系的描述，如皮安塔（Pianta，R. C.）等经过研究将师生关系划分为依赖型、积极参与型、不良型、普通型、愤怒/依赖型以及不参与型，且在最近的研究中发现，师生关系质量与学生学习成绩高度正相关，而它的质量往往又取决于师生班课互动的质量。③

（二）关联性主题

为了改善班课互动，人们的研究兴趣主要聚焦在班课互动影响因素上。班课互动影响因素有物和人两大部分，班课互动的关系性主题便始终围绕着这两方面内容展开。

影响师生互动质量的物质因素又可细分为课室设备与条件、桌椅摆放形式等。甚至包括颜色、噪音、温度以及装饰等物理环境因素，都会影响到班课互动状态。但是，与班课互动质量密切相关的还有人性因素，包括教师因素和学生因素。已有的研究主要聚焦于教师和学生的个性特征、师生的素养以及师生活动类型即教学模式等因素对班课互动质量的影响。就师生的个性特征因素而言，目前的研究主要关注了师生的性别、年龄、种族、人格特征等因素对班课互动的影响。以性别差异的比较为核心，已有的实验研究表明：教师性别对班课师生互动行为类型和互动倾向有影响，且男教师在班课上倾向于知识互动，而女教师则倾向于情感互动。同时，教师对于男女性别角色的信念也同

---

① Lippitt，P. &White，R. K.（1968）. Leader Behavior and Member Reaction in Three Social Climates. In Cartwright，D. & Zanders，A.（Eds.）. *Group Dynamics*（3rd Ed.）. London：Tavistock.

② 吴康宁著：《课堂教学社会学》，南京师范大学出版社 2000 年版，第 158 页。

③ Pianta，R. C.（1994）. Patterns of Relationships between Children and Kindergarten Teachers. *Journal of School Psychology*，32，15-31.

样会影响班课互动。同时，学生的性别差异受到了更为广泛的关注。法森吉尔（Fassinger，P. A.）的研究结果显示，学生性别是影响班课参与的重要因素，男生相对更主动、更自信，而女生相对保守，更爱面子。① 关于师生素养对于班课互动的影响问题，大致又可分为师生观念、情感、知识结构以及能力等子问题。已有研究专门调查了师生班课互动观念现状，它不仅会影响班课互动的形式，更能帮助促进班课互动向建构学习共同体的方向转变。而教师的期望与班课活动的质量也是密切相关的，研究结果显示教师对全班学生的期望一般比对个体期望值要高。另外，教师的知识结构，包括学科知识、课目教育学知识都影响到班课互动的深度和质量。当然，教师对班课互动的监控能力也是非常重要的；而且已有研究显示，借助录像视频能帮助教师提高自身监控能力。

（三）价值性主题

真实的描述班课互动，理解班课互动中师生行为、情感和思维的内在规律，进而把握班课互动与其他班课结构要素的种种关系，最终都集中体现于优化班课进而促进学生的学习与发展。已有研究从各个方面涉及了班课互动的价值性主题。它可区分为两类：班课互动的绩效和班课互动的评价。

班课互动的绩效集中体现在它对于学生发展的全面影响，表现在促进学生学业认知以及社会性情感方面的发展这两个主要方面。许多研究结果都显示，师生互动的质量会影响到学生的学习与发展，不仅如此，生生互动也能促进学生学业成绩和社会性情感的发展。② 高水平高质量的班课互动能提升学生的学习成就和班课满意度。而当学生意识到教师在较多使用挑战性问题，且喜欢给予非语言提示并平易近人的话，学生的认知成绩会比较高。

班课互动的评价研究，目前集中在评价标准问题上。该问题是一个有待深入研究的主题，目前存在的争论比较多。一些学者认为班课互动是可以被观察并按照一定的标准来评判的；另一些学者则认为很难有确定的标准来对班课互动质量作出评价。一般的评价观认为互动的类型越多越复杂，可能就越好，或者是学生互动的时间和次数比师生互动的次数多就更好。威尔逊（Wilson，L.）等对俄罗斯与英国的小学数学班课互动进行比较研究，给了我们新的启示：俄罗斯的数学班课更多的是公开互动，即教师与全班学生互动较多，而英国的班课互动则主要是私密互动，即教师与学生个体互动或教师与学生小组互动以及生生互动居多，从而形式多样。但当与学生的数学能力联系起来时，评价标准或许就会发生变化了，因为已有的数学能力测试结果显示俄罗斯学生的数学成绩明显优于英国学生的。尽管有人会辩解说这只是基础的能力测试，可能俄罗斯这样的

---

① Fassinger，P. A.（1995）. Understanding Classroom Interaction：Students' and Professors' Contributions to Students' Silence. *The Journal of Higher Education*，66（1），82.

② Ginsburg-Block，M. D.，et al.（2003）. Peer-Assisted Learning Interventions with Elementary School Students：A Meta-Analytic Review. *Journal of Educational Psychology*，95，240-257.

数学教学会阻碍学生将来的发展，因为它缺乏能力的培养。但研究表明，俄罗斯的学生在这样的班课上更容易获得成就感，也更能激发和维持对数学学习的兴趣。①

二、班课互动研究的方法

随着班课互动研究的扩展，研究方法论也得以创新和发展。人们从不同的视角对班课互动进行细致深入的考察，其间建构起了多种研究模式，同时开发了多种分析与测评工具，形成了“研究视角的多元化”“研究取向的整合化”以及“研究工具的多样化”三个特征。

（一）研究视角的多元化

已有班课互动研究，存在“社会学”“心理学”和“文化人类学”三种不同视角。最初的班课互动研究采用了社会学理论视角，基于这样的视角，“课堂不仅是一个教育活动场所，而且首先是一个社会群体生存场所；课堂教学不仅是一个教育学范畴，而且是一个社会学范畴”②。在社会学理论视角的观照下，班课互动研究自然会涉及不同性别的师生互动比较，不同文化背景下的师生互动对比，不同成绩水平的学生群体比较等问题。

当然，不能否认的是参与班课互动的又都是一个个鲜活而具体的人，因此他们自身的心理特征及其发展也是与互动密切联系的。倘若聚焦于个体行为、认知、情感和思维与互动的关系，那么心理学的理论则为我们提供了丰富的研究视角和框架。人们试图通过观察、分析来更为准确地把握促进班课互动、提升互动质量的各种影响因素，包括个性心理特征、认知风格、情感类型等。

尽管班课互动的心理学研究已取得了丰硕的成果，但它从一开始就是采用还原论的思想来进行研究，导致变化万千且充满着人性的班课始终未能被完全理解。在班课这一特殊文化世界中，“集体文化”与“个体文化”“竞争文化”与“合作文化”间的冲突与融合，师生的行为、价值与观念在互动中的变化与生成，这些问题在文化人类学的观照下有了新的阐释，其主要的研究方法是人种志或微观人种志。③

此外，班课互动中所蕴涵的艺术性也内在地要求采用艺术学视角进行剖析。④ 随着学科的不断分化和整合，更多的理论视野，如社会心理学、生态心理学、文化生态学等，为班课互动研究的深化展现出一片广阔的前景。

---

① Wilson, L., et al. (2006). A Comparison of Teacher-Pupil Interaction within Mathematics Lessons in St Petersburg Russia and the North-East of England. *British Educational Research Journal*, 32 (3), 411-441.

② 吴康宁主编：《课堂教学社会学》，南京师范大学出版社 2000 年版，第 5 页。

③ Wedin, A. (2010). Classroom Interaction: Potential or Problem? The Case of Karagwe. *International Journal of Educational Development*, 30, 145-150.

④ Lobman, C. L. (2006). Improvisation: An Analytic Tool for Examining Teacher-Child Interactions in the Early Childhood Classroom. *Early Childhood Research Quarterly*, 21, 455-470.

(二) 研究取向的整合化

班课互动研究领域，迄今为止主要积累起了量化研究、质的研究以及混合性研究三种基本取向。六十多年班课互动研究的历程表明，其研究取向逐渐凸显出整合化的趋势。在20世纪50～70年代，班课互动研究主要以量化研究为主。研究者们最初倾向于开发和设计出各种不同的观察量表，进而对班课互动行为进行归类、统计和分析，之后慢慢发展到以实验设计为主，操作和控制影响互动的各种变量，企图解剖和建构起最优化的班课互动范型。①

随后，人们对影响班课互动的深层原因更感兴趣。20世纪80年代后，语言学、文化哲学、解释学与现象学等迅速发展，促进了班课互动质性研究取向的兴起，其根本旨趣在于加深理解，即不仅重视表征于外的班课互动行为，更关注引起班课互动的师生之价值、观念以及师生群体的文化特质等。② 从这个意义上看，质性研究取向包容着量化研究取向。

随着理解的不断深化，班课互动研究的根本价值逐渐凸显，并引领着研究者们走向了优化班课互动的行动研究取向。行动研究最根本的特性在于改善实践，在一定程度上可以说是功能主义取向的。于是，之前流行的量化研究和质性研究又都融入了以“优化班课互动”为终极价值目标的行动研究里。③

(三) 研究工具的多样性

理论视角的多元化与研究取向的整合化，已产生出各式各样的研究工具。总的来说，从研究取向上划分，其主要可分为量化工具和质性工具；从所凭借的媒介来看，研究工具则已发展起纸质型和电子型两种基本类型。

20世纪60～70年代，早期班课互动研究者针对传统授受式教学开发出了常规的话语分析程序，即教师发起（initiation）、学生回答（response）和教师跟进（pursue），简称IRP模式，还有一简化模式，即发起与回应（IR）模式。④ 而弗兰德斯（Flanders，N. A.）等开发出来的弗兰德斯互动分析系统，则提供了可直接操作和使用的观察记录表、编码和分析技术，在国际上被广泛接受并得到不断改进和发展。

随后，由于量化统计分析技术的发展，各种各样的班课互动问卷也随之诞生。1993年，伍贝斯（Wubbels，T.）和利维（Levy，J.）等基于系统理论开发出了调查教师互

---

① Amidon，E. &Simon，A.（1965）. Teacher-Pupil Interaction. *Review of Educational Research*，35（2），130-139.

② Poulou，M. S.（2009）. Classroom Interaction：Teachers' and Students' Perceptions. *Research in Education*，82（1），103-106.

③ Jachova，Z.（2008）. Analysis of the Teacher-Pupil Interaction within the Inclusive Classroom—Case Study of A Child with a Cochlear Implant. *Journal of Special Education and Rehabilitation*，9（3-4），7-22.

④ Sinclair，J. M.，&Coulthard，M.（1975）. *Towards an Analysis of Discourse*. London：Oxford University Press，57.

动行为的问卷①。这一问卷在国际范围内得到广泛验证和应用。接着，由我国台湾学者余晓清等基于科学班课互动研究的实验，开发和编制出了中文版的教师互动行为问卷，这一量表主要包括五个子量表：挑战，鼓励和表扬，无声的支持，理解和友好，控制。经过修订后的教师互动行为问卷包括 40 道题，其中每道题都使用五点计量法，标记为“经常不”“很少”“有时”“经常”和“很经常”这五个不同程度来计分。② 这些问卷的编制都基于一种前提假设，即认为教师互动行为对于班课互动的质量起着十分关键的作用。

随着研究的不断深入，人们发现班课互动的质量更多的是取决于一种整体的互动环境。与此同时，情境认知和情境学习理论的提出和发展，也催生出了一种新的考察整体班课互动环境的方式。群落学习共同体（Tribes TLC）教育中心开发出了专门的班课互动分析系统，它包括“反思群落学习共同体：教师班课互动问卷”以及“反思群落学习共同体：学生班课互动问卷”。③ 如今，信息通信技术水平的迅速提高使开发、创新和完善班课互动研究工具有了无数的可能性。例如，史密斯（Smith，F.）等于 2003 年开发出了专门用于分析小学班课互动的电脑系统。这一系统能够很方便地记录下班课对话的不同频率以及不同类型对话之持续时长。它可灵活移动，易学且适用性强。这就为研究者们快速地捕捉到教师和学生在班课互动中的情况提供了有效工具。④

与量化的工具开发相比，质性研究的工具则相对来说没有那么严谨，这与其理论基础与价值取向是密切相关的。当然，收集来的质性数据最终也需要根据研究者的研究问题和理论框架进行编码和转录，从而更便于分析。

三、班课互动研究的趋势

虽说班课互动研究开展的时间并不长，但是无论是主题、方法还是成果方面，都已经取得了长足的进展。

（一）从本体论视域拓展到方法论视域

在哲学层面上看，班课互动研究正在从本体论视域向方法论视域拓展。一开始，人们只是将班课互动视为班课环境的一个重要组成部分，或是班课活动的一个必要环节来对其展开研究，这是本体论意义上的研究。随着班课互动研究的发展，大量的研究结果显示，班课互动的质量与学生学习显著相关，这促成了对班课互动有效性的追求。伴随着互动理论的蓬勃发展，班课互动的本体性研究逐渐走向了将互动作为特殊的教学方法

① Wubbels，T. & Levy，J.（Eds.）.（1993）. *Do You Know What You Look Like? Interpersonal Relationships in Education*. London：Falmer Press.

② She，H. C. & Fisher，D.（2002）. Teacher Communication Behaviour and Its Association with Students' Cognitive and Attitudinal Outcomes in Science in Taiwan. *Journal of Research in Science Teaching*，39（1），63-78.

③ Rubie-Davies，C. M.（2007）. Classroom Interactions：Exploring the Practices of High-and Low-Expectation Teachers. *British Journal of Educational Psychology*，77，289-306.

④ Smith，F. & Hardman，F.（2003）. Using Computerised Observation as a Tool for Capturing Classroom Interaction. *Educational Studies*，29（1），39-47.

（或教学模式）的转型，也就是转入方法性研究。

因此，互动教学在教育研究领域获得了一席合法地位。20 世纪 90 年代末，英国的国家数学课程政策就提出和倡导互动教学（interaction teaching)。① 随后，我国 2001 年颁布的《基础教育课程改革纲要（试行)》也明确提出“教师在教学过程中应与学生积极互动、共同发展”，“逐步实现教学内容的呈现方式、学生的学习方式、教师的教学方式和师生互动方式的变革”。② 如今，互动教学在我国已凸显为主要的教学方式（或教学模式）之一。

（二）从行为研究走向语言认知研究

在心理学层面上看，班课互动研究正在从行为研究走向语言认知研究。20 世纪初，在心理学研究中兴起了行为主义，它以反对身心二元论为旨趣，聚焦于可以记录和观察到的行为去解释和理解人类的所有行为，这无疑为班课互动的研究提供了理论基础。初期的班课互动研究，甚至包括当今一部分班课互动研究，仍然聚焦于师生行为，进而去分析、推测互动主体的心理活动。但很快地，人们就发现了这一研究取向的局限性，因为它无法解释班课互动主体所具有的复杂感知觉、思维活动等是如何转化为行为的。此时，思维与语言内在联系的发现，促使心理学家们转而开始专门研究语言，进而阐释思维的活动规律。这也就推动了班课互动行为研究发展到班课互动语言认知的研究。

（三）从聚焦学业走向关注公平

在社会学层面上看，班课互动研究正在从聚焦学业走向关注公平。将班课互动视为特殊的群体活动来予以研究，为改善班课互动提供了许多重要的理论成果。但由于人们研究班课互动的初衷是为了优化班课互动，提高班课教学有效性，进而提升学生学习，因而班课互动的社会学视角观照大多停留在对互动主体的行为及其改善、互动主体的关系及其改善以及互动活动的结构及其改善等问题上。随着社会大背景下民主、平等等社会意识的觉醒，教育公平凸显为教育研究的热门主题。随着教育公平追求从机会均等向结果公平以及过程公平推进，班课互动研究的回应就表现为探讨教学互动过程中的性别差异、种族差异、社会地位的差异等问题，力图找出其原因进而加以矫正。

（四）从一般教学深化到具体课目教学

在教育学层面上看，班课互动研究正在从一般教学取向深化到具体课目教学取向。以往的班课互动研究多关注一般化的班课互动，停留于考察普遍性强的师生互动行为、语言、情感和思维的特征，忽略其与课目知识学习之间的内在联系。现在，更多的研究者开始从各个具体课目的认识论视角出发，整合个体认知研究与社会文化研究，重新观察和研究课目教学中的班课互动，进而为发展“课目性的学习理论”，促进课目教学而提供有利的实证。例如，1997 年斯坦柏林（Steinbring，H.）在分析已有的建构主义

---

① Wilson, L., et al. (2006). A Comparison of Teacher-Pupil Interaction within Mathematics Lessons in St Petersburg Russia and the North-East of England. *British Educational Research Journal*, 32 (3), 411-441.

② 教育部:《基础教育课程改革纲要（试行)》，2001 年 6 月 7 日。

和社会文化主义认识论基础上提出了数学班课文化中符号互动的认识论三角（参见图13-1）。

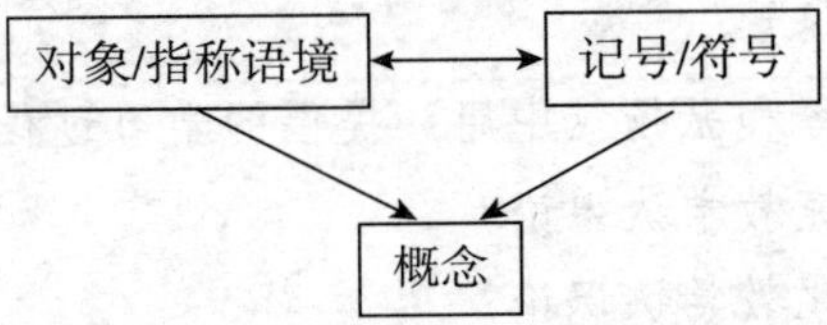

图 13-1　数学班课中的认识论三角模型①

用这样一个认识论三角模型，去观照已有的数学班课教学，就容易发现教师在与学生的互动中往往会忽略学生已有的认识基础，直接呈现数学符号而并未提供参照背景，进而导致学生的数学学习困难。

在二语习得教学中，班课互动研究则聚焦于对班课话语的分析。由于语言分析哲学的兴起，班课话语分析目前已发展成为了二语习得研究的重点，是专门的研究领域。已有的班课互动话语研究形成了两大流派：认知取向（cognitive orientation）和社会取向（sociological orientation）。从认知视域出发，班课互动研究主要关注话语的输入、互动与输出；而从社会文化视域出发，班课互动则更多的是强调与形式协商（the negotiation of form）、相对的意义协商（the negotiation of meaning）、话语转换（turn-taking）等相关的研究主题。这些研究不仅帮助我们进一步认识语言发展的影响因素，也促进我们进一步理解班课互动行为的意义。

（五）从传统班课走向现代班课

在文化学层面上看，班课互动研究正在从传统班课定位走向现代班课定位。现代社会可谓是技术文化统治的社会，虽常被指责为工具理性霸权，但无可否认，技术确实彻底地改变了班课互动的形式，需要我们加以认识、理解和改善。传统的班课互动基本上局限在班课这一狭小的时空范围内，互动系统的基本构成要素主要有教师、学生、教材和传统的教具，因而导致传统班课互动大多是授受式。

现代班课互动文化由于有了现代媒体的介入，其时空范围通过网络拓展到无限广阔的网络虚拟世界，而基本构成要素也由于技术的创新而不断得到充实。如，史密斯（Smith，F.）等专门研究了电子交互白板对于班课互动质量的影响。当然，技术文化为班课互动研究所带来的变化还不止于此，它将会全方位地影响着班课，改变着班课互动的目标、内容、形式以及效果、评价等。②

① Steinbring，H.（1997）. Epistemological Investigation of Classroom Interaction in Elementary Mathematics Teaching. *Educational Studies in Mathematics*，32（1），51.

② Smith，F.，et al.（2006）. The Impact of Interactive Whiteboards on Teacher-Pupil Interaction in the National Literacy and Numeracy Strategies. *British Educational Research Journal*，32（3）：443-457.

思 考 题

1. 如何深入理解、阐释和弘扬《中庸》提倡的学习过程环节论?
2. 如何深入学习和研究教学认识论?
3. 如何研究与发展文化教学认识论?
4. 如何深化教学原则的研究与革新?
5. 根据“班课互动研究的趋势”，提出并阐释一个你拟开展研究的班课互动课题。

第十四章　教学方法与策略

通过长期的实践和研究，人们探索和建构了大量的教学方法与策略，并对它们进行了总结与概括，形成了具有一般性的教学方法与策略领域。

第一节　教学方法与策略概述

人们为了有效教学，一直在探讨与研究怎样教学的问题，形成了一个特殊的理论与实践领域。在这个领域中，国内外使用最广的是教学方法（method）和教学策略（strategy）两词，也常见教学模式（model）、教学样式（mode）、教学方式（approach）和教学途径（way）等术语。本书将其统称为教学方法与策略。

一、有效教学的概念

教学方法旨在实施与促进有效教学，而有效教学又总是随学习理论的进步而不断发展。

（一）有效教学的含义

有效教学取决于教师、学生及其使用的方法，与教师的教学效能感、教学风格和学生的学习风格密切相关。

1. 教学效能感

自我效能感（self-efficacy）是指人们对自己是否能够成功地从事某一行为的主观判断。教师教学效能感，是教师在教学活动中对自己所具有效完成教学工作、实现教学目标的能力的知觉与信念。① 它是影响学生学习结果的一个重要变量，包含一般教育效能感和个人教学效能感两种成分。前者是指教师对学和教的关系、对教育作用于学生发展等一般性问题的主观判断。后者是指教师对自己教学效果的认识和期待。教师自我效能感的影响因素主要有：教师行为的成败经验（直接经验），替代性经验（间接经验），他人的评价、劝说及自我规劝，以及来自情绪和生理状态的信息。②

---

① 参见俞国良、罗晓路：《教师教学效能感及其相关因素研究》，载《北京师范大学学报（人文社会科学版）》2000 年第 1 期。

② 参见李红等：《教师教学效能感与学生自我效能感研究》，载《高等师范教育研究》2000 年第 3 期。

促进和培养教师教学效能感的有效途径比较多，主要有：教学中设法让教师多体验成功，提供良好的榜样示范，多进行积极有效的言语鼓励，提高教师的元认知能力，引导教师进行积极的归因，以及建立良好的师生关系。①

2. 教学风格与学习风格

教学风格（teaching styles）是教师个人的态度、价值、个性、先前的经验以及资源的可用性相整合的结果。② 学习风格（learning styles）是学习者持续一贯的带有个性特征的学习方式和学习倾向。③ 教学是师生双边活动，要达至有效教学，学生要调整自己的学习方式和策略，以适应不同教师的教学风格；同时，教师也须采取各不相同的教学方法与策略，以适应各个学习者的个别差异。倘若教师的教学风格与学生的学习风格有较大差异，可能会导致师生间的冲突。所以，教师要尽可能多地注意学生的言行举止，创设能促进学生最快进步的学习环境，提供各种机会，让学生能够灵活适应不同教师的教学风格。

研究和实践表明，教师尊重学生的学习风格并据以进行教学，学生的学习表现就好，学业成就提高就快；学生对学校、学习活动、教师以及对自身的态度均向好的方面变化；学生的违纪、逃学、辍学和过失行为明显下降。

3. 有效教学的发展

学习理论从行为取向到认知取向再到情境取向的变革，促使有效教学呈现出从“教师中心取向”到“学生中心取向”再到“生态化取向”的发展趋势。④

行为主义强调学习刺激与强化，借以发展起来的教师中心取向的有效教学，就突出教师在教学中的主导和决定作用，同时也强调学生的客观行为的建立与改善，使学习结果外显。

认知主义突出的是学习者对学习刺激或感觉经验的同化与顺应，借以发展起来的学生中心取向的有效教学，关注的焦点是学生，指明了学生的认知、态度与自我调节等的教学中介作用，强调学生已有经验、学习策略和基本认知能力等在认知建构中的作用。

近年来兴起的情境学习理论指出，学习实质上既不是教师向学生传授东西，也不是发生在人的大脑里面，学习乃是人与其所处具体环境之间的一种生态化的互动。据以发展起来的生态化取向的有效教学，强调情境认知，主张有效教学应该统筹考虑学习者、教育者、教学内容与环境等各个要素，将学生的学习与发展置于开放性的、与外界不断互动的生态化的系统中来考虑；强调个体与其所依存的物理和社会情境的相互作用，指

---

① 参见李锐等：《试论教师的教学效能感与教师素质》，载《现代教育科学》2003 年第 4 期。

② See Marsh，C. J. （1997）. *Planning，Management and Ideology：Key Concepts for Understanding Curriculum 2*. London：The Falmer Press，59.

③ 参见谭顶良：《论学习风格及其研究价值》，载《南京师范大学学报（社会科学版）》1994 年第 3 期。

④ 参见姚梅林等：《从学习理论的变革看有效教学的发展趋势》，载《北京师范大学学报（社会科学版）》2003 年第 5 期。

出情境是整个学习中的重要而有意义的组成部分；提出学习在实质上是个体参与实践、与他人及环境等相互作用的过程，是形成参与实践活动的能力与提高社会化水平的过程。因此，促进学生学习的有效教学，需要创设有助于学生探究、互动和社会化的实践环境，提供包含着活动参与方式和现实问题的开放式课程，对学生的探究和参与实践活动的能力进行多元评价。

这三种取向的有效教学，在理论依据与教学措施等方面各有侧重。但从实践的角度来看，它们所提出的各种教学方法与策略，能够在多样化的教育实践中，各自发挥其独到的、有针对性的作用，同时彼此又具有很强的互补性。

（二）有效教学的新取向

教学方法与策略，旨在实现和促进有效教学。而有效教学又总是与有效教师和有效学习相互联系在一起的。有效教学（effective teaching），也就是教学有效性（teaching effectiveness），虽然说是人类对学校教育的永恒追求，然而却是到了20世纪初随着教育科学化运动才成为理论与实践的主题之一的。一个多世纪来，人们一直很难给有效教学下一个贴切的定义，只能将有效教学作为一种理念对其内涵与取向进行描述和阐释。

1. 有效教学的新理念

作为一种理念，有效教学的内涵一直随着教学价值观、教学的理论基础以及教学研究的范式变化而不断扩展与变化。“实际上，有效教学是人们在特定教学价值观支配下，依据教学研究的成果所描述的一种理想的教学愿望。”① 在我国，当前有效教学理念，一是关注全人发展，二是促进有效学习，三是呼唤效率意识，四是要求反思与创新。

西方的有效教学研究与发展积累比较丰富，对有效教学概念的界定比较多样。概括起来，西方学者对有效教学的解释存在着“目标”“技能”与“成就”三种不同取向。②一是目标取向的有效教学理念。比如有学者认为，有效的教学就是指学生在教师的指导下成功地达成了预定学习目标的教学。这种取向既强调预期的教学目标的达成，又强调判断有效教学的标准是教学目标达到的程度。二是技能取向的有效教学理念。这种取向认为，对有效教学的理解起码应从两个方面进行：其一，有效教学是复杂的智力的要求和社会性挑战的工作；其二，有效教学是由一系列可获得的、可改进的和可发展的教学技能来完成的。三是成就取向的有效教学理念。随着英美等国政府和民众对提高学生学术成绩的强烈呼声，通过有效教学提高学生学习成绩的研究也开始进一步增加。这就促使研究者更多地将目光放在了有效教学与学业成就关系的研究上。

2. 有效教师

有效教学需要有效教师（effective teacher）。很早以前，人们从角色扮演的角度将有效教师定义为“好的教师”（good teacher），旨在满足大家对教师应该是一个好公民、好父母和好雇员的理想。判断一个老师有效与否，首先是看其善良表现，其次才看其班

---

① 崔允漷、王少非：《有效教学的理念与框架》，载《中小学教材教学》2005年第2期。

② 陈晓端、Stephen Keith：《当代西方有效教学研究的系统考察与启示》，载《比较教育研究》2005年第8期。

课教学行为。这样的理想教师，缺乏教学表现的清晰而客观的标准，难以用在他人身上，难以用于未来教师培养。因此，这种定义很快让位给了新的定义："努力辨识一位好教师的心理特征，包括人格、态度、经验、能力倾向以及已获成就。"①

3. 有效学习

近年来有效教学理念与取向，凸显出学生学习成功（success in learning）主题。这样，有效教学就可以被看成是通过有效的教学准备、有效的教学管理、有效的教学活动和有效的教学评价来促进学生学习与发展的教学。学习成功，事实上必须通过学生的学习活动才能达成。"认知研究已经揭示，学习并非一定是教学的结果，有效学习实质在于学生理解把握的质量，而不是教师提供的信息数量。学生唯有在他们实际做的过程中才能理解把握透彻。"②

因此，当代有效教学探究逐渐聚焦到有效学习上。一些新的有效学习理念与方式开始形成，其中有"对话学习"（learning through dialogue）、"学习者共同体"（community of learners）和"元学习"（meta-learning）三大理念，③ 它们在促进学生学习上发挥着日益重要的作用。

二、教学方法概述

教学方法的概念一直处于发展变化之中，诸多探究多是对内涵的阐释，难以形成一个大家公认的定义。

（一）教学方法的阐释

对教学方法的概念，人们有不同的理解与阐释，目前在我国有代表性的说法有以下几种。

活动说："教学方法是指为达到教学目的，实现教学内容，运用教学手段而进行的，由教学原则指导的，一整套方式组成的，师生相互作用的活动。"④

手段说：教学方法是"为了完成一定的教学任务，师生在共同活动中采用的手段。既包括教师教的方法，也包括学生学的方法"⑤。

方式说："教学方法，是在教学过程中，教师和学生为实现教学目的，完成教学任务而采取的教与学相互作用的活动方式的总称。"⑥

---

① Borich, G. D. (2004). *Effective Teaching Methods* (5th Ed.). NJ: Pearson. 4.

② VanGele, P. (2009). Does the Use of High-Fidelity Human Patient Simulators in Nursing Curricula Lead to Effective Learning: A Systematic Review of Literature? *Clinical Simulation in Nursing*, 5 (3). 2-15.

③ Carnell, E. (2007). Conceptions of Effective Teaching in Higher Education: Extending the Boundaries. *Teaching in Higher Education*, 12 (1). 25-40.

④ 王策三著：《教学论稿》，人民教育出版社 1985 年版，第 244～245 页。

⑤ 《中国大百科全书·教育》，中国大百科全书出版社 1985 年版，第 151 页。

⑥ 李秉德主编：《教学论》，人民教育出版社 1991 年版，第 197 页。

这些理解和解释，各有所长，也各有所短，为深入理解和把握教学方法的概念奠定了基础和提供了启示。

（二）教学方法的含义

教学方法是一个很难定义的术语，它由“教学”和“方法”组合而成，其中“教学”是关键，“方法”是核心。众所周知，“教学”术语涵括“教授”（teaching）、“学习”（learning）、“教学”（instruction）和“教与学”（teaching and learning）四个术语及其含义。教学在广义上是指教的人指导学的人以一定文化为对象进行学习的教育活动，在狭义上则专指学校教学，是为达成一定教育目标，教师组织和引导学生学习掌握专门课目主题内容的一种特殊活动。显然，在教学中，学生的学习是根本，教师的教授与指导不可少，一定的教育目标是方向，学习对象则是特定的课目主题。“方法”术语，指的是认识和改造“自然界、社会现象和精神现象的方式、手段”①。在教学领域，“用来解释方法的词常有：‘手段’‘方式’‘规则’‘办法’‘途径’‘程序’等”②。

教学活动是教与学的双边活动，包括了教师的教授和学生的学习，所以教学方法就包含了教法（教授方法）、学法（学习方法）、教与学的方法以及教学方法。这样，更深入更全面的理解应该为：教学方法是为了达成一定的教育目标，教师组织引导学生进行专门课目主题内容的学习活动所采用的方式、手段和程序的总和；它包含了教师的教法、学生的学法、教与学方法。教法，是教师为完成教学任务所采用的方式、手段和程序；学法，是学生在教师指导下获得知识、形成技能、发展能力和养育个性品质过程中使用的各种方式、手段与程序；教与学方法，是指在教学过程中教师为了完成教学任务所采用的教授方法和学生在教师指导下的学习方法。

人们孜孜不倦地探讨与发展教学方法，意在促进教师的教学和学生的学习都越来越有效。因而，教学方法内在地关涉着有效教学与有效学习，而追求有效教学与有效学习，就必然要求优化或创新教学方法。

（三）教学方法的发展

当代教学观从重教向重学的进化，也渗透到了教学方法的发展之中。

1. 教学方法观的演变

几百年来，价值观的转变带动了教学观的发展，进而导致了教学方法观的嬗变。

文艺复兴以后，人类的价值观，从以神为本转到了以人为本，进而又从成人本位转到了儿童本位。在这一背景下，教学观念产生了根本性的转变，从以神为中心转到了以儿童为中心。儿童是发展的，发展潜能是无限的，教学的根本目的是实现儿童的潜能。这实质上是一种此岸世界的终极关怀，为的是使学习者在现实世界获得物质满足的同时获得精神满足，成为一个现实生活中的幸福成长者。

在教学方法观上，西方教育界在古代重视和提倡的是教法。后来随着学习心理学的兴起，转到重视和倡导学法。有人敏锐地批判了这两种提法偏颇而极端的倾向，倡导教

---

① 冯契主编：《哲学大辞典》，上海辞书出版社 1992 年版，第 278 页。

② 李方：《论教学方法的概念及历史变迁》，载《现代教育论丛》2002 年第 4 期。

与学方法。到了20世纪中期，教学是“传授知识经验”的观念被超越，“教学是一种引导过程”的观念开始流行并确立起来。人们更多的是使用“教学”（instruction），而对“教”和“学”进行了限定；随之也在方法上强调教学中教与学的统一，强调教学中的引导特性，开始提倡和使用教学方法（methods of instruction）。这样的转变，不仅仅是理论上的，而且是实践上的。

在我国，一贯的观念是重视和使用教授方法。到20世纪初，随着欧美进步教育思想在我国的传播，人们开始重视和提倡教学方法。20世纪20年代，陶行知先生提议把“教授法”改为“教学法”，为此还在南京高等师范学校校务会议上辩论了两个小时，不能通过，他因此愤而辞去该校教育专修科的主任职务。后来，苏州师范学校带头采用“教学法”一词，该词便逐渐通行起来。① 这种改变是重要的，但是名称术语的改变，却难以同时改造教学法的以“教”为中心的历史规定性。到了20世纪80年代，西方儿童本位的教育观广泛流播，对传统教学方法观开展了批判，在理论上开始重视和提倡以“学”为主的教学方法。

2. 教学方法与内容、目标的关系

实际上，学生的学习就是教育内容内化为学生发展成果的过程，这是一个从外到内的过程，是不会自动完成的，必须借助于一定的教学方法。不同的内容，是以作为学习主体的学生的身心发展水平为依据的，小学生有自己特定的学习内容，中学生也有自己特定的学习内容。既然教学方法是以学生的学习规律为依据，那么，以学生学习规律为依据选择的教育内容，就自然成了选择教学方法的依据。因此，一般而言，教学内容决定教学方法。反之，教学方法一旦选定之后，却并不完全是被动的，它会对教学内容产生强大的反作用。

一切教学过程得以形成的基点是价值目标，所以教学方法概念的基点，不是内容的范畴，而是目标的范畴。内容仅仅是实现目标的“素材”而已，内容是受目标制约的，方法是受“目标—内容”关系所制约的，教学过程是由以目标为基点的“目标—内容—方法”的教育学范畴体系构成的。方法、内容与目标之间的关系是多向和多层的网络结构，同一个目标，可以通过不同的内容和方法来实现，而同一种内容和同一种方法，可以实现不同的目标。

所以在教学目标、内容与方法之间，目标和内容分别制约着方法，“目标—内容”关系则决定着方法；而方法，则是传递内容和实现目标的可供选择的有效工具。总之，教育价值决定内容与方法，进而所选内容因为包含着价值目标，也决定着方法。

3. 教学方法的选择与使用

人们创用的教学方法数不胜数，而各种教学方法均各有利弊。所以，“教师在实际教学中必须结合具体的客观条件和自己的主观情况，周密计划，选用并组织好具体教学方法的实施程序，方可望取得优良的教学效果。”②

① 参见陶行知著：《教学做合一讨论集》，上海儿童书局1934年版，第2～3页。

② 李秉德主编：《教学论》，人民教育出版社1991年版，第217页。

人们在选择教学方法时，需要考虑的主要依据有：教学的具体目标与任务，教学内容特点，学生的身心发展状况，教师自身的素养，教学方法本身的特性以及教学时间和效率的要求。另外，还需考虑教学环境、教学设备条件，并综合考虑各种各样的因素，从中找到一个平衡点，再来确定教学方法。

教学方法被选择确定之后，在实际教学活动中，既需要调整，也可以加以创新。

三、教学策略概述

教学策略的概念有广义和狭义之分。广义的教学策略既包括教师教的策略，又包括学生学的策略，还包括互动式教学策略；狭义的教学策略仅指教师教的策略。

（一）教学策略的概念

长期以来，人们对教学策略的概念进行了探索与阐释。

1. 教学策略的含义

在教育领域，“策略”主要指教育教学活动的顺序安排和师生间连续的有实在内容的交流。[①] 在广义上，教学策略是指在课程与教学目标确定以后，依据学生的学习规律和特定的教学条件，有针对性地选择与组合相关的内容、媒体、评价技术、技能技巧、方式方法和各种手段等，以便形成具有效率意义的特定教学方案的原理、原则和方式。教学策略的概念，突出强调教学组织实施的计划性、互动性和学习理论基础。在狭义上，教学策略则指实际教学活动中使用的有效教学手段。

教学策略与教学方法，都有广义与狭义之分，既密切联系又相互区别。当使用广义的教学方法时，就包含了教学策略。而当使用广义的教学策略时，则包含了教学方法。在这个意义上，教学方法的选择和使用只是教学策略的一部分，教学策略包含对教学过程中其他相关资源的合理组织、调控和管理。

2. 教学策略的基本特征

教学策略有综合性、可操作性、灵活性和层次性四大基本特征。[②] 综合性是指选择或制订教学策略必须对教学内容、媒体、组织形式、方法、步骤、技术与评价等要素加以综合考虑，将它们的结构与功能进行整合。可操作性表明教学策略不是抽象的教学原则，也不是在某种教学思想指导下建立起来的教学模式，而是可供教师和学生在教学中参照执行或操作的方案，有着明确具体的内容和应用的基本步骤。而在教学实施的过程中，教师可以根据具体的教学情境对有关教学策略的要素进行变通和组合，具体问题具体分析，这就是教学策略的灵活性。从教学实践看，教学策略至少有两个层次。一个层次是教学监控策略，它以反思性为其特征，将对教学各方面因素的考察提高到一个一般策略性认识的水平，并体现在教学过程的方方面面。另一个层次则侧重于具体教学目标，因为教学策略是针对具体教学目标而制订的，只有根据教学目标有效地选择和使用

① 中央教育科学研究所比较教育研究室编译：《简明国际教育百科全书·教学》（下），教育科学出版社 1990 年版，第 261 页。

② 参见周军著：《教学策略》，教育科学出版社 2003 年版，第 18～19 页。

具体的教学策略才能成功地达到教学目的。

（二）教学策略的分类

长期以来，人们创用了许多有效的教学策略，它们可以根据教学因素、教师行为、教学成分、学习结果和活动主体不同进行分类和把握。

1. 依据教学因素的分类

教学策略均是以某个构成教学活动的主要因素为中心而形成其策略框架，然后围绕该中心将其他相关要素进行有机整合。因此，依据所含中心教学因素的不同，教学策略可以区分为方法型策略、内容型策略、方式型策略和任务型策略。①

方法型策略，以所包含的教学方法因素为基本特征。因为教学方法在呈现教学信息和引导学生活动上有不同的倾向性，所以方法型教学策略又分为讲授性和发现性两类。讲授性策略是指向学习者系统传授知识的策略，发现性策略是指促使学生自己发现问题，并通过解决问题而掌握知识的策略。

内容型策略，侧重于教学内容的特点和需要。通过分析教学内容的性质和内在逻辑结构可知，知识的获得主要强调知识结构和问题解决这两个方面。强调知识结构的策略，主张抓住知识的主要部分，构建简明的知识体系。问题解决策略近年来颇受关注，美国、英国和日本等国有不少人提出了“问题解决作为学校教育的中心”的主张。显然，它已不仅指培养学生的解题能力，更是一种带有全局性的教学指导思想，有着根本性的创新意义。②

方式型策略，是以教学组织为中心建构策略框架的。根据教学组织的不同，英国学者珀西瓦尔（Percival，F.）区分出了以教师/学校为中心的策略和以学生为中心的策略。教师中心策略，是学校中最常见的教学策略，指教学内容主要由学校和任课教师决定，教学时间的安排以及任课教师的选择都是学校安排的，学校和教师在这种教学活动中起主导作用。学生中心策略的主要目的是为适应学生个人学习方式的需要，学校和教师提供影响学生发展的教学资源，以组织和引导学生进行学习。在当今的学习化社会中，这种教学策略是一种理想的教学策略。

任务型策略，以教学任务或学习任务为中心，在分析任务、创设学习条件的基础上，形成教学策略框架。任务型策略，主要有练习性策略、问题定向性策略和综合能力策略。它紧紧围绕教学任务，既反映教学目标（学习目标），有很强的针对性，又规定了针对不同学习目标要采取的教学措施，创设相应学习条件，有较强的实用性和可操作性。

2. 依据教师行为的分类

根据教师在班课教学情境中的行为方式及其发挥的功能，可以把教师行为分为主要教学行为、辅助教学行为和班课管理行为。相应地，根据教师行为，教学策略分为主要

---

① 参见李康：《教学策略及其类型探析》，载《西北师范大学学报（社会科学版）》1994年第2期。

② 参见袁振国主编：《当代教育学》，教育科学出版社2004年版，第196页。

教学行为策略、辅助教学行为策略和班课管理行为策略。[①]

主要教学行为是教师在课堂上为完成某一目标或内容定向的任务所表现出来的行为，与之相应的策略有呈示策略、对话策略和指导策略。呈示策略依照使用手段的不同，又可分为讲述、板书、声像呈示和动作呈示四种；教学对话策略，主要包括问答和讨论；常用的指导策略主要有练习指导、阅读指导和活动指导。

辅助教学行为是教师在班课上激发学生的学习意向或完成教学情境的问题定向任务所表现出来的行为，这些行为是为主要教学行为服务的，主要包括学习动机的培养和激发、有效的班课交流、班课强化技术和积极的教师期望等。

班课管理是指为了保证班课教学的秩序和效益，教师对班课中的人与事、时间与空间等各种因素及其关系进行协调的过程，主要包括对班课问题行为和班课时间两方面的管理。

3. 依据教学成分的分类

依据不同的构成成分，教学策略可分为组织策略、传递策略和管理策略三类。[②] 组织策略是有关教学怎样进行、呈现什么内容以及如何呈现这些内容的策略，主要包括导言、主体、结论和评估四个组成部分。传递策略是有关确定恰当的教学媒体以及如何对学生进行分组的策略。在分组方式上，存在着几种类型，有导师制、个别化教学、集体学习等。管理策略是指在教学设计过程中对选择何种组织策略和传递策略的决策，管理策略追求以最满意的方式使用现有的人力和物力资源。

4. 依据学习结果性质的分类

学习结果，按其性质不同大致分为两类，即“事实、规则与动作顺序”和“概念、模式与抽象理论”。[③] 为了获得不同性质的学习结果，需要不同的教学策略。据此，教学策略可分为直接教学策略、间接教学策略和提问策略。

直接教学策略是以教师为中心的、以教授事实、规则和动作顺序为目的的教学策略，主要强调知识的获得。直接教学策略，主要由教师来提供信息，并尽可能以直接的方式把事实、规则和动作顺序传递给学生。在直接教学中，教师通过传递信息、技能训练等决定了学生“学习什么”以及“如何学习”的问题。[④] 直接教学围绕教师提出的问题组织全班教学，并能提供详细而足够多的练习，这种正式的班课安排，能使学生获得最多的朗读和练习机会，对激起或提高学生的学习兴趣和掌握学习内容是很有效的。

间接教学策略是以教授概念、模式和抽象理论为目的的一种教与学的策略，主要强调探究、发现和解决问题，鼓励形成概念及将概念连成更大的模式和抽象理论的认知过程。间接教学策略，鼓励学生调动自己的经验和已学的知识与当前主题相联系，由此产

---

① 参见施良方、崔允漷主编：《教学理论》，华东师范大学出版社 2000 年版，第 149 页。

② See Smith，P. L. & Regan，T. J. (1992). *Instructional Design* (2nd Ed.). NY：Macmillan Publishing Co.，138.

③ See Borich，G，D. (2004). *Effective Teaching Methods*. NJ：Pearson，176.

④ See Morrison，G. S. (2003). *Teaching in America* (3rd Ed.). Boston：Pearson，429.

生的直接结果是教师在班课活动中的中心地位有所削弱，而学生将获得更大的活动空间。间接教学策略的功能有：内容组织（运用先行组织者）、概念活动（归纳和演绎）、使用正例和反例、利用问题指导探索和发现、利用学生的观点、学生自我评估、开展小组讨论。

直接教学策略与间接教学策略，都使用了“提问”这一行为。提问的目的是让学生能够积极地作出反应和回答并参与学习过程，因此，“问题”是在教师“教”和学生“学”之间架设桥梁的工具。根据问题答案的个数不同可把问题分为封闭性问题（或聚合性问题）和开放性问题（或发散性问题），前者是只有一个正确答案的问题，后者可能有许多不同的答案。对要求掌握事实、规则和动作顺序的行为，最有效的教学方式是使用封闭性的问题，这种类型的问题集中于识记、理解和应用的层次。而对要求掌握概念、模式和抽象理论的行为，则使用开放性问题最为有效，这类问题集中于分析、综合和评价的层次。提问策略要求教师设计和组织好开放性问题和封闭性问题，并根据具体类型的学生定位好问题，以及将问题按有意义的序列进行安排。

第二节 教学方法的特征与类型

当代各种教学方法罗列起来，有成千上万。人们已经分别从“层次特征”“媒介特征”和“行为特征”等几个方面，对教学方法进行了梳理分类，以便把握和应用。

一、教学方法的层次特征

在西方教育理论中，教学方法、学习的课目内容（学程或课程内容）和教育的机构设置，构成了关涉教育实践问题的三个主要领域。在涉及学习的课目内容时，就出现了有争议的重要的实践问题与一般的哲学上的思考之分。前者属于教学方法的领域。这一层次的教学方法通常叫做“具体教学方法”，是同教学经验已证明为正确的原理相一致的教学具体课目的方式，现在演变与发展为“班课教学技能技巧”领域。

后者涉及一般精神态度和操作与课目内容之间的关系，实质上就是个体自身与世界和社会生活之间的关系问题。因此，在具体实践领域与一般理论领域之间，就出现了一个将思想（观念）应用于不同课目（无论纯数学、自然科学，或历史、文学和语言）的方法应根本统一的逻辑问题。有关这种居间问题的方法就被称为“一般教学方法”①。

一般而言，方法是指做某事的意图、方式与程序。实质上，方法包含了人对待外界事物的态度、意向（技术）和程序（操作）。今天，各种各样的教学方法已经形成了一个庞大体系，具有层次性特征。教学方法体系，由原理性教学方法、技术性教学方法和

① See Monroe，P.（Ed.）.（1913）. *A Cyclopedia of Education*（Vol. 4）. NY：Macmillan，202-203.

操作性教学方法三个层次构成。①

（一）原理性教学方法

原理性教学方法，是人们将教育、教学、学习思想应用于课程实施领域的一种指导性的方法取向。诸如启发式教学方法、注入式教学方法、发现教学方法、设计教学方法等，是解决教学规律、教育哲学思想、新教学理论观念与学校教学实践间的连接问题，是教学理念在教学实践中方法化的结果，不具有固定的程序和步骤。这类教学方法中的程序和步骤，是高度抽象化和概括化了的，不具有操作性，不能直接运用于学校各个科目的教学，需要通过影响教学主体的思想、观念与态度，渗透到各门课程所含科目主题具体教学的设计和实施中。

这一层次的方法，最大特点是为具体教学方法提供理论指导，具有原理性，所以被称为原理性教学方法。它们具有“理念的抽象性”“内容的广泛适用性”“程序的非特定性”和“原理的指导性”等特征。

（二）技术性教学方法

技术性教学方法，是一类在教育思想与学校课程实施之间发挥技术中介作用的教学方法。诸如讲授法、讲述法、讲解法、讲演法、谈话法、演示法、参观法、实验法、实习作业法、练习法、讨论法、读书指导法和图例讲解法等，每种方法都适用于学校各门课程或几门课程的教学。

该层次的教学方法具有技术性特点，上接受原理性教学方法的指导，下与学校不同课程的科目主题内容相结合构成操作性教学方法，发挥着中介作用，因此被称为技术性教学方法。它们还具有抽象与具体相统一、对相同性质内容的适宜性和概括化程序等特征。

（三）操作性教学方法

操作性教学方法，是学校教育中各门课程各自独有的各种具体教学方法的总和。诸如劳动技术课的工序教学法，美术课的写生教学法，音乐课的视唱教学法，标枪课中的小步子教学法，外语课的听说教学法和语文课的分散识字法等，是学校教育中不同课程各自具有的特殊而具体的教学方法。

该层次的每种方法，具有内容特定性，只适用于特定的科目主题教学，与各门课程的具体教学内容相结合，有基本固定的程序和方式，教师一旦掌握便可立即操作应用。操作性教学方法具有“方式的具体性”“内容的特定性”“程序的稳定性”和“应用的可操作性”四大特征，其根本特征是可操作性。

原理性教学方法、技术性教学方法和操作性教学方法，既相互区别又相互联系，把庞杂的各种各样的教学方法梳理出了一个基本秩序，构成了一个有机的教学方法体系。这三个层次教学方法的特点及其比较，经归纳列为表 14-1。

---

① 黄甫全：《关于教学、课程等几个术语含义的中外比较辨析》，载《课程·教材·教法》1993年第7期。

表 14-1 三个层次教学方法比较

层 次	对象问题	特 点	举 例
原理性	1. 师生的关系和地位；2. 学生与内容的关系；3. 教学价值取向。	1. 抽象性；2. 适用于各种内容和各种形式；3. 无固定程序；4. 原理性（指导作用）。	1. 启发式；2. 发现式；3. 设计教学法；4. 注入式。
技术性	1. 师生与不同性质内容的相互关系；2. 媒介问题；3. 教学价值取向。	1. 抽象与具体相统一；2. 适用于相同性质内容；3. 有一般性程序；4. 技术性（中介作用）。	1. 讲授法；2. 谈话法；3. 演示法；4. 参观法；5. 实验法；6. 练习法；7. 讨论法；8. 读书指导法；9. 实习作业法。
操作性	1. 教学过程与学习过程的相互关系；2. 内容与手段的时间结构问题。	1. 具体性；2. 内容的特定性；3. 有固定程序；4. 操作性（班课教学的实用价值）。	1. 语文课的分散识字法；2. 外语课的听说法；3. 美术课的写生法；4. 标枪课的小步子法；5. 音乐课的视唱法；6. 劳动技术课的工序法。

二、教学方法的媒介特征

事实上，教学方法是教学活动结构的媒介，具有独特的教学功能，同时也承载着学生学习活动的特点。按照教学方法的媒介特征及学生学习活动的特点，教学方法可以分为“以语言传递信息为主的方法”“以直接感知为主的方法”“以实际训练为主的方法”“以欣赏活动为主的方法”和“以引导探究为主的方法”五大类，每一类又包含若干种具体方法。①

（一）以语言传递信息为主的方法

以语言传递信息为主的方法，是一类通过教师应用口头语言向学生传授知识、技能以及学生独立阅读书面语言为主的教学方法。这类教学方法与人类教育教学活动一起产生，先以口头语言作为主要媒介，文字产生以后又增加了书面语言作为媒介，至今仍然是教学活动中主要的方法。运用这种教学方法，教师和学生之间教与学的知识信息传递，主要是靠书面语言和口头语言的交流来实现的。对学生来说，语言的锻炼和语言能力的发展也是培养他们思维品质的非常重要的方面。这类方法主要有讲授法、谈话法、讨论法和读书指导法。

1. 讲授法

讲授法是教师通过语言系统连贯地向学生传授知识、促进学生发展的方法。国内主要分为讲述、讲解和讲演三种具体方法。教师使用时要注意讲授内容的科学性、系统性

① 李秉德主编：《教学论》，人民教育出版社 1991 年版，第 201～217 页。

和连续性，注意启发学生，并讲究语言艺术。国外主要有系统直接讲授法和整体讲授法两种。前者是指在直接讲授中，学生和教师关注一种目标和需要学习的知识；学生了解当前学习的重要性，教师的示范和讲解能使学生确切地掌握完成一个过程的方法。后者强调从整体到部分的学习——先观看全景，然后再分成若干部分；强调学习过程和学生享有对学习内容的选择权；注重师生间的相互学习，并从过程和结果对学生的学习表现进行真实的评价。①

2. 谈话法

谈话法又称问答法，是教师按一定的教学要求向学生提出问题，要求学生回答，并通过问答的形式来引导学生获取或巩固知识的方法。谈话法具有现代班课教学和教育理论所推崇的师生双向交流、双向反馈和双向调节的特点，对于调动教与学双方的积极思维，培养学生分析、理解和解决问题的能力有重要作用。主要分为复习谈话和启发谈话两种。教师使用时需做到：谈话方式要因人而异，准备好问题和谈话计划，善于把握提问时机和分寸，注意启发诱导学生，谈话结束后做好归纳小结。

3. 讨论法

讨论法是学生在教师指导下为解决某个问题而进行探讨、辨明是非真伪以获取知识、形成技能和发展能力的方法。恰当运用讨论法，能发挥学生的主体作用、学习积极性和主动性，优化学生参与学习的质量与效果，培养学生间的合作与交往能力。教师使用时要做到：结合教师自身与学生的实际，考虑不同学科的特点，灵活运用讨论法，选择有吸引力的讨论问题，讨论过程中要善于对学生进行启发与引导，处理讨论结果要明确、有条理并适当加以扩展和延伸，为理解和掌握下一步的学习内容打下基础。

4. 读书指导法

读书指导法，是教师指导学生通过阅读课本、参考书等以获取知识或巩固知识，培养阅读习惯和能力，养成自学能力的方法。读书指导法主要适用于学生已能相对独立学习的阶段，学生读书是基础和核心，教师指导是关键和前提。包括指导学生预习、复习、阅读参考书、自学教材等。教师使用时要做到，提出具体明确的目标、要求和思考题，教给学生读书的方法，加强辅导和检查，针对存在的问题进行教学，适当组织学生交流读书心得，不断发展学生独立学习的能力。

（二）以直接感知为主的方法

以直接感知为主的方法，是一类教师通过实物或直观教具的演示和组织专门参观等，使学生利用各种感官直接感知客观事物或现象而获得知识、形成技能和发展能力的方法。这类方法具有形象、直观、具体和真实的特点，能激发和强化学生的学习兴趣，吸引和维持学生的学习注意力，但需要有较多的时间保障，同以语言传递信息为主的方法结合起来，就既能获得良好的教学效果，又能提高教学效率。这类方法主要有演示法和参观法。

---

① 参见原青林：《美国有效教学方法简介》，载《比较教育研究》2004年第6期。

1. 演示法

演示法是教师通过展示实物、直观教具或示范性操作，使学生通过观察获得知识技能或巩固知识技能的方法。演示的手段通常有三类：一是展示事物，使学生获得对事物的感性认识；二是用连续的演示，让学生了解事物发生发展过程；三是班课示范性动作或操作。

2. 参观法

参观法是教师根据教学目标和内容的要求，组织学生到工厂、农村、展览馆、自然界、风景名胜区以及其他场所，通过对实物和现象的观察与研究而获得、巩固和应用知识的方法。参观法能让学生扩大视野，在社会和大自然中接受熏陶和教育。

使用直接感知为主的方法，要求做好教学之前的准备，让学生明确教学的目标、要求与过程，讲究演示或参观的具体方法，引导学生有目的有重点地进行观察并做好总结工作。

（三）以实际训练为主的方法

以实际训练为主的方法，是一类在教师指导下，学生通过练习、实验和实习等实际活动，巩固并完善所学知识、技能和技巧，向更高层次发展的方法。这类方法以学生的实践活动为基本特征。教育心理学的研究和教学实践表明，技能包括外部动作技能和内在的心智技能两方面。技能技巧的形成与完善，始终是与动作技能和心智技能相互联系、相互依存的。特别是动作技能的形成，始终受心智技能的支配和调节。如写字、运算、实际操作等方面的技能的形成和熟练，不能仅仅依靠语言的传授，还必须依靠实际训练。在教学活动中，以实际训练为主的方法包括练习法、实验法和实习作业法。

1. 练习法

练习法是学生在教师指导下运用知识去反复完成一定的操作以形成技能技巧的方法。根据学科性质和任务的不同，可分为各种口头练习、书面练习、实际操作练习、模仿性练习、独立性练习或创造性练习等。使用时要求学生有一定的知识基础，提高练习的自觉性，做到循序渐进、逐步提高与严格要求。

2. 实验法

实验法是教师指导学生运用一定的教学设备，进行独立作业，体验并观察事物和过程的发生与变化，探求事物的规律，以获得知识、形成技能技巧的方法。实验法可以培养学生的探索创造的精神和严谨科学的态度，分为感知性实验和验证性实验。使用时需注意做好实验前的准备，使学生明确实验的目标、要求和做法，注意实验过程的指导，做好实验小结。

3. 实习作业法

实习作业法是教师指导学生进行一定的实际操作或其他实际活动，以获得知识和培养实际操作技能、技巧和发展能力的方法。实习作业法，能有效培养学生独立操作的意识和能力。使用时要求做好实习作业的准备、动员和指导，重视实习作业结果的总结和反馈，培养学生自我监控和评价的良好习惯。

（四）以欣赏活动为主的方法

以欣赏活动为主的方法，简称为欣赏法，是指教师在教学活动中，创设一定教学情境，或利用特殊内容和艺术形式，使学生通过体验事物的真善美，陶冶性情和培养正确的态度、兴趣、理想和审美能力的方法。在中小学教学中，欣赏主要有三类：一是艺术美和自然美的欣赏，如对音乐、美术、文学作品和大自然的欣赏；二是道德美的欣赏，如对教学内容中的人物和事件中的道德品质的欣赏；三是理智美的欣赏，如对科学研究中追求真理、严密论证、发明创造、探索精神等的欣赏。

在教学中，欣赏法同其他方法有机结合使用，能有效激发学习者的学习动机，引发浓厚的学习兴趣和强烈的求知欲。应用欣赏法时需做到，引发学生的学习动机和兴趣，激发学生强烈的情感反应，并照顾好学生欣赏活动的个别差异。

（五）以引导探究为主的方法

以引导探究为主的方法，是指教师组织和引导学生通过独立的探究或研究活动而学习知识、形成技能和发展能力的方法。这类方法的主要特点为，在教师的积极引导下，学生在探索解决学习任务过程中，他们的独立性得到比较充分的发挥，进而逐步学习和巩固知识，培养技能技巧，发展探索和创新的意识与能力。使用这类方法，教师的作用更重要的是体现在为学生设计探索研究的情境，提供相关的资料，引导学生开展有目的的探究活动，给予学生进一步学习与研究的指导与要求，组织和监督学生及时完成学习与探究任务，帮助他们发现结论或结果。这类方法主要有发现法等。

发现法，又称探索法、研究法，是指教学过程中，教师只给学生一些事例、课题和问题，指导学生通过独立地阅读、观察、实验、调查、思考、讨论或听报告等途径，创造性地解决问题，获取知识、形成技能和发展能力的方法。使用时要求正确选定研究课题，提供必要的条件，给予明确的要求与指导，促进学生独立思考与探索，并做到循序渐进与因材施教。

这种分类，是以我国学校教学活动中常用的教学方法为基础，进行理论和实践相结合的探索，比较切合我国当前学校教育的实际，比较集中地体现了我国学校教学方法分类的特点。

三、教学方法的行为特征

美国学者拉斯卡（Laska，J. A.）认为，已有教学方法分类不尽如人意，从行为主义学习理论视角看，“教学方法就是发出和学生接受学习刺激的程序”①。发出和接受刺激行为的性质不同，教学方法也就不同。按照所包含的行为特征差异，存在不多不少的“呈现方法”“实践方法”“发现方法”和“强化方法”四种基本教学方法。

四种基本教学方法中的任何一种都与不同类型的学习刺激有关，学习刺激作为一种手段是与预期学习结果的实现相联系的刺激。依据在实现预期学习结果中的作用不同，学习刺激可分为四种，可以称之为 A、B、C、D 刺激。拉斯卡强调，每一种基本方法

---

① ［美］拉斯卡著，袁桂林译：《四种基本教学方法》，载瞿葆奎主编，徐勋、施良方选编：《教育学文集·教学》（中册），人民教育出版社 1988 年版，第 548～553 页。

又由许多特定方法构成。例如呈现方法作为一种基本方法，包括的特定方法有讲授、让学生阅读课本和在实验室作演示等。特定方法可视为普通方法的具体运用。

（一）呈现方法

呈现方法（presentation method），是传统的教学方法之一，包含A种学习刺激的运用。A种学习刺激，是用确定的形式把将要学习的内容呈现给学生，学生在其中处于比较被动的地位。运用呈现方法时，尽管学生在感知这些刺激，并在编码、组织与储存信息方面明显地积极活动着，但教师只要求学生注意经过教师选择的、适合的和以适当的次序呈现出来的学习刺激，并不要求学生做任何特别的努力。

呈现法依据的基础命题是，学习刺激被学生接受后，无论是有意的还是无意的接受，学习就会发生，不需要学生任何特别的学习努力。教师的作用是选择合适的学习刺激，并用适当的次序呈现给学生。呈现法具体包括：讲授、谈话、演示图片、指定课题让学生阅读、做示范、带学生到校外考察以及要求他们进行体验与观察等。

（二）实践方法

实践方法（practice method），同样也是传统的教学方法，它依据B种学习刺激的运用。与A种学习刺激相比，B种学习刺激要求学生起积极作用。这种学习刺激用问题解决的形式提供给学生，通过已知程序的运用，提供可模仿的模式，或者可操作的特定学习活动等来进行。虽然学习结果已经或可能预先知道了，但仍需要通过学生努力或实践来逐步实现。

运用实践方法时，教师的作用是提供目的，组织实践活动，提供适当反馈。实践方法主要有：指导学习某个确定的课题、布置实践作业、特定内容的复习考试、专项训练、朗读、模仿某种具体行为模式以及对学生从事某特定活动的监督与管理等。

（三）发现方法

发现方法（discovery method），也是一类传统的教学方法，它依据C种学习刺激的运用。这种刺激在要求学生活动方面与B种刺激相似。然而，C种刺激提供学生一种情境，在这种情境中希望学生发现预期的学习结果。通过重新组织预期的学习结果和激发学生的直觉或洞察学习之后，“发现”可能“不期而至”，“发现”一旦发生就显得特别迅捷和突然。

运用发现法时，学生可能知道他们在努力探讨发现，但他们一定不知道预期的学习结果。教师的作用是组织发现活动，关注“发现活动”中的学生。发现法尽管没有前述两种方法普及，但也有几种具体方法：在提问学生时运用苏格拉底法即“产婆术”，组织学生举行有助于引导新发现的学习讨论会，组织学生进行专项实验以引导学生进入发现性学习，等等。

（四）强化方法

强化方法（reinforcement method），是20世纪创生的教学方法，起源于强化学习理论在教学实践中的应用。强化方法运用的是D种学习刺激。A、B、C三种学习刺激，可称为“反应前”刺激，因为这些刺激是在学生做出任何预期学习结果的反应前提供给学生的。相反，D种学习刺激则是“反应后”刺激，这种刺激是在学生做出预期反应后，由对学生的反应进行表扬、鼓励和奖励等强化所构成的。根据强化学习理论，这种刺激的功能是“加强”学习效果。人们根本找不出这种刺激在学习动机方面的积极作用比它的强化功能更明显的例子，所以，强化方法是独立的一类教学方法。

运用强化方法时，教师有目的地、系统地向那些已表露出对预期学习结果有获得行为的学生提供强化（D种学习刺激）。强化方法要求学生在教学活动中必须有积极活动行为，在这方面的要求类似于发现方法和实践方法。和发现方法一样，强化方法也不如前两种方法普及，因为具备有目的地、系统地向学生提供强化的能力的教师并不多。包含强化方法的教学技巧主要有“行为矫正”和“程序教学”两种。

在实际教学情境中，教师很少单独地运用某一种具体的教学方法。教师常常依据各种情况推测不同教学方法可能产生的效果，不断地从选用一种方法转向另一种，或者综合选用几种。表 14-2 是前述四种基本教学方法的特征、区别以及联系的对比分析。

表 14-2　拉斯卡四种基本教学方法比较

方　法	学习过程的假设	教师的作用	提供学习刺激类型	学生作用	运用的特定方法
呈现	基本上无意识地学习，不需要学生特别努力，大脑是容器，知识来自外部。	选择并用适当顺序呈现学习刺激。	A种刺激（前反应）	消极	讲授；图片；校外考察；示范；演示；等等。
实践	学生逐步达到预期目的，逐步完成学习任务，需要实践。	确定学习题目，组织实践活动。	B种刺激（前反应）	积极	朗诵；训练；笔记本作业；模仿；等等。
发现	学生经努力突然发现预期学习成果，知识来自内部。	组织和参与学生的发现活动。	C种刺激（前反应）	积极	苏格拉底法；讨论；实验；等等。
强化	学生表现出预期学习结果的特定行为后，给予奖励或强化。	提供系统的强化。	D种刺激（后反应）	积极	行为矫正；程序教学；等等。

第三节　教学策略的层次与特征

教学活动是人类的一种特殊认识活动，具有教师和学生两类不同的主体。教学策略是教师与学生所专门使用，不同的教学策略有不同的使用操作主体。由于教学策略的主体不同，实际上广义的教学策略，包括了学习策略、教授策略和教学策略。随着现代教学观的转变，教学策略也处于转型之中。构建基于学习策略的教授策略和教学策略，从“教授化”的教学策略逐步走向学习化的教学策略，是教学策略研究与发展的基本趋势。

一、学习策略

学习策略（learning strategy）以学生为主体，指向于学生的学习。学习策略是学生学习中极为重要的机制，直接影响到学生的学习效率。在学习化社会中，使学生掌握和使用有效学习策略尤为重要。

（一）学习策略的概念

学习策略是指学习者在学习活动中有效学习的程序、规则、方法、技巧及调控方式，既可是内隐的规则系统，也可是外显的操作程序与步骤。学习策略表现为以学生为行为主体而选择的有效学习的技能、技巧和方法。

1. 对学习策略的理解

在认知心理学看来，学习策略是学习者为了完成学习任务而积极进行的认知操作。认知心理学认为，学习不是学生被动的接受过程，而是学习者主动地进行信息加工的过程，学习成果的优劣不仅依赖于教师的传授，更取决于学习者对知识的加工过程，亦即学习者主动地运用学习策略的过程。学习者通过对学习任务、学习材料加工和对学习者自身进行分析，在此基础上制订出完善的学习计划，达到提高学习效率的目的。

学习策略是学习者制订的综合性学习计划。学习策略是学习者根据学习任务、学习情境和自己的认知风格设计的学习计划，不仅仅是一些学习方法的简单组合，还涉及如何根据学习情境的变化对学习的程序、规则、方法、技巧进行运用和调控。

学习策略既有内隐外显之分，又有水平层次之别。学习策略既可能是外显的程序步骤，也可能是内隐的思维方式。同是复述策略，有可能是简单地按次序复述，也可能是选择陌生的或重点的内容复述。

学习策略是衡量会不会学的重要标志。学习策略涉及一系列具体的学习技能，涵括了学习者能否依据一定的要求和实际情况的发展有意识地和灵活地采用一定的方式来解决问题的能力。因此，它是衡量个体学习能力的重要尺度，是制约学习效果的重要因素之一。

学习策略具有特定性。由于学习策略的制订涉及一系列的因素，因此，一种学习策略总是具体的、特定的与条件性的，会因学习任务、学习环境和学习者的不同而发挥不同的作用，运用的时候，一定要因事、因境和因人而定。

2. 学习策略的分类

依据不同的标准，学习策略可分为不同的类型。①

根据学习策略所起作用，丹塞罗（Dansereau，D. F.）把学习策略分为基础策略（primary strategy）和支持策略（support strategy）。基础策略是指直接操作材料的各种学习策略。支持策略主要指帮助学习者维持适当的认知氛围，以保证基础策略有效操作的策略。

根据学习策略涵盖的成分，麦基奇（McKeachie et al.）等将学习策略概括为认知策略、元认知策略和资源管理策略。从涵盖的成分角度出发，还有温斯坦（Weinstein，C. E.）的分类。温斯坦认为学习策略包括：认知信息加工策略（如精加工策略）；积极学习策略（如应试策略）；辅助性策略（如处理焦虑）；元认知策略（如监控新信息的获得）。

---

① 参见刘电芝主编：《学习策略研究》，人民教育出版社 1999 年版，第 3～5 页。

根据学习策略的可教性程度，比格斯（Biggs，Z.）把学习策略划分为大策略、中策略和小策略。大策略可迁移性最大，距任务最远，可教性最差；中策略既可教，迁移性也较大；小策略距任务最近，可教性最好，但教学的迁移性小。

根据学习的进程，刘电芝把学习策略依次分为信息选择策略、高效记忆策略、信息编码策略、思维策略和元认知学习策略。

3. 学习策略的意义

学习策略改变了教学观。首先，学习策略改变了人们对学习的看法。过去人们集中于材料的呈现是如何影响行为的，现在转向于重视学生对知识材料的加工过程。学生的学习不再是被动地吸收知识的过程，而是发生于学习者内部并受到学习者自身因素影响的一种积极的认知加工过程。其次，学习策略改变了人们对教师的看法。人们不再将学习的结果看作是主要依赖于教师所呈现的内容，而是认为，学习结果既有赖于教师所呈现的信息，又依赖于学习者的加工过程。

学习策略可以有效提升教学。首先，学习策略可以有效改进学生的学习。它能够促进因不具备学习策略或学习策略掌握不好的学生改进学习，尽可能改善学习不佳者的学习状况，大面积提高教育质量。其次，学习策略能更有效提升教师的教学。教师教学策略的一个组成部分就是要教给学生一定的学习策略，通过专门的或者是渗透式的学习策略教学，可以减少教学和训练时间，达到减轻学生学习负担的目的。再次，学习策略可以有效促进终身学习。知识经济和信息社会的来临要求人们学会认知、学会做事、学会共同生活和学会生存，因此培养人的学习能力，教学生学会学习成为一种国际性的教育主张，这一主张已经成为21世纪教育的核心。因此，掌握一定的学习策略是人的生存和发展之本。从这个意义上来说，学习策略具有促进终身学习的意义。

（二）学习策略的教学

研究表明，学习策略是可以教学的，是有规律可循的。

1. 学习策略的教学原则

良好的策略教学将使人们意识到，学生能够对自己怎样学习加以控制，能够通过创造性地使用习得的认知策略来获得更多的经验，并鼓励学生进行反思。① 因而，在学习策略的专门教学中要遵循“特定性”“生成性”“有效监控”和“个人效能感”等基本原则。②

特定性要求学习策略因生因情制宜。同样的一个策略，对不同年龄、不同学习成绩以及不同的学习类型的学习者，所产生的效果是不一样的。另外，学习策略是有层次性的，这要求学生必须学习各种各样的策略，不仅要学习一般的策略，而且要学习非常具体的策略。

---

① 参见［美］戴尔等著，韦小满等译：《学习理论：教育的视角》，江苏教育出版社2004年版，第377页。

② 参见陈琦、刘儒德著：《当代教育心理学》，北京师范大学出版社2005年版，第202～203页。

生成性要求促进学生对学习策略进行心理加工。有效学习策略最重要的原则之一，就是要利用学习策略对学习材料进行重新深度加工，产出某种新的东西，这就要求学习者进行高度的心理加工。要使一种学习策略有效，这种心理加工是必不可少的。

有效监控要求教师举例说明并监督落实学习策略的应用。教授并监督学生何时、何地和为何使用策略是非常重要的，因为交代清楚并加以督察，学生就更有可能记住和应用它。

个人效能感要求学生体验学习策略的成功。态度和成绩密切相关。当学生能够对自己的学习进行有效的监控时，如果在心理上不愿意使用这些策略，他们的学习能力也不会得到提高。那些能有效地使用策略的人相信策略的使用会提高他们的学习成绩。教师一定要给学生一些机会，使他们感到策略的效力，获得学习进步与成功的体验，这样才能够激发学生运用学习策略的动机，从而有利于学生的学习逐步深入和提升。

2. 学习策略的教学方式

学习策略既有一般适用性，又有特殊定向性。不同的学习策略，需要不同的教学方式。

在通用学习策略的教学中，策略训练内容不涉及任何特定的知识或内容，通过单独开设学习策略课，可训练学生学会学习的一般方法和技巧。如训练适合任何课程的复述策略、精加工策略、组织策略等。这类训练方式由于不与专门的知识或内容相结合，对学生某一特定知识领域的学习帮助不大，因此，需要与特定领域的知识或内容教学相结合。

在科目学习策略的教学中，策略训练结合特定内容而编制，直接传授特定科目学习的方法与技巧。比如，专门传授语文课的阅读理解策略或数学课的应用题解题策略。这种方式的优点是针对性强，但学生掌握的策略对其他的科目可能是无用的，迁移性不强。

交叉式学习策略的教学，是前面两种方式的综合，一般采用先独立地教通用的学习策略，包括学习策略的意义、具体操作程序；在此基础上，再与特定的科目主题内容相结合，根据具体学习情境的不同，要求并提示学生把所学的策略用到具体的知识或内容学习中。这种教学方式吸收了前两种模式的优点，舍弃了它们的不足，可以获得较好的教学效果。为了增强迁移性，可选择科目主题学习策略中具有较大普遍适用性的策略进行训练，这样不仅提高了科目学习成绩，有助于学习迁移的产生，也有利于课目教师的教学。①

3. 学习策略的教学过程

根据对学习策略教学的理解，为了在班课教学中方便操作，学习策略的教学过程一般由“趣味引入”“策略剖析”“策略应用”和“策略反思”四个阶段组成。②

---

① 参见刘电芝主编：《学习策略研究》，人民教育出版社 1999 年版，第 304～305 页。

② 参见刘电芝、张荣华：《学习策略教学的类型、阶段与特点》，载《课程·教材·教法》2004 年第 3 期。

趣味引入，就是通过对话或有趣事例的引入，或让学生自发地完成某个学习任务，待其产生困惑或无力解决时，再呈现新策略，以激发学生了解、掌握和运用学习策略的欲望与动机，使学生处于一种求知的心理状态，使教师的外在指导有效地转化为学生的内在需要。

策略剖析，是指教师深入浅出说明策略的实质。说明时需考虑学生的年龄差异，对年龄小的学生应用归纳法，对年龄大些的运用演绎法，并详细提示策略的运用过程。

策略运用，就是提供练习策略的机会，使学生体验到运用策略的过程。教师应设计或精选运用具体策略的典型习题或科目主题作业，呈现的材料应尽可能多样化，从不同角度让学生进行尝试。

策略反思，包括策略运用过程的回顾、策略运用的关键地方、策略运用的有效性评价、策略的迁移，以及进一步改善策略学习和应用的设计。

4. 学习策略的应用步骤

学习策略的应用，既是教师教学过程的重要环节，也是学生学习的有效途径。学习策略的应用，根据学习者完成任务的特征，可以分为“分析”“计划”“执行”“监控”“修改”和“元认知知识”等步骤。①

开始时，学习者必须进行认真分析，考虑和确定明确的学习目标、有关的环境因素、重要的个体特性以及各种可能有效的可以自我调节的学习方法。然后，依据这些标准并考虑个人特征，确定要完成学习任务和达到学习目标应该使用的学习程序、技术和方法，制订具体和可行的学习计划。紧接着，学习者执行这些方法，运用策略促进学习和记忆。进而监控和评价目标进展，以决定策略是否起作用。如果评价结论是积极的，继续使用该有效方法；如果进展不理想，就修改策略应用新方法。引导这些方法实施的是元认知知识，它们指导各个步骤的操作。这里指的元认知知识，包括知晓自己在什么时候必须使用这些方法，这些方法为什么重要，以及何时与如何执行这些方法。

随着终身教育理念的确立和终身教育体系的形成，学习策略作为教学策略的基础和核心，也显得越来越重要。学习策略是一种重要的知识经验范畴，加强学习策略的研究与教学，鼓励学生成为一个策略使用者和策略学习者，对于课程与教学领域来说十分重要。学习策略的研究与教学，旨在教会学生学习，教会学生思考。

二、教授策略

教授策略（teaching strategy），常被称为“教学策略”。教授策略是指教师在教学中采用的以知识和技能传授为目的、主要是有利于教师进行教授的策略。常用的教授策略，主要有“呈现技巧”“内容转化”和“指导”三类。

（一）呈现技巧

教学过程涉及向学生讲授新的事实、概念和原理，向学生解释有难度的过程或步

① 参见［美］戴尔等著，韦小满等译：《学习理论：教育的视角》，江苏教育出版社 2004 年版，第 368 页。

骤，以及澄清有冲突的论点和探究错综复杂的关系。这些都需要教师运用一定的技能和技巧来处理教师与教学内容之间的关系，使教学内容直接通过教师的“呈现”而内化为学生自己的经验，促进学生的发展。常用的教学呈现技巧主要有导入、解释、结尾和讲座。①

导入是指为了把学生的经验与一节课的目标联系起来，由教师设计的行动或陈述。解释是指为了澄清学生尚未理解的概念、程序或过程，由教师设计的有计划的讲解。教师的解释是教学呈现过程中的一个关键技巧，通过解释，可以向学生阐述事物产生的前因后果，并对事件进行的顺序和步骤进行深入的说明。结尾是指为了把一节课的呈现活动引向一个恰如其分的结论，而由教师设计的行动或陈述。教师可以利用结尾使学生对所学知识形成完整的认知结构，引导学生对已学的内容进行练习，并从已学的概念中扩展或发展新知识。讲座是为了引导和满足学生对新知识和技能的需要，向学生呈现他们未曾有的信息，扩大学生的视野，激发学生探究的兴趣，并帮助学生理解和回忆重要的事实和观念，起到对相关的课文内容复习巩固的作用。教师可以充分利用校内校外专家的资源，邀请他们为学生举行专题讲座。实践证明，这是一种十分有效的呈现策略。

（二）内容转化

在教学过程中，教师通过创设一定的情境把教学内容转化到学习环境中去，把学生置于一定的问题情境中，从而使学生产生学习兴趣和内驱力。这种以环境为载体而实现的传授策略称为内容转化策略。

1. 内容转化的类型

内容转化，根据所含要素不同可以分为创设人化情境和物化情境两种主要类型。人化情境指教师、学生作为参与教学活动的人相互作用的情境，教师在教学过程中要致力于为学生创设能够促进师生互动、同学互动和自我互动的教学环境。

物化情境是指让学生产生可以觉察到的、有目标但又不能马上明确如何达到这一目标的心理状态的教学情境。物化情境是通过一定的能够引发学生的问题意识的物理事物来发挥作用和体现出来的，它可以激发学生的学习兴趣，使智力活动达到最佳状态，形成寻找问题的心向，从而促使学生运用已有知识独立解决问题。物化情境主要有生活展现情境、实物演示情境和音乐渲染情境等。

2. 内容转化的途径

内容转化，根据其符号载体不同可以区分为环境设计、媒体设计与活动设计三条基本途径。环境设计途径，是指利用已有环境因素或创设某些环境因素，将所欲传授的内容融会进去，使环境因素成为其符号象征。这在课堂教学中，主要体现为课室设计；而在课外教学中，则主要体现为场所选择及其简易设计布置。内容转化的环境设计途径，在我国使用不多，是一条亟待开发与使用的途径。

媒体设计途径，是指利用知识交流传播的媒体将所欲传授的内容融会进去，使媒介

---

① Cooper，J. M.（1990）. *Classroom Teaching Skills*（4th Ed.）. Toronto：D. C. Heath and Company，86-109.

成为其符号象征，分为传统媒体设计与现代媒体设计。传统媒体主要是口头语言，可以利用故事、诗句、散文和歌曲及其想象等类比材料，采用适宜的语调、音量和抑扬顿挫等形式，营造富有吸引力和感染力的教学情境。现代媒体主要是信息通信技术，是综合媒体，可以将传统言语、教具学具和现代的音像形式融为一体，超越时空限制，营造直观而综合的符号象征，可以有效吸引注意力，激发动机与兴趣，促进学习投入，提升学习结果。

活动设计途径，是指利用各种活动形式将所欲传授的内容融会进去，使活动成为符号象征。活动或劳作是人与生俱来的本性，人人天生喜爱活动。活动形式是千变万化的，总能迎合而满足每个人的需要。在学校教育领域，教学活动可以将环境与媒体都包含进去并利用起来，从而超越科目主题内容的抽象、枯燥与远离生活的限定。活动不仅能将最抽象的东西转化为最具体直观的形式，而且能将最枯燥的东西转化为最生动有趣的形式，还可以将最遥远而疏离的东西转化为最贴近而亲和的形式。所以，活动是学校教育中最具潜力的取之不尽的资源，等待着人们去开发与利用。

（三）**指导**

随着学生年级的提高和学习能力的发展，学生自主性学习在学校教育中逐步走向主导地位，班课教学行为也会从呈现走向指导。在中小学，教师常用的指导有练习指导、阅读指导和活动指导等。①

1. 练习指导

练习指导是指教师通过帮助学生成功地完成班课练习，达到学会知识或形成技能的目标，保证教学顺利进行的行为。练习指导有助于教师了解学生对知识、技能的理解程度和运用的熟练程度，为下一步的教学决策提供依据。运用练习指导时要注意以下几点：

（1）独立练习前，帮助学生做好对知识、技能理解和运用的准备；

（2）均衡安排独立练习的题量和题型；

（3）座位模式安排要便于教师监控全班学生；

（4）沿课室巡视，监控和具体指导学生练习；

（5）建立起独立练习的常规。

2. 阅读指导

阅读指导是教师在学生独立阅读教学材料时，帮助学生理解阅读内容、学会阅读方法与策略的指导行为。当代教学观的一个重要走向就是要实现教法向学法的转变，而阅读方法是学生在校学习的主要方法，因此，加强对学生的阅读方法的指导，是教师的一个重要的任务。运用阅读指导策略时，需要注意以下三点：

（1）阅读开始时，先要帮助学生获得有关阅读材料的背景知识；

（2）采取具体步骤，帮助学生学会阅读策略；

（3）在阅读结束以后，组织和帮助学生对阅读过程进行评价与总结。

---

① 参见施良方、崔允漷主编：《教学理论》，华东师范大学出版社 2000 年版，第 220～231 页。

3. 活动指导

活动指导是指教师对学生独立从事的操作或实践活动的组织、引导和促进行为。学习活动，可以给教师提供关于学生个体差异的信息，同时也可以给同学共同活动与互动提供机会，从而增进学生的社会化与交往。运用活动指导策略时，需要注意以下几点：

（1）指导学生设计活动方案；

（2）给学生活动提供基本物质、信息和人力条件；

（3）教师引导学生进入自主活动，为学生提出明确目标和合理要求；

（4）根据活动的开展，教师应把活动的主动权交还学生，以促进学生的自主活动；

（5）教师可根据活动的形式和特点来指导学生选用合适的形式，如报告会、辩论会、表演剧、展览会等来进行成果交流。

三、互动式教学策略

以师生群体作为主体，以增强学生学习的交流互动为特征，以促进学生发展为根本目的的策略，称为互动式教学策略。

（一）教学互动的含义

“互动”（interaction）一词最早源于米德（Mead，G. H.）对“符号互动思想”的阐述中，指的是发生于个人之间、群体之间、个人与群体之间相互作用的社会行动的过程，是人们注入了意义的行动之间的相互作用与相互影响。① 建构主义对教学情境中的互动进行了深入分析，揭示了存在“个体与环境互动”和“个体与自身互动”。② 所以，教学互动是一种特殊的社会互动，指的是作为教学活动主体的师生与环境发生的各种交往与相互作用。从课程与教学系统结构来看，教学中有各种各样的互动。从学生学习的角度观察，教学互动主要有师生互动、生生互动、生境互动以及学生自我互动。这多种类型或层面的教学或学习互动，已经引起了人们的关注，需要心理学和教育学开展深入、具体和持久的研究与开发。

教学策略以互动为基本特征，在教学过程中师生双方需借助教学策略来进行互动，以达到有效教学的目的。人们常用的有班课教学互动策略、课外教学互动策略和反思性教学策略。

（二）班课教学互动策略

在班课上，主要的教学互动策略有支持性教学互动策略和班课交流策略。

1. 支持性教学互动策略

在教学过程中，为了促进班课中各种形式的交流互动，教师需要创设一定的物理和心理背景，从而为教学的顺利进行提供物质上和精神上的支持，这类教学策略就是支持性教学互动策略，它包括物理背景创设策略和心理背景创设策略。

---

① 参见王思斌主编：《社会学教程（第二版）》，北京大学出版社 2003 年版，第 82～83 页。

② ［美］斯特弗主编，高文等译：《教育中的建构主义》，华东师范大学出版社 2002 年版，第 390 页。

这主要涉及环境的物质属性对交流的作用，物理背景的创设非常重要，因为它们有助于确定人们相互交往的特定场合，而互动是一种互为对象的交往，师生之间的行为互动，其外部表现为师生之间的交往。① 物理背景的创设包括班课中各个方面的布置和安排，主要有班级规模、座位安排和课室布置等几个方面。

融洽的师生关系、良好的班级气氛和积极的教师期望，是促进学生学习的有利因素，可以为学生的学习创设一个适宜的心理空间，达到激发学生的学习动机、促进班课交流的目的。

2. 班课交流策略

班课交流策略主要有“提问”和“讨论”。

提问在班课教学中扮演着非常重要的角色，教学和提问是相互关联在一起的活动，一个有效教师同时也一定是一个很好的提问者。班课提问可以激发学生参与教学活动的动机，实现由教师中心向学生中心的转移，加强教师与学生之间的联系，从而使教师与学生在问答中进行交往，营造和谐宽松的班课气氛。有效的提问技术主要有定向（redirection）、启发（prompting）、追问（probing）和等待（wait time）。

在班课教学中，若要增进教师与学生、学生与学生之间的相互作用，讨论和以小组为单位的学习是最恰当的选择。真正的小组讨论意味着所有的学生通过积极的学习和参与，达到相互的全面交流。讨论是学生与教师、学生与学生在班课中相互作用的活动过程，而且促进学生自我沉思，它允许学生阐述观点或发现新的观点，但需要避免重复已介绍的内容。

（三）课外教学互动策略

课外教学互动要求教师面对学生个体，因此，教师应该注意因材施教。课外教学互动策略主要有协调策略和人际交往策略等。

1. 协调策略

教师和学生在教学过程中有不同的兴趣和角色。在课外的各种活动，教师和学生都需要“将心比心”，通过“契合‘两种兴趣’”和“角色磨合”，消解可能的冲突以协调活动。

（1）契合“两种兴趣”。“两种兴趣”即学科兴趣与学生自己的兴趣，而学科兴趣体现为教师对所教课目主题的兴趣。在学生学习中，由于学生兴趣与教师兴趣的不一致，使得师生关系紧张，妨碍了相互的交流。这时候，教师就要寻找两种兴趣的“过渡区”和契合点，利用师生都感兴趣的事物来加深彼此的联系，缩短彼此的距离，达到促进交流和增进知识的双重目的。在产生相同的情绪体验和共同语言的基础上，形成相互吸引和相互依赖的师生关系。

（2）角色磨合。角色磨合是师生双方从陌生与封闭走向互相解读与选择的过程。个体是在与他人的相互作用与解释中，根据别人的看法来认识自己并形成“自我”概念

---

① 佐斌著：《师生互动论——课堂师生互动的心理学研究》，华中师范大学出版社 2002 年版，第 74 页。

的。师生双方在“镜中我”彼此碰撞的过程中，加深了对各自角色以及对方角色的认知，并更注意对彼此的选择。师生角色的磨合既有一个从单一角色到多重角色的扮演、认同与融合层面，又有一个从对社会单一要求到多重要求的认知和理解层面，其结果是促进了师生双方的心灵撞击。

2. 人际交往策略

交往是需要技巧的。人际交往技巧，是指一系列能够激发个人在两人或多人之间探究活动中的特定言语和非言语行为，包括“个别谈话技巧”和“非言语交往的技巧”，如眼睛接触、面部表情、身体姿势、身体接触以及愉快的物理空间距离等。在进行个别对话时，要注意师生的身份差别、性别差异和个性差异。

无论师生采用什么样的互动策略，其最基本的功能是要激发学生学习的动机，控制班课教学的秩序，达到有效教学的目标。①

（四）反思性教学策略

反思性教学策略，是近年来国内外比较关注的领域，已经形成了清晰的概念，开发出了许多有效具体策略，探讨了策略应用中师生的特殊角色。

1. 反思性教学策略的概念

反思是对任何信念或假定的知识形式，根据它的理论基础和它趋于达至的进一步结论而进行的积极的、坚持不懈的和仔细的考量。反思的步骤有：（1）进入一种得以产生思维活动的怀疑、犹豫、困惑与心灵困难的状态；（2）采取一种为了发现解决这种怀疑，消除和清除这种困惑而进行的探索、搜集和探究的行为。消除困惑、解决问题和促进实践合理性是反思的目的，而问题意识是反思的向导。②

反思性教学（reflective teaching），又译为反思教学或反省性教学。反思性教学是一种批判性分析过程，在这一过程中师生借助反思的支持，发展逻辑推理的技能和养成深思熟虑的判断能力与态度。③ 因而，反思性教学具有认知的和情感的两种成分。在反思性教学中，师生作为教学主体，借助行动研究不断探究、理解把握与解决各种教学矛盾问题，把要求学生“学会学习”，与要求教师“学会教学”统一起来。所以，反思性教学是以探究、理解与解决教学矛盾问题为核心的。在矛盾问题解决过程中，师生必须以“同素材对话”为轴心，合作互动，共同展开“反省思维”的教学。

反思性教学策略，就是激发教师组织引导学生利用已有经验进行自主发现学习的策略。④ 反思性教学策略特别重视学生生活世界的经验。在反思性教学过程中，教师通过互动交流，激发和保持学生学习的兴趣和动机；学生则在教师的引导下根据已有的经

---

① 程晓樵：《教师在课堂互动中的策略》，载《教育评论》2001年第4期。

② 熊川武：《说反思性教学的理论与实践》，载《上海教育科研》2002年第6期。

③ Anderson，L. W. （Ed.）（1995）. *International Encyclopedia of Teaching and Teacher Education*（2nd Ed.）. NY：Pergamon，178.

④ See Freiberg，H. J. & Driscoll，A. （1992）. *Universal Teaching Strategies*. Boston：Allyn & Bacon，296.

验，积极地开展学习活动，从问题中发现意义，探求答案。可见，这是一种以学生为中心的互动教学，反思性教学策略同样是基于学生的学习策略来构建的。

2. 反思性教学策略的类型

根据教学目的的不同，反思性教学策略可分为探究和引导式发现两种类型。①

（1）探究（inquiry）是为发展学生的探究技能而设计的一种教学策略。儿童是天生的探究者，教师不但要支持学生这种天性的好奇，还要创造条件去发展与增强学生的探究本性。在反思教学过程中，教师可采取如下步骤促进学生开展探究学习活动：

① 提出一个能引起学生回答欲望的问题；

② 学生搜集“可能答案”的资料，如相关事例和事实；

③ 学生对材料进行综合分析；

④ 在材料分析的基础上，学生得出一个或多个假设，并用假设尝试解释问题；

⑤ 检验假设，得出正确的结论，这是一个对所提出问题的合理解释。

（2）引导式发现（guided discovery），是相对于不要教师指导的自由式发现（free discovery）而言的。引导式发现，是在教师的指导下，学生运用探究的方法去发现学科的基本概念、基本原理和基本规律的一种教学策略。通过引导式发现策略的使用，可以启发学生心智的潜能，激发其内在的学习动机。在具体教学中，教师可采取如下步骤开展引导式发现活动：

① 设置问题情境，提供学生探究所需要的材料；

② 引导学生提出假设并加以验证；

③ 推导出概括性结论，形成概念；

④ 引导学生将获取的新知识，即通过自己的发现得出的结论，运用到情境中去，解决问题。

探究策略和引导式发现策略都强调教师的组织与指导作用，以探究为主导，以问题为导向，师生之间是一种协作互动的关系。但探究策略注重学习者探究过程中探究技能的发展，重点是对最初提出的问题作出解释，归纳思维与演绎思维同时进行。引导式发现策略重视学习者的发现过程，也重视学习者对发现结果的掌握，注重从问题出发，引导学生去发现学科的基本结构，采取的是归纳的思维方式。在运用反思性教学策略中，通常采取矛盾事件法、问题解决法、归纳法、演绎法等。②

3. 教师与学生的角色定位

在反思性教学中，学生的探究发现活动处于教学活动的中心，教师与学生的角色必然发生相应的变化。

（1）教师的“冰山”角色。教师的“冰山”角色，指的是在反思性教学过程中，教师承担和发挥“准备代理人”作用。在进入班课之前，教师就要为学生的探究发现活动

---

① Freiberg，H. J. & Driscoll，A. (1992). *Universal Teaching Strategies*. Boston：Allyn & Bacon，309-316.

② 林宝山著：《教学原理》，五南图书出版公司 1999 年版，第 139 页。

准备所需材料，而这种大量的努力和工作如冰山一样淹没在水面之下，即教师所充当的只是辅导者与引导者的角色，学生才是教学活动的主角。若无教师的事先准备，学生的探究和发现活动就会陷入一种“自由放任”的状态中。

（2）学生的“股东”角色。学生作为“股东”，指的是学生能够和应当参与教学活动的计划与决策过程。在反思性教学中，学生自身成为一种资源而非一块可由教师任意涂抹的白板。这种资源所依赖的是学生已有的经验。凭借这种经验，学生可成为教师教学计划和决策的一种参考。根据教学的时间进程，学生可以而且应当对教学的计划、过程和评价三种层次进行投入。

反思性教学策略，是在教学互动中师生主体所采取的以师生经验为基础的教与学的策略，它要求学生认识自己的所知所想，独立地处理新信息，从而成为一名“反思型学生”；而教师根据学生的探究发现进程和目标，不断地、及时地调整教学方案使之与学生学习保持一致，从而成为一名“反思型教师”。师生、生生之间形成一种协作与合作关系，彼此相互作用与相互影响，在探究和发现中，建构与优化师生和生生的和谐互动关系。

思考题

1. 试分析和清理教学方法、教学策略和学习策略三者之间的区别与联系。
2. 你倾向于选择或创用什么样的教学方法？为什么？
3. 你倾向于选择或创用什么样的教学策略？为什么？
4. 你倾向于选择或创用什么样的学习策略？为什么？
5. 请通过访问学校教师、查阅文献或访问互联网，挑选出一种新颖的教学方法与策略，开展专题学习与研究，并尝试进行应用设计与开发，然后与他人交流讨论。

第十五章　学习方式

教育与课程改革，革新了教学的价值观与内容。新兴的学习价值观和学习内容，催生了当代学习方式研究与开发的新趋势。

第一节　学习方式概述

学习方式，是在学习哲学逐步兴起和认知心理学不断繁荣以及教育文化自觉意识逐步增强的背景中，兴起于课程与教学领域的一种新型理论与实践取向。

一、教学模式的发展

在世纪交替之际，学习方式在教学方法领域迅速崛起，并与人们习惯使用的教学模式、教学方式与教学策略等术语并用。

（一）教学的模式、策略与方式

美国学者乔伊斯（Joyce，B.）和韦尔（Weil，M.）的著作《教学模式》于1972年甫一出版，[1] 教学模式概念便不胫而走。发展至今，人们对教学模式的理解和解释各不相同，有广义和狭义之分。

广义上，教学模式（models of teaching）与教学理论（theories of teaching）相当，可以互换使用。由此提出并定义了一些主要概念，人们可以应用这些概念之间的关系，来理解把握我们的教育教学活动世界。因此，教学模式关涉的是某种教学理论与实践的概念框架。[2] 比如，当下适宜用以理解把握教学活动的概念包括“教师课目教育学知识”“学生已有知识”“教师行为”“班课互动”“学生认知处理过程”“学生成就”和“学生社交技能”。当一个模式包含这些概念，我们就可以用以假设，教师课目教育学知识影响教师行为，或学生已有知识和班课互动影响学生认知处理过程，进而影响“学生成就”和“学生社交技能”。这样假设，就定义了该模式所含概念之间的关系。

在狭义上，教学模式指称的是某种教学活动的结构。这样，教学模式就是在某种教学理念指导下，围绕某一主题，为实现某种教学目标而形成的相对稳定的规范化教学活

---

① Joyce，B. & Weil，M.（1972）. *Models of Teaching*. Englewood Cliffs，NJ：Prentice Hall.

② Anderson，L. W.（Ed.）.（1995）. *International Encyclopedia of Teaching and Teacher Education*（2nd Ed.）. Cambridge，UK：Pergamon，89.

动程序及其操作体系。教学模式，意在整体操作教学活动，核心在于使教学过程的主要因素形成系统而综合的有机结构。现代教学模式主要由理论指导、主题、目标、程序、师生组合及互动方式、策略、内容、条件和评价等主要因素有机组合而成。①

（二）教学策略与方式的特点

一般来说，教学模式包含一定的教学策略，教学策略使教育者能够将教学理论与模式转化为教学实践。教学模式具有直观性、完整性和稳定性。教学策略既有稳定性又有灵活性，灵活性是其基本特征之一。策略的制订者和使用者可以根据实际情况对教学内容、方法、组织形式等进行变通和调整，使之更符合特定的教学目标。另外，教学策略是教学模式中的实现条件（手段和策略）的一部分，一个教学模式需要选择一定的教学策略来加以实现，教学策略的制订也需要选择合适的教学模式。

教学方式的术语概念，与国外经常用的“instructional approaches”和“teaching approaches”基本相当。教学方式指称的是有别于已有教学方法或教学模式的那些新兴教学理论与实践样式。人们在各种课目教育领域，创用多种多样的具体教学方式，在理念上突破了“教学方法”和“教学模式”的抽象性和一般性。

这样，教学方式就是在具体课目的教学过程中，根据一定理念为达到一定目标采取一定策略与手段而组织开展的特殊教学活动样式。教学方式既有教学模式的标准性，又有教学策略的变通性，还有具体课目内容的特定性，正在为人们广泛研究与开发。所以，现在国内外都没有形成比较公认的教学方式定义，还等待着人们进行深入探究与挖掘。

（三）学习方式的兴起

其实，乔伊斯和韦尔强调“教学模式”旨在促进学生的学习。进入新世纪，他们的《教学模式》第七版问世，一开篇就申明：“我们精选出最有用的教学模式，考察它们作为学习模式的内涵并探讨怎样建设学生共同体。”② 他们反复强调并阐明，教学模式其实就是学习模式（model of learning）。实际上，教师在帮助学生获得信息、理念、技能、价值观、思维方式以及表达工具的同时，也在教会他们怎样学习。事实上，教学最重要的深远成果，是学生将来更加容易而有效地学习的能力得到发展，既在于他们已经习得的知识与技能上，更在于他们已经掌握更多的学习过程上。为此，乔伊斯等人后来还专门编写出版了《学习模式》一书。③ 但很有意思的是，“学习模式”的术语概念，在我国一直没有流行开来。

教育研究有一个悠久的心理学传统，正是这个传统逐步孕育出课程与教学研究的学

① 黄甫全、王本陆主编：《现代教学论学程（修订版）》，教育科学出版社 2003 年版，第 432～435 页。

② Joyce，B.，Weil，M. & Calhoun，E.：《教学模式》（影印版），中国轻工业出版社 2004 年版，第 1 页。

③ Joyce，B.，Calhoun，E.，& Hopkins，D.（2002）. *Models of Learning：Tools for Teaching*. Buckingham［England］；Phildelphia，Pa.：Open University.

习取向。人对环境的反应与适应，一直是心理学的研究主题。教育心理学兴起后，一直以儿童的学习为研究主题。开始时，心理学家旨在提出、验证与建立学习心理学理论，以供教育、课程与教学改革借鉴参考。在这个阶段，学习理论打着心理学烙印，与教学理论是分离的。此后，一方面，心理学家们在提出和建立起学习理论后就进而加以教学开发，直接以其为基础提出、验证与建立教学理论或教学模式；另一方面，教育研究者们也积极加以引用，开发出基于新兴学习理论的教学理论或教学模式。到这个阶段，学习理论与教学理论开始走向结合。到了当代，学科的相互渗透，既使得许多学习心理学家进入教育学领域成为了教学心理学家，又使得许多教育专家将自己的研究深化为学生取向的具体课目学习心理学研究。这样，在教育理论与实践领域，“学习为本价值”和“学习方式”成为两大特征。

进入 20 世纪后半期，各方面的发展引领人们将目光聚焦到了“学习”上。认知心理学为人类孕育和确立了建构主义学习观，人们的终身教育理想催生了终身学习理念，人类的可持续发展诉求为自己孕育和建构了学习型社会的理想。于是，联合国教科文组织在 20 世纪 90 年代初以世界教育大会的名义提出并确立了“满足基本学习需要”的核心教育价值观。① 这就是学习为本价值观，简称学本价值。学本价值意味着，教育、课程与教学有多样化价值，其中以满足人的学习需要为核心的或根本的价值。于是，伴随着学本价值观的发展，教育领域兴起了学习方式的创新与开发热潮。

二、学习方式的概念

一如教育领域的其他术语一样，人们很难给学习方式下一个确切定义。不同的人们或群体在不同的意义上使用学习方式的术语，形成了丰富多彩的学习方式指称，使得学习方式的概念显得颇为混乱。于是，近期人们开始清理和界定学习方式的概念，出现了心理学的、概览式的与教育学的学习方式含义阐释。

（一）心理学视域的学习方式

人们长期都是在心理学视界里探讨学习问题，进而对所建构的学习方式进行元认识研究，形成了实证性学习方式概念的阐释范式。实证研究提出的各种学习方式，总是包含着动机目的与方法策略的诸多方面，诸如选择性记忆、意义追寻、时间优化和空间安排。这样，“具有确定的学习研究程序，诸如学习材料的间隔调节与学习过程的精心安排，就被当成一种学习方式。”② 学习方式这一概念有两个来源：一是现象描述分析学（phenomenography）研究；二是将动机取向与学习策略类型结合起来的学习过程概念化研究。

现象描述分析学认为，学生的学习观与学习方式观，是影响他们学习结果质量的两

---

① 联合国教科文组织：《世界全民教育宣言——满足基本学习需要》，载赵中建编：《教育的使命——面向二十一世纪的教育宣言与行动纲领》，教育科学出版社 1996 年版，第 13 页。

② Magno，C.（2009）. Investigating the Effect of School Ability on Self-efficacy，Learning Approaches，and Metacognition. *The Asia-Pacific Education Researcher*，18（2），233-244.

个重要因素。学习观关涉学生对学习现象的自然理解与阐释，已有研究已经区分出了复制的或量化的与理解的或质化的两种相对的学习观。量化性学习观将学习看成是一个积累信息以复制或应用的过程，而质化性学习观则主张学习要达到理解与阐释信息意义的层次。而根据学习过程概念化的研究，学习方式会因学习概念不同而异。于是，按照学习的动机与策略不同，"学习方式就主要区别为表层学习方式、深层学习方式和成就学习方式"①。

（二）概览式的学习方式

在教育理论与实践领域，学习方式多样化已经是一个不争的事实。然而，科学把握学习方式的类型是落实学习方式多样化的关键课题。所以，对于学习方式类型的把握，应在分析学习方式的实质的基础上，从分析影响学习方式的变量入手，并遵循科学分类应有明确的标准以及从多个维度进行分类的原则。

因此，"学习方式是学生在学习过程中，为达到某种学习目标而采取的作用于特定学习内容（对象、客体）的具体路径。特定的学习方式总是与特定的发展目标、特定的学习内容相适应的。当学习活动的目标、内容发生变化时，都会引起学习方式产生相应的变化。"② 相关研究表明，影响学习方式变化的直接因素或变量主要有：学生作用于什么学习对象，他与某种学习对象之间以什么样的方式建立联系，对学习对象进行什么样的思维加工，通过怎样的媒介进行加工。这些变量也就成为观察学习方式变化和对学习方式进行分类的主要维度。

从学习对象的不同来看，可以区分出符号学习、操作学习、交往学习、反思学习和观察学习等类型。从学习者参与方式的不同来看，存在个体性学习与合作性学习、他控性学习与自主性学习以及间接性学习与参与性学习（体验性学习）等类型。从信息进行加工方式的不同来看，可以分为接受性学习与探究性学习、机械性学习与有意义性学习、分析理解式学习与整体把握式学习等类型。而从学习媒体的不同来看，则有基于传统教学媒体的学习、基于电化媒体的学习与基于现代媒体的学习等类型。

（三）教育学视野的学习方式

学习与学习方式研究，正在经历从传统的心理学视域扩展到教育学视域的进化。长期以来心理学领域进行着学习的科学实证研究，然而随着"合作学习"的开发与应用，并成长为一种新型班课教学模式，大量的学习研究项目此起彼伏，它们可能起源不同，目标各异，策略有别，但是有一个惊人相同之处，即指向并落实为班课教学方式的开发。其一，基于心理学实验研究的发现学习、意义学习、掌握学习和探究学习等，吸引了一批又一批研究者和开发者；其二，旨在进行课程开发的问题式学习、活动式学习、项目式学习和变易学习等，一经提出就在大中小学幼儿园的各种课目领域里得到广泛应用；其三，伴随教育改革与教育技术进步诞生的自主学习、自主调节学习和混元学习

① Duarte, A.M. (2007). Conceptions of Learning and Approaches to Learning in Portuguese Students. *High Education*, 54, 781-794.

② 陈佑清：《关于学习方式类型划分的思考》，载《课程·教材·教法》2010年第2期。

等，亦不断地创新出来。在此基础上，将这些不同的学习取向加以联合而兴的综合性学习研究，亦异军突起，方兴未艾。于是，有别于早期的心理学视野定位，教育学视野里的学习方式研究就悄然兴起而逐步繁荣起来。

当代，学习已经不仅仅是“仿效性”的了，而是人与生活情境互动过程中通过体验和反思性实践而进行着的知识建构、经验形成和意义生成。过去，人们已习惯运用教学模式来描述教与学的程序和操作体系。但是，教学模式被人们自觉或不自觉地以一种静态观加以强调，并突出其典型性、程序性和可模仿性，从而使得充满生机与活力、充满实践主体的创造性与情境性的教学活动被简约化、固定化和流程化。这种模式化的教学活动与创新教育的基本理念是背道而驰的，与儿童的活动天性和学习生命本质是相异的。针对这样的问题，课程与教学研究领域逐步出现了从“教学模式”向“学习方式”的发展。“学习方式”的开发，意在克服“教学模式”在标准程序与操作体系上的僵化和封闭倾向，克服把教学的活动仅仅看成是对某种“原型”程序或观念的再现与反映。“学习方式”并不敌视和反对典型性和程序性，但更在意把教学的活动看成是实践主体的创造性构思，看成是根据实际需要和一定的科学原理设计和创造出来的新观念、新事物和新行为在活动与经验水平上的动态整合。

在教育学的意义上，学习方式泛指各种学习为本的教与学组织实施方式，它使师生组成学习共同体，根据具体课目主题内容，使用各种可能的有效策略和方法，使学生积极主动地投入学习过程，从而习得知识、形成经验并建构知识经验的意义与价值。学习方式主要成分至少包括一定的教育理念，学习对象，学生学习与教师引导的互动关系，活动情境与条件，操作体系与程序，方法与策略，评价系统以及这些成分之间的组合与互动结构。

学习方式在超越教学模式和教学策略的同时，亦继承它们的精华。所以，在学习方式的研究与开发当中，既有以往教学模式的知识习得追求，亦有新兴终身教育思潮的“学会学习”与建构主义的“知识及其意义建构”担当，更有信息技术新生的“网络化学习”关照。

第二节　内容定向型学习方式

大量学习方式，总是自觉不自觉地围绕具体课目主题学习目标来创新与建构有效策略，它们均以具体内容的习得与理解目标为取向，可以称为内容定向型学习方式。下面择要介绍与探讨意义学习、发现学习、掌握学习和问题式学习。

一、意义学习

意义学习（meaningful learning），由美国认知心理学家奥苏伯尔（Ausubel, D. P.）等创立，又被称为有意义的接受学习。它强调间接知识的习得，突出讲授与接受，并把教学活动建立在认知结构同化理论基础上，与我国传统教学活动方式比较吻合，所以影响较大。

（一）意义学习的概念

奥苏伯尔认为，学生的学习如要有价值，则应该尽可能有意义。“有意义的学习指的是把新获得的信息与记忆中已有的知识相联系，从而习得观点、概念和原理的学习。”① 只有当新材料与长时记忆中的相关概念形成有机联系时，学习才有意义。

从教学的角度看，学生的意义学习受以下变量的影响：学生认知结构中能与新教材建立联系的有关观念是否可以利用，以便找到学习和记忆新材料所必需的结合点；这些观念与要学习的新观念之间的区别程度如何，以避免混淆；认知结构中起结合点作用的观念是否稳定、清晰，以加强学习。② 这样，意义学习的特性和关键，是新知识与原有适当观念之间是否建立起了非人为的、实质性的联系。如果没有，就是机械学习。

传统上，人们习惯于将接受学习与机械学习等同起来，而将发现学习与意义学习等同起来。其实，无论接受学习还是发现学习都有可能是机械学习，也有可能是意义学习。意义与机械的区分不在于是接受还是发现，而在于新旧观念和知识的关联与同化所建立的联系的本质。学生的学习主要是通过接受而不是发现去掌握间接知识的。因此，讲授教学必然是也必须是学校教育的主要教学方式，教师应该给学生提供经过仔细考虑的、有组织的、有序列的、完整的和有用的学习材料，亦即知识精华。

（二）意义学习的类型

意义学习，主要有“表征学习”“概念学习”和“命题学习”三类。

表征学习（representational learning）。表征学习，是指学生学习与掌握单个符号或一组符号的意义，即学习符号代表什么。如识字教学中的词汇学习，学生必须掌握字词的意思。“有意义学习的基本类型是表征学习，所有其他的意义学习都是以这种学习为基础的。”③

概念学习（concept learning）。概念学习是指学生学习与掌握同类事物的关键性特征，如数学中对几何图形的学习中对三角形概念的掌握。学生的概念学习有两种基本方式：一是概念形成，即学生自己从大量的同类事物的不同例证中发现概念，如家、父母等概念；二是概念同化，即通过下定义的方式把概念呈现给学生，使他们利用原有的知识和观念加以理解。

命题学习（proposition learning）。命题有两种，一种表示两个特殊事物的关系，如“广东省的省会是广州”和“中国的国旗是五星红旗”等；另一种属于概括性命题，如物理学中的“速度等于距离除以时间”。命题学习必须以概念学习为基础。在命题学习中，新的意义是在有潜在意义的学习课题同认知结构中有关观念联系起来并与之发生

---

① ［美］戴尔·H. 申克著，韦小满等译：《学习理论：教育的视角》，江苏教育出版社 2003 年版，第 168 页。

② 陈琦、刘儒德主编：《当代教育心理学》，北京师范大学出版社 1997 年版，第 90 页。

③ ［美］奥苏伯尔等著，佘星南等译：《教育心理学——认知观点》，人民教育出版社 1994 年版，第 51 页。

相互作用以后出现的。命题的意义是新命题的内容与认知结构中原有适当观念的内容以特殊方式相互联系并发生相互作用的结果。

"在意义学习中，真正习得信息的过程，既可以导致新习得的信息变化，又可以导致与新信息的认知结构的特别有关的方面的变化。在大多数场合下，新信息是用一个有关的概念或命题联合起来的。"① 这样，新命题与学生已有知识的关系，可能是下位关系，也可能是上位关系，或者可能是两者并列结合的关系。因而，命题学习通常分为三种，即下位学习或者类属学习，上位学习或者总括学习，以及并列结合学习。

（三）意义学习的结构

奥苏伯尔主张，一种科学的学习理论主要关注在学校里或类似环境中所发生的各种复杂的、有意义的言语学习，并对影响这种学习的"内化的原理""迁移的目标"和"同化的程序"等各种因素予以相当的重视。

意义学习，实际就是通过学习已有知识体系，将其内化而使认知结构得到改造和发展。奥苏伯尔认为，影响学生学习的最重要因素是学生已知的内容和已有的认知结构。当学生把教学内容内化进已有的认知结构时，意义学习便发生了。知识的内化，是奥苏伯尔教学理论的一条核心原理，具体的意义学习方式都是据以进行设计和展开的。

意义学习，以塑造学生良好的认知结构，使之具有不断吸收（内化）新知识的能力为核心教学目标。一切新的意义学习都是在原有的知识基础上产生的，不受学生原有认知结构影响的意义学习是不存在的。也就是说，一切意义学习必然包括迁移。无论接受学习或解决问题，凡已形成的认知结构影响新的认知功能的时候，就存在着迁移。普遍的迁移是指原有认知结构对正在进行的学习的影响。学习迁移实质就是认知结构的组织和重新组织。

奥苏伯尔根据"同化"理论，把学习过程分为"习得""保持"和"再现"三个阶段。因此，教学就是帮助学生实现知识的习得和保持，即实现知识的"内化"，并在需要时能再现出来。习得阶段，主要是新知识被旧知识同化的过程。保持阶段，即新知识意义的可利用性的维持。再现阶段，是指具有了意义的新知识与原有观念分离，被提取出来。三个阶段是紧密相连的，"同化"是由习得转化为保持的机制，再现也与"同化"是否有效直接相关。

奥苏伯尔指出，教学应该通过适当材料的提供与组织，帮助学生实现习得及保持知识与观念，并在需要的时候能够有效地提取出来。为此，需要设计和使用"教学准备""逐步分化""整合协调""先行组织者"和"促进迁移与创造"等策略，并开发"学生的学习心向""材料的意义联系""学生的主动学习"和"教学的逻辑组织"等基本条件。

---

① ［美］奥苏伯尔等著，佘星南等译：《教育心理学——认知观点》，人民教育出版社 1994 年版，第 65 页。

二、掌握学习

掌握学习（mastery learning）主要由美国当代著名的教育家布卢姆（Bloom，B. S.）创建，他的理念是使“大多数学生都高水平地学会所学科目”①。

（一）群体学习成功的原理

布卢姆等做过大量群体教学与个别教学的实证研究。实验既得到了意料之中的结果，又发现了令人惊异的事实。意料之中的是，个别教学组学生的平均分远远高于群体教学组的，优良率前者的高达90%以上，而后者的只有20%。令人惊异的则是，个别教学组学生的能力与其最终的学业成绩不甚相关，其相关系数仅在0.15～0.25，即使能力较差学业成绩也可达到优良水平；而群体教学组学生的能力与最终学业成绩显著相关，其相关系数高达0.6～0.7，能力越强最终的学业成绩也越好。

这就使布卢姆突发奇想，在个别教学中一定有某种因素可以使即使能力不强的学生也获得优良的成绩，应当把这一因素找出来并放到群体教学中去，从而使群体教学达到个别教学的效果。布卢姆利用卡罗尔（Carroll，B. J.）假说，找出了这个因素就是学习时间。在学习理论的诸多流派中，卡罗尔的学习假说确实独树一帜，别具风格。卡罗尔认为，一个学生的能力倾向是指其掌握一项学习任务所需的时间量，亦即：能倾＝f（学习速度）。这个公式意味着，只要有足够多的时间，每一个学生都能圆满完成一项规定的学习任务。学生的能力与其最终学业成绩的相关性，是由于没有给予那些学习速度较慢的学生充分的学习时间所致。布卢姆用卡罗尔的这一假说，建立了一种学习模型：学习达成度＝f（实际学习时间/需要学习时间）。学习达成度是指学生完成学习任务的百分比。学习达成度与该学生需要学习的时间成反比，与实际给予的学习时间成正比。

（二）掌握学习的形成

为了解决学生的学习达成度低的问题，布卢姆分别吸取了莫里森（Morrison，H. C.）的班课学习多种矫正研究、布鲁纳（Brunner，J.）的认知结构说以及斯金纳的机器程序教学的思想和理论，建立了掌握学习理论。“掌握学习让学生主要通过与同学合作而开展学习，是一种典型的基于小组与教师主导的教学方式。”②

布卢姆指出：“制订掌握性学习策略，基本上是一个确定如何把学习者的个别差异与教学过程联系起来的问题。”③针对这种问题进行研究与发展，掌握学习就逐步成熟起来。概括说来，掌握学习就是一种努力使每个学生都掌握一定课目内容获得成功学习经验的班课教学方式，它以一定课目内容的学习目标为依据，通过诊断性评价把握学生的个别差异，开发个性化的教学材料与手段促进学习，并应用形成性评价掌握学习进展，采取加深学习与矫正学习满足不同学生的学习需要，并应用同质异次的形成性评价对学

---

①③ ［美］布卢姆等著，邱渊等译：《教育评价》，华东师范大学出版社1987年版，第78、71～72页。

② Christodoulou，N.（2010）. *Mastery Learning*. In Kridel，C.（Ed.）. *Encyclopedia of Curriculum Studies*. Los Angles：Sage，558-559.

习成功达标加以确认。

（三）掌握学习的教学结构

掌握学习是结构化的，其教学过程结构大致由单元教学目标的设计、依据单元教学目标的群体教学、形成性评价（A）（区分出达标组与未达标组）、矫正学习（或加深学习）、形成性评价（B）和终结性评价六个环节组成。这六个环节构成的掌握学习的教学程序（参见图 15-1）加以形象描绘。

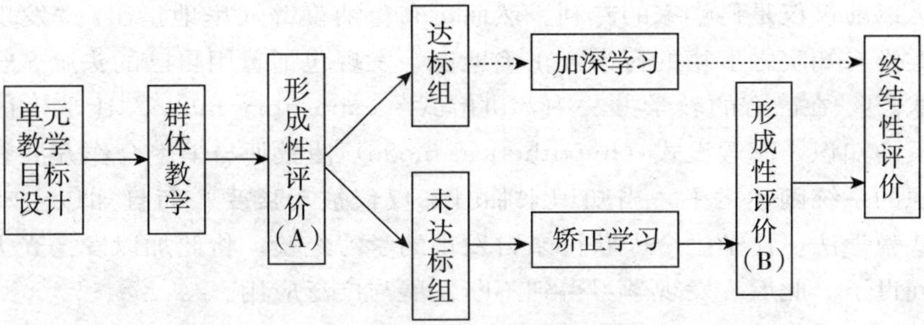

图 15-1　掌握学习的教学程序图

在进行掌握学习的班课教学之前，教师必须做好精心规划：（1）确定具体课目主题内容；（2）把课程分解为一系列学习单元，并制订具体的教学目标；（3）在新课前，编制并进行诊断性测验，对学生进行诊断性评价；（4）编制各单元简洁的"形成性测验"试题，目的是评价学生对该单元内容掌握情况；（5）依据"形成性测验"试题，预先确定并准备好可供选择的加深学习与矫正学习的材料（如辅导资料、练习手册、学习游戏等）和矫正手段（如小组学习、个别辅导、重新讲授等），供学生遇到学习困难时选择；（6）编制"终结性测验"试题，覆盖所有单元目标，目的是评价学生是否完成了该课目主题的学习任务。

在班课教学过程中，教师需要循序组织学生进行掌握学习。具体教学进程为：（1）首先向学生介绍掌握学习的一般程序，包括诊断性测验→学习→形成性测验→（再学习→形成性测验）……→终结性测验→每个学生都将达到教学目标；（2）在新课之前，对学生进行诊断性评价；（3）在集体教学中给学生以相同的教学内容和教学时间；（4）在一个单元学习结束时，进行一次"形成性测验"，掌握正确率达 80%～85%即为通过；（5）组织通过者进行加深学习，未通过者进行矫正学习；（6）进行一次平行性的形成性测验；（7）进行"终结性测验"，评定每个学生的学业成绩。

掌握学习的开发与应用，在"精心规划"与"循序实施"中，还需要采取"师生投入"和"因课制宜"等策略。

三、发现学习

发现学习（discovery learning）历史悠久，而在当今的勃兴，却与著名认知心理学家布鲁纳的极力倡导分不开。

（一）发现学习的勃兴

美国从 19 世纪末期以来一直在进行课程改革，到 20 世纪 50 年代形成了传统教育的学科中心主义的课程与进步教育的经验主义课程并存局面，而且两者均利弊各显。1957年苏联人造卫星上天，使美国朝野无不震惊，强烈要求加强美国中小学的科学教育以培养出一流的科技人才！1959年美国国家科学院召开专门的伍兹霍尔会议，中心议题是应该在怎样的教学论与课程论的背景下展开自然科学的教育，为一流人才的培养奠定基础。布鲁纳主持了会议，做了总结报告，会后出版了著名的《教育过程》一书，① 大力倡导结构主义认知心理学的发现学习。

发现，以前仅仅是科学家的专利。然而，布鲁纳鞭辟入里地指出："发现不限于那种寻求人类尚未知晓之事物的行为，正确地说，发现包括着用自己的头脑亲自获得知识的一切形式。"② 在已有的教学方法中，讲解式（expository mode）让学生被动地接受教师所传授的知识，而假设式（hypothetical mode）使教师与学生合作开展教学，学生参与到知识的系统阐述之中，当知识来临时不仅仅被动接受，而且加以主动评价。显然，假设式教学法，让学生个人获得亲自发现的学习经验。将此加以发扬光大，发现学习就得以问世了。此后，发现学习得到不断发展与广泛应用。

（二）发现学习的概念

简要说来，发现学习是一类具体的教学方式，人们用以使学生整个身心投入到探究之中，并在教师与材料的引导下去发现预期学习内容。③ 它具有深厚的心理学基础，尤其奠基于结构主义认知心理学基础之上，格外强调学生的内部动机与探究能力培养。

发现学习十分强调内部动机的作用。在学习心理学中，有两派不同主张，精神分析派把学习动机作用的基点放在外部报酬与与生俱来的本能上；而另一派则主张从智力需要的自身去探究动机作用，把动机作用的基点放在内部报酬上。布鲁纳基于内部报酬说，认为学习的内部动机作用是学生在学习过程中取得初步成功后产生的，最好的学习动机莫过于对学科内在兴趣的产生及发现的自信。因此，发现学习十分强调使学生从自己的兴趣出发，形成独立学习的倾向，并努力去获得学习成功的体验；同时格外凸显教师的指导作用，要求教师采取有效策略，使学生获得学习成功体验。

发现学习就是为了满足探究能力的培养而创生的。探究能力的心理实质，就是形成可迁移的认知结构。所以，它十分重视创造态度的培养，强调独立思维、直觉思维和洞察力的养成。布鲁纳认为，创造思维的核心之一是直觉思维，在探究的过程中要大胆地凭借直觉来推测事物的本源，而这正是科学家与学者们所具备的思维特征。要培养这样的高级思维能力，最好的途径就是像科学研究一样的探究活动。因此，发现学习在后来的发展过程中形成了一个根本特征，这就是探究。所以，发现学习又称为探究学习。

---

① ［美］布鲁纳著，邵瑞珍译：《教育过程》，文化教育出版社1982年版。

② ［美］布鲁纳著，邵瑞珍译：《发现的行为》，载瞿葆奎主编，徐勋、施良方选编：《教育学文集·教学》（上册），人民教育出版社1988年版，第584页。

③ Hammer, D. (1997). Discovery Learning and Discovery Teaching. *Cognition and Instruction*, 15 (4), 485-529.

（三）发现学习的教学程序

发现学习往往被人误解为只适合科学教育，其实不然。学习概念本身至少包含了“内容”与“过程”两个不同的方面，亦即某种内容的同化和用于组织与应用这种内容的认知过程的操作。长期以来，学习的这两个方面都一直被分离而孤立地加以强调。“新近生成的发现学习原理，就是将过程与内容整合成一种包融性关系。”① 这一原理强调，要寻找和开发有效策略，建构起具体内容的结构或逻辑与自主心智过程结合起来的有机联系。

一般来说，发现学习的教学组织程序有“探察事实”“树立假设”“生成概念”与“发展能力”四个阶段。第一阶段，探察事实。教师组织学生，带着问题意识观察具体事实。问题的来源，可以是课目主题本身，也可以是学生学习经验，还可以是社会生活。按照教学论的要求，这种问题的提出，要符合课目主题本身的特点和学生的认识水平，要具有典型意义，包括诸多的概念系统。问题提出时，教师可以用多种手段，包括讲解、演示实验或图例等，尽可能生动活泼，以引起学生的悬念、好奇心，使学生进入一种跃跃欲试的心态。

第二阶段，树立假设。在教师指导下，学生对问题进行讨论，把所观察或了解到的各种现象加以理解、解释与改组，从各个不同的角度去研究它，然后把先前的经验（知识）联系起来，把目前的各种片断知识组织起来，最后提出一个或几个假设。这里，树立假设是一个关键问题，假设是科学发现的基本模式。在班课教学中，一方面要允许有形形色色的猜测、想象；另一方面要指导学生明确因果联系，强调逻辑推理，而不是胡思乱想。

第三阶段，生成概念。教学的最终目标是要使学生的感性体验符号化，成为认知结构的内在成分。第二阶段的假设也许有几个，这就需要对假设进行逻辑的甄别与精选，即对假设内部的不完整和矛盾的表达进行去芜存菁的加工，用科学的语言来表达它，成为精确的概念或定理、定义。这里，按照逻辑形成并阐明概念非常重要，也非常具有挑战性。

第四阶段，发展能力。就是把业已抽象化了的概念应用到新的情境中去，用概念体系去解释新的现象。这种过程既是概念的复现，有助于加深概念的理解、记忆，又将凝固了的认知结构化成能动的能力，培养学生应用概念、解决问题的能力。

发现学习，无论在原理上，还是在内容目标上，抑或在教学策略上，均处在不断发展与丰富之中，具有广阔的开发与应用前景。

---

① Taba, H. (1963). Learning by Discovery: Psychological and Educational Rationale. *The Elementary School Journal*, 63 (6), 308-316.

四、问题式学习

问题式学习（problem-based learning）是影响越来越大的一种建构主义的学与教组织方式。①

（一）问题式学习的兴起

“问题式学习，所含理念有着悠久的历史，浸淫着许多研究者的思想。”② 顾名思义，问题式学习强调教师组织学生通过发现、提出与解决问题，让学习成为学生自主规划和达到学习目标的机会，在具体情境中新学习信息与已有知识和经验形成有机联系。这些理念，不仅在20世纪以来的西方众多著名教育家与心理学家论著里可以找到出处，甚至可以追溯到古希腊的柏拉图及其老师苏格拉底那里。

然而当代版的问题式学习，则是奠基于20世纪50～60年代加拿大医学教育改革实践，成形于麦克马斯特大学（McMaster University）医学院的系统开发与应用，并成名于巴罗斯和坦布林（Barrows，H. S. & Tamblyn，R. M.）于1976年发表的专题论文。③ 此后，问题式学习不仅应用到建筑、商业、管理、经济、地质、法律、护理、社会工作、心理学以及其他高等教育领域，而且应用到了中小学教育以及远程教育领域。时至今日，问题式学习已经成为教育领域普遍开发与应用的一种富有潜力的学与教组织方式。④

（二）问题式学习的含义

问题式学习有不同定义与阐释，其共同之处是把具体问题看做组织实施教学过程的核心。这样，问题式学习指称的是一类围绕具体问题组织学与教活动的情境化教学方式，它们格外强调理解或解决一个问题的作业过程，这种问题是在学习过程一开始就遭遇的，并且作为一个焦点或刺激，以促进问题解决或推理技能的应用，并激发人们进一步探寻或研究有关信息或知识，深入理解问题及其如何解决的机理。⑤

从教学组分看，问题式学习强调问题驱动学习，问题贯穿学习过程的始终，建设问题型学习环境，主张在解决问题中获得知识并发展能力，开发和使用各种适宜的学习策略以达成有效教学；从教学目标看，问题式学习强调不仅要帮助学生打下灵活的知识基

---

① 参见刘儒德：《基于问题学习对教学改革的启示》，载《教育研究》2002年第2期；李文莉：《基于问题学习模式的教学实践及绩效评价研究》，载《电化教育研究》2010年第4期。

② Gijbels，D.，Dochy，F.，Van den Bossche，P. & Mien Segers，M.（2005）. Effects of Problem-Based Learning：A Meta-Analysis from the Angle of Assessment. *Review of Educational Research*，75（1），27-61.

③ Barrows，H. S.，& Tamblyn，R. M.（1976）. An Evaluation of Problem-Based Learning in Small Groups Utilizing Simulated Patient. *Journal of Medical Education*，51，52-56.

④ Belland，B. R.（2010）. Portraits of Middle School Students Constructing Evidence-Based Arguments during Problem-Based Learning：The Impact of Computer-Based Scaffolds. *Educational Technology Research & Development*，58（3），285-309.

⑤ Barrows，H. S.，& Tamblyn，R. M.（1980）. *Problem-Based Learning：An Approach to Medical Education*. New York：Springer，18.

础，发展解决问题的技能，还要发展学生的合作交际能力、自主运用学习资源的能力以及终身学习的技能等；从教学过程来看，问题式学习既以建设学习小组为基础，强调学生自主、教师促进和师生合作，又以反思评价为归宿，突出灵活知识基础的掌握与高层次思维能力的发展。总括起来，问题式学习的核心内涵为，灵活知识与高级思维的目标取向、问题驱动、师生小组合作学习、教师促进与学生自主相结合、多样化的有效教学策略、学习反思与结果评价等。

（三）问题式学习的教学策略

在学校教育中使用问题进行教学并不是问题式学习的专利，另外还有一种有些类似的“问题解决学习”（problem-solving learning)。相比之下，问题式学习的主要特征在于问题的弱结构性和知识的发生性。在问题解决学习中，问题只是辅助性的，问题本身是强结构性的（well-structured)，学生在限定的条件中寻找预先设定好的答案。而在问题式学习中，问题是弱结构性的（ill-structured)，也就是条件不充分的问题。这样，在问题式学习的教学活动中，问题就在实际或模拟生活情境中不断产生出来，而成为生成性问题（generating questions)；同时就让学习者在尝试解决问题过程中，通过主动学习而使系列知识得以不断发生而被掌握，知识就不像在问题解决学习中是预定性知识，而成为了生成性知识（generating knowledge)。

问题式学习面世以来，人们创用了许多有效的综合性教学策略。其中影响较大的三种是“小组合作—活动学习策略”“自主—合作循环学习策略”和“合作—探究学习策略”。①

1. 小组合作—活动学习策略

小组合作—活动学习策略，注重学生学习的主动性、参与性、过程性以及小组合作能力的培养，让学生在轻松、和谐、互动互助的氛围中积极参与学习活动。这样所营造的学习环境，特别有利于培养学生的交往动机。小组合作—活动学习策略的实施过程，包括“组织小组”“开始问题”“跟进行动”“活动汇报”和“反思总结”等环节。

2. 自主—合作循环学习策略

在具体的实践过程中，学生有时对问题的研究和解决不能一次完成，也可能在开始时对问题的理解存在偏差，需要再次分析问题以确定问题的要点，并进一步学习与应用解决问题所需的知识。针对这种情况，自主—合作循环学习策略便应运而生。其实施过程可以概括为八个环节：(1) 给学生提供一个以前未接触过的新问题；(2) 学生开展相互交流，看看自己已有知识中哪些与该问题有关；(3) 在现有知识水平基础上形成并验证解决问题的假设，看能否解决所面临的问题；(4) 如果不能解决问题，则明确为了解决问题而进一步学习的需要；(5) 通过自主学习满足既定的学习需要；(6) 回到小组交流新学到的知识，运用新知识解决问题；(7) 如果还不能解决问题，重复 (3)～(6) 步，直到问题得到解决；(8) 对解决问题的过程和学到的知识进行反思与评价。

---

① 陈爱萍、黄甫全：《问题式学习的内涵、特征与策略》，载《教育科学研究》2008 年第 1 期。

3. 合作—探究学习策略

由于问题式学习中提供的问题是开放的、真实的和弱结构的，因此在解决问题的学习过程中，不断会有新的问题出现，其中有些新问题是很有研究意义和价值的，需要加以深入探究，以促进学习的发展。基于这种学习理念，人们创用了合作—探究学习策略，主要包括五个环节。(1) 给学生呈现一个问题（例如一个个案、研究论文、录像带）。这个问题应该是真实生活中的或模拟情境中的问题，并能够激发学生的学习兴趣。(2) 通过讨论，学生确定学习课题（learning issues）。这些课题是对问题解决有重要作用的，学生把这些课题记录下来，并进行讨论，在整个讨论过程中，要鼓励学生不但要弄清他们懂得了什么，而且更重要的是知道还有哪些地方他们不懂。(3) 分类把握。把通过分析形成的学习课题，按其重要性进行分类，确定哪些要点需要小组合作完成，哪些可以先由个人单独完成随后再传授给小组其他同学。然后学生分头去查阅资料，独立进行研究，以获取相关知识。(4) 分享和应用新知识。把学生重新召集起来，共同探讨学习要点，把获得的新知识运用于问题情境。(5) 进一步探究新问题。把解决问题过程中出现的新问题通过筛选后记录下来，根据学生的需要和兴趣继续引导学生去探究新问题，将学习不断引向深入。

综观上述问题式学习的三种基本教学策略，它们都包含“组织师生小组”“创设问题情境”“师生合作互动”和“学习反思与结果评价”四大要素。教师可以抓住这四大要素，根据具体情况引用或创用适宜的组织与实施策略。

第三节 主体定向型学习方式

大量学习方式自觉不自觉地围绕师生主体关系来创新与建构有效策略，以师生主体及其关系为取向，可以统称为主体定向型学习方式。下面择要介绍与探讨自主学习、合作学习和合作活动学习。

一、自主学习

随着学生中心教育观与建构主义学习观的确立，国内外发展最快的当数自主学习的理论与实践。

（一）自主学习的概念

国外自主学习的方式和类型，常见的有“self-directed learning”“self-managed learning”“autonomous learning”“self-education”“self-instruction”“self-regulated learning”以及“self-learning”等，它们共有的组分是“自主”，而不同的组分为“导向”“调节”“约束”和“管理”等。不同的自主学习方式，起主导和支配作用的组分明显不同。所以，多种多样而纷繁复杂的自主学习方式，大致可以区分出“导向型自主学习”“调节型自主学习”“自律型自主学习”以及“管理型自主学习”等。其中，导向型自主学习（self-directed learning）影响较广。

"导向型自主学习，是在中国当代新课程改革和世界终身学习理念提出的时代大背景下应运而生且符合社会需要的一种新型学习方式。"① 它最初是由成人教育家图赫(Tough，A.)于1966年提出的。② 导向型自主学习，指的是人们独立自主或在教师指导下自己决定获取若干知识或技能之后所进行的各种学与教活动，在这些活动中，个体主动地对自己的学习负起责任，制订个人学习计划、使用有效学习策略、维持学习动机，同时还必须清楚地知道自己所负责完成的每项学习任务都是整个学习过程中不可或缺的环节。③ 显然，图赫所描述规定的内涵要素，就从发生学上规定了"导向型自主学习"概念的核心内涵，主要有"选定的知识或技能""学习能力""学习责任感""学习策略"和"学习动机"等。

（二）导向型自主学习的教学步骤与原则

自主学习的奥妙，是通过自主学习"教会学生自主学习"。所以导向型自主学习的一般教学步骤为"提供学习策略""具体化学习策略""鼓励深入学习"和"组织能力训练"。教师首先要向学生提供充分有效的学习策略信息，并使学生懂得何时及如何使用。其次要教给学生如何使用这些策略解决具体问题的方法。再次要提供学习机会，鼓励学生不局限于已有内容，而对扩展学习有关知识并进行深入思考，按照他们自己的思维方式和先前的理解对其进行重新组织。最后要组织适宜的训练，使学生的思维模式不断发展，从而将学习的责任顺利地交给学生。要有效地教会学生学习，应遵循以下基本原则。

一是为学生提供学习的思维策略。课程研制与教学实施，需要用学生所熟悉的步骤来解读学习材料的整体框架，让学生在一种安全的氛围中学习，在熟悉的基础上最终超越书本知识，并结合个人经验与独立思考，形成自己对学习材料的理解和领悟的学习目标。学生使用这些学习的思维策略时，其答案无论对错，都能促进自己思维能力的提高。

二是学生获得的学习策略具有确定的使用价值。教学过程中，学生所获得的学习策略指导，必须是能在真实的语境中加以具体说明，在实践中加以运用，在不同情境中可以迁移的。

三是学生成为学习过程中的主动参与者。师生之间的问答式对话，可以引导学生的个人观点和个人经验始终在讨论内容之中，始终围绕学习目标进行，以获得预期的新知识。这样，学生可以祛除思想上因怕错而不敢参加讨论的顾虑，促使学生成为自己的老师。

四是学生成为自己学习的提供者。随着教学的进展，课程设计者和教师除在适当时

---

① 何巧艳：《导向型自主学习的基本原理与教学开发》，华南师范大学2007年硕士学位论文。

② Hiemstra，R.（1994）. *Self-Directed Learning*. In Husen，T. & Postlethwaite，T. N.（Eds.）. *The International Encyclopedia of Education*（2nd Ed）. Oxford：Pergamon Press，2.

③ Tough，A. M.（1966）. The Association Obtained by Adult Self-Teachers. *Adult Education*（USA），17，33-37.

候给予学生适当的学习引导外，要放手让学生自己为自己的学习寻找和提供材料，逐步成为自己学习信息的提供者，自主总结归纳，得出学习与探究的各种结论。

（三）导向型自主学习的教学策略

研究与实践均证明，导向型自主学习的教学策略具有特殊性，主要包括“元认知”“教师调节”“互动性教学”和“内部言语的应用”。

1. 元认知

导向型自主学习中的元认知，指的是帮助和促进学生对自己所学内容的内化、理解与记忆的思维操作进行反思和监控的心理过程。如自我提问、检查和监督等思维技巧，以及用记忆术对所学内容进行归类储存和正确提取等。要使学生掌握元认知策略，教师首先要具有元认知的能力，并使用具体指导、生动示范与实际操练三种策略。

2. 教师调节

教师调节，就是在指导中帮助学生重新调整各自的学习，从具体内容中构建各自的观点，向预期的目标靠近。提供认知刺激，促进思维互动和纠正学习错误，是教师调节的重点。

3. 交互性教学

交互性教学，又称互动性教学。通过小组讨论，学生可以通过班课对话的方式来探讨所学内容，是一种典型的创造性和自主性策略。它由预测、提问、总结和澄清四种子活动构成，基本的作用和功能是让学生充分参与到学习过程中去，并意识到自己的思维推理过程。

4. 内部言语的作用

在导向型自主学习中，教师不断给学习者施加任务，让学生以评论、阐述和引申的方式创造出新颖的语言表达，促使学生形成自己的内部言语，能逐步通过自我指导来解决学习问题。当外部的教师教授策略转为学生自己掌握内部言语的能力时，学生可以仿效教师的示范，模拟相似的逻辑推理过程。教师的作用转向监控，并在必要时作出适当的提示或暗示，使学生的思维紧紧围绕主题，最终让学生能内化教师的外部言语，成为自己的老师。

二、合作学习

合作学习，是一种班级上课环境里教师指导学生分组以合作方式开展学习的高度组织化和结构化的教学方式。它强调满足学生的学习需要，主张学生更主动和充分地学习，强调学生之间相互促进和共同提高。

（一）合作学习的兴起

20世纪下半叶，教育心理学发生了巨变。合作学习的创建者斯莱文（Slavin, R. E.）将这些巨变描述为两方面：一是学习研究从心理学实验研究走向了班课教育学实践研究；二是学习理论与实践样式的建构成为教学模式创新的趋势。① 于是，合作学习的理论与实践勃然而兴。

合作学习（cooperative learning）是教育中的一个古老理念，近半个多世纪来在教育研究与实践中经历了持续不断的更新。早在20世纪20年代，学者们就合作学习对学习表现及其他变量的效应开展了实验研究，研究成果却一直被尘封在图书馆的文献里。一直到了20世纪70年代，合作学习原理才被开发到教学实践方案里，应用到学校班课活动中，并得到广泛的关注与评价。逐渐地，合作学习的一般理论和实用类型得到了迅速创生与发展，合作学习本身也成长为基于合作的一种新型班课教学模式，并逐渐嬗变为一种主流教学样式。在这个意义上，合作学习指的是现在流行的一类在分组基础上师生合作开展教学活动的组织方式，从而让学生积极参与开展互动性学习以有效完成学习任务与提升学习结果。

（二）合作学习的效果

合作学习，能使学生养成一些重要行为，这些行为可以使学生将来步入成人世界时，能恰当地推理和行事。②

研究结果表明，合作学习可以使学生获得一系列重要的学习结果，包括"养成态度与价值观""传播亲社会行为""去自我中心化""整合身份"以及"促进高级思维发展"。通过合作学习，学生在彼此互动中形成自己的态度和价值观，在成人的关注和指导中使亲社会行为得以顺利传播，在接触不同观点后逐步削弱了自我中心化，在面对和解决自己与他人矛盾中获得一种整合身份，并通过与他人的互动，释放用复杂化方式进行思考和行事所需要的动机，有利于分析、综合和决策等高级思维的发生和发展。总之，合作学习可以提高合作技能，给学生以更大的自尊，并提高学生的学习成绩。

（三）班课合作学习的实施步骤

班课合作学习的组分，主要有"师生互动""同学互动""选定任务与材料"和"角色期待与责任"等。相关研究表明，学习任务具体而明确，可以有效促进班课中的合作学习活动。已经在学校中广泛开展的任务型班课合作学习，一般包括"目标的具体化""任务的结构化""协作的教学与评价""小组表现的监控"以及"师生的总结与反馈"五个具体步骤。

合作学习的目标具体化，需要师生均明确活动结束时预期的结果或行为。为了确保获得预期结果，教师需要设计确切的学习目标，确保学生加以理解，并设定合作基调。

合作学习的任务结构化，包括"小组规模""小组组合""时间安排""角色分配"和"支持奖励"等。相关研究表明，有效教学的小组大小是4～6个成员，即50人的班级可以组成9～12个小组；为了促进合作过程，教师需要把班里优、良、中、差生都考虑在一个小组里，再据其性格特点进行组间的适当调配，以促进所有学生都能在小组合

① Slavin, R. E. (1980). Cooperative Learning. *Review of Educational Research*, 50 (2), 315-342.

② Borich, G. D. (2004). *Effective Teaching Methods* (5th Ed.). Pearson Merrill Prentice Hall, 331-353.

作学习中获益；根据学习任务的复杂性，教师要在时间安排上作出一些较为精确的估计，需要在合作学习中的每个环节设置时间界限，以使任务连贯完整；教师要巧妙分配不同角色的职能与责任，帮助学生完成小组合作，进行组际沟通，从而促进责任心和思想共享等有效合作学习；为了保证学生为小组合作目标而工作的持续性，教师需要建立与实施一种适宜的强化和奖赏制度。

合作活动中，需要教师组织协作教学与评价，以促进学生学习和掌握合作技能。学生大多缺少合作技能，需要教师界定出合作性行为，按适当的次序安排它们，并予以示范。这些合作技能主要涉及：怎样向他人表达自己的思想和感情，怎样使信息完整和具体，怎样使言语信息和非言语信息一致，怎样营造尊重和支持的气氛，如何评估信息是否被恰当地接收，怎样准确转述别人的观点，怎样讨论事物含义，怎样理解信息，怎样参与和领导。

组织合作学习，教师必须进行观察、介入和监控，以帮助学生达到小组目标。教师的监控职能是，指导学生到何处可以找到相关信息，复述怎样完成任务，展示要完成的任务范例，或示范怎样实现小组目标的工作。教师的角色是，批判式地发现困难和问题点，减轻它们的消极作用，保持每个组正常运转。教师的监控目标则为，确定小组何时需要帮助，对陷入死胡同的小组重新指导，并对遭遇挫折的学生提供情感支持和鼓励。

师生对小组合作的总结与反馈，对学生获得合作技能非常重要。教师可以直接询问小组在合作过程中的执行情况，征求改善合作工作以期达到更高水平的合作建议，听取预先安排的观察者的意见等等。小组成员间还可以相互评定各自的合作技能，在小组中进行适当讨论，以精确找出彼此的弱势和优点。

三、合作活动学习

合作活动学习，是近年来新兴的一类教学实施方式。它既借助了飞速发展的信息通信技术潜力，又切合了快速崛起的网络社会的普遍学习需要，还回应了全球化与现代化双重冲击下人类合作与活动品行的诉求，所以拥有广阔的发展前景。

（一）合作活动学习的概念

合作活动学习，不仅思想源远流长，而且拥有进步主义的经验学习与认知心理学的建构主义学习的坚实基础，同时还有发展比较成熟的“合作学习”与“活动学习”（active learning）提供强力支持。合作活动学习的概念，在西方可能出现于 20 世纪 90 年代，[①] 而在我国则是进入新世纪后才面世的。[②]

学习无疑是一种特殊文化，具有“合作”与“活动”的特性。人的学习是在社会生

---

① Keyser, M. W. (1998). *Index and Bibliography of Cooperative and Active Learning Techniques for Use for Library Instruction, 1989-1997.* Reference and Bibliographic Instruction Librarian, Texas A & M University.

② 申仁洪、黄甫全：《合作活动学习刍论》，载《教育研究》2004 年第 10 期。

活实践中，以语言为中介，自觉、积极、主动地掌握社会和个体经验的特殊活动。学习既是内部的思维，又是社会的协商，是一个奠基于主体间交往与对话的合作进程。人的学习生命存在就在这种交往与对话的合作中得到体现，并在活动中得到优化。

人们在多样合作与多种活动基础上融合创生出合作活动学习。学习与人类的所有活动一样，由个人活动和集体活动构成。“在儿童的发展中，所有的高级心理机能都两次登台：第一次作为集体活动、社会活动，即作为心理间的机能；第二次作为个体活动，作为儿童的内部思维方式，作为内部的心理机能。”① 因此，活动学习在社会关系中进行，学习交往与合作在活动中实现。这样，合作就成为活动学习的基本品性，并以学生个体、学生群体、教师个体以及教师群体之间的形式多样而丰富多彩的合作形式表现出来。所有这些合作，镶嵌到师生活动学习之中，就生成了人类共存、互惠而协变的学习共同体。在活动中实现合作，通过合作促进活动，创造团结上进的学习共同体，就是合作活动学习的基本追求。

合作活动学习，至少包含着学习为本、文化学习、合作学习和活动学习等核心内涵，它旨在通过合作式的活动和活动化的合作，使师生成为学习共同体，让学生积极主动地投入学习过程，在互动合作的学习活动中获得知识、形成经验并建构知识与经验的意义和价值。这样，合作活动学习就是一类“学习为本”的新型学与教组织实施方式，它使师生组成学习共同体，根据具体学习内容采用各种可能的有效策略和方法，使学生积极主动地投入学习过程，在互动合作的学习活动中获得知识，形成经验，并建构其知识经验的意义和价值。在学校学习中，合作包括学生之间的合作互动、生师之间的合作互动，而活动则包括内在的思维操作活动与外在的“人—物”互动和“人—人”互动。因而，合作活动学习旨在努力创造热情而开放的学习环境，激发个人张扬学习天性与欲望、充分发挥学习主体性、形成并保持责任感、积累创造性经验与生成性知识，最终达成知识、经验和意义的完整统一。

（二）合作活动学习的基本特征

合作活动学习，作为一类“学习为本”的新型学与教组织实施方式，在发展与应用的过程中形成了一些基本特征，主要有学习者共同体或学习共同体，模块整合课程或学习经验，问题解决/探究方式，多向互动建构，学习环境以及学本评估。

1. 学习共同体

在现代教育与课程改革中，学习的中心发生了一次转换，学生作为学习主体而存在。在合作活动学习中，学生“个体主体”首先进入“集体主体”——学习者共同体——之中，进而与教师等一起，形成学习共同体。

2. 学习经验

合作活动学习突破已有课程的学科分割模式，通过模块整合式课程进行课程整合并进而整合学生的学习经验。合作活动学习以问题（课题）为指向，使学生在从学习

---

① ［苏］维果茨基著，余震球选译：《维果茨基教育论著选》，人民教育出版社 1994 年版，第403 页。

世界走向现实生活世界进而走向可能的生活世界过程中，获得充分而丰富的学习机会，生成生动活泼的学习经验，实现从源自文化的成人间接经验到内在的自身直接经验的转换。

3. 问题探究/解决方式

问题探究/解决方式，使人从做中学，能够保证学生在拥有与利用丰富的学习机会中，真正获得学习经验。无论哪个年龄段的学生和无论什么课目，都可采用问题解决或探究活动开展有效学习。① 问题探究/解决方式，是多种具体教学方式的集合体，包含着“以问题为定向、以探究为过程、以解决为目的”的共同特征。

4. 互动建构

学习共同体是合作活动学习的组织形式。学习就是在基于活动的合作中进行的。合作式活动学习操作体系的核心，是以学生基于交往的内外活动为主。按照建构主义的理解“尽管知识在一定意义上是个人的和个性化的，但是学习者是通过与物理世界互动，在社会背景与某种文化和语言环境中协作性地建构他们的知识的。教师就是学习过程和学习环境的组织者和引导者，学生是学习的主人，师生间是民主、平等和合作的关系。这就需要我们设计、开发和应用新型教学组织形式，来充分实现学习与教学过程中的“知识及其意义的互动建构”。

5. 学习环境

合作活动学习的一个重要保证就是要为学习共同体创设一个生态化的学习环境，其中具有丰富而足够的“学习化”课程资源。合作活动学习的生态化环境有两种相互关联的基本形式：内生的自我环境和外在的文化环境。自我环境包括神经生理基础和心理人格结构与特质；外在的文化环境包括作为“个”与“类”的人以及作为自在和“文”化的物。每种学习资源都有实体性的表现和功能性的表现，在合作式活动中共同为学生的学习服务。

6. 学习为本评估

合作活动学习的评估主体，从教师扩展到了学生。学生通过参与创新的合作评估标准的确定、开展自我评估和同伴评估，从而在评估中学会学习与合作。合作活动学习的提倡者坚信，当我们让学生脱离传统的依赖于外部反馈和奖励时，我们正在帮助学生变得更加独立自主、更会独立思维和更有责任感。正因如此，合作活动学习坚持多元性评估：依据评估目的和学习情境开展诊断性、形成性与终结性评估，依据社会公平价值开展过程性和结果性评估。

（三）网络化合作活动学习

在混元学习（blended learning）快速发展的背景里，网络化合作活动学习逐步兴

---

① Marsh，M.（1997）. *Planning，Management and Ideology：Key Concepts for Understanding Curriculum 2*. London：The Falmer Press，65.

起。“混元学习，即面对面学习与在线学习的联合体，在教育中的应用日益增长。”① 同时，国内②和国外③都在尝试将混元学习作为一条有效途径，整合到合作活动学习之中，从而兴起了网络化合作活动学习理论与实践的路向。

1. 网络化合作活动学习的特点

网络化，特指以信息通信技术为支撑而专门开发出来的具有丰富资源与活动平台的环境。所以，网络化合作活动学习具有丰富性、双重性、多样性与全面性等特点。

（1）丰富性。学习资源不仅有传统的纸质教材，还有网络上的海量信息。借助网络，学生可以了解有关课目内容的前沿知识和最新动态，也可以了解有关课目正在发生着的真实事件，还可以获取相关学科的知识信息。

（2）双重性。网络环境可以是由网络支持的面授班课，也可以是基于网络的虚拟教学时空。结合班课学习，学生可以在网络世界中灵活机动地安排自己的学习时间与内容。

（3）多样性。师生不仅可以在课堂内外进行面对面的合作活动，而且能够在课堂内外进行基于网络平台的合作活动，如开展网上作业、网上答疑与网上辩论等。

（4）全面性。受时间的限制，仅有少数个人和小组可以在课堂上交流学习成果，其他个人和小组则可以在 BBS 或网络课程上呈现学习成果。这样，就能让所有个人和小组都能呈现、交流与分享自己的学习成果，不仅可以预防某些个人或小组产生“惰性”，而且可以鼓励个体以及小组之间的竞争，进而提高学生的学习积极性。

2. 网络化合作活动学习的结构

网络化合作活动学习，就是合作活动学习与混元学习的有机融会。采用网络化合作活动学习，就重构而生成了新型教学活动结构，包括共时态结构、历时态结构与情境态结构。

网络化合作活动学习的共时态结构，就是其空间结构，由探究型教师、互动型学生、生成性内容与网络化环境等组分构成。探究型教师，具有高深的课目与教学的“双专业”素养，既能组织学生互动学习、酿制内容使之动态生成和开发环境实现网络化，又能将教学活动深化为研究过程。互动型学生，在教师组织与引导下动机强烈、学习投入、互动积极与成就优异等。生成性内容，以富有价值的课目主题为核心，以具有潜在意义的各种教学资源为基础，在教学活动中实现持续的生成与生产。网络化环境，以高新信息通信技术为平台，融传统与现代、预成与生成、接受与活动、实践与研究为一体。这样，探究型教师、互动型学生、生成性内容与网络化环境等，就构成了基于网络

---

① De Leng, B. A., et al. (2010). Instruments to Explore Blended Learning: Modifying a Method to Analyse Online Communication for the Analysis of Face-to-Face Communication. *Computers & Education*, 55, 644-651.

② 黄甫全等：《网络环境下合作活动学习的行动研究——以“课程与教学论”的教学改革试验为例》，载《电化教育研究》2007 年第 8 期。

③ Schmidt, S. J. (2003). Active and Cooperative Learning Using Web-Based Simulations. *Journal of Economic Education*, Spring 2003, 151-162.

环境的新型教育系统或课程与教学系统。

网络化合作活动的历时态结构，就是其过程结构，主要由“教师规划”“学生自主作业”“网上互动学习”“面对面互动学习”与“学习化评估”等环节或组分构成。教师规划，就是教师事先对网络化合作活动学习进行精心设计、开发与组织，并在教学活动过程中相机对规划进行修改、完善与施行。学生自主作业，就是学生个体在教师组织指导下，明确目标，开展自学与完成作业。网上互动学习，就是学生个体将完成的作业上传网络，学习小组成员上网相互学习与评论，教师进行网上指导。面对面互动学习，就是以网上互动学习为基础，在课室里开展面对面小组互动与全班互动，深化学习。学习化评估，是凭借信息通信技术开发使用学习评估平台，在整个教学过程中同步进行学习过程、学习表现与学习结果的评估与反馈，将评估与学习融为一体，以有效促进与提升学习过程与结果。

网络化合作活动学习的情境态结构，就是其具体教学策略结构。它对于各种有效教学策略来说，既是包容性的又是特定性的。也就是说，在既定的共时态结构与历时态结构基础上，可以选用或创用有效教学策略，优化教学活动的某一个或某几个组分或环节，以有效组织与实施具体的网络化合作活动学习。比如，对于研究型教师来说，可采取研究性学习策略，来优化“教师规划”进而优化整个教学活动；在综合实践活动课程中，可采取问题式学习策略，开发基于问题的生成性内容，激发和提升学生的学习；在网上与课室教学活动中，可采用合作学习策略，开发同伴互助、小组合作与全班合作等形式，促进与提升学生的互动性学习；如此等等，不一而足。

第四节　整合型学习方式

伴随着学习方式的多样化与具体化发展，一些具有整合型特征的学习方式出现了。这里选择介绍与探讨其中的研究性学习、媒介学习和变易学习。

一、研究性学习

研究性学习（research-based learning），又叫探究性学习（inquiry-based learning），也称项目式学习（project-based learning），很快被引入我国，得到普遍重视。

（一）研究性学习的兴起

“研究性学习，实际上有着深厚的思想渊源。中外教育史上，很多教育家都阐发过类似于研究性学习的教育教学方式。”① 20 世纪 60 年代，西方国家掀起课程改革运动，在中小学幼儿园大力提倡和推行探究学习。不过经过 20 世纪 70 年代“返回基础运动”

---

① 严启英、黄甫全：《教学与研究的交融、漂移与整合：大学研究性学习的文化进化论》，载《华南师范大学学报（社会科学版）》2010 年第 4 期。

的冲击，探究学习热有些降温，但是仍然在持续发展，同时兴起了研究性学习。经过20世纪80年代的探索，研究者的目光开始投向高等教育，并聚焦到研究性大学。1998年4月，美国博伊尔委员会在《重振本科教育：美国研究型大学的蓝图》（又称博伊尔报告）中大力倡导“研究性学习”，并建议推广到所有研究型大学中。进入新世纪以来，研究性学习的理论与实践，在高等教育领域越来越高涨，① 同时在中小学幼儿园亦不断发展。②

随着教育、课程与教学改革不断深化，我国于20世纪80年代就开始借鉴国外的探究学习，开发研究型课程，探索研究性学习。到世纪交替之际启动新一轮基础教育课程改革，教育部颁发的新课程方案，开设了综合实践活动课程，其中包括了研究性学习课程。③ 至今，研究性学习已得到广泛的开发与应用。

（二）研究性学习的概念

研究性学习在我国的兴起源于对传统的灌输教育的反思。影响研究性学习的主要因素是教学规模和知识规模。受教学规模的影响，教学组织形式可以分为平等参与型和权威控制型。受知识规模的影响，课程的组织形式可分为能力导向型与知识导向型。随着“旁观者知识观”（spectator theory of knowledge）向“参与者知识观”（participant theory of knowledge）的发展，教学组织形式由权威控制型向平等参与型转变，课程组织形式由知识导向型向能力导向型转变，学习方式由浅层学习向深层学习转变。

所以，研究性学习并不像流行观念所狭隘理解的那样仅仅是一种具体而模式化了的教学方式或学习方式；恰恰相反，它还表征了教育领域中学习、教学与研究三种基本活动的特殊关系形态。研究性学习实质上就是一类以学习为价值取向、以研究为基本途径的特殊教学方式。这样，研究性学习就成为了教育领域中的一种特殊发展范式的表征，内蕴着的是“学习需要价值定向”，变化更新着的则是“教学与研究的关系”。研究性学习的发展，实质就是学校教学与研究关系形态的演进。考察表明，研究性学习在悠久的发展历程中，形成了教学与研究关系形态从交融到漂移再到整合的演进轨迹，生成了当代“整合型”研究性学习。

（三）“整合型”研究性学习的建构

“整合型”研究性学习，旨在适应学校培养创新精神与创新能力为核心的复合—应

---

① Lambert, C. (2009). Pedagogies of Participation in Higher Education: A Case for Research-Based Learning. *Pedagogy*, *Culture & Society*, 17 (3), 295-309. Spronken-Smith, R. & Walker, R. (2010). Can Inquiry-Based Learning Strengthen the Links between Teaching and Disciplinary Research? *Studies in Higher Education*, 35 (6), 723-740.

② Bonomo, V. (2010). Gender Matters in Elementary Education: Research-Based Strategies to Meet the Distinctive Learning Needs of Boys and Girls. *Educational Horizons*, 88 (4), 257-264. Wang, F.; Mable, B. & McGuire, P. (2010). Applying Technology to Inquiry-Based Learning in Early Childhood Education. *Early Childhood Education Journal*, 37 (5), 381-389.

③ 教育部：《义务教育课程设置实验方案》，2001年；教育部：《全日制普通高级中学课程计划》，2002年。

用型人才的需要，将学校建构成为一个学习共同体，使教师及其所带学生一道，组成“小型学习者共同体”，以满足其中所有人的不同学习需要，形成了“目标能力化”“内容问题化”和“形式多样化”等显著特征。

当代，在义务教育向幼儿园和高中双向扩展的同时，高等教育踏上了大众化的道路，学校教育培养目标由一体出现分化，一方面培养能幸福生活的现代公民；另一方面既培养研究型的精英人才，也培养应用型的普通人才。对培养目标的规定，也由原来强调的“系统理论知识、技能的掌握”为重心转向以“具有探究能力，能发现和解决新问题”为核心。因此，从知识修养到能力培养的扩展，就成为当代学校教育的核心价值追求。培养目标从知识到能力的扩展，必然要求学习内容覆盖各种自然、社会与生活问题，其中特别重要的是博大精深的学术问题。面对这些丰富多彩的问题，人们开发与创新了丰富多彩的研究性学习形式，不仅采用已有的研讨班、研究小组、发现学习、探究学习、项目式学习和问题式学习等，而且创用了多样化的新型学习方式，如发现式学习、服务性学习、合作活动学习、网络学习、混元学习以及研究实践等。

二、媒介学习

媒介学习经验理论，是以色列著名心理学家费厄斯坦（Reuven Feuerstein，R.），基于他自己提出的“结构性认知塑造论”而创立的，已经开发并应用了有效的干预工具，获得了学术界与实践界的公认和好评。①

（一）媒介学习的兴起

媒介学习，在费厄斯坦的研究生涯中得到了前所未有的重视而凸显出来。费厄斯坦1921年出生于罗马尼亚一个犹太人家庭，早年虽然历经艰难，却持之以恒地攻读与研究心理学，曾先后师从荣格（Jung，C. G.）和皮亚杰（Piaget，J.）等大师，目前系以色列耶路撒冷国际学习潜能开发中心（the International Center for the Enhancement of Learning Potential，ICELP）主席。迄今为止，他已出版发行80多部篇书、专论和论文，已被不同语言文字的几千种刊物、报告和硕博士论文引用。费厄斯坦花了近半个世纪的时间来对那些纳粹大屠杀幸存者以及被认定为“学习低能或无能、缺陷者”进行研究，提出了结构性认知塑造理论（theory of structural cognitive modifiability，SCM），并在此理论基础上开发了学习潜能评估工具（learning potential assessment device，LPAD）的动态测评体系以及心理工具改进（instrumental enrichment，IE）的心理干预项目，进而提出了媒介学习经验理论（theory of mediated learning experience，MLE），重新阐释了学生与教师在改变环境中所处的地位。这些理论及成果都大大发展了皮亚杰和维果茨基的建构主义认知理论，同时也为课程与教学领域提供了新的视角来思考教师、学生、内容以及环境的性质及其相互关系。

---

① 本部分内容主要引自左璜：《费厄斯坦理论介绍及其评价》，华南师范大学专题读书报告，2008年。

（二）结构性认知塑造理论

费厄斯坦尤其关注学习者的学习潜能及其未开发的能力。他通过自身将近半个世纪的研究和实验，提供了大量的证据来显示有机体的认知能力是可塑的。人的认知结构会改变，有机体的状态也是会变化的。提供给有机体乐于接受和敏感的内外刺激源就能促进其继续成长，通过这样一种干预活动就可以达到认知塑造。换言之，人类能学会怎样学习，即人类有能力去改变他自身的认知基本结构。这里值得强调的是，可塑性的概念不完全指特殊行为的弥补，而是指“结构特性”的变化，是个体自身的一种持久的、稳固的、有意义的变化，包括其个性特征、思维能力以及能力的整体水平。

费厄斯坦和他的同事们在工作中对于固定标准的智力测试很不满意，因为它仅仅只能告诉我们一个人是否有能力学习，并不能显示该学习者是否具有学习的潜能。基于认知塑造理论，他们开发出了动态的评估模式，研制出了学习潜能评估工具（LPAD）。根据多年的实验研究，费厄斯坦及其同事提出了学习者的一般认知学习困难，分别表现在输入阶段、过程阶段和反馈阶段，并对每一阶段的一般性学习困难进行了考察、揭示与描述。利用学习潜能评估工具确实能检测发现学生的认知学习困难，从而也就确立了学生认知发展潜能的具体问题。进而，费厄斯坦等人在此基础上开发创建了一套改善学习困难的措施程序，即被称为心理工具改进的心理干预活动。费厄斯坦开发出的心理工具改进这一程序旨在构建个人的认知结构从而产生并发动其继续发展。改进心理工具本质上是想通过改变那些发展迟缓的学习者被动和依赖的认知模式，使之成为自主而独立的思考者。

费厄斯坦洞察到，那些被称为“智力迟钝”孩子的父母无法将顺序和意义置入孩子们的经验中，于是孩子们从外界所获得的各种不同的刺激不能有组织地进入经验中，从而无法评估新的情形和解决新的问题。因此，他开发出了一套干预程序，能使孩子们意识到他周围的世界，这就是“媒介学习经验”。通过媒介，心理工具得到改进的学生就能运用他们所学到的原则去适应新的情境，处理复杂的问题。心理工具改进这一活动寻求使批判思维更加尖锐化，要求学生独立学习时能反思其概念、技能和策略、操作方法和态度，从而诊断和纠正思维技能中的缺失，努力帮助学习者学会怎样去学习。

（三）媒介学习经验

费厄斯坦非常关注学习困难生和智障生的发展，从而对学生的学习经验获取途径展开了研究。学习经验可以分为直接经验和间接经验，直接经验是学习者通过与客观环境刺激互动而获得；而间接经验的获取则需要通过一定的媒介。与维果茨基的媒介符号有所不同，费厄斯坦特别强调人的媒介作用，学习者通过“媒介人”的媒介而与环境刺激产生互动所获得经验就是媒介经验。媒介学习，是基于结构性认知塑造理论通过他人营造的媒介作用开展学习从而实现认知发展的特殊活动。人类的发展不能被假设为一个神经心理成熟的单一过程，也不能被视为简单的个人独自面临外界刺激并与之主动交互的过程，它除此之外，还能通过媒介过程传递信息，从而使高级心理功能得以发展。这样的媒介过程，不仅建构内容，而且建构组织。

媒介学习经验的概念，是以结构性认知塑造论为基础的。根据费厄斯坦的观点，个体认知结构的发展，是“两种形态交互的产物”，因此学生的认知结构发展也需要得到“媒介人”的适当干预。可以说，在很大程度上，学生表现的差异性（多样性）反映了学生媒介学习经验的不同要求。对许多学生来说，如果没有媒介，有意义的学习与新概念的发展是不可能产生的。缺少媒介学习经验是个体“缺乏学习工具、习惯、特征和学习倾向”的原因，因而个体的可塑性（得益于正式与非正式学习的能力）或多或少地受到制约。与直接经验的学习所不同的是，媒介学习经验需要有外人的干预，这是为有机体过滤环境。与斯金纳的“刺激—反应论”、皮亚杰的“刺激—有机体—反应模式”不同，费厄斯坦提出了“刺激—人—有机体—人—反应模式”。这里的媒介物“人”可能是家长、动机促进者、教师或者某些重要人物，他们有意识地起到了解释、强调、理解和拓展环境的作用，因而学习者能够建构起一个关于所经历的整个世界及其时间先后的有意义的内在模型。当然，一个人的学习能力在很大程度上还依赖于影响媒介经验质量的其他各种因素，这些因素包括遗传、环境、发展水平、社会经济地位、文化、家庭护理人员与孩子之间的情感等。

（四）媒介学习经验的结构

费厄斯坦提出，高质量的媒介学习经验应具有“意向与互惠”“意义的媒介”和“超越”三个必要成分，三者缺一不可。（1）意向与互惠（intentionality and reciprocity）。媒介者在整个媒介学习经验交互活动中，其不仅要有一个清晰的意向去充当刺激（也就是环境）的媒介，而且要向学习者表明和分享他的意向。互惠则需要学习者对此有反应，将内隐的意向转变为清晰的、有目的的结果。换句话说，意向改变了环境、媒介者与学习者。“意向与互惠”强调，交互性实质上并不是偶然或者巧合的，而是精心创作并互惠的。（2）意义的媒介（mediation of meaning）。根据费厄斯坦等人的研究，媒介要让学习者了解“交互的意义，它的重要性及其‘为什么’和‘为了什么’”。在媒介学习经验互动中，学习者对意义的知觉构成了动机系统的主要成分。意义与个体的文化背景、价值观体系、欲望和需要相联系。（3）超越（transcendence）。超越就是把学习者带出“此时此地”的学习情境。在超越中，媒介者超越了直接的、主要的和关键的交互目标，即通过吸纳其他更远、更为重要的个体去改变和拓展这种交互。从某种程度可以说，超越不仅是关于推动跨情境、跨文化背景学习的运用，也是推动一种未来导向的、高瞻远瞩的心理图式发展的运用。

另外，除了这三个主要的因素之外，费厄斯坦的媒介学习经验还包括其他九个方面的因素，这些因素与情境、文化背景等有关，属于特殊成分。它们分别为：（1）能力感，对能力和成就的反思等；（2）行为调节与控制，指自我监控、判断等；（3）分享行为，指合作、理解和倾听等；（4）个体化和心理差异；（5）目标的搜索、设置和达成行为；（6）挑战，寻找新意和复杂性；（7）自我变化，指意识到人是变化的存在；（8）寻求积极的选择；（9）归属感，指与周围人建立友好的社会关系等。

三、变易学习

个性差异普遍存在，学习方式必然异彩纷呈。马顿（Marton，F.）等人对学习研究的兴趣，集中于人们在自己世界里经验情境与现象方式的变易上。经过长期研究与验证，他们开创了影响越来越大的变易学习理论与实践。

（一）**变易学习的提出**

在认知研究领域，有个人建构主义和社会建构主义两种不同流派。个人建构主义强调对外在（行动，行为）的阐释；相反，社会建构主义则突出对内在的阐释。二者具有共同的不足之处，因为它们都在“外在”与“内在”之间孤立了自己。我们需要超越这种二元论导致的对“个人内在”与“个人环境”的分别聚焦。

在教育、课程与教学领域，人们已经习惯于提问：我们是怎样获得有关世界的知识的？这个问题应该被看成并转换为一个认识论问题：学习发生了什么？对此，马顿等人认为：“就人们学习做事而言，与其说他们在学后做事上做得有好差不同，毋宁说他们在做事的学习上学得有好差之别。”众所周知，个别差异普遍存在，在学习上亦如此。“一般说来，我们可以认为人们在理解（概念化或经验）什么是学习上显著地具有不同的方式并在面对一个学习任务时遵照行事。这样，具体而言，我们可以进一步提出，个体在游弋于这些经验（理解或概念化）学习的不同方式之中时，实际上就会表现出一种变易来。”① 所以，从一元论的经验认知主义视角来看，学习的根本特征就是变易。

我国香港学者长期致力于研究与发展变易学习理论。他们采取现象描述分析法(phenomenography)，主要探索、描述和分析人们在学习过程中对于世界上的某个特定现象或属性如何作出理解、体验和思考，建立并不断推进了变易学习理论，进而开辟了课堂学习研究（learning studies)。②

（二）**变易学习的概念**

马顿等人认为，学习旨在使学生能够以不同的方式看待某个学习内容。学习意味着发展学生看待事物（对象）的一种方式，而这样的方式建基于对学习内容关键属性的辨识以及对这些属性的同时聚焦。正是由于变易，人们能够体验与辨识学习内容的关键属性。当不同的变易出现在同一时段时，能使学习者认识到学习内容的本质与特征。变易学习理论相信，学生只有与学习内容直接接触，才能取得对事物的直观和深刻的认识。教师的角色在于作为学生学习的引导者，指引学生去辨识事物的关键属性。概括地说，把握变易学习理论需理解一系列相关的概念，它们有学习内容、关键属性、意识结构、

① Marton, F. & Booth, S. (1997). *Learning and Awareness*. Mahwah, New Jersey: Lawrence Erlbaum Associates, 1-47.

② See Lo, M. L., Pong, W. Y. & Chik, P. M. P. (Eds.) (2005). *For Each and Every One: Catering for Individual Differences through Learning Studies*. Hong Kong: Hong Kong University Press. 参见卢敏玲、庞永欣、植佩敏主编，李树英、郭永贤译：《课堂学习研究：如何照顾学生个别差异》，教育科学出版社 2006 年版。

辨识和变易。①

变易学习理论，重视如何设计适当的学习经验，来帮助学生掌握学习内容。于是，有关研究就旨在找出教师处理学习内容的方法与学生学习成效间的关系。有人会把学生的不同学习成果，归因于先天的智力差异，并由此而推论教师在这方面是无能为力的。事实上，没有无思维内容的思维，也没有无学习内容的学习。学习一定是指向某项要学的东西即“学习内容”的，而学习的意义在于对同一学习内容，学习前后应产生不同的理解，学习者对学习内容改变了（或扩大了）看法，即理解更全面、更深入、更能贯通应用。学习内容必须能包含或反映该科目的内在逻辑、思维方法、形态、教学目标、教育目的、教学理念。专业的教师，不但需要明白所教科目的知识内容，还要掌握每个知识点在科目里的地位及其与整个科目的关系，并据此开发校本课程。所谓学习内容，必须包括两个层面，即教学要处理的知识内容以及借以发展的共通能力。

人们对任何事物的理解，取决于所关注或辨识到的属性。不同的人可能注意了不同属性，所以便会有不同的理解方式，便会出现不同的学习成果。因此，学生如果要以特定方式理解学习内容，就必须辨识到属于这种理解的特定属性，即“关键属性”。在学校中妨碍学生掌握学习内容的，主要原因并非他们缺乏能力，而是他们对学习内容持有不全面的观点。

众所周知，学习者对一种特殊现象进行理解把握，必须应用他的意识，即一个人在具体情境中所拥有的经验总体。人类意识具有一个结构，由背景与前景构成。因为我们不能在同一时间同步意识到所有事物，所以一些对象或属性将来到我们意识前景而凸显出来，而那些没有凸显的则会隐退到背景里面。当某种事物来到了人们的意识前景，它就会被辨识出来，成为人们的焦点意识。所以，学习就是对学习者没有加以注意或辨识的某种事物进行辨识，以便使它凸显出来成为前景主体而不再是背景。

这样，为了帮助学生学习，教师必须确认事物的关键属性，并帮助学生辨识这些关键属性及其关系，以便使他们能有意识地理解事物。“依靠能够凸显关键属性来进行的学习，就被看成是一种辨识功能，它预先设定了就这些属性而言可经验的变易。”②一个事物或现象的关键属性，其实就是构成该事物或现象的维度，每个维度其实又有许多不同的特征。人们辨识关键属性，是通过辨识其所具有的关键特征而实现的。比如一头黑色藏獒，颜色是其关键属性之一，而黑色则是这一属性的关键特征之一。不仅如此，人们必须同步辨识到一个现象的全部关键属性，才能对它有完整透彻的理解把握。学习对象的每项关键属性，均有助于理解把握整体，而这些属性之间又互相关联。所以要彻底理解把握一个学习对象，就必须辨识不同属性是如何相互关联的（部分与部分的关系），各项属性又是如何与整体相关的（部分与整体的关系）。教师在班课规划、实施与评估过程中，需要基于学习对象开发各种贴切的属性变易、属性之间关系变易以及属性与整

---

①② Lo，M.L.，Pong，W.Y.& Chik，P.M.P.（Eds.）(2005). *For Each and Everyone：Catering for Individual Differences through Learning Studies*. Hong Kong：Hong Kong University Press，14，19.

体关系变易，来凸显学习对象的各个关键属性乃至关键特征，凸显属性间关系以及属性与整体间关系，这样学生就能学习得更好。

（三）变易的运用与设计

儿童必须学会辨识，但不会自然而然地去辨识所需辨识的东西。建构主义认知理论主张“用已有知识建构新知识”。人们对此普遍出现了误解，认为教师绝不应该直接告诉学生任何东西，相反应当让学生去自己建构知识。实际上，“教学应当是一种结构性行为，落在教师肩上的责任就是设计能够导致所需辨识行为的学习经验。”①

对学习内容的理解，取决于学习者聚焦于学习内容的关键属性。由于人们通常会留意变动的东西，故利用不同的变易图式（即什么变，什么不变），可帮助学生聚焦于特定属性上。学习必须通过辨识，而辨识必先体验变易。人们总倾向留意引人注目的事物。事物之所以引人注目，是因为它在不变的背景中出现变化，或者在变动的背景中维持不变。研究表明，良好的班课教学，均有一个共同特性，那就是处理学习内容时会出现特定的变易图式。

课堂学习研究基于变易学习理论，开发与应用了“来自学生的变易”“来自教师的变易”和“为了教学的变易”三个不同层面的变易结构。第一层面的变易，可以称为“来自学生的变易”，系学生对学习内容的不同见解所带出的变易。它强调教师必须从学生的不同理解出发，找出学生的学习难点，并有针对性地加以处理。第二层面的变易，可以叫做“来自教师的变易”，系教师对学习内容的不同见解及处理方式所带出的变易。这里，包含着教师凭借自己的经验或知识，特别是作为个人知识的实践性知识或课目教育学知识，形成的对学习内容的理解把握。它强调的是，教师小队教学以及专业学习共同体的重要性，能够通过许多途径交流、分享与增长教学知性。第三层面的变易，则是“为了教学的变易”，系利用适切的“变易”作为指导班课规划、实施与评估的工具。教师应有意识并创造性地应用来自学生的变易和来自教师的变易，规划、建构与优化自己的班课教学。

思　考　题

1. 试分析、清理和阐述教学模式、教学方式与学习方式三者之间的区别与联系。

2. 你倾向于选择或创用什么样的学习方式？为什么？

3. 试分析和挖掘媒介学习经验对课程开发的启示。

4. 请就你在前一章学习中所选的教学方法或策略，分析其对学习方式的适切性，进而选择某种学习方式，作为你进一步学习与研究的主题。

---

① Lo, M. L., Pong, W. Y. & Chik, P. M. P. (Eds.) (2005). *For Each and Every One: Catering for Individual Differences through Learning Studies*. Hong Kong: Hong Kong University Press, 21.

第十六章　班课教学技能（上）

班课是学校教育的主战场，有效教学的核心就是有效班课教学。有效教师，是在班课教学技能技巧的学习与研究中成长起来的。

第一节　班课教学技能概述

班课教学技能，旨在造就有效教师，促进有效教学和实现有效学习，属于班课教学组织领域。

一、班课教学技能的概念

班课教学技能在不断地发展与丰富，人们的认识也在不断地加深与提高。

（一）班课教学技能的含义

班课教学，实质是指在学校教育中以班级群体形式组织开展各种教育、教学和学习活动，包括“在课室里”和“在课室外”甚至“在学校外”以班级组织形式进行的学科与非学科的各种教育、教学与学习活动。

班课教学技能，简称为教学技能，主要定位在班课层面，涵括技能与技巧，全称为班课教学技能技巧（teaching skills and techniques），也叫班课组织与管理（classroom organization and management），① 在我国往往被归为“教学组织形式”领域。②

班课教学技能，通指班课组织与管理过程中，为了实现教师的有效教学和学生的有效学习，人们研究与开发使用的各种技能与技巧。这些技能与技巧总是栖息在具体的班课教学活动之中的，实际上就归属于班课教学的不同环节或组成成分。对班课教学环节或组分的区别与探讨，有不同的视角。在我国，人们都比较重视班课教学常规，讲究“班课教学工作的基本环节”。它是指教师常规性的、周期性的和最基本的教学工作内容，是教学在时间流程上的组织形式，主要包括“备课”“管课”“上课”“作业布置、指导与批改”“课外辅导”和“学习评价”等。③ 而从功能主义视角看，班课教学则具

---

① Hughes，P.（2000）. *Principles of Primary Education Study Guide*. London：David Fulton Publishers，14-21.

② 李秉德主编：《教学论》，人民教育出版社 1990 年版，第 228～255 页。

③ 参见黄甫全主编：《现代课程与教学论学程》，人民教育出版社 2006 年版，第 636～642 页。

有四种主要职能："规划、班课管理、教学实施和评估与评价"①。按照这些职能，班课教学技能技巧就分为"班课规划技能技巧""班课管理技能技巧""教学实施技能技巧"和"教学评价技能技巧"四类。其中班课规划里的课案研制技能需要格外重视。

（二）班课教学基础的发展

教师的班课教学技能，从 20 世纪 50 年代开始备受关注。从那时起，教学观、教学理论基础、教学研究方法以及教学技能特点都在不断扩展。

首先，主流教学观已经从教学科学观，经历教学管理观，扩展为教学专业观了。教育教学是一种专业，而不仅仅是一种技艺。其次，教学研究的主导理论亦从心理学理论发展为社会学、人类学、语言学以及哲学等融会的综合理论。即使在心理学领域，班课教学研究取向已经由完全的行为主义转为认知主义和社会文化主义。再次，教学研究方法已经从几乎完全基于实验室和实验研究的方法扩展为自然主义的、基于现场的研究方法。从教师成为研究参与者到教师成为研究者，从实证研究到质性研究和行动研究，教学研究形态发生了惊人的进化。于是，在动态的研究背景中，新兴焦点与重点就自然而然地转到关于班课教学研究的效果和有关班课教学对教师发展与学生学习的作用上了。班课教学研究的特点，就从班课教学理论的技术学层面深化为心理学和生态学层面。②

二、班课教学的产生与类型

众所周知，不同学习者有不同的学习偏好与风格，过去、现在和将来皆如此。所以，课程与教学领域一个永恒而凸显的问题就是："如何组织和管理班课才能支持这些不同的学习风格?"③ 长期以来，国内外对教学组织形式进行了不断探索与创新，寻找并建构起了现在占主导地位的班课教学形式，进而创新出了课室教学、课外教学、现场教学、复试教学以及全纳教学等多种类型。

（一）班课教学的由来

不同的社会历史条件及其不同的学校教育体系，孕育与创生出不同的教学组织形式。人类社会初期的教学组织形式是个别教学和群体教学。16 世纪末，为了适应资本主义生产方式对提高学校教育效率的客观要求，人们创用了班级上课制或班课教学制。随后到 18 世纪末，导生制也应运而生。但是针对班课教学的不足，人们一直在尝试提出和应用新的教学组织形式，从 20 世纪初至今，道尔顿制、文纳特卡制、分组教学、特朗普制、开放课堂以及小班教学等陆续诞生。

教学组织形式，随着社会进步与学校教育体系革新而不断发展，形成了多种类型。

---

①② Anderson, L. W. (Ed.). (1995). *International Encyclopedia of Teaching and Teacher Education* (2nd Ed.). NY: Pergamon, 185, 188.

③ Hughes, P. (2000). *Principles of Primary Education Study Guide*. London: David Fulton Publishers, 14.

一般来说，教学组织形式可以分为个别化教学、集体教学和综合教学三类。个别教学、道尔顿制、文纳特卡制和开放课堂属于个别化教学；群体教学、班课教学、分组教学和导生制属于集体教学；特朗普制属于综合教学。①

在众多教学组织形式中，当代使用最广泛的无疑是班课教学制了。随着社会支持力度的加大和教师专业技能的发展，班课教学正在走向小班化教学，人们正在将小组教学与个别教学整合到班课教学之中。

（二）课室教学

课室教学被习惯地称为课堂教学，专指以班级为单位在课室里进行的教学。学校教育的目标和任务，主要是通过课室上课来完成的。课室教学，"有利于提高教学效率"，"有利于发挥教师的主导作用"，"有利于发挥学生集体的教育作用"，四百多年来经久不衰，其他各种新型的教学组织形式都只能作为补充或辅助形式。课室教学，有"全班上课""班内分组教学"和"班内个别教学"三种具体形式。

1. 全班上课

全班上课，是现代学校中最典型、使用最为普遍的班课教学组织形式，是在教师的直接指导下班级全员一齐进行学习的形式。其主要特点是：（1）教师同时面对全班学生施教，学生每次的学习内容与学习进度等都相同；（2）以教师系统讲授为主，并辅之以其他各种有效的方法，如示演、提问、谈话、讨论等；（3）教师的讲授是学生学习的主要信息来源，但学生在课室里可与教师、同学进行多向交流；（4）教师可用自己的情感、态度和行为直接影响学生并使他们产生相应的反应。

全班上课，有利有弊。在全班上课中，学生始终在教师的直接指导下，能够有步骤地朝着目标有效地进行学习，通过捷径掌握知识技能。从时间的利用和教师付出的精力上看，可以说是一种最经济的教学组织方式。但从学生的自我活动上看，它不能说是最有效的。每个学生都处于各不相同的水平，学习起点和学习速度有较大的差异，全班上课会使学得快的学生感到乏味，产生学习不足的问题，学得慢的学生感到灰心，产生学习困难的问题。对于不同的学生，需要使用不同的教学媒体以适合他们个人的学习方式，而全班上课强调划一，必然影响某些学生的学习。因此，全班上课难以适应学生在学习速度、学习方式和个性等方面的个别差异。

2. 班内分组教学

班内分组教学，是根据教学或学习的各种需要，把全班学生划分为若干个人数较少的小组，教师根据各小组的特点，分别对他们进行教学或布置他们共同完成某项学习任务，学生以小组为单位，进行自主性的共同学习，与同学进行信息交换。其主要特点如下。（1）在全班上课的基础上，开展小组学习活动。班级依然保留，教师的主导作用、教学的计划性和系统性等主要原则，在班内分组教学中依然适用。（2）小组不是永久性的，而是临时性的，主要为具体的教学活动而组建。小组可以是科目小组也可以是活动

① 参见黄甫全主编：《现代课程与教学论学程》，人民教育出版社 2006 年版，第 612～626 页。

小组，主要依据所要完成的任务和活动的目的性质而定。（3）小组的人员不固定，小组的规模主要依据学生的特点、班级的人数、学科的性质、所布置的课题与作业的类型和数量的不同具体决定，一般可在 2～10 名。

采用班内分组教学，主要是考虑到班级内的学生具有个体差异，需要灵活掌握教学要求与教学进度，调整教学组织结构，改进班课教学制。分组学习倘若充分地加以准备，审慎地加以应用，可以产生良好的教学效果。它不仅可以大大促进学生的自主活动与互动，而且可以使学生获得自我教育的能力，还可以使学生在发挥各自主动性的过程中，形成合作活动的习惯与意识。但是，这种组织形式必须具备两个前提：分组的科学依据；足够的教师配备。同时，它对教师提出了较高的要求，教学工作量会明显增加。

3. 班内个别教学

班内个别教学，是在课室情境中进行符合学生个别差异的教学，主要由学生个人与适合个别学习的教学材料相互作用，并辅以教师和学生个体之间的直接互动。它不同于古代的个别教学那么拘泥于师生一对一，而是通过对多种教学要素的优化配置来提高学习效果。其主要特点如下。（1）教师可在全班上课的基础上，因人而异地给学生布置学习任务。学生的学习材料一般由教师或教学法专家精选或专门编制，主要有程序教学材料、自学辅导材料或教学参考资料等；学习速度可按每个学生的能力设计。（2）教师的作用，主要在于指导和帮助学生自学和独立钻研。教师要不断地监督学生的学习过程，使所有学生均能采取有效方法进行学习；当学生感到困难而无法胜任时，教师应当介入，予以讲解、帮助和追加教材；教师为了推动个别化学习的过程，需要再作一次重要指导时，应中止个别学习，进行一次集体教学。

从根本上说，个别学习必须依靠学习者自己独立地去解决问题、完成课题和采取行动。因此，从教育学的角度看，正确地运用符合教育目的目标的个别教学，有助于培养学生自我教育的态度与能力。同时，通过班内个别教学，每个学生可以进行反复练习，直至牢固地掌握新知识和形成新技能。不过，班内个别教学也存在着一些不足：一是在个别学习中学生潜心于自身课题的解决，学生之间几乎没有交流；二是教师无法不间断地直接指导每个学生，对每个学生遇到的一切问题作出适当的讲解、指示、提示和帮助。因此，班内个别教学必须与同步教学或同步学习结合。

（三）课外教学与现场教学

针对课室教学的时空局限以及给学生发展带来的负面效应，人们设计与实施了一系列辅助的班课教学组织形式，主要有课外教学和现场教学两种。

1. 课外教学

课外教学，是教师组织学生在课室之外进行教学。课室教学是进行科目主题教学的基本组织形式；而课外教学则是进行活动课程教学的基本组织形式。与课室教学相比，课外教学有两大特征。一是突出学生的主体地位。课外教学注重学生的自主组织和相互启发，充分发挥学生的自主性、能动性和创造性，学生可参与从活动设计到评价的全过程，既是学习者又是活动的组织者。二是突出多样化的活动。课外教学超越课室教学的局限，通过开展丰富多彩的活动，为学生提供广泛地吸收新知识和参与社会生活的机会，既可以拓宽学生的视野，又可以丰富学生的精神生活，甚至会影响学生的爱好与对未来职业的选择。

课外教学的具体形式主要有个人活动、小组活动、班级活动、年级活动和全校活动等。总体来说，课外教学以小组活动为主，包括学科小组、科技小组、艺术小组、体育小组、家政小组等，辅之以班级活动、年级活动、全校活动和个人活动。多样的形式与丰富的内容相结合，构成多类型、多层次、丰富多彩的课外教学体系。

2. 现场教学

现场教学，是教师组织班级学生到生产、工作、活动现场或其他现场（体育馆、纪念馆、博物馆、山川、河谷等等）进行教学。这种班课教学组织形式，能把书本知识中描述的现象的发生、发展以及运动变化的本来面目呈现给学生，使学生在活生生的情境中学习。如物理课讲传动装置，可把学生带到工厂车间实地观察；而化学课的有些课题可组织学生参观化工厂和冶炼厂，与现场有关人员共同进行教学。

通过现场教学，学生既可以验证课室里学到的书本知识，也可以为学习有关知识积累感性经验。因此，现场教学是课室教学的补充、继续和发展，是连接间接经验和直接经验的重要手段，是促进理论联系实际的有效途径。但是，由于学校教学的主要任务是传授间接经验，现场教学的次数不宜过多，它只能是教学的辅助形式。

（四）复式教学与全纳教学

当前，国内外还出现了特殊的班课教学组织形式，主要有复式教学和全纳教学两种。

1. 复式教学

复式教学，是把两个或两个以上年级的学生编在一个班里，由一位教师分别用不同程度的教学材料，在同一节课里对不同年级的学生，采取直接教学和自主作业交替的办法进行教学的组织形式。复式教学，在国外又叫不分年级制（non-graded teaching）。它具有班课教学制的基本特点，但与单一班级教学相比较，最根本的特点在于“复”字。当教师给一个年级的学生上课时，其他年级的学生根据教师的指示进行预习、复习或练习。前者称为直接教学，后者叫做自主作业，在课室里要把这两方面交替和配合进行。在复式教学中，教师的教仍然起主导作用，但在每堂课上，学生自主作业的分量占有相当大的比例，所以教师的主导作用，还体现为加强对学生自学的指导，着重培养学生的自学能力和独立操作能力。

复式教学可以节约师资力量、教室和教学设备，广泛运用于人口稀少的地区，对这些地区的教育普及具有重要的意义。实践证明，合理安排、组织得当的复式教学也能取得较好的教学效果。但它也存在许多先天的缺陷，例如，学生获得教师直接指导的时间少于单一班级教学；不同年级的学生同在一个课室学习，相互之间的干扰较多；教师的工作量明显增加等。

复式教学的基本原则是要尽可能减少各年级的相互干扰。总的来说，应以“同室异科”编班为好，以避免不同年级的学生集中学习相同科目彼此产生干扰；教师要对各个年级的集中讲授与自主作业的内容、时间和教学进程等进行精心设计；为保持良好教学秩序，教师可培养小助手，发挥班干部的作用，协助教师进行自主作业组的管理。

2. 全纳教学

全纳教学（inclusive teaching），是把具有身心障碍的特殊学生编入普通班级中，与普通学生共同学习的教学组织形式。它兴起于 20 世纪 90 年代，由回归主流（mainstreaming）教育和整合（integration）教育发展而来，强调让身心障碍的学生得以进入普通班就读，以减除“标记”作用对特殊学生带来的负面影响。目前全纳教学的理念和价值取向日益深入人心，正逐渐被包括我国在内的多个国家付诸实践，并取得了一定的进展。

全纳教学需要重点考虑的是，必须兼顾特殊学生的需要。当班级中特殊学生人数较少时，可采用非介入（non-intrusive）性的方法，即为每个特殊学生配备一至两位能够在学习方面提供支持的教师，以帮助特殊学生解决学习过程中遇到的各种问题。当班级中有一定的数量的特殊学生时，可采用“教”“帮”结合的方法，即在一位主导教师负责全班教学的同时，多位助理教师在课室里来回走动以观察学生，并在学生有需要时给予帮助；也可采用“平行教学”的方法，即把班级分为几个小组，每个小组均有普通学生与特殊学生，再由多名教师分别对各个小组进行教学。由于这样师生比例较小，所以有利于特殊学生即时得到帮助，进而让他们专注于学习而非等待帮助。

发展至今，全纳教学已大大扩展了含义，是指学校（教育）要接纳、容纳所有（全部）学生，要求教育机会（起点）公平，教育过程公平，教育结果公平，相当于我国古已有之的有教无类、因材施教、人尽其才。

三、班课教学工作的基本环节

广大教师在长期实践中，探索和建构了有效的班课教学工作的基本环节，主要包括“备课”“管课”“上课”“作业布置、指导与批改”“课外辅导”和“学习评价”等。

（一）备课

备课，亦称教师规划或教学设计，是课任教师充分掌握与利用各种课程与教学资源，为管课、上课、作业、辅导以及评价各个教学环节进行的准备与计划安排工作。

备课包括“开发资源”“过程设计”与“研制课案”三大方面的工作。教师备课，首先要立足所任课目，从学校所在社区、学生家庭、学校条件和班级全体学生的特点等方面，努力开发和收集各种适宜资源，以备班课教学活动所用。教师备课，必须对具体班课教学的管理、实施、作业、辅导以及评价等具体过程环节进行精心设计。其中，教师必须研制出班课实施方案来。

教师备课质量如何，主要看其教学资源开发是否全面而丰富，教学过程设计是否清晰而优化，班课实施方案是否简洁而可行。

（二）管课

管课，是班课管理的简称。班课管理，包括班级组织管理和班课实施管理两个方面，两者是相辅相成不可分割的。班级组织管理，包括管理班级及其党、团、队的组织建构与活动实施；而班课实施管理，包括上课之前、之中和之后，对班课全体学生学习注意与投入等的引导与管理。

班课管理需要整合。在我国，班级组织管理由班主任负责，而班课实施管理由课任教师负责。所以，课任教师与班主任必须相互配合和支持，才能做好班课管理工作，促进有效教学和提升有效学习。其中常用的有效做法是课任教师兼任班主任工作，可以将班级组织管理与班课实施管理融为一体而相互促进。

班课管理是有效教学的保障。班级组织管理好了，全体学生就与教师拧成了一股绳，心往一处想，劲往一处使，教师的教学就不愁搞不好了；班课实施管理好了，学生注意力始终集中在课目主题内容上，学生劲头始终投入到课目主题作业中，学生的学习就不愁搞不好了。所以，经验丰富的教师都说，班级与课堂管好了就等于课上好了！

（三）上课

班课教学是实现教育目的目标的基本途径，而上课则是班课教学工作的中心，是提高教学质量的关键。上课需要遵循“目标明确”“内容正确”“方法恰当”“组织严密”和“效果良好”等基本要求。

教学目标，既是教学的出发点，又是教学的归宿。它首先要具有适切性，不仅体现课程标准或教学大纲的要求，而且切合学生的实际；其次要具有全面性，力求实现认知、技能和情感目标相统一。在教学过程中，不仅教师应当明确教学目标，而且学生也应当了解教学目标，以便教学活动能在目标指导下有序进行。

内容正确，是圆满完成教学任务的重要保障。正确的教学内容，应该体现“科学性”与“思想性”的统一。科学性，就是要准确无误地传授教学内容，突出教学材料或课本的重点和难点，注意知识的系统化，把传授知识与发展能力相结合；思想性，就是要体现“文”与“道”的统一，把知识教学与启迪思想、陶冶情操相结合。

方法恰当，即是依据教学目标，遵循学生认识发展规律，灵活运用教学方法与策略，以充分调动学生的积极性，做到书本知识与直接经验相结合，传授知识与发展能力相结合，教书与育人相结合，统一要求与因材施教相结合。

组织严密，一方面要求教与学密切配合，教师既要注意教授，还要指导和组织学生进行学习，以保持教学活动的互动性与有序性，避免教与学脱节以及课堂秩序混乱；另一方面要求教学活动结构紧凑，教学时间分配合理，以提高教学效率。

教学效果，是检验上课是否成功的重要标志。成功的上课，必然产生良好的教学效果，实现让学生获得知识经验和发展能力等教学目标，极大地促进学生的发展。教学效果是否良好，可以从学生的课堂反应、作业质量与学习成绩等方面体现出来。

（四）作业布置、指导与批改

广义上，班课教学实质就是作业。狭义上，作业是课堂教学的延伸，是教师教与学生学的有机组成部分。通过完成作业，学生可以巩固课堂所学的知识，形成技能技巧；

在应用知识解决问题的过程中，又可以发展学生的能力，养成独立思考和自觉学习的习惯。

作业分为“口头作业”“书面作业”和“实践作业”三类。口头作业，包括阅读（朗读、默读）、复述和背诵等；书面作业，包括作文、演算练习和绘制图表等；实践作业，包括采集标本、实验、科技制作和社会调查等。

作业布置和指导应遵循以下三个基本要求：（1）作业内容要切合课堂教学内容，题目要有典型性，有利于学生理解、应用和掌握课本中的基本原理；（2）作业分量与难易要适度，一般以中等学习能力的学生为准，对学习能力强的学生可以适当布置有一定难度的补充作业；（3）作业要有明确的要求和时间限制，对作业中的疑难问题要进行及时指导。

作业是检查教学效果的重要手段。教师必须及时认真地批改作业，对作业中存在的普遍问题进行集体订正，并适时对作业写出评语以帮助学生调整与反思学习状况。通过批改作业，教师可以了解学生的知识掌握和运用情况。同时，对作业中的错误原因进行分析，教师可以进一步获得反馈信息，以便对教学作出有针对性的改进，从而提高教学质量。

（五）课外辅导

课外辅导是课堂教学的有益补充，它可以在课堂教学的统一要求之外，针对学生的个别差异进行因材施教。课外辅导有集体辅导和个别辅导两种方式。集体辅导，是对学生共同存在的问题进行全班辅导或小组辅导。个别辅导，是对不同学习能力的学生分别进行辅导，对学习成绩落后、基础薄弱的学生要补课，对学习能力强的学生要适当增加学习内容和加深难度，以充分发掘他们的学习潜力，满足他们的学习需要，促进他们的身心健康发展。

课外辅导是教学工作的必要环节，基本要求有：（1）因材施教，教师应深入了解学生，为不同类型与特点的学生确定具体的辅导内容和措施，以增强辅导的针对性；（2）指导学生独立思考与钻研，以形成有效学习方法和习惯；（3）发挥集体优势，组织学生开展互帮互学活动。

（六）学习评价

通过考查和考试等学习评价机制，教师不仅能使自己了解学生前一阶段的学习情况和检查前一阶段的教学工作，而且能使学生查漏补缺、复习与巩固所学的知识与技能。

考查，包括课堂提问和书面测试等方式。课堂提问可在刚开始上课时进行，以考查上节课所学的内容；也可在讲解过程中进行，以考查学生对教师当时所讲的内容是否领会；还可在课即将结束时进行，以考查学生对这一节课的内容是否掌握。提问既可以让学生口头回答，也可以让学生板书回答；对学生的回答，既可以进行口头评语评定，也可以进行评分。书面测验一般在一个单元学习结束之后，以书面回答的方式对全班学生进行测试。测验时间通常为半节课或一节课，测验次数不宜过多，分量不宜过大，以免学生负担过重。测验前可以事先告诉学生，以督促学生经常性地复习功课，测验后，应及时进行评分和总结评价。

考试的方式很多，如口试与笔试，开卷与闭卷等。考试成绩的记载的方法也很多如文字法、字母法、五级制和百分制等。

在考查和考试的基础上，需要按照一定标准给每位学生评定总成绩。一般来说，评定总成绩时，就考查与考试成绩而言，应以考试成绩为主；就期考、年考与平时考、中段考成绩而言，应以期考、年考成绩为主；就平时表现与考查考试成绩而言，应以考查考试成绩为主。

四、班课教学的改革趋势

当前，国内外班课教学的改革，表现出"合理控制班级规模""综合运用多种教学组织形式"和"积极探索个别化教学"等趋势。当代教育改革与研究，重点突出探索在班课教学的框架内，实现合作的个性化学习。

（一）合理缩小班级规模

班级规模，是影响课堂教学效果的重要因素之一。研究证明，小班教学比大班教学更为有效。较大的班级规模，既限制师生交往和学生参与班课活动的机会，又阻碍班课教学的个别化，还可能产生较多的纪律问题，从而影响教学效果。① 而缩小班级规模，则可以增加师生交往的频率，营造良好的课堂气氛，从而提高教学效率。② 这就引发了当代班课教学组织形式的改革与发展，基本趋势是走向小班化教学。小班化教学的基本特征是，每个班的规模缩小为 20 名学生左右，能够有效促进学生德智体全面发展。总的来说，小班化教学，既可以使教师投入给每个或每类学生的时间、精力和引导，能够基本满足需要，从而保证所有学生完成知识学习，获得优良学业成就；同时又能保持和发挥班级的社会结构及功能，保证学生在优化的班级社会活动中，获得必要的社会技能和个性发展。

小班化教学，是针对班课教学中班级规模过大与个性发展价值取向出现的尖锐矛盾，在现代化条件下学校教育获得和开发了丰富的教育资源的产物。20 世纪后半期，小班化教学在西方国家蓬勃兴起并逐步普及了。如美国教育部于 1998 年确定出七条政府优先考虑的事项，其中一条就是通过提供专款资金，帮助学校缩小 1～3 年级的班级规模，在全国范围内把每个班级的人数控制为 18 人；③ 法国缩小班级规模目标是，每个班级的人数不超过 25 人。

世纪之交，我国的小班化教学也开始逐步兴起。目前，我国学校的班级规模普遍较大，特别是重点学校的班级规模更大，远远超过了学校管理规程中每班 45 人的标准，

---

① 皮连生主编：《学与教的心理学》，华东师范大学出版社 1997 年版，第 333 页。

② 冯建华：《小比大好，还是大比小好》，载《教育研究与实验》1995 年第 4 期。

③ 胡进：《全国努力，缩小班级规模——摘自 1998 年 1 月 26 日美国教育部文件》，载《外国中小学教育》1999 年第 1 期。

而且有上升的趋势。[①] 针对这种情况，我国许多地方正在积极进行“小班化教学”的实验，实验的重点是减少班级人数，贯彻因材施教原则。北京市的每个实验班人数控制在20～30人，上海市的每个实验班人数控制在25～30人。

当然，过小的班级规模又是极不经济的，缩小班级规模应当考虑以下两点。(1) 学习目标的类别。为达到高层次的认知目标或形成态度和技能的目标，小班教学较为合适；为达到了解事实和掌握知识的目标，则大班与小班教学都合适。(2) 所采用的教学方式。如果要求学生看电影电视或听讲座，几百人的大班也是适宜的；如果需要师生之间和生生之间展开互动和学生进行个别化学习，小班教学则更为适宜。

可以预期，小班化教学将是不久的将来，中小学普遍使用的班课教学组织形式。促进和发展小班化教学，需要人们分别深入研究、改革和重构教育行政体制、学校管理制度、学校课程体系、有效教学策略和学习方式等。

（二）综合运用多种教学组织形式

一切教学组织形式都各有利弊，所以需要把多种教学组织形式综合起来合理运用。班课教学与个别教学、分组教学相结合，课室教学与课外教学相结合，已经成为目前发达国家教学组织形式的新特点，如特朗普制就是大班、小组、个别教学三种教学组织形式相结合的产物。如此，既能保留班课教学的优点，又能弥补其弊端。

近年来，我国上海、江苏、浙江和安徽等地的一些中小学进行了“分层递进教学”的研究与试验。其实施要点如下：(1) 根据学生学习的可能性水平，将全班学生分为若干层次（一般是三层，也可以是两层或四层）；(2) 为各层次的学生制订相应的分层教学目标；(3) 依据分层教学目标，以班级为单位，进行分层施教；(4) 及时获取反馈信息，随时对教学进行调节；(5) 对学生进行分层评价，并确立新的分层教学目标。

分层递进教学，也是一项综合运用班课教学、分组教学和个别教学等组织形式的教学改革。但是，在不同的实验学校中，这三种组织形式所占的比例以及具体的实施过程有所不同。以上海虹口区各实验学校的初中数学分层递进教学为例，其过程由六个环节组成：[②] (1) 全班上课；(2) 异质组讨论问题并完成分层练习；(3) 教师讲评各组练习中出现的共同性问题；(4) 在教师的指导下，以异质组为单位，组织小组成员协助低层次学生学习；(5) 教师总结，学生进行反馈练习；(6) 教师在课堂内对低层次学生进行个别辅导活动。

（三）积极探索个别化教学

20世纪50年代以后，欧美国家在继续推行能力分班分组的同时，继承早期个别教学的优点，开始了新一轮更大规模的班课教学组织形式的革新，试验并推行了多种以个别化教学为标志的组织形式。比较著名的研究，有美国威斯康星大学发起的

---

① 蔡克勇著：《21世纪中国教育向何处去》，吉林人民出版社1999年版，第121页。

② 胡兴宏主编：《分层递进教学策略在课堂教学中的运用》，中国纺织大学出版社1998年版，第98页。

“个别指导教育”（individually guided education）和匹兹堡大学发起的“个别规定教学”（individually prescribed instruction）。这些研究，取得了一定的进展。但也有学者指出，尽管个别化教学有利于因材施教和“英才教育”，但用其取代班课教学，则可能不利于学生社会技能和个性的健康发展，并丧失学生集体中多样的教育影响源。还有人指出，用个别化教学代价过高，不够经济，除非在采用班课教学形式难以对某些学生奏效时，一般没有必要采用个别化教学。个别化教学中影响较大的，主要有“不分级制”“小队教学或小队协同教学”“活动课时制”以及“选科制”。

虽然新的教学组织形式不断出现，且各有其长处以及理论与实践依据，但是总的来说，它们都处在实验研究或试行阶段，尚未被教育工作者普遍接受，也没有被学校普遍采用。目前，各个国家仍然在普遍使用班课教学制，但其他一些组织形式所占的比重已有所增加。一些新的教学组织形式与班课教学制相辅相成，使学校教学的组织形式日益多样化。

第二节　班课教学规划

班课教学规划（planning），又称教师规划（teacher planning），就是人们常说的备课。规划或备课不像上课有固定的时间（课时），而是由教师自行安排时间，通常利用课余时间甚至休息时间进行。因此，它不但是管好班、上好课和考核好学生的前提和保障，而且可以反映出教师的责任感、自觉性和积极性。

一、班课教学规划的内容与种类

规划或备课，从20世纪50年代早期开始就成为了教育理论研究的对象，积累了丰富的成果与经验。作为班课教学的一个基础环节，规划或备课是教师为班课管理、教学实施与评价学生三个环节而进行的准备与计划安排工作。所以，这三个环节是规划或备课的着眼点，规划或备课应当尽可能预测这三个环节的实际情境，并总结以往这三个环节的经验教训。这里侧重介绍备课的内容和种类。

（一）备课的内容

备课亦即班课教学规划，基本内容包括“组织班级与课堂”“钻研教学材料”“了解把握学生”“设计教学方式”和“研制教学计划”，五者既相对独立又相互联系。

1. 组织班级与课堂

组织班级与课堂，分为班级组织与课堂设计。班级组织，主要包括班课共同愿景设计、学习同伴安排、学生分组以及班干部选拔与分工等。班课共同愿景，实质就是班课文化设计，包括班训课训、班课标志、班课纪律和班课目标等设计。教师事先进行设计，经过班课学生讨论修改和完善，就逐步成为班课全体师生的共同愿景。学习同伴安排，又叫“同学结对子”。就是按照一定原则，将全班学生结成“1＋1”的学习同伴，以便开展“同伴互助学习”。学生分组，既是管理需要，也是分组学习需要。一般是将全班学生，按照总数等额分为三至四个学习小组。班干部选拔与分工，一般分为班级行政与社会组织两条线。班级行政一般设班长一名，副班长数名，班委若干；社会组织，包括党支部、团支部、少先队以及各种文学、科学、艺术等社团。

课堂设计，是一个动态与生成的过程。课堂是对一定数量的群体聚集一起学习所在场所的总称，既包括专门的课室、实验室和运动场，也包括临时教学使用的生产、工作、活动等场所。班课伊始，教师需要配合班级组织设计，对课堂光线、颜色、装饰与座位等精心设计。班课进行与发展过程中，教师需要组织学生参与，甚至指导学生以自主合作方式，对课堂进行动态性与生成性设计与开发。

2. 钻研教学材料

教学材料，主要包括课程计划、课程标准、课本（教科书）和教学参考资料，等等。钻研教学材料，一是研究课程计划、课程标准或教学大纲，领会课程的基本理念和总目标，理解所任学科或课程的教育目标及各单元与各课题的具体目标，把握教学的基本要求及教学内容与教学材料的体系范围与深度；二是研究课本，熟悉掌握课本的基本原理与知识体系，准确把握各章节或各单元、各课的重点与难点及课本的前后联系；三是广泛阅读教学参考资料，选取合适的材料以充实教学内容；四是要考虑进行改革创新，在条件成熟的情况下，编写有特色的补充教学材料。

3. 了解把握学生

学生身心与课目知识的准备状态是学习与教学的起点，为使教学充分促进学生的发展，教学活动应切合学生的实际。因此，教师要全面了解学生的知识基础、认知能力、学习态度、思想特点和个性特征。在此基础上，对学生的学习准备性进行分类，了解不同类别学生的起点与教学目标的差距，增强教学的预见性与针对性。具体来说，人们可以根据本书前面“学生与教师”一章阐明的“学生入学特征”和“班课活动过程”等知识，应用“开发学生的教学活动特征”的技巧，充分了解把握自己所教班课的全体学生。

4. 设计教学方式

根据课室设置、教学目标、教学内容及学生的情况等，教师可以设计教学方式，包括设计具有内在关联的教学方法、教学手段、教学活动序列以及教学策略等。设计教学方式，首先是确定基本的教学方式，如“授受模式”“合作学习”“活动学习”“探究学习”“自学辅导教学”或“学导教学”等；其次是结合教学内容，分别设计学生的学习方式、教师的教授方式和师生的互动方式；再次是进行具体的教学设计，包括活动进程、环境、媒体以及艺术等设计。

5. 研制教学计划

就班课教学实施而言，教师必须研制好教学计划，包括学期教学进度计划、单元教学计划和课时教学计划三种。研制学期教学进度计划，包括对所任课程的教学进度与时间的安排、教学材料或课本的处理以及教学改革的设想等。研制单元教学计划，包括确定每个课目主题单元的教学目标，划分课时和课型，选用教法、学法、教学的组织形式、媒体与策略等，明确本课题单元在课目课程体系中的地位及与其他课题的关系。研制课时教学计划，也称编制教案或学案或课案（lesson plan），是对每堂课的具体深入的教学准备，建立在组织班级与课堂、钻研教学材料、了解学生和设计教学方式的基础之上。由于课堂设备、教学内容、学生以及教学方式均处在不断变化中，即使经验丰富的教师也要注意课案的常备常新。课案作为师生上课的蓝图非常重要，要规划、设计和撰写好，需要专门而过硬的技能技巧。

这样，班课教学准备重点，就可以简称为“四备一课案”，即“备课堂、备教材、备学生、备方法和写课案”。在班课规划以及备课中，需要掌握与应用多种多样的知识与技能。关于课案研制的知识、技能和技巧，将在下一章里重点介绍。

（二）备课的种类

根据主体的不同，备课可分为个人备课和集体备课。个人备课，是指每个任课教师独自进行备课工作。这是最普遍最基本的一种备课方式，其优点是不受时间限制，灵活方便，有利于调动教师的能动性。集体备课，是指几位教师集中在一起进行备课工作。一般每学期进行若干次集体备课，通常以学校中的教研组为单位，其优点是有利于教师之间相互交流和集思广益，也便于统一教学要求。集体备课，是教师合作与互动的有效途径。近年来逐步发展起研讨式集体备课，成为教师专业发展的有效方式。

根据时间的不同，备课可分为学期（或学年）备课、单元备课和课时备课。目前在学校中，一般是按照学期备课、单元备课和课时备课进行组织管理，三者之间互相关联、密不可分。没有对整门课程内容的通盘考虑和规划以及相应的准备工作，就不能备好每一单元和每一节课；反过来说，没有备好后两者，前者就会落空。

1. 学期备课

学期备课，指对某门课目整个学期的教学活动做好准备和制订计划。学期备课一般要做好以下四项工作。（1）通盘考虑教学目标、教学内容和教学方式，重点考虑各章节或各单元应怎样组织学习与怎样施教教学效果才最佳，明确一般的教学难点和重点，设计基本的教学方法与策略。（2）研究教学资源及其配置，确定各个课题教学所需的学具、教具和各种资源与资料。（3）了解和把握课程计划、学校工作计划、学校的学年教学日历，以便根据这些文件安排教学进度。（4）编制学期教学进度计划。这需要在学期开始前完成，其主要内容包括：课目、班级、任课教师、上课学期、使用教材名称、教学进度安排等。其中，教学进度安排是主体，包括：周次、起讫时间、周时数、教学内容（章、节、目或单元、课）、教学方法和手段、备注、各类合计等。学期教学进度计划，既可以用文字叙述，也可以用表格呈现（参见表 16-1）。

表 16-1　某学校学期教学进度计划表

课目：		班级：		任课教师：	
上课学期：				使用教材名称：	
教 学 进 度 安 排					
周次	起讫时间	周时数	教学内容（章、节、目或单元、课、课题）	教学方法和手段	备注
1					
2					
3					
⋮					

计划制订者：　　　　年　月　日　　合计：_____节

审　批　者：　　　　年　月　日　　其中：讲授_____节　　课堂讨论_____节

实验_____节　　习题课_____节

测验考试_____节　　参观见习实习_____节

其他_____节

2. 单元备课

单元备课，指对某门课程或科目的一个单元的教学活动做好准备和制订计划。它是在做好学期备课的基础上，以课本内容的单元结构为依据来计划和安排教学工作。单元备课要求做好以下四项工作：（1）确定每个单元的教学目标和要求，即把学期教学计划所规定的教学目的和要求，落实到单元教学之中；（2）分析课本的单元内容、性质与特点，明确教学的重点、难点和关键点；（3）合理安排单元内容的教学时间，选择基本的教学方法；（4）在教师个人深入钻研的基础上组织进行集体备课。

3. 课时备课

课时备课，指对一节课的教学活动做好准备和制订计划。它是在学期备课和单元备课的基础上进行的，要求做好以下三项工作：（1）以该课的教学主题为依据，深入把握教学内容，详细弄清学生的学习准备情况；（2）进行具体的教学设计，包括目标、进程、方法、媒体、提问、板书、语言与教态以及作业或测验等设计；（3）编制课时教学计划，即课案或教案或学案。

二、班课教学规划的重点

在班课规划中，需要掌握与应用多种多样的知识与技能。这里，重点介绍“教师规划”“班课学生分组”“座位编排”“教学校准”“时间分配”与“上课结构”。

（一）教师规划

教师规划（teacher planning），是指教师对自己所教课目进行班课教学的研究、设计并制订书面方案。实质上，“教师规划是教师对自己的学生学什么与怎么学作出决策的一个系统过程。"[①] 每位教师都要对自己教学的形式与内容进行数不胜数的海量决策。研究发现，一位教师平均每两分钟就要作出一个这样的决策。这些决策都是"凭感觉"作出的，要使这样的"凭感觉"做法合理而有效，需要学习、掌握、应用甚至创新有关的知识与技能。概括起来，主要包括：（1）关于教学目的与目标的知识与技能；（2）关于学生的知识与技能；（3）关于课目主题的知识与技能；（4）关于教学方法的知识与技能。

长期以来，学者们对教师规划或备课进行了持续不断的研究，所倡导的教师规划与教学观念在不断发展与变化，从最早的技术性观念，到后来的心理学观念，再到最近的生态学习观念。[②] 技术性观念以泰勒模式为代表，认为学生的学习是在教师的控制之下，对教学小单元的精心设计与管理是促使学生学习成功的最主要的决定因素，于是提倡规划的四个基本步骤为：（1）确定目标；（2）选择学习活动；（3）组织学习活动；（4）确定评价程序。

然而，经验丰富而成功有效的班课教师却鲜有认为这种线性的与目标驱动的规划程序是有用的，因而一些学者从 20 世纪 70 年代开始着手研究班课教师实际的规划过程，形成了心理学视野。大量实证的或现场的研究表明，在实际的教师的教学规划中，起主宰作用的是学生的需要、能力和兴趣，以及具体的课程内容，而不是预定的目标；许多教师的预先规划并没有写到他们的书面方案里；学校的规划或课案审议制，亦导致课案或教案或学案设计必然置身于并依赖于年度规划的复杂网络。

到 20 世纪 80 年代，大量研究已经从教师个体心理过程转移到了规划与班课互动之间的联系、规划和教学对课目主题内容的反应方式以及发生在课室中的给予与吸收，孕育出了生态学视角。研究表明，书面方案与教学互动之间最主要的关系是组织性的和结构性的，而不是预测并具体化特定的言语行为。书面方案很少成为教师在班课教学实施中的脚本，教师对规划或备课作用有三大预期：（1）规划是为了满足直接的个人需要（例如，减少不确定性和焦虑，找到方向感、自信和安全感）；（2）规划作为教学目的的手段（例如，获得资料，收集和组织资料，组织时间和活动流程）；（3）在教学中直接使用规划（例如，组织学生，开展活动，帮助记忆，为教学和评估提供框架）。

研究结果还表明，教师规划确实会影响学习机会、内容覆盖范围、分组教学以及整个班课教学过程的关注点。更详细的班课互动是不可预测的，因此也是不需要计划的。规划构想出教学中可能或很有可能发生的互动的大概内容，但一旦进行教学实施而开始师生互动，规划就成为背景，而即兴的教学创作将会变得更加重要。总之，规划和班课互动既是反应式的和创作性的，也是情境化的。这样，教师规划及其课案不是旨在作为实现控制互动的手段，而是作为一种提供教学互动起点的框架，它会变得更有用。

（二）班课学生分组

班课学生分组（grouping students in the classroom）涉及学校与班课的社会性组织

---

① Borich, G. D. (2004). *Effective Teaching Methods* (5th Ed.). NJ: Pearson, 123.

② Anderson, L. W. (Ed.). (1995). *International Encyclopedia of Teaching and Teacher Education* (2nd Ed.). NY: Pergamon, 188.

问题，班课中如何最好地组织学生进行教学的问题，理论和实践都在广泛争论。班课学生分组，依赖于各个国家与地区的社会和历史的环境，表现出不同的方式。例如，英国小学里流行“分流”（streaming）方式，由社会精英所组成的私立学校则突出“分层”（stratification）方式。英国还通过发展不同类型的教育（特别是中学阶段）对学生进行“分轨”（differentiation）。美国倾向于对学生进行能力分组。日本采取全班辅导形式，放慢教育速度，促进校外辅导和家庭辅导的双亲参与。我国则采取特殊学校与普通学校分设学制，特殊学校招收残障儿童，普通学校招收正常儿童。在普通小学采取学习分组，在中学阶段则根据学生类型和能力进行区分设置“重点”中学与“普通”中学。

事实上，随着改革与研究的不断进步，能力分组模式正在变化与革新之中。能力分组假定，教学内容必须符合学生的先备知识，以实现他们的最优学习。人们关注到两个问题：（1）分组真能形成更多的学生同质组吗？（2）能力分组的学生会比与之可比较的异质组的学得更好吗？专门研究表明，同质组的绩优生比异质组的学得更好，但是同质组的绩差生却没有异质组的学得好。事实上，就一种社会性安排本身来说，是不会直接导致学习结果的；相反，正是学生所经验的教学活动才影响他们学什么与怎么感受。对教学公平的关注催生了几类研究，比如能力分组机制、个性化的与传统形式的班课教学是如何影响课堂权威、学生友谊、地位归属和教师协作与教学互动的质量、参与者的观点和态度与他们对事件的解释的。一些具体化的研究主题深入地聚焦于能力分组的组织模式、学生安排、分组的稳定性与分轨任务（track assignment）、课程分化、教学互动与学生结果。近来人们越来越激烈地批判能力分组带来的不平等和种族隔离的问题，开始探索一系列的分组程序的改革及其效果，正在形成新的班课组织模式，异质分组、同伴互助学习、合作学习、小组活动学习、全班教学等方式，已经成为学生分组的新兴有效策略。

（三）座位编排

实践表明，座位编排（seating arrangement）显著影响班课教学效果与质量。长期以来，人们创用了多种座位安排方式，并围绕座位安排开展了大量实证与现场观察研究，取得了许多成就，形成了一些有效的座位安排原则。

1. 座位编排形式

座位编排形式，实际上是教学空间的组织形式，它直接影响着师生与生生在教学活动中的相互作用、学生参与活动的积极性以及教学信息的交流方式与范围等。传统的课堂座位排列形式是秧田形（参见图 16-1），即一排排课桌面向教师的讲台，学生与学生前额对后脑，左肩邻右肩。这种座位排列最适合于集体讲授，但不利于学生之间的互动。目前，国内外的研究者正在积极探索如何编排学生座位才能更好地促进教学效果的提升，提出了圆形、马蹄形和模块形等排列形式。

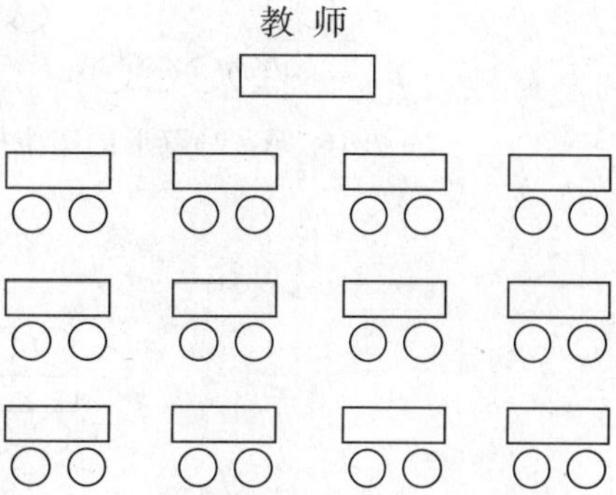

图 16-1　秧田形的座位排列

圆形的座位排列（参见图 16-2A）适合于课堂讨论，它可以大大地增加师生之间、生生之间的言语和非言语交流，促进学生间的社会交往活动。马蹄形的座位排列（参见图 16-3A），又可叫“会议桌形”，教师位于“U”形开口处，这种排列形式兼有秧田形和圆形排列的某些特点，既有助于充分增进师生之间的交流，又有助于问题讨论和实验示演，还可以突出教师对课堂的控制，发挥教师的主导作用。圆形和马蹄形的座位排列，一般要求班级规模不超过 20～25 名学生。如果学生超过 25 名，可以考虑采取同心圆形（参见图 16-2B）和双马蹄形的形式（参见图 16-3B）。模块形的座位排列（参见图 16-4）则适合于小组活动，它十分有利于小组成员进行相互交流与合作，使小组成为真正意义上的“功能群体”。

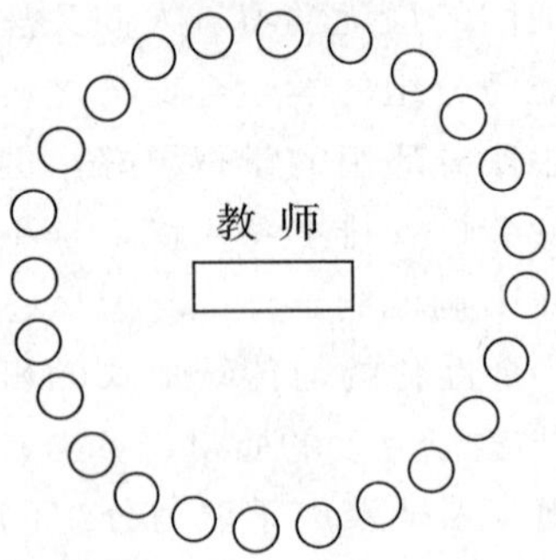

图 16-2A　圆形的座位排列

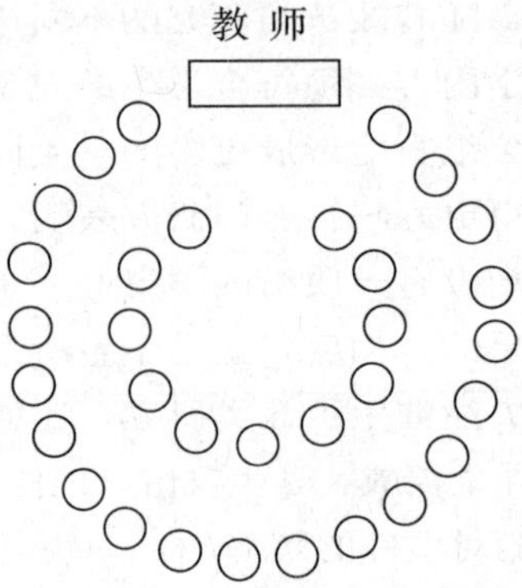

图 16-2B　同心圆形的座位排列

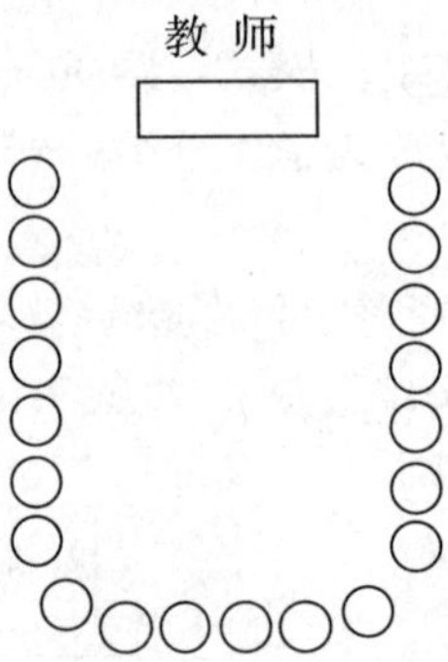

图 16-3A　马蹄形的座位排列

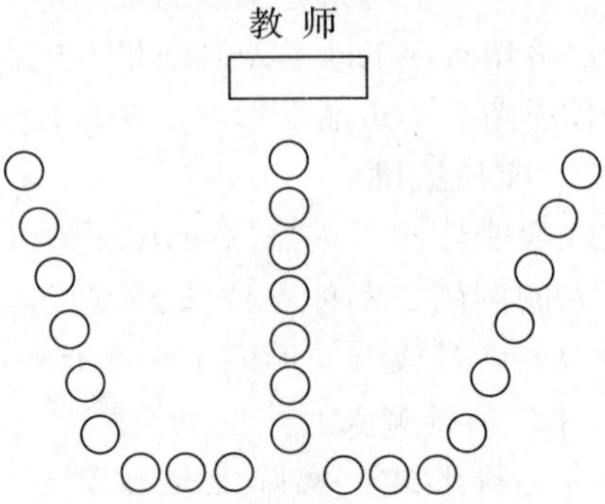

图 16-3B　双马蹄形的座位排列

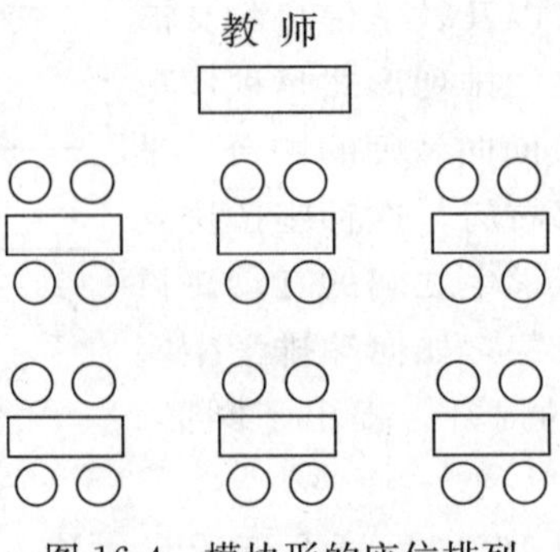

图 16-4　模块形的座位排列

除以上提到的几种形式以外，教师还可以充分发挥自己的创造性，开发出更多更新的形式。总之，不同的座位排列形式，具有各自的优势与不足，关键在于教师应当根据教学目标和课程实施的要求，灵活地加以设计与运用。只有通过长期的尝试、探索、反思与修正，教师才能找出最适合于教学需要、学生需要与自身需要的座位排列形式。

2. 座位编排的教学效应研究

"即便是一个随意观察班课的人都可以得出结论，学生在班课里的座位影响着他在班课中的经验。"① 重视学校建筑和座位编排的思想，就是强调儿童从环境中学习的重要性。大量研究发现，学生的个性特点和教师的学生观等，会影响班课的座位选择与编排，班课的空间位置影响师生互动，不同的座位编排产生不同的教学效果。研究发现，学生的性格影响到他们在课堂上所选的座位，并进一步影响他们与同学间的互动和友谊，与教师互动的质量。而且，不同的座位编排反映了教师们不同的学生观。教师站在那固定的编排成矩形的书桌前，意味着教师把学生当成"嗷嗷待哺"的尚未有知识的人；座位编成马蹄形而教师的桌子处在边上，表示教师把学生当成主动的学习者；圆形的座位编排则说明教师把学生当成社交的学习者。许多观察研究得出结论，班课上大部分在固定位置上的语言互动，教师下意识瞩目和提问等，都集中在靠前的组或者是其他组正中间的座位上，这种现象被称为"主动区"。在班课上，比起学生个性差异和教师的学生观来说，座位编排本身可能是任务行为更有力的决定性变量。对互动性班课来说，座位的灵活性是一个必要的前提条件；比起按行编排的座位，圆形的座位、马蹄形座位和模块形座位更加能够促进那种帮助儿童认知发展和社会发展的互动和课堂参与；座位编排影响着教师对学生的评价，同时也影响着教师与学生的互动程度。

这样，教师可以采取师生合作方式，来设计和优化座位编排，显著提升教学效果。教师可以通过对班课上的座位进行整合性地处理，从而使学生之间达到更高程度的互动和互相接纳；教师可以运用学生在教室中的座位来促进学生之间社交关系或友谊的发展，来自不同语言背景的儿童可以通过座位安排来促进语言互动；当学生按照排、行就座的时候，教师可以增加学生完成任务的数量，如果是异性二人同桌的方式就座，那么绩效水平会提升；学生按排、行就座的和以异性搭配的形式在马蹄形或会议桌形就座的时候，捣乱行为也相对减少了，而且即使有捣乱行为程度也不会太过分；教师还可以通过不同的座位编排方式来改变课堂的物理环境，而不用专门去应对那种到了让人无法忍受程度的捣乱行为等类似的问题。当然，从根本上讲，教师选择编排座位的方式，取决于他的教学方式。总之，教师设计与优化座位的原则主要有三条：

（1）精心选择或创用一定的班课座位编排形式；

（2）同一课目的不同教学方式使用适宜的座位编排方式；

（3）定期或不定期地对班课上"左中右""前中后"座位进行学生调换。

---

① Anderson，L. W. （Ed.）.（1995）. *International Encyclopedia of Teaching and Teacher Education*（2nd Ed.）. NY：Pergamon，196.

（四）教学校准

"'教学校准'关涉两个或两个以上活动间怎样匹配的问题。这个术语最常用于教学活动和评估活动间的匹配。"① 研究表明，教学与评估这两项活动校准得越好，学习者学得好的可能性就越高。当然，这就要求评估活动确实是准确表征了预期的学习能力。

教学校准（instructional alignment）原理源自两种研究成果：突出刺激控制的学习理论和强调课程校准的结果为本教育理论。行为主义学习论主张，学习就是强化物对作为刺激物的辨别事件与行为反应之间的联结。教学的关键，就是设计与控制好作为学习刺激物的教学事件和作为学习强化物的测验题目，以达到教学目标、教学过程与评价指标体系"校准"。另外，课程包含目标、教学和评价，当三者校准后教学效果才会好，这就叫"课程校准"。

为了达到校准，班课教学规划就需要将预期教学结果转换成标准评价指标体系，通常是转换为测验题目。然后教师根据这些指标体系"往后移动"来设计教学，通常采取以下方式：首先，教师们设计出与这些指标体系几乎完全相同的系列教学活动；其次，规划一堂一堂的课来完成每种活动的每个不可缺少的组成环节。每堂课的设计，首先建构每堂课的评估指标体系，然后再在这样的亚层面应用"往后移动"范式来进行设计。因此，校准就成为了进行教学设计的一个根本原则。

（五）时间分配

"在影响学生教育质量的许多资源中，时间最为重要。"② 一般而言，学校里时间分配与使用的方式，表明教育者认为什么比较重要。而且，时间的分配与使用关系到学生在学校中学习的类型与数量。当然，教学时间亦包括学生在校外用于学校的学业事项的时间。

时间资源涉及两个层面：一是分配时间（allocated time）；二是教学时间（instructional time）。分配时间，指的是用于学校教育及其具体方面的时间数量。一般来说，分配时间视教育方案、教学日历和政策而定。分配时间涉及学期时间分配、每周时间分配和具体教育活动时间分配。需要解决的问题包括：每年设置几个学期？每个学期持续多长时间？在每个学期中，每周上课多少天？每天上课多少小时？每学期、每周和每天分配给每种具体教育活动多少时间？此外，学生每天用于家庭作业的时间为多少？而教学时间则包括学生在学校里接受辅导的时间部分与在班课上接受教师教学的时间部分。

如果说分配时间，主要由国家或地方的政府或立法机关抑或由学校有根据地统一制定，那么教学时间则主要由作为具体教育活动负责人的教师来控制和设计。教师首先要设计班课教学时间、学生辅导时间、课外学生作业时间和教师作业批改反馈时间。最为重要的是，教师需要精心设计班课教学时间流程，将班课教学目标、任务、内容、机会、作业与时间结合起来进行设计。总之，并不是时间越多越好，而是时间设计使用越

---

①② Anderson，L. W.（Ed.）.（1995）. *International Encyclopedia of Teaching and Teacher Education*（2nd Ed.）. NY：Pergamon，200，204.

巧妙越好！一位优秀的教师，一定是一位教学时间设计与使用的艺术家。

（六）上课结构

从词源上考察，“lesson”一词指的是阅读的一种，来自拉丁词“lectio”（诵读）。但如今，阅读则仅仅是众多课型的一种了。① “上课”这一概念含义较广，既可指一个严格的 40 分钟时间段，在专用课室里一位数学教师教一年级儿童学小学数学，并以铃声作为开始和结束信号；也可指一个长达三个半小时的师生活动时间段，教师在校内或校外组织初三少年在一个上午开展各种各样的活动，没有正式的信号指示，仅由师生自己决定什么时候开始以及什么时候结束；还可指学生自主进行的个别学习，比如凭借网络学习平台，一个小组正在完成传统教材上的练习题，而另一个小组可能正和教师在一起讨论学习，剩下的其余小组或个人则正在资源中心搜索关于某个主题的资源又或是在独自学习。因此，“上课”是指由教师组织大部分或全部同学在同一个地方（课室、实验室、操场或校内外特定地点）开展教育或学习活动的一段课。

影响上课结构的因素有很多，所以人们非常重视上课规划，并围绕上课过程中师生活动与互动等主题开展了大量研究。教师并不能自由决定自己的上课结构，因为它受到宏观与微观两大类因素的支配影响。宏观因素主要有一个国家中央和地方政府颁发的课程计划、课目课程标准、教材政策和教学指南等；微观因素主要有学校政策和学习环境的条件。如此复杂的支配因素使得上课结构，一方面必然因校因课因师因生而异而宜，另一方面亦有一个可以遵循的大致框架。

人们对上课结构框架进行了长期探索实践，将其概括为“精心备课”“课目定向”“分组教学”“师生角色定位”“多彩活动设计”和“教学节奏安排”。当然，在每个教师的教学实践中，上课结构会因课目及其具体学习内容不同而差异巨大。有的学习理论和个人偏好等适合于某种情境或环境，却在另外一种情境中完全不适用。上课结构研究，一般分导课阶段、上课发展阶段、复习阶段和结课阶段等进行，以比较分析出上课不同阶段中的教学风格；使用的方法主要是互动分析法，比如弗兰德斯的互动分析系统。学生视角的上课结构研究亦逐渐兴起，并创用了“学生追踪”（pupil pursuit）方法。

第三节　班课管理技能

班课管理很重要也很特殊。班课其实非常复杂，表现出“多维性”“同时性”“不可预见性”“当下性”“公共性”和“历史性”。教师只有具备较强的管理技能，才能加以有效组织和运作。

---

① Anderson，L. W.（Ed.）.（1995）. *International Encyclopedia of Teaching and Teacher Education*（2nd Ed.）. NY：Pergamon，207.

一、班课管理的概念

上好课什么最重要？一线教师的答案不约而同："课堂上管好了学生，就一定能上好课！"班课管理与教学实施是同一活动的两个方面，既密不可分又相互区别。"有一种简便方式可以将班课管理与教学实施区别开来。班课管理聚焦于'学习者'的管理，而教学实施强调的则是'学习'的管理。"① 简言之，班课管理的对象是学习者，而教学实施的管理对象则是学习者的学习活动。

（一）班级管理与课堂管理整合

班课管理，旨在将已有的"班级管理"和"课堂管理"整合起来。没有离开"课堂"的纯粹"班级管理"，也没有离开"班级"的纯粹"课堂管理"。班课管理技能，就是教师在教学过程中将"班级管理"与"课堂管理"加以整合，科学认识和引导学生行为，促使学生投身学习的有效技能技巧。

在我国，班级与课堂被人为地分离开了，班级由班主任负责，而课堂由课任教师负责。其实无论是班级管理还是课堂管理，都是就学生行为而言。在实践中，班主任往往注重的甚至只涉及的是学生日常行为或道德行为，而课任教师则只关心学生的课目学习行为。其实，学生的行为是相互纠缠在一起。从绝对的意义上，课目与课目的学习行为之间，课目学习行为与道德行为之间存在的是交融、互动、互惠或互损的关系。所以，需要超越"班级与课堂分离"的班级管理与课堂管理的概念，建立"班级与课堂整合"的新型班课管理意识与概念，创新班课管理体制，探索与应用班课管理技能与技巧。

（1）在学校健全年级教师组，由班主任与课任教师组成，开展定期不定期活动，以加强班主任与任课教师在学生行为的表现与管理上的沟通与把握。

（2）班主任主动将学生道德行为问题与课任教师沟通，调动学习行为矫正途径来有效解决学生的道德行为问题。

（3）课任教师主动将学生学习行为问题与班主任沟通，调动道德行为矫正途径来有效解决学生的学习行为问题。

（二）班课管理的方式

班课管理，主要有教师中心方式和学生中心方式两种。教师中心方式。就是教师采取权威立场，对班课中学生行为进行外在控制，学生依赖于教师的纪律指向，教师制订实施独断型纪律。独断型纪律（assertive discipline），是应用操作性条件反射原理建立的班课管理的一种结构化教师中心方式。独断型纪律的核心是教师拥有开发优化学习环境的权利和获得家长与领导支持的权利。之所以采用独断型纪律，因为教师持有这样的信念，教师关爱学生责任如此重大，不允许干扰行为来打断教学活动。因此，教师必须拥有充足的技巧来处理好学生行为而为班课负责。这里凸显的是培养学生良好行为的重要性。

---

① Anderson, L. W. (Ed.). (1995). *International Encyclopedia of Teaching and Teacher Education* (2nd Ed.). NY: Pergamon, 185.

学生中心方式，就是将师生关系置于至高无上的地位，制订实施合作型纪律，强调通过教会学生进行负责任的选择而培养批判性思维能力。合作型纪律（cooperative discipline），就是一种携手式教学风格，教师与学生联合为提升目标定向行为负责。学生中心方式，考虑的是学生个体需要，教师格外重视行为管理的内在方式价值，将错误行为当成机会来教会良好行为和养成自律品行。学生最强烈的需要是“归属”，学生的错误行为实质上是在寻找满足自己这种“归属”需要的途径。学生在班课里面，一旦感到自己不重要或没有归属，就会产生种种渴望并用错误行为来加以满足。据研究，学生在班课里最常见的引发错误行为的四种渴望为“引起注意”“获得权利”“进行报复”和“逃避不适”。教师面对学生的错误行为，需要分析错误行为里面的渴望，然后寻找有效的方式来加以应对与引导。

（三）班课管理的变量及问题

班课管理关涉学生行为，但其目的绝不是控制学生行为。班课管理应当定位在开发学生的自我控制，绝不在强化教师对学生的控制。有效地管理班课，意味着创造条件提升学生学习。“简言之，班课管理包含教师这样一些决策与行动，它们旨在创造一种有益于学习的环境。”[①] 所以，班课管理的根本价值，就是创造环境让学生投身学习。班课管理包括作出一系列决策，需要特殊的组织技能，因此实质上是一种随着时间进程而不断发展的技能。由此，班课管理技能需要处理和解决的主要变量及问题如下。

（1）学生的能力倾向——我们班课里的学生是哪些人？我们如何彻底了解他们？

（2）教学的有效方法——引导学生使之愿意学习进而要求学习的最有效途径有哪些？

（3）学习的美好结果——我们要求学生学习什么以及将怎样评价他们的进步？

二、班课管理的有效标准

科林（Kounin，J.）通过深入而系统地研究有效教师班课教学活动，于 1970 年出版了经典性的有效教师班课管理著作《班课的纪律与群体管理》，[②] 被誉为“班课管理之父”。有效教师班课管理的有效标准可以概括为六个方面：“活动流畅”“时间有效”“环境诱人”“学生负责”“限制清晰”和“方法适宜”。[③]

（一）活动流畅

在班课中，保持活动流畅的有效策略有“三做到两避免”。一做到火眼金睛，对班课里发生的一切了如指掌，随时处理。火眼金睛的教师，能够准确预感到潜在问题与困难，并能将其消灭在“萌芽状态”。这种教师，让学生觉得他们后脑勺有眼睛似的。二

---

① Borich，G. D.（2004）. *Effective Teaching Methods*（5th Ed.）. NJ：Pearson，235.

② Kounin，J.（1970）. *Discipline and Group Management in Classroom*. NY：Holt，Rinehart & Winston.

③ 本部分内容引自 Fielstein，L. & Phelps，P. Introduction to Teaching：Rewards and Realities. 中国轻工业出版社 2005 年版，第 232～261 页。

做到一心二用，班课中随时都有新情况同时发生，教师要有“眼观六路，耳听八方，声东击西”的本事，随时将学生的言行置于自己的掌控之中。三做到照顾群体。有效的班课，是既充满活力又安全平稳的。为此，教师可以采取照顾群体的方式。比如，教师在提问一个学生的同时，也让其他学生思考同一问题；教师说“请大家往这里看”；等等。一是避免死板（overdwelling）。教师不能在相同要点与方向上反复啰嗦，一啰嗦学生就乏味，就无聊，就会生出事端来。二是避免跑题（stimulus bounedeness）。教师上课跑题，可能会吸引学生，但可能误导学生将宝贵的班课时间消耗了而没有学好课目主题知识。

（二）时间有效

对于班课来讲，最宝贵的就是时间。道理很简单，当教师将班课时间尽可能多地用于教学活动时，学生就一定会对所学的知识或技能领域学得更多。所谓时间有效，是指教师在精心设计班课时间基础上，采取必要的组织技能，使班课时间的应用富有生成性。精心设计时间、建立教学常规和增加学业学习时间，是有效使用班课时间的基本策略。精心设计班课时间，必须站在学生立场，设计学生（而不是教师）在什么条件下用多长时间做好什么事情。建立教学常规，旨在努力减少用于维护秩序、进行转换的时间。所谓学业学习时间（academic learning time），是指学生用于学习并取得优异学业成就的时间量。增加学业学习时间意味着，教师必须摸透了自己学生的需要与能力，并能够设计难易适度的学习活动。

（三）环境诱人

学习环境的创造，起始于课室的设计布置。教师需要精心设计与布置课室，以做到“环境诱人”。课室布置，一定要个性化，有学生照片、作业特别是文学艺术作业展示，学生署名的报纸剪贴，学生生日日历，等等。总之，课室布置应该丰富而渗透了教师自己、班课学生和课目主题的大量信息，使之成为吸引人、欢迎人并激发人的地方，让学生深感喜欢和向往！设计和布置美好课室的五个原则如下：

（1）课室布置要与教学目标与活动具有一致性；

（2）人行道宽敞不堵；

（3）保证教师随时能看到每个学生；

（4）保证教学资料与用具随时取用方便；

（5）保证学生轻松自在地看到教学的呈现与展示。

（四）学生负责

一个有效的教师，总是教会学生自我负责。学生负责主要包括两个方面：一是班课纪律由学生负责；二是学习作业由学生负责。班课纪律的学生负责制，主要在于培养学生干部并分工负责，教师给予有效指导和强力支持。学习作业负责的形成和有效运行，主要有三种方式：一是教师精心设计和明确指导学生的作业，给学生布置难易适度的作业，并给予口头或书面的作业指导；二是掌控学生的作业进展，课堂作业可以采取巡视纠正法，家庭作业可以采取批改法；三是对作业给予规范化与促进性的反馈，批改与讲评作业，组织学生自我批改以及同伴批改，都是有效方式。

（五）限制清晰

限制清晰意味着，班课管理总要对学生行为进行一定的限制以便加以引导，引导要有效，限制必须清晰明确。有效教师总会根据自己所带班课的实际情况，在每个学年开始时制订实施一套管理制度，其中规则与程序是最重要的组成部分。班课规则(rules)，无论是教师提出的，还是学生提出的，抑或是师生合作提出的，实质上都是引导学生行为的陈述清晰的师生期望。班课程序（procedure），则是用于完成学习任务和有效利用时间的常规教学流程，系教师开发并教会学生以努力促进教学有序与节省教学时间。研究表明，学生喜欢遵守他们理解而且接受的规则。教师认真思考且格外重视，开发出自己的班课规则与程序，就会很容易给学生解释清楚从而有效地加以实施。

（六）方法适宜

所谓方法适宜，是指教师对班课里每个学生的行为特别是问题行为，要根据学生个体差异而选择使用适宜方法。教师对待与处理班课学生行为的方法，概括起来典型的有三种：表扬、批评与惩罚。教师要通过深入调查、细致观察和科学分析，准确把握学生个性特点和对教育方法的反应类型，因人制宜地采用不同的方法，努力让自己对每个学生采用的教育方法都具有适宜性。

随着教育民主化发展，人们越来越倾向于消除"惩罚"方法。目前，对学生采用惩罚方法广受批评，其错就错在：（1）给人的是一种扭曲的教训，比如误将"也许"当"必然"；（2）扭曲惩罚者与被惩罚者的关系；（3）妨碍道德发展。因此，人们在努力寻找和创新有效策略以消除惩罚方法，其中显著有效的有"后果承担"（logically consequence）和"鼓励"（encouragement）两种方法。

后果承担法，是由教师强力组织实施的要求学生承担其行为后果的一种行动。为了使得后果承担收到预期的积极效果，需要做到：（1）后果承担必须是与行为密切相关的；（2）后果承担必须是合情合理的；（3）后果承担必须采用尊重学生人格的方式。研究表明，为了"一箭双雕"，既让当事人心服口服又让全班同学接受教育，后果承担的内容与方式，可以采取班级会议全班讨论决定的形式。

鼓励法具有未雨绸缪的功效。比如，教师在开展活动之前，预先说明活动中有些学生可能出现的错误，并指明相应的正确做法，进而用鼓励方式说："我相信每个同学都会作出正确选择！是不是?"应用鼓励法，表明教师的一种强烈信念，相信学生有能力自我改进！与表扬法聚焦于行为结果不同，鼓励法聚焦于行为过程，以有效引导进而培养学生的优良品行。

三、班课管理技能的主要领域

班课管理技能，一直是学者和一线教师关心的领域。对于这一领域，学者们概括出了"教学进度""班课规则与常规""教师管理行为""学生行为分析与矫正"以及"强化"等重大主题。①

---

① 本部分内容，主要引自 Anderson，L. W.（Ed.）.（1995）. *International Encyclopedia of Teaching and Teacher Education*（2nd Ed.）. NY：Pergamon，212-231.

（一）教学进度

对于教学进度（instructional pacing）的设计与安排，教师具有相当大的自由决断权。教学进度涉及两个不同的问题：谁或什么决定教学进度？应该设置怎样的教学进度？事实上，教学进度决定依据有教师、学生与技术手段三者，由此形成和存在三种进度类型的教学：教师根据自己来决定教学进度，称为教师控制进度型教学；教师根据学生作出教学进度决定，称为学生控制进度型教学；教师依靠技术手段（如计算机、教学录像带等）来决定教学进度。研究表明，无论是学期课程还是一节班课，教师、学生或机器控制进度，均各有优缺点；一般而言，无论是全班、小组或学生个人的教学进度，教师决策的主要依据都是学生的成绩水平。因为学生差异普遍存在，人们探索出了根据学生的反应和成绩来确定教学进度的灵活进度方式。当学生掌握了课程内容和技巧后，灵活进度允许学生个人加快课程进度。灵活进度包括有循序渐进、浓缩课程、高级课程、跳级、提前入学，并行或双学位制以及学分制等。

应该设置怎样的教学进度问题，主要涉及教学内容安排比例。教学进度中的比例问题可以简化为一定时间内提供给学生的内容总量（包括知识和技能）。进而，内容覆盖与学生学习之间形成了复杂关系。在这样的复杂关系里，课任教师的教学进度确定是非常困难的。不仅如此，教学进度事实上还受到更大范围的教育目标、学习环境和考试评价体系的制约甚至决定。

（二）班课规则与常规

形成并维护班课秩序，依赖于开发一套可行的班课规则和常规（rules and routines）并教给学生。这里的班课常规，包含前述班课程序。简单地说，规则是对所期行为的一般准则；而常规是完成特定班课任务的程序。从认知心理学看，规则与常规在班课有效运作中非常重要，规则是对行为的限制，而常规则是为了开展教学与完成作业而建立起来的交往体系。

在学校与班课操作层面上，存在三类规则。一是制度性规则。治理公共场所（如走廊、食堂、操场等）的行为，这也就是师生们能琅琅上口的校纪校规。二是情境性规则，只适用于特殊的场所，如在校会上或在班课里。在某些情况下情境性规则是制度性规则的一种补充。三是个人性规则，每位教师都有自己的规则。比如，有一位教师就要求学生在听课者进入课室时要全体起立，其他教师不使用该项规则，那么它就成了这位教师的个人性规则。

同时，亦可以归纳出三种类型的常规：管理性常规、支持性常规和交往性常规。管理性常规包括内务、纪律、维持和移动任务。“午餐时怎样排队”就是一个管理性常规的例子。支持性常规是为了教学交往的发生而界定和说明必要的表现和行动，比如“怎样完成数学作业”。交往性常规是允许教学交往发生而规定的互动行为，它们控制着师生间的交往联系。

人们主要从“过程—结果/行为”“民族志/解释学”和“系统交往”三个视角，对规则与常规怎样支持或制约班课学习活动进行了持续研究。关于规则和常规的“过程—结果/行为”研究，主要是探察那些已经建立的规则是否在构建学习环境、管理资源、引导学生注意力及行为等方面落到了实处。这个视角的研究提供了在实践中“规则和常规”与“学生的任务参与、学业成绩”相关联的基本信息。而班课交往的“民族志/解释学”研究则关注的是更小的样本（通常只是一个班课）和更多的细节，提供关于规则和常规如何在特定的班课中发挥作用的信息。已有的研究，侧重考察有效制约着班课交往互动的规则与期望。这些规则与期望是师生共同建立的，并在互动中不断改进，随着任务和班课阶段的不同而改变。班课交往包括言语的和非言语的（以准则、规则和期望为表征），可以促使师生双方积极地调整和建设学习环境。另外，还有第三种理解规则和常规的方法，即运用于班课互动中的交流系统。从交流系统的角度看，常规，作为进程的一部分，会随着时间的推移而发展，师生试图以此作为根据来判断他们之间存在什么类型的师生关系。因此，常规或礼制在班课这种稳定的互动模式中会随时间的推移而变化发展。

（三）教师管理行为

在复杂的班课教学环境中，为了组织好学习活动，秩序与合作是绝对必要的。教师管理行为（teacher managerial behaviors），就是为着组织这种环境，建立正当行为，防止问题，并处理混乱。由于学生在兴趣、气质、能力和成绩上的差异与课程地点和课堂时间的固定性相冲突，导致了教学问题和管理问题的出现。建立和维持课堂秩序是教师的主要职责之一。

其中控制不听话的学生，是首要任务。研究表明，这种控制必须是教师自觉进行的，有效策略分为支配、合作和功课管理三类。“支配”策略，就是通过采取限制活动、承担后果和坚决服从等措施来使学生做到令行禁止。“合作”策略，则摒弃惩罚方式，采取吸收学生参与管理、重视选择与后果承担等方式来赢得学生的合作，并重视开出更多参与型课程。“功课管理”策略，重点在于创开一节又一节的好课，吸引学生投入到完成作业任务中，从而预防错误行为的发生。

教师管理行为，一般可分为“预防”与“应对”两类。预防策略包括地理环境安排，建立通用规则和常规以指导学生的行为，明确可预知的后果，研制实施一套高效的工作制度和采取学生参与式班课管理方法。预防策略的目标是设立一个对正当行为具有强烈提示的、鼓励学生参与班级活动的环境。应对策略，旨在对学生出错行为作出正确反应。不同的应对策略，或简单或复杂，不一而足。简单的耗时耗精力少的策略，有眼神交流或其他信息和语言提醒。而耗时耗精力较多的策略，有幽默地处理学生的恶作剧、因势利导地将出错学生带离现场以及改变学生的学习任务要求等。更复杂而耗时的策略，有约谈学生、举办班会或家长会、研制一套应急管理规则以矫正不当行为并培养良好品行。无论复杂与否，当采取应对策略时，教师的主要考虑事项有：时间允不允许，问题严不严重，是否会传播或激化，能否在现场就可以妥善处理等。学业任务，是联系教师管理行为与师生课程与教学行为的价值桥梁。如何通过课程与教学活动有效激发学生学习动机，让学生投入到学习活动之中，亦是教师班课管理技能的表现所在。

在班课管理中，教师还必须处理破坏性行为以及其他问题行为。长期的实践和研究提出了许多具体策略，包括“静息”，个别批评，绘制小组行为表现图表、个别具体奖励、象征物奖励制度、小组活动奖励、具体学习目标设定、收回奖励或提供不同层次的反馈和关注。

对有些学生的顽固的问题认知以及行为，人们开发了有效的干预措施，其中有一种广泛应用的“现实疗法”（reality therapy）。例如，一位教师按照该干预模式与学生谈话。在问题行为的性质谈清楚后，教师与学生共同评估这种行为的有害之处何在，并承诺改变这种行为，且制订出改正这种行为的具体计划。改正计划得到认可后加以实施。未按计划执行，将进行第二轮谈话或者实施计划中双方都同意的后果承担。教师与学生共同处理学生的问题行为依据的是行为选择原理：行为是一种选择，接受行为本身包含的责任以及理解其后果是密切联系在一起的。这种处理问题行为的方式，在减少进而矫正各种破坏性行为上显示了良好的效果。

（四）学生行为分析与矫正

由斯金纳奠基的操作行为主义心理学，早就被运用到班课教学中了，逐步孕育起来“行为分析与矫正”（analysis and modification of behavior）领域。在班课管理情境中，行为分析与矫正主要基于两个目的：推动教师不断加强有效的和作业导向的行为；同时减少学生破坏性的和不当的行为发生。这种方法曾经以“独断纪律”而著称，它使许多教师很清楚他们是在“掌管”班课，并且意识到需要避免或者处理他们认为具有破坏性的班课行为。当然，班课学生问题行为，肯定存在着不同的原因和结果。行为分析与矫正，针对和处理的是那些学生表现出来的能够被观察到的公开行为，而非其内心活动。

在班课中运用行为分析与矫正方法，教师首先需要注意的是这些方法将被运用的情境（学校、课堂或家庭等）；其次，教师必须观察学生的行为并区分出哪些需要加以矫正；最后，教师必须明确用以改变学生行为的正确步骤。当然，这些步骤看起来很容易，但在具体实行之前需要特别注意每一个环节。

为了有效的班课管理而对学生的班课行为进行分析和矫正，是需要研究和开发的领域。重要的是，教师要组织学生参与制订家校协作计划与实施相应策略。学校作为现代社会中的一个组织正处于持续变革与不断调整之中，这一点对于进一步研究极其重要。此外，关于师生有关权利的问题，具有哲学质疑的特征，承载着对行为方法与策略许多批判。那些能够阐明行为分析与矫正方法的价值及其适当性的研究，将是非常有意义的。

关于班课管理和控制的适当方法，存在着许多不同的看法。这些看法涉及广泛，除了基于斯金纳操作心理原理的行为主义方法外，另外还有基于人文主义的、源于后弗洛伊德（post-Freudian）或者其他心理理论的个性化方法，以及基于社会心理学方法，强调群体以及把班课作为一个系统进行研究为基础的方法。

（五）强化

班课强化技能，是指教师在班堂教学中所采用的，为增强学生某种班课行为重复出现可能性的方法和技巧。强化（reinforcement）概念，最早由心理学家斯金纳在 1938 年提出。强化理论是斯金纳的操作性条件反射理论的重要部分与基础。强化可分为积极强化和消极强化，两种强化方式都可以达到增加正确反应的效果。教师在课堂教学中应针对不同的情况加以运用。

强化代表的是行为的发生频率、结果呈现以及未来出现的可能性大小之间的一种理性关系。强化概念及其应用，在帮助解释人类行为方面，包括解释教育领域的师生行为上，都发挥着巨大的作用。特别是积极强化，它是指一个反应因另一个在它之后发生的事件而得到及时加强的一系列过程。因此，当一个学生努力完成自己的读书报告并上交，老师说“做的不错”时，这句赞扬就可能成为促使这位学生在以后还按时上交读书报告的一种积极的强化物。如果这个学生的确这样做了，那么这位老师的积极赞扬就起了一种积极强化物的作用。但重要的是，这种积极强化物必须被及时呈现在我们希望出现的行为之后，以确定这种行为能再次发生。

根据强化物的不同，可以把课堂强化技术分为言语强化、非言语强化（如教师的面部表情、体态等）和替代性强化（vicarious reinforcement）。替代性强化是指观察者因看到榜样受到强化而自己也受到强化，如教师在班课教学中通过鼓励、欣赏、赞同和表扬等方式强化部分学生的某种行为，为其他学生树立了行为的榜样，其他的学生也因此受到强化，类似的行为便会增加。

强化原理已经被广泛地应用在学校和班课教育环境中去解决许多问题，包括：（1）学校中的攻击行为；（2）学校环境的提高与改进；（3）学困生课目学习技能的提高；（4）反社会行为；（5）有严重缺陷的学生的问题行为的前后控制。大量研究结果都表明，在班课或学校环境中运用强化技术在处理学生行为问题方面都非常有效。

思考题

1. 长期来前人创造的班课教学常规具有什么样的重要意义？

2. 请结合你的所学、兴趣和特长或经验，设计并阐述“我最喜爱的班课规划技能”。

3. 请结合你的所学、兴趣和特长或经验，设计并阐述“我最喜爱的班课管理绝招”。

4. 请就你在前面提出、挖掘和阐述的具体课程与教学问题，进一步分析、挖掘和阐述一个所关涉的班课教学的基础、规划或管理层面的问题。

第十七章　班课教学技能（下）

除了前述班课教学技能的概念、规划技能与管理技能外，我们还应该学习、研究和掌握班课教学实施技能、班课教学评估技能和课案研制技能。

第一节　班课教学实施技能

在班课教学实施中，人们已经积累了大量技能技巧。国外学者通常依据教师对学生学习的作用性质不同，将它们归为“直接教学”和“间接教学”两类。① 这里，我们依据师生关系性质的不同，分别从“教师视角”“学生视角”和“互动视角”对常用的班课教学实施技能技巧进行归类简介与探索。②

一、教师视角

许多班课教学技能，是以教师为主体的，主要依赖于教师自身的表现。这就是教师视角的班课教学技能技巧，其中有四种是特别重要的，即讲解、示演、提问与教师非言语行为。

（一）讲解

讲解（explaining），是历史最悠久、应用最广泛的班课教学技能。一些学者甚至已将讲解作为师生胜任力的概念来加以测量与研究。研究表明，讲解是学生学习过程中“明了”所学知识的一个组成部分，是学生经验学习的一个方面，对于接受性学习和创造性思考均有重要意义。评估讲解是否恰当的系统判断标准已建立起来，相应手段与工具亦已开发出来。

“讲解是人们解释或解说知识和专门技术的行为方式，是课堂教学中采用的最普遍最经常的教学方式，是作为中介语言增进学生认知水平的重要技术手段。”③ 讲解通常

---

① Anderson，L. W.（Ed.）.　（1995）. *International Encyclopedia of Teaching and Teacher Education*（2nd Ed.）. NY：Pergamon. 186. Also See Borich，G. D.（2004）. *Effective Teaching Methods*（5th Ed.）. NJ：Pearson. Brief Contents.

② 本部分内容，主要引自 Anderson，L. W.（Ed.）.　（1995）. *International Encyclopedia of Teaching and Teacher Education*（2nd Ed.）. NY：Pergamon，232-278.

③ 张雪霞：《新课程背景下中学语文课堂讲解优化策略》，西北师范大学 2006 年硕士学位论文，第 3 页。

是教师对学生的，有时，学生亦常常找教师就所布置的作业，讲解自己的观察、学习、答案或价值观。讲解以口头为主，也有书面形式（如课本，学生论文）或录制形式（如电影，录像）。

讲解的类型很多，所以分类有很大差异。有学者将讲解分为说明性的（说明概念或术语的含义）、描述性的（规定一个可供遵守的程序）和原因性的（明确指出为什么事情按照某种方式完成，为什么一些事件发生了或者正在发生）三种类型；有学者则将讲解分为因果的（例如“物体落到地上是因为重力”）、规则的（例如“因为21世纪宪法的改良，使美国不再禁止卖酒精”）、过程的（例如“这就是相关事宜到达联合国安理会的方式”）和目的的（例如“动物的某些特定性行为，是动物交配之前，为吸引异性而提供的服务”）四种类型。不同课目的班课教学，讲解功能、类型和标准等必然不同，需要进行深入而具体的研究与探索。

（二）示演

示演（demonstrating），就是示范演练。示演作为一种专门活动，就是利用视、听两种媒体，将教师示范与学生演练结合起来，从而让学生学会知识、形成技能与发展能力。示演是众多教学方法中最古老与最广泛的一种，不仅用于学校，而且用于家庭、游戏与工作中。

示演已经成为生活准备和传递文化遗产的首选方法。在学校教育中，示演就是教学“秀”，它的优势在于能让师生进行视听交织的面对面交流，建立起和谐融洽关系。一方面，在视觉上将所教的内容呈现出来，可以克服言语交流的障碍，提高交流的质量；另一方面，利用口头语言的形式呈现内容，使得学习者所观察到的东西可以通过教师来介绍、解释及总结归纳。教育技术的快速发展，使示演方法应用越来越广。示演方法内含着教师演示与学生练习之间的关系。这种关系的平衡，取决于学习的任务、所提供的练习情境以及教师主导的优质交流。这样，人们由示演而得的学习便从简单的模仿扩展到更广阔的智力活动了。

示演教学一般分为七个步骤：（1）分析和明确示演操作所涉的具体技术和技能以及包含于其中的知识和理解有哪些；（2）选择或创设一个适宜的情境进行示演；（3）按照事先设计，进行理解性、自然性与有秩序的视觉演示和口头描述；（4）师生围绕所涉知识、技术与技能进行问答，以促进学生的理解；（5）教师尽可能迅速地检测学生的理解并加以纠正或强化；（6）教师指导学生进行演练并重复整个操作过程直到掌握为止；（7）学生适度重复实践直至达到完美或者接近完美的表现。

（三）提问

关于班课中教师的提问策略或技巧，人们进行了大量的定量研究和新兴的质性研究。提问（questioning）作为一种活动包括回答及其效果。所以，提问教学方法，是指教师根据所教具体内容及其目标，设计并提出问题，激发学生通过回答问题来加深学习理解，提高学习结果。因此，提问教学方法关涉问题类型、情境因素、促进学生答问以及教师提问技巧培训等。

提问教学质量，首先取决于问题的种类及其适宜性。研究表明，班课教师提问可以归纳为低认知水平式、高认知水平式、背诵式、讨论式、合作会话式以及应试式等。不同的问题类型，对不同的具体学习内容和不同的学生，均存在消极与积极的不同效应，需要教师围绕“情境因素”以“适宜”为原则，进行学习、设计与矫正。

提问教学的质量与效果，亦受班课实际情境因素影响。情境因素有学生特征、教师特征、参与结构、教学顺序与课目内容及年级水平等。不同提问方式，对学生的学业成就高低、性别与文化差异的适宜性与成效显著不同。学生的背诵式被动参与、合作讨论式主动参与以及基于计算机的个性化参与等不同参与结构，则对学习内容与目标具有不同的适宜性。而按照教学顺序的提问研究，则为数甚少。仅有个别研究发现，教师周期性地使用一些问题来对以前教过的单元内容或跨单元的内容进行复习（包括周期性的测验），可以提高学生的学业成绩。关于一节课不同环节的有效提问类型研究则揭示，课前设计提问，应使学生激活已有相关心智图式；教学中提问，应检查学生是否正在掌握预期的知识和技能；最后，教师应在课堂作业和家庭作业中提问来引导学生在课后进行练习。课目内容及年级水平的有效提问研究，几乎是空白，急需开展与加强。

师生始终是决定提问教学质量与效果的主体，所以帮助学生答问和培养教师提问技巧，是人们非常重视的课题。涉及学生答问的心理学原理，有“激发动机”“鼓励心智运算”“参与和互动”和“反馈强化或调节”等。提问在班课有效教学中的重要性无论怎样强调都不为过，所以培训教师的提问技能就成为了当代教师专业发展的重要内容。

（四）教师非言语行为

班课里师生非言语行为，是班课生活的一个重要方面。非言语行为，自古有之。在教育领域，人们很早就意识到了非言语行为对理解班课现象的重要性，但是研究甚少；直到20世纪60年代早期才开始有学者进行专门研究，而进入20世纪70年代就开始繁荣起来。非言语行为有广义与狭义之分。广义上，非言语行为是指个体运用非言语符号进行交往时所发出的动作或表现的姿态。它不仅包括个体借助自己身体而且包括个体凭借与自己身体关系密切的装扮（如服饰等）进行信息交流时发出的动作或表现的姿态。而狭义上，非言语行为则指个体运用自身身体的非语言符号进行交往时发出的动作或表现的姿态。它包括静态的非言语行为，如身体的姿势、由身体所处的位置构成的空间姿态等；动态的非言语行为，如手势、头势、目光接触和面部表情等。人们平常用“体态语言”和“无声语言”来指称狭义的非言语行为。① 教师非言语行为（nonverbal teacher behavor），涵括了教师在班课里自觉或不自觉地应用非语言符号进行交流中做出的所有动作，对学生学习产生显著的或潜在的影响。

班课教师非言语行为，可以归纳为“人际距离”“触摸”“体态”“辅助语言”“无声状态”“停顿”以及“非言语行为影响因素”等。人际距离，指一个具体情境里人利用自身社会的和人格的空间魅力以吸引他人参与。当师生在班课里同处一室，教师离学生越近、对学生越亲切，学生投入班课学习的劲头就越大。触摸是人类一种自然的条件反

① 孙慨玲：《教师非言语行为的质性研究》，西北师范大学2009年硕士学位论文，第7页。

射行为，但是在触摸的时间地点和位置性别上，不同的文化有不同的讲究。不过，对于儿童少年，满怀爱意的抚摸，总是非常受欢迎的。体态包括个体做出的各种示意姿势、身体形态、造型姿势、眼睛神态与面部表情等。辅助语言关涉了班课教师讲授的非言语特征方面，诸如声音的高低、大小、节拍和强度，猛然响亮和暂时停顿等。通常，教师放低声音，往往比大喊大叫，对学生的引导与控制效果更好。无声状态则可以进行充分的情感表达，根据其在互动中出现的时间与地点不同以及配合的体态不同，无声状态所有效表达的情感可以从藐视与厌恶，到冷淡与无谓，再到赞同与喜爱。停顿则涉及时间的巧妙使用。绝大多数班课教学，时间性都是非常强的，教师总希望按时完成预定教学任务。技能高超的教师，具备敏锐的节律感或进度感，能够给予充足的时间来完成必要的教学行动表现，实现从一个到另一个结构性教学活动的顺利转换。至于非言语行为的影响因素，它们并不属于非言语行为，却能影响人类做出的非言语行为。这些因素可以分为环境因素与身体特征两个方面。环境因素，包括建筑物、课室以及课桌椅设计、课室布置等；身体特征涉及性别、体格、魅力、体味、发色与肤色等。

二、学生视角

许多班课教学技能，是以学生为主体的，主要依赖于教师如何有效组织或引导学生能动的表现。这就是学生视角的班课教学技能技巧，其中有三种是特别常用的，即模拟与游戏、作业布置与督导以及家庭作业。

（一）模拟与游戏

模拟（simulations）和游戏（games）在学校与班课里的应用由来已久。模拟是一种动态表征，它用替代性成分代替真实的或设定的成分。班课里的模拟，具有丰富的转化作用：一是角色转化，将学生的观众旁观角色转化为演员参与角色；二是时间转化，将现在转化为过去或者未来，将一定时间转化为或长或短的时间；三是空间转化，将课室空间转化为生活空间或实践空间；四是互动转化，将自己的与他人的经验、态度与感受进行相互转化。研究表明，模拟活动对于学生学习来说，具有激发自主动机、丰富生活经验和促进参与互动等长处，但也有可能加剧学困与学优分化、误导不负责任等弊端，需要慎重应用。

游戏是通过合作者或竞争者按照一定规则加以实施从而实现自己的目标的一种活动。班课游戏需要包含“目标清晰”“规则简明”“活动深化”以及“奖惩分明”等内涵。游戏应用，必须设计好特殊目的并努力达成明确具体的目标；必须有一系列明确的规则，规则越少越明确越好；必须让学生作出决定并遵守规则的深化活动过程；必须给予正确行动以奖励，同时给予错误行为以惩罚。游戏必须有竞争的氛围，要有胜利者。奖励的形式可以是钱、分数、提拔或物品等。游戏可以练习知觉与动作技能，规划与决策能力，对规则和他人决定的尊重，对复杂变化情势的鉴别，真实的自我评估。游戏对学校与班课活动最主要的效用是，它能激发学生的学习动机。

（二）班课作业布置与督导

班课作业（seatwork）曾被定义为与家庭作业相对应的学校作业。20 世纪 80 年代以来，一些学者开始从生态学视角研究作业，突出了学生完成作业与其心理过程和最终所学所得间的联系，并深入考察学生完成作业对其作业态度、自我概念以及动机的影响。

建构主义学习理论引导人们将注意力转向了课目主题本身，转向了教学与作业如何将课目主题知识有效呈现给学生的方式上。于是，关于班课作业的问题就深化为有关“班课作业是否能以及怎样促进学生的学习”的三个基本问题。

一为作业是如何促进学生建构深刻理解的？所谓深刻理解，实质是一种理清课目、跨课目领域、校外世界的观念之间联系的能力。依据作业能否增进深刻理解，可以区分出深层式学习和表层式学习。前者以积极运用观点为特征并很可能发展为深刻理解，而后者则以关注作业和记忆的程序性部分为特征并且不太可能发展为深刻理解。

二为作业得以完成的社会背景是怎样的？研究揭示，作业得以完成的更大社会背景同样决定着学生从中的所学所得。尤为重要的社会背景有两个方面，即作业的绩效制度和学生公开交流的作用。一方面，作业绩效制度使学生必须采取参与式合作学习；另一方面，作业完成必须采取有效方式促进学生思维以保证学习深化，并在学生之间相互分享。要超越作业个人独立完成的做法，强调和实现与他人交流与分享。当学生参与并相互分享作业观点时，不同问题解决的程序细节、推理策略和目标达成技巧开始显现出来。这样，关键问题就是班课教学如何才能将学生思考的形式显现出来，使其能够加以观察、传播、讨论、反思。

三为学生完成作业过程中的思维支持有哪些？最重要的学习是最可能发展为深刻理解的学习，它只有学生在作业中开展推理解决复杂问题而得到帮助和指导之时才会发生，也就是思维得到了支持。研究表明，至少有三种有效支持：（1）解决作业问题时当众阐述个人想法；（2）教师与学生围绕学术作业开展专门对话讨论；（3）学生单独作业时作业题目内容与形式本身给予的支持。因此，促进学生深刻理解的作业，必须是有难度的。教师必须考虑作业为学生的推理过程提供支持的方式方法。

于是，教师需要进一步研究与实践以下两个问题。第一，教师如要选择或创新作业及其题目并用以促进学生的深刻理解，应该具备哪些知识和何种理解？这需要教师们在学会作业开发、布置与督导上下更多的功夫。第二，学生对作业及其题目怎样认知？这需要教师具备更多的知识和技能，帮助学生利用多种班课作业形式促进自身的深刻思维与理解。

（三）家庭作业

家庭作业是指在正规班课外开展学校课目的学习。“家庭作业”这个词虽暗含在家学习，但也包括在学校空余时间、坐车、博物馆、工作场所以及其他时间和地点的学习活动。它是正规班课外的有效的补充学习。

家庭作业主要由教师布置，但也有家长或学生自己布置的，再加上人们对待学业成绩的态度不同，所以在不同国家、不同学校甚至不同班级，学生用于做家庭作业的时间及其学习效果差异比较大。据调查，一些国家 14 岁学生每周完成家庭作业的平均时间，从 4.5 小时到 9 小时不等；匈牙利、日本、荷兰、波兰、以色列和意大利学生的平均家庭作业几乎是瑞典学生的两倍；学习成绩最好的如匈牙利、日本和荷兰等国的学生，比成绩低的如瑞典、芬兰、英国和挪威等国的学生，要完成更多的家庭作业；然而，家庭作业的时间总量高的国家，如波兰、以色列和意大利等，其学生取得的成绩却显得相对较低。

校外时间总量，是制约家庭作业时间的主要因素。当校外时间可以增加学校学习时间的功效时，它就直接或间接地对学习产生了潜在的强大影响力。大量研究结果都表明，家庭作业与学习效果之间呈显著的正相关。教师只是布置而没有给予反馈的家庭作业会适度促进学生学习，而打分或给予反馈评论的家庭作业会对学生的学习产生更为显著的效果。有调查表明，成绩好的学生比成绩差的学生平均多用了64%的时间来做家庭作业；如果家长积极监督的话，家庭作业会更有效。

三、互动视角

许多班课教学技能，是同时以教师和学生为主体的，旨在促进师生参与和互动。这些就是互动视角的班课教学技能技巧，其中有四种是特别常用的，即讨论、小组教学、反馈和辅导。

（一）讨论

通过讨论，人们同他人一起形成关于思考什么以及怎样行动的答案。讨论是一种特殊类型的反复交谈，群体成员借以能够共同检视与解决一些对他们而言有争议的问题和一些他们需要了解、欣赏或决定的事情。在学校与班课里，讨论从特征上看就是一种群体互动形式，学生们借以一起去寻求共同关心的问题答案，交流和检视不同的见解，以提升他们每个人自身对有争议主题的理解、欣赏和判断能力。

讨论在教育中自古就有。在讨论中，教师的角色就是一个主持人、促进者和举例者。其中，关键是帮助学生学习如何进行讨论同时帮助他们以问题的形式来讨论主题。因此，教师的第一个任务就是准备讨论的问题。教师需要设想并精心构思问题，清晰陈述相关的问题，并以相关的和附属的子问题的形式呈现课目主题。

有专门的观察研究结果表明，目前班课中的讨论仅仅占3%～7%的时间。妨碍讨论的原因很多，主要原因在于教师，如教师能力不足和不愿投入。一是社会和学校并不支持教师应用讨论方式；二是教师非常缺乏基本的民主态度却尤为注重知识和权威；三是教师组织讨论的能力不足，包括经验和技术的缺失，更重要的是缺乏在自己班课里处理和控制讨论的能力；四是组织讨论，需要教师花费很长时间和大量精力去学习、掌握、设计与实施。然而，讨论习得了知识并强化了学习过程。学生以问题的形式掌握了课目主题，获得了更多知识及其深刻理解，并增长了借以作出判断的能力。讨论增强了学生认知的、情感的和交流的过程以及群体合作的、建构的和审议的权能。事实上就其本身而言，讨论是一种基本的教育活动，它帮助人们通过讨论发现什么是正确和真实，然后据以采取行动。

（二）小组教学

随着合作学习方式的推广，教师需要学会与掌握班课小组教学（teaching in small

group）的基本技能。在小组合作学习中，学生关注的是交互中的同伴而不是教师，这在很大程度上影响着教师的教学行为，其中包括教师的课程决策、同事关系以及学校的政策和管理。

多年来，人们在小组教学中创用了小组探究法（the group investigation method）。小组探究法有自己特有的哲学、心理学或社会学取向，所遵循的一个基本原理是：学校学习就是与同伴合作进行探究的过程。常用的小组探究法可以分成连续的六个步骤：（1）教师提出一个一般问题，全班学生决定子课题并组织研究小组；（2）各小组做好合作探究计划；（3）小组实施探究活动并积累数据资料；（4）小组设计成果汇报，做到各组应协调一致；（5）小组进行成果汇报；（6）评价小组成果和个人学习。学生和教师都参与评价。与讲解法等相比，教师在有效实施小组探究法中所扮演的角色有着重大的差异。

考察教师角色，可以将班课教学分成五个维度（dimensions），它们是“教师行为”“学习任务”“学生行为”“物理环境”和“师生交流”。总的说来，在小组探究法中，教师的角色从控制者转变为引导者与促进者，即引导学生，激励他们的积极主动性，参与他们的规划和决策；在学习任务方面，教师与学生一起成为课程决策者，教师的作用是指导学生选择学习主题和学习活动，生成非预设的学习成果，并培养小组成员的合作品质与能力；在学生行为维度，教师的角色是鼓励学生提出可以引导他们学习的问题，帮助小组制订和执行计划，包括寻找和使用有关学术话题的信息，而学生的角色是提出问题，设计与发起活动，高度参与学习，对班课生活的各个方面进行决策；在物理环境维度，教师是课堂环境的组织者，其作用是建设环境的灵活结构，使之可以随着学习任务的性质、方法以及学生的需要而变化；在师生交流上，教师是班课交流的管理者，其作用是指导与促进学生在师生间、小组成员间或小组间，乃至与自我间的多向互动。

教师在小组教学中要履行好这些角色，就必须开展观察活动，获得学校支持并持之以恒。大多数研究都主张，教师在小组教学中应该成为观察者，观察小组在班课中是如何发挥作用的，应采用分类观察表，以便记录和分析学生是否真正以建构方式进行合作和互动。通常，小组教学法的有效实施，尤其是小组探究法的有效实施，要求上述五个维度以相互协调的方式实施。如果有一个部分被忽视或者采用了全班教学的方法，最终的结果是破坏学习过程，导致实施的不完善，使学生和教师都遭受挫折。为了教学的有效性，教师必须做好这五个维度的计划。讨论教师作为班课指导者的角色，同时还要考虑整个学校中教师与学校行政管理及与同事的关系。为小组教学准备适合的学习材料必须成为学校管理的重心。为了能够在教学中成功实现重大创新，教师必须亲身参与到这个持续的过程当中。所以，教师专业角色的重大转变是影响班课教学实践的先决条件。

（三）反馈

在学校与班课里，反馈（feedback）对学习具有不可或缺的矫正或强化作用，存在多种类型与方式。从根本上说，反馈就是对学生学习活动的正确性、合适性和准确性提供信息，就是在学生做出某类行为后让其知晓自己行为的结果。

反馈在教育中普遍使用。一方面，反馈提供特定信息。对学业学习任务而言，反馈指涉学生表现的正确性信息，比如：在班课讨论中，表扬答问正确的学生；给学生的考试评定等级；通过电脑屏幕给那些在网络培训课程中选择正确答案的学生一个微笑。在行为管理任务方面，反馈提供学生行为的合适性信息，比如：批评扰乱班课纪律的学生，或奖励参与班课建设的学生。对于技能学习任务而言，反馈则提供学生行为的准确性信息，比如：让学生投掷一次飞镖，而后看它是否击中了标靶。另一方面，对学生而言，“行动”“可知晓”和“结果”是反馈定义所含三大内涵：（1）反馈是在学生展现某些类型行动后发生的；（2）反馈是学习者可知晓的；（3）反馈呈现学生行为的结果。

简言之，反馈就是关于学生在班课里的行为表现与结果的信息。按照操作主体的不同，反馈分为教师反馈、同伴反馈与自我反馈。其中，教师反馈最为重要，同伴反馈需要精心组织，自我反馈则应当加以鼓励。反馈方式主要有口头与书面两种。肯定和简单的反馈，一般使用口头方式；而批评以及复杂的反馈，则适用书面反馈方式。其中，作业批阅反馈是传统而不断更新的最常用方式。随着网络的发展，书面作业批阅反馈方式的使用越来越多且越来越频繁。因此，基于电脑的书面反馈技能，是每位教师都必须学习掌握的。

在教育心理学层面，行为主义和认知主义对反馈在学习上的作用进行了不同的解释。行为主义者将反馈视为奖励和惩罚，可以直接地加强或者削弱学生具体行为反应的强度。在改变人的行为方面，奖励比惩罚更加有效。这样，反馈是学习的中心机制，反馈的结果是直接的和具体的，没有反馈就无所谓学习。而在认知派心理学家看来，反馈是学生用以解读和转化其知识的信息。反馈让学生识知自己的学习结果，而这种识知则指引他们进行知识建构。因此，反馈并不会直接地改变学生的行为，事实上是学生对反馈的解读在革新着他们的知识，进而影响他们的行为。这就是说，反馈是学习得以进行的中心机制，反馈对学生行为的作用还取决于学习者对其解读的方式。于是，学习内容既有外在具体行为的变化，又有内在知识的革新；学习方式既有消极自动进行的层面，也有主动付诸努力的层面。

总之，反馈是进行有效教学的关键所在。教师既应该借鉴行为主义原理，在反馈中首先评判学生的答案正确与否；也应当学习应用认知心理学原理，将反馈深化到“学生产生答案的认知过程”，而不能停留在“学生自己得出的答案”上；进而触及和指导学生对反馈的解读并借以改善相关内在思维过程和外在行为表现上。总之，在教育反馈的研究与运用中，需要在加强思维的结果基础上强调思维的过程。

（四）辅导

辅导是一个学生或一组学生接受个别化与个性化教学的一种教学方法。其中，施教者叫导师，受教者叫导生。通常，辅导（tutoring）是用作传统大组班课教学的一种补充方法，给那些需要补习的学生和在传统教学方法下遭遇学习困难的学生提供帮助。辅导适用性强，常用于小学，亦适用于中学、大学、成人教育和职业教育，而我国在家庭教育中用得最多。

在校小孩的辅导最常见，有师生辅导、家教辅导和生生辅导等形式。师生辅导主要用在学校里，是任课教师对自己学生进行辅导。家教辅导主要用在孩子家里，是父母或兄弟姊妹或聘请的家庭教师对小孩进行辅导。生生辅导则在学校、家庭以及社会上通用，又有“同龄辅导”和“跨龄辅导”两种做法。同龄辅导是导师与导生年龄相仿的做法，而跨龄辅导则是导师与导生年龄不同的做法。跨龄辅导，早在昆体良（Quintilian）的《雄辩术原理》一书中就已经提出。最有影响的则可能是18世纪末期开始建立、随后得到广泛推广的贝尔—兰卡斯特制（Bell-Lancaster system）。它组织专业教师指导年龄大一点的学生，并让其接着指导比之年龄小一点的学生，而年龄小一点的学生转而指导比自己年龄更小的学生。当代跨龄辅导，扩展用于社区服务，组织大学生或中学生到社区去给小学生提供辅导。从20世纪60年代早期以来，教育者们对同龄辅导产生了浓厚兴趣，一方面是由于教学人员的不足，另一方面是因为他们相信假如给一些孩子机会让他们和另一个学生而不是一个成人在一起学习，那么这些孩子可能会对学习产生更大的兴趣。许多研究表明，辅导显著而有效地改善了学生的学业成就、自我概念、学习态度和学习行为。同龄辅导和跨龄辅导对导师和导生均有许多益处，其中，跨龄辅导优于同龄辅导，导师年龄大于导生，导师和导生在一个合作的环境下，导师和导生都成绩优异时，辅导的效果特别令人赞叹。不过，同龄辅导在学校里也越来越受青睐，使用范围越来越广，从而不断发展，孕育出了互动式“同伴教练”① 和“同伴互助学习”② 等新兴方式。

辅导也广泛适用于中学、大学和其他类型的教育活动中，以帮助学生弥补学习准备不足和提升学业成就，形成了课程辅导、应急辅导和结构化辅导三种形式。在课程辅导里，导师帮助导生学会欠缺内容，或进行互惠辅导，即学生之间轮流辅导课程内容。应急辅导，是提供迅速帮助以支持学生通过即将举行的考试，解除考试焦虑或个人的困境。而在结构化辅导里，导师使用电脑生成的教材，教会导生怎样使用电脑课程。自20世纪80年代中期以来，电脑教学（computer-based instruction）已取得了重要的进展，一个应用人工智能、认知心理学和交互式视频的新领域已经出现，名为智能辅导系统（intelligent tutoring system）。

---

① Askvig，B. A. & Garnes，L. (2000). *SPED 590 Peer Coaching Seminar*：*An Online Course about Peer Coaching*. North Dakota Center for Persons with Disabilities，Minot；Parker，P.，Hall，D. T. & Kram，K. E. (2008). Peer Coaching：A Relational Process for Accelerating Career Learning. *Academy of Management Learning & Education*，7 (4)，487-503. 参见王磊：《同伴辅导在教学中的作用》，《职业时空》2007年第17期。

② Ginsburg-Block，M. D.，Rohrbeck，C. A. & Fantuzzo，J. W. (2006). A Meta-Analytic Review of Social，Self-Concept，and Behavioral Outcomes of Peer-Assisted Learning. *Journal of Educational Psychology*，98 (4)，732-749. 参见左璜、黄甫全：《国外同伴互助学习的研究进展与前瞻》，载《外国教育研究》2010年第4期。

第二节　班课评估与评价

班课评估与评价（assessing and evaluating in classroom），是学生学习特定性的。教师进行规划、管理与实施的同时，就需要对学生的学习进行评估与评价。评估的目的是收集信息资料，教师借以对学生以及自己的教学作出和维护决策，而考试则仅仅是教师作出决策的一种工具。除了考试外，教师还可以使用班课状况及其学生表现观察和学生每日每周甚至每学期的作业分析等工具，作出决策。评价则是对收集到的信息资料作出判断，这些判断可以让人们妥帖地为学生营造适宜的处境与情境，监控学生学习及成就水平，诊断学生学习困难与问题的可能原因，确定学生已经达到的水准，从而给予学生准确的等级或成绩。

学习评估与评价，是任课教师的基本功之一。长期来，学者们进行了持续而广泛的研究，积累和形成了大量的班课学习评估与评价技能技巧成果，这里主要从“学习为本评估”“学生需要诊断”“班课个性化测验”“班课学习评价”“班课学习评估”和“学生分级与评价”六个方面进行简要介绍与探讨。

一、学习为本评估

21世纪以来，兴起了学习为本评估（learning-oriented assessment）的理论与实践。学习为本评估，广义上指新兴的以促进学生学习为价值取向的评估范式或形态，狭义上则指班课层面超越学业成就取向而支持学习过程的评估方式。①

（一）班课评估的发展

大家一致认为，当代教学旨在提高学生作为思想者、问题解决者和探究者的能力。这个目标背后的原理为，有意义的理解必须基于积极的知识建构和经常的共同学习。班课评估如果要与新兴教学观和学习观一致，就必须更加密切地重视有意义的学习任务，并且把评估高层次思维和推理能力的掌握与评价课目知识的学习整合为一体。为反映当前认知和人类学习研究的进展，班课学习化评估与学习为本评估就逐步发展起来了。

1. 评估概念溯源

评估具有与人的活动过程相融会的取向，与测量和评价密切联系又相互区别。“评价”一词英文是“evaluation”，本义为“价值提取”。评估一词的英文为“assessment”，本义为估算价值的行为。所谓测量（measurement）是指赋予数量，评估主要指向人并强调对个体学生整个学习过程的改进，评价则主要指向非人格实体存在物的运作上，如课

---

① 本部分引自吴林：《中学课堂读写学本评估的行动研究》，华南师范大学博士学位论文开题报告，2010年6月。

程、计划、干预、教学法、组织因素等。① 因此，评价是指在学校情境下对非人格实体存在物的价值判断过程与活动，评估是指在学校情境下收集学生和教师的学习和教学活动信息，并进行价值判断和采取改进措施的过程与活动。

这样，评估就必然与班课学习活动过程同时进行，实质上就是融入性评估(embedded assessment)。融入性评估是指在教学过程中通过学生作业、测试、练习和活动的分析对学生的学习进行评估的过程与活动。它通过及时了解学生学习进展的变化来评估学习效果，并针对学习实际情况调整与改进教学，从而促进学生的学习。它融入了班课教学过程，与学生学习同步进行，发挥着诊断、发展、总结和导向等多种课程与教学功能。国外学者又将其分别称为教学融入性评估（course-embedded assessment）、课堂融入性评估（classroom-embedded assessment）或课程融入性评估（programme-embedded assessment）。

2. 学习化评估的兴起

在世纪交替之际，基于形成性评价与终结性评价，孕育起学习化评估。20 世纪 80 年代以来，学习服务型评估渐成主流，形成性评价的含义拓展为形成性评估概念，突破了掌握学习模式下的形成性测试。20 世纪 90 年代末期，英国学者布莱克（Black，P.）和威廉（Wiliam，D.）通过研究发现，班课实施形成性评估，学生的学习收益会显著提高。② 进而他们在英国 6 所综合学校与 24 位科学与数学教师合作研究“学习化评估”，结果证实学习化评估实验班的学生学业成绩有显著提高。据此，他们重构了形成性评估的概念，提出了学习化评估（assessment for learning）。③

人们开始全面地认识到，评估具有三个明显的目的，即支持学生学习、报告学生成绩和满足公众问责要求。教师们在实践中创用了多种评估方式，可以归纳为相互联系又明显不同的三种类型：学习的评估（assessment of learning），即对学习成就的评估；学习化评估（assessment for learning），即为了支持学习的评估；学习性评估(assessment as learning)，即作为学习过程的评估。④ 它们分别受到了三种心理学理论的影响：学习的评估主要受到了行为主义的影响，学习化评估的心理学基础则是建构主

① Husén，T. & Postlethwaite，T. N.（Eds.）.（1994）. *The International Encyclopedia of Education*（2nd Ed.）. Oxford：Pergamon，362-370.

② Wiliam，D. & Black，P.（1996）. Meanings and Consequences：A Basis for Distinguishing Formative and Summative Functions of Assessment. *British Educational Research Journal*，22（5），537-548.

③ Black，P. & Wiliam，D.（1998）. Inside the Black Box：Raising Standards through Classroom Assessment. *Phi Delta Kappan*，8：139-148；Black，P.，Harrison，C.，Lee，C.，Marshall，B. & W illiam ，D.（2003）. *Assessment for Learning*：*Putting it into Practice*. Maidenhead：Open University Press，27.

④ Earl，L.（2003）. *Assessment as Learning*：*Using Classroom Assessment to Maximize Student Learning*. Thousand Oaks：Corwin Press.

义，而学习性评估则打上了认知科学的烙印。① 有学者把学习化评估和学习性评估合在一起统称为学习化评估。这样，评估就有两种：学习的评估和学习化评估。学习的评估是学习结束后举行的、用来确定是否达到预期结果的评估，并向有关人们报告一定时期学生的学习情况。学习化评估则在学习过程中进行，以便诊断学生需求，规划下一步教学，为学生提供改进学习的反馈信息，并帮助学生监控学习过程。它们在教育与班课评估中均有各自特有的地位和作用，多年来广为应用。与以往所不同的是，现在人们对它们的作用扩展了理解，力求使之有助于学生学习过程的最优化和学业成就发展的最大化，而对学生学习消极影响和副作用最小化。②

3. 学习为本评估的孕育

学习化评估兴起以来，逐步孕育起了学习为本评估的实践和理论。2003～2006 年，卡利斯（Carless，D.）和乔因（Joughin，G.）等在我国香港特别行政区大学教育资助委员会提供的教师发展资助下，提出并实施了一项为期三年的“学习为本评估研究项目”。该研究在高校中开展，以香港教育学院为研究基地，涉及香港所有高校。③ 通过该研究，他们提出了“学习为本评估”的基本概念和理论构架，并在高等教育评估领域产生了积极影响。他们既强调评估反馈的重要性与评估发展功能的发挥，又强调成果导向教育（outcomes-based education）的重要性，重视评估的双重职能④。评估既划分等级又促进学习，既评估学业又改进教学，既坚持达标又比较个体成就，既明确交流信息又隐性传递影响。⑤ 他们说：“我们创造术语‘learning-oriented assessment’是为了描述一种评估方式，这种方式追求把促进或者支持学生学习置于评估最重要的位置。”⑥ 他们指出，学习为本评估是既适用于形成性评估也适用于终结性评估的一种评估方式。⑦

（二）学习为本评估的基本原理

学习为本评估（以下简称学本评估），扩展了对评估与学习关系的理解，并重建了

---

① Berry，R.（2008）. *Assessment for Learning*. Hong Kong：Hong Kong University Press，7-11.

② Stiggins，R. J.，Arter，J. A.，Chappuis，J. & Chappuis，S.（Eds.）.（2004）. *Classroom Assessment for Student Learning：Doing It Right，Using It Well*. Portland，Oregon：Assessment Training Institute，Inc.，29-36.

③ Joughin，G.（Ed.）.（2009）. *Assessment，Learning and Judgement in Higher Education*. Springer，vii-viii.

④ Carless，D.，Joughin，G.，& Liu，N.（2006）. *How Assessment Supports Learning：Learning-Oriented Assessment in Action*. Hong Kong：Hong Kong University Press，1-6.

⑤ Boud，D.（2006）. Sustainable Assessment：Rethinking Assessment for the Learning Society. *Studies in Continuing Education*，22（2），151-167.

⑥ Carless，D.，Joughin，G. & Liu. N. F.（2006）. *How Assessment Supports Learning：Learning-Oriented Assessment in Action*. Hong Kong：Hong Kong University Press，7-8.

⑦ Keppell，M. & Carless，D.（2006）. Learning-Oriented Assessment：A Technology-Based Case Study. *Assessment in Education*，13（2），179-191.

师生的角色。

1. 学本评估模式

学本评估把学习的评估、学习化评估和学习性评估都作为获取有效学习信息的途径，通过信息反馈，促进或者支持学生有效学习并取得最好的学业成就。根据卡尔斯等的学本评估理论，可以为其绘制出一个框架图（参见图 17-1）。

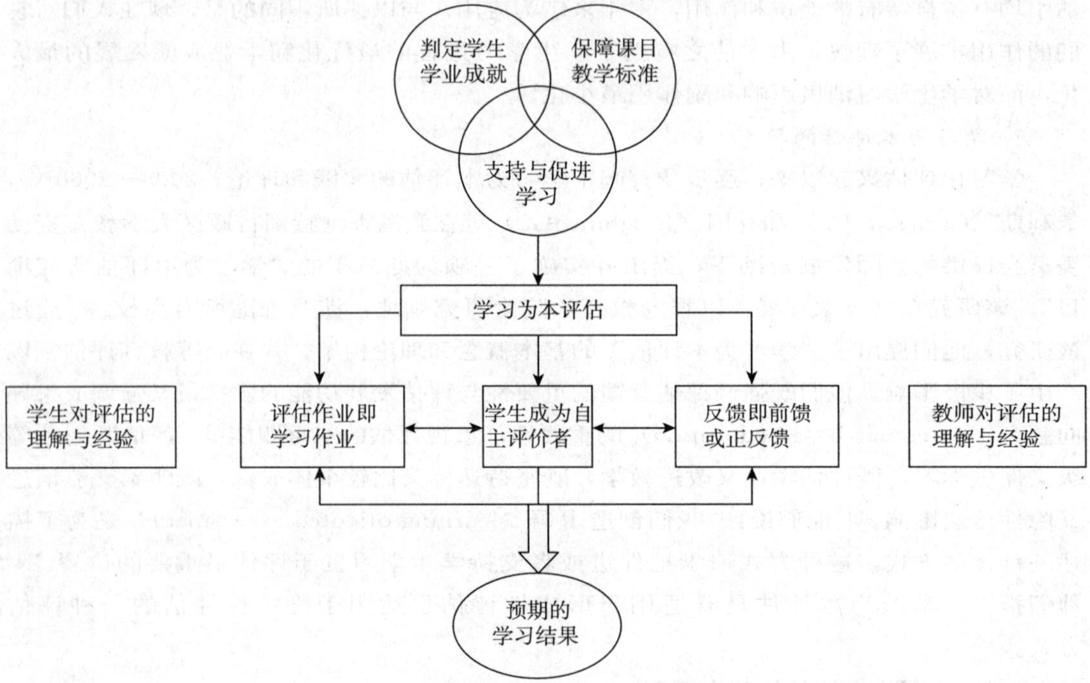

图 17-1 学习为本评估模式框架图①

学本评估反映了新的评估理念。当我们习惯于认为评估就是对学生学业进行判断的时候，它提醒我们要更为关注评估增进有效学习的功能，在判断学业和增进学习之间取得一种平衡。它摒弃了形成性评估概念的多种理解所引起的混乱，也关注了评估多种功能的平衡，可以较好地适应我国的国情和评估的传统文化。基于本土实际的学本评估有可能最大限度地提高班课教学质量和效果。

学本评估的三个核心功能为：支持和促进学习、判断学生学业成就和保障课目教学标准。设计良好的评估体系能够充分发挥三种功能各自的长处，并使之在相互融合中取得一种动态的平衡，达到理想的评估效果。当然，就目前的情况来讲，由于甄别评估，即学习的评估的普遍存在，追求支持和促进学习与保障课目教学标准的学习化评估与学习性评估是班课评估的重点。可以说，如果要最大程度地提高学生的学业成就，就要更

① Carless, D., Joughin, G., & Liu, N. (2006). *How Assessment Supports Learning: Learning-Oriented Assessment in Action*. Hong Kong: Hong Kong University Press, 14.

加关注班课评估的改进。在班课评估中，学习的评估和学习化评估都是必要的基本评估方式，但是，前者在实践中普遍实施而后者还没有引起师生的重视。① 这就是我们面临的评估危机，而学本评估是有效解决这种危机的可能途径之一。

学本评估具有三个基本构成成分：评估作业即学习作业（assessment tasks as learning tasks）、学生投入（student involvement）、反馈即前馈（feedback as feedforward）。评估作业即学习作业，是指设计评估作业，使之充分体现学生渴望达到的学习结果，激发学生投入学习的动机与兴趣。学生投入是指吸引学生参与评估自己以及他人的学习成果，使之更好地理解学习目标和当前学习状况，从而促进其有效学习。反馈即前馈强调的是两层意思：一是在评估中建立完整的反馈环，提供反馈信息，为学生下一步参与和改进学习提供及时和有效的参考依据；二是为避免在未来不同发展阶段可能出现的教学问题而事先采取的有效课程与教学措施。通过观察班课情况、收集整理信息、掌握规律、预测趋势，正确预计未来可能出现的学习与教学问题，提前采取补充课程资源、革新教学策略和丰富学习活动等措施，将可能发生的教学偏差消除在萌芽状态中。

2. 学本评估中师生的角色

教师在学本评估中是组织者和监控者。评估规划、作业选择或开发、工具设计、过程组织、信息反馈以及组织新的教学策略，都由教师发挥着重要的作用。教师引导学生明确学习发展的目标，激发学生参与评估活动，弥补学习差距，促使学生达到共同认可的学习目标。在班课里，教师既是教学内容的专业指导者，也是学习评估的专业人员。因此，在学本评估的实施过程中，教师只有改变传统的教师课堂评估角色，才能有效地促进评估改革的进行。在学习化评估中，教师的任务是：按照预定目标教学；分析学生的特定学习需求；选择和改编学习材料和其他资源；设计不同的教学策略和提供不同的学习机会，帮助学生个体取得学习进步；给学生提供及时的反馈和指导。在学习性评估中，教师的目标是培养独立的学习者，具体任务有：设计自我评估并教会学生自我评估技巧；指导学生设置目标并监控学习过程；提供反映课程预期结果的良好行为和高质量成果的范例；与学生一起制订良好行为的具体标准；指导学生自我反馈或者自我监控；提供连续而有挑战性的自我评估机会；监控学生的元认知和学习过程，提供描述性的反馈信息；创设安全尝试和有效支持的环境。在学习的评估中，教师的任务是：提供在特定时间举行学习评估的依据；提供预期学习成果的清晰描述；提供便利学生展示其技能的评估程序；提供评估相同学习结果的多种方法；提供判断学习成果的公开而客观的参考标准；提供清晰的评估结果解释方法；提供评估过程的描述；在评估判断不一致时提供取得帮助的策略。②

---

① Stiggins，R. J.（2002）. Assessment Crisis：The Absence of Assessment for Learning. *Phi Delta Kappan*，83（10），758-765.

② Manitoba Education，Citizenship and Youth（2006）. *Rethinking Classroom Assessment with Purpose in Mind*：*Assessment for Learning*，*Assessment as Learning*，*Assessment of Learning*. Manitoba，Canada：MECY，29-56.

由此可见，对于学本评估而言，教师在激发和引导学生积极参与评估、提供前馈的反馈信息、澄清并整合评估任务与学习任务的过程中，发挥着重要的组织和监控作用。教师在班课评估过程中，应当收集学生学业水平的确切信息，并据此作出教学决策。因此，学本评估需要教师具备有效的班课教学以及班课评估能力。而实践学习为本评估的过程，也是教师提高班课教学能力和班课评估能力，促进自身专业发展的过程。

学生在学本评估中是积极参与者和自我调节学习者，持续地开展自主学习发展，最终成为终身学习的独立学习者。学生是自己学习责任和结果的最终承担者，在学本评估中，学生参与将激发学生学习动机，获得自我评估、同伴评估和自我调节学习技能，有助于学生形成终身学习的能力和习惯。研究表明，学生参与评估能够促进学生的学习，降低甚至消除单一高利害的标准化考试使很多低分数学生放弃学习的负面效应，有效促进考试成绩低的学生（low performers）提高学习水平，缩小他们与学习成绩优秀生的差距。① 学本评估实践引导学生思考三个问题，即：我将到哪里去？我现在在哪里？我如何才能从这里到达那里？通过让学生回应这些问题并采取行动来达到促进学习的目的。它让学生明确学习和评估的目标，参与评估过程，监控自己的学习，成为有效的学习者。

3. 师生参与学本评估的基本原则

在新的学习文化条件下，班课评价不是为了划分等级或者满足当局确定绩效责任的需要，而是作为班课教学的一部分，支持和改进学习。因而，教育者应当保证班课评价免遭高风险绩效责任测试的负面影响。② 学本评估反映着新的学习文化和新的班课评估理念，改进传统的班课评估，优化评估和教学。

对于师生如何参与学习为本评估活动，卡利斯提出了三项指导原则：③ 评估作业的设计应有利于激发学生的有效学习；评估过程中，学生应积极参与标准制订、学习质量评估、自己或同伴的学习表现评估；反馈信息要及时、有前瞻性，以便支持学生当前和未来的学习。这些原则具有时间上的序列性，反映了班课评估的基本进程，同时也具有一定的阶段独立性。它们体现了学本评估模式的基本运作以及师生的最主要活动，并把形成性评估和终结性评估统一起来，因为这样的一种评估模式能够同时适应形成性评估和终结性评估。它们既统一评估的目的，也统一于信息的反馈：为了促进学习，提供有利于促进学习的反馈信息，从而到达有效教学，促进师生发展。

二、班课评估与评价的基本原理

长期以来，人们通过大量的理论与实践研究，努力探究班课评估与评价的功能定

① Stiggins, R. & Chappuis, J. (2005). Using Student-Involved Classroom Assessment to Close Achievement Gaps. *Theory Into Practice*, 44 (1), 11-18.

② Popham, W. J. (2008). Formative Assessment: Seven Stepping Stones to Success. *Principal Leadership*, 9 (1), 16-20.

③ Carless, D. (2007). Learning-Oriented Assessment: Conceptual Bases and Practical Implications. *Innovations in Education and Teaching International*, 44 (1), 57-66.

位、特殊对象、测量技术以及过程结构。

（一）班课评估与评价的功能定位

班课评估与评价旨在满足学生的学习需要和优化学生的学习活动。为此，班课评估与评价的首要功能就是“学生需要诊断”（diagnosing students’ needs）。

1．学生需要诊断的概念

学生需要诊断的产生与教育基本目标尤其是认知发展目标的达成有关。学生在这些目标上达成度不同，主要原因在于他们不同的认知特征和动机特征存在差异。为了有效促进学生认知和情感发展，教师须能诊断出学生个体间学习特征的不同，进而对学生个体自身内部随时间发生的变化有细致入微的观察与把握，这就是学生需要诊断。学生需要诊断，包括对问题生、学困生、残障生、优长生和有利前提条件的诊断。

就教学之前、之中和之后学生的学习特征进行恰当诊断，对于作出各种课程与教学决策非常重要。研究表明，优化学习的基础是教师的各种决策与学生的实际需求间实现了完美的匹配。有些教学方式，比如诊断—规范式教学（diagnostic-prescriptive teaching）和个性化教学（individualized instruction），明确地以不同的诊断结果与教师引导及教诲活动间的系统关联为基础。对教师专业技能的调查表明，教师的诊断能力是教师专业技能的核心组成成分。

2．学生需要诊断的含义

对于学生需要诊断的内涵，我们至少可以从“数据资料”“目的”“正式化程度”“评价标准”与“动态考察”五个维度加以考察与掌握。对学生需要做诊断有三种形式的数据资料，即测验（或问卷）、对学生行为的直接观察以及学生作业。教师需要将这些数据资料整合起来才能对学生作出恰当甄别。

终结性评价聚焦于最终结果，包括最低能力测验和期末考试，目的是将学生分级或分类。相较而言，形成性评价关注过程，目的是连续评估学生的现时知识掌握并监控他们的学习进步状况。

诊断工具，有正式的和日常的区分。正式的诊断，如标准化测验等，它们经常被用于学校评价或教育研究；而日常诊断包括教师编制的测验或其他做法，如布置学生作业以及教师在班课中经常进行的隐形甄别。

教师进行诊断时有“社会的”“准则的”和“个体的”三种典型评价标准。社会标准是就学生成绩与指定参照群体（典型的是参照班）里的分布进行比较；准则标准是就学生成绩与预设的“掌握标准”进行比较，掌握标准作为一种规则，源自各个课目课程；个体标准则关注的不是绝对的水平，而是随时的个体内部变化（比如，学生成绩提高或下降的范围）。

当代诊断需要在静态考察基础上进行动态考察。传统诊断本质上是静态的，动态考察的范例是“学习潜能”或“动态评估”方式。这种做法源于维果茨基的“最近发展区”理论，运用一种“测验—训练—再测验”设计，去评估学生通过训练和系统指导，能力的各个方面究竟能得到多大的提高。

3．学生需要诊断的课题

教师可以在使用测试诊断成绩基础上，对学生个性进行甄别。一百多年来，人们开发使用了标准化测试等手段。标准化测试的优势十分明显，如高度客观、高度真实且非常经济。不过，大多数标准化测试适用于终结性评价，很少适合于形成性评价和补救教学。由教师开发的非正式测试是一种用来确定学生实际成绩的普遍工具，通常使用开放性问题，其优点为，直对实际教学内容和较易诊断出错误。而诊断性测试是专门为诊断目的而开发的，尤其适用于数学和阅读领域。教师可使用测试、学校记录、过去成绩、学生行为的非正式观察、家长提供的信息以及其他教师的佚事记录等，对学生学习需要进行诊断。

很明显，成功的教学需要这些诊断并借以作出真实性的评价，于是它们便成了近年来研究的重要论题。学者们开发应用了“甄别精确法”（judgment accuracy approach）。精确意味着需要一个能使教师诊断可以测量分析的客观标准。教师面临的任务，是对不同学生个体的数种特质进行诊断，就需要对教师评价在统计学和逻辑意义上独立的“水平”“差异”和“范围”等几个组成成分进行分析。水平是对平均能力的普遍低估或高估，差异指班课内部变化的低估或高估，而范围指教师评价与实际能力之间的相关度。其中，相关度是已有教师甄别精确研究的聚焦点，涉及的问题有，教师对学生成绩与理解力评价的差异，教师对学生情绪和情感的特质观，以及教师对非认知变量的判断特别是对动机变量的判断等。

（二）班课评估与评价的对象

教师进行班课评估与评价，旨在为学生反馈班课教学情况，以促使学生沿着既定目标努力从而取得学习进步。这样，班课评估与学习任务就内在关联在一起了，它们主要关涉知识习得与高级思维两个方面。

1. 学习任务的类型

检测班课生活是一个复杂的问题。班课评估与评价的对象，不是教学细节，也不是教学大事，而是介于两者之间的切入点（vantage point），亦即学习任务。

所谓学习任务，就是使学生投入班课的作业。学习任务有四种：（1）记忆任务；（2）程序任务；（3）理解任务；（4）观点任务。这些任务可以概括为两类，即强结构性任务与弱结构性任务。强结构性任务，即知识习得任务，是学生直接按照一个固定的步骤顺序就可以获得的，比如减法运算法则。弱结构性任务，即高级思维任务，则是没有固定步骤顺序供学生遵循的，比如阅读理解、科学问题解决等。就弱结构性任务而言，教师只能提供临时启发，诸如一个过程模型或别人开发出的一个产品，而学生必须对这样的教学帮助进行阐释、转化与改造以完成自己的任务。在高级思维任务中，教师能够影响学生的思维，但不能直接使学生完满完成任务，因为学生任务完成的路线及其所出产品，均是个人性的和变异性的。

由于不同任务聚焦于不同的产品、程序与材料，所以需要教师具有不同的教学技巧来加以处理。有些技巧适用于任何任务结构，有些技巧则特别适用于知识习得任务，其他的技巧则可能更适用于高级思维任务。

2. 知识习得任务

就知识习得任务来说，教学目的是使学生能够学会一定的概念或技能。为了确保成功，教师应当为学生提供一些适宜的学习活动与材料，并与其开展适宜的言语互动。教师采用并让学生随之遵循的行为，与教师评价行为密切相关。这些行为非常关键，因为它们让学生知晓自己所做对于目标来说是否适宜。如果学生不知晓自己所做的结果，学习进步就会停止。成功需要加以确认，而错误需要加以辨识并消除。

20 世纪 70 年代和 80 年代早期，过程—结果取向的研究主要集中在小学阶段阅读与数学的教与学上，并采取标准化测验分数来测量教学有效性，所以知识习得的基础性就凸显出来了。随之，教师有关学生知识习得任务成就的评价行为类型，就显露出来了。研究表明，有效教师评价知识习得行为是随学生反应质量不同而不同的，使用的技巧有认可、点拨、提醒、否定、重教。具体说来，对正确的反应，给予认可（acknowledge）评价；对部分正确的反应，给予认可、点拨或提醒（reshaping or clueing）；对不正确的反应，给予否定反馈、点拨、提醒并提供正确答案；而当学生的出错涉及实质问题时，则进行重新教学（reteaching the materials）。

3. 高级思维任务的有效评价

知识习得任务的教学，基于行为学习观。相对而言，高级思维任务的教学，则基于建构学习观。就高级思维任务而言，教师评价行为旨在帮助学生建立和丰富他们的内在知识结构，而不在强化刺激与反应之间的联结。从建构主义的视角看，学习的实质在于通过联系新得知识与已有知识而建立或建构一个知识关系网络，而知识增长其实就是学生对自己的思维过程与知识结构进行自主调适的结果。

研究表明，为了促进学生完成高级思维任务所需要的个人知识建构、自我评价与批判性思维，教师的班课评价技巧主要有支持、连通、挑战和模式化。支持（surporting），作为高级评价，是一种在对话中自然而然出现的行为，给学生以信号示意他的思考深得教师与其他同学的关注，从而有效保持实质层面上的教学投入，使班课话语保持在一个高水平上，鼓励学生思考和建构他们自己的意义。连通（linking），就是将主要理念归拢起来，并提供一个理念结构，让学生可以用以建立他们自身的知识结构。教师应用连通式评价行为，指明新的知识与其他新知识或已有知识的关系。奥苏伯尔的先行组织者，舒尔曼的内容转化，就是连通的两种形式。挑战（challenging），就是为着生成思维和引发学生整合理念和提炼他们的知识结构，教师应用评价将学生的注意力吸引到相差、矛盾和不一致上。这种创用迷惑的价值，得到了广泛认同。模式化（modeling），是指为学生提供一个模式、一种启发或一种指导，让他们可以用以开展一种活动，从而能够对他们自身的行动适当性或思维进步性进行判断。提供给学生的模式，可以是产品也可以是过程。模式化的实例，有指导问题、过程步骤、计划列单、提示卡片、互惠教学和支架式等。

（三）班课评估与评价的测量技术

如何改进测验以促进学习、教学与评估融合，晚近以来一直是班课评估与评价所努力研究与解决的核心问题，从而形成了学习服务型评估主题。其中，认知—过程取向评估、动态评估、测量与效度，是四个主要概念。

1. 认知—过程取向评估

有效教学运动，强烈呼吁评估反映学业表现复杂性背后所隐藏的认知结构与过程，进而要求测验不仅重视学生所获陈述性知识的多少，而且关注学生思维和推理能力并为教师改进教学提供有用信息。为了能够确保更加有效地推论出学生理解力的本质和水平，随着认知理论对行为主义的批判与超越，认知—过程取向评估（cognitive-process-oriented assessment）就逐步兴起了。关于专家和新手的学习研究发现，初学者开始时，通常建构的仅是松散联系的知识结构，反映出对课目主题的一知半解状态。随着学习的进展，他们就拓展、整合和重构自己的知识以适应新的异质信息与联系，从而加深他们对课目领域的理解水平。这表明，通过反映他们知识结构的组织性和一致性，评估就能够决定学生理解力的性质和深度。

为促进学生获得一致的知识结构，教学和评估应该将重点放在知识建构和营造合作学习环境的可能性上。在班课教学中，有意义的知识通常通过试图达到共同目标的合作学习得以建构。研究表明，讨论和反思不同的观点会引起自我反思；当要求学生解释、阐述或将自己与他人进行比较时，其知识结构的改变更有可能会发生。这样的班课教学互动能够看到不同学生的理解水平，并为促进教学和学习一体化的学业评估提供丰富的环境。

评估应该与教学活动保持一致，评估结果应该能为形成性规划与革新性实施提供依据。即时性表现评估、开放式作业、日志、有意义作业的计算机模拟和档案袋评估，都能为教学决策和学生自我评估提供有价值的信息。

2. 动态评估

教育评估与测量面临的最重要挑战为："让测量在促进所有学生个体学习方面发挥更大的作用"。评估应该能够揭示学生表征和解决问题的方式，以便为促进学生学习提供相关信息。动态评估（dynamic assessment）就是为学生理解力的实质和深度提供信息的一种过程性评估方式。不同类型动态评估的一个共同特征是强调教学过程中观察学生个体学习的认知过程和变化。动态评估基于维果茨基的"最近发展区理论"，相信学生在其他同学或教师的帮助下能够达到更高水平。评估"最近发展区"的学习，可以获得有关新知识和策略能够得到最好开发的水平信息。所以，作为对学习潜能的测量手段，动态评估能够提供的，不仅有学生用以解决问题的过程和策略信息，而且有这些过程与策略使学生能够利用机会以习得新策略与新知识的程度信息，还有教学过程促进学生策略的有效性信息。

在动态评估中，手段调整、标准内化与课外作业是三大重点。调整手段包括改变作业框架，提供反馈，鼓励运用自我监控技能，或提供知识领域特定策略或问题解决一般策略的教学，重要的是学生学习的有效性，即学生习得与运用这些策略以及实现促进课目主题知识习得的有效性。动态评估具有这样潜能，能够识别被评估的学生中，哪些学生没有得到习得知识或策略的机会，而只要给予机会，他们就能够掌握这些知识或策略。

学生理解了评估标准，就会去内化这些标准，并相互协助以达到这些标准，进而更加有效地评估自己的表现。在群体环境里，评估与教学整合就使学生获得反思自己知识和表现的大量资源，这种丰富的自主评估能在根本上促进学生提高掌握专业课目知识的能力。因为在合作的氛围里，师生能够评估学生的，不仅有推理与学习能力，而且有适应帮助和指导的灵巧品质。通过测量学生的表现，其思维与推理过程就更加直观，最近发展区就变得更加清晰。由于学生的表现是在能力适宜的范围内，教师或同伴便能够协助更高水平表现的实现。

更能表征意义学习的评估，还要采用课外作业形式。例如，科学中的某个拓展任务也许要求学生规划和实施一个专题研究，学生需要提出研究问题，收集数据资料以回答研究问题，并分析这种数据和研制报告以阐述他们的发现。这种拓展任务能促进个体的和协作的两个层次作业，并提升学生思维能力的表现。

3. 评估效度

判断一项评估的认知意义，始于分析任务的认知要求和学生努力解决问题所采用的各种方法。因此，必须有证据确证评估所预期获得的高级思维和推理过程得到了提升。虽然表现性评估切合意义学习任务，但所使用的测量并不会比做选答题得出分数更有效度。为使评估的结果有效，必须对评估的预期与非预期结果进行分析。对此，学者提出动态评估应当进行“系统效度”（systematic validity）和“差异效度”（differential validity）检验。

具有系统效度的评估鼓励师生的有关行为：学会富有价值的技能和知识；促使学习议题的公开化和透明化；掌握评价表现的标准。这样，进行了系统效度设计的评估就应当具有一个特征，既收集师生（以及管理者与政策制定者）所采取行动的证据，又收集他们对评估结果的解释证据。对旨在增强所需技能而产生的教学与课程目标以及各种教学活动时间分配的革新，就构成了评估效度很好的证据。

此外，在解释不同学生群体具体评估的结果中，必须检验其差异效度。例如，进行评估时，就要考虑到不同学生群体已有知识和经验的差异。需要特别指出，为保证某一学生群体不被置于不利位置，评估必须表征所测课目领域，不得测及无关课目内容（如数学评估中，不得测及阅读能力或问题背景）。在表现性评估中可采用差异试题条件反应（differential item functioning，DIF）程序，以便为这些评估的公平性提供信息。DIF 程序用来检验学习任务是否就像测验表现或其他标准所定义的一样，对不同性别、种族和民族的学生来说是以相同方式在相同能力水平上起作用。为应用这些程序，就需要完成比较大量的学习任务。专家通过控制平台对真实性评估任务与程序进行检验，对不同群体学生对任务的反应方式进行分析，对于建立评估的公平性非常关键。

从评估表现到更大领域的概化程度，取决于评估内容的代表性广度。表现性评估可以对学生课目主题知识的理解本质和水平进行大范围的和深入的描述，然而由于每项任务的表现性评估需要更多的时间，因此任务的内容覆盖面会受到限制。对于班课评估来说，运用与教学相一致的评估任务与程序有利于保证学生课目主题领域理解的效度指标和概化程度。对于在学校层面测量较长时期的教育结果与增长的学业评估来说，人们经常使用矩阵抽样方法（如每个学生承担评估任务的一个方面）。

4. 应用与开发测量理论

为给教学决策提供有用信息，认知和表现理论就应用到了评估的设计与开发中。这样，认知模式和心理测量技术就需要结合起来。事实上，适用于学生思维和推理能力并为教师提供有用信息的测量模式与程序尚处于初步发展阶段。进一步的研究需要发展与应用测量理论，需要研制能够成功整合认知理论与心理测量技术的程序。

使学生成为有效的思考者、问题解决者与探究者的教育目标，需要对教学和评估进行重新概念化。强调学生建构知识和学习互动本性的教学，将提供一种环境，有利于在习得课目主题知识的前提过程中，习得并应用高级思维与推理能力。成就评估必须整合而成教学的一个组成部分，而且应当反映、形塑和促进学生的学习。这就要求成就评估遵循意义学习任务并依凭现代认知与学习概念。反映意义学习任务的表现性评估设计，必须将认知理论和量化的心理测量模式结合起来。

（四）班课评估的维度与过程

班课评估（classroom assessment）是教师们用以收集、综合和解释信息来帮助他们进行课程与教学决策的过程。

1. 班课评估的维度

综合已有研究，考量班课评估的维度有四个。第一，班课既是社会的亦是学业的环境。为了在班课中执教并获得成功，教师必须知晓自己学生的社会的、人格的和情感的特点以及学业情况。第二，班课是临时性的、日常性的、经验型的和个人中心的环境，要求教师随时作出决策。第三，教师面对的许多决策是即时的与实践的，涉及具体的学生与情境。班课决策必须具体考虑学生和所涉情境的独特性，所以教师必须得依赖他们有关学生和班课情境的缄默的与实践的知识。第四，教师在班课社会里既是评估者也是参与者，这意味着他们在收集与解释评估信息方面具有客观性。从教师决策视角来看，班课评估的维度扩展了，可行的评估目的和可用的信息收集技巧的数量亦增加了。

班课评估的首要目的是帮助教师作决策。关于教师班课评估决策，通常根据它们是在教学之前、之中或之后发生来进行分类。据此，班课评估就分为教学之前评估、教学之中评估和教学之后评估。

2. 教学之前的评估

教学开始前，教师必须对学生特征和教学材料及其适合性进行评估。教师需要解决两个评估需要：（1）了解学生的特点、需要和能力；（2）规划教学。教师要能把自己的学生组织成具有能沟通、有秩序和有共同目标为特征的班课群体，就必须知晓每个学生的独特长处、不足和个性特点，就必须对每个学生的人格的、社会的和学业的特点进行评估并作出决策。用来获得评估与决策信息的途径，包括正式的课目学业预试、传闻证据、学生穿着，要好朋友和兄弟姐妹的已有表现等。教师主要通过自然观察来收集这些信息，需要特别讲求评估证据的可靠性和有效性。

在规划教学时，教师所考虑的教学资料当中，最重要的是所任课目领域使用的课本或教学包。传统的课本正在被教学包所取代，教学包用附加的教学和评估资源，如教育目标，日常教学计划（daily lesson plans），章节回顾，每章的测验，实践工作单，动机活动，加强练习等来补充课本。研究表明，大部分的小学生学习时间和教师教学时间，多达75%集中在课本的使用上。为了有效学习，教师需要确定这些材料对于他们自己的特定背景和学生群体的适合性。教师无论从头开始开发还是从教学包里选择教学计划，都有责任来挑选和检查对学生的需要、能力和学习习惯以及教学材料的评估信息，以便决定最适合的教学方案。

3. 教学之中的评估

在教学过程中，教师做两项工作，即实施在规划期间开发或选择的课案，并且对实施的成功程度作出评估与决策。教师主要依靠日常的观察与问题来为决策收集证据，侧重于学生的面部表情、姿态、参与、眼睛接触、问题的提出或回答。所以在班课中，“读懂”学生非常必要。教学之中评估是形成性的，旨在监控并根据需要来补救教学过程。然而，目前常用的日常评估方法使教师决策存在两个潜在问题：所用评估指标不完备，评估自己的教学及其对学生的影响时会缺乏客观性。对此，教学之中评估，口头提问和书面作业（包括课外作业）是最可行的应用技术。教师收集的信息均用来对课程、学生学习和班课管理作决策。课程决策涉及教学材料、教育目标和教学活动的恰当性与把它们呈现给学生的适当性；学习决策关注学生是否理解或明白教学的要点；管理决策则监控学生注意力及其聚焦所学课程。

4. 教学之后的评估

教学之后进行的评估通常设计来决定学生的评分、编班或升级，它侧重于总结性和权威性的决策，是教师在学校组织中的行政地位所赋予的和要求的。

教学之后评估关系重大，具有前馈性、依赖性和公共性。首先，教学之后评估，对紧接而来的下一轮班课教学具有前馈效应，经常变成随后班课规划决策的基础。这样，就形成了一个连接教学前、教学中和教学后所作评估决策的周期。其次，教学之后，学生成绩的总结性评估的价值依赖于教师在教学前和教学中所作的许多评估。为了确保对学生在教学后的评估成绩的有效解释和决策，在教学前和教学中，教师需要了解他们学生的位置和需要，计划适合于他们的教学活动和目标，提供有效教学，建构或选择评估学生对已教内容学习掌握情况的评估程序，客观地对学生的表现评分，并且公正地分配等级或分数。如果在这些必备步骤中出现差距或不当的话，那么教学后评估和决策的效度就很可能减小。再次，教学之后评估导致公共的和重要的决策。它们将记录在学校档案里，用定期的学校报告送给家长，而且用于学生、家长和教师讨论。它们反映对学生的重要总结性判断，能影响学生当下的机会、未来教育安排甚至一生的机会。因此，用来收集学生在教学之后的成绩证据的评估程序大量地依赖正式的技术，这些技术产生“硬性”的、通常是分数的成绩证明。

这样，教学之后评估的主要目标是确保给予学生一个公平机会来证实他们对已教内容的习得程度。为此，人们创用了一系列正式评估技术，主要有教师自编的或课本提供的纸笔测验、表现性评估和标准化测验。

5. 班课评估的解释

在各种评估证据能用来作决策之前，教师必须解释它。解释是要求教师作出判断的主观过程，而且在班课层面上受到教师对自己学生的估量性决策和关于孩子、学校和学习的理论修养的影响。这样，教师必须意识到评估的局限性以改进自己的解释和决策。

第一，评估信息描述学生习得的行为和时下的状况。教师不应该把评估信息解释成代表他们学生的固定的“潜能”或“能力”或学生未来必然会表现出来的方式。第二，评估信息仅仅是提供的一个估计而已。因为学生特点或学业的所有评估证据，可能包含着一些错误或不精确信息，不可能完全是确切的。第三，一个单一的评估对作为等级或升级的重要决策的证据是不足的。所以，需要寻找多元的证据，以提供一个有效和可靠的指标，尤其是在所作决策对学生有重要影响的时候。第四，评估描述成绩，但并不解释成绩。鉴定一个学生在数学测验中做得怎么样或一项学习活动被学生接受得怎么样的评估，本身不能解释为什么这个学生和同学像他们做的那样去做。解释评估结果通常要求收集附加的证据。

这些局限性要求教师在解释评估信息时做到：收集多元的证据来源；认识到影响学生成绩的多样化文化与教育因素；考虑影响学生成绩的实际情境因素；承认任何单一评估提供的成绩都仅仅是一种估计，这种估计在学生或班课环境里会随着变化而发生改变。

教学既是实务的也是道德的工作。任课教师是一种专业人员，拥有学生所没有的知识，在自己的班课上具有很大的自主权，不断地作出决策影响着自己学生的生活。因此像其他专业人员一样，教师对自己的学生负有伦理责任。在评估和决策领域，教师的伦理责任包括收集和恰当使用评估信息，尊重学生的多样性，公平分级和甄别学生，尽量收集最好的证据作为决策基础，正确解释证据，并尊重学生的隐私。

三、班课评估的主要方法

班课评估的方法，是指教师在班课中用以测试学习和区分学习等次的操作性技术。这里主要介绍个性化测验和学习等级评价两种方法。

（一）个性化测验

班课个性化测验（individualized testing in classroom），是通过具体班课内容的测验让教师和学生本人获得学习过程及其结果信息的有效途径。它需要开发题库、慎重施测、反馈教学、完善题库和班课电脑测验，并逐步借助信息通信技术而随堂化以确保可行性。

1. 开发题库

班课个性化测验，基础是每个课目都由教师个人、课目教研组或学校统一组织开发出适宜性小型测验题库（small item bank）。为此，教师需要认真钻研和掌握学习测验的原理、技术与策略，并依据必考的课程领域或课本章节内容，编制好相关的测验问题或题目。

题目编制需要教师大量时间投入和格外努力，并讲究一些策略。所需的众多题目，既可自己编写，也可从同行编写的题目中选用。可以按照预想的添加或取消题目，并且区分出测验重点。题目易难程度的范围一般分为易、中、难三等，既有利于从接受检测的学生角度选择合适题目，也有利于诊断不可预测的学习状况与结果。为了减少测验的负面影响，需要慎重命制或选用一些较易题目，让每个学生体验到考试的成功。

2. 慎重施测

班课个性化测验，有适用的课堂口答或书面作业、单元测验、学期测验以及复习测验等方式。施测必须坚持和努力实现促进学习的原则。

施测题目组织应当易、中、难配套并先易后难，以有效帮助学生获得一个对自己能力更为准确的评估。研究和实践均表明，学生如果成功回答第一个题目，那么其对自身能力的估计就会逐渐增长，相反，如果失败会渐渐削弱其对自身能力的估计。也就是说，在组合测验试卷或作业题目时，第一道题必须是所有学生都能正确作答的。一道题目适宜于能力估计，就应该被选定、施测和重复使用。随着这种适宜题目数量的增长，能力估计的精确性就会增长，而能力估计的标准误差就会降低。

3. 反馈教学

测验后，教师须及时批改试卷，并进行分析反馈，以改善题库与促进教学。每次测验后，教师须尽快批改作业或试卷，在及时反馈信息给学生的同时，据以进行题目筛选与教学改进。测验一结束，教师就对作业或试卷进行批改和统计分析；一方面通过报告能力估计修正数据的方式，向学生公布成功水平状况；另一方面提出有用的反馈意见与建议，以期改进教师的教学。

通过测验结果报告，学生从分数上能很快得知自己测验成功的等级，教师则可以更加深入而具体了解每个学生在学业能力方面的优势和弱势，进而能够给每个学生和有相似特质的小组同学提供具体而恰当的教学。同时，教师们就获得了更多更好的各个题目的难度和有效性的信息，从对低质量的题目加以修订或者删除，对有关题目的难度加以再次矫正以反映学生们实际的难度感受。这样，这些题目再次使用时，就会具备更大的有效性。

4. 完善题库

在班课中开发的题库，可以随时添加或者删除题目。当然，所有题目难度的估计仅仅是近似的。甚至已选用了的题目，都需要定期检测，以确保其使用的积极效果。完善题库，能够使所任课目领域所有题目的相对难度得到确认与维护。为了校准题目的难度，在测验完成之后，根据学生的最终能力估计，每个学生的每个题目答案都进入档案加以保存，从而形成了一种数据，用于计算题目难度的估计与修正。

这样，题库就得以不断完善。其中所含各个题目的难度顺序是一种学习经验表征，表征着学生学习具体课目内容的反应行为顺序。这种题目顺序，能让教师更多更全面更系统地把握学生认知水平和表现行为状况，从而获得更大自信，为提升学生的学习，设计并实施对每个学生最适宜的教学进度与课目主题知识呈现顺序。

5. 班课电脑测验

针对班课个性化测验费时等弊端，班课电脑测验（computer-adaptive testing，CAT）逐步发展起来。电脑测验，就是用电脑代替传统使用的纸笔工具，凭借专门开发的电脑操作测验系统而进行的测验。它能够改善安全性和降低猜题与其他干扰测验的行为，并使评分准确性更高，测验实施反馈周期更短和结果获得更快。① 几十年来，人们一直在努力开发班课电脑测验，以促进班课个性化测验的改进与革新。②

与纸笔测验相比，电脑测验能让测验、报告、评分及其保存更加简化与有效，并且节省了书写时间。但是，适用的班课电脑测验系统必然是课目特定化的，不仅需要电脑专家、测验专家和课目课程专家联合进行开发，而且需要大量班课教师学习、掌握并在自己的班课里进行适宜性再开发，这一切是我们必须面对并加以研究解决的重要课题。

（二）学习等级评价

在班课教学中，学习等级评价（grading and evaluating student）较为流行。学习等级划分，总的来看是利大于弊，最显著的好处，是有效激发学生的学习动机。长期以来，人们在班课教学中创用了相对评价、常模比较评价、个体内差异比较评价以及成绩登记符号。我们应该辩证地看待这些评价方式及其效用，因地制宜地加以选用。

1. 相对评价

相对评价（comparisons with other students），又称“对比等级评价”（grading on the curve），是基于教育统计学的正态分布曲线原理，在班课同学中进行比较而划分学习状况等级的方法。其中每个同学所得的等级或评分，取决于其与同学的比较，而不管其自身成绩水平。有的同学能解答 50％的题目，则可能获得任何不同等级或分数，这决定于其与同学答题情况的比较。学校一般都是赋权给教师，决定学生总数中多少比例的同学得 A 等或优秀或 90～100 分，以及其他等级或分数。

这种划分体系最大的优点就是等级划分标准简单易懂。然而这种相对评价，经常不能获得理想的等级百分比，原因有以下几个：分数分布经常不是呈正态分布，使等级划分不那么科学；不能有效甄别出班级的整体能力水平，不能为每个学生努力获得好成绩留下空间；对学生实际学习状况说明的信息有限，不能提供有力的教学反馈。

2. 常模比较评价

常模比较评价（comparisons with established standards），又称常模参照评价（criterion referenced evaluation）。这种评价方法，就是按照一定准则对每道题目建立标准答案，并按照标准答案评分和划等，等级划分基于学生对考试回答正确的百分比。如果能答对 85％及其以上就能获得优秀等级，答对 75％～85％获得良好等级。依次类推，从而划分中等、及格和不及格等级。这样，对于班课所有学生而言，都有可能得到所有等级中的一个。要有效地使用这种评价，必须对考试的难度进行科学的设置，以此给划分等级的标准提供信息。

---

① Linacre，J. M.（1988）. *Simple and Effective Algorithms*：*Computer-Adaptive Testing*. Paper Presented at the Annual Meeting of the American Educational Research Association，New Orleans，LA，April，5-9.

② Tao，Y.，Wu，Y. & Chang，H.（2008）. A Practical Computer Adaptive Testing Model for Small-Scale Scenarios. *Journal of Educational Technology & Society*，11（3），259-274.

常模比较评价的优点有：鼓励学生努力，都有机会得到很高的等级；等级界定比较简单，教师易学易用；一旦等级常模标准建立，与其他同学的比较不会影响等级评定；当考试难度水平相对恒定时，学生等级获得情况可以作为一种有效的学习监测，为教师改进教学提供依据。其缺点主要在于建立大范围的常模标准相对比较难，不同的学校、时间、区域、课目、班课有不同的划分标准，很难进行横向比较。

3. 个体内差异比较评价

个体内差异比较评价，在我国又称学生发展性评价。它既不按照正态分布，也不按照一定准则，而是按照学生个体学习品质变化来设置比较维度，所以又分为个体能倾差异比较评价、个体努力差异比较评价和个体成绩差异比较评价。

个体能倾差异比较评价（comparisons with aptitude），是以每个学生的自身能倾为基础，用其所得分数加以比较而划等。能倾也称潜能或能力。在这种等级评价里，学生既不与其他同学比较，也不与常模标准比较，而是与他们自己相比较。等级的划分基于学生的成绩情况与他们能倾间的“差距”水平。所以，高能倾学生得到高分被评为高等级，因为他们充分展现了自身的能倾水平；可是如果得到一般的成绩水平，他们却可能获得低等级，因为他们没有充分展现自己的能倾水平。其他类推。这种评价看似很有吸引力和道理，其实存在很多问题。一是对高能倾学生可以反映真实学习情况，而对中、低能倾的学生则不能，有可能误导他们；二是评定操作有点复杂，而且在学生智能水平与学业成绩比较时也不太好操作，影响等级判断；三是出现“回归平均数现象”，即学生等级发展趋势是低能倾逐渐上升，而高能倾逐渐下降，并回到平均水平；四是需要更复杂的一系列记录。

个体努力差异比较评价（comparisons of achievement with effort），通过把学生成绩与学生的努力对照给学生学习打分或划等。学生的成绩为中等，但是非常努力可以得高分；学生成绩中等但是不够努力则分数要低一些。采用这种评分方法可以提高学习动机不高的学生的学习积极性。这种方法有利于激发中等和低等学业水平的学生，但问题较多：（1）没有可行的对努力的测量指标，努力只能通过非正规的方式来估计；（2）一些学生可能由于很轻松就达到优秀而被认为不够努力，而另一些花很长时间掌握概念的学生则受到奖赏；（3）分数本身不代表学习的掌握程度，当努力与学习状况不一致时，使得解释分数变得困难，而且评分的反馈学习状况功能体现得不好；（4）记分比较复杂；（5）可能挫伤聪明学生的学习积极性，他们会觉得这种评分方法不够公平。

个体成绩差异比较评价（equating achievement with improvement），是通过比较学生两次考试或一段时间的成绩而给学生评分或划等。如果学生在前后考试中成绩有了较大的进步，无论实际成绩如何均可得高分。这种方法鼓励进步，同学间无竞争，可减轻考试压力。但是对学习成绩好的学生来说，在前后考试中成绩变化不大，得分会不如成绩低的学生；从统计的角度来说存在着回归平均数的问题；另外，考试次数多增加了考试负担。

因为每种等级评价体系利弊兼有，许多学校和教师都选择综合性的等级评价体系。

比如，实施分离的等级评价，基于成绩与努力综合的评价、基于成绩的等级评价、基于进步的等级评价。综合性等级评价的原则，一是等级能反映学生学业水平，二是能更好地促进班课中每个学生的学习与发展。

4. 成绩登记符号

在班课教学中，伴随着不同的等级评价方法，人们创用了多种符号来标记学生的学习等级从好到差的序列。常用的有四种：一是西方流行的字母符号；二是中国常用的字词符号；三是中外通用的百分制数字符号；四是表格符号。

字母等级，是用英文字母表中头几个字母 A、B、C、D、E 来顺序标记从高到低的学习等级。这种字母符号，在英美等国很流行，据说超过 75%的学校在使用。有时，在每一等级字母右上角加上“＋”或“－”号来进一步区分更细的等级，提供了两位数的等级符号。这种字母符号等级，安排紧凑，简单易懂；但是比较模糊，有时必须借助“数字等级”。

字词等级，是在我国应用仅次于百分制的学习成绩标记符号，一般使用“优秀、良好、中等、及格与不合格”五个等级。以前还用过“甲、乙、丙、丁”等字词。其优点和缺点与英美的字母等级符号类似。

数字等级（numerical grades），基本的是百分制，也有其他类型。百分制就是按照学习表现水平的高低，给予 0～100 分的等级。其他类型都可以看成是百分制的变形。一种是在计算时采用百分制，在给学生成绩时采用字母等级分表示。其中 A 为 90～100 分，B 为 80～89 分，C 为 70～79 分，D 为 60～69 分，E 则为 60 分以下。另一种是五分制，用数字 1～5 来表示分数等级。也有采用 10 分制、20 分制或千分制等，不一而足。数字等级不仅简单易懂，而且反映学习实际状况更真实更准确。但是，编制测量题目时主观性大，教师难掌握；同时易导致分数至上主义。

考核表等级，一般是作为字母等级或词语等级和数字等级的补充。前述三种等级记分形式都无法反映学生具体学会或没有学会什么，所以许多学习报告册都加上了技能考核表，具体登记和反映每个学生的独立技能、整体技能以及努力程度等。这就可以比较全面地评价学生。一般考核表，是把学生非学业成绩的若干方面，如知识、行为、态度、动机和能力等，制订成指标，并把这些指标分成等级，教师由此评定学生在各项指标上，达到的等级如何。考核表使用越来越广泛，可以供教师进行创新性开发。

最近兴起的一种评价和测验是“表现性学习评估”（performance assessment of learning），旨在对诸如口头报告、拓展项目、学习档案袋、科学探究、创新作品以及物理模型等形式的学生作业进行评价。表现性评估的意旨有三：一在于增强言语解释与判断、批判性思维和问题解决的重要性，因为它们才与成人生活世界里真实的专业和社会责任密切相关；二在于降低人工知识（artificial knowledge）的重要性，这种知识来自测验过程中过于依赖排他性的正误判断、多项选择和笔试题目等的无意强化；三在于减少学生依靠考试技巧得高分的投机取巧动机。表现性评估需要使用考核表、等级、分数等形式来说明学生们的情况以便作为评价和奖励的依据，它并不是一种新的等级评价方法，只是它增加了对认知过程的考察，包括作出决定、问题解决、独立的判断能力和创造性，一般是作为一种有效的补充而与其他等级评价综合起来使用的。

第三节　课案研制

课案（lesson plan），通常叫教案，亦称学案。班课教学实施活动，通常以课时为基本单位。课案指的是对一个单位课时的班课实施活动的设计与安排所形成的课时教学计划。成功地编制出课案，教师在班课实施中就能“成竹在胸”，有条不紊地组织完成教学过程。

一、课案研制过程

课案研制过程，是教师对自己组织的每节课的教学活动的时空结构进行规范和优化的过程。这是一个循环往复和逐步提高的过程，通常包括课案的“设计撰写”“实施检验”和“评价修改”三个环节。

课案的设计撰写，是在认真备课的基础上，按照课案的基本结构进行精心设计，并用规范的结构和简练的语言表达出来，形成书面形式的课案。

课案的实施检验，需要在班课教学实施活动中进行，包括两方面的内容：一是按课案实施教学；二是对预先编写的课案进行检验。应当重点检验的内容有：教学目标设计是否准确、全面与合乎实际？教学过程设计是否合理？教学环节安排及时间分配是否恰当？学生的学习积极性是否充分调动起来？教材教具准备是否充分？临场有什么新发挥？如此等等。

在课案付诸实施之后，应当及时对其进行评价修改。评价应以实施检验为基础，总结成功所在，反思不足之处。在进行评价时，最好是能够写成“教学后记”或“反思日志”，以便条理分明地清理出经验与教训。在评价的基础上，有针对性地对课案进行修改，撰写出修改稿，为下一次上课做好准备。

二、课案编制

课案是对一节课中的教学活动及其相关要素进行设计与安排的计划方案。在把握课的类型与结构以及课案的类型与基本结构的基础上，坚持不懈地进行设计撰写、实施检验和评价修改，才有可能编制出适合具体教学需要的理想课案。

（一）课的类型与结构

在具体的教学实践中，由于教学目标、教学内容和教学方法等有所不同，与之相应，课的类型与结构也就多种多样。

课的类型，一般有两种划分标准。一种以采用的基本教学方法为依据，可分为观察课、讲授课、讨论课和实验课等；另一种以完成的教学任务为依据，可分为单一课和综合课（又称混合课）。单一课，指一堂课内主要完成一种教学任务的课。它广泛用于中学高年级的各科教学中，又可分为传授新知识的课（新授课），巩固知识的课（复习课）、培养技能技巧的课（练习课、实验课）、检查知识技能的课（测验课）等。综合课，则指一堂课内同时完成两种或两种以上教学任务的课。它广泛用于小学和中学低年级，因为年龄小的学生注意力容易分散，难以长时间地将注意力集中于一种活动，而且这一阶段的教学内容相对简单，在一堂课内可以完成多项任务。

课的结构，是指一堂课的组成部分及各部分的安排顺序和时间分配。课的类型不同，相应的结构也就不同。例如讲授课的一般结构是：（1）组织教学；（2）提出上课的目的目标；（3）系统讲授新教材；（4）总结与巩固；（5）回答学生提问；（6）布置作业。综合课的一般结构是：（1）组织教学；（2）检查复习；（3）学习新教材；（4）巩固新知识；（5）布置课外作业。

值得注意的是，课的结构并没有固定不变的模式，即使是同一类型的课，也会由于教学目标与教学内容等的差异而具有不同结构。因此，教师应当从教学的实际需要出发，灵活设计课的结构，切忌把课的结构公式化与凝固化。

（二）课案的类型

从形式的角度，课案可分为条目式课案和表格式课案。条目式课案，是以顺序排列的条目为结构形式的课案类型。其主要特点是，有大致固定的条目及结构顺序，在每个条目之下设计和安排相关内容，每个条目的容量具有伸缩性，可因人因材因校制宜。它是一种常用的课案类型。表格式课案，是以特制的有专门栏目的表格为结构形式的课案类型。其主要特点是，有特定的栏目及其结构，在每个栏目之中设计和安排相关内容。它具有鲜明的提示性，适合新教师使用。

从篇幅的角度，课案可分为详细课案和简要课案。详细课案，篇幅比较大，一个课案常常数千字甚至上万字，对课案的每个条目和教学过程的每个细节，均进行详细思考研究并编写出计划，包括教的活动、学的活动、教与学的统一方式、教具和媒体的使用以及时间分配等。它是新教师、年轻教师以及老教师在进行新课题教学时，常常采用的类型。简要课案，篇幅比较小，一个课案常常只有几百字甚至几十字，一般只需规划出教学过程中的关键内容、使用的新颖手段和媒体或特殊事例等，不再将教学过程的细节设计描述出来。它一般为经验丰富的老教师所使用，常常可以浓缩为一张卡片（参见附录 17-1）。

（三）课案的基本结构

课案的基本结构，是指课案必需的条目、内容及其相互关系。在此，分别介绍条目式课案和表格式课案的基本结构。

1. 条目式课案的基本结构

条目式课案，除背景记载，如学校、班级、课目、课本、教师和日期等外，一般由课题名称、教学目标、教学内容、重点难点、课的类型、教学方法、教材教具准备、教学时间、教学过程设计和板书设计等十大条目组成（参见附录 17-2）。

（1）课题名称。写明该课时教学的总题目，既可以是课本中某一课的名称，也可以是该课时教学任务的名称，还可以是该课时教学内容的总称。

（2）教学目标。陈述该课结束时应达到的目标，陈述的基本要求是“作业化”，即可以通过作业加以准确检验。

（3）教学内容。列出该课时教学的具体内容。教学目标在一定程度上决定教学内容，教学内容则是实现教学目标的根本条件。

（4）重点难点。根据学生的学习准备性和教学目标，分析确定该课时的重点和难点。重点是教学目标规定的必须理解与掌握的内容，而难点则是比较深奥且学生学习准备欠充足的内容。重点难点的分析确定，是非常重要的项目和步骤，它可以为教学材料和教学用具的准备、教学过程设计中的时间分配以及板书的设计提供依据。

（5）课的类型。确定这节课是综合课还是单一课，若是单一课，则需进一步确定是什么样的单一课。

（6）教学方法。选择与设计这节课的教学方法。教学有法而无定法，教师既可以在已有的教学方法中选择使用，也可以根据实际需要设计使用一些新的教学方法。这样，既能促进教学方法的发展，又能进一步提高教师自己的教学水平和教学质量。

（7）教材教具准备。根据从实际出发和积极创新相统一的原则，分析和确定该课时需要使用的各种教学材料和教学用具。除了课本或教科书以外，教师应当充分利用教学指南、习题集、补充材料以及自行编制的材料等教学资源，充分利用互动电子白板或投影仪、幻灯机、电视录像机、录音机、多媒体和计算机等教学设备，利用和自制各种教学软件，同时选择或自制和使用各种图表卡片。

（8）教学时间。标明该课时的持续时间。

（9）教学过程设计。这是课案编制的最为重要的项目和步骤，要求做到步骤结构清晰、文字叙述详细、突出重点难点。

教学过程设计需要考虑：①教学过程设计的步骤结构为，“组织教学”“引入新课”或“激发学习动机”“教学新课”“小结”“布置作业”，其中，“组织教学”既是课堂教学过程的起始环节，又是必须贯穿整个教学过程的一项工作；②教学过程设计的基本内容，包括“内容处理”“活动设计”“方法设计”和“时间设计”。

具体说来，一是分解教学内容，并按其内在联系安排好先后顺序；二是就教学内容分别设计相应的教的活动和学的活动；三是设计使用教学方法、教学材料和教学用具；四是设计教学过程的各个环节和各项教学活动的时间分配，突出重点难点，并给予充分的时间保障。

（10）板书设计。运用板书，可以使教学条理清晰，吸引学生的注意力，提高教学效果和教学质量。板书设计，应做到条理清楚，书写工整，突出重点难点，保留与擦除部分清晰且形象地揭示内容的各种联系。

当前，板书设计正在走向多媒体化，可以采取专门的计算机课件制作软件，如 PowerPoint 等，直接研制和使用多媒体幻灯片“板书”或“板书”课件。

2. 表格式课案的基本结构

表格式课案，是在项目式课案的基础上，把必需的项目、教学过程的环节以及教与学的相互关系，设计为具有相对固定格式的表格。表格式课案有多种类型，有些仅仅是项目式课案的表格化，有些则突出表格的直观和结构模式化等特点。

表格式课案，除背景记载，如学校、任课教师、课目、班级、学生人数、教学时间、日期、课题内容和课本版本等之外，一般由学生已有知识、教学目标和教学程序三大栏目组成（参见附录 17-3）。

（1）学生已有知识。指学生已经掌握的、可以作为学习本课目主题内容的基础的有关知识。这是设计和组织教学程序的依据。（2）教学目标。其性质和要求与条目式课案相同。（3）教学程序。从过程上看，包括激发动机、教学新内容、总结和应用等步骤；从活动结构上看，包括教师活动、学生活动、教学资源运用和时间分配等部分。

三、课案革新

当前，教育教学活动的价值观，正在从“教师教学本位”嬗变为“学生学习本位”；教育教学的本质观，正在从“教师向学生传递知识经验的活动”嬗变为“学生的学习生命存在及其优化活动”；教学的方法观，正在从“教学模式”嬗变为“学习方式”。与之相应，教学的设计观，也正在从“关注对教的设计”嬗变为“关注对学的设计”。这一系列变化趋势，呼唤和促使人们对传统的教案进行改革，使之立足于学生的“学”，建构和开发“学案”。

学案是一种以学习为本的教学计划方案，它以学生学习为价值取向，以学习活动为中心。所以，学案指的是对一节课中学生的学习内容、学习环境和学习活动以及促进与保障学习活动而开展的教师教授活动进行设计与安排的计划方案。除背景记载，如学校、班级、课目、课本、教师、日期和教学时间等之外，学案一般由题目、前言、学习内容分析、学生及其学习情况分析、学习目的目标设计、学习媒体和学习环境的设计与开发、学习方式设计、学习活动过程及其结构设计、评价活动设计和教学组织实施的保障策略十大条目组成。

（1）题目。标明该课时的学习主题。

（2）前言。说明该课时“学案”设计的指导思想和理论依据。

（3）学习内容分析。分析该课时的学习内容的纲要、类型与性质特点。

（4）学生及其学习情况分析。把握学生类型和特点，学生学习类型和特点，阐明学生学习有关内容的优势和不足。

（5）学习目的目标设计。需要在“教学大纲或课程标准”的课程目标基础上，设计出该课时具体的学习目的目标。

（6）学习媒体和学习环境的设计与开发。对该课时所要使用的学习媒体和环境进行设计与开发，重点突出对学习资源与学习工具的设计与开发。

（7）学习方式设计。结合学习内容和学习条件，对具体的学习方式进行选择、开发和应用的设计。

（8）学习活动过程及其结构设计。对学生学习活动、教师教授及学习组织活动、教学互动的具体策略和方法的设计。

（9）评价活动设计。对学习评价、教学材料评价、教学评价的工具与方法的设计。

（10）教学组织实施的保障策略。包括分析与明确可能存在的问题和困难及其解决措施、教具学具的设计与准备、备用活动的设计、作业布置与指导、对下一节课的学习内容进行预习的安排与指导等。

思　考　题

1. 长期以来人们创用的班课实施与评估常规具有什么样的主要意义？

2. 你倾向于应用教师视角、学生视角还是互动视角来建构你的班课实施模式？为什么？

3. 怎样正确认识和推进新兴学习为本评估的研究与开发？

4. 选择一个课目主题，应用前面思考题作业中你选择的教学方法，研制出一份班课教学的课案或学案，并撰写相应的研制说明。

5. 简述班课学习任务的种类。

6. 简述班课等级评价的类型。

7. 简述班课等级与评分符号的类型。

8. 简述条目式课案的基本结构。

附录 17-1　卡片式课案示例

课目：课程论

编号：2001

第一章　课程论的任务、对象和内容

第一节　课程论的任务　　第二节　课程论的对象

一、任务与目的的同一性　　课程问题 ↕

（一）目的：结果

（二）任务：过程

二、三大任务

（一）认识课程现象 → 为什么教学？（why）

（二）揭示课程规律 → 教学什么？（what）

（三）指导课程实践 → 怎样编制课程？（how）

附录 17-2 条目式课案示例①

学校：□□□□小学；班级：二年级一班；课目：英语；教师：□□□；时间：1998 年 3 月 18 日上午第 2 节。

一、课题名称

What is he / she doing ?

二、教学目标

通过本节课的教学，学生能：

1. 应用进行时形式的动词作基本句子结构及简单句型；
2. 朗读进行时形式的句子，读音清楚、语调适当；
3. 用所学的句型进行简单的对话。

三、教学内容

1. 复习几个动词；
2. 学习 What is he/she doing? 中的动词替换练习；
3. 就 What is he/she doing? 进行问答对话。

四、重点难点

动词进行时形式的正确读音；就 What is he/she doing? 进行问答对话。

五、课的类型

综合课。

六、教学方法

指导阅读法、讲解法、谈话法、练习法、活动作业法。

七、教材教具准备

课本、练习册、图片、词卡、图卡、句式卡。

八、教学时间

35 分钟。

九、教学过程设计

（一）复习引入（5 分钟）

利用词卡贴上黑/白板，组织学生朗读重温已学习过的进行时形式的动词。

（二）教学新课（25 分钟）

1. 问答教学（6 分钟）。出示十幅图卡并将它们贴在黑/白板上，以 What is he/she doing ? 作为问句形式，教导学生回答 he is ____ing or she is ____ing。先由教师问、学生答，答对后由教师或学生将正确的句式卡贴到相应的图卡右方，然后学生之间互相练习。完成后，组织全班学生阅读这些句子一次。

2. “戏剧式”演习对话（5 分钟）。分别抽派数位学生自由做其中一个进行时形式的动作，教师再以 What is he/she doing? 这问句，请其余学生自由举手回答问题。

---

① 本示例为华南师范大学教育专业澳门班 1995 级学员苏婉君的实习教案，引用时略有改动。

3. 问答对话教学（6 分钟）。出示数幅图片，并把图片贴在黑/白板上，以 Is he ____ing? 或 Is she ____ing? 作为问句形式，教导学生回答 Yes, he's/she's ____ing. 或 No, he/she isn't ____ing. 先由老师问，学生答；再请个别学生答；然后组织学生之间互问互答，反复练习。

4. “情境式教学”（6 分钟）。分别抽两位学生上台在黑/白板上画出一个人物正在进行某个动作，然后以 What is he doing? 提问全班学生，学生可自由举手作答；作答后以 Is he ____ing? 句式问及作画同学，而作画同学应视情况回答 Yes, he's ____ing. 或 No, he isn't ____ing.

（三）小结（2 分钟）

以师生问答的形式归纳出 What is he/she doing? Is he/she doing? 问题句式及其 He/she is ____ing. Yes, he/she is ____ing. No, he/she isn't ____ing 等回答句式。

（四）布置作业（5 分钟）

分发并讲解作业纸，在学生作业期间进行个别辅导。

十、板书设计（本课案免用板书）

附录 17-3　表格式课案示例

学校名称：□□□□小学　　课目：数学 任课教师：□□□ 班　　级：四（1）班	学生人数：56 人 教学时间：35 分钟 教学日期：1998 年 3 月 16 日上午第 1 节
教学课题和内容：第九课　小数除法	课本：数学（四下），新亚洲出版社
学生已有知识分析：1. 对小数已有认识，并已掌握小数的加法、减法和乘法的运算；2. 学生已掌握整数的乘法。	教学目标：完成本节课的教学后，学生能够：计算整数除小数（可除尽的）的除法；正确地解答整数除小数的应用题。

教学程序	时间	教学活动：教师活动	教学活动：学生活动	资源运用
一、引起动机	5 分钟	1. 教师出示 3 元 9 角的钱币，让学生分为 3 等份，并引导学生说出每份是多少，并用小数表示。 2. 板书课题：小数除法	1. 学生将钱币分为 3 等份，并贴到黑板上，每份 1 元 3 角；然后在相宜位置写出 1.3 元。	钱币
二、教学新内容	2 分钟	1. 教师就前述例题，引导学生列出除法式，教师板书列出横式和直式，引导学生计算出答案。	1. 学生举手口答。 (3.9÷3=1.3)	
	5 分钟	2. 以例一指导学生认识小数除以整数与整数除法相同，注意商与被除数的小数位置相同；并指出应用题的横式及答案须填写单位。计算算式时，通常不写小数点。出示“除法横式”卡：(a) 8.5÷5；(b) 13.8÷6	2. 两位学生举手到黑板前计算，其余的在座位上计算结果： (a) 8.5÷5=1.7 (b) 13.8÷6=2.3	除法算式卡

续表

教学程序	时间	教学活动		资源运用
		教师活动	学生活动	
	5分钟	3. 以例二指导学生认识被除数的整数部分不够除，则商在整数部分的相配位数上，写上0。出示“除法横式”卡： (c) 2.7÷3； (d) 4.8÷6	3. 选两位学生到黑板上计算，其余学生在座位上计算结果： (c) 2.7÷3＝0.9 (d) 4.8÷6＝0.8	除法算式卡
二、教学新内容	4分钟	4. 以例三（5.1÷5）指导学生加深认识整数除小数，被除数的小数部分不够除，则商在小数部分的相配位数上，须写上0；同时如果被除数的小数部分不够除，则在末位补0，继续计算。出示“除法横式”卡：5.1÷5。教师提问：怎样知道商是否正确？怎样验算？	4. 学生举手回答（通过验算）。 学生举手回答： (1.02×5＝5.10)	除法算式卡
	4分钟	5. 教师总结：将商乘以除数，如所得的乘积与被除数相同，可知计算正确；否则计算出错。并指出小数部分末位的0可以略去。 板书演算并引导学生作出正确回答。	5. 聆听；思考；观察。并回答： (1) 0.16÷8＝0.02 (2) 0.25÷5＝0.05	
	5分钟	6. 教师指导学生进行课堂作业，计算课本上P.30的1、2、3题。进行个别辅导。	6. 3位学生举手到黑板上计算结果。其余的在座位上计算结果。	
三、总结	3分钟	小数除法与整数除法相同，但要注意直式计算时，商和被除数的小数点要对齐。 可以通过小数乘法验算商是否正确。	学生做笔记。	
四、应用	2分钟	布置课外作业，要求学生完成课本上练习九1、2、4、5、9、12题。	学生记录。	

第十八章　课程与教学评价

在课程研制过程中，评价是一个十分重要的阶段；在课程与教学活动中，评价又是一个不可或缺的要素。在教育领域，人们已经开发与应用了丰富的评价原理、技术与工具。

第一节　课程与教学评价概述

经过长期发展，课程与教学评价已经获得了清晰的概念，建构起了多种评价类型，形成了丰富而明确的评价对象。

一、课程与教学评价的内涵、功能及发展

评价的概念，可以用一个公式加以简明的表达：评价＝测量（量的记述）或非测量（质的记述）＋价值的判断。① 这个公式表明，评价是以事实把握为基础的价值判断过程，既要对客体的事实加以描述和把握，又要从主体的目的、需要出发对客体的价值作出判断，是事实判断与价值判断的统一。

（一）课程与教学评价的含义

课程与教学评价是由评价主体、客体、方法、标准等基本要素构成的。课程与教学评价的主体主要是教育行政人员、教师和学生，社会有时也充当评价主体的角色。而课程与教学整体及其每个方面、环节，都可以成为评价的对象。评价既涉及课程与教学过程的“理论指导”“需要评估”“目标选择”“内容选择”“课程结构与组织”“教学活动过程”和“课程与教学评价自身”等各个环节，也涉及课程与教学的“目标”“内容”“组织”“媒体”“策略”“方法”“手段”和“环境”等各种因素，还涉及课程与教学活动的产物“课程材料”“教师的教学质量”以及“学生的学习状况和智能发展”等。中小学常见的课程与教学评价，主要是以课程材料、学生学习和教师教学为对象的。

课程与教学评价以对课程与教学系统的事实性把握为前提。换言之，课程与教学评价必须在有效收集课程与教学系统的事实信息基础上进行。在现代课程与教学评价中，教育测量是收集信息的基本方法，但不是唯一的方法。教育测量是依据一定的理论，以测量为工具，对教师与学生的行为或学习进行数量化描述的过程。测验则是测量一个行

---

① 夏瑞庆主编：《课程与教学论》，安徽大学出版社 2002 年版，第 217 页。

为样本的系统程序，是“通过观察人的少数有代表性的行为，对于贯穿在人的全部行为活动中的心理特点作出推论和数量化分析的一种科学手段”①。考试是课程与教学评价中最常用的教育测验形式。考试、教育测验、教育测量、课程评价以及教学评价等，既有密切联系又有明显区别。

课程与教学评价内在地包含着一定的标准。标准是对课程与教学现象进行价值判断的依据和尺度。在教育实践中，课程与教学评价的标准常常是多种多样的。评价标准的多样性，源于评价目的的多样性、评价主体的多元性以及教育价值观的复杂性。

在教育领域，人们常常交替使用教育评价、课程评价和教学评价三个术语。教育评价，是指采取一切可行的技术和方法系统收集各种教育信息，在此基础上根据一定标准对各种教育活动及其结果作出价值判断的过程。教育评价的核心是课程与教学评价。课程与教学评价，是一种基于系统收集有关事实信息而依据一定标准对课程与教学系统的整体或局部进行价值判断的活动。

所谓课程评价，有广义和狭义之分。广义的课程评价，包含了教学评价。课程评价对象包括评价课程需要、课程设计、课程与教学过程、教材、学生成果目标、通过课程学生取得的进步、教学有效性、学习环境、课程政策、资料分配以及课程与教学成果等内容。② 简言之，课程评价包括对课程设计、教学过程、教师教学表现以及学生学习表现的评价。

教学评价是对教师的教与学生的学相统一的教学活动收集事实信息并进行价值判断的过程。教学评价一般包括对教学过程中教师、学生、教学内容、教学方法手段、教学环境、教学管理等诸因素的全面评价，但主要是对学生学习状况和教师教授质量的评价。

（二）课程与教学评价的功能

课程与教学评价，既有教育性功能和管理性功能，也有正功能和负功能。课程与教学评价对课程与教学活动会产生不同的作用，具有“检查”“反馈”“激励”“研究”“定向”和“管理”功能。

1. 检查

课程与教学评价是检查课程与教学工作的重要手段。在评价活动中，根据收集到的事实信息资料，依据评判标准对评价对象的价值作出科学的判断，衡量其水平状态和达到目标的程度，从而发现问题，总结经验和教训。

2. 反馈

课程与教学评价可以给教育工作提供丰富而比较准确的反馈信息，从而有利于教育工作的改进。通过评价，建立起课程与教学过程的反馈通路，使课程与教学过程实现自我调节和良性循环，从而不断提高课程与教学质量。

---

① 郑日昌著：《心理测量》，湖南教育出版社 1987 年版，第 21 页。

② 江山野主编译：《简明国际教育百科全书·课程》，教育科学出版社 1991 年版，第 168 页。

3. 激励

加强课程与教学评价有利于激发评价对象的成就动机。课程与教学评价往往要作出区分水平高低、评定等级的结论，这些直接影响着评价对象的形象、利益以及荣誉等。因此，评价活动能促使评价对象积极进取，不断努力。

4. 研究

通过课程与教学评价，有利于开展教育研究活动。评价活动本身就是一种严肃的科学探索活动，其结果就是科研成果。同时，评价的结果对于探讨与解决教育上的种种问题，有着极大的启发作用。

5. 定向

课程与教学工作的路向与侧重点，常与评价标准的指向和侧重点相关，师生围绕着课程与教学评价指标而开展教与学活动，这是常见的现象。实践证明，适时而客观的评价，可以使师生明确需要努力的方向。

6. 管理

通过课程与教学评价，有利于进行教学管理上的奖励、表扬、批评和指导，有利于确定学生的升级、编班以及分组，有利于选拔人才和就业指导，还有利于课程与教学管理水平的提高。

（三）课程与教学评价的发展

古代的评价产生于我国西周时期。古代评价的方法主要是通过口试、笔试或观察来判定效果，一般采用主观判断和文字记分，缺乏信度和效度。

现代的课程与教学评价，是在改造古代评价的基础上，借助于教育科学化运动，通过运用心理学、统计学等学科的原理和方法而逐步确立的，经历了具有不同特征的四个基本阶段。(1) 测量阶段（大约为 20 世纪初至 30 年代），其特征是测量理论的形成和测验技术在课程与教学中的广泛应用，对如何科学地解决课程与教学信息的收集问题作出了贡献。(2) 目标模式阶段（大约为 20 世纪 30～40 年代），其特征是对测验结果作描述，意在确定什么样的学习目标模式对学生学习最有效。(3) 目标参照测验阶段（大约为 20 世纪 50～70 年代），其特征是格外关注目标的实现，注重以目标为参照系进行价值评判，有力地促进了评价标准的发展。(4) 人本化阶段（大约为 20 世纪 80 年代至今），其特征是突出评价中的人文主义精神，强调评价者和评价对象之间的不断交互作用、共同建构与全面参与。

回顾历史发展和现实状况可以发现，当代课程与教学评价的发展呈现出“评价模式的多样综合”“注重评价的教育性功能”和“重视评价对象及自我评价”重要趋势和特征。

1. 评价模式的多样综合

各种各样的课程与教学评价方法和技术，各有不同的优势和不足。为了保证评价的准确性和全面性，必须把各种不同的评价技术进行必要的综合、组合、改造和创新。当代课程与教学评价改革已注意到了评价模式的多样综合问题，比如：强调定性与定量结合、模糊与精确结合、日常观察与系统测验结合、内在评价与外在评价结合等。这种评价模式多样综合的特点在今后将更加明显。

2. 注重评价的教育性功能

在课程与教学评价中，人们最初重视的是管理性功能。历史发展表明，过于关注管理性功能而忽视教育性功能的课程与教学评价，往往给评价对象的发展带来消极影响。在当代课程与教学评价发展的过程中，教育性功能逐渐受到了重视。它强调评价作为课程与教学活动的一个重要环节，应自觉地服务于课程与教学目标，成为实现目标的促进性力量，促进学生的全面发展和教师的成长。今后，这一方面的功能将得到进一步的加强。

3. 重视评价对象及其自我评价

当代课程与教学评价已经不再把被评价者作为被动接受评价的客体，而是把他们看做参与评价的主体，采用各种方法和途径，使之积极参与评价过程。在许多评价中，自我评价都成了重要的组成部分。强调被评价者的主体作用，不仅能够保证评价工作的顺利进行，还能发展被评价者的评价能力，促进他们主动、客观地评价自己的学习、工作和成就，改进不足，进一步完善自我。这种趋势在未来会更加突出。①

二、课程与教学评价的对象

课程与教学评价的对象是比较复杂的，涉及的因素比较多。归纳起来，课程与教学评价的对象至少涉及“课程与教学设计”“教师教学”“学生学习”“学校办学水平”“课程与教学系统”和“课程与教学评价自身”等方面。

（一）课程与教学设计

课程与教学评价的对象，首先是课程与教学设计，意在考察课程与教学的目标、指导思想和实施路向等问题。在国外，课程设计评价包括“课程产品评价”（curriculum product evaluation）和“课程项目评价”（curriculum program evaluation）②。实际上，课程设计评价主要是对课程要素的评价。课程设计包括作为产品的课程计划、课程标准、课程与教学材料、教学计划或教学方案、课程实施和课程成果总结等。对课程计划的评价侧重点在于其合理性和可行性；对课程标准的评价的侧重点在于其是否符合课程开发的改革脉络；对课程与教学材料的评价的侧重点在于其内容的正确性、可理解性和可行性；对教学计划或教学方案的评价的侧重点在于其安排的合理性和内容体系的科学性；对课程实施评价的侧重点在于其教学效果与效益；对课程成果总结的评价的侧重点在于其成果与问题。除对课程的组成成分进行评价外，还对课程目标进行评价，包括普遍的目标和具体的行为目标的评价，对目标与为达到这些目标所选的文化内容之间关系的评价，以及学习者对课程心理适应性的评价等。

对教学设计的评价主要包括对教学目标、教学内容、教学策略、教学媒体、教学环

① 袁振国主编：《当代教育学》，教育科学出版社2004年版，第265页。

② 江山野主编译：《简明国际教育百科全书·课程》，教育科学出版社1991年版，第173页。

境的评价。评价是教学设计的有机组成部分，它使教学设计更趋有效，并能调节教学设计人员的心理因素。由于教学设计的成果较多地体现在课堂教学方案、媒体和教学材料之中，所以教学设计评价的指标，主要包含课堂教学的评价指标和教学材料的评价指标两大类。课堂教学的评价指标，又包含与目标因素有关的指标，与学生因素有关的指标，与教师因素有关的指标，与教材因素有关的指标，与教学方法和管理有关的指标等。而课程与教学材料的评价指标，则强调教育性、科学性、技术性、艺术性和经济性等五条基本标准。①

（二）教师教学

教师教学评价主要包括教师教学过程评价和教学绩效考核。教师教学过程也就是教师使用课程与教学材料组织实施教学活动的过程。所以教学过程评价，包括备课、上课、课外辅导、作业评改指导和考查考试等环节，主要考察评量教师钻研和使用课程与教学材料的活动和教师运用相关的教学方法、手段的活动。如它考察教师是否以课程作为其教学策略的出发点，是否以课程材料（课程计划、课程标准、课本和其他教学材料）作为课程与教学活动的基本依据。同时，它也考察课程材料对教师实现教学目标的适应性、可行性和有效性。教师绩效考核，主要通过考察学生学习习惯与方法、学业成绩以及能力发展来进行。

（三）学生学习

学生学习评价与评估不仅关注学生最终的学业成就，还注重通过评价促进学生的发展与成长。学业成就评价主要体现在各类考试与测验结果上，而诊断性和形成性评价则能更有效地帮助学生发现问题，改进学习，从而促进学生的成长与发展。

（四）学校办学水平

学校办学水平评价是一种综合性的教育评价。它是指由教育行政部门或专门的评价机构，根据国家和社会赋予学校的教育目标和任务，运用科学的评价理论和技术，对学校的办学方向、办学条件、管理工作、办学效果等方面的水平进行总体的或单项的价值评判。② 学校办学水平从宏观层面上深刻地影响着课程与教学活动，也是课程与教学评价的组成部分。

（五）课程与教学系统

“课程系统的每个方面都必须置于评价的显微镜下观察，否则这个系统就会由于缺乏生气而退化。从评价这个系统得到的反馈，一定可用来使系统的各个部分恢复活力。”③ 把课程与教学系统作为评价对象，主要是考察系统中各个要素如教师、学生、内容、环境、反馈信息等组成的整体效应。课程与教学系统评价涉及教学时间、教学量、负担、成本、学业成就等变量，促进各种有关变量及其关系的最优化。

---

① 乌美娜主编：《教学设计》，高等教育出版社 1997 年版，第 227～233 页。

② 袁振国主编：《当代教育学》，教育科学出版社 2004 年版，第 277 页。

③ ［美］比彻姆著，黄明皖译：《课程理论》，人民教育出版社 1989 年版，第 166 页。

（六）课程与教学评价自身

课程与教学评价自身也是评价的对象。判断课程与教学评价的价值与效果，即对课程与教学评价的评价，是元评价（meta-evaluation）。所谓元评价，就是在评价过程中，为了检讨评价方案，检讨评价实施过程与结果，总结成功经验和纠正评价工作之不足，而对正在进行或已完成的评价所进行的信息收集和价值判断。

课程与教学评价的对象越来越广泛，随着课程改革的深入与发展，必将涉及所有的课程与教学的要素和环节。当代，课程与教学评价领域的对象重点集中在"课程与教学设计""学生学习"和"教师教学"三个方面。

三、课程与教学评价的类型

人们已经创用多种多样的课程与教学评价，它们内在地具有不同的依据和标准，可以归纳为特征不同的若干类型。①

（一）以评价主体为依据的分类

根据评价主体的不同，课程与教学评价可以分为内部评价与外部评价。

内部评价是指评价对象作为评价主体对自我进行的评价，有时是内隐性的，有时具有外显性。内部评价（internal evaluation）建立在对评价对象信任的基础上，能够激发评价对象的自尊心、自信心，增强自我评价的意识和能力。内部评价可以披露深层次的信息，揭示问题的本质，及时反馈与调适。内部评价的缺陷在于缺乏外界参照体系，不便进行比较；主观性强，评价结果可靠程度比较低。

外部评价是指作为评价对象之外的其他主体对评价对象的评价，是一种外部的显性评价。如教育行政部门的视导评价（检查性、认可性、鉴定性评价），督学系统的督导评价，还有专家、同行的评价和社会评价等。② 外部评价（external evaluation）从外部反映评价对象的情况，比较客观，可信度较高。外部评价的缺陷在于组织工作颇为繁杂，耗费时间和人力较多。

（二）以评价标准为依据的分类

依据评价标准的不同，课程与教学评价可以分为相对评价、绝对评价与个体内差异评价。

相对评价是一种依据评价对象的集合来确定评价标准，然后利用这个标准来评定每个评价对象在集合中的相对位置的评价类型。相对评价重视区分个体在群体中的相对位置和名次，适应性强，应用面广，适合于以选拔为宗旨的课程与教学评价活动。但是，其评价结果并不必然表示评价对象的实际水平，体现的只是个体在群体中的相对位置，容易导致激烈的竞争，以致对课程与教学活动产生负面影响。

绝对评价是一种在评价对象群体之外，预定一个客观的或理想的标准，并运用这个

---

① 黄甫全、王本陆主编：《现代教学论学程》，教育科学出版社 2003 年版，第 335～340 页。

② 林昌华编著：《学校教育评价》，四川大学出版社 1990 年版，第 11 页。

固定的标准去评价每个对象的评价类型。只要评价过程是科学合理的，那么绝对评价的结果就可在很大程度上反映出评价对象掌握客观标准要求的水平，适用于以鉴定资格和水平为宗旨的课程与教学评价活动。在实际工作中，确保评价标准的稳定性、客观性和准确性，是提高绝对评价科学化水平的关键。

个体内差异评价是对同一评价对象的不同方面或某方面的前后变化进行比较的评价。个体内差异评价照顾到了评价对象的个体差异，不会给评价对象造成竞争压力。同时，它可以综合地和动态地考察评价对象的发展变化。它的缺点在于没有客观标准，又没有外部比较，很难确定评价对象的真实水平。

（三）以评价作用为依据的分类

依据评价所起的主要作用的不同，课程与教学评价可以分为诊断性评价（diagnostic evaluation）、形成性评价（formative evaluation）与终结性评价（summative evaluation）。

诊断性评价一般是在某些课程与教学活动开始之前所进行的预估性或测定性的评价。其目的是了解和掌握评价对象的基础和情况，为下一阶段工作做准备，为因材施教提供依据。诊断性评价既重视诊断现状，又重视指导。

形成性评价也叫过程评价，是在课程研制、教学过程和学习过程中对课程编制、教师教学和学生学习的动态状况进行的系统性评价。其目的是及时了解活动进程的效果，及时反馈信息，以便及时修正，及时调节，及时强化。这种评价意在改进工作，不注重区分等级，而且频率高、一次涉及的内容分量少、评价内容概括性水平低、常常伴随着各项改正程序等。这些都是形成性评价与终结性评价的区别所在。

终结性评价是在课程与教学活动告一段落时，为了解并确定其最终成果而进行的评价。终结性评价实施的频率较低，评价内容概括性较高。终结性评价着眼于对评价对象的总体认识，其主要目标是评定成绩，作出结论。

（四）以实施评价的规范程度为依据的分类

依据实施评价的规范程度不同，课程与教学评价可以分为正式评价和日常评价。

正式评价（formal evaluation）是根据明确的评价目标，通过规范的评价程序，使用经过设计检验的评价工具收集信息资料，系统地、有针对性地了解评价对象状况的评价类型。正式评价设计全面，组织完备，标准统一，评分规范，可靠性较强，便于评定学生等级与水平。学校的各类毕业、升学考试一般都是正式评价。但正式评价的形式与方法缺乏灵活性，对于评价对象的解读缺乏深刻性。正式评价往往是阶段性的事后评价，对评价对象的日常行为表现不能作出及时反馈，容易延误最佳的评价时机。

日常评价（informal evaluation）是指在日常教学活动中，在评价者和评价对象的相互接触、互动过程中，评价者以观察和交流为主要方式，不断地了解评价对象，进而在有意或无意之间形成对评价对象的某种看法和判断的一种评价类型。日常评价所提供的是关于评价对象全面的、活生生的信息，而不是死板静止的分数。它把评价纳入了日常教学过程中，有利于学生成长、教师发展以及教学改进，充分发挥了评价者与被评价者的主体性作用。在实施日常评价过程中，要注意摆脱主观偏见，防止先入为主的思想。要尽可能全面、深入地掌握评价对象的信息，避免推论的逻辑错误。①

另外，根据不同视点，课程与教学评价类型还有内在评价（intrinsic evaluation）与效果评价（pay-off evaluation），过程/表现评价（process/performance evaluation）与产品评价（product evaluation），学生判定评价（learner-judged evaluation）与教师判定评价（teacher-judged evaluation），包容性评价（inclusive evaluation）与排他性评价（exclusive evaluation）；根据评判思想不同，可分为技术性评价（technicist evaluation）与艺术性评价（liberal evaluation），等等。这些不同的分类从各自不同的角度向我们揭示了评价的多样性与复杂性，帮助我们从多个侧面认识与理解课程与教学评价的丰富含义。在当前课程改革中，人们针对传统评价的弊端，着力开发和应用一些新型评价，诸如真实性评估（authentic assessment）、表现性评估（performance assessment）、结果式评估（outcomes-based assessment）、任务式评估（tasks assessment）、档案袋评估（portfolios assessment）和自我评估（self-assessment）等等。②

第二节　教材评价

课程与教学设计评价就是狭义的“课程评价”。它主要包括课程方案评价、教学设计或教学方案评价、教材评价与课程资源开发评价。其中，教材评价是课程评价的核心组成部分。

一、教材评价的含义与指标

教材评价，实质上就是通过特定的方法和途径对教材的有效性、可靠性、可行性和使用效果进行分析，并通过一定的方式对分析结果加以综合概括，从而得出对教材价值的总体判断。③ 它的价值主体主要是社会和学生，评价主体可以是教师、学生、教材的编制者或评价专家，具体评价对象包括课本或教科书、教师用书、教学课件、音像资料以及网络资源等。

教材评价研究一般可分为“过程取向研究”“产品取向研究”和“接受取向研究”三种类型。过程取向研究与教材开发使用历程有关，包括开发、批准、市场、采用、应用等。产品取向研究将教材视为教学媒介和视觉沟通工具，有关研究一向都是以此为研

---

① 高凌飚、黄韶斌：《教学中的非正式评价》，载《学科教育》2004 年第 2 期。

② Marsh，C.J.（1997）. *Planning，Management and Ideology：Key Concepts for Understanding Curriculum 2*. London：The Falmer Press，172-179.

③ 高凌飚主编：《基础教育教材评价：理论与工具》，人民教育出版社 2002 年版，第 9 页。

究范畴，常用的方法是内容分析法。接受取向研究将教材视为独立的影响师生教学的社会化因素，此类研究目的在于了解公众对某类教材的反应、沟通和阐释。①

教材评价是根据教材目标进行的价值判断过程，而教材目标带有原则性、抽象性和笼统性，很难直接作为评价的目标。教材目标需要分解、细化和归类为可评价的目标，以形成一系列具体明确、层次分明、可测量、行为化和操作化的目标，这就是评价指标。若干个相互关联又相互独立的指标的合理优化和有机组合，便构成了系统化的指标群体，这就是评价指标体系。教材评价指标体系是进行教材评价的基本依据，有利于克服以往教材评价中存在的经验性、主观性、随意性等弊端。只有建立一个科学合理的评价指标体系，才便于开展教材评价工作，才能得到准确、真实的资料和信息，从而得出正确、客观、科学的结论。

教材评价有“合理性”和“可行性”两条根本标准。合理性是对教材本身的科学性和逻辑性而言的，可行性则是对教材与教学实践间关系而言的。合理性标准，要求教材本身的内部结构是合乎科学和逻辑的。可行性标准，要求教材的形式和内容的实现条件与实际条件是相吻合的。

在分析概括国内外有关研究的基础上，人们已把教材评价指标项目，归纳为发行、外表、内容、教学、效果、学生、教师和其他等 8 类，其下又分解为 58 条。②

教材的发行指标，包括的具体指标有：作者、发行人、发展史、发行日期、费用、数量、购买程序、采用的条件和订购办法。

教材的外表指标，包括的具体指标有：规格、成分、耐用性、消耗性成分、形式、安全性、字体和图示。

教材的内容指标，包括的具体指标有：理论取向、目标重点、范围顺序、正确性、实用性、整合性、详细度、难度、均衡性、时宜性、多元文化观、问题取向和不具偏见。

教材的教学指标，包括的具体指标有：配合性、先决条件、教学方法、教学时间、学习活动、个别化、评鉴工具、追踪系统、资源利用和媒体。

教材的效果指标，包括的具体指标有：层面、证据、方法、目标与非目标、对象和情境。

教材的学生指标，包括的具体指标有：对象、动机兴趣、未来发展方向、可读性、可理解性和角色。

教材的教师指标，包括的具体指标有：教学指引、使用条件、必备能力、激发研究、调整方法和教师角色。

教材的其他指标，具体包含了许多上述指标中没有包括的下位指标，比如可能有助于学习的特点：简介、提示、实例、问题、操作、练习、测验、反馈、内容归纳、自学指导等。

---

① 黄显华等著：《寻找课程论和教科书设计的理论基础》，人民教育出版社 2002 年版，第 168～169 页。

② 黄政杰著：《课程评鉴》，台湾师大书苑有限公司 1987 年版，第 224 页。

教材评价的指标数量很大，在具体实施教材评价时，应根据评价目的、材料形式及适用领域年级，加以选择和重组；同时还应确立每一指标的加权方法，并兼顾数量和品质两方面的资料信息。

二、教材评价的过程、方法与工具

教材评价的组织实施，有特殊的过程，需要使用一定的方法与工具。

（一）教材评价过程

教材评价过程，包含的基本步骤有"明确评价目的""确定评价要素""收集价值主体信息""收集价值客体信息""作出价值判断"和"进行元评价"。①

1. 明确评价目的

教材评价的一般目的是甄别和改进教材。教材评价的具体目的可能有这样几种：检查确定新教材对于特定的学校、特定的学生是否适用；对新编制或修订的教材，按照一定标准审查，以确定其是否达到基本标准；对正在使用的教材进行改进；在几种可能的教材方案中选用最优的一种。

2. 确定评价要素

为了达到评价目的，需要明确评价的价值主体、视角、条件、标准、方法以及评价主体。

教材的价值主体一般而言是学生和社会，如果确立的价值主体是学生，教材评价考虑更多的是教材的教学特性，关注教材能否帮助学生发展与成长；如果确立的价值主体是社会，一般更多考虑教材的思想性、方向性和时代性等特点。

在教材评价中不可能对教材所有方面作出包揽无遗的评价，所以需要根据实践的需要选择特定的评价角度。

任何一种教材都有其适用的条件，这些条件包括师资、设备、资金和管理体制等等，对教材价值的判定必须要明确它所适应的条件。

教材评价的标准来自对教材的价值主体——学生与社会需要的分析。一般地说，学生有通过教材学习知识、发展能力、形成健康人格、确立积极的世界观和价值观的需要。社会对教材的需要则是多方面的。教材应该能够传承文化，使人类文明得以延续并持续发展；应该促进学生的社会化，帮助学生内化社会价值观念、道德规范、政治法律制度；应该促使学生具有创新精神，能够为人类的文明宝库增加新的财富等等。这些需要只是一般性的分析界定，不同时期、不同社会、不同人由于价值取向的不同，各种需要的侧重点会有所不同，必须具体分析。

评价方法是指经过什么途径、采用哪些手段对教材进行评价。专家判断法、观察法、实验法以及调查法均有不同的适应对象，在评价过程中常常需联合使用。评价方法的选择往往会对评价结论产生影响。

---

① 丁朝蓬著：《新课程评价的理念与方法》，人民教育出版社 2003 年版，第 93～97 页。

教材的评价主体是多元的。它既可以是教师、学生，也可以是教材编制者、教材审议专家或评价专家。要根据不同评价目的来确定谁最适合承担评价任务。

3. 收集价值主体信息

教材评价需要运用一定的方法和工具收集作为价值主体的有关信息。一般而言，收集价值主体的信息包括以下几方面。第一，明确使用教材的学生的特征。这包括学生的不同年龄阶段的生理、心理特征和动态发展趋势，学生的家庭环境、社会环境、学校环境和师资条件等。第二，了解学生的个性特征。这包括学生的兴趣爱好、能力倾向、价值观念等，了解学生对自我发展的预期和对学校教材的希望。第三，明确教材使用的社会背景。这包括当代人类社会的时代特征，本国生产力发展水平与政治制度，本民族的文化传统与价值观念，等等。第四，预见社会发展的前景。这包括人类社会生产、生活方式与价值观念的变化趋势以及未来社会对人才的需求，等等。

4. 收集价值客体信息

评价者在收集价值主体信息的同时，需要收集和获得全面的教材信息，包括教材自身的信息和教材的背景信息。教材的自身信息包括该教材的理论取向、教材目标、教材内容、学习活动方式和教材的实施情况等。教材的背景信息是指学校教师因素、学校因素、行政管理因素以及这些因素之间的相互作用和这些因素与教材之间的交互作用。

5. 作出价值判断

当评价者获得了充分的信息之后，就要对教材的价值作出判断，作出分析诊断意见，反馈教材评价信息，并对评价活动本身作出自我评价。有一点必须清楚，任何一个价值判断都不可能是完全客观的。评价者的知识结构、专业背景、社会角色、个性特征，特别是价值观都会渗透到评价过程中去，要认清评价主体的主观因素如何影响着评价过程和评价结果。

6. 进行元评价

作出价值判断和取得评价结果后，需要对评价过程及其结果本身进行评价，判断其价值和效果，这就是元评价。对教材评价开展的元评价，按进行的时间及其不同的作用，可以分为形成性评价和终结性评价，而依据主体的不同，又可以分为外部评价和内部评价。进行元评价，需要解决好谁来进行元评价、使用什么标准来评价、如何应用元评价等问题。

（二）教材评价的方法

教材评价有许多具体的行之有效的方法，其中比较常用的有“专家判断法”“观察法”“实验法”和“调查法”。①

1. 专家判断法

专家判断法就是利用专家的知识和专长，来提供对教材的意见和判断。专家具有权威性、中立性以及说服力，并且成本比较低。

① 黄政杰著：《课程评鉴》，台湾师大书苑有限公司 1987 年版，第 285～322 页。

专家在教材评价中，可以起到提供、选择、批评、引导和支持等作用。不过，需要找准专家并选择不同特长的专家。收集专家的分析判断意见，可以采用送审法、调查法、会议法、对抗式评价法以及内容分析法等。

使用专家判断法需要解决好五大问题：如何激发专家的参与热忱？如何确保专家的中立和客观立场？如何适当地选择专家？如何归纳专家意见？如何避免专家判断流于形式？

2．观察法

观察法有两个范式："人文—观察—理解"范式和"科学—实验—控制"范式。无论是质化观察还是量化的系统观察，都需要进入教育实际情境，针对评价的对象，加以观察记录，并据以作出判断。观察法主要可以直观地了解教材的使用情况，为评价教材提供第一手的真实信息。观察法可以采用事件记录、评定、查核、系统观察、非结构性观察和间接观察等方式和技术。

3．实验法

实验法是在教材评价时，将教材当做实验对象加以操纵，再处理产生的结果，进而对教材作出判断。实验时，需要按照教育实验设计的基本原理，进行专门的实验设计，可以设置实验组与控制组，进行实验前测和实验后测。

实验法用来评价教材，有科学、客观、系统、控制等优点。更为难能可贵的是，一旦采用实验法，便是将教材付诸实际运作，由实际运作得到的资料信息是十分宝贵的。现代常用的实验设计可分为三大类：前实验设计、真实验设计和准实验设计。在课程评价中运用较多的是准实验设计。由于课程评价属于人文社会科学领域，从自然科学借鉴来的实验法，在运用于课程评价时，必然有其困难和局限，这是需要努力克服的，并需要在评价报告中进行客观而系统的分析和检讨。

4．调查法

调查法是通过受调查者自我报告，以收集资料信息，并对教材作出判断的方法。这种方法适用于大样本的研究和评价，也可以在短期内收集到所需要的资料信息。调查法的作用主要有：了解社会各界对教学目标和教学内容的意见；了解社会各界对教材的意见和建议；了解学生使用教材的感受；了解教师使用教材的困难和建议；了解学生的学习结果；了解社会各界对教材编制的意见和建议。

调查法可以采取问卷调查、访谈、座谈、教学日志和测验等方式进行。在实际操作过程中，应当兼顾质、量两方面的资料信息，争取受调查者的合作，妥善拟订调查问卷，并注意使用抽样调查技术。

（三）教材评价的工具

教材评价工具，主要用于各种事实信息的收集。从收集信息的性质不同看，实际上存在"静态性"和"动态性"两类教材评价工具：一类是用于静态信息分析的记录表；另一类是用于动态信息收集的访谈提纲、观察记录和调查问卷等。①

① 高凌飚主编：《基础教育教材评价：理论与工具》，人民教育出版社2002年版，第9页。

1. 静态分析记录表

静态分析记录表可以有多种设计，人们已经设计和使用的教材评价记录表共有三种，即教材的单元（册）的质量评估记录表、教材活动（栏目）情况记录表和典型案例记录表。

2. 动态信息收集工具

教材评价的动态调查工具，亦可进行多样化设计。人们已经开发使用的主要有：访谈与座谈会提纲，教师教学观调查问卷，教师对新教材看法调查问卷（分学科），学生学习方式调查问卷，学生对新教材接受程度的调查问卷（分学科）以及各学科课堂观察记录表。

在设计和开发时需要做到：评价工具必须针对反映评价质量的关键问题和项目，尽量对教材的具体方面进行分析；既要全面涉及反映教材质量的各个方面，又要尽量简洁可行，避免烦琐；设计的问题陈述必须准确没有歧义。以学生为调查或观察对象的动态评价工具，应注意学生的年龄特点和发展水平。问卷和观察记录表设计应便于数据登录和各种统计分析。应分学科进行评价工具设计，以适应各学科的内容特点和目标要求差异。

随着课程改革的深入，课程赋权逐步落实，信息技术与课程整合飞速发展，不仅教材评价的研究与应用越来越紧迫，而且课程方案评价、教学设计或教学方案评价以及课程资源开发评价也在急切地呼唤人们加以重视、研究、开发与应用。

第三节　学生学习评价与评估

学生学习评价与评估，是课程与教学评价领域中最重要的一个部分。为了全面而准确地评价学生的学习与发展，需要建立现代评价观，确立评价标准，灵活运用评价方法与工具。

一、学生学习评价与评估概述

对于学生学习的考核，最早使用的是考试（examination）和测验（test），后来发展起评价，新近兴起了评估（assessment）。

（一）基本概念

学生学习评价与评估是指在系统、科学以及全面地收集、整理、处理和分析学生信息的基础上，评定学生个体学习与发展质量。现实生活中，人们往往将测验与考试等同于学生学习评价与评估，因此，有必要对测验与考试的概念加以澄清。

考试是指由主试根据一定社会的要求，在一定场所，采取一定的方式方法，选择适当的内容，对应试者的德、才、学、识、体诸多方面或某一方面进行有组织、有目的测验和识别的活动。在学校教育中，考试是一种学业成就测验，根据教育目标和内容，教师、学校或有关人员选择有代表性的内容与问题，按照一定的程序、方式，对学生的知识、技能等进行测量与评价的过程。①

测验是指在相同的条件下，通过施测同一套问题来测量一个行为样本的工具或系统的方法。② 测验是教育测量的一种有效工具，在教育评价或评估过程中常被用来收集资料，如有关态度测验、民意问卷测验和学业成就测验等。因此，测验是一个比考试更为宽泛的概念，测验包含了考试。与考试和测验相比，学生学习评价与评估是一个涵盖更全面的术语，考试与测验是学生学习评价与评估的特定形式而不是唯一形式，它们不包括对学生学习的定性分析，也不包含对所有结果的价值判断。而学生学习评价与评估不仅包含对学生的定量描述和定性分析，还包括对于结果的价值判断。③

（二）表现性评估与表现性评价的比较

学生学习评价在教学实践中扮演着极其重要的角色，评什么和如何评在某种意义上决定了教什么和如何教，影响着学生受教育的结果。关于如何对学生进行学习评价的争论从未停止过，争论主要围绕其价值而展开，评价价值取向的确定就成为有效实施学习评价的首要问题和先决条件。今天，学生评价正在走向表现性评价。在我国，出现了将表现性评价与学业成就测验对立起来的倾向。这种观点认为，表现性评价是一种基于质性评价研究产生的新的评价方法，通过评价对象在完成实际任务时的表现来评价学生已经取得的发展成就；学业成就测验则比较关注于测查学生对知识和技能的识记、理解和简单运用的情况。实际上，所谓“表现”就已包含了学业成就的表现，二者并不存在着截然的对立。只要是对学生真实状况的反映和着眼于学生的成长与发展，都是我们所需要的。

表现性评估与表现性评价，是两个既有区别又相互关联的概念。评估（assessment）侧重指的是在某个学科领域之中，运用笔试、成长记录或者实验操作对学生的技能或知识进行量化的处理，以描述学生的学习与发展现状与水平。而评价（evaluation）侧重指的却是对学生某个方面的发展好坏进行价值判断，以衡量学生是否达到某种标准。具体而言，二者的联系和区别见表 18-1。

表 18-1　表现性评估与表现性评价的对比

维度	表现性评估（assessment）	表现性评价（evaluation）
时间	形成性的：提升学习取向	总结性的：终结性的质量标准取向
测量关注焦点	过程定向：如何展开学习	结果定向：学习到了什么
管理者和接受者关系	反省性的：学生内部界定的目标	规定性的：外部强加的标准
结果	诊断性的：鉴定需要提升的领域	判断性的：获得总体等级与分数
标准及其调整	灵活的：问题得到不断澄清	确定的：对标准或手段的调整
测量的标准	绝对的：为获得理想结果而努力	相对的：进行好坏的价值判断
宗旨	合作的：学生之间相互学习	竞争的：战胜别人

① 廖平胜著：《考试学原理》，华中师范大学出版社 2003 年版，第 52～54 页。

②③ ［美］Linn，R. L. & Gronlund，N. E. 著，赵希斌等译：《教学中的测验与评价》，中国轻工业出版社 2003 年版，第 25、26 页。

表现性评估的发展，并非取代表现性评价，而是针对表现性评价之不足加以弥补，通过研究和开发综合性的表现性评估与评价体系，以改善学生学习过程并提升学生的学习结果和发展水平。在当代学校教育中，既需要依据一定的外在标准对学生学习进行总体性的价值判断，同时更需要着眼于学生学习、成长和发展的现状及其水平的描述评估。二者的有效结合将既满足学生自身成长的需要，又满足社会文化对学校教育的要求。

（三）主要方法与工具

在学生学习评价与评估中，人们创用了许多方法。在中小学教育中，常用的学生学习评价与评估方法有“学业成就测验”“日常考查”“专门调查和心理测量”和“替代型评估”。

学业成就测验即常说的考试，这是最常用的评价学生学业成就的主要方法。学业成就测验常用的工具主要有客观测试题和论述测试题等。

日常考查是一种伴随日常教学而进行的经常性的检查和了解学生学习情况的方法。通过日常考查，可以多方面地获取学生学习的动态信息，为师生提供及时反馈。日常考查常用的方式有口头提问、学生板演、小测验以及作业等。

专门调查和心理测量的目的在于全面评价学生的学习态度、方法、习惯和能力。使用这样的方法，需要选用或研制配套的调查问卷、访谈提纲和心理量表等。

在当代教育改革中，学生学习评价与评估出现了许多新型方法与技术，它们常常被用来替代传统的标准化测验，所以它们被统称为替代型评估（alternative assessment），主要包括真实性评估、目标本位评估、表现性评估、评估任务以及档案袋评估等。尽管它们侧重点各有不同，但“所有替代型评估全都突出学生的表现或突出对学生表现的记录”①。因此，在替代型评估中，人们创用了多种有效的新型工具，比如核对表、评定量表、作品量表、观察记录表以及档案袋等。

大量的评价工具将在后面有关部分做专门分析和介绍，这里先介绍三种。

1. *作品量表*

作品量表（product scales）的内容，包括一系列能反映出各种不同品质程度的样本作品。如，在判断绘画好坏时，也许会挑选四份绘画作业质量在“优秀—不及格”的连续量尺上大约等距的作品样本，然后依序给它们标上数字（如：4，3，2，1），数字越大代表绘画作业的质量越好，数字越小代表绘画作业的质量越差。这种量尺表示法即为作品量表。之后，将每位学生的绘画作业依序与这四种样本作对照，看看每位学生的绘画作业符合哪一种样本，得到该样本代号的分数，该分数即用来表示绘画作业的好坏程度值。

2. *核对表*

核对表（check lists）是一组列出表现或成果的测量向度，并且提供简单记录“是”

---

① Ornstein，A. C. & Hunkins，F. P. （2004）. *Curriculum：Foundations，Principles，and Issues*（4th Ed.）. NY：Pearson，352.

或"否"判断的资料表。使用核对表来评价时，只要依序列出这些评价内容，然后，观察者逐一核对每个被观察者的表现是否发生即可。若该表现行为已出现或发生，则观察者只要在表前的适当空格中打个"√"号，做个评价记录即可；若该表现行为未曾出现或发生，则观察者不需要留下任何记号，直接跳至下一个观察项目，继续评价即可。因此，核对表主要是引导评价者的注意力到所要观察的内容上，并提供一种方便做判断记录的工具。

3. 评定量表

评定量表（rating scales）类似核对表，是用于判断学习过程和成果的一种评价工具。二者的主要差异在于，评定量表不像核对表一样仅提供"是"或"否"等简单的二分法判断，而提供评定某个表现出现程度多少的机会。它所评价的表现行为通常都是同一行为的连续性变化资料，只是被人为分成少数几个等份。通常，使用最多的评定选项数目约在3～7个。评定量表的一个优势在于，它能够使得评判人集中注意力于某项具体表现，防止评判人的注意力被分离到与评估目的无关的其他表现层面。

二、学业成就测验

一个良好的教育测验需要有较好的信度、效度以及较高的区分度、适当的难度，选取的测验内容需要有较高的代表性。信度指测验的可靠性与稳定性；效度则指测验的有效性，也就是这个测验在多大程度上可以测查到所要测查的行为特质；区分度指的是测验在多大的程度上可以把不同学生的差异分辨出来。①

（一）测验的类型

根据对分数的解释，可将测验分为标准参照测验和常模参照测验。常模参照测验是以具有某种同质性（如年龄、年级、性别等）的团体测验的平均分数作为参照标准，其目的在于说明某一个学生在团体中的相对位置，侧重于个体与个体之间的比较，主要应用于选拔或学习编组。常模参照测验要求测试题目难度适中，尽量对所有的学生都能够有较强的区分度和鉴别力。标准参照测验则是以体现教育教学目标的标准作业作为比较和参照的标准，其目的是衡量学生的学习是否达到或者在多大程度上达到学习目标，完成学习任务。因此，其试题的数量、质量或结构要能够尽量准确地反映学生学习目标和教师教学目标的要求。

根据编制、实施程序的标准化程度，可将测验分为标准化测验和非正式测验。非正式测验一般由任课教师自己组织、设计和实施，针对学生实际，比较灵活，但测验的质量常受教师自身水平的制约。标准化测验由专门的评价机构设计，并严格依据科学原理和程序进行施测、评分和解释。标准化测验一般质量较高，科学性较强，控制较严，但费用也较高，主要适用于大规模的教学评价，如我国的高考。

根据题目类型的特点，可将测验分为客观测验与论述测验。客观测验以具有明确评

---

① Borich, G. D. (2004). *Effective Teaching Methods* (5th Ed.) Boston: Pearson, 430-473.

分标准为特征，试题的答案唯一，评卷者的主观愿望影响不了对考生作答结果的判断。论述测验则强调学生的自由发挥，其分数可能受到评分者主观判断的影响。

传统的学业成就测验，特别是标准化测验存在的问题主要包括：标准化测验所提供关于学生学习状况的信息是不全面的，甚至是错误的；标准化测验腐化教学与学习的本质，往往导致“考试引导教学”模式；标准化测验容易流于只测验一些较简单的技能，无法测量较高层次的思维技能与创造能力。对上述问题的反思，促使标准化测验出现了新趋向：从功能来讲，它淡化了选择功能，加强了发展和导向功能；从内容来讲，它提供多样化的考试题型，全面考查学生的知识和能力水平；从方式来讲，它只是学生学业评价的一种手段，有其自身的局限性，要与其他评价方式相互配合，充分发挥各自优势。

（二）客观测验的题型

客观测验主要包括多项选择题、是非判断题、配对题以及完形填空题等多种形式。由于客观测验具有信度高、信息量大、适合用机器阅卷和节省时间、精力等特点，因此，它被大量用于现代考试中。其缺点在于：答案固定，限定了考生的独立发挥，难以测量考生高水平的认知能力。

1. 多项选择题

多项选择题目往往包含一个问题或者一个不完整的题干，提供给学生多个选项来回答问题或填充题干。多项选择题可以测量从简单到复杂不同种类的学习结果，并适用于大多数学科内容，它降低了学生凭借猜测获取高分的机会，在客观测验中应用最广泛。在设计多项选择题目时，必须注意几个问题：（1）设计合理选项，干扰项要尽可能似真，选项应该是同一类别的事物；（2）尽可能用肯定句来表述题目和选项；（3）避免在题目和选项中出现正确答案的线索；（4）在设计答案时，要特别避免选项之间有交叉，或者相互包含。

2. 是非判断题

是非判断题是要求学生在一定的时间限制内辨别某个陈述是否正确的一种客观试题。这种题型的主要特点是效率高，考查内容广泛，编制也相对容易。其缺点是难以测量复杂内容，且受猜测的影响较大，具有很大的偶然性，因此，实际运用必须要慎重。编制是非判断题时需要注意：（1）题目要随机编排次序，避免以一些学生易觉察到的有规律性试题排列方式进行编排；（2）题目不允许出现模糊，语句的陈述要简洁明了，用词准确，避免使用特定的限定性词、模棱两可的词以及双重否定词等；（3）在实际教学中为了减少学生通过猜测答对题目，可以让学生在进行判断之后，进一步解释做判断的原因。

3. 配对题

配对题由两列组成，一列内容要与另一列相匹配。要寻找匹配的一列被称为前提项，而被挑选的另一列被称为反应项。配对题的最大优点是形式紧凑，能在相对短的时间内测验到大量的相关事实信息。它经常被用来评价学生对于词语解释、人物和事件等知识的掌握程度等。配对题最主要的不足就是它大多限于测量死记硬背的知识，而且很容易出现无关线索。编制配对题时应注意：（1）两列的项目数最好不相等；（2）两列的项目内容必须有联系；（3）项目不宜过多；（4）两列项目必须保持在同一页上。

4. 完形填空题

完形填空题可以避免猜测，并能适用于不同的内容。在编制完形填空题时，需要注意：（1）试题仅仅空缺关键词语，不要消除过多基本成分，以致内容的完整意义遭到破坏；（2）留有空白的试题不能照搬教材原文，否则会鼓励学生将注意力集中在教材的用词而不是内容上。

（三）论述测验的题型

论述测验题的主要特点是回答自由，学生可以根据自身对题目的理解，通过自己的语言去解释、分析和表达观点。因此，它在评价学生理解能力、语言表达能力以及组织和应用信息能力等方面具有独特的优势。论述测验题的不足在于评分有时不可靠，耗时过多，以及获得的学业成就样本有限。

鉴于论述测验题的特性，在编制和使用论述测验题时需要注意：（1）将论述测验题使用对象限于那些不能被客观题很好测量的学习结果；（2）确保论述测验题与教学目标相关联；（3）使用清晰的、明确的语言来界定问题；（4）给予每个问题以适当的时间限制；（5）运用预定的评分框架评定论述测验题，以保证评分的一贯性。

（四）成套测验题的编制

一份好的成套测验题，无论它由何种题型所构成，除了每道试题都设计科学、合理外，还应根据测验目的合理编排。编制成套测验试题的基本步骤为“拟订命题计划，进行试题选择”“编排测验题目，提供说明及答案”以及“复查测试题目，进行及时修订”。

1. 拟订命题计划，进行试题选择

命题计划包括“基本原则”和“试题分布规定”两部分。“基本原则”具体说明测验的目标和内容范围、测验方法和类型、编制试题和组配试卷的要求等。“试题分布规定”一般通过一张双向细目表，标注出试卷所要测量的知识点和认知层次，评价并规定各部分内容所占的试题数量和分数比例。然后，根据双向细目表的规定选出各类试题。这一步是整个试卷编制工作的关键，需要处理好的问题是：什么内容用什么样的试题类型进行测验，试题构成与双向细目表的一致性，以及各种难度层次试题的比例。①

2. 编排测验题目，提供说明及答案

在题目选择结束后，需要把各种题目进行合理的安排，以便于学生的回答和教师的评阅。一般情况下，我们将所有相似的题型组织到一起，把简单题型排列在前面，把复杂题型放在后面，每组题型的内部分组通常按照由易到难顺序排列。为方便学生，应该在题目间留下适当的空间，把题目和选项放在同一页中，将图标靠近描述文字放置以及为学生填写班级和姓名留出空间。教师还应该根据考试要求，拟订测验说明。测验说明

---

① 吴维宁主编：《新课程学生学业评价的理论与实践》，广东教育出版社2004年版，第128页。

通常包括完成测验的时间要求（依据题目形式以及学生的年龄、能力来决定时间）、指导学生如何回答问题（阐释选择和提供答案的基本要求）以及如何记录答案（规定答案记录在考卷上还是独立的答题卡上）等。教师还应该提供答案说明，确定评分原则。对于选择题、判断题等题目，要保障正确答案分布的随机性，尽量避免学生猜测答案；对于论述测验题，要制订详细的评分标准，提高评价的可靠性。

3. 复查测验题目，进行及时修订

在试卷设计完成之后，还需回过头来对测验题进行复查。为了避免个人思维定式的影响，可以请一位同事对题目和任务进行审查或者将题目和任务存放一段时间之后再进行审查。复查题目和任务时，至少应该回答下面的问题。①

（1）这种形式适合要测量的学习结果吗？例如，预期学习结果如果只是简单回答定义，宜用选择题；如果是考查学生对问题的判断和材料的组织能力，则宜用论述测验题。

（2）由题目引发的知识、理解和思维技能，与具体的学习结果及要测验的学科内容相匹配吗？核实题目和任务与双向细目表中的内容是否适应，在任何情况下，由题目和任务引发的回答都应该与使用的目的相一致。

（3）题目和任务的表述清楚吗？检查题目是否清晰、简明地阐释题目要求，要尽量摆脱技术性错误和无关线索，避免因语意不详导致学生错误的回答。

（五）评分与评定成绩

实施测验后，必须对试卷进行评分，并根据一定的标准对分数作出合理解释。通常评分和等级系统是建立在对比的基础上，人们常用的学生学习成绩等级评定方法，主要有“相对式”“绝对式”“能力式”和“综合式”。②

1. 相对式

在教师相对地评定等级时，其评定依据是学生相对于其他学生的表现情况。这种评分系统简化了等级评定工作，但没有考虑到班级的整体能力水平，导致在这种系统中，一些学生总是获得好成绩，另一些学生总是成绩不佳。

2. 绝对式

教师进行绝对等级评定时，依据的是教师认为学生真正需要达到的等级。在这种评分系统中，教师可根据学生正确答题比例决定其成绩，简化了等级评定工作，但合理确定每个等级的标准是一项较为困难的任务。

3. 能力式

如果根据能力评定等级，教师就应该根据学生表现与其能力水平的符合程度来确定等级。例如，高能力的倾向者达到高水平获得高等级，但高能力倾向者达到平均水平，

---

① ［美］Linn，R. L. & Gronlund，N. E 著，赵希斌等译：《教学中的测验与评价》，中国轻工业出版社 2003 年版，第 254～255 页。

② ［美］Popham，W. J. 著，楼春芳译：《促进教学的课堂评价》，中国轻工业出版社 2003 年版，第 272～274 页。

就只能获得较低的等级。这种评分系统的关键在于如何确定学生的能力倾向。在教学实践中，往往只能根据学生自身的努力程度或与自身原来成绩的对比来评定其等级与得分，其优点是强调了学生的努力，激励了低水平学生，但评价的公平性有待商榷。

4. 综合式

由于存在多种等级评价方法，许多教师选用了综合的等级评价法。在这种评定法中，教师综合了学生各方面的表现之后作出判断：（1）评价成绩；（2）努力；（3）课堂表现；（4）态度；（5）进步情况。其优点是能够较为全面地评定学生的学习及其结果，缺点是大多数教师都是主观地对学生的成绩、努力、态度、表现和进步进行综合，缺乏可靠性。

上述评分系统都可以作为评定分数的基础，教师应根据不同评价目标进行选择。

三、表现性评估

表现性评估，是一种基于学生的表现或表现样本，依据既定的标准而进行的直接和系统的观察和评价。[①] 表现性评估针对特定学习过程和结果，能够有效地对学习中涉及的独立判断、批判性思维和决策制订的技能进行评价，也能够评价情感和社会技能。

（一）表现性评估的特点

表现性评估既有优点，也有局限。其优点主要有：（1）表现性评估的题目，大多是关于真实世界生活的内容，通过解决与实际生活相关的问题，使学生更能体会学习的重要性与实用性；（2）表现性评估能够帮助学生创建有意义的学习情境，学生自主选择任务方案，自己支配时间，以此来增强学生的学习兴趣，提高学生的参与热情；（3）表现性评估适用的范围相当广泛，对于学生的知识、情感以及复杂的认知技能都可以利用表现性评估来进行评价，它能够较完整地反映出学生完成任务的过程与结果；（4）表现性评估对学生思考过程与学习方式等能作出恰当的评价，并能找出造成学生学习差异的主要因素，有利于改进教学工作。

表现性评估的局限性，主要表现为：（1）表现性评估任务的设计和实施都要耗费大量的时间；（2）评价结果的信度和效度不高。在信度方面，评分者相互之间评分的一致性通常不高；在效度方面，实施过程需要较多的时间，因此评价项目通常很少，以极少数的行为样本无法做到准确推定学生整体的学习成绩。

（二）表现性测验的研制

表现性评估需要借助适宜的表现性测验，表现性测验是新事物，需要进行精心研制。表现性测验的研制步骤为“确定评估内容”“设计评估情境”“详细规定评分细则”以及“具体规定测验要求”。[②]

第一步，确定评估内容。创设表现性评估一览表，详细说明学习结果所包含的知

---

① ［美］Hart，D. 著，吴东梅译：《真实性评价》，中国轻工业出版社 2004 年版，第 177 页。

② Borich，G. D.（2004）. *Effective Teaching Methods*（5th Ed.）. Boston：Pearson，481-494.

识、技能、情感态度以及指标。有三个中心问题需要精心考虑：什么知识或内容（如事实、原理、规则）在学生学习过程中是最重要的？哪些基本技能（智力技能、动作技能和实际操作技能）是学生成功完成学习活动所需要的？哪些基本的心理、行为习惯和情感态度是学生成功完成学习活动所需要的？

第二步，设计评价情境。对要观察的行为表现进行详细列举和定义；在真实的学习情境中让学生能够自由地、自然地展现他们在知识、技能和情感态度方面的发展水平。

第三步，详细规定评分细则。表现性评估并不是对学生在学习活动中的表现进行简单的描述，而是为了真正能评价出学生在复杂的学习活动中的知识、技能和情感态度方面的表现与进步，并使评价的结果具有相当的可靠性。要达到这些要求，对评分细则的规定是必需的。

第四步，具体规定测验要求。测验要求规定，需要考虑的事项有：时间——评估本身以及学习活动的准备时间、重新考虑、修正以及完成时间；参考资料——评价者、学生等开展评估测验需要的各种资料；其他人——确定学生学习活动和测验顺利完成所需要的协助者和咨询者，如同伴、教师、专家和其他人等；工具——确定学习活动和测验解决问题所需的物质设备和工具，如计算机、网络、铅笔等；准备性知识——确定学习活动要掌握和测验要考查的知识或内容等；评分标准——确定教师的评分标准，并决定是否有必要让学生知道。

（三）档案袋评估

1. 档案袋评估的内涵及特征

档案袋评估是表现性评估的一种特殊形式，它描述的是学生在特定学科领域中长期的发展历程以及重要成果的增长。档案袋是一个收集了学生一学年或一学期作品样品的活页夹，它系统地、持续地记录了学生在学习中努力、进步的情况。档案袋评估和其他评价方式相比，具备多种优势。

（1）档案袋评估克服了传统考试离散性、片面性和单一性的缺点，强调评价与教学的有机结合；强调学生的学习过程评价；强调学生的参与，从而表现出强大的生命力。

（2）档案袋评估是师生“实践—反思—发展”的过程，不仅让学生取得了进步，教师通过此项活动也会得到提高。

（3）档案袋评估可以为课程开发提供重要的资源与素材，促进教学与评价的有机结合，而且有利于学生自我评价与自我反省能力的培养，可以有效促进教师成长和学生发展。

（4）让学生和家长自行参与评价，可以调动家长资源，端正学生学习态度，让学生享受到学习的乐趣、成功的喜悦，也为学生个体的发展创设了良好的环境。

尽管档案袋评估的优势使其成为一种教学和评价的辅助工具，但是它还存在一些不足。首先，学生收集和整理档案袋资料的能力以及参与档案袋评估的积极性存在一定差异，教师要培养每个学生的主动参与意识，调动每个学生的积极性是一个困难的任务。其次，档案袋的制作很烦琐，需要收集的内容太多，对内容的选择、整理和分析都会花费教师大量的时间和精力，而且对教师的业务水平也提出了较高要求。

2. 档案袋评估的基本步骤

创建和使用档案袋的方式有很多，但以下七个步骤反映了创建档案袋最关键的活动。①

（1）确保学生理解档案袋的意义，必须使学生认识到档案袋是他们自己作品的集合，而不只是收集教师要评分作品的临时容器。

（2）教师和学生依据不同目标，共同讨论决定收集什么类型的作品样本。

（3）学生要在完成指定作品后将其收集起来，放进一个合适的“容器”（如文件夹或专用袋）里。档案袋的内容如何组织，取决于要收集作品样本的性质。

（4）教师和学生一起制订评估档案袋作品样本的标准。评估标准，至少是主要评估标准，必须是相互独立的，否则学生很难评估他们的努力和进步。评估标准一经确定，还必须要有具体明确的使用说明。

（5）确保学生依据既定的标准对档案袋作品进行自我评估。自我评估表必须与作品一起存放，并签署具体的评价日期，以追踪学生自我评估能力的进步。

（6）安排和举行档案袋交流会议，这种会议不仅要评估学生的作品，还要帮助学生提高自我评估能力。

（7）调动家长全程参与档案袋评估过程。教师必须鼓励家长定期回顾、评估其子女的作品样本以及其子女对作品的自我评估意见。

事实上，学业成就测验和表现性评估这两个方面，相辅相成地构成了当代学生学习评价与评估的基本体系，缺一不可。目前在表现性评估发展中，作为评估工具的档案袋被人为炒热，导致出现了两种有害的倾向，必须加以正视并澄清。一是否定测验考试，力图以档案袋评估取而代之。虽然以前由于种种原因，在中小学里，测验考试占据了绝对的支配地位，甚至在实际的操作中成了教育评价的唯一形式，引发了一系列严重问题。但是中小学教育本身的基础性以及为终身学习和发展的奠基性，需要学生学习基础知识、形成基本技能、养成基本的价值观与态度，所有这些都要求确定一个相对客观的标准作为衡量学习成效的指标，维护和使用相对客观的考试和测验制度。所以，测验与考试是中小学教育不可或缺的评价形式及工具。二是将档案袋看成一种原创性的新型评估，在探讨课程评价改革时自觉不自觉地将国外档案袋评估的烦琐操作引进并加以推广。事实上，借鉴国外档案袋评估是非常有价值的，但是将其照搬进来并在中小学课程改革中加以推行则是不慎重的，是不符合我国国情的，必须加以反思和检讨。其实，我国学校教育中早就创用了档案袋评价方式，那就是大家耳熟能详的“学生档案”和“教师档案”，至今仍然在广泛使用。只是由于测验与考试地位的凸显，我国的“档案袋”评估并没有很好地发挥应有的功能和价值。倘若我们转变观念，将学校“档案袋”与教育目标和学习过程结合起来，进行研究和开发，凸显其教育的功能和价值，并与测验考试相结合，则可能是一条前景广阔的评价改革与发展之路。

---

① ［美］Popham，W. J. 著，楼春芳译：《促进教学的课堂评价》，中国轻工业出版社 2003 年版，第 272～274 页。

第四节　教师评价

教师评价所涉及的教师职业活动范围越来越广，对教师职业及其活动的影响也越来越突出。它直接影响人们对教师职业的选择、教师工作中的动机和需求、教师专业水平的提高、教学的专业化以及教师的个性和尊严。

一、教师评价的概念

教师评价就是依据一定的评价标准，对教师素养及工作的现实或潜在价值作出判断的活动。在国外，教师评价又叫教师考核（teacher appraisal）。教师考核，一般是指对教师进行的正规、系统、公开的考察和评定，其基本目的就是为了保证教师素养、提升教学质量和推动教师的专业发展。教师考核的内容主要包括：教师行为的考察——主要考察教师在教室以及其他相关场所的行为表现；教师和工作伙伴关系的考察——主要考察学校的环境，了解学校是怎样帮助和限制教师行动；学生行为和经验的考察——考察学生所参与的活动以及学生之间和教师之间的相互影响；学生的学习成果考察——通过正式或非正式的方式了解学生详细的学习成果及其与教师工作的关系；等等。①

当今国内外教师考核制度在不断发展，各具特点。如英国的发展性教师考核制度强调教师的发展性，教师的考核与提升和解聘无关，而是作为促进教师专业发展、提高学校教学质量的手段，并且注重定性方法的运用，对课堂教学行为的观察运用定性的分析方法，自我评价和评价会谈都以文字描述的方式进行。美国的教师考核在组织实施上突出制度化和标准化；在目的上强调终结性评价和形成性评价并重；在方法和手段上，注重科学性和多样性，既有定性的等级评定和观察法，又有定量的教师测验法和学生成绩测验法，既有专门人员的评价，又重视同事、学生的评价和教师自身的参与。在我国学校教育中，主要实施的是管理式教师考核，评价结果通常被作为教师职称晋升、评先选优、发放奖金乃至聘任等的依据。管理式考核对教师工作有具体的导向作用，它有相应的管理制度配套，降低了管理工作的难度。近年来，发展性教师考核制度逐步在我国开始推行，主要目的是诊断教师工作中的优点与不足，以帮助每个教师针对个人特点制订改进方案；评价标准不完全是既定的，而是开放的，是可以在相互研讨中逐渐明确的；教师主要不是被评价的对象，而是评价的主体。发展性教师考核制度保护了教师的自尊心，激发了教师的潜能，受到教师的普遍欢迎。

二、教师招聘考核

教师招聘是保证教师素养、提升教学质量的关键环节。学校招聘教师，意在选拔一

---

① Marsh，C. J. （1997）. *Planning，Management and Ideology：Key Concepts for Understanding Curriculum 2*. London：The Falmer Press，115.

批高质量、有专业背景、热爱教师职业的人员来加强教师队伍建设。因此，必须通过一定考核程序和方法从求职者中进行选拔，这个选拔的过程就是教师招聘考核。一般来说，教师招聘考核包括“工作描述”“设定考核指标”“审核求职书”“面试”和“试讲”程序。①

（一）工作描述

学校应该提供招聘岗位的工作描述，这个描述能够反映出工作人员的责任和义务。教师履行的责任应该包括完成学校目标和满足学生的需要。

（二）设定考核指标

对于求职者的审核包括一般标准和特殊标准。一般标准是指对教师的最基本要求，包括课程内容的相关知识、课堂组织管理的能力和与学生相处的能力等。特殊标准是指对特定教师岗位的特殊要求。

（三）审核求职书

对每个求职者的求职书都要仔细地审核，看其是否符合工作描述中所提到的任何一个细微要求。同时，通过电话、电子邮件等手段了解求职者的背景，证实求职者所提供信息的真实性。

（四）面试

在面试过程中，考核者会通过提问来进一步了解求职者的情况，求职者通过回答问题可以折射出他们的思考方式、知识与技能等。

（五）试讲

教师最重要的工作就是班课教学，因此教师招聘考核最后一步，往往是要求求职人员进行试讲。对于应聘的应届毕业生和有教学经验的教师，试讲标准不能完全一样。对于新手教师，要关注他们的发展潜力，主要是考核语言表达、与学生交流能力以及组织课堂纪律等班课教学的基本能力；对于有经验的教师，则可以依据岗位需求进行更全面、更综合的考核。

三、教师教学评价

教师的主要工作是教学，教师评价在很大程度上就是考核和评估教师的教学工作，包括教学行为以及教学效果等。

（一）评价主体

在教师评价活动中，为了能全面、客观地进行教师评价，一般都采用多途径、多主体的形式来评价教师。较为常见的教师评价形式有“领导评价”“同事评价”“学生评价”“专家评价”“社会评价”和“教师自我评价”。

领导评价，即教学管理部门领导以及教学督导员等对教师的教学水平进行评价。

---

① ［美］Weller，L. D. Jr. & Weller，S. 著，杨英等译：《学校人力资源领导》，中国轻工业出版社 2005 年版，第 149～163 页。

同事评价，一般指由职级水平相当或相同学术背景的教师进行互评。

学生评价，即学生对教师的评价。教师服务的对象是学生，学生既是教学活动的对象，也是教学活动的主体。学生对任课教师教学水平的高低、教学效果的好坏是最有发言权的。

专家评价，即专家对教师的评价。专家通常包括专门评价教师的团体或专业/学术研究人员、地方教育管理部门的督导员等，多具备教育专业素养，能够为教师改进教学和专业发展提供建设性的意见或方向。

社会评价，即学生家长以及社会其他人士、团体对教师的评价。它常常表现为一种社会对教师行为规范的要求和总体性看法。

教师自我评价，指教师通过使用自我评价量表以及自我报告等工具对自身教学行为进行自我分析，从而实现自我提高与专业成长。

（二）评价标准

一般来说，教师教学评价内容主要包括教学过程和教学绩效两方面。

教学过程评价主要是对教师在教学过程中的教学行为进行评价。教学过程评价指标主要有六项，即备课、上课、作业、辅导、课外活动和评价。① 备课的具体标准有：教案规范；目标明确；教法合适；有思想教育要求；有培养创新精神和实践能力的措施；参加备课认真。上课的具体标准有：教学目标符合教学大纲要求和适应学生发展；教学策略与方法有利于培养创新精神和实践能力；教学质量高和效益好。作业的具体标准有：精选作业；数量恰当；收、改、发及时；指导具体；体现培养创新精神和实践能力的要求。辅导的具体标准有：分类辅导；帮助具体；强化学困生提高；重视特长生培养。课外活动的具体标准有：有学期活动计划；能按计划活动；学生乐于参加；促进了学生特长发展。评价的具体标准有：方案全面；方法科学；频率适中；实施严密；促进教学等。

教学绩效评价主要是指对教师教学工作成果的评价。教学绩效评价指标通常包括：学生学习习惯与方法；学生学业成绩；学生能力发展。其中，学生学业成绩一般被看做最重要的教师绩效指标，主要包括：考试的合格率达标；学生的优秀率达标；学生平均分提高幅度达标；学困生的低分率控制在学校规定的指标要求内；学困生的学习成绩有显著提高等。

（三）评价途径与基本方法

教师教学评价的途径主要包括课堂观察、访谈、工作记录分析、学生成绩、学生反馈以及教师教学档案袋等多种方法。课堂观察主要通过评价者使用开放的描述性评语、核查记录单和教师教学评价表来评价教师课堂上的表现。访谈是通过开放性或者结构性的问题向有关人员了解教师教学情况。工作记录分析是通过对教案、教学计划等文件进行分析评价。学生成绩是通过学生的学业成绩来评价教师。学生反馈是使用全班讨论、

① 孙英超：《中小学教师教学工作评价探索》，东北师范大学 2002 年硕士学位论文，第 18 页。

小组讨论以及问卷向学生了解教师的教学情况。教师教学档案袋一般需收集教师在前两三年内有代表性的“证据”，形成即时记述教师成长的履历档案，以凸显和证明教师的教学能力和才识，帮助增进教师的不断反思与检讨，进而构筑起教师与教师间分享经验的平台。①

教师教学评价的方法多种多样，在课程与教学实践中常用的有综合量表法、分析法和调查法。

1. 综合量表法

综合量表法是一种比较精细的数量化的教师教学评价方法。运用综合量表法的基本程序如下。（1）编制专门的教师教学评价量表。教师教学评价量表的设计，主要涉及确定评价指标（项目）、确定各项指标的权重和确定各项指标评分或评等的标准等问题。（2）评价主体以听课为基础，在评价量表上对教师教学质量进行评定。在听完某教师的课后，评价人员依据自己对评分（评等）标准的理解，独立地在教师教学评价量表的每个项目上，给予确定的一定等级或分数。（3）数据处理。汇总所有的教师教学评价量表，运用一定的统计方法对所得数据进行分析处理，得出每个评价对象的总得分或等级。综合量表评价法在实践中的应用有简有繁，这取决于量表本身的精细程度、评价人员的多寡以及统计方法的选择。

综合量表法是评价教师教学质量的有效方法，在实践中应用广泛。它的优点是：注重对教学活动的具体分解，评价指标比较具体；注重量化处理，结果比较准确；注重标准的一致性，评价人员主观因素干扰较少。它的不足和困难是：项目和权重的确定，很难保证根据充分合理；评价人员对标准的理解，仍受个人经验或价值观的影响，难以做到真正客观。

2. 分析法

分析法是一种通过对教师教学工作的有关方面进行定性分析进而评定其质量的方法。分析法一般没有专门的评价指标和评等标准，主要取决于评价人员的学识和经验，评价结果以定性描述为主。

分析法既可用于教师教学的外部评价，也可用于教师的自我评价。学校领导或同行在观摩教师的教学活动后，凭着自己对课程与教学的目的、原理的理解以及有关经验积累，分析教师教学的优点和缺陷，这是常见的分析法的具体应用方式。教师在教学后对自己的课程与教学工作进行分析，寻找教学的成功之处和薄弱环节，这是教师自我分析。教师自我评价一般都比较简单，主要关注最突出的问题或特点。教师日积月累的自我分析，以及新近发展起来的教学反思，对改进课程与教学工作、提高课程与教学水平都有积极作用。

分析法有简便易行、能突出主要问题或主要特征的优点。它的局限在于标准不够明确，受主观因素影响较大，规范性差。因而，分析法主要适用于日常的以改进课程与教

---

① 王斌林：《教师评价方法及其使用主体分析》，载《教师教育研究》2005 年第 1 期。

学工作为直接目的的教师教学评价，不宜用于规范的以评定等级为主要目的的管理性教师教学评价。

3. 调查法

与教材评价和学生学业成就评价相类似，教师教学评价也可采用调查法。调查法主要有问卷与座谈两种方式。问卷法的程序是：设计专门的调查问卷，向相关人员（如所教班级的学生、同校的教师）发放问卷进行调查，收集处理问卷上的有关数据，最后对教师教学质量作出定性或定量的评价。座谈法的基本做法是：召集有关教师和学生举行专门会议，询问某教师的课程与教学情况，了解人们对该教师课程与教学质量的意见，最后对教师教学质量给予评价。

调查法兼有综合量表法与分析法的有关要素，适合于专门了解某个教师较长时间内的课程与教学情况，多在专门鉴定某教师的综合教学水平的管理性评价中运用。当然，教师也可以通过调查法来了解学生对自己课程与教学的意见，帮助改进课程与教学工作。

（四）发展动向

教师教学评价的目的和功能，正在超越给教师评定等级，向促进有效教学和教师专业发展的方向进化。这使得教师教学评价的研究，越来越凸显“有效教学及其标准”和“教师发展性评价”的主题以及“教学档案袋”的方法。

1. 有效教学标准

西方一些国家特别重视“有效教师”的培养，并将课堂有效教学的建构重点放在教师有效教学行为的考察上。大量的研究表明，有效教学需要五大关键行为，它们是“授课清晰”“教学多样”“任务取向”“促使学生投入学习过程”和“学习成功率高”；同时还需要一系列辅助行为，它们有“使学生出主意作贡献”“结构化”“提问”“深入调查”“富有激情”。①

有效教学的现代追求，决定了有效教学标准的内涵。有效教学标准指人们研制和使用的一种评价教师教学质量的指标及其标准体系，目的是促进有效教学、教师专业发展和学生学习成功率。我国关于教学有效标准研究，开始超越已有的“教学目标”“教学活动”和“教学效果”的体系，提出了新型的课堂教学有效性标准框架，包括“目标”“内容”“活动”“能力”“反馈”和“组织与管理”。②

教学目标的具体指标有：有价值与体现高期望，清楚、具体与可操作，适合学生需要，全面、综合与深刻，明确考核内容和方式。

教学内容的具体指标有：思想先进，反映最新发展，结构良好，适合学生基础，联系社会生活，满足发展需要。

教学活动的具体指标有：设置教学情境，活动目标准确并与学习内容一致，小组活

① Borich, G. D. (2004). *Effective Teaching Methods* (5th Ed.). Boston: Pearson, 11-21.

② 改编自孙亚玲：《课堂教学有效标准研究》，华东师范大学 2004 年博士学位论文，第 104～114 页。

动，师生互动，生生互动，活动与作业。

教学能力的具体指标有：清晰准确地交流，运用提问与讨论技术，训练学生的学习方法与思维，运用教学资源与技术。

教学反馈的具体指标有：为学生提供反馈，与家长沟通和交流，教学反思，课堂评价，作业、考试与测验。

课堂组织与管理的具体指标有：有明确的课堂纪律，创建一种健康与有益的学习文化，有效分配与利用课堂时间，组织与管理教学过程，管理学生行为。

上述每个指标都可以赋予“优秀”“良好”“中等”“及格”以及“较差”五个层次水平的定性描述，并且可以相应转化为“5”“4”“3”“2”“1”五个数值，从而成为一个可以直接使用的教师教学评价量表。该标准框架较为综合而全面地体现了现代教学观，并且具有开放性和适应性，既可以供教师教学评价根据实际需要加以压缩、扩展或改编，又可以供教师专业发展根据个人情况确定自己的努力和行动方向。

2. 发展性教学评价探索

教师发展性教学评价是一种以促进教师未来专业发展为目的的形成性教学评价。它的最大特点是以人为本，面向教师未来发展，尊重教师主体地位和人格，激发教师的主体精神，促使每个教师最大可能地实现自己的价值。

事实上，发展性教学评价在类型、目的、指标、内容、方向、动力、过程、方法、手段以及结果等诸多方面与传统教学评价都有很大的差异（参见图 18-1）。

传统教学评价	类型特征	发展性教学评价
行政性、控制性评价	评价类型	教育性评价
对教师进行考核、分等	评价目的	促进教师专业发展
高度标准化	评价指标	具有层次性、区别性
单维度：教师乃教育者	评价内容	多维度：教师乃教育者、学习者和创造者
面向过去、侧重回顾	评价方向	面向未来、注重发展
靠外在行政压力	评价动力	靠激励内在动机
终结性、静态评价	评价过程	形成性、动态评价
自上而下、他评为主	评价主体	自评、他评结合
统一步骤、统一量表	评价方法	面谈为主、相互交流
量化评价为主	评价手段	质性评价、量化评价结合
结论：概论性，与奖惩挂钩	评价结果	结论：分析性，反馈改善、促进发展

图 18-1　发展性教学评价与传统教学评价比较

传统的教学评价，属于行政管理与控制性评价，目的在于对教师进行考核与分等，指标是高度标准化的，内容是单维度的。它只将教师看成是纯粹的教育者，方向上侧重回顾与面向过去，动力主要来自外部行政压力，过程是终结性和静态性的，主体是他评式的自上而下，工具是统一步骤与统一量表，方法是量化为主，结果是概括性的并与奖惩挂钩。而发展性教师教学评价，属于教育性评价，目的主要在于促进教师专业发展，指标具有层次性和区别性，内容是多维度的。它把教师看成是教育者、学习者和创造者，方向上注重发展与面向未来，动力靠激励内在动机，过程是形成性的和动态性的，主体是他评与自评结合的平等对话，工具是面谈为主相互交流分享，方法是量化与质化结合，结果是分析性的，用于反馈改善和促进发展。

3. 教学档案袋

教学档案袋（teaching portfolios），于20世纪90年代早期出现。“一份档案袋就是一种富有理论含量的行动。”① 这是一个广泛适用的隐喻，来自教师活生生的教学生涯。教师们如果一开始时就形成自己教学的理论取向，那将对他们自身最有价值。教师的教学理论将“培育”一份合符理性的教学档案袋。事实上，教学档案袋作为一种有效方法，对考核各个阶段的教师都是适宜的，已经深受重视并广为应用。档案袋与档案（folios）是完全不同的，一份教学档案袋必须包括按照一定标准或标规要求对教师的教学进行反思。教学档案袋的关键所在，是富有思想的反思，必须记录并反映教师智力的和专业的理念。一份教学档案袋必须包括：

受评者一个时期里教与学情况的精华；

受评者工作做得最好的代表作；

部分学生作业样品；

受评者的部分反思材料。

事实表明，专业性教学档案袋对教师特别富有价值，主要表现为：

它们是反思性产品——简要地反映了教师专业与个人生活；

它们表征了教师的教学资质与素养——是反映教师良好表现的文件、信件、论文以及影像的精心选集，用简洁而实在的方式呈现出教师取得的个人与专业成就；

它们为每位教师提供了一个整体形象——给每位教师以机会来展示各自的教学强项、教学心灵、教学精神与教学激情；

它们提供文档材料以强力支持教师应聘面试——为教师应聘新职位提供信心与竞争力。

思　考　题

1. 试分析教育评价、课程评价、教学评价和学习评价之间的区别与联系。

2. 如何设计和实施有效促进学生学习的作业与测验？

3. 如何正确看待和开发新型学习评估方式？

4. 如何正确认识和改进教师评价方式？

5. 请基于你前一章设计的课案，研制一份配套的学习为本评估方案及其作业、测验和试题等。

---

① Marsh, C. J. (2009). *Key Concepts for Understanding Curriculum* (4th Ed.). London: The Routlege, 199.

第四编　课程与教学美学

当夸美纽斯创建“教学论”的时候，他期望奉献给世界的是“教学艺术”。当人们用“蜡烛‘燃烧自己，照亮别人’的精神”，来描述教师的献身形象时，课程与教学活动中那种撼人心扉的美感，就开始凸显了。当人们开始有意识地追求课程与教学的审美境界时，课程与教学美学就开始悄然萌芽了。于是，教学艺术成为人们努力追寻和倾心建构的新领域，并开始与教师生涯相结合，开始渗入学习者的学习生活。进而，人们开始努力从意象到创制各个层面，去达至审美化的课程与教学，去践行艺术化的课程与教学。在这样持续而专门的探索中，人们关注的问题有三个层面：教育或课程与教学活动中“美”及“审美意象”究竟是什么？在纷繁复杂的教育或课程与教学活动中“美”及“审美意向”是怎样显现的？我们在教育或课程与教学活动中如何创造“美”，怎样孕育“审美意象”？

在课程与教学活动中，人们自觉或不自觉地直面蕴涵其中的审美或艺术问题，附带或专门地去认识和创造课程与教学美及审美意象，去探索、把握和创造融入“美及审美意象”的教学艺术，从而形成了特殊的课程与教学美学学科。它目前已经形成了课程美学、教学美学、学习美学、教学艺术与学习艺术等领域。本书拟单列“课程与教学美学”一章加以介绍，以期引起大家的重视、研究与开发。

第十九章　课程与教学美学

课程与教学美学，是一个专门探讨课程与教学审美活动问题的研究领域，旨在通过艺术而审美地理解和建构，努力把课程与教学提升到发现美、体验美、欣赏美和创造美的境界。

第一节　课程与教学美学概述

当人们开始有意识地追求课程与教学的审美或艺术境界时，课程与教学美学已悄然萌芽，发展至今已经成为一个相对独立的学科。

一、课程与教学美学的概念

“无论在东方或是在西方，美学思想的发展都已有两千多年的历史。但是，美学作为一门学科，它的名称却出现得很晚。”① 美学（aesthetica）一词，最早是由德国哲学家鲍姆加通（Baumgarten，A. G.）首次使用的。他于 1750 年出版《美学》一书，标志着美学作为一门独立学科的产生。美学是以对美的本质及其意义的研究为主题的学科，是哲学的一个分支。美学是从人对现实的审美关系出发，以艺术作为主要对象，研究美、丑、崇高等审美范畴和人的审美意识，美感经验，以及美的创造、发展及其规律的学科。美学研究的主要对象是艺术，但不研究艺术中的具体表现问题，而是研究艺术中的哲学问题，因此被称为“美的艺术的哲学”。美学的基本问题有美的本质、审美意识与审美对象及其关系等。

人们尝试将美学引入教育领域，开始自觉地探讨与建构课程与教学美学，初步形成了教育美学、教育艺术、课程美学、教学美学、学习美学与教学艺术研究领域。

（一）教育美学

在西方，将美学引入教育与课程领域一直是个研究热点。② 在我国，早在 20 世纪 80 年代，有学者就提出了教育美学的构想，并阐述了“教育美学的任务、对象、内容

---

① 叶朗主编：《现代美学体系》，北京大学出版社 1999 年版，第 3 页。

② Hanna，J. L.（2008）. A Nonverbal Language for Imagining and Learning：Dance Education in K-12 Curriculum. *Educational Researcher*，37（8），491-506.

体系”。① 到了20世纪90年代，有学者努力倡导，“建立一门教育美学，以探寻教育功能的美学价值，研究教育过程、教育方法、教育手段……的美学规律，使人类教育自觉纳入审美的轨道，则能更充分地发掘教育的潜在功能，使教育更强有力地担负起推动人类进步车轮的责任。”② 教育美学运用美学理论研究、揭示与阐述教育领域中的审美现象及其发展规律，以帮助人们涵养审美思维与审美建构。③ 教育美学是教育学、美学、心理学相互渗透、融合的结晶，是一门边缘学科，目前成为了教育领域里需要大家着力探讨与建构的新兴学科。

（二）教育艺术

教育艺术是教育领域里一个永远充满生命力和诱惑力的话题，成为教育界研讨的热点课题之一。目前，在教育艺术的本质规定上，人们存在不同的看法。一般来说，教育艺术是“与稳定的教育科学理论相对。指一种达到娴熟、精湛境界，能巧妙地获得创造性教育成效的技艺”④。为了让教育艺术真正成为艺术，人们在不断深入地探讨和认识教育艺术的“艺术”实质。教育艺术首先是一门特殊艺术，其特殊性集中表现为综合性。所以教育艺术实质上是一门综合艺术。事实上，教育艺术是通过特殊教育方法加以表现的，所以教育艺术是一种以讲、读、听、写、问答、示范、练习、实验演示等为基本表现方式的综合艺术。教育艺术与一般艺术的目的不同，它既不同于美术以反映社会生活和表达艺术家思想感情为主要目的，也不同于戏曲艺术以反映生活和评价生活为主要目的，它的目的是使受教育者得到全面而和谐的发展。所以，教育艺术是“使受教育者得到全面、和谐发展”为主要目的一种综合艺术。总之，“教育艺术是通过讲、读、听、写、问答、示范、练习、实验演示等基本手段，使受教育者得到全面和谐发展的综合艺术。”⑤

（三）课程美学

20世纪后半叶，逐步兴起了课程美学探究的趋向。在课程研究与开发领域，长期盛行博比特以及泰勒等开创的“课程工学模式”，同时各种批判也随之而来。在对课程工学模式的批判中，课程美学探究取向便应运而生。追溯起来，可能是曼（Mann, J. S.）首倡课程美学探究。她于20世纪60年代末期发表了《课程批评》（*Curriculum Criticism*）一文，明确指出已有教育情景语言的不适当性，明确提出“课程即文学内容”的主张，号召人们建立“艺术化课程”（curriculum-as-art），⑥ 从而揭开课程美学

---

① 郑钢：《关于建立教育美学的构想》，载《湖南师范大学社会科学学报》1987年第2期。

② 高英杰：《关于建立教育美学的构想》，载《广东社会科学》1996年第3期。

③ 周文杰：《21世纪教育理论的生长点》，载《江西社会科学》2003年第9期。

④ 顾明远主编：《教育大辞典（增订合编本）》，上海教育出版社1998年版，第791页。

⑤ 罗永忠：《教育艺术的本质新探》，载《温州师范学院学报（哲学社会科学版）》1997年第5期。

⑥ Mann，J. S.（1968-1969）. *Curriculum Criticism*. *Curriculum Theory Network*，Win.，1968-1969，2，2-14.

研究的序幕。“到目前为止，课程美学探究取向有两种实践方式，即教育批评与叙事研究。”① 其中，建构课程美学领域的趋向，也已经出现。②

（四）教学美学

教学美学是教学论研究中的一个新领域，国内外的研究与发展各有特点。③ 检视有关文献，美国、英国、俄罗斯、德国等国学者，在批判当代唯科学主义教育倾向中，形成了大量的教学美学研究成果。国外教学美学研究起步较早，内容广泛，涉及教学法的美学意义、教学内容的审美改造、审美教育的教学理论等方面。国外学者开创了从审美视角研究教学的先河，并广泛借鉴美学、艺术学、审美教育学的研究成果，综合地研究教学审美活动的问题。我国教学美学研究是伴随着教育美学、教学艺术的兴起而提出并逐步得到发展的。与国外教学美学的研究相比，国内教学美学的研究起步较晚；与教育美学和教学艺术的研究相比，教学美学的研究相对比较薄弱。

（五）学习美学

在教学美学的发展中，随着学习领域逐步凸显，学习美学被人们提了出来。对人类学习与审美活动的分析表明，④ 学习是一种审美活动，学习过程具有一定的审美机制，学习主体具有天然的趋美冲动。所以应让“美”来引导学习，并为教育“立法”，确立教育的功能是“对学习的帮助”，让学习主体愉快而高效地学习。这样，“美学开始与学习理论接壤，并日渐形成一个崭新的学术领域——学习美学。”⑤ 学习美学以学习审美为研究与建构对象。

（六）教学艺术

“无论哪个时代，美学总是把艺术放在中心的位置加以研究。”⑥ 长期以来，教学艺术一直是课程与教学美学领域里，人们发展最早、探索最多和成果最丰硕的范畴。教学艺术是一个古老而弥新的命题。改革开放以后，特别是进入 20 世纪 80 年代以来，人们对教学艺术的探讨逐渐增多，论文、专著迭出。在广袤的学校与班课中，数不胜数的教师们怀着巨大热情，应用和创造了大量的有效而实用的教学艺术，既有力地促进了教学质量的提高，又显著地推动了教学艺术的研究。进入新世纪，随着信息通信技术的广泛应用，教学艺术与教育技术的整合，成为一个新生长点。⑦

---

① 张韵、吕晓：《课程美学探究取向发展述评》，载《重庆文理学院学报（社会科学版）》2007 年第 1 期。

② 何茜、靳玉乐：《课程美学的几个问题》，第十一届两岸三地课程理论研讨会，重庆，2009 年 10 月。

③ 李如密：《国内外教学美学研究状况及存在问题》，载《教育学术月刊》2008 年第 1 期。

④ 陈建翔：《学习审美论——兼论减轻学习负担的内在可能性》，载《教育研究》1994 年第 2 期。

⑤ 钟以俊：《学习美学——现代学习理论中的新领域》，载《安徽教育学院学报》1995 年第 4 期。

⑥ 叶朗主编：《现代美学体系》，北京大学出版社 1999 年版，第 83 页。

⑦ 陈维维：《教学技术的艺术之“魅”》，载《电化教育研究》2009 年第 8 期。

二、课程与教学美学的发展

课程与教学美学已经初步形成了自己独特的研究对象、客观基础、主要功能及基本原则。

（一）研究对象

课程与教学美学是研究课程与教学领域里审美活动的一门学科。具体地说，课程与教学美学，其研究对象主要包括“引入审美因素”“挖掘审美存在”和“表现审美潜能”等，其研究任务主要是通过课程与教学活动提升人们的审美素养，其研究主题主要包括课程与教学中的审美形态、审美文化、审美心理、审美意象和审美设计等。当代，人们正在建构一种审美的新思维和新行为方式，来推进课程与教学美学研究，同时开辟课程与教学研究的新范式。

（二）客观基础

从价值观角度看，真善美经常成为衡量事物品质的标准。所以，在思考课程和教学问题之时，真善美必将赫然映现在人们眼前。课程与教学的“真”，是指课程与教学的合规律性，表现为课程内容和教学过程的正确性和科学性；课程与教学的“善”，是指课程与教学的合目的性；课程与教学的“美”，是指课程与教学的内容以及过程渗透着大量美的因素，以及课程与教学的内部与外部形态具备一定的审美性。

真善美是相互影响和相互作用的。“真是最基层的价值，美是最高层的价值。从真到善再到美这一逻辑次序表明，前者是后者的基础，也是达到后者的手段，后者包含着前者，也是前者所追求的目的。”① 真善美的最深刻的联系表现为它们的完全统一，随着真和善的进一步发展，美也进一步地升华，这种发展和升华是无穷无尽、永不中断的。现代课程与教学正是要努力实现真善美相统一的价值目标，力求达到求真、向善与尚美相统一的境界。这样，课程与教学的“真”“善”“美”以及“真善美相统一的价值目标”，构成了课程与教学审美的客观基础。

（三）主要功能

课程与教学审美的主要功能，表现在“实现愉快学校的建设”“促进学校美育的实施”以及“推进教育研究的深化”等方面。美能使人愉悦，是一个普通而又深刻的法则。审美化的课程与教学，可以达至“悦耳悦目”“悦心悦意”和“悦志悦神”这三重审美境界。因此，追求课程与教学的审美，提升课程与教学的审美性，能够给师生带来极大的愉悦感，能够在很大程度上实现“建设愉快学校”这一教育理想。美育，是使学生在感受美、创造美的活动中获得各项心理能力的平衡发展，从而为个体身心的和谐成长奠定良好基础，尤其是为个体心理的成长提供条件。追求课程与教学的审美，能够极大地促进学校美育的实施。从理论价值和实践意义上看，课程与教学审美还可以推进教育研究的深化，主要表现为拓展教育研究的美学方向，深化课程规划与设计、教学过程、教育美学的研究。

---

① 潘知常著：《诗与思的对话》，上海三联书店 1997 年版，第 197 页。

（四）基本原则

课程与教学审美，需要明确和遵循以美启真的原则和以美扬善的原则。以美启真，是通过丰富课程与教学中的审美因素，使审美因素成为学生掌握知识的先导，让审美感受成为学生学习过程的深刻体验，令审美活动成为学生获取真知的一种有效方式。贯彻以美启真的原则，需要做到“利用审美因素，诱发求知的内部动机”“借助审美活动，发展认知活动所必需的心理能力”和“透过审美过程，提升学习的效果”。以美扬善，是通过积极创造并利用课程与教学中的审美因素，来培养学生正确的世界观，陶冶学生高尚的道德情操，促进学生人格的完善，从而借助审美的途径去完成课程与教学所承担的教育性任务。贯彻以美启真的原则，需要做到“凭借审美因素，消解德育课程与教学中的约束性和强制性”“营造审美氛围，激发学生对学习和生活的热爱”和“借助审美途径，促进学生的个性发展与人格完善”。

三、教学艺术的概念

教学艺术，可以看成是课程与教学审美的通俗化、具体化和操作化的层面。教学艺术的根本旨趣，是艺术地理解、把握和实施教学。

（一）教学艺术的含义

教学艺术至少有两层含义：一是指教师力求达到的审美化、艺术化的教学境界；二是指教师运用教学技能技巧，按照美的规律所创造的艺术化教学活动。前者是一种高水平的、高层次的教学，是从事教学工作的人所追求的最高境界；而后者强调如同艺术家从事艺术创作一样，教师应当从艺术的角度来规划、实施与评估教学。如果说前者关注教学艺术的目的层面，那么后者则是关注教学艺术的过程层面。这样的教学，不但有益于学生身心的全面发展，而且犹如一件艺术品，能给人带来全方位的审美享受，让人回味无穷，也让教师体会到自我实现的愉悦。

无论对教学艺术持何种理解，人们在以下方面存在着共识：从效果上看，教学艺术的效果是最佳的；从方式上看，教学艺术所使用的方法与手段，是灵活多样和形象生动的；从过程上看，教学艺术在遵循教学规律的基础上，蕴涵丰富的创造性和美感；从教师素养上看，追求教学艺术的教师，应当熟练地把握教学的方方面面，不断地发展自己的教学技能，充分地发挥自己的创造性，最终形成自己的教学艺术风格。

（二）教学艺术的特点

作为一门特殊艺术，教学艺术毋庸置疑地具有一般艺术的特点，但是它也具有特殊性。教学艺术是一种“特殊的艺术活动”，也是一种“艺术的教学境界”。

1. 教学艺术是一种特殊的艺术活动

教学艺术与一般艺术活动相比，其目的、主体、客体与创作手法等均具有独特性。

首先，教学艺术的目的是促进学生全面发展。“任何一种力求满足高度的道德要求和人的一般精神需要（即只属于人和构成人性中的特征的那些需要）的实践活动，就已经是艺术了。”[①] 但是，一般艺术的目的，在于通过揭示生活的本质和表达创作者的情感而使人获得美的享受；而教学艺术的目的，在于通过艺术性的教学而使师生获得美的享受，进而提升教学效果，更好地促进学生身心的健康成长，促进学生德、智、体、美诸方面的全面和谐发展。正是在这个意义上，“教育当然就成了最高级的一种艺术，因为它力求满足人类最伟大的要求——人的本性的完善。”[②] 与之相应，可以说教学艺术是最高级的艺术之一，也是一种非常复杂的特殊艺术活动。

其次，教学艺术的主体是师生。在教育领域，教师与学生共同承担着创造艺术性教学的重任，从而成为教学艺术的主体。通常人们很容易只看到教师是教学艺术的主体，因而特别注重教师在教学艺术创作中的作用，而在很大程度上忽视学生的主体地位。实际上，教学艺术没有学生的创造性参与是不可能实现的。课室不仅是教师个人表演的舞台，而且是师生协同活动的天地。仅有教师的个人努力，没有学生的实际参与的教学，人们常称之为教师的“独角戏”，这样的教学难以成功，更谈不上是艺术的。

再次，教学艺术的客体是教学。一般艺术的客体是大千世界，涵盖了生活的方方面面。教学艺术则不同，它的客体是教学本身。教学艺术创作的成果是一幅幅充满魅力的教学活动场景，而不是其他的作品。

最后，教学艺术的创作手法与众不同。教学艺术的创作手法具有高度的综合性，既有音乐的表现手法、绘画的艺术手段、舞蹈与建筑等的空间构造力，还综合了戏剧等表演艺术的动作、表情、姿态与语调等。创造教学艺术的教师，总是集音乐家、画家、表演艺术家的素养于一身，通过运用多种艺术手法来推动教学达至艺术性的境界。

2. 教学艺术是一种艺术的教学境界

教学艺术，是教师追求的理想目标和艺术教学境界，它具有“审美性”“独创性”“教育性”和“科学性”等特点。

首先，教学艺术是一种审美的教学境界。“艺术创造的目的，主要是实现它的审美价值，它要满足的是人们心灵的渴求和精神上的需要。”[③] 因此，能称为艺术的教学，必能给人以审美享受，满足人的审美需要。比如，行云流水般的教学节奏，配合默契的师生关系，严肃、紧张、生动、活泼的课堂氛围，层次清晰、简洁明快的板书，真、善、美统一的教学内容，抑扬顿挫、感人肺腑的教学语言等，均让人畅游于美的空间而清澈心扉。

其次，教学艺术是一种独创性的教学境界。艺术要求“生产者主体将自己独特艺术个性和气质、艺术风格和语汇、艺术天才和情感符号‘物化’于产品之中，从而获得艺术生产对象化的、现实的、活生生的独特的存在方式。独创性是艺术的生命；个性是艺术的灵魂。”[④] 加之教育场域中各种因素的复杂多变，教学艺术更是富含独创性，正如巴

①② ［苏］德米特里耶娃著，冯湘一译：《审美教育问题》，知识出版社 1983 年版，第 44～45 页。

③④ 孙美兰著：《艺术概论》，高等教育出版社 1989 年版，第 1、3 页。

班斯基（Бабанский，Ю. К.）所言："教育劳动的一个典型特点是它不允许有千篇一律的现象"①。如果教师不因时因地因人来处理教学内容、设计教学方案和组织教学过程，就不可能达到教学的艺术境界。只有教师充分发挥自己的创造性，以自己独特的方式来进行教学，教学才有可能成为艺术，才有可能给人带来美的享受。

再次，教学艺术是一种充满教育感化力的教学境界。教学艺术，不同于音乐和绘画等艺术，不仅创造教学美和唤起审美快感，而且寓教育性于审美愉悦感之中。如果教学仅仅关注审美性的层面，而忽略教育性的层面，再"美"的教学也只能是流于形式的花架子。因此，真正的教学艺术不仅具有一般艺术的特征，而且极富教育感化力量。

最后，教学艺术还是一种追求科学性的教学境界。尽管教学艺术非常注重美的形式、积极的情感氛围和娴熟的技能技巧等，但是，它也非常讲求科学性，它既要求教学内容具有科学性，也要求教学过程的组织具有科学性。在以往的研究中，关于教学科学性与教学艺术性的问题有一些争论。有人强调教学的科学性，不同意把教学看做一门艺术；有人则强调教学的艺术性，主张自由创造和即兴发挥。当然，两者之间的显著区别是不容忽视的。教学科学把教学视为理性自觉的科学活动来研究，其目的在于揭示教学活动的客观必然性和内在规律性，为教学确立科学规范，推进教学的科学化进程；教学艺术则把教学视为能动创造的艺术活动来研究，其目的在于探讨如何通过发挥人的主观能动性使教学达到自由创造的艺术境界。但是，两者又是相互影响和相互制约的。教学科学是教学艺术的基础和依据，教学艺术必须立足于教学科学所揭示的规律，否则，师生的自由创造就成为盲目的冲动；教学艺术是教学科学的升华，教学科学所揭示的规律，只有通过师生的自由创造才能成为自觉的力量，只讲科学不讲艺术，教学就失去了个性、灵活性及创造性。因此，在实际的教学中，应当立足教学的科学性去追求教学的艺术性，力求将二者完美地结合起来。

（三）教学艺术的分类

至今人们已分别从"影响因素""教学环节"和"审美对象"等角度，将教学艺术划分为不同的种类。

从教学影响因素的角度，教学艺术可分为教学环境艺术、教学技术艺术和教学态度艺术。环境艺术，强调教师创设艺术的教学环境，使学生置身于其中，获得美的享受；技术艺术，强调教师灵活而巧妙地运用各种教学技术，进而达到教学目标；态度艺术，强调教师以艺术家的审美态度对待教学，运用自己的全部情感和智慧创造艺术性的教学。

从教学环节和教学手段的角度，教学艺术可分为备课的艺术、教学过程艺术（包括导入的艺术、访谈的艺术、问答的艺术、设置悬念的艺术等）、教学组织与管理的艺术、课外辅导的艺术、教学的语言艺术、教学的非语言艺术和板书的艺术。

从审美对象的角度，教学艺术可分为情境美、机智美和风格美。情境美，指设计教

① ［苏］巴班斯基著，吴文侃等译：《论教学过程最优化》，教育科学出版社 1982 年版，第 15 页。

学情境、组织教学内容所产生的美；机智美，指面对个性不同、气质各异的学生，处理各种意外棘手问题的应变技巧所产生的美；风格美，指教师形成独特教学风格所产生的美。

此外，我们可以采用多种分类标准，以期尽量全面地反映教学艺术的整体面貌，描绘教学艺术的大致谱系。有学者按照六种标准维度对教学艺术进行分类，这些标准维度是：教学艺术的时间和空间、教学艺术的级别和类别、教学艺术的学科和对象、教学艺术的结构和功能、教学艺术的内容和手段、教学艺术的方式和方法。①

以上分类中的每一个子类，都可以成为教学艺术进一步的研究课题。

第二节　常用的班课教学艺术

班课，是学校教育中课程与教学实施的组织形式，大量教学艺术都是在其间孕育出来的。常用的班课教学艺术主要包括“导课艺术”“教授艺术”“组织艺术”和“结课艺术”。

一、导课艺术

高超的导课艺术，可以产生先声夺人的效果，使教学对学生充满强烈的吸引力。经过长期的研究与探索，人们明确了导课的基本要求，并总结出多种导课的艺术方式。

（一）导课的基本要求

导课应当达到“目的明确，针对性强”“简洁明了，恰到好处”和“新颖有趣，引人注目”的基本要求。

1. 目的明确，针对性强

虽然从根本上说，导课的目的是吸引学生的注意力，但是落实到每堂课的导入，又有着更具体的目标。比如：有时为了让新旧知识联系起来；有时为了设置悬念引发学生对新内容的思考；有时为了创设一种适合学生学习的意境；有时为了解决学生对课题的疑问；等等。因此，艺术性的教学，必须首先明确导课的具体目的，导入语的设计以及各种手段的使用都应该定向于具体目的的实现。

2. 简洁明了，恰到好处

一堂课的时间有限，不宜在导课环节花太多的时间。冗长、啰唆与不得要领的导课，既没有美感，也不能取得良好的教学效果。艺术性的导课，必须争取在较短时间内，用精练的语言，达到预期的目标。就苏轼《念奴娇·赤壁怀古》一课，一位教师是这样开讲的：“曾有音乐家想为《念奴娇·赤壁怀古》这首词谱曲，以作为《话说长江》主题音乐会的曲目，但嫌原词太长，打算压缩一半，于是音乐家向几位诗人请求帮助，

① 李如密著：《教学艺术论》，山东教育出版社1995年版，第103～107页。

诗人们却感慨道：‘这可是千古绝唱啊！谁改得动一个字？’咱们今天就要学习这首千古绝唱，看看能改动一个字吗？”这位教师简洁明了的语言，恰到好处地激起了学生的学习兴趣。

3. 新颖有趣，引人注目

心理学的研究表明，新颖刺激可以有效地吸引学生的注意。因此，教师应当注意通过新颖有趣的导课来吸引学生，从而提高学生的学习积极性。一位教师导入《海底世界》一课时，他先面带微笑地说：“这节课，老师要带同学们出去。”学生们顿时十分兴奋，教学气氛异常活跃。他紧接着说：“带大家到什么地方去看一看呢？”随着问话的尾音，他立即板书“海底世界”。学生们恍然大悟，都会心地笑了起来。下面的课，教师教得轻松，学生学得愉快，教学效果格外的好。

（二）导课的艺术方式

睿智的教师们，创造了多种多样的导课艺术方式，主要包括“温故导课”“释题导课”“启情导课”“设疑导课”“故事导课”“演练导课”和“机变导课”。

1. 温故导课

温故导课，是指通过温习以前学过的知识引出新的学习内容。一位教师这样导入《爱莲说》一课：“我们曾学过《荔枝蜜》，这篇文章用了托物言志的手法，请回忆一下它托什么物言什么志？”学生给出答案之后教师接着说：“我们今天要学习的《爱莲说》，是一篇运用托物言志手法的文言文，那么它所托之物是什么？所言之志又是什么呢？”如此导课，在复习托物言志手法这一已学知识的基础上，引出托物言志手法在文言文中的运用这一新知识，不仅简洁流畅，而且加强了新旧知识的联系。

2. 释题导课

释题导课，是指教师通过具体分析和解释课题中的词语，调动学生学习的注意力和积极性，为进入新课作好铺垫。如《变色龙》等，有能够引发学生思考的题目名称，就比较适合采用这种方式导课。

3. 启情导课

启情导课，是指教师精心营造一种情绪氛围，从感情上扣击学生的心弦，使学生自觉地进入学习的轨道。一位教师就《纪念白求恩》一课设计的导入语是：“先请同学们聆听一首配乐诗朗诵——秋风吹着细雨/延水奏着哀曲/从遥远的五台山/传来了悲痛的消息/我们用无边的哀悼/来纪念您/……亲爱的白求恩大夫/您静静地安息吧/……这是朱子奇先生的《白求恩纪念歌》，诗歌表达了对白求恩大夫的深深哀悼！现在，我们一起来学习毛泽东同志的《纪念白求恩》。”这样的导入让学生很快沉浸在对白求恩的深情怀念之中，学习课文时，就更能涵泳体味其中真切诚挚的感情和荡气回肠的韵味。

4. 设疑导课

设疑导课，是指在导课时精心设计悬念，诱发学生的探究心理。由于任何一门课程都可以找到问题设疑，因而这一导课方式的适用范围较广。在教学《孔乙己》一课时，有位教师就采用了设疑导课的方式。她讲道：“人们常说古希腊的悲剧是命运的悲剧，莎士比亚的悲剧是主人公性格的悲剧，易卜生的悲剧是社会问题的悲剧。悲剧往往是催人泪下的，而读了《孔乙己》这篇小说之后，眼泪却往肚里流。那么孔乙己的悲剧是什么样的悲剧呢？今天，我们通过学习《孔乙己》这篇小说，就能从那含蓄、深沉的描写中得到满意的答案。”此番导语一出，就激起学生强烈的求知欲，使之立即投入到课文学习之中。

5. 故事导课

故事导课，是指采用寓意深刻又轻松幽默的故事，把抽象的内容以浅显的形式表达出来。在介绍语义歧解和停顿技巧之前，可以先讲一则旧时《留客对联》故事：有一穷酸秀才走亲戚，到了该回的时日却不愿走，适逢天公下起绵绵细雨，就提笔写下：“落雨天留客天，留吾不留？”主人也通文墨，顺手就在其字间动了动标点而作答：“落雨天留客，天留吾不留！”学生听后觉得十分有趣，不仅对停顿不当容易造成歧解的认识增加了一分，而且对充满机趣的中华语言的喜爱之情也平添了一分，可谓一举两得。

6. 演练导课

演练导课，是指教师通过展示挂历图、实物、标本和模型或让学生做一些启发性强的实验和练习来导入新课。需要注意的是，直观演练与语言讲授相结合，教师与学生共同参与，效果才会比较理想。

7. 机变导课

机变导课，是指有时在课堂教学之前，突然出现有利于导课的情境，教师即兴应变，加以充分利用，以此调动学生学习新课的主动性和积极性。教师具备机智灵活和沉着应变的能力，才能把握时机、因势利导，成功地进行机变导课。例如，有位物理教师走进教室时，正好看见学生甲一掌打在学生乙的脸上，乙委屈地说：“老师，他打人！”当时同学们的情绪很激动，如果马上上课，效果肯定不好。于是，这位教师略一思索后说：“好！我就马上审理这件‘案子’，现在开庭。”立刻，教室里安静极了，教师正色道：“甲动手打人，于情不容，下课后必须向乙道歉。于理嘛，甲的手给乙一个作用力，乙的脸反过来也给甲的手一个反作用力，这两个力的大小是相等的，所以谁也没吃亏，只不过由于力的作用部位不同，感觉不一样罢了。这就是我们今天要学习的牛顿第三定律。”紧接着，教师又补充了一句：“甲道完歉后，要记得和乙击一个掌，体会一下相同部位的作用力和反作用力。”学生们都会心地笑了，注意力也被牢牢地吸引到新的学习内容上了。

二、教授艺术

教授新课是教学的重要环节，它的成败得失关系到整个教学的质量。教授艺术主要包括“提问艺术”“板书艺术”“语言艺术”和“非言语艺术”等形式。

（一）提问艺术

在教学过程中，为了引发学生的思考，教师经常运用提问的方法。关于提问的基本要求、类型以及技巧，已有研究者作出较为详尽的探讨。

1. 提问的基本要求

艺术性的提问，在提问态度、提问目的、提问设计和提问效果等方面均有一定的要求。

（1）提问的态度要端正。有的教师在个别时候，借提问来刁难、惩罚、讽刺、挖苦和伤害学生，把自己推向了学生的对立面，这显然是错误而必须避免的。教师应在尊重学生的前提之下提出问题，并与学生一道在和谐、融洽的氛围中共同思考问题。

（2）提问的目的要明确。提问的目的有很多，比如，了解学生对某一学习任务的准备情况，激励学生参与教学，调动学生的已有知识来解决新问题，引导学生进行创造性思维，检查学生的学习效果，诊断学生的学习能力，等等。教师在提问之前，应当明确提问的具体目的。目的不明确的盲目提问缺乏应有的教育学意义，只能是徒劳的。

（3）提问的设计要精心。教师不应随随便便地想提问就提问，而应运用一定的方法、技术和策略对提问进行精心设计，对一系列事项做到心中有数，诸如什么时候提问？是对个别学生还是对全体学生提问？问题怎样表述才能引发学生的注意和思考？一堂课大致提问多少次？怎样处理学生各种各样的回答？等等。而且，提问时应注意学生的年龄特点，对不同年级的学生，问题的深度和提问的方式应有所不同。对低年级学生，问题不能太复杂，不要一口气问一连串的“为什么”；对中年级的学生，问题的思考性可以强一点，有时需要适当地予以提示；对高年级的学生，可以向他们提一些启发性较强的问题，有时还要连问几个“为什么”，以便层层深入，从而激发学生的思维。

（4）提问的效果要有启发性。如果提问不能达到启发学生思维的效果，即使提问的方法、技术和策略再高明，也只能是形式上的热热闹闹。因此，需要牢记的是，能够引起学生积极思维的提问才是好的提问。

2. 提问的类型

按照提问的水平、信息交流形式、内部结构和具体方式等不同的分类标准，可以将提问划分为不同的类型。①

（1）以水平高低为标准，可将提问分为“回忆”“理解”“应用”“分析”“综合”与“评价”六个层次。①回忆水平的提问。用来确定学生是否记住先前所学的内容，要求学生能再认和再现所学内容。②理解水平的提问。用来帮助学生组织所学的内容，弄清它们的含义，要求学生能用自己的话来叙述所学内容，能比较知识或事件的异同。③应用水平的提问。用来鼓励和帮助学生应用已学知识去解决问题，要求学生能把所学的某些规则或理论应用于某些问题。④分析水平的提问。用来分析知识的结构，弄清事物间的关系或事项的前因后果，要求学生进行批判性思维，能分析资料，以确定原因和进行推论。⑤综合水平的提问。用来帮助学生将所学知识以新的或创造性的方式组合起来，形成一种新的关系，要求学生对某一课题内容的整体有所理解，能进行预见并创造性地解决问题。⑥评价水平的提问。用来帮助学生根据一定的标准来判断材料的价值，要求学生对一些观念、价值观、问题的解决办法或伦理行为进行判断和选择，能提出自己的见解。

---

① 李如密著：《教学艺术论》，山东教育出版社 1995 年版，第 352～359 页。

（2）以信息交流形式为标准，可将提问分为“特指”“泛指”“重复”“反诘”与“自答”五类。①特指式提问。对某个特定的学生直接发问，目的是检查个别学生的学习效果。②泛指式提问。不先确定某一个学生来回答，目的是引起全班学生的思考。③重复式提问。在向某个学生提出问题后，教师重复这个问题，让别的学生来回答，目的是调动学生质疑和解疑的积极性。④反诘式提问。针对学生的错误回答提出反问，使学生重新思考问题，逐步意识到自己认为正确的答案是错误的，从而得出正确答案。⑤自答式提问。不期望学生回答而由教师自答，通常用来实现教学内容之间的过渡。

（3）以内部结构为标准，可将提问分为“分解”“台阶”“连环”与“插入”四种。①分解式提问。将一个大问题分解为若干个小问题。②台阶式提问。将几个连贯性的问题由易到难依次提出，前一个问题是后一个问题的基础，后一个问题是前一个问题的深化，从而引发层次分明的思维“台阶”。③连环式提问。根据知识的内在联系，设计以疑引疑、环环相扣的一系列问题进行提问。④插入式提问。根据教学需要，在教学过程中随机插入提问。

（4）以具体方式的性质关联为标准，可将提问分为“直问和曲问”“正问和逆问”以及“快问和慢问”三对。①直问和曲问。直问，指教师直截了当地提出问题；曲问，指教师迂回地提出问题。②正问和逆问。正问，指教师根据教学内容从正面提出问题；逆问，指教师为促使学生深入思考，不从正面提问，而从反面提出假设，让学生通过比较，从而得出正确结论。③快问和慢问。快问，指教师发出快速急问，促使学生争先恐后地抢答，以训练学生思维的敏捷性和灵活性；慢问，指教师为了深化重点、突破难点与解决疑点，训练学生思维的深刻性和批判性，提出问题后留给学生充足的时间，让学生进行周密思考和语言组织，以对问题作出完善圆满的解答。

3. 提问的技巧

专门研究表明，运用一些技巧可以显著地增强提问的有效性。这些技巧主要有以下几个。①

（1）设计突出教学结构和方向的关键问题。一项教学任务至少设计一个问题，尤其是较高水平的问题，并将其写进课案中，实际教学时可根据学生的回答进行随机性的追问。

（2）清楚、详细而准确地表述问题。力求避免“我们昨天学了什么”“这个故事的主人公怎么样”等模糊性的提问。表述清晰的提问，才能提高正确回答的可能性。

（3）提问要适合学生的能力水平。这样的提问可以增强学生对问题的理解，减少对自身能力的忧虑。在程度不齐的班级里，要用自然的、简洁通俗的语言表述问题，注意调整词汇和句子结构，以符合学生的语言和概念水平。

（4）按照逻辑和循序渐进的原则提出问题。教师应当将教学内容与学生能力水平结合起来考虑，设计出问题的先后次序，这不仅能避免缺乏明确的中心和目的的随便提

① 金传宝：《美国关于教师提问技巧的研究综述》，载《课程·教材·教法》1997年第2期。

问，也有助于学生的学习和思维训练。

（5）设计各种水平的问题。较低水平的问题，用以检查学生对所学内容的基本理解，并以此作为进行较高水平学习的基础，较高水平的问题则为学生提供锻炼思维的机会。

（6）紧随学生的回答继续提问。诸如“你能否再重述一遍你的观点？”“你能进一步对你的回答作出解释吗？”“你如何来捍卫你的立场？”继续提问，可以鼓励学生澄清最初的回答，提高答案的完整性以及在更高的水平上激荡思维发展。

（7）在学生回答之前提供思考的时间。让学生马上回答问题，会明显地减少师生间、同学间富有意义的互动。提问以后等3～5秒或更长的时间，可以让学生积极思考。同时，在重复或重新表述问题之前，等待足够的时间，可以保证学生对问题的充分理解。

（8）提问应鼓励全体学生参与回答。诸如指定非自愿者来回答问题，留心沉默寡言学生的困惑的表情、似举非举的手势等非言语暗示方式，可以让更多甚至全体学生参与到问题回答的情境之中。

（9）鼓励学生提问。学生的提问，不仅可以保证他们积极参与到教学之中，而且可以刺激他们进行较高水平的思维活动，这对探究学习是必不可少的。因此，教师应当营造一种支持性的班课情感气氛，接纳学生的想法，对学生的感想作出反应，为学生创造提问的心境与机会。

（二）板书艺术

教学板书，是在教学过程中，教师根据教学需要在黑板或白板上以简要的文字、符号或图表来传递信息的一种活动。利用多媒体技术设计和开发的教学板书，更具艺术性。艺术性板书，可以引起学生的注意，启迪学生的思维，并给学生以美的享受。

1. 板书的基本要求

根据一些教师的经验，板书应该达到“形象直观”“简洁明了”“富有启发”“趣味性”“审美性”和“规范性”等基本要求。

（1）形象直观。要求教师借助直观形象的板书，将复杂抽象的教学内容诉诸学生的视觉，以帮助学生理解相关知识。如有位教师在教学《黄继光》一课时，为了使学生对课文中“战斗”“战役”和“战争”三个词之间的关系一目了然，边讲边描写出如下板书：

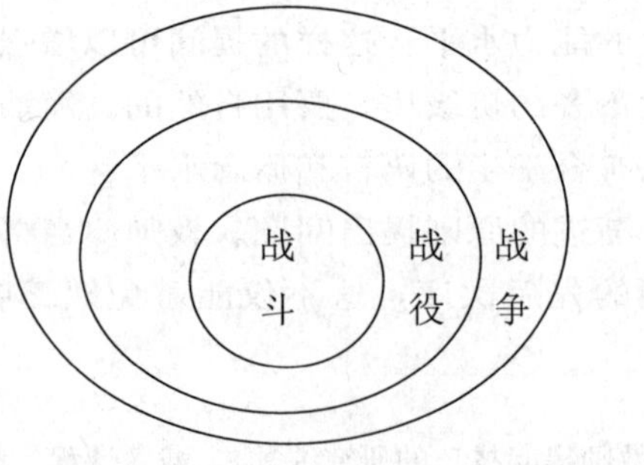

（2）简洁明了。要求教师在吃透教材的基础上，化繁为简，以简驭繁，让学生从简洁的板书中清晰地掌握教学内容。如《林教头风雪山神庙》的板书：

忍 —逼→ 反

一个“忍”字，突出林冲复仇之前忍辱求安的性格特点；一个“反”字，突出林冲幻想破灭之后毅然反叛的性格特点；两个字之间用“→”连接，表现出林冲性格的演变过程；一个“逼”字，揭示出文章“官逼民反”的主题，也概括出林冲性格发展变化的条件。

（3）富有启发。要求板书富于启发性，能够帮助学生进行思维。如教学“圆的面积”，在进行公式的推导时，可以把学生剪拼的圆和长方形图形贴在黑板上，设计如下的板书：①

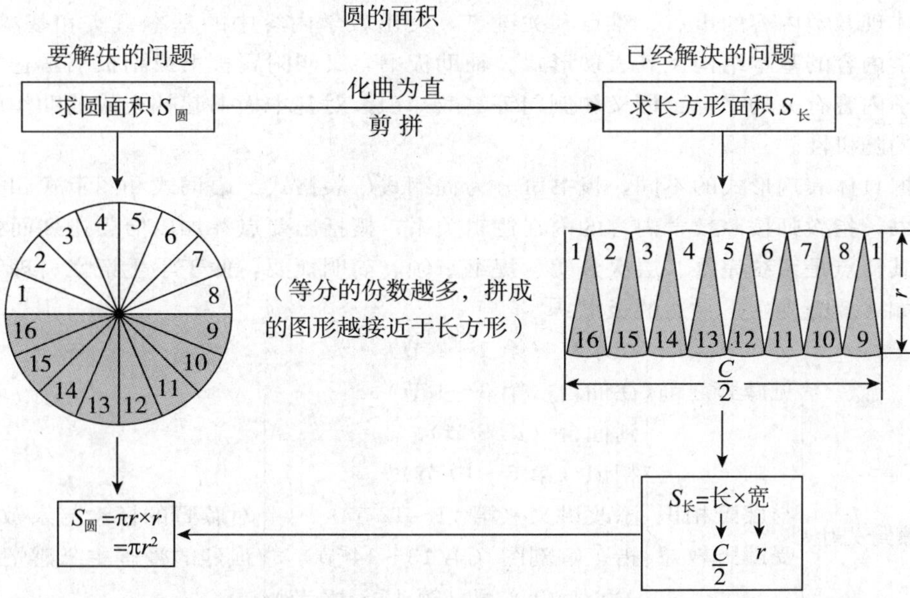

以上板书较好地体现了数形结合，不仅使学生对圆面积公式的来龙去脉一清二楚，而且对推导的过程留下极深刻的印象；而且，其中把需要解决的问题转化进而归结为已经解决的问题，不仅渗透了化归思想，同时还渗透了极限思想。启发蕴涵深厚！

（4）趣味横生。要求教师在设计板书时，力求新颖别致，巧妙生趣。如有位教师在讲到《变色龙》的故事结局时，说：“对，狗走了，人笑了。”并顺手板书“狗走”二字。这看似漫不经心的“闲笔”，但待到分析文中主人公的变色龙本质时，教师在“狗走”上面打个换位符号，变成了“走狗”，随即引起学生会心的微笑。

（5）审美感人。要求板书应像一件艺术品，能带给人以美的享受。板书美的一般要求有内容的完善美、语言的精练美、构图的造型美和字体的俊秀美。其中，构图的造型

① 詹明道：《第八讲　提纲挈领　布局有序》，载《江苏教育》1996 年第 1 期。

美包括：整齐美、对称美、立体美、照应美、回环美、层次美、参差美、开合美、线条美、色彩美等。如在《大海的歌》一文中，作者写到“蓝天，白云，碧绿的海，正在东方升起的朝阳。”教师板书时有意用蓝粉笔写“天”，用白粉笔写“云”，用绿粉笔写“海”，用红粉笔写“朝阳”，整个板书色彩绚丽，别具一番情趣。

（6）规范整洁。要求教师在板书时，字迹要工整，图形位置以及各部分之间的比例要适当，空间图形的立体感要强，文字和图形要让全班学生都能看清楚等。这些就要求教师有扎实的板书基本功。而且，教师规范整洁的板书风格，能够潜移默化地影响学生，使学生形成严谨认真的学习态度。

2. 板书的类型

按照板书的地位和具体表现形式等不同的分类标准，板书可以划分为不同类型。根据地位的不同，板书可分为基本板书和辅助板书。基本板书，又叫中心板书或主板书，它主要体现教学内容的重点、难点和关键点，突出教学内容中的基本事实和基本思想，反映教学内容的基本结构及其表现形式。辅助板书，又叫附属板书或副板书，它主要提示与教学内容有关的字音、词义和例句等零散知识，对基本板书起补充或辅助作用，具有一定的随机性。

根据具体表现形式的不同，板书可分为提纲式、表格式、语词式和图示式四类。提纲式板书，指教师按照教学内容的内在逻辑关系，概括出要点并加以恰当排列而构成的板书。其特点是系统完整、层次分明、提纲挈领、简明扼要，便于学生记忆、理解和复习。比如《藤野先生》一文的板书：①

- 藤野先生
  - 见藤野之前
    - 在东京（第 1～2 节）
    - 往仙台（第 3～4 节）
    - 到仙台（第 5 节）
  - 与藤野相识 受藤野教益
    - 相识（第 6～10 节）
    - 添改讲义（第 11～12 节）
    - 指正解剖图（第 13～14 节）
    - 关心解剖实习（第 15～17 节）
  - 与藤野告别
    - 匿名信（第 18～21 节）
    - 看电影（第 22～24 节）
    - 惜别（第 25～31 节）
- → 对藤野的怀念与崇敬 强烈的爱国主义感情

表格式板书，指教师根据教学内容可以明显分项的特点而设计使用的列表成格的板书。其特点是分门别类和井然有序，便于分析比较和归纳概括。如有位教师在上《郑和下西洋》一课时，与达·伽马绕过好望角和哥伦布发现美洲新大陆等史实进行比较，不仅有利于学生掌握这三次航海的概况，而且揭示出我国古代航海和造船技术的先进水平。其板书如下：②

① 王世平：《板书的类型举隅》，载《教学与管理》1996 年第 3 期。

② 沈思义、秦世才主编：《当代教学方法（上册）》，中国物资出版社 1989 年版，第 155 页。

人　名	时　间	船只数	最　大　船　只	人　数
郑和	1405 年	62	长 147 米，宽 60 米，重 1 000 吨	278 000
达·伽马	1492 年	17	长 24.5 米，宽 6 米	1 500
哥伦布	1497 年	4	重 120 吨	160

语词式板书，指教师在教学中，选择或总结出能准确反映教学内容的关键性语词而构成的板书。其特点是简便易行，能起到画龙点睛的作用。如《桂林山水》一课的重点是桂林山水的美，教师可以通过如下板书来加以概括：

桂林的水——静、清、绿　　桂林的山——奇、秀、险

图示式板书，指教师对教学内容进行概括与提炼，然后借助一定的结构造型来呈现要点而构成的板书。其特点是直观形象、形态优美、富于变化。如《狼牙山五壮士》一文的板书可以这样设计：①

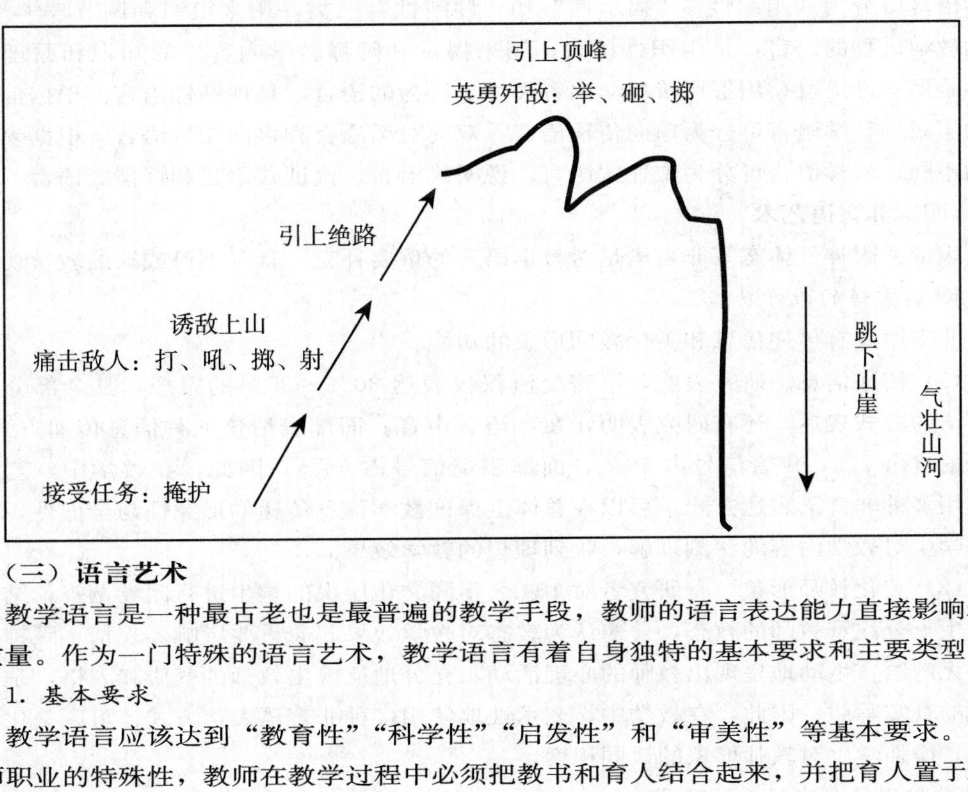

（三）语言艺术

教学语言是一种最古老也是最普遍的教学手段，教师的语言表达能力直接影响着教学质量。作为一门特殊的语言艺术，教学语言有着自身独特的基本要求和主要类型。

1. 基本要求

教学语言应该达到“教育性”“科学性”“启发性”和“审美性”等基本要求。由于教师职业的特殊性，教师在教学过程中必须把教书和育人结合起来，并把育人置于最根

① 刘邦琨：《浅析小学语文板书的类型和作用》，载《教学与管理》1999 年第 9 期。

本的地位，这就要求教师的语言具有教育性。教学语言，必须具有语言学意义上的科学性以及学科意义上的科学性，做到规范、准确、专业、严密。教学过程，是一个复杂的传授知识、形成技能、培养能力、启迪智慧的过程，教师不能使用随意性太强的语言，更不能说脏话、粗话、大话、假话。教学语言，还应当含蓄蕴藉、耐人寻味、发人深思，具有启迪学生思维的功能。而教学语言的审美性有三个方面的要求：一是语言的使用要美，如使用优美的语汇、甜美的语音、悦耳的语调等；二是语言的流程要美，如具有天衣无缝的衔接美，动静交错的起伏美，抑扬顿挫的节奏美等；三是教师要利用语言创设一种引人入胜的优美语境，给学生以浓郁的审美享受。

教学语言具有善于激趣、深于传情和工于达意等魅力，对学生产生着巨大的吸引力、产生着春风化雨般的感染力。因此，教师应当加强对教学语言的修炼，争取做到：发音准确，吐字清晰，措辞恰当，具有精确性；叙事说理，条理清楚，全面周密，具有逻辑性；描人状物，有声有色，情境逼真，具有形象性；范读叙述，情真意切，真挚动人，具有感染性；借助手势，穿插事例，比喻新颖，具有趣味性。

2. 主要类型

教学语言是丰富多彩的，按照不同标准，可以划分为不同类型。根据作用的不同，教学语言可分为“组织性”“揭示性”和“评断性”三类。用来组织和调节教学活动，推动教学进程的语言，是组织性语言；用来揭示和阐释教学内容中的知识和原理的语言，是揭示性语言；用来评价教学内容和学生行为的语言，是评断性语言。根据信息流向的不同，教学语言可分为单向传输语言、双向对话语言和多向交流语言。根据表达方式的不同，教学语言可分为叙述式语言、说明式语言、论证式语言和抒情式语言。

（四）非言语艺术

表情、眼神、体态等非言语是对教学语言的重要补充，具有不可或缺的教学功能。

1. 非言语的教学功能

非言语具有传递信息和美化教师形象的功能。

（1）传递信息。研究表明，语言交流仅仅表达 30%～35%的思想，其余部分均以非言语的方式表达。还有研究表明，在言语、声音、面部表情这三种信息传递方式中，言语信号占 7%，声音信号占 38%，面部表情信号占 55%。因此，在教学中，艺术性地使用多种非言语表达方式，可以在总体上保证教学信息传递的形象性与全面性，从而促进学生对教学内容的深刻理解，收到理想的教学效果。

（2）美化教师形象。有研究者对 100 名不同文化层次的学生进行问卷调查，结果表明学生十分注重教师的教态，普遍认为教态对教学效果起着重要影响。表情、眼神及手势等无声语言生动地呈现出教师的心理活动，充分地反映出教师的气质和人格，是教师形象的真实写照。因此，在教学中，艺术性地使用多种非言语表达方式，可以美化教师形象，增强学生对教师形象的认同程度。

2. 常用的非言语表达方式

教学中常用的非言语表达方式包括表情、眼神和体态。

（1）表情。据估计，人类拥有大约 25 万种不同的表情，如此丰富的表情在交流过程中起着极为重要的作用。研究表明，在解释相互矛盾信息的过程中，人们更加关注的是表情而不是语言内容或声调。在教学中，教师的表情往往是学生注意力最集中的地方，恰当的表情可以形成良好的育人氛围。比如教师拉长的面孔，让学生感到压抑和恐慌，唯恐“今夜有暴风雪”；而教师阳光般的笑脸，则让学生感到亲切和温暖，宛如“沐浴春风”等等。教师的微笑，具有神奇的教育功能，被人们由衷地赞美为：是阳光，可以驱散内心的阴影；是春风，可以催开心灵的蓓蕾；是康桥，可以沟通师生的情感；是军号，可以给学生以勇气；是天使，可以唤起学生对美的追求。教师的表情，应该“自然大方”“友善宽容”和“温和适度”。

自然大方，要求教师的表情是真情的自然流露，切忌扭捏作态、矫揉造作。友善宽容，要求教师以友善、信任和宽容的表情面对学生，这是教学民主的反映，是师生关系融洽与和谐的前提。温和适度，要求教师的表情恰如其分与恰到好处，做到嬉笑而不失态，哀痛而不失声，端庄中见微笑，严肃中有柔和。

（2）眼神。眼睛是“心灵的窗户”，眼神能表达许多语言所不易表达的复杂而微妙的信息和情感。在教学过程中，教师对眼神的艺术性运用，能使师生在无声交流中达到“心有灵犀一点通”的境界。比如，学生听不懂或听得不耐烦时，会表现出烦躁的眼神；学生答错了题或答非所问时，教师会表现出指示的眼神等。一个善于领会眼神的教师，可以根据学生的眼神来不断地修正自己的教学方案和进程。在课堂教学中，教师运用眼神的方法主要有“环视法”“点视法”和“虚视法”。

环视法，又叫扫视法，指教师的视线有目的和有节奏地前后左右移动，把学生的活动状况尽收眼底，以便观察全体学生的学习状态和情绪反应，同时满足学生希望得到教师注意的心理要求。优秀的教师善于运用眼神来组织课堂教学，在开始上课时或在讲重点内容之前，都要作一番环视，以起到“一言未发先有情”的作用。

点视法，指教师将目光聚集于某一个学生身上。如对于做小动作的学生，教师可用严肃的目光注视他，以示制止；在学生回答问题时，教师可用信任的目光期待他鼓励他；发现确实有病容的学生，教师可用眼神示意他趴在桌上休息一会儿等。

虚视法，指教师的眼神似乎盯住了什么，给学生一种定点透视的感觉，但实际上却是“视而不见”。新教师初登讲台，常常有胆怯之感，眼睛不敢看学生，就可采用虚视法，将视线飘落在教室的第三、四排，再适当辅之以环视法，这样学生就会觉得老师在看着自己从而达到维护正常教学秩序的目的。

（3）体态。体态由体动和姿态组成，体动指身体的动作，姿态指身体的造型。体态可以表达口头语言难以表达的情感意味，也可表达肯定、默许、赞扬、鼓励、否定、批评等教育意图。在教学中，教师应当做到“头语亲切明快”“手势准确协调”以及“身姿庄重和谐”。

头语亲切明快。当学生答出正确答案时，教师往往点头予以肯定；当学生给出错误答案时，教师则轻轻地摇摇头予以否定。这些头语可以简洁明快地表达教师的教学意图和心理反应，可以使学生感到亲切，即便是否定也不会觉得尴尬。而且，配合教学内容巧妙地运用头语，能够加深学生对学习内容的理解。

手势准确协调。教学中的手势主要有三种。一是情意手势，主要表达教师的情感，使其形象化和具体化。二是指示手势，它指人说人，指物说物，往往用来指示前后左右视觉可及范围内的具体对象。如教师指着某个学生请他发言，用教鞭指着黑板要求学生注意哪几个词语等。三是象征手势，这种手势比较抽象，如果用得准确恰当，可以引发学生的联想，启发学生的思维。如老师在介绍祖国建设成就时讲到，“同学们，祖国的未来，前程似锦”，同时把右手向前方伸出，以示未来。在教学中，手势要少而精，不能滥用，否则会使学生眼花缭乱，应接不暇。

身姿庄重和谐。教学中的身姿主要有站姿与步姿两种。教师的站姿，应当具有庄重感与力度感。教师应尽量取正面站姿，即使在指点和解释板书内容时，也应取半侧面趋向正面的姿态；而且站立时要微微收腹，胸部要挺起，下肢要微微分开，切忌靠着讲台和黑板，给学生以懒散、拖沓和无精打采的感觉。教师的步姿，应当和谐有生气。步姿应尽量与教学内容以及课堂气氛相和谐，做到节奏有度；而且要保持生气勃勃，给学生以气宇轩昂的美感。

三、组织艺术

为了始终保持一堂课的良好教学气氛，顺利实现教学目标，教师应该巧妙地运用组织艺术，使教学过程环环相扣、详略得当和张弛有度，并恰当处理偶发事件。

（一）环环相扣

环环相扣，是针对教学进程的设计而言的。教师要注意按照学生学习的心理规律来组织教学，使教的活动适应学的活动。不同内容的教学有不同的教学环节，比如学生掌握知识的过程一般表现为感知教材、理解教材、巩固知识和运用知识四个序列性阶段；技能学习的过程则由“示范”“讲解”“模仿”“纠正”“练习”“熟练”六个环节。教师在组织教学过程中，应使各个环节环环相扣，循序渐进，并结合教学实际发展学生多方面的能力。

（二）详略得当

详略得当，是针对教学内容的安排而言的，教师对教学内容进行合理而巧妙的选择，才有可能保证教学呈现出节奏美。教师紧紧围绕教学内容的重点、难点和疑点来进行教学，能够有效地集中学生的注意力，活跃学生的思维，从而保持井然有序的课堂教学气氛。如果把学生能自学的知识和已知的知识等，拿到课堂上详细讲述，势必引起学生的倦怠心理和厌烦情绪，以致出现学生的注意力分散和课堂秩序涣散的状况。为此，教师一定要遵循“有所教有所不教”的原则，精心安排每节课的教学内容，对教学内容进行合理取舍，力求做到有繁有简和详略得当。

（三）张弛有度

张弛有度，是针对教学节奏的变化而言的。古人云：一张一弛，文武之道。这不但是军事上的辩证法，也是教学心理上的辩证法。神经的兴奋和抑制总是相互交替的，注意力的集中和分散也总是轮番更替的。无论是神经持久地兴奋还是注意力长时间地集中，都会使学生的大脑皮层不堪重负，严重影响学习的效果。因此，教师必须根据学生的心理规律来设计教学节奏。比如在大密度的讲解、议论和练习之后，应该安排适量的宽松情境，让学生的思维得到“五里一站、十里一驿”般的休憩，从而始终保持旺盛的学习精力。这样的教学组织艺术，可以将学生带入张弛有度和舒缓有致的审美境地。

（四）恰当处理偶发事件

在课堂上，经常会临时发生教师未曾预料到的事件，对这类偶发事件必须随机应变，妥善处理，才能保证课堂教学的顺利完成。如有位教师一走进教室，学生就爆发出一阵哄笑，原来黑板上画着教师挺着大肚子的肖像。这位教师煞有介事地“欣赏”着自己的肖像，点头赞道：“画得有特点，很像我，只是……”他停了停接着说：“只是画得不是时候，不是地方，要是将来这位同学成为画家，再为老师画幅肖像，老师该有多高兴啊！”然后，他严肃地说：“我们要上课了，哪位同学上来把黑板擦干净?”这是一个成功的处理偶发事件的例子。在实际教学中，如何具体地处理偶发事件，全凭教师对学生的了解和高超的教育机智。但是，不论采取哪种方法都不要耗时过长，更不要发生和学生“顶牛”的现象。

四、结课艺术

俗话说：“编筐编篓，重在收口；描龙绘凤，重在点睛。”在教学过程中，“收口”和“点睛”就是结课的题中之义。艺术性的教学，对结课有一定的要求；而丰富的教学实践，已经创造出了许多美好的结课艺术方式。

（一）结课的基本要求

结课应该达到“首尾呼应”“留有余味”“干净利索”等基本要求。首尾呼应，指课的结束应当与课的开始相呼应，不能离题太远，不着边际。留有余味，指在一堂课结束时，教师应注意语言的含蓄，不能把话说得太满和太绝，要给学生留下适当的思考空间，使学生感到“课虽尽趣尚浓”。干净利索，指教师要恰当地把握结课时间，及时而有效地结束教学，不能把结课时间拖得太长，但也不宜匆匆忙忙或随随便便地结课。

（二）几种结课艺术方式

结课的方式多种多样，主要有“总结式”“悬念式”“回味式”“激励式”“延伸式”和“游戏式”。

1. 总结式结课

总结式结课，指在结课的时候，教师自己或组织引导学生用准确简练的语言把整个课的主要内容加以总结归纳，给学生以系统完整的印象，促使学生加深对所学内容的记忆、理解、把握和巩固，培养其综合概括能力。

2. 悬念式结课

悬念式结课，指教师用设置悬念的方法结课，给学生留下一个有待探索的问题，使学生急切地等着下一节课。这种结课方式能够很好地把前、后两节课联系起来，既引申前一节的意蕴，又为后一节课作好铺垫。

3. 回味式结课

意味深长式结课，指教师用含蓄隽永、耐人寻味的语词、诗歌、箴言或隐喻结课，从而引发学生对所学内容展开想象，回味再三，达致意味深长和难以忘怀。

4. 激励式结课

激励式结课，指教师在结课时，以充满激情、洋溢理想的话语、故事、箴言或谚语，寄厚望于学生，打动学生的心扉，给学生留下深刻的印象。比如，有一次大学学生合作活动学习第一次课，由来自全国各地的同学进行自我介绍与交流，轮流介绍与交流完毕，学生群情激扬，主持人顺势将话题交给老师赠送感言，老师灵机一动说："大家的自我介绍让我想起了毛主席语录：我们都是来自五湖四海，为了一个共同的目标……好好学习，天天向上！"顿时，笑声掌声一片。

5. 延伸式结课

延伸式结课，指在结课的时候，教师注意把课堂教学和学生的课外学习结合起来，将课堂上的内容和活动延伸到课外甚至校外，激发学生课外学习与探索的兴趣和行动。

6. 游戏式结课

游戏式结课，指教师为了使结课生动活泼，增强教学效果，根据教学内容和学生特点设计一些游戏，来检验和巩固所学知识，促进学生的学习体验。

第三节　教学艺术风格

经过锻炼和升华，教学艺术就会与教师本人融为一体而逐渐个性化，从而形成有鲜明特色的教学艺术风格。

一、教学艺术风格的含义

如果说教学艺术特点表现出教学艺术的共性，那么教学艺术风格则彰显出教学艺术的个性。一般认为，教学艺术风格，是指教师个体在一定的理论指导下和在长期的教学实践中逐步形成的独具个性的教学思想、教学技能技巧和教学风度的稳定性表现。具体来说，教学艺术风格包括三层含义。

（一）教学艺术风格是在一定的理论指导下和在长期的教学实践中逐步形成的

不管教师本人是否意识到，他的教学艺术风格总是以一定的理论作为基础的。如有的教师以启发式教学理论为指导，经过长期的教学实践，便逐渐形成启发式的教学艺术风格。

（二）教学艺术风格是教师的教学思想、教学技能技巧、教学风度三者有机结合的产物

教学思想，决定着教师的教学观念，决定着教师教学艺术风格的形成和发展方向。教学技能技巧，是教学艺术风格的重要组成部分，也是教学艺术风格赖以形成的基础。这意味着教师在教学中，能够富有个性和创造性地选用教学方法，能够得心应手地驾驭教材，处理详与略、难与易、情与理、智与知的辩证关系，能够因材施教，善于发挥教学机智与教学幽默，等等。教学风度，是教学艺术风格直感可观的外在表现。它不单纯指教师的举止姿态，还包括教师的教学心理状态以及对待学生和教学的态度等。它虽然以教师的外部形态表现出来，但其实质是教师的知识、能力、性格、气质和品质等内在特征的折射。

（三）教学艺术风格具有一定的稳定性

当教师的教学思想、教学技能技巧、教学风度三者和谐统一，显示出某种稳定的个性特色与个性魅力的时候，教师就形成了自己的教学艺术风格。教师相对稳定的教学艺术风格，通常在各种类型的教学中都会表现出来。比如我们可以从斯霞老师的识字教学、阅读教学及作文教学中发现她的亲切自然，貌似平淡却用心颇深，于质朴中见真功夫的教学艺术风格。

二、教学艺术风格的特点

教学艺术风格具有“独特性”“多样性”和“发展性”特点。

（一）独特性

每位教师都有与众不同的师承、学识、个性、审美情趣以及生活际遇等，这种主体经历和素质的独特性，决定着教学艺术风格总是带有教师的独特印记，显示出教师的自我风采。可以说，没有独特性，就没有教学艺术的个性化，也就没有教学艺术风格的形成。教学艺术风格的独特性，表现为教师在教学实践中的新颖性、独创性以及个性特长的发挥。诸如，独创性的开发应用学习方式，别出心裁地处理教材，别具匠心地设计课案，独具其妙地运用教学方法，独具风采地遣词吐字，惟妙惟肖地模仿表演，等等。即使是教学艺术风格相近的教师，也是同中见异，个性鲜明。

（二）多样性

每位教师教学艺术风格的独特性，在另一个侧面成就了教学艺术风格的多样性，使得教学艺术风格千姿百态、争奇斗艳和各领风骚。根据其品质特征不同，教学艺术风格可划分为理智型、情感型、幽默型和自然型四种类型。理智型的教学艺术风格，表现为教师长于理性分析，善于概括与推理，追求逻辑的力量，强调以理服人。情感型的教学艺术风格，指教师感情充沛，富有激情，善于利用情感的感染性引起学生的共鸣，强调以情促知。幽默型的教学艺术风格，指教师善于通过诙谐幽默、情趣横生的教学，激发学生的学习兴趣，使学生得到哲理启迪，并培养学生乐观开朗的性格。自然型的教学风格，指教师的教学朴实无华，没有矫揉造作，也不刻意渲染，而是娓娓而谈和细细道来，它虽没有江海波澜的壮阔，却不乏山间流水之清闲，能给学生一种心旷神怡和恬静安宁的享受。

（三）发展性

教师的教学一旦形成某种艺术风格之后，其稳定性往往成为一种羁绊与束缚的惰性，让人很难超越自己的已有风格。但是，如果已有风格不求突破与超越，就会逐渐失去生命力，因此，教师必须注意在稳定的教学艺术风格中求发展。教学艺术风格的发展性，既可以是“精益求精”，也可以是风格的转换。无论是“求精”还是“转换”，都需要教师对各家教学特色及风格进行潜心体验，只有广采博取和不断求索，才能与时代要求达到高度统一，才能使已形成的教学艺术风格沿着一条向上的曲线不断升华。

三、教学艺术风格的形成

教学艺术风格的形成，受到许多因素的影响，必然经历一个相当长的过程，因而需要教师在教学实践中不懈地自觉追求。

（一）教学艺术风格形成的影响因素

教学艺术风格形成既受客观因素影响，也受主观因素的制约。

1. 客观因素

影响教学艺术风格形成的客观因素有很多，其中主要有时代要求、教学内容、学生状况和学习环境等。

不同的时代要求，影响着教学艺术风格，使其具有鲜明的时代特点。如中国古代社会，教人修身、齐家、治国、平天下，为师者要尊、要严，教学就会突出讲述翔实、治学严谨的风格。而现代社会，注重张扬个性，教师须尊重学生的主体地位，尊重学生的个性特点，教学就不仅要求系统和严格，还要突出生动、活泼和有趣等特点。

教学内容对教学风格的影响也较为明显。比如一般来说，理科教学倾向于“理智型”教学艺术风格，教学往往以严密的逻辑以及简练朴实为特征；而文科教学则倾向于“情感型”教学艺术风格，教学可以高度文学化，声情并茂，以清新、鲜明和形象生动取胜等。

学生状况因年龄、地域、城乡以及文化不同而异，影响到教师的教学艺术风格类型。比如小学、初中、高中教师的教学艺术风格有很大差异。受小学生欢迎的是使他们感到亲切和慈爱的风格，运用到中学去，中学生可能会觉得矫揉造作和装腔作势；使初中生体会到恬静之美的风格，对高中生来说可能会过于平淡，不能吸引注意力；等等。

学习环境对教学艺术风格的影响是综合性的。一方面，学习环境通过影响教师身心、教学内容呈现形式以及学生学习状态而影响教学艺术风格类型；另一方面，学习环境直接成为教学艺术风格形成的基础。当代随着科学技术的飞速发展，特别是信息通信技术的广泛应用，学习环境成为了影响教学艺术风格形成的重要因素。人们已经认识到，“科学与其他形式的知识，对于用以提升人类生命与活动的艺术、智力工具来说，是特别好用的‘侍女’!”① 所以，我们应当特别重视开发科学技术知识与设备，促进教学艺术风格的发展。

2. 主观因素

制约教学艺术风格形成的主观因素，主要包括教师的品德修养、知识结构、思维特点、个性特征以及主动追求等。

教师的品德修养，对教学艺术风格的形成起着决定性作用。只有对教学工作充满热

① Ganger, D. A.（2006）. Teaching Aesthetics and Aesthetic Teaching: Toward a Deweyan Perspective. *Journal of Aesthetic Education*, 40（2）, 45-66.

情和责任感，对学生充满热爱和关切之情的教师，才能形成为人师范的教学艺术风格。合理的知识结构，为教师在教学中广征博引和深刻论证提供基础性条件。教师的思维特点和个性特征也与教学艺术风格的形成密切相关。比如有的教师的教学以“情”动人，情深意长，委婉含蓄，和风细雨；有的教师的教学则以“理”服人，理顺意达，直截了当，言简意赅；性格沉静、稳重的教师的教学往往有板有眼、十分沉稳；性格热情、奔放的教师的教学则轰轰烈烈、跌宕起伏。教师的品德修养、知识结构、思维特点和个性特征构成了教学艺术风格形成的心理基础。

同时，教师对教学艺术风格的主动追求，是主观因素中最为活跃的因素，它带动着心理基础层面的诸多因素，使教师投身到积极主动地形成与创造教学艺术风格的过程中。

（二）教学艺术风格的形成阶段

教学艺术风格的形成过程，一般要经历模仿、独立、创造和个性化四个阶段。

1. 模仿阶段

教师在职前教育、入职培训以及在职初期从事教学工作时，需要学习别人成功的教学经验和教学艺术，这种学习带有很强的模仿性。比如，学习他人的课案设计，模仿他人的教学语言和教学风度，借鉴他人的教学方式，选用他人的学习方式等。这是一个尝试、辛劳而勤勉的阶段，特点是选择某种自己喜爱的风格加以模仿，往往缺乏创造性。

2. 独立阶段

经过一段时间的模仿学习后，教师逐步摆脱模仿的束缚，将他人的经验和艺术消化吸收并运用到自己的教学之中，独立地完成教学工作的各个环节，这时教学艺术风格的形成开始进入独立阶段。这是每位教师都能达到的阶段，其特点是教师能驾轻就熟地开展教学了，并初具自己的个性特点，但教学艺术的创造水平不高。

3. 创造阶段

在能够独立承担教学任务的基础上，教师的创造性开始显现出来。首先是有了明确而新颖的教学理念，其次是能根据实际情况创造性地处理教学内容，创用适合自己适合学生的教学方法，积极主动地进行教学改革，提高教学效率。在这一阶段，教师本人逐步成长为有个性的教学艺术的自觉追求者和创造者。

4. 个性化阶段

当教师的创造性逐步稳定下来，教学的各个方面都显示出独特的个性色彩，从理念到目标，从内容到形式，从方法到效果都日趋完美，这时教学艺术风格就已经形成。随着时间的推移，教学经验的不断丰富，教师在教学过程中会越来越少刻意追求的痕迹，而逐渐做到言为心声、收发自如，使得教学魅力不断增强，教学艺术风格也就日趋成熟并持续升华。

（三）对教学艺术风格的自觉追求

形成教学艺术风格是教学的审美理想境界，每位教师都应当自觉地、坚持不懈地加以追求。这就需要教师达到以下五方面的基本要求。第一，具有高度的教学热情。高扬“乐教”精神，把教学当做一项艺术性的事业而为之奋斗。第二，苦练教学基本功。系

统学习教学理论，掌握教学规律，形成高超的教学技能技巧。第三，清醒地认识自我。要“摹体以定习，因性以练才”，根据自己的个性特点来形成相应的教学艺术风格，注意扬长避短，发挥个人优势。第四，处理好学习与创新、继承与发展的关系。学习他人的风格是为了更好地创新，继承已有的风格是为了不断地发展，切忌邯郸学步，故步自封。第五，勇于实践、知难而进。教学艺术风格的形成，不是一蹴而就的，而是曲折艰辛的，其间会遭遇无数的反复和失败。只有那些不断克服困难和战胜挫折者，才有可能形成鲜明的教学艺术风格。

思考题

1. 试分析课程美学、教学美学、教育美学、教育艺术与教学艺术之间的区别与联系。

2. 如何挖掘和发展课程与教学美学？

3. 你倾向于选择或创用什么样的教学艺术？为什么？

4. 请查找并细心品味一个你自己最喜爱的“教学艺术案例”，结合本章内容分析与提出有关课堂教学艺术的某种问题，选择某一课目主题，设计与建构一个艺术化的微型课程或课案，以训练和提升自己开发教学艺术的意识、技能和能力。